복 있는 사람

오직 여호와의 율법을 즐거워하여 그 율법을 주야로 묵상하는 자로다.
저는 시냇가에 심은 나무가 시절을 좇아 과실을 맺으며 그 잎사귀가 마르지 아니함 같으니
그 행사가 다 형통하리로다. (시편 1:2-3)

수없이 많은 헬라어 교과서 중에 『마운스 헬라어 문법』이 유독 많이 사용되는 데는 다 이유가 있다. 이 책은 학습자가 어느 부분에서 가장 힘들어하는지 너무나 잘 알고 있어서 적재적소에서 격려하고, 단순 암기의 부담을 최소화하며, 이른 시기부터 학습자가 실제 성경 본문을 읽는 값진 경험을 하도록 하여 학습 의욕을 북돋운다. 학습자의 부담을 덜어 주려는 노력의 산물인 이 책은 오랜 시간 동안 다듬고 또 다듬어져서 매우 견실하다. 과하다 싶을 정도로 친절한 마운스의 설명을 따라 차근차근 문법의 원리를 익히고 워크북의 문제를 풀다 보면(반드시 워크북의 문제를 풀어야 한다!) 독자는 어느새 자신이 초급의 수준을 넘어섰음을 느낄 수 있을 것이다.

김선용 성서학 독립연구자

이 책은 헬라어 장인이 목회자의 따뜻한 마음을 가지고 빚어낸 역작이다. 지금까지 이렇게 친절하고 실제적인 헬라어 교재를 본 적이 없다. 저자는 지금까지 소개된 문법책과 매우 다른 새로운 접근으로 독자들이 헬라어에 흥미를 잃지 않고 학습할 수 있도록 끊임없이 격려하며 배려한다. 헬라어 입문자들도 가능한 한 불필요한 수고를 덜며 헬라어와 친숙해지는 것을 경험하게 될 것이며 헬라어 성경 원문으로 자연스럽게 인도될 것을 확신한다.

김추성 합동신학대학원 신약학 교수

쇠를 유용하게 길들이기 위해서는 담금질만이 아니라 벼름질을 해주어야 하듯이, 학습(學習)에는 '배움'(學)만이 아니라 '익힘'(習)의 과정이 필수적이다. 따라서 언어의 학습에는 배운 바를 성실히 익혀 나가는 연습이 반드시 뒤따라야 한다. 『마운스 헬라어 문법』은 세계 유수의 신학교들에서 사용되는 성경 헬라어 문법의 전범(典範)이다. 아울러 함께 출간된 『마운스 헬라어 워크북』은 헬라어의 '익힘'을 위해 최적화된 실습의 장을 제공한다. 학습자는 이 워크북을 통해 신약성경을 원어로 이해할 수 있는 소중한 능력을 벼름질하게 될 것이다.

김태섭 장로회신학대학교 신약학 교수

이 책은 원문(original text)의 해석 능력과 사역(ministry)의 불가분성을 간파한 저자가 자신의 경험을 최대한 살려 헬라어 습득을 위한 가장 효과적인 학습법을 소개한다. 성경연구자들에게는 효용성을 갖춘 전범(典範)으로, 신학교육의 장에서는 정평 있는 교재로 각광받을 것이 분명하다.

윤철원 서울신학대학교 신학대학원 신약학 교수

윌리엄 마운스의 책으로 헬라어를 직접 가르쳐 보니, 헬라어를 처음 배우는 학생들에게 이만한 책이 없겠다는 생각이 들었다. 우선 헬라어에 대한 흥미를 유지시키려는 저자의 노력이 돋보인다. 복잡한 문법에 대한 설명도 참신하다. 무엇보다 성경 본문으로부터 예문을 가져옴으로써 자연스럽게 신약 원전과 친숙해지도록 한다. 주해를 위한 문법적 도움말은 원전 주해의 깊은 맛을 미리 보여주기에 충분하다.

정성국 아신대학교 신약학 교수

헬라어를 가르치는 사람이나 배우는 사람 모두 이런 의문을 가지고 있다. '과연 이렇게 배워서 실질적으로 성경 원문 이해가 가능하게 될 것인가?' 실제적으로 그런 단계에 이르도록 하기 위해서는 보다 실용적인 방법을 추구할 필요가 있는데, 『마운스 헬라어 문법』은 그런 목적에 가장 부합하는 책이다. 이 책은 무조건적 암기보다는 원리를 깨우치고 전체 그림을 그리도록 하여, 헬라어 문법 학습에서 헬라어 원문 읽기로 나아가도록 기초를 닦는 데 큰 도움을 줄 것이다.

정창욱 총신대학교 신약학 교수

헬라어 공부를 '무조건 외우기'와 동일시하는 사람이 있다면 윌리엄 마운스의 이 교재로 다시 배울 필요가 있다. 마운스가 특히 강점을 보이는 부분은 명사와 동사, 형용사들이 변화하는 모양 뒤에 숨어 있는 오묘한 음성학적·어원학적 원리들, 그리고 변화된 단어가 성경 본문의 문맥에서 지니는 독특한 구문론적 기능을 세심하게 설명한다는 점이다. 무엇보다 이 책은 마운스와 월리스(D. Wallace)가 쓴 여러 다른 문법 자료들과 긴밀하게 연계되어 있기 때문에, 하나의 잘 짜여진 시스템 안으로 들어가게 하는 관문이 된다. 한 세기 가까이 사랑받아 온 '메이첸(J. Gresham Machen) 문법'의 자리를 이제 이 책에게 넘겨주어도 될 듯하다.

조재천 전주대학교 신약학 교수

『마운스 헬라어 문법』의 출간으로 헬라어 교재가 다양성의 시대를 맞게 된 것은 참으로 반가운 일이 아닐 수 없다. 갈수록 문법 체계 자체에 익숙하지 않은 학습자들이 늘어나고 있는데, 이들에게는 헬라어 자체보다 문법 용어나 범례 같은 요소들이 더 걸림돌이 되고 있다. 저자는 이런 어려움을 최대한 줄여 보고자 오늘 우리가 쓰는 표현에 빗대어 헬라어 문법 개념을 설명하는 방식을 취하고 있다. 이미 탁월하기로 정평이 난 이 책이 주님의 말씀을 진지하게 연구하고자 하는 모든 독자에게 유용한 길잡이가 되기를 바란다.

최승락 고려신학대학원 신약학 교수

마운스 헬라어 문법

Basics of Biblical Greek Grammar: Fourth Edition

William D. Mounce

마운스 헬라어 문법 |제4판|

윌리엄 D. 마운스

복 있는 사람

마운스 헬라어 문법 |제4판|

2017년 6월 7일 초판 1쇄 발행
2023년 5월 26일 개정증보 제4판 1쇄 인쇄
2023년 6월 7일 개정증보 제4판 1쇄 발행

지은이 윌리엄 D. 마운스
옮긴이 조명훈, 김명일, 이충재
펴낸이 박종현

(주) 복 있는 사람
주소 서울특별시 마포구 연남동 246-21(성미산로23길 26-6)
전화 02-723-7183, 7734(영업·마케팅)
팩스 02-723-7184
이메일 hismessage@naver.com
등록 1998년 1월 19일 제1-2280호

ISBN 979-11-92675-84-8 04230

Basics of Biblical Greek Grammar: Fourth Edition
by William D. Mounce

Copyright © 1993, 2003, 2009, 2019 by William D. Mounce
Originally published in English under the title
Basics of Biblical Greek Grammar by William D. Mounce
Published by Zondervan, 3900 Sparks Drive SE, Grand Rapids, Michigan 49546, U.S.A.
All rights reserved.

Published by arrangement with HarperCollins Christian Publishing, Inc. through rMaeng2, Seoul, Republic of Korea.
This Korean Edition Copyright © 2017, 2023 by The Blessed People Publishing Inc., Seoul, Republic of Korea.

나의 아내에게 사랑을 담아 이 책을 헌정합니다.

―――――

로빈 일레인 마운스,

나는 당신처럼 온 열정으로 주님을 사랑하는 사람을 본 적이 없습니다.
좋을 때나 그렇지 못할 때나 당신은 사람들과 함께 걷기 위해 최선을 다합니다.
그리고 긴 시간을 나와 함께 한걸음 한걸음 걸어 주었습니다.

해설의 글

새로운 헬라어 교재가 필요한 오늘

우리나라에서는 그리 잘 알려지지 않았지만, 마운스의 헬라어 문법책은 영어권에서 가장 널리 사용되는 교재 중 하나이다. 최근까지 우리나라 신학계에서 가장 널리 사용된 헬라어 교재는 메이첸(J. Gresham Machen)의 유명한 교재인 *New Testament Greek for Beginners*를 편역하여 만든 책들이었다. 이 책은 미국에서도 오랜 기간 가장 인기 있는 교재 중 하나였다. 아담한 크기의 책 속에 문법의 기본 핵심과 이를 익힐 수 있는 연습문제를 매우 효과적으로 정리해 두었기 때문이다. 나 역시 미국에서 처음 신학 수업을 시작할 때 이 책으로 헬라어를 배웠고, 출간된 지 한 세기가 다 되어가는 지금도 후학들의 '손질'을 거쳐 여전히 널리 활용되고 있다.

하지만 세월의 흐름을 무시할 수는 없을 것이다. 특히 헬라어를 배우는 학습자의 문화와 상황이 달라졌을 뿐 아니라, 헬라어에 대한 언어학적 이해 역시 그때와는 같을 수 없다. 따라서 오늘날 헬라어 학습자들의 학습 환경을 충분히 고려할 뿐 아니라, 그간 이루어진 언어학적 발전을 십분 활용한 새로운 교재들이 필요하다.

이 책 『마운스 헬라어 문법』(*Basics of Biblical Greek Grammar*) 제4판은 이 두 가지 필요를 충분히 고려한 것으로, 가장 유용한 성경 헬라어 문법서 중 하나라 말할 수 있다. 사역에 종사하는 학습자들의 현실적인 여건을 충분히 고려한 구성도 돋보이고, 책 전체에 걸쳐 보다 최근의 연구들이 넉넉하게 반영되고 있다는 사실 역시 인상적이다.

마운스의 배려 가득한 접근법

기초 문법책의 저자는 늘 몇 가지 힘겨운 선택에 직면한다. 제한된 지면에 다룰 내용을 결정하는 것도 그렇고, 그 내용을 소개하는 순서를 결정하는 것도 쉽지 않다. 시중의 많은 교재와는 달리, 마운스는 먼저 명사에 대한 설명을 다 끝내고 동사로 넘어간다.

물론 이런 독특한 결정 배후에는 저자 자신의 교육 경험이 자리한다. 물론 이 경험은 사람마다 다를 것이다. 특히 보다 일찍 헬라어 '문장'을 소개하고 싶은 강사라면 메이첸처럼 명사, 동사, 형용사를 나란히 소개하며 진도를 나갈 수도 있을 것이다. 마운스 역시 그 점을 배려한다. 그래서 동사변화를 보다 일찍 학습할 수 있는 대안적인 진도표 역시 함께 소개한다. 또 한 가지 어려운 선택은 '미(μι) 동사'를 어느 시점에 소개할 것인가 하는 문제다. 처음부터 '오(ω) 동사'와 더불어 소개하는 것이 좋다고 생각하는 사람이 있는 반면, '오 동사'의 체계를 끝낸 후 '미 동사'를 소개하는 것이 효과적이라고 보는 이들도 있다(이는 히브리어 문법에서 강동사 변화 체계를 모두 다룬 후 약동사로 넘어갈지, 아니면 각 변화 체계를 차례로 소개하며 강동사, 약동사의 경우를 설명할지의 문제와 비슷하다). 물론 이 역시 학습자의 조건이나 교수자의 접근방식에 따라 정답이 달라질 것이다. 이 책에서는 대개의 사례를 따라 '미 동사'를 나중에 제시하는 방식을 택했다. 물론 이는 처음부터 너무 많은 정보를 제공하여 학습에 부담을 주는 것을 피하려는 저자의 의도를 반영한 것이다.

책을 펼치는 순간부터 바로 드러나는 사실이지만, 마운스의 교재에는 **독자를 위한 배려**가 넘쳐난다. 그런 점에서 이 책은 가장 '미국적인' 교재 가운데 하나라 할 만하다. 알찬 내용을 던져주고 '열심히 해보라'고 격려하는 대신, 실제 학생들이 열심히 학습할 수 있도록 각종 도움과 편의 자료를 제공한다. 책의 앞부분은 이 책 자체뿐 아니라 헬라어 학습에 도움이 될 만한 다양한 자료 및 프로그램에 대한 상세한 설명으로 이루어져 있다. 마치 자료가 모자라 공부가 어렵다는 말을 못하게 만들려는 느낌이 들 정도이다. 물론 책이 학습자의 열심 자체를 만들어 낼 수는 없지만, 일단 공부하려고 책을 펴는 학생들에게는 그 노력이 최대의 능률을 발휘하도록 돕는 것이다.

헬라어는 훌륭한 사역 도구

저자 자신이 밝히는 것처럼, 책의 이런 특징은 **헬라어를 실제 사역의 도구라 생각하는 저자의 관점을 그대로 반영**한 것이다. 그 특징을 몇 가지 살펴보자. 우선 헬라어가 사역을 위한 도구라면, 왜 그 도구가 필요한지에 대한 인식이 우선일 것이다. 특히 넉넉한 시간을 내기 어려운 상황이라면 더욱 그럴 것이다. 그래서 저자는 사역을 위한 필수적 도구로써 헬라어를 배우려는 사역자들의 학습 동기를 북돋우기 위해 다양한 노력을 기울인다. 헬라어의 중요성을 말로 설명하기도 하고, 실제 각 장이 시작될 때마다 헬라어 문법 사항을 구체적인 성경 구절과 연결하여 "본문 주해 맛보기"를 제공하기도 한다. 또한 어딘지도 모르고 무작정 주어진 내용을 암기하는 상황을 피할 수 있도록 교재 곳곳에 상세한 이정표를 제공해 준다. 또한 혼란과 망각이 원래 배우는 과정의 자연스런 일부임을 상기시킴으로써 낙심할지도 모르는 학습자들에게 위로와 격려를 아끼지 않는다. 말하자면 필요한 문법 정보를 충실하게 제시하고서 학습자들이 알아서 익히고 따라오도록 기대한다기보다는, 바쁜 사역 속에서 헬라어를 배우려 하는 이들의 현실적인 제약을 충분히 고려하면서 효과적인 학습을 지속할 수 있도록 도움과 격려를 아끼지 않는 것이다.

친절한 이정표와 충분한 설명, 그리고 최소한의 암기

또한 **학습자들이 길을 잃지 않도록 돕는 상세한 이정표**는 이 책의 가장 큰 장점 중 하나이다. 전체 목차 뒤에 바로 익혀야 할 문법 내용이 차례로 등장하는 대신, 한 주제가 시작하거나 끝나는 대목에서는 진도의 흐름을 파악하고 전체적인 방향감각을 유지하도록 돕는 상세한 설명이 제시된다. 명사, 동사, 분사 등의 큰 주제들이 시작될 때마다 그 주제에 해당되는 각 장들을 미리 소개해 준다. 재미없는 추상적 요약이 아니라, 실제 문법 내용도 살짝 등장하는 일종의 '맛보기' 식 소개를 통해 학습 의욕을 불러일으키는 것이다. 물론 각 장 내에서도 배울 내용의 윤곽이 상세히 소개되고, 장의 끝에서는 배운 내용이 다시 한번 요약된다. 이런 식으로 학습자들은 지금까지 무엇을 배웠는지, 그리고 지금 어디쯤 와 있는지, 그리고 앞으로 무엇을 배우게 될 것인지에 대한 전체적인 윤곽을 그릴 수 있게 되는 것이다.

이와 더불어 특별히 **문법 개념 자체에 대한 충분한 설명**도 인상적이다. 헬라어 문법을 이해하려면 먼저 보다 일반적인 '문법' 용어와 개념에 대한 이해가 필요하다. 영문법을 따로 배우지 않는 영어권 학생들은 이 점에서 오히려 어려움을 겪는다. 헬라어를 배우며 처음으로 품사, 태, 동명사, 분사, 부정사, 가정법 등의 (영)문법 개념들을 접하는 경우가 적지 않기 때문이다. 문법 개념 자체에 대한 이해가 불확실한 상태에서는 구체적 어형 변화를 익히는 일 또한 그만큼 힘겨워진다. 영어권에서는 헬라어를 배우는 학생들을 위한 영문법 책이 따로 있을 정도이다. 실제 나와 함께 입학하여 헬라어를 배웠던 한 미국인 친구는 영문과 졸업생이었는데 헬라어 집중 강의 두 번 모두 낙제점을 받았다. 어느 날 그가 '유창한' 영어로 나에게 분사(participle)가 무언지 물어와 '잘 안 되는' 영어로 '영문법'을 설명한 적도 있었다. 마운스의 헬라어 문법 설명은 일반적인 문법 개념과 그 용법에 대한 충분한 설명과 더불어 진행된다. 문법 개념에 익숙치 않은 많은 학습자의 현실적 필요를 배려한 결과이다. 물론 문법을 '좀 아는' 우리들에게도 이런 상세한 설명은 더없이 반가운 대목이 된다.

이 책의 또 다른 특징은 **암기해야 할 분량을 최소한으로 줄인 것**이다. 필요한 기본 문법 사항은 충분히 설명하지만, 어떤 부분은 '심화학습' 항목으로 분류해 각 장의 뒤편에 위치시켰다. 한꺼번에 너무 많은 분량을 익혀야 하는 부담을 줄이기 위해서이다. 물론 신약성경 읽는 데 필요하지 않은 형태를 기계적으로 암기하는 일도 최대한 줄였다. 또한 개별적인 어형 변화를 소개하면서도, 동시에 구체적인 어형 변화의 양상을 아우르는 원리와 패턴에도 많은 관심을 기울인다. 당연한 말이지만, 외국어를 배울 때 이런 원리와 패턴에 대한 이해는 개별적인 사례를 분석하고 익히는 데 드는 에너지를 상당히 절약해 준다. 무작정 외워야 할 것처럼 보이는 사례들이 원리에 입각한 것으로 드러나기도 한다. 물론 배우고 익히는 노력 자체를 안 할 수는 없다.

학습과정의 상당 부분은 여전히 다양한 형태를 암기하는 노력으로 채워진다. 하지만 노력의 연비를 개선하는 일은 언제나 좋은 일이다. 그런 점에서 이 책은 헬라어 학습의 연비 향상을 위한 최선의 노력을 기울인 교재 중 하나다. 특히 헬라어에 사용할 수 있는 시간과 노력의 기름이 제한된 이들에게는 이 책의 노력이 그만큼 더 소중한 특징으로 느껴질 것이다.

어느 하나의 책이 모두를 만족시킬 수는 없을 것이다. 여전히 메이첸 류의 책이 좋은 사람이 있을 것이고, 마운스의 책을 보다 마음에 들어 하는 사람도 있을 것이다. 하지만 자료는 다양할수록 좋다. 그런 점에서 이 책이 번역되어 소개되는 것은 배우는 이들에게나 또 가르치는 이들에게나 더없이 반가운 일이다. 특별히 헬라어는 사역을 위한 도구라는 저자의 신념, 그리고 학습자의 현실적 여건을 최대한 고려하려는 저자의 태도는 우리 신학계의 헬라어 교육 방식 면에서도 또 하나의 좋은 자극이 될 것이다. 부디 이 문법서가 널리 활용되어 성경 헬라어를 배우고 성경의 메시지를 이해하는 데 큰 기여를 할 수 있기를 바란다.

권연경(숭실대학교 기독교학과 교수)

ὁ νόμος τοῦ κυρίου ἄμωμος,
ἐπιστρέφων ψυχάς·

ἡ μαρτυρία κυρίου πιστή,
σοφίζουσα νήπια·

τὰ δικαιώματα κυρίου εὐθεῖα,
εὐφραίνοντα καρδίαν·

ἡ ἐντολὴ κυρίου τηλαυγής,
φωτίζουσα ὀφθαλμούς·

ὁ φόβος κυρίου ἁγνός,
διαμένων εἰς αἰῶνα αἰῶνος·

τὰ κρίματα κυρίου ἀληθινά,
δεδικαιωμένα ἐπὶ τὸ αὐτό.

καὶ ἔσονται εἰς εὐδοκίαν τὰ λόγια
τοῦ στόματός μου καὶ ἡ μελέτη
τῆς καρδίας μου ἐνώπιόν σου
διὰ παντός, κύριε βοηθέ μου καὶ
λυτρωτά μου.

ΨΑΛΜΟΙ ΙΗ 8-10, 15(시편 19:7-9, 14)

서문

현재까지 출판된 대부분의 문법책은 연역적 방식과 귀납적 방식이라는 두 종류로 나눌 수 있다. 연역적 방식은 변화표와 기계적 암기를 강조하는 반면, 귀납적 방식은 학생이 가능한 한 빨리 본문을 마주하게 함으로써 자연적인 학습 과정을 습득하도록 한다. 물론 두 방법 모두 장단점이 있다. 연역적 방식은 학생이 배운 내용을 잘 정리할 수 있게 해주지만 사람의 자연스런 학습 과정과는 철저히 다르다. 반면 귀납적 방식은 체계가 없어서 많은 학생이 혼란스러워한다. 이 책은 헬라어를 교육할 때, 이 두 방식의 장점을 모두 이용하고자 한다. 학습 자료를 가르치는 방법에서는 연역적이지만, 학습 과정을 세부적으로 조정하는 방법에서는 귀납적이라고 할 수 있다(더 자세한 설명을 원한다면 "이 책을 펴낸 이유"를 꼭 살펴보라).

대다수 문법책은 헬라어 학습을 일차적으로 학문적 영역으로 간주하고 접근한다. 그러나 필자는 헬라어 학습을 사역의 도구로 보기 위해 최대한 노력했다. 다시 말해, 학생이 성경 헬라어를 배우며 하나님의 말씀을 더 잘 이해하게 되고, 거기에서 얻은 깨달음을 주변 사람들과 나눈다는 가정하에 이 책을 집필하였다. 따라서 특정한 학습 방향이 이런 목적에 부합하지 않으면 책에서 제외하였다.

필자는 학생들의 학습을 격려하는 것이라면 무엇이든 사용하고자 한다. 물론 이 방식은 일반적인 교과서의 방식과 다를 수 있다. 그러나 필자의 목표는 또 하나의 일반 교과서를 쓰는 데 있지 않다. 언어를 배운다는 것은 즐겁고도 의미 있는 일이다. 웹사이트에 헬라어 학습을 격려하는 내용을 올려 두었다(25쪽을 보라).

성경 헬라어를 배우고 계속 사용하는 데 가장 큰 장애물이 있다면, 아마도 단어와 변화표를 단순 암기해야 한다는 사실일 것이다. 필자가 처음 헬라어를 배웠을 때, 아버지에게 헬라어의 특정 형태가 무엇을 의미하는지 물어보곤 했다. 아버지는 곧잘 대답해 주셨지만 왜 그런지에 대해 질문하면, "잘 모르겠어. 그건 그냥 그런 거야!"라고 말씀하셨다. 더 절망스러운 사실은 그 말이 현재에도 여전히 유효하다는 데 있다. 헬라어를 수년 동안 공부한 사람 중에 과연 얼마나 많은 사람이 이 이해하기 힘든 변화표 또는 60개 주요 동사의 시제 형태를 암송하고 있을까? 아마 거의 없을 것이다. 그 대신 우리는 분해에 필요한 표지나 필자가 "결정적 한 방"이라 부르는 것을 찾는 방법만 배워 왔다. 그렇다면 언어를 배우는 학생이 변화표를 통째로 암기하는 고통스러운 과정은 없애고, 언어의 형태를 이해하는 곳에서 시작하면 더 좋지 않을까? 바로 이 부분이 다른 책과 이 책의 가장 중요한 차이점이다. 필수 암기 사항을 최소로 줄여서 언어를 익히게 하고, 가능한 한 쉽게 실력을 유지하게 함으로써 하나님의 말씀을 모든 능력과 확신 속에서 선포하게 하는 것이다.

이 책의 저술 방식은 학생들의 예상과는 조금 다를 수 있다. 내용을 간략하게 하는 데 많은 신경을 쓰지 않기 때문이다. 그보다는 어느 정도 깊이가 있으면서 "친숙한" 어조로 문법 개념을 다루었다. 목표는 학생들이 이 책으로 헬라어 공부를 즐겁게 예습한 후 수업에 들어가도록 하는 것이다. 간략한 책들이 가진 장점은 분명히 있다. 하지만 간략함이 강의실 밖에서 스스로 공부하고 싶어 하는 학생들에게 적절한 동기를 부여하는 데는 오히려 방해 요소가 된다고 느꼈다. 그래도 좀 더 간략한 내용을 원하는 교사들을 위해서 개요와 요약 부분을 넣었고, 학습 지침은 각주를 통해 제시했으며, 심화학습도 마련해 두었다. 또한, 책에 장별 숫자를 넣어서 교사들이 불필요하다고 느끼는 정보들을 쉽게 넘어갈 수 있도록 만들었다. 예를 들면, "13장 4-5번과 13장 7번은 읽지 마세요"라고 번호로 간단히 언급할 수 있다. 이 책의 각주를 굳이 읽지 않아도 코이네 헬라어를 배우는 데는 문제가 없다. 각주에 나오는 정보는 교사나 우수한 학생에게는 흥미로운 학습이 될 수 있으나, 힘겹게 학습을 따라가는 학생에게는 혼란을 일으킬 수도 있다.

이 책은 코이네 헬라어의 표준 발음을 따랐다(보통 에라스무스식[Erasmian]이라고 한다). 현대 헬라어 발음에 관한 관심이 늘어나는 추세이고, 어떤 학자는 현대 헬라어 발음이 코이네 헬라어의 진짜 발음과 거의 비슷하다고 주장하기도 한다. 그래서 필자는 웹사이트에 현대 헬라어 발음을 올려 두었다. 그러나 대다수 학생이 표준 발음을 배우기 때문에, 현대 발음을 배우는 학생은 다른 학교의 학생들과 대화하는 데 어려움을 겪을지도 모른다.

감사의 마음을 전해야 할 사람들이 많다. 필자가 가르친 학생들의 끊임없는 질문과 근면 성실함 속에서 여러 교수법을 시도해 보지 않았다면, 이 책은 결코 나올 수 없었을 것이다. 특히 브래드 리그니, 이안 로페즈, 케시 로페즈, 마이크 드브리스, 밥 램지, 제니 (데이비스) 릴리, 핸드 자라와타노, 댄 뉴먼, 팀 팩, 제이슨 자하리아데스, 팀 브라운, 제니퍼 브라운, 리넷 휘트위스, 쵸리 세라야, 마일스 반 펠트, 그리고 필자가 동사(15-36장)와 명사(1-14장)를 완전히 분리하기 전에 두 번에 걸쳐 학점 이수에 실패하고, 그다음 수업에서 "B"를 받은 이름 모를 어떤 학생에게 특별히 감사하고 싶다. 고든 콘웰 신학교의 학생들과 조교들인 매튜 스미스, 짐 크리츨로, 제이슨 드루치, 리치 허브스터, 후안 헤르난데즈, 라이언 잭슨, 스티븐 커크, 데이비드 파머, 앤디 윌리엄스에게, 또 동료이자 친구들에게, 특별히 에드워드 M. 케아지리안 2세, 조지 H. 거스리,

폴 잭슨 씨에게 감사를 전한다.

이 문법책을 만들었던 초기시절부터 기꺼이 사용하고 많은 도움을 준 윌리엄 S. 라소르, 대니얼 B. 월리스, 토머스 슈라이너, 존 헌트, 낸시 비메이스터, 키스 리브스, 론 러싱, 조지 건, 칩 하드, 벌린 버브루그, 크레이그 키너 교수에게도 감사한다. 특별히 월터 W. 베셀 씨에게 감사하고 싶은데, 그는 가장 초기부터 이 책을 사용했고, 지속적인 사랑으로 교정하고 비평하고 칭찬해 주었다. 책이 어느 정도 마무리되었을 때, 유능한 편집자인 벌린 버브루그는 철자와 문법적 오류를 찾았을 뿐 아니라, 내용을 상당히 추가했고 각 장의 흐름을 보완했으며, 이 책의 사소한 부분까지 끊임없이 교정해 주었다(늘 그렇듯, 어떠한 오류가 있다면 필자의 책임이다. 오류에 대한 지적이나 건의 사항이 있다면 알려주기를 바란다. 웹사이트 *BillMounce.com*을 통해 보내면 된다). 에드 반 더 마스와 잭 크라그트의 성실한 수고가 없었다면, 이 문법책을 결코 지금과 같이 출판하거나 홍보하지 못했을 것이다.

이 책의 많은 부분, 특히 연습문제는 어코던스(*Accordance*) 같은 소프트웨어의 도움이 없었다면 완성하지 못했을 것이다. 로이와 헬렌에게 감사한다.

제4판이 나오기까지 지난 수십 년간 이 책을 사용해 준 릭 베넷, 랜들 부스, 크리스틴 파머, 에드 테일러, 킴 베네트에게도 감사를 전한다. 이 책이 좋은 평가를 받은 것은 참으로 즐거운 일이다. 이번 판에서 증보된 내용이 학생들에게 도움이 되리라 믿는다.

지난 35년간 끊임없는 인내와 격려로, 또 이 문법책을 위해 함께 세운 목표를 신뢰한 아내 로빈에게 특별히 고맙다는 말을 전하고 싶다. 마지막으로 각 장에 실린 "본문 주해 맛보기"를 사용할 수 있도록 허락해 준 학자들에게도 감사한다. 학생들이 그 학자들의 연구에서 성경 언어에 대한 지식이 실제로 어떤 도움을 주는지 알게 되어, 헬라어를 꾸준히 공부하고 사용하는 데 동기부여가 되기를 바란다.

윌리엄 D. 마운스
워슈갈, 워싱턴

약어

Accordance	Roy Brown, Oaktree Software(www.Accordancebible.com)
BBG	*Basics of Biblical Greek*, William D. Mounce(Zondervan, 2003)
BDAG	*A Greek–English Lexicon of the New Testament and Other Early Christian Literature*, eds. W. Bauer, F. E. Danker, W. F. Arndt, F. W. Gingrich, third edition(University of Chicago Press, 2000)
BDF	*A Greek Grammar of the New Testament and Other Early Christian Literature*, eds. F. Blass, A. Debrunner, trans. R. Funk(University of Chicago Press, 1961)
Fanning	*Verbal Aspect in New Testament Greek*, Buist M. Fanning(Clarendon Press, 1990)
Klein	*A Comprehensive Etymological Dictionary of the English Language*, Ernest Klein(Elsevier Publishing Co., NY, 1971). "단어학습"에 나오는 동족어는 주로 이 사전에서 가지고 왔다.
MBG	*The Morphology of Biblical Greek*, William D. Mounce(Zondervan, 1994)
Smyth	*Greek Grammar*, Herbert Weir Smyth(Harvard University Press, 1980)
Wallace	*Greek Grammar Beyond the Basics: An Exegetical Syntax of the New Testament*, Daniel B. Wallace(Zondervan, 1995)

이 책을 펴낸 이유

이 책은 다른 책과 차별되는 새로운 책일 뿐 아니라, 교수법에서도 다른 관점으로 접근하고 있다. 이를 통해서 가능한 한 쉽고, 되도록 의미 있으며, 심지어 즐길 수 있는 헬라어 학습으로 인도한다.

아래의 내용에서 이 책의 접근 방식을 설명하고 다른 책과 어떤 차이가 있는지, 왜 이 방식이 더 적절하다고 생각하는지를 제시한다. 앞서 출판된 1-3판에서 널리 좋은 평가를 받은 것이 많은 힘이 되었다.

목표

❶ 헬라어 학습을 지적 훈련이 아닌 사역의 도구로 본다.

❷ 학생들에게 무엇을 배워야 하는지뿐 아니라 왜 배워야 하는지를 알려줌으로써 꾸준히 학습을 격려한다.

❸ 해당 학습 시기에 꼭 필요한 것만 가르치고 더 복잡한 개념은 뒤로 미룬다.

❹ 단순 암기 사항을 최소로 줄인다.

❺ 언어학 자체를 가르치기 위한 목적이 아니라 헬라어를 쉽게 학습하기 위한 목적으로 현대 언어학의 발전을 활용한다.

❻ 혁신은 새로움 자체가 아니라 늘 새로운 교수법을 찾는 데 있다.

1. 사역을 위한 도구

성경 헬라어는 단순히 헬라어 학습 자체를 목적으로 삼아서는 안 된다. 이러한 접근방식이 반드시 틀렸다고 할 수는 없지만, 대학교와 신학교를 다니는 많은 학생에게 이 방식은 부적절하다고 할 수 있다. 보통 학생들은 헬라어를 배워 가면서, 관련 자료를 익히는 것이 왜 중요한지는 나중에 알게 될 것이라는 말을 자주 듣는다. 그러나 필자의 의견은 다르다. 학습이 진행되는 과정부터 왜 학생들이 헬라어를 배우고 있고, 이를 활용할 수 있는 지식이 왜 사역에 필수적인지를 알게 해야 한다고 생각한다.

2. 격려

헬라어를 배우려는 학생들은 다양한 수준의 이해력을 가지고 있다. 이런 학생들의 열의는 대개 종종 학기가 진행되는 동안 꺾여 버리고 만다. 따라서 이 책은 조금 다른 방식으로 학생들을 격려할 수 있도록 제작했다.

a. 연습문제는 대부분 성경, 특히 신약성경에서 가져왔지만 어떤 것은 칠십인역(LXX)에서도 가져왔다. 첫째 날부터 학생들은 성경 본문을 번역하게 된다. 해당 구절에 나오는 단어가 나중에 배울 장에 등장하는 단어일 경우, 그 단어는 번역해 두었다. 이 방식은 학생에게 성경의 한 부분을 실제로 번역했다는 뿌듯함을 안겨 준다. 연습문제의 헬라어가 주해나 신학적 관점을 분명히 드러낼 때는 그 점을 알리기 위해 노력했다. 성경 본문을 사용하는 방식에는 단점이 존재하는데, 학생이 해당 구절을 이미 모국어로 알고 있을 수도 있다는 것이다. 하지만 학생에게 약간의 규칙만 지키도록 유도한다면, 이 방식의 장점은 단점을 훨씬 능가한다. 물론 연습문제에는 성경 구절이 아닌 임의로 만든 문장도 있다.

b. 모든 단어에는 빈도수가 함께 적혀 있다. καί가 "그리고"를 뜻한다는 것은 학생들이 익혀야 할 부분인데, 만약 이 단어가 신약성경에서 9,162번 등장한다는 것을 안다면, 학생이 이 단어를 암기하는 데 많은 동기부여가 될 것이다.

c. 신약에는 5,423개의 서로 다른 단어들이 존재하고, 이 단어들은 총 138,148번[1] 등장한다. 각 장의 "단어학습" 마지막 부분에는 현재까지 배운 총 단어가 전체의 몇 퍼센트에 해당하는지 나와 있다. 8장까지 진도가 나가면 학생들은 이미 신약성경에 나오는 두 단어 가운데

---

1   모든 단어의 빈도수는 어코던스를 사용하여, Nestle-Aland, *Novum Testamentum Graece*, Deutsche Bibelgesellschaft 28판에서 가져왔다.

하나를, 곧 50%의 단어를 알게 된다.

d. 많은 장이 "주해 원리"로 끝난다. 이 부분은 각 장의 기본 문법을 확장하고, 문법이 주해에 어떤 차이를 나타내는지 보여준다. 예를 들면, 현재 능동태 직설법을 배운 후 주해 원리에서는 현재시제의 즉각적, 진행적, 반복적, 관습적, 격언적, 역사적, 예언적 용법에 대한 예를 설명한다. 만일 이 내용이 아직 필요하지 않다고 생각한다면, 그냥 넘어가도 된다.

e. 웹사이트(BillMounce.com)에는 책과 관련된 블로그, 동영상 등과 같이 학습을 독려할 수 있는 추가 자료가 많이 있다. 또한 간단한 헬라어 회화도 재미있게 배울 수 있다.

3. 필요한 내용만 가르치기

학생들은 성경 본문 읽기를 시작하는 데 꼭 필요한 내용만 배운다. 기본을 익히고 읽기에 대한 일정 수준의 경험을 쌓은 후에야, 더 자세한 것들을 배우게 된다. 열심히 하는 학생을 독려하기 위해, 그리고 많은 선생님에게 더 유용한 책을 만들기 위해, 추가적인 심화 내용을 각주에 넣거나 각 장의 마지막에 있는 "심화학습"과 "주해 원리"에 실었다.

예를 들면 어떤 강세 법칙은 심화학습에 넣어서, 학습 여부를 학생이나 선생님의 선택에 맡겼다. 부사적 분사도 이와 비슷하다. 처음에는 동사의 "-ing" 형을 사용하여, 시간의 부사("while", "after")나 원인의 부사("because") 둘 중 하나로 시작하도록 배운다. 그러나 심화학습에 가면 분사의 행위자 파악을 위해 인칭대명사를 포함할 수 있다는 사실과 분사의 번역에 사용하는 정동사의 시제가 주동사에 따라 상대적이라는 사실도 배울 수 있다.

4. 암기

단순 암기는 대부분의 사람들에게 참 어려운 일이다. 암기는 언어를 배우기 어렵게 하고, 때로 학생들이 언어를 잊게 만드는 결과마저 낳는다. 필자는 암기 분량을 최소화하도록 가능한 한 모든 수단을 동원하였다. 예를 들어 명사 체계에서는 수많은 변화표를 암기하는 대신, 하나의 변화표와 여덟 가지 법칙만 배우면 된다. 수업 시간에 자주 말하지 않았던가. "(쉬운 방법을 가르쳐 준 것에 대한) 감사 인사는 넣어 두시라."

5. 현대 언어학

현대 언어학의 연구는 언어 학습에 많은 유익을 주었다. 필자는 언어학 자체를 가르칠 생각은 없다. 하지만 기본적인 언어학 개념은 배울 수도 있고 적용도 할 수 있다.

예를 들어 이 책에서는 "폐쇄음의 사각형"(Square of Stops)을 배우게 되는데, 이 법칙이 동사의 형태론적 변화를 잘 설명하기 때문이다. 또한, 학생들은 기본적인 격어미 모음을 배우며, 그 후에 어떻게 그것이 아주 미세하게 변화하여 다른 어형변화를 일으키는지 보게 된다. 일단 똑같은 기본 어미가 세 개의 전체 어형변화에 등장하는 것을 알면 암기는 단순해진다. 사전에 등장하는 모든 단어는 필자의 다른 책『성경 헬라어 형태론』(*The Morphology of Biblical Greek*, 534에 있는 문헌목록을 보라)에도 실려 있다. 헬라어에 대한 지식과 흥미가 늘어날수록, 학생들은 이 책에 나오는 세부적인 형태론 학습을 잘 따라갈 수 있을 것이다.

6. 혁신

이 책은 헬라어 학습이라는 즐거운 과제를 새롭고 혁신적인 관점에서 접근한다. 하지만 단순히 새로움에 목적이 있는 것이 아니라, 헬라어 학습을 가능한 한 의미 있는 일로 만드는 데 목적이 있다. 헬라어 배우기가 쉬울수록 교회사역에 참여하는 더 많은 사람과 목회자들이 이 언어를 잘 활용하게 될 것이다.

a. 책에 등장하는 모든 용어와 개념에 대한 정의는 브루스 메츠거(Bruce Metzger) 교수의『신약성경 헬라어 단어집』(*Lexical Aids for Students of New Testament Greek*)을 토대로 작성했다. 따라서 학생들이 다음 학기에 메츠거의 책을 사용하여 어휘량을 늘리려고 할 때, 개념에 대한 정의를 굳이 다시 배울 필요가 없도록 기획했다.

b. 부록에는 헬라어 성경에서 10번 이상 등장하는 모든 단어의 목록과 단순동사의 시제 형태를 수록하였다(10번 미만 등장하는 단어는 연습문제를 풀면서 각주에서 확인할 수 있도록 했다). 이는 추가 학습이나 복습 문제 풀이를 위해 필요하다. 이와 함께 전체 명사 변화표와 동사 변화표도 수록했다.

c. 이 책은 학생들이 명사와 동사 사이를 왔다 갔다 하는 대신, 명사를 먼저 배우고 난 다음 동사를 배우게 한다. 어떤 학생은 동사가 상당히 중요한데 왜 여기서는 15장이 될 때까지 동사 학습을 시작하지 않는지 궁금해 한다. 이유는 다음과 같다.[2]

---

2   미국 외교부에서 현대 언어를 가르칠 때도 이 접근법을 사용한다.

- 필자는 지난 몇 년 동안 헬라어를 가르치면서, 명사와 동사 부분을 분주하게 왕복하는 것이 학생들에게 가장 혼란스러운 부분임을 깨닫게 되었다.
- 명사는 단기간에 배울 수 있어서, 15장까지는 예상보다 훨씬 빨리 진도를 나갈 수 있다.
- 아이들이 말하는 법을 어떻게 배우는지 그 과정을 살펴보면, 명사를 먼저 배우고 다음에 동사를 배우는 것이 더 자연스럽다는 것을 깨닫게 된다.

위와 같은 방식이 효과적이라는 사실은 수년간 자연스레 입증되었다. 그러나 필자는 다른 선생님들이 선호하는 방식에도 귀를 기울이고자 했다. 그래서 2판부터는 연습문제에 "두 번째 경로"(Track Two)를 추가했다. 이는 대안으로 마련한 학습 코스로, 이 경로는 9장에서 바로 15장으로 넘어가 동사를 배우고, 동사를 몇 과 배운 다음에 다시 앞으로 돌아와 명사를 마무리하는 방식이다. 이 방식은 명사와 동사를 한 번만 왕복하면 되기 때문에, 필자의 경험에 의하면 상당히 효과적인 방식이었다. BillMounce.com을 잘 이용한다면, 두 번째 경로를 따라가는 데 별 어려움을 느끼지 못할 것이다.

d. 각 장은 대부분 성경 구절을 토대로 구성된 "본문 주해 맛보기"로 시작한다. 이 부분은 신약 학자들이 쓴 글로, 해당 장에 등장하는 문법의 중요성을 잘 보여준다.

e. 그다음으로 영어 문법에 대한 논의가 나오고, 이어지는 헬라어 문법 부분에서는 영어와 헬라어를 최대한 비교하여 두 언어 사이의 유사점을 강조한다.

> 뇌는 새로운 데이터를 취하여 학습하고 그 데이터를 처리할 기존의 지식 패턴을 찾는다. 이 책을 처음 썼을 때는 몰랐지만, 인간은 본능적으로 이미 아는 것에서 모르는 것으로 이동하는 경향이 있다. 우리는 이미 아는 것을 통해 모르는 것을 좀 더 쉽게 배울 수 있게 된다. 이 원리를 이 책 전체에 일관되게 적용하려 한다.

f. 헬라어 문법은 시작부터 영어 예문과 함께 배우게 된다. 새로운 문법 구조를 이해하기 위한 예문이 헬라어로 나올 경우, 학생들은 모든 집중력을 헬라어 형태를 파악하는 데 허비하다가, 문법 자체를 충분히 이해하지 못할 수도 있다. 이 책은 문법을 영어로 우선 확실히 설명하여 그것을 충분히 이해하게 한 다음 헬라어 예문을 제시한다. 예를 들면 다음과 같다.

> 분사에는 동사적 특성도 있다. "헬라어 선생님은 식사를 마친 후에(after eating) 우리에게 기말시험 문제를 주었다(gave)"라는 예문에서, '식사'(eating)는 분사로서 동사인 '주다'(gave)에 관한 정보를 알려준다. 교사는 식사를 마친 후 기말고사 문제를 주었다(After는 부사로서 분사의 행위가 일어난 때를 구체화한다).
>
> 분사에는 또한 형용사적 성격도 있다. "창문가에 앉아 있는(sitting by the window) 여인은 나의 헬라어 선생님이다"라는 예문에서, '앉아 있는'(sitting)은 분사로서 명사인 '여인'에 대한 정보를 알려준다.

g. 필자의 웹사이트(BillMounce.com)에는 자유롭게 이용할 수 있는 무료 자료가 많이 있다. "Classes"로 이동하여 "First Year Greek"을 클릭하면 된다. "Resources" 메뉴도 살펴보라. 이 웹사이트의 가장 큰 장점은 학생들이 이 책과 워크북을 학습하는 데 도움을 주는 온라인 헬라어 강의를 이용할 수 있다는 것이다(다음 페이지를 보라). 온라인 수업에 있는 자료는 대부분 무료로 사용할 수 있다. 원하는 장으로 바로 접속하면 된다.

BillMounce.com

개요 ....

- 웹사이트에 있는 장별 개요(Chapter Overviews)는 해당 장의 핵심 요점을 담은 8-10분 분량
  의 강의이다. 이 강의들은 온라인 수업(Classes)에서 시청할 수 있다.
- BillMounce.com에서는 전체 강의 영상을 구매할 수 있다. 이 강의 영상은 각 장의 전체 내
  용을 다룬다.
- 교사들에게: 나는 책 자체를 다루는 데 수업시간을 쓰지 않는다. 그 대신 전체 강의 영상을 활
  용하고 있다. 이렇게 하면 소중한 수업시간을 아낄 수 있다. 절약한 시간으로 내가 할 수 있
  는 가장 중요한 일인 연습문제 풀기를 학생들과 함께한다. 이렇게 하는 게 정말 효과가 있다.

....

디지털을 이용한 온라인 학습이 주류인 시대이다. 단순히 문법책이나 워크북 말고도 여러분의
헬라어 학습에 도움을 줄 수 있는 방법이 많아졌다. 그중 하나로 필자가 직접 진행한 수업을 여
러분에게 공유하려 한다.

　이 수업은 특별히 언어 학습에 지치거나, 도움이 조금 더 필요한 이들을 위해 제작한 것이
다. 필자는 전체 책을 장별로 자세하게 살피는 두 학기 코스의 강의를 녹화해 두었다. 이 강의들
은 홈페이지(BillMounce.com)에서 구매할 수 있다. 일단 구매하면 무료 온라인 수업(Classes)에
서도 이용할 수 있다. 또는 강의가 담긴 USB를 구매하는 방법도 있다.

　개인적으로 CD-ROM을 제작했을 때보다 이 홈페이지의 가능성을 볼 때 가슴이 더 뛴다.
성경 헬라어를 가르치고 배울 수 있는 커뮤니티를 만드는 일은 그 가능성이 무한하다. 이 홈페
이지는 앞으로도 계속 개정할 예정인데, 지금부터 언급하는 내용은 지금 하고 있는 부분을 소

개하는 것이다.

　해당 자료들을 찾으려면, 홈페이지에서 "Classes"를 클릭하여 온라인 수업에 접속한 후, "First Year Greek"을 클릭하고 필요한 수업을 들으면 된다. 전체 자료 목록은 BillMounce.com 에 있다.

문법책을 위한 자료 안내

- **온라인 수업**(Classes). 장별로 책 전체를 학습할 수 있다.
- **단원별 개요**(Section Overview). 주요 단원을 학습하기 전에 해당 장들을 전체적으로 개관할 수 있는 동영상 강의가 들어 있다.
- **마운스와 함께하는 월요일**(Monday with Mounce). 이 블로그에는 주로 번역 이슈에 관한 내용을 다룬 글을 모았다.
- **장별 개요**(Chapter Overview). (학습 가이드를 포함하여) 각 장의 핵심 요점을 다룬 강의가 들어 있다.
- 단어학습에 필요한 기억력 향상 장치가 있으며, 학생들이 직접 만든 개인 단어장도 추가할 수 있다(30쪽을 보라).
- 분해와 번역 연습문제를 돕는 힌트가 별색으로 표시되어 있다.
- 각 장마다 자신의 실력을 점검할 수 있는 퀴즈가 있다(후에 정답을 제공한다).

이 자료들은 온라인 수업에 있는 해당 강의에서 내려받을 수 있다.

워크북을 위한 자료 안내

- 전체 워크북 정답 및 해설.
- 워크북을 위한 오디오 자료. 어려운 분해나 문장 연습에 대한 필자의 해설이 담겨 있다. 필자가 학생과 함께 강의실에 있는 것이나 마찬가지라 할 수 있다.
- 전체 워크북의 연습문제를 다룬 동영상 강의(구매용). 수업시간에 필자와 함께 앉아 있는 것이나 마찬가지이다.

수업을 위한 자료 안내

- 간략한 수업 요강.
- 키노트 또는 파워포인트로 제작한 각 장의 프레젠테이션.
- 헬라어 빙고 게임.
- 재미있는 헬라어 노래.
- 플래시 웍스(FlashWorks, 단어학습 소프트웨어).
- 헬라어, 히브리어 무료 서체.

무료 온라인 수업

모든 학생이 워크북을 장별로 학습해 가면서 온라인 수업을 열어보길 강력히 추천한다. BillMounce.com으로 가서 "Classes"를 클릭한 후, 필요한 수업을 선택하라. 그리고 현재 학습 중인 장으로 이동한 다음, 필요한 섹션으로 들어가라.

격려(Encouragement)

각 장에 실려 있는 "본문 주해 맛보기"나 학습과 관련된 블로그 등이 담겨 있다.

Encouragement

Exegetical Insight
Blog: Can You Not Sin? (1 John 3:6)
Blog: Are You "Saved" or Are You "Being Saved"? (1 Cor 15:2)
Blog: Difference between "have" and "have" (Acts 23:19)
Blog: "He" or "It" is Near (Mk 13:29)
Blog: Are branches burned, or will they be burned? (Matt 3:10)

내려받기(Downloads)

각 장에 필요한 학습 자료를 내려받을 수 있다. 전체 학습 자료는 "Orientation lesson"에서 내려받으면 된다.

Downloads

Spreadsheet of the tense forms of verbs occurring 50 times or more

---

장별 개요(Chapter Overview)

이 강의는 해당 장 전체의 핵심만 짚은 8 – 10분짜리 무료 오디오 강의이다. "학습 가이드"(Study Guide) 노트는 필기를 위한 것이며, MP3 플레이어에 오디오 파일을 내려받아 듣거나 온라인으로 들을 수 있다.

Chapter Overview

Study guide
Download the Chapter Overview for your iPod/iPad
Watch the Chapter Overview

장별 자료(Chapter Material)

내려받기가 가능한 **프레젠테이션 파일**이 있으며(키노트와 파워포인트), 강의 보기를 구매했다면 해당 장 전체를 다루는 필자의 **강의**를 보거나 들을 수 있다(만약 온라인으로 보기 원하지 않는다면, BillMounce.com 스토어에서 동영상 자료가 담긴 USB를 구매하는 방법도 있다). 한 가지 기억할 점은 "온라인 수업"은 무료로 이용할 수 있지만 전체 강의는 구매해야 한다는 것이다.

Chapter Material

Overheads (Keynote)
Lecture (purchase required) — Video | Audio
Vocabulary
FlashWorks (instructions)

단어(Vocabulary). 각 장에서 배워야 할 단어들을 보여준다. 아래로 페이지를 내리면 해당 단어를 배우는 데 도움이 되는 힌트를 볼 수 있다(다음 페이지를 보라).

Vocabulary form: ἀκούω

Definition:
I hear, learn, obey, understand

Erasmian: ▶

Modern: ▶

Frequency: 428

GK: 201

Root: ἀκου

Forms:
ἀκούσω, ἤκουσα, ἀκήκοα, -, ἠκούσθην

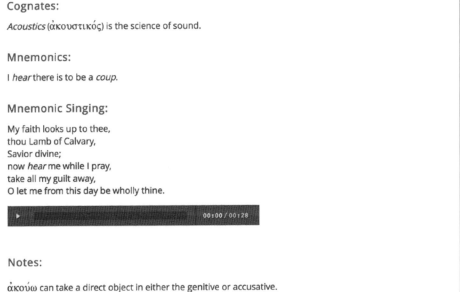

Cognates:
Acoustics (ἀκουστικός) is the science of sound.

Mnemonics:
I *hear* there is to be a *coup*.

Mnemonic Singing:
My faith looks up to thee,
thou Lamb of Calvary,
Savior divine;
now *hear* me while I pray,
take all my guilt away,
O let me from this day be wholly thine.

▶   00:00 / 00:28

Notes:
ἀκούω can take a direct object in either the genitive or accusative.

아래로 더 내려와 "Add Mnemonic"을 클릭하면, 거기에 자신만의 연상법을 기록할 수 있다. 여러분만의 연상법을 꼭 공유해 주기 바란다. 연상법을 최대한 많이 모아 보자!(이렇게 하려면 BillMounce.com에서 무료 계정을 만든 후 로그인을 해야 한다)

성구 사전(Biblical Concordance). 특정 단어가 헬라어 성경 어느 곳에 나오는지 그 위치를 전부 확인할 수 있다. 단어의 변화형(영어 음역 및 헬라어)과 분해도 보여준다. 단어의 의미 범주에 대한 이해를 높여줄 것이다.

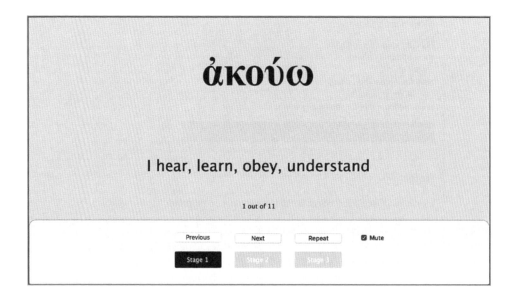

플래시 웍스(FlashWokrs). "장별 자료"(Chapter Material)를 클릭하면 하위 항목에 "플래시 웍스"(FlashWorks)가 있다. 데스크탑 버전과는 다른 웹 버전이며 몇 가지 고유한 테스트 기능이 있다. 계속 새로운 기능을 추가하고 있으므로 지침을 꼭 읽어 보기 바란다.

연습문제(Exercises)

파스 웍스(ParseWorks). "연습문제"(Exercises)에서는 워크북의 분해 문제를 푸는 데 "파스 웍스"(ParseWorks)를 사용할 수 있고, 정답도 확인할 수 있다.

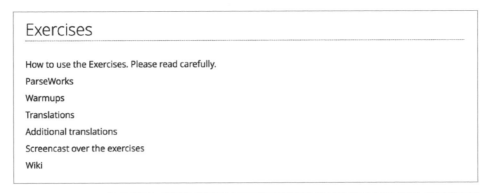

복습(Warm-up) **및 번역**(Translation). 워크북의 복습과 번역 문제도 학습할 수 있다.

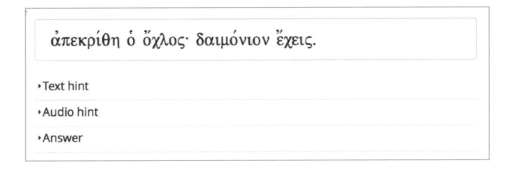

"텍스트 힌트"(Text hint)를 클릭하면, 연습문제가 그래픽 형식으로 표시되고, 일부 주요 단어에 별색이 지정된다(다음 페이지를 보라).

- 문장은 구로 나누어진다.
- 주어는 회색 배경과 파란색 점선 테두리로 표시된다.
- 목적어는 회색 배경과 빨간색 점선 테두리로 표시된다.
- 해당 장에서 배운 단어도 형태소가 별색으로 구분되어 있다(예: ἔχεις는 세 가지 색상으로 구분된다: ἔχ - ε - ις).

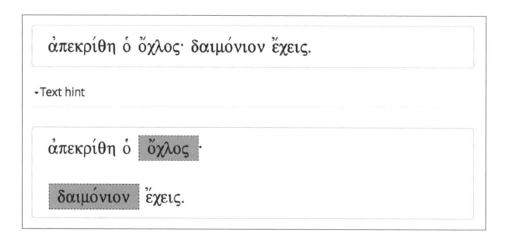

정답은 알려주지 않으면서 학생들을 도울 수 있는 가장 좋은 방법이다.

"오디오 힌트"(Audio hint)를 클릭하면, 필자가 수업에서 주는 힌트도 들을 수 있다(다시 말하지만, 정답은 알려주지 않는다).

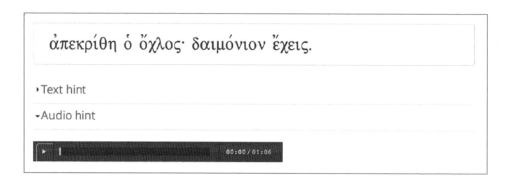

필요하면 정답도 확인할 수 있지만 남용하지 않기를 바란다. 과제를 하는 과정에서 살짝 엿보고 싶은 욕구를 스스로 억누르지 못한다면, 결코 언어를 익힐 수 없을 것이다.

> ἀπεκρίθη ὁ ὄχλος· δαιμόνιον ἔχεις.
>
> ‣ Text hint
> ‣ Audio hint
> ▾ Answer
>
> > The crowd answered, "You have a demon."

심화(Additional). 워크북에 있는 연습문제 11–20번에는 난이도가 높은 번역 문제를 실었다.
동영상 강의(Screencasts). 워크북에 있는 전체 연습문제를 다룬다.

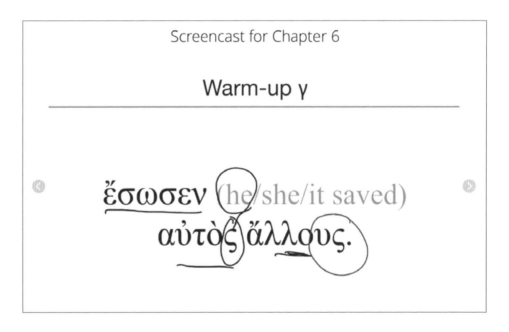

위키(Wiki). 학생들이 만든 헬라어 문장을 여기에 올릴 수 있다. 여러분이 만든 문장을 추가하여 다른 학생들에게도 도움을 주기 바란다.

평가(Assessment)

마지막으로 선생님이 출제하는 퀴즈를 미리 준비할 수 있도록 샘플 퀴즈를 풀어 볼 수 있다. 동영상 강의가 끝난 후에는 "Click to mark this lesson as completed"라는 버튼을 클릭해서, 학습 진도가 어디까지 나갔는지 기록할 수 있다.

플래시 웍스

플래시 웍스는 매킨토시나 윈도우 컴퓨터에서 사용할 수 있는 단어 학습 프로그램이다. 이 프로그램은 BillMounce.com에서 무료로 내려받을 수 있다.

플래시 웍스는 단어마다 해당 장, 품사 종류(명사, 동사, 형용사, 전치사, 기타), 난이도(1-5)가 태그로 달려 있다. 예를 들면, 15-20장에 나오는 난이도 3과 4 사이에 있는 동사를 모두 불러올 수도 있다. 그러면 단어들은 무작위로 섞이고 재미있는 게임이 시작된다. 단어를 학습해 가면서 난이도는 조절할 수 있다. 또는 플래시 웍스가 여러분의 학습 수준을 가늠하고 난이도를 자동으로 바꾸기도 한다.

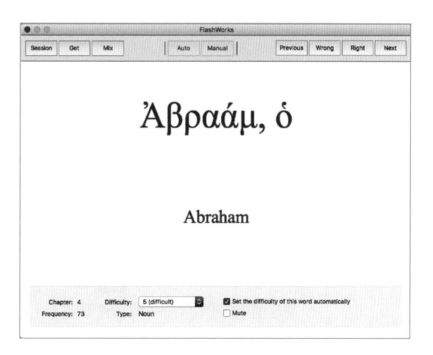

BillMounce.com/FlashWorks에서 도움말을 읽어 보면 많은 정보를 얻을 수 있다.

- 프로그램 개요
- 플래시 웍스(FlashWorks) 다운로드 방법
- 플래시 웍스 설치 방법
- 플래시 웍스 시작 및 구성의 기본 사항
- 플래시 웍스에서 음성 재생이 가능하도록 사운드 파일을 다운로드하고 설치하는 방법
- 자체 데이터베이스를 만드는 방법을 포함하여 플래시 웍스 사용 방법에 대한 자세한 정보.

플래시 웍스는 무료 프로그램이기 때문에 기술 지원을 제공할 수 없다. Facebook.com/flashworks를 사용하여 서로 도움을 주기 바란다.

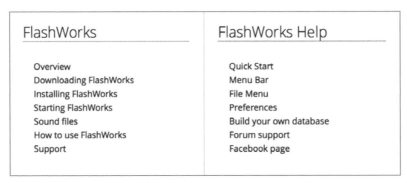

1부 | 도입

개관 1 | 1-4장

앞으로 각 단원은 배울 내용에 대한 개요로 시작한다. 웹사이트에 가면 더 자세한 멀티미디어 개요를 살펴볼 수 있다. 여기서 다루는 내용을 지금 모두 이해하지 못해도 걱정하지 말라. 시간이 지나면 이해도 깊어질 것이다.

1장

헬라어의 간략한 역사와 함께 영어와의 관계를 살피는 것으로 시작한다.

2장

헬라어를 배우기 전에 도움이 될 만한 몇 가지 학습 습관을 살펴본다.

3장

헬라어 알파벳에 있는 24개의 문자를 배우고, 그것을 어떻게 쓰고 발음하는지 익힌다. 이중모음과 숨표에 대해서도 배운다.

4장

헬라어 알파벳을 익혔으니 음절과 단어 단위로 묶고 문장부호로 구분할 차례이다. 또한 우리는 단어 학습의 놀라운 세계로 뛰어들기도 하고, 헬라어 악센트에 관한 주제를 훑어보기도 할 것이다.

1 헬라어

헬라어는 기원전 14세기부터 현재에 이르기까지 길고 장엄한 역사를 지닌 언어이다. 가장 이른 시기의 언어 형태는 "선형문자 B"(Linear B)라고 불리는 문자를 사용한 미케네 헬라어이다. 호메로스(기원전 8세기)에서 플라톤(기원전 4세기)에 이르는 작가들이 사용한 헬라어 형태는 "고전 헬라어"(Classical Greek)라고 부른다. 이 헬라어는 놀라운 형태의 언어로, 정확한 표현과 미묘한 차이를 묘사할 수 있는 능력을 갖추고 있었다. 알파벳은 히브리어처럼 페니키아 언어에서 빌려왔다. 고전 헬라어에는 여러 방언이 있었고, 그중 세 개의 주요 방언, 곧 도리스 방언(Doric), 아이올리스 방언(Aeolic), 이오니아 방언(Ionic)이 있었다. 아티카 방언(Attic)은 이오니아 방언의 한 갈래였다.

아테네는 기원전 4세기에 마케도니아의 필립 왕에게 정복당했다. 필립 왕의 아들인 알렉산더 대왕은 헬라 철학자인 아리스토텔레스에게 사사하였다. 그리고 알렉산더가 세계정복을 시작하면서 헬라 문화와 언어를 퍼트리기 시작했다. 특별히 알렉산더가 아테네 방언의 헬라어를 사용했기 때문에 이 방언이 퍼져 나갔다. 더구나 이것은 유명한 아테네 작가들이 사용했던 방언이기도 했다. 이것이 바로 헬레니즘 시대의 시작이었다.

헬라어가 전 세계로 퍼져 나가 다른 언어를 만나게 되면서, 이 언어는(모든 언어가 그런 것처럼) 변하게 되었다. 방언끼리 서로 영향을 주고받았고, 그 변화의 결과물이 우리가 오늘날 부르는 코이네 헬라어가 되었다(좀 덜 정확하지만 "성경 헬라어"라고도 한다). "코이네"는 "공용의"("common language"는 κοινὴ διάλεκτος에서 유래했다)라는 뜻으로, 사람들이 매일 쓰던 일상적 형태를 지닌 언어를 의미했다. 세련된 문학 형식을 갖춘 언어는 아니었다. 실제로 이 시대의 어떤 작가들은 작심하고 더 오래된 헬라어 문체를 모방하기도 했다(마치 오늘날 누군가가 엘리자베스 시대의 영어를 쓰는 것처럼 말이다).

코이네 헬라어는 고전 헬라어의 단순화된 형태였기 때문에, 아쉽게도 고전 헬라어가 가지고 있던 섬세함을 많이 잃어버렸다. 예를 들어, 고전 헬라어에서 ἄλλος에는 같은 종류 내에서

"다른"이라는 의미가 있었고, ἕτερος에는 다른 종류 사이에서 "다른"이라는 의미가 있었다. 만약 어떤 이가 사과를 들고 ἄλλος를 찾았다면, 그는 다른 사과를 받았을 것이다. 그러나 ἕτερος를 찾았다면, 그는 오렌지를 받았을지 모른다. 하지만 코이네 헬라어에서는 ἄλλος와 ἕτερος를 서로 바꾸어 사용할 수 있다. 코이네 헬라어는 칠십인역, 신약성경, 교부문헌, 신약 외경, 요세푸스, 플루타르코스, 필로의 일부 저작에 사용되었다.

코이네 시대는 비잔티움이 등장할 무렵인 4세기 전까지 이어졌다. 도시 이름은 콘스탄티노플에서 이스탄불로 바뀌었다. 비잔티움 헬라어는 콘스탄티노플이 오스만 투르크에 정복당한 1453년 전까지의 언어를 가리키며, 우리는 그때부터 지금까지의 헬라어를 현대 헬라어라고 부른다.

오랫동안 코이네 헬라어는 학자들을 혼란스럽게 만들었다. 고전 헬라어와 상당히 달랐기 때문이다. 어떤 학자는 헬라어, 히브리어, 아람어를 조합한 언어가 코이네라고 생각하기도 했다. 또 어떤 학자는 하나님이 성경만을 위해 특별한 언어를 창조하셨다는 의미에서 코이네를 "성령의 언어"라고 설명하기도 했다. 하지만 지난 100년간 이집트에서 발견된 헬라 파피루스에 관한 연구는 사람들이 매일 사용하는 감정적인 글, 개인 서신, 영수증, 쇼핑 리스트 등을 기록하는 데도 이 언어를 사용했다는 사실을 알려주었다.

여기서 배워야 할 두 가지 가르침이 있다. 바울은 다음과 같이 말한다. "때가 차매 하나님이 그 아들을 보내사"(갈 4:4). 여기서 때가 찼다는 말씀의 의미 가운데 하나가 바로 공용어였다. 바울은 어디를 가든 어려움 없이 언어를 이해할 수 있었다.

또 다른 가르침은 아마도 목회자의 심정과 같은 것일 텐데, 하나님께서 이 공용어를 사용하셔서 복음을 전하게 하셨다는 것이다. 복음은 박식한 사람들에게만 속한 것이 아니다. 복음은 모든 사람에게 속한 것이다. 그러므로 우리가 모든 사람을 향한 하나님의 은혜를 효과적으로 알릴 수 있도록 이 놀라운 언어를 배우는 것이 이제 우리의 사명이 된다고 할 수 있다.

여담이지만 영어의 기초가 되는 언어이기 때문에 라틴어를 배워야 한다는 말을 자주 듣는다. 하지만 사실이 아니다. 영어는 게르만어이고 라틴어는 로망스어이다.

언어는 어족(family)으로 묶을 수 있다. "원시 인도-유럽어"(Proto-Indo-European)라고 부르는 가상의 기본 언어(공통 조어)가 있다. 이 언어는 네 개의 어족으로 발전했다.

- 로망스어(라틴어, 프랑스어, 이탈리아어, 포르투갈어, 루마니아어, 스페인어 등)
- 게르만어(영어, 독일어, 덴마크어, 네덜란드어, 노르웨이어, 스웨덴어 등). 이 어족의 기초가 되는 언어를 전문적으로는 "원시 게르만어"(Proto-Germanic)라 부른다.
- 헬라어(선형 B문자, 고전, 코이네, 비잔틴, 현대 헬라어)
- 인도-이란어(이란어, 산스크리트어)

로망스어와 게르만어(각 나라의 위치를 생각해 보라) 사이에는 차용이 많았고, 이 두 어족은 모두 그리스어에서 차용해 왔다. 특히 영어는 다른 언어들의 영향을 많이 받았는데, 공통된 단어로 이를 설명할 수 있다.

- 헬라어에서 파생된 단어(didactic, apostle, theology)
- 라틴어에서 파생된 단어(aquarium, name, volcano)
- 프랑스어에서 파생된 단어(closet, resume, prestige)

반면에 히브리어와 아람어는 셈어라고 하는 또 다른 어족에서 유래했으며, 이들과 원시 인도-유럽어 사이에는 차용이 거의 없었다. 대부분의 아람어 단어가 영어 사용자에게는 (그리고 그들에게는 영어가) 이상하게 들릴 것이다.

그렇다면 왜 라틴어가 아닌 헬라어를 배워야 할까? 나는 라틴어를 배워서는 카이사르의 갈리아 전쟁기를 읽었다. 무척 흥미로웠다. 그리고 헬라어를 배워서는 성경을 읽었다. 인생이 바뀌었다.

2 헬라어 학습법

목표

이 책을 쓴 주요 목적은 하나님의 말씀을 더욱 잘 이해하고 하나님의 말씀과 더욱 분명하게 소통하도록 돕는 데 있다. 이 사실을 항상 마음에 간직하고서, 이를 통해 학습에 동기부여를 받고, 좌절의 순간에 격려를 받으며, 학업으로 녹초가 되었을 때 좀 더 멀리 볼 수 있는 시각을 가져야 한다. 이 목표를 기억하라. 곧 더 분명하고, 정확하고, 설득력 있게 하나님의 구원 메시지를 표현하겠다는 목표 말이다.

그러나 헬라어를 아는 것이 이 목적을 이루는 데 과연 필수적일까? 만일 이 사실이 우리에게 충분한 설득력을 갖지 못한다면, 우리는 그 목표에 쉽게 도달하지 못할 것이다. 다른 말로 질문해 보자. 헬라어 학습은 과연 노력할 만한 가치가 있는 것인가? 현재 우리는 수없이 많은 좋은 번역본이라는 축복을 받았다. 이 번역본들은 조심스럽게만 사용된다면 설교자가 하나님의 말씀을 이해하는 데 얼마든지 지속적인 도움을 줄 수 있다. 따라서 좋은 설교자가 되는 유일한 방법이 헬라어를 아는 것이라고 주장하는 것은 사실 정당하지 않을 수도 있다.

하지만 몇 개의 비유를 들어 설명하면 이 주장의 요점이 무엇인지 분명해질 것이다. 어떤 자동차가 현재 엔진 점검이 필요하다고 가정해 보자. 어떤 도구를 선택하겠는가? 아마 드라이버, 망치, 플라이어 세트, 쇠지렛대가 있다면 어느 정도 점검을 할 수 있을 것이다. 하지만 다른 가능성도 살펴보자. 만약 소켓 렌치가 없다면, 많은 볼트를 망가뜨릴 수 있다. 회전 스패너가 없다면, 너트의 머리 부분을 적절하게 끼우지 못할 것이다. 이게 핵심이다. 적절한 도구가 없으면 미세한 작업을 수행할 때 위험이 따르게 되고 어쩌면 엔진을 망가뜨릴 수도 있다는 점이다.

설교, 교육, 성경 공부를 준비하는 것도 이와 마찬가지다. 적절한 도구가 없으면, 본문을 다루는 능력에 제한이 따를 것이다. 예수님이 성찬을 말씀하실 때, "너희가 다 이것을 마시라"(마 26:27)고 하셨는데, 여기서 "다"가 의미하는 바는 무엇일까? 모든 음료일까, 아니면 모든 사람일까?[1] 바울이 에베소서에서 "너희는 그 은혜에 의하여 믿음으로 말미암아 구원을 받았으니 이 것은 너희에게서 난 것이 아니요 하나님의 선물이라"(엡 2:8)고 했을 때 "이것"은 무엇을 지칭할 까?[2] 바울이 "다 방언을 말하는 자이겠느냐"(고전 12:30)라고 물었을 때, 바울은 이 질문에 대해 "그렇다"(Yes)라는 대답을 전제하고 있었던 것일까?[3]

이것이 다가 아니다. 대부분 최고의 주석들을 보고 성경을 연구하는 데는 헬라어 지식이 필요하다. 헬라어를 모르면, 우리가 귀 기울여야 할 학자들이 평생을 헌신하여 만든 노력의 산 물을 맛보지 못할 수도 있다. 여기서 필자는 조금 흥미로운 현상을 발견했다.

헬라어가 절대 중요하지 않다고 필자에게 말했던 사람들은 모두 헬라어를 모르는 사람들 이었다. 참 이상한 일이지 않은가. 테니스를 전혀 모르는 사람이 테니스 레슨은 불필요하다고 말하는 상황을 상상할 수 있겠는가?

요점은 왜 헬라어를 배우길 원하는지 생각해야 하고, 그런 다음 정한 목표를 항상 놓치지 않도록 노력해야 한다는 것이다. 말을 타던 시절에 가장 영감 있는 사역을 감당했던 존 웨슬리 는 영어보다 헬라어를 더 잘 인용했다고 한다. 우리는 어느 정도까지 사역하기를 원하는가? 사 역을 위해 준비한 여러 도구가 있는데, 그중 하나로 헬라어를 갖출 수 있다면, 인간의 관점에서 볼 때도 성공을 결정하는 중요한 부분이 될 수 있다. 목표를 높게 잡고 그것을 놓치지 말라.

암기

어떤 언어를 익히든, 암기는 필수이다. 헬라어도 단어와 어미 형태, 그리고 다양한 내용을 암기 해야만 한다. 예를 들어 헬라어에서 어떤 명사가 단수인지 복수인지, 또는 한 단어가 동사의 주 격인지 대격인지 판단하는 유일한 방법은 해당 단어의 어미 형태를 구분하는 것이다. 그러므로 어미 형태를 외우지 못하면 큰 어려움이 따를 수밖에 없다.

문법과 함께 중요한 것이 단어 암기이다. 만약 본문을 번역할 때 단어마다 사전을 찾아야 한 다면, 결코 그 언어가 재밌을 수 없을 것이다. 특히 어떤 사람에게는 단어 암기가 더 어려운 일일 수 있다. 그래서 몇 가지를 제안하려고 한다.

❶ 단어와 어미형을 적은 플래시 카드를 만들어라. 주머니에 넣고 어디든 가지고 다닐 수 있다. 줄을 서서 기다릴 때나 휴식 시간, 수업 전 자투리 시간에 플래시 카드를 활용하라. 플래시

---

1   모든 사람.
2   우리의 믿음을 포함한 구원의 전 과정.
3   바울은 "아니다"라는 대답을 전제하고 있다.

카드는 시간을 절약해 줄 것이다. 3×5 사이즈로 삼등분한 색인카드가 적당하다. 필자가 이미 만들어 놓은 카드(*Basics of Biblical Greek Vocabulary Cards*[Zondervan])를 구매하거나, 단어 학습 앱을 구매해서 휴대폰에 설치할 수도 있다(BillMounce.com/apps).

❷ 무료로 내려받기가 가능한 컴퓨터 플래시 카드 프로그램인 플래시 웍스를 사용하라(35쪽을 보라). 어떤 단어가 외우기 힘들었는지 입력하면, 플래시 웍스가 해당 단어들로 퀴즈를 만들어 준다.

❸ 단어를 암기할 때 연상법을 이용하라. 예를 들어 "얼굴"(face)에 해당하는 헬라어 단어를 음역하면 '프로소폰'(*prosōpon*)이 되는데, 이것은 "pour soap on my face"(나의 얼굴에 비누를 부어라)와 같은 구절로 암기할 수 있다. 연상법이 웃길수록 더 잘 외워지므로 부끄러워하지 말길 바란다. BillMounce.com을 방문하면 필자가 만든 모든 연상법을 볼 수 있고, 학생 자신이 만든 것을 올릴 수도 있다. 이 커뮤니티에 꼭 참여하기를 권한다.

❹ 헬라어를 끊임없이 소리 내 읽고 직접 펜을 들어 반듯하게 써봐야 한다. 만일 발음이 들쭉날쭉하면 단어를 외우기가 어려워진다.

❺ 단어와 어미 형태를 큰 소리로 말하라. 학습 과정에서는 더 많은 감각을 사용하는 것이 좋다. 단어를 발음하고, 듣고, 직접 볼 수 있도록 써보라.

연습문제

헬라어를 배우겠다는 가장 큰 동기부여는 과제를 하는 과정에서 얻게 된다. 연습문제가 대부분 신약성경에서 나온 것이어서, 이를 통해 왜 이 언어를 배우는지 끊임없이 되새길 수 있다. 필자는 어떤 헬라어 지식이 성경 구절의 의미를 주석적으로나 신앙적으로 더 잘 이해하도록 도움을 줄 수 있다면, 언제든 각주를 통해 설명했다.

연습문제를 시험으로 생각해야 한다는 사실을 명심하라. 해당 장을 배우고 가능한 한 많은 연습문제를 풀고, 해당 장을 복습한 후 다시 돌아와 연습문제를 한 번 더 풀어 보라. 연습문제를 시험처럼 대할수록 내용을 더 잘 이해하게 되며 실제 시험에서도 더 좋은 성과를 얻을 수 있다. BillMounce.com에 들어가면 "온라인 수업"(Classes)에서 더 많은 샘플 퀴즈를 이용할 수 있다.

시간과 지속성

정말 소수의 사람만이 언어를 쉽게 익힐 수 있다. 하지만 대부분에게는 시간이 필요하고, 그것도 아주 많이 필요하다. 그래서 계획을 세워야 한다. 자신이 하려는 것이 무엇인지 스스로 깨닫고 필요한 시간을 투자해야 한다. 하지만 시간과 함께 중요한 것은 지속성이다. 절대 벼락치기로 시험을 쳐서는 안 된다. 그러면 헬라어를 자기 것으로 만들지 못하고, 결국 잊어버리고 만다. 매일 시간을 투자하라. 신약성경의 언어를 배우는 것은 적어도 그만큼의 가치가 있다. 기억해야 한다. "벼락치기를 하는 자는 망한다."

조력자

언어를 스스로 배울 수 있는 사람은 거의 없다. 이 사실을 더 생생히 보여주기 위해 위대한 문법학자인 A. T. 로버트슨(Robertson)이 언급한 존 브라운(John Brown)의 이야기를 인용하고자 한다.

> 해딩턴에 살던 존 브라운이 16살이 되던 해, 브라운은 서점 주인을 놀라게 했던 적이 있었다. 그가 헬라어 성경 사본을 찾고 있었기 때문이다. 브라운은 당시 맨발이었고, 누더기 같은 천으로 만든 옷을 입고 있었다. 그는 바로 스코틀랜드의 언덕에서 온 양치기였다. "그 책으로 뭘 하려는 거니?" 한 교수가 비웃으며 물었다. "제가 읽어 보려고요." 그 아이는 대답했고, 그 자리에서 요한복음 구절들을 읽어 내기 시작했다. 브라운은 평소 받고 싶어 했던 상을 가지고 의기양양하게 집으로 돌아갔지만, 곧 그가 마법사이고, 마법을 통해 헬라어를 배웠다는 소문이 퍼지기 시작했다. 브라운은 실제로 그의 실력이 마법에서 나온 것인지 추궁을 받았지만, 1746년 애버니디의 장로들과 집사들은 그에게 무죄 판결을 내렸다. 비록 성직자는 그 판결에 서명하지 않았지만 말이다. W. 로버트슨 니콜 경은 브라운의 변호 편지(*The British Weekly*, Oct. 3, 1918)를 보고 "전 세계에서 기억될 만한 편지 가운데 하나로 여겨질 가치가 있다"라고 말했다. 존 브라운은 신학생이 되었고 마침내 그 신학교의 교수가 되었다. 옥스퍼드의 맨스필드 대학 예배당에 있는 브라운의 초상화는 도드리지(Doddridge), 프라이(Fry), 차머스(Chalmers), 비네(Vinet), 슐라이어마허(Schleiermacher)와 함께 전시되었다. 그는 양을 돌보면서 스스로 헬라어를 익혔고, 문법의 도움 없이도 그것을 해냈다. 당연히 해딩턴의 젊은 존 브라운 이야기는 선생님, 문법책, 사전이 지천으로 깔렸는데도 헬라어 신약성경을 무시하는 신학생들과 바쁜 목회자들에게 부끄러움을 안겨 주어야 한다.[4]

이 이야기는 수업이라는 집단적인 도움 없이 혼자 헬라어를 배운다는 게 얼마나 예외적인 경우인지를 잘 보여준다. 자신에게 시험 문제와 퀴즈를 내줄 뿐 아니라 격려하고 지원해 줄 조력자

---

4   *A Grammar of the Greek New Testament in the Light of Historical Research*, 4th ed. (Broadman, 1934), xix.

를 찾거나, 아니면 자신이 그런 조력자가 되었으면 한다.

훈련

훈련은 핵심 요소라고 할 수 있다. 헬라어를 배우는 데 마법 같은 묘책은 없다. 훈련은 바람만 있다면 충분히 가능하다. 물론 희생이 따를 수 있다. 그러나 그 보상은 이루 말할 수 없다. 그러므로 헬라어 성경 속으로 여행을 떠난다고 생각하고 삶의 여정을 준비하라. 발견의 기쁨을 누리고 언젠가 많은 열매를 맺을 날이 있을 것이다.

▲ 위 그림은 헬라 동전이다. 다음 장을 배우고 나면 동전 뒷면에 새겨진 이름을 읽을 수 있을 것이다.
© Georgios Kollidas/www.istockphoto.com

3 알파벳과 발음

개요 ·······

앞으로 각 장은 배울 내용에 대한 개요로 시작한다. 여기서는 어떤 내용이 나올지 짐작할 수 있다. 학생들에게 각 장에서 너무 많은 내용을 배우지 않는다는 사실은 학습에 대한 동기부여가 될 것이다. 이번 장에서 배울 내용은 다음과 같다.

- 알파벳을 쓰고 발음하는 법(자음, 모음, 이중모음).
- 모음으로 시작하는 모든 단어 위에 "숨표"가 붙는다.

문법책에 있는 각주의 내용은 흥미롭기는 하지만 꼭 배워야 하는 것은 아니다. 하지만 워크북에 있는 각주는 중요하다.

헬라어 알파벳

3.1 헬라어 알파벳에는 24개의 문자가 있다.[1] 처음 배울 때는 알파벳 명칭, 소문자, 발음을 익히는 것만으로 충분하다. 음역[2]을 익히는 것도 물론 도움이 된다. 오늘날 우리가 가진 헬라어 본문에

---

[1] 원래는 알파벳이 몇 개 더 있었지만, 고전 헬라어 시기 이전에 더는 사용하지 않게 되었다. 가끔 사라진 문자의 영향을 느낄 수가 있는데, 특히 동사에서 자주 그렇다.

[2] 음역은 어떤 문자의 음가를 원음에 가깝게 다른 언어의 음가로 나타낸 것을 말한다. 예를 들면, 헬라어 "베타"(β)는 영어의 "b"로 음역할 수 있다. 하지만 헬라어에서 보이는 문자의 결합 방식이 영어에서도 비슷하게 나타난다 해도, 같은 의미를 나타내는 것은 아니다. 헬라어의 κατ가 영어의 "cat"을 의미하지는 않는다. 그러나 헬라어 "β"와 영어 "b"는 같은 소리를 내고 때때로 비슷한 기능을 하므로, 영어 "b"는 헬라어 β의 음역이라고 말한다.

서 대문자는 고유명사, 인용문에서 첫째 단어, 문장에서 첫째 단어에만 사용된다.[3]

3.2   헬라어를 어떻게 발음했는지에 대해서는 오늘날까지 의견이 분분하다. 이 책에서는 "표준" 발음(전문용어로 "에라스무스식")을 선택했는데, 이는 대부분의 학생들이 헬라어를 발음하는 방식이기도 하고, 거의 모든 문자에 각각 다른 음가가 있어 가르치기도 쉽다는 장점이 있다. 그러나 3.3의 표와 BillMounce.com의 온라인 수업에서 사용한 현대식 헬라어 발음을 선호하는 이들도 많다. 또한 표준 발음과 현대 발음 사이에는 무수히 많은 다른 발음 체계가 있다. 그런 발음 체계를 만나면 늘 그렇듯 선생님께 물어보라.

3.3   헬라어와 영어 알파벳 사이에는 유사점이 많이 있다는 사실에 주목해야 한다. 형태나 음가뿐 아니라 알파벳의 순서도 유사하다. 헬라어 알파벳은 몇 부분으로 나눌 수 있다. 일단 영어의 알파벳과 어느 정도 유사했다가, 달라진 후 다시 비슷해지기 시작한다. 이같이 자연스럽게 나뉘는 부분들을 찾아보라.

    아래의 표는 알파벳 명칭(한국어와 헬라어로), 영어 음역(이탤릭체), 대문자와 소문자 알파벳과 발음(에라스무스식 및 현대식, 두 발음이 같은 경우 표시하지 않음)을 보여준다.

명칭		음역	대문자	소문자	발음	
알파	ἄλφα	*a*	Α	α	father에서 a[4]	
베타	βῆτα	*b*	Β	β	Bible에서 b	vase에서 b
감마	γάμμα	*g*	Γ	γ	gone에서 g	yes 또는 loch[5]에서 g
델타	δέλτα	*d*	Δ	δ	dog에서 d	the에서 d

---

3   성경은 원래 문장부호, 강조 부호, 띄어쓰기 없이 모두 대문자로 쓰여 있었다. 요한복음 1:1은 ΕΝΑΡΧΗΗΝΟΛΟΓΟΣ로 시작한다. 대문자는 기원후 6세기까지 쓰였다("언셜자체"[Uncials]는 대문자 형태이다). "필기체"(Cursive) 서식은 각 문자가 서로 연결되는 방식인데, 오늘날로 말하면 손글자체와 같다. 필기체 서식은 기원후 3세기에 사용되기 시작했다. 오늘날 헬라어 성경은 요한복음 1:1이 Ἐν ἀρχῇ ἦν ὁ λόγος로 시작한다.

4   더 정확히 말하면, α는 장음일 수도 있고 단음일 수도 있다. 하지만 이 둘의 발음 차이를 구분하기가 쉽지 않으므로 지금은 α를 "father"의 "a" 발음으로 생각하자. 표준 발음에서 단음 알파는 장음 알파의 소리와 다르지 않다. 단음 알파는 "hat"의 "a"로 발음하지 않는다. 학자들은 이런 문제들을 계속해서 논의하고 있다.

5   현대 헬라어에서는 γ 뒤에 ε, η, ι 또는 υ이 올 때 "y"로 발음한다. γ 뒤에 α, ο 또는 ω가 오면 "ch"로 발음한다.

엡실론	ἒ ψιλόν	*e*	E	ε	met에서 e	
제타	ζῆτα	*z*	Z	ζ	daze에서 z	
에타	ἦτα	*ē*	H	η	obey에서 e	feet에서 ee
테타	θῆτα	*th*	Θ	θ	thing에서 th	
이오타	ἰῶτα	*i*	I	ι	intrigue에서 i [6]	"intrigue"에서 i
카파	κάππα	*k*	K	κ	kitchen에서 k	
람다	λάμβδα	*l*	Λ	λ	law에서 l	
뮈	μῦ	*m*	M	μ	mother에서 m	
뉘	νῦ	*n*	N	ν	new에서 n	
크시	ξῖ	*x*	Ξ	ξ	axiom에서 x	
오미크론	ὂμικρόν	*o*	O	ο	not에서 o [7]	note에서 o
피	πῖ	*p*	Π	π	peach에서 p	
로	ῥῶ	*r*	P	ρ	rod에서 r	약간 떨리는 소리로 발음
시그마	σίγμα	*s*	Σ	σ/ς	study에서 s	
타우	ταῦ	*t*	T	τ	talk에서 t	
윕실론	ὖψιλόν	*u/y* [8]	Y	υ	독일어 ü에서 u [9]	"intrigue"에서 i
피	φῖ	*ph*	Φ	φ	phone에서 ph	
키	χῖ	*ch*	X	χ	Loch에서 ch [10]	
프시	ψῖ	*ps*	Ψ	ψ	lips에서 ps	
오메가	ὦμέγα	*ō*	Ω	ω	tone에서 o	

6 ι는 장음("intrigue")이 될 수도 있고 단음("intrigue")이 될 수도 있다. 선생님이 어떻게 발음하는지 들어보면 차이점을 알 수 있을 것이다.

3.4 알파벳 쓰기

❶ α, β, δ, ε, ι, κ, ο, ς, τ, υ은 상응하는 영어 문자와 생김새가 비슷하다.

❷ 헬라어에는 두 개의 문자로 음역하는 네 개의 알파벳이 존재한다.

- θ는 th
- φ는 ph
- χ는 ch
- ψ는 ps

❸ 아래의 알파벳을 혼동하지 않는 것이 중요하다.

- η(에타)와 영어 "n"
- ν(뉘)와 "v"
- ρ(로)와 "p"
- χ(키)와 "x"
- ω(오메가)와 "w"

❹ 헬라어에는 두 개의 시그마가 있다. 단어 끝에서만 ς로 나타나고 다른 곳에서는 σ로 나타난다(예: ἀπόστολος).

❺ 헬라어의 모음은 α, ε, η, ι, ο, υ, ω이다.

3.5 알파벳 발음하기

❶ 알파벳을 배우는 가장 좋은 방법은 반복해서 글자를 쓰면서 가능한 한 큰 소리로 발음하는 것이다. 이 연습을 위해 BillMounce.com 3과 강의에서 제공하는 요약 강의 청취를 잊지 말라.

❷ 자음의 명칭에는 모음이 포함되어 있지만, 음가에는 포함되지 않는다. 예를 들어, μ는 "뮈"(mu)이다. 그러나 μ가 단어에 나오면 "위"(u) 소리는 사라진다.

❸ 다음 문자들은 해당하는 영어의 알파벳 음가와 비슷하다.

α β γ δ ε ι κ λ μ ν ο π ρ σ/ς τ.

❹ γ는 보통 영어 "get"에서 나는 소리와 같이 강한 "g" 소리가 난다. 하지만 γ가 γ, κ, χ, ξ 바로 앞에 나오면 "n"으로 소리가 난다. 예를 들어, ἄγγελος라는 단어는 "앙겔로스"라고 발음한

---

7   어떤 사람은 o을 "obey"의 장음 "o"로 발음하고, 어떤 사람은 "not"에서 나오는 "o" 소리로 발음하기도 한다. 현대 헬라어에서는 ω와 같이 길게 발음한다. 표준 발음에서는 ω와 o의 차이를 두기 위해 o의 "o"를 짧게 발음한다.

8   υ이 단모음으로 나올 때(앞에 모음을 두지 않을 때), "y"로 음역한다. ὑπέρ은 음역하면 '휘페르'(hyper)가 되고 αὐτός 는 '아우토스'(autos)가 된다.

9   u는 "universe"의 u이고, oo는 "book"의 oo로 보는 견해도 있다.

10   강한 스코틀랜드 억양으로 발음한다.

다(여기서 영어의 "angel"이 나왔다). γ가 "n"으로 발음되는 현상을 비음화된 감마(gamma nasal)라고 부른다.[11]

❺ α, ι는 장음일 수도 있고 단음일 수도 있다. ε, ο은 항상 단음이지만, η, ω는 항상 장음이다. "장음"과 "단음"은 모음을 발음하는 데 필요한 상대적 시간의 길이를 말한다. 장음 이오타와 단음 이오타의 경우에는, 영어 사용자라면 소리의 차이를 분명하게 구별할 수 있다. 하지만 장음 알파와 단음 알파의 경우에는, 차이를 구분하여 발음하거나 듣는 것이 훨씬 어렵다.

3.6 이중모음(Diphthongs)

❶ 이중모음은 두 개의 모음이 하나의 소리를 만드는 것이다. 두 번째 모음은 항상 ι 또는 υ이다. 이중모음은 아래와 같이 발음한다.[12]

이중모음	에라스무스식	현대식	예
οι	oil에서 oi	meet에서 ee	οικια
αυ	sauerkraut에서 au	af 또는 av	αυτος
ου	soup에서 ou		ουδε
υι	suite에서 ui		υιος
ευ	feud에서 eu	eff 또는 ev	ευθυς
ηυ	feud[13]에서 eu	eff 또는 ev	ηυξανεν

υι와 ηυ는 다른 경우보다 드물게 등장한다.

❷ 변칙적 이중모음은 모음과 이오타 하기(iota subscript)로 만든다. 이오타 하기는 작은 이오타로 α, η, ω 아래에 기록하고(ᾳ, ῃ, ῳ), 주로 단어의 마지막 문자로 나타난다. 이 이오타는 발음에는 아무런 영향을 끼치지 않지만, 번역에는 필요한 요소이므로 주의를 기울여야 한다.

---

11 대부분 비음화된 감마는 γγ의 조합에서 일어난다.

12 ωυ는 고전 헬라어에서 사용되었다. 신약성경에서는 Μωϋσῆς라는 이름에만 등장하는데, 항상 분음 부호가 붙는다. 이것은 ωυ가 이중모음이 아니라는 것을 의미한다.

13 어떤 사람은 ηυ가 영어의 "hey you"를 함께 발음할 때와 같은 소리를 낸다고 말한다.

ᾳ	ὥρᾳ
ῃ	γραφῇ
ῳ	λόγῳ

❸ 두 개의 모음이 나란히 나오고 보통은 이중모음으로 나타나지만, 이것이 이중모음이 아닌 경우에는 어떻게 표기할까? 두 모음을 각각의 소리로 발음한다는 것을 보여주기 위해 두 번째 모음 위에 분음 부호(¨)를 붙인다. αι는 보통 이중모음을 형성하지만, Ἡσαΐας의 경우 분음 부호가 있다. 이는 αι가 2음절로 발음된다는 사실을 나타낸다. 즉 Ἡ σα ΐ ας이다(영어의 naïve를 참조하라).

3.7   **숨표**(Breathing mark)

헬라어에는 두 개의 숨표가 있다. 모음이나 ρ로 시작하는 모든 단어에는 숨표가 있다.

- 거친 숨표는 (῾)인데, 이 숨표가 첫 번째 모음에 있으면 단어에 "h" 소리를 넣는다. ὑπέρ는 '휘페르'(hyper)로 발음한다. ρ나 υ으로 시작하는 모든 단어에는 거친 숨표가 온다.
- 연한 숨표는 (᾿)인데, 이 숨표가 첫 번째 모음에 있으면 발음하지 않는다. ἀπόστολος는 '아포스톨로스'(apostolos)로 발음한다.

여기에는 몇 가지 예외적인 경우가 있다.

- 단어가 대문자 단모음으로 시작하는 경우, 숨표는 모음 앞에 온다(예: Ἰσαάκ).
- 단어가 이중모음으로 시작하는 경우, 이중모음의 두 번째 모음(αἰτεω, Αἴγυπτος) 위에 숨표를 붙인다. 3.6에 나오는 단어들은 다음과 같이 쓰는 것이 맞다.

    αἴρω, εἰ, οἰκια, αὐτος, οὐδε, υἱος, εὐθυς, ηὔξανεν.

요약 ......

❶ 헬라어 알파벳을 지금 즉시 익히는 것이 중요하다. 알파벳을 익히기 전에는 그 무엇도 배울 수 없다.

❷ 알파벳의 명칭은 무엇이고 소문자를 어떻게 쓰는지, 문자를 어떻게 발음하는지 연습하라.

❸ 헬라어의 모음은 α, ε, η, ι, ο, υ, ω이다.

❹ 모음으로 시작하는 모든 단어에는 거친 숨표나 연한 숨표 중 하나가 붙어야 한다. 만약 단어가 이중모음으로 시작하면, 숨표는 두 번째 모음 위에 온다. 만약 단어가 단모음이면서 대문자로 시작하면, 숨표는 첫 번째 모음 앞에 위치한다.

❺ 이중모음은 두 개의 모음으로 구성되지만 하나의 소리로 발음된다. 두 번째 모음은 항상 ι 또는 υ이다.

❻ 변칙적 이중모음은 첫 번째 모음 아래에 ι가 붙는(이오타 하기) 이중모음이다. 이오타 하기는 발음에 영향을 끼치지 않지만, 번역에서 중요한 역할을 한다.

◀ 오늘날 그리스에서는 헬라어와 영어가 병기된 표지판을 자주 볼 수 있다. 헬라어로 된 단어를 읽을 수 있겠는가?

4 구두법과 음절 구분

본문 주해 맛보기

신약성경이 처음 기록되었을 때는 구두법이 없었다. 단어들은 띄어쓰기 없이 차례대로 기록되었다. 따라서 구두법과 장절의 구분은 상당히 후대의 사본에서 발견할 수 있다.

이 점 때문에 많은 현대 학자들이 많은 어려움을 겪고 있는데, 특정 구절의 구두점이 해석에 큰 영향을 끼치기 때문이다. 중요한 예로 로마서 9:5이 있다. 큰 단락이 *κατὰ σάρκα*("육신으로") 다음에서 끊어진다고 보면, 해당 절의 마지막 부분은 성부에 관한 진술이 된다(NEB는 "May God, supreme above all, be blessed for ever! Amen"으로 번역한다). 그러나 작은 단락이 그 지점에서 끊어진다면, 문단의 마지막 단어들은 바로 그리스도를 지칭하는 것이 된다(NIV는 "Christ, who is God over all, forever praised! Amen"으로 번역한다).

위 사실이 정말 해석상의 차이를 만들어 내는 것일까? 학자들은 대부분 그렇다고 믿는다. 만약 바울이 의도한 바가 후자의 경우라면, 우리는 이 구절을 예수 그리스도의 신성을 확증하는 명백한 증언으로 볼 수 있다. 즉 예수님은 곧 하나님이시라는 고백이 된다. 이런 모호한 구절을 번역하는 방식이 바로 번역가의 신학적 성향을 보여준다고 할 수 있다.

로버트 마운스(Robert H. Mounce)

개요

이번 장에서 배울 내용은 다음과 같다.
• 네 가지 헬라어 구두법과 세 가지 악센트 기호.

- 발음을 위해 헬라어 단어를 나누는 방법("음절 구분").
- 처음 배우는 26개의 단어.

헬라어 구두법과 발음 구별 부호

4.1 구두점(Punctuation)

부호	영어의 유사 부호	헬라어 의미
θεός,	쉼표	쉼표
θεός.	마침표	마침표
θεός·		세미콜론
θεός;	세미콜론	물음표[1]

4.2

생략 기호(Apostrophe). 어떤 전치사나[2] 접속사가 모음으로 끝나고, 다음에 오는 단어의 첫 글자가 모음일 경우, 첫 번째 단어의 마지막 모음은 생략한다. 이것을 탈락(elision)이라고 부른다. 모음이 탈락한 곳에는 생략 기호가 온다.

$$\mathrm{ἀπὸ\ ἐμοῦ \rightarrow ἀπ'\ ἐμοῦ}$$

이것은 영어의 축약과 비슷하다(예: "can't").

4.3

악센트(Accents). 헬라어 단어들은 대부분 악센트를 갖는다. 이 악센트는 모음 위에 붙어서 어떤 음절이 강조되는지 보여준다. 원래 악센트는 고저 악센트였다. 목소리가 올라가거나 내려

---

1 헬라어에서 의문문과 평서문의 형태는 반드시 다를 필요가 없다. 다시 말해 문장의 형태보다는 구두점과 문맥이 의문문과 평서문을 구분하는 핵심 단서가 된다.

2 전치사는 8장에서 자세히 살펴볼 것이다. 전치사는 "안에"나 "위에"와 같이 두 물건 사이의 관계를 설명하는 짧은 단어들이다.

가거나, 강조된 음절이 올라가거나 내려갔다. 그러다 결국 영어와 마찬가지로 강조 악센트가 되었다.[3] 대개 선생님들은 학생들이 악센트가 붙은 음절을 강조하여 발음하는 것으로도 충분하다고 생각한다.

- **애큐트**(acute)는 악센트가 붙은 음절에서 음이 약간 올라간다는 표시이다(θάνατος).
- **그레이브**(grave)는 악센트가 붙은 음절에서 소리가 약간 내려간다는 표시이다(διὰ πύλης). 본문에 그레이브가 있는 단어를 인용할 경우, 그레이브를 애큐트로 바꾸는 것이 관례이다. 예를 들어, 문장에 διὰ πύλης가 있고 첫 번째 단어를 참조하려면 διά라고 쓴다.
- **서컴플렉스**(circumflex)는 악센트가 붙은 음절에서 소리가 약간 올라갔다가 내려간다는 표시이다(γλῶσσα).

악센트의 형태 자체가 고저의 방향에 어떤 단서를 주는지 생각해 보라.

그렇다면 이제 질문은 과연 언제 어떤 악센트를 사용하는가이다. 이에 대해서는 악센트 위치의 법칙이 중요하다는 견해부터 불필요하다는 견해까지 다양하다. 성경 원본에는 이런 부호들이 존재하지 않았으며, 필자의 생각에도 이것이 초급자에게 불필요한 짐이 될 수 있으므로, 악센트 위치에 관한 법칙은 그냥 넘어가고자 한다. 그러나 가르치는 선생님에 따라 이 부분을 꼭 배워야 한다고 생각할 수 있으므로, 이 장의 심화학습에 해당 법칙을 설명해 두었다.

그러나 이것이 악센트가 불필요해서 무시해야 한다는 의미는 결코 아니다. 그와 반대로 악센트는 다음 세 가지 부분에서 큰 도움을 준다.

- **발음**. 수업에 참여하는 모든 학생이 각자 원하는 음절에 악센트를 붙인다면, 서로 말하는 것이 어려울 수 있다. 악센트가 있는 음절을 일관되게 강조하는 것이 바람직하며 통일성이 있다.
- **암기**. 매번 같은 방식으로 단어를 발음하지 못하면 단어 암기가 어려울 수 있다. 어떤 음절

---

3   영어에는 "강조" 악센트가 있다. 악센트를 받는 음절에서 해당 음절을 약간 더 강조하여 발음하는 것이다. 그러나 고전 헬라어에서 악센트는 강조가 아니라 음의 높낮이였다. 그래서 강조하는 음절을 발음할 때 목소리의 음이 약간 올라가거나 떨어졌다. 코이네 헬라어 시대에 와서는 악센트가 강조의 성격을 가지고 있었을 것이다. 그러나 현대 헬라어로 오면 악센트가 다시 음의 높낮이가 되는데, 이 때문에 몇몇 학자들은 악센트가 과거부터 지금까지 항상 음의 고저를 의미한다고 주장한다.

이와 관련해서 식인 부족에 관한 흥미로운 이야기가 있다. 이 부족은 처음으로 파송받은 두 팀의 선교사 부부를 차례로 죽였다. 이 선교사들은 부족의 언어를 배우기 위해 노력했지만, 도저히 배울 수 없었다. 이후 세 번째로 도전한 선교사 부부가 있었는데, 그들도 앞선 두 팀이 경험했던 것과 똑같은 언어의 문제를 겪기 시작했다. 그러나 대학에서 음악을 전공한 아내가 그 부족이 자신들의 언어를 이해하는 데 필수적인 음의 높낮이인 악센트를 발전시켜왔다는 사실을 깨닫게 되었다. 선교사 부부가 그 부족의 악센트는 '강조'가 아닌 '음의 높낮이'라는 사실을 깨달았을 때, 비로소 그들은 언어를 배울 수 있었고, 마침내 음악적 성격을 지닌 그 언어로 성경을 번역하게 되었다. 헬라어 악센트가 원래는 음의 고저였는데, 이 부분이 헬라어를 배우는 데 그다지 중요하지 않다는 사실, 그리고 만약 실수를 저지른다 해도 우리가 죽게 되지는 않는다는 사실이 우리에게 얼마나 다행인지 모른다.

에 악센트를 넣을지 결정하지 못한 상태에서 κοινωνία라는 단어를 암기해 보라. "코이 노 니 아"라고 네 번 끊어서 발음해 보고 매번 다른 음절에 강세를 넣어 보자. 왜 일관성이 중요한 지 알 수 있겠는가?

- **식별**. 악센트를 제외하면 형태가 같은 단어들이 몇 개 있다. τίς는 "누구?"를 의미하고, τις는 "어떤 사람"을 의미한다. 동사를 배울 때도 악센트에 대한 지식은 많은 도움이 된다. 앞으로 이런 유형의 단어나 형태가 등장하면 언급할 것이다. 그러나 헬라어 원본에는 악센트가 없 으므로 해석의 가능성이 언제나 열려 있다는 사실을 기억해야 한다.

음절 구분

4.4   음절 구분 방법

헬라어 단어를 발음하기 위해서는 음절을 구분해야 한다. 이것을 "음절 구분"(syllabification)이 라고 하며, 두 가지 방식으로 배울 수 있다.

첫째는 헬라어 단어가 기본적으로 영어와 같은 방식으로 음절이 나뉘어 있다는 사실을 인 식하는 것이다. 따라서 영어가 모국어인 사람은 "느낌이 가는 대로 말하면" 헬라어 단어의 음절 을 자동으로 구분할 수 있다. 연습문제에 있는 요한일서 1장을 보면, 음절 구분이 쉽다는 것을 알 수 있다. "온라인 수업"에 들어가면 필자가 낭독한 음원을 들을 수 있다. 음절 구분 방법은 완 벽히 숙지해야 한다. 그렇지 않으면 다음 장으로 넘어갈 수 없다.

4.5   **음절 구분의 기본 법칙.** 둘째는 음절 구분 기본 법칙을 배우는 것이다. 다음을 살펴보자.

법칙 1: 음절마다 하나의 모음(또는 이중모음)이 있다.

$$\text{ἀ κη κό α μεν} \qquad \text{μαρ τυ ροῦ μεν}$$

그러므로 모음 또는 이중모음의 수만큼 음절이 있다고 볼 수 있다.

법칙 2: (자음군[4]이 아닌) 하나의 자음은 저절로 뒤에 오는 모음에 붙는다.

$$\text{ἐ ω ρά κα μεν} \qquad \text{ἐ θε α σά με θα}$$

---

4   자음군(consonant cluster)은 두 개 또는 그 이상의 자음이 연달아 있는 것을 말한다.

단어 끝에 오는 자음은 앞에 오는 모음에 붙는다.

법칙 3: 이중모음을 형성하지 '않는' 연속되는 두 모음은 분리한다.

ἐ θε α σά με θα   Ἠ σα ΐ ας

법칙 4: 자음군을 같이[5] 발음하지 '않는' 경우에는 분리하고, 첫 번째 자음은 앞에 있는 모음에 붙는다.

ἔμ προ σθεν   ἀρ χῆς

법칙 5: 자음군을 같이 발음하는 경우에는 뒤에 오는 모음에 붙는다.

Χρι στός   γρα φή

이 유형에는 μ 또는 ν가 두 번째 문자가 되는 자음군도 포함된다.

ἐ πί γνω σις   ἔ θνε σιν

법칙 6: 이중자음은[6] 분리한다.

ἀ παγ γώλ λο μεν   παρ ρη σί α

법칙 7: 복합어는[7] 합쳐진 지점을 다시 나눈다.

ἀντι χριστός   ἐκ βάλλω

---

5   자음군이 같이 발음되는지를 확인하는 방법은, 이 자음들로 시작하는 단어가 있는지를 살펴보는 것이다. 예를 들면, 자음군 στ가 같이 발음되는 것으로 알게 된 이유는 σταυρόω라는 단어가 있기 때문이다. 어휘 사전이 모든 종류의 자음군을 보여주지는 못해도 상당히 많은 부분을 알려준다.
6   "이중자음"은 똑같은 두 자음이 연달아 있는 것을 말한다.
7   복합어는 두 개의 개별적인 단어들로 구성된다. 물론 지금은 알고 있는 단어가 없으므로 무엇이 복합어인지 말할 수 없을 것이다.

❶ 위에 있는 마침표는 헬라어의 세미콜론이고, 영어의 세미콜론은 헬라어에서 의문부호이다. 마침표와 쉼표는 생김새가 같다.

❷ 악센트에는 세 가지 종류가 있다. 악센트가 왜 생기고 어디에서 발생하는지 알 필요는 없다. 하지만 악센트가 있는 단어에는 강세를 주어 발음하라.

❸ 영어의 음절 구분은 기본적으로 헬라어의 음절 구분을 따른다. 선생님이 어떻게 단어를 발음하는지 유심히 들어보라. 음절 구분을 무의식적으로 할 수 있어야 한다.

단어학습

언어를 배울 때 가장 어려운 것 중 하나는 바로 암기, 그중에서도 단어 암기일 것이다. 그러나 언어를 즐기면서 사용하려면 단어 암기는 필수이다. 매번 모든 단어를 찾아야 한다고 가정해 보자. 얼마 지나지 않아 언어는 매력을 잃게 될 것이다. 현재 배우고 있는 성경 헬라어는 정해진 수의 단어만 있다고 할 수 있다. 여기서 통계상 몇 가지 중요한 사실이 있다.

　신약성경에는 5,423개의 단어가 있고, 이 단어들은 총 138,148번 등장한다.[8] 그러나 313개의 단어(전체의 5.78%)만이 50번 이상 나타난다. 몇 가지 이유로 필자는 50번 이내로 등장하는 단어 가운데 6개의 단어를 추가로 외우게 한다. 따라서 이 319개의 단어는 성경에서 114,069번 나오고 전체 단어 수의 80.57%를 차지하게 되는데, 이는 거의 다섯 단어 가운데 네 단어에 해당하는 횟수이다.[9] 예를 들어, καί("그리고"라는 단어)는 총 9,162번 등장한다. 이 한 단어만 배워도 전체 단어 수의 6.6%를 배우는 것이다.

　다시 말해서, 319개의 단어만 잘 외워도 상당히 많은 분량의 신약성경을 읽을 수 있다는 것이다. 단어 암기 자체를 즐기지 못한다면, 초급 수준에서는 더 많은 내용을 배워 봤자 역효과만 일으킬 뿐이다. 차라리 그 시간에 성경을 읽거나 문법을 익히는 편이 낫다. 그리고 319개의 단어는 사실 많은 양이 아니다. 다른 언어들은 대부분의 기본 교재에 2,000여 개의 단어를 수록하고 있다.

8　　모든 빈도수는 NA 28판 헬라어 성경을 어코던스로 분석한 정보이다.

9　　단어 목록에는 조금 특별한 형태의 단어들이 있다. 어떤 단어에 빈도수가 적혀 있지 않다면, 그 단어는 빈도수 집계에 포함되지 않은 것이다.

학습을 독려하기 위해 해당 단어가 몇 번 사용되었는지 괄호에 적어 두었고, 각 장의 마지막 부분에 138,148개의 단어 중 현재까지 몇 퍼센트의 단어를 학습했는지 알려주었다.

이번 장에서는 영어의 어원이 된 헬라어 단어들을 모았다("동족어"). 두 언어 사이의 유사점을 살펴보는 일은 도움이 될 수 있다. 동족어와 그 단어의 정의는 대부분 어니스트 클라인(Ernest Klein)의 대작인 『어원학 사전』(*Etymological Dictionary of the English Language*)에서 발췌한 것이며, 브루스 메츠거의 『신약성경 헬라어 단어집』에 나오는 유용한 자료들도 참조했다. 그러나 기억해야 할 것은, 영어 동족어를 기초로 헬라어 단어를 정의해서는 결코 안 된다는 사실이다. 영어는 훨씬 후대에 생긴 언어이므로 헬라어 단어의 의미에 아무런 영향을 끼치지 않았다.

이 책에서는 단순히 단어와 의미뿐 아니라, 그보다 더 많은 정보를 단어 목록에 추가시켰다는 사실에 유념할 필요가 있다. 예를 들어 ἄγγελος라는 단어는 ἄγγελος, -ου, ὁ, *ἀγγελο.와 같이 적혀 있다. 하지만 아직은 이 추가 정보를 그냥 무시해도 된다. 이 정보들이 의미하는 바는 앞으로 배우게 될 것이다.

이 책에서 제시하는 단어의 뜻("해설"이라고 불린다)은 기껏해야 해당 헬라어 단어의 의미를 어림하는 것에 불과하다. 물론 가능성이 없는 것은 아니지만, 사실 두 언어 사이에 완전히 똑같은 단어는 거의 존재하지 않는다. 단어의 뜻을 몇 가지로 제시하는 것은 헬라어 단어의 의미론적 범위를 정확히 묘사하려는 시도이다.

영어에서는 다른 의미를 구분하기 위해 세미콜론을 사용한다. 예를 들어, ἄνθρωπος의 경우 "사람; 인간; 인류."

- "사람": 남성
- "사람, 인간": 성별에 관계없이 개별적인 인간
- "사람, 인류": 한 무리의 사람들

ἄγγελος, -ου, ὁ	천사, 메신저 (*ἄγγελο, 175)
ἀμήν	진실로, 참으로, 아멘, 그렇게 되기를 (128)
ἄνθρωπος, -ου, ὁ	사람, 인류, 인간 (*ἀνθρωπο, 550)[10]
ἀπόστολος, -ου, ὁ	사도, 사절, 메신저 (*ἀποστολο, 81)
Γαλιλαία, -ας, ἡ	갈릴리 (*γαλιλαια, 61)

---

10   인간학(anthropology)은 인간을 연구하는 학문이다.

γραφή, −ῆς, ἡ	글, 성경 (*γραφη, 50)[11]
δόξα, −ης, ἡ	영광, 존엄, 명성 (*δοξα, 166)[12]
ἐγώ	나 (1,800)[13]
ἔσχατος, −η, −ον	마지막 (*ἐσχατο, 52)[14]
ζωή, −ῆς, ἡ	생명 (*ζωη, 135)[15]
θεός, −οῦ, ὁ	하나님, 신 (*θεο, 1,317)[16]
καί	그리고, 또한, 즉 (9,162)[17]
καρδία, −ας, ἡ	마음, 내적 자아 (*καρδια, 156)[18]
κόσμος, −ου, ὁ	세상, 우주, 인류 (*κοσμο, 186)[19]
λόγος, −ου, ὁ	말, 말씀, 진술, 메시지 (*λογο, 330)[20]
πνεῦμα, −ατος, τό	영(spirit), 성령(Spirit), 바람, 숨, 내적 생명 (*πνευματ, 379)[21] 여기서 "영"(Spirit)은 성령을 의미한다. 기억하라. 헬라어에는 무성 자음이 없으므로 π는 소리가 난다. 반면 영어에서는 소리가 나지 않는데, 예를 들어 "pneumatic"을 발음할 때 "p"는 소리가 나지 않는다.

11 자필(autograph)은 자신의(αὐτός) 이름을 쓰는 것이다.

12 송영(doxology)은 "찬양"(praise)의 "말"(word, λόγος, 아래를 보라)이다.

13 에고(ego)는 한 사람의 자아를 말한다.

14 종말론(eschatology)은 마지막에 일어날 일을 연구하는 학문이다.

15 동물학(zoology)은 동물을 연구하는 학문이다.

16 신학(theology)은 하나님을 연구하는 학문이다.

17 Triskaidekaphobia는 숫자 13에 대한 공포(φόβος)를 말한다. 3은 τρεῖς이고(καί) 10은 δέκα이다.

18 심장학(cardiology)은 심장을 연구하는 학문이다. κ는 영어에서 "c"가 된다.

19 우주론(cosmology)은 우주에 대해 철학적으로 연구하는 학문이다.

20 이 단어는 헬라어나 영어에서 모두 광범위한 의미를 지닌다. 이것은 입으로 말한 것을 지칭할 수도 있고, 철학적/신학적으로 사용되어 "말씀"(요 1:1-18)이 될 수도 있다. 앞에 나온 예문에서 볼 수 있듯이, λόγος(또는 여성형 λογία)는 종종 다른 단어와 결합하여 어떤 것에 대한 "연구"를 나타내기도 한다.

21 정령론(pneumatology)은 영적 존재를 연구하는 학문이다.

προφήτης, -ου, ὁ	선지자 (*προφητη, 144)
σάββατον, -ου, τό	안식일, 일주일 (*σαββατο, 68)
	σάββατον은 종종 복수형으로 나타나지만, 단수로 번역할 수 있다.
φωνή, -ῆς, ἡ	소리, 소음, 음성 (*φωνη, 139)[22]
Χριστός, -οῦ, ὁ	그리스도, 메시아, 기름 부음 받은 자 (*χριστο, 529)
	구약은 물론이고 신약의 초기 문서에서 "χριστός"는 하나의 칭호 였다. 하지만 사도행전으로 넘어가면 이 단어가 한 개인의 이름 인 예수님과 밀접한 관계를 갖게 되므로 대문자로 표기해야 한다 (Χριστός).

고유명사는 익히기가 쉽다.

Ἀβραάμ, ὁ	아브라함 (*ἀβρααμ, 73)
Δαυίδ, ὁ	다윗 (*δαυιδ, 59)
Παῦλος, -ου, ὁ	바울 (*παυλο, 158)
Πέτρος, -ου, ὁ	베드로 (*πετρο, 156)
Πιλᾶτος, -ου, ὁ	빌라도 (*πιλατο, 55)
Σίμων, -ωνος, ὁ	시몬 (*σιμων, 75)

신약성경의 전체 단어 수:	138,148
지금까지 배운 어휘 수:	26
이번 장에 나오는 단어의 신약성경 사용 횟수:	16,184

22 "소리"와 "음성"이라는 이중의미를 지닌 φωνή는 "바람"과 "영"이라는 이중의미를 지닌 πνεῦμα와 함께 요한복음 3:8에서 언어 유희를 만든다. "바람이(πνεῦμα) 임의로 불매 네가 그 소리(φωνή)는 들어도 어디서 와서 어디로 가는지 알지 못하나니 성령(πνεῦμα)으로 난 사람도 다 그러하니라." 축음기(phonograph)는 "소리를 녹음하는 물건"이다.

현재까지 배운 단어의 신약성경 사용 횟수:	16,184
신약성경에 사용된 총 단어에 대한 비율:	11.71%

11.71%라는 수치는 신약성경에 나오는 10개의 단어 중 하나 이상의 단어를 알게 되었다는 뜻이다. 10개 가운데 1개를 이미 외운 것이다. 동기부여가 되지 않는가?

심화학습

각 장을 공부하다 보면, 선생님에 따라 핵심적이라고 생각하거나 그렇지 않다고 생각하는 내용이 있다. 이 책에서는 그런 내용을 각 장의 심화학습에 담았다.

4.6 **악센트의 기본 법칙.** 악센트 기본 법칙은 다음과 같다.[23]
법칙 1: 애큐트(´)는 끝의 세 음절 중 어디에나 붙는다.

- ἀκηκόαμεν
- λόγου
- αὐτός

법칙 2: 서컴플렉스(˜)는 끝의 두 음절 중 한 음절에만 나타나고 항상 장모음 위에 붙는다. η와 ω는 장모음이다. α는 항상 장모음이다. α, ι, υ는 장모음일 수도 있고 단모음일 수도 있다.

- πλανῶμεν
- ἀρχῆς

법칙 3: 그레이브(`)는 마지막 음절에서 보통 애큐트가 붙는 단어일 때 붙는다. 해당 단어의 뒤에 구두점이 붙지 않으면 애큐트는 그레이브가 된다.

- καὶ

다시 말해, 단어의 마지막 음절에 악센트가 붙으면 그 단어는 항상 소리를 떨어뜨린다. 그러나 그 단어가 절이나 문단의 마지막에 나오면 다시 소리를 높인다.

법칙 4: 명사에 붙는 악센트는 같은 음절에 머물려는 경향이 있다. 이것을 '고정 악센트'(consistent accent)라고 부른다. 동사의 악센트는 동사의 시작점을 향해 가능한 한 앞쪽으로 나아가려는 경향이 있다. 이것을 '역행 악센트'(recessive accent)라고 부른다.

---

23 악센트에 관한 모든 법칙을 학습하려면, 필자의 책 *Morphology of Biblical Greek*을 참조하라.

4.7   추가 단어들은 아래와 같다. 영어와 유사한 단어는 무엇인가? 그러나 이 단어들을 지금 당장 암기할 필요는 없다.

단어	뜻	단어	뜻
ἀγάπη	사랑	λίθος	돌
ἀδελφός	형제	μέγας	큰, 넓은
ἅγιος	거룩한	μήτηρ	어머니
αἷμα	피	Μωϋσῆς	모세
ἁμαρτία	죄	νόμος	법, 율법
γλῶσσα	혀, 언어	παραβολή	비유
ἐκκλησία	교회, 회중, 집회	πατήρ	아버지
ἔργον	일, 노동	πρεσβύτερος	장로, 더 늙은
εὐαγγέλιον	좋은 소식, 복음	πῦρ	불
θάνατος	죽음	ὕδωρ	물
θρόνος	왕좌	Φαρισαῖος	바리새인
Ἰησοῦς	예수님	ψυχή	영혼, 생명, 자기 자신
Ἰσραήλ	이스라엘		

2부 | 명사 체계

개관 2 | 5-9장

본격적인 문법 학습으로 들어가기 전에 항상 해당 범위에서 다룰 내용을 간략히 둘러볼 수 있도록 기획했다. 멀티미디어로 만든 좀 더 자세한 '개관'도 웹사이트를 통해 볼 수 있다. 혹시 여기에서 말하는 내용을 다 이해하지 못하더라도 걱정할 필요는 없다. 시간이 지나면 더 분명하게 이해할 수 있을 것이다.

5장

5-9장은 명사 체계를 소개하고 있다. 5장에서 영어의 명사 문법을 설명한 다음, 격을 설명하는 6장으로 넘어간다.

6장

영어는 어순을 이용하여 문장의 의미를 결정한다. 다음 문장을 생각해 보자.

"The student ate dinner"(그 학생은 저녁을 먹었다).

누가 무엇을 먹었는가? 학생이 저녁을 먹은 것인가, 저녁이 학생을 먹은 것인가? 그것을 어떻게 알 수 있는가? 그 학생이 먹었다는 사실을 알 수 있는 이유는, 문장의 어순에서 "student"가 "ate" 앞에 있기 때문이다. 여기서 학생은 무엇을 먹었는가? 바로 저녁이다. 그것을 어떻게 알 수 있는가? 문장의 어순에서 "dinner"가 동사 뒤에 있기 때문이다.

동사의(위의 경우 "ate") 행위를 실행하는 단어는 주어이고("student"), 주어격으로 온다. 동사의 행위를 받는 단어는 직접 목적어이고("dinner"), 목적격으로 온다.

그러나 헬라어는 어순에 얽매이지 않는다. 그 대신 단어에 여러 접미사를 붙인다. 그런 접미사들을 "격어미"(case endings)라고 부른다. 다음 문장을 보자.

ὁ θεὸς ἀγαπᾷ τὸν κόσμον.

ὁ θεός는 "하나님"을 의미하고, ς는 이 단어가 동사 ἀγαπᾷ("사랑하다")의 주어임을 나타낸다. 헬라어에서 이것이 주격이다. κόσμον은 "세상"이라는 뜻이고, ν는 이 단어가 동사의 직접 목적 어임을 나타낸다. 헬라어에서 이것은 대격이다. 위 문장의 어순을 바꾼다 해도 의미는 같다.

ἀγαπᾷ τὸν κόσμον ὁ θεός.

어순에 상관없이 "하나님이 그 세상을 사랑하신다"는 뜻이다. θεός 앞의 ὁ와 κόσμον 앞의 τόν 은 관사의 다른 형태이다. 보통은 "그 세상"의 경우처럼 "그"로 번역한다. 하지만 헬라어에서 ὁ 는 영어와 다르게 사용된다. ὁ θεός의 경우처럼 고유명사에도 정관사를 붙인다. 번역에서는 ὁ 를 무시할 수 있다.

7장

영어에서는 "God's word"와 같이 단어의 끝에 "'s"를 붙여 소유격을 표현한다. 또는 "the word of God"과 같이 전치사 "of"를 사용하기도 한다.

그러나 헬라어에서는 속격 어미를 단어에 붙여 소유의 개념을 표현한다. ὁ λόγος τοῦ θεοῦ 는 "하나님의 말씀"이라는 뜻이다. θεοῦ에 있는 마지막 문자 υ는 이 단어가 속격임을 나타낸다 (τοῦ는 관사 ὁ의 다른 형태이다).

간접 목적어는 동사의 행위와 간접적으로 연관된 단어라고 할 수 있다. 다음 문장을 살펴보자.

"Karen threw Brad the ball"(카렌이 브레드에게 그 공을 던졌다).

직접 목적어는 "공"(ball)이다. 그녀가 공을 던졌다. 하지만 그녀는 공을 브레드에게 던졌다. 브 레드는 간접 목적어이다(만약 브레드가 직접 목적어였다면, 브레드는 화가 많이 났을 것이다). 헬라어 는 간접 목적어를 여격으로 표현한다. 헬라어에서 여격은 단어에 여격 어미를 붙여서 만든다. 여격은 "~에 의해", "~안에", "~에게" 등과 같은 의미로도 잘 사용된다.

8장

8장부터 전치사를 보게 된다. 이 짧은 단어들은 특정 객체들 사이의 관계를 설명하는데, "~안 에", "~아래", "~주위에", "~을 통하여" 등을 의미한다. 헬라어에 특별한 점이 있다면, 전치사 가 그 뒤에 오는 단어(전치사의 목적어)를 결정한다는 사실이다. ἐν은 "~안에"라는 의미이고 전치사의 목적어로 항상 여격이 온다. ἐν τῷ θεῷ는 "하나님 안에"를 의미한다.

다른 전치사들도 다른 격의 목적어를 취할 수 있으며, 많은 전치사가 하나 이상의 격을 목적어로 갖는다. 후자의 경우 전치사의 의미는 목적어의 격에 따라 달라진다. μετὰ τοῦ θεοῦ(속격을 목적어로 가질 때)는 "하나님과 함께"라는 뜻이고, μετὰ τὸν θεόν(대격을 목적어로 가질 때)은 "하나님 다음에"라는 뜻이다.

"나는 ~이다"(I am), "너는 ~이다"(you are), "그들은 ~였다"(they were) 등의 모습으로 나타나는 be 동사 "~이다"(to be)는 대격의 목적어가 아니라, 술어적 주격(predicate nominative)을 갖는다. ὁ θεός ἐστιν ἀγαθός는 "하나님은 선하시다"를 뜻한다. ἐστιν은 be 동사의 한 형태이고 ἀγαθός는 주격이다.

9장

이 장에서는 형용사, 즉 명사나 대명사를 수식하는 단어에 대해 배운다. 다음 문장을 살펴보자.

"The angel sent the good apostle"(그 천사가 그 선한 사도를 보냈다).

"선한"(ἀγαθός)은 "사도"(ἀπόστολος)에 관한 무언가를 말하고 있다. 헬라어에서 모든 명사는 격뿐만 아니라 수(단수, 복수)와 성(남성, 여성, 중성)도 가지고 있다. 형용사는 반드시 수식하는 단어와 격, 수, 성이 일치해야 한다. 위의 문장에서 "사도"는 대격이고(직접 목적어이기 때문에), 단수이며(단 한 명이기 때문에), 남성이다. 이는 헬라어로 ἀπόστολον이 된다. "선한"(good)이 수식하고 있기에, ἀγαθός 역시 대격 단수 남성이어야 한다. 따라서 ἀγαθόν이 된다.

▲ 이것은 파피루스 사본 𝔓46이다. 2세기 후반에서 3세기 초반 사이에 기록된 것으로 추정되며 바울 서신 대부분이 포함되어 있다. 여기에 실린 본문은 로마서 11:36이다. 이 사진은 미시간 대학교(University of Michigan) 대학원 도서관, 파피루스학 컬렉션, P. Mich. Inv 6238에서 가져온 것인데, 신약 사본 연구 센터(Center for the Study of New Testament Manuscripts)(www.csntm.org, 대니얼 월리스 박사가 소장으로 있음)에서 디지털화한 것이다. 허가를 받아 사용했으며, 필사 내용을 좀 더 명확히 알아볼 수 있도록 화질을 약간 개선했다.

5   영어의 명사 개요

개요 ···

이번 장에서 배울 내용은 다음과 같다.
- 영어 문법에 사용되는 용어들(어미 변화, 격, 수, 성, 기본형)
- 그 외의 용어들: 관사, 술어적 주격, 격변화
- 품사(명사, 형용사, 전치사, 주어/서술어)
- 동사에 관한 간략한 소개

···

들어가기

5.1   조금 이상하게 들릴 수도 있지만, 우리가 가장 먼저 극복해야 할 장애물은 부족한 영어 문법 지식이다. 어떤 이유가 되었든 많은 이들이 헬라어 문법을 배우는 데 필요한 영어 문법을 모르고 있다. 격이 무엇인지 모르면 헬라어 주격에 대해 배울 수 없다. 먼저 기어다니는 법을 배워야 걷는 법도 배울 수 있기 때문이다.

따라서 이번 장에서 명사와 관련된 영어 문법을 간단히 소개하고 난 다음, 헬라어 명사에 대한 논의를(6-14장) 시작하려고 한다. 또한, 다른 장과 연관된 중요한 영어 문법도 간단히 소개하겠다. 이번 장은 상당히 많은 내용을 담고 있다. 하지만 학생에게 지나친 부담을 주려고 이 장에 많은 내용을 담은 것은 결코 아니다. 단지 명사를 간략히 소개하고 언제든 참조할 수 있도록 중심만 잡아주고자 한다. 그래서 나중에 언제든 질문이 생기면 이 장을 다시 참조할 수 있도록 말이다.

5.2 　단어는 가끔 그 형태가 변화하는데 이를 **어형변화**(infliction)라고 부른다.

- 어떤 단어는 문장 내에서 다른 기능을 수행할 때 그 형태가 바뀐다. 예를 들어 인칭대명사가 주어로 사용될 때는 "그녀"(she)가 되지만(예: "She is my wife"[그녀는 나의 아내이다]), 직접 목적어로 사용될 때는 "그녀를"(her)로 형태가 변한다(예: "The teacher flunked her"[그 선생님은 그녀를 낙제시켰다]).
- 어떤 단어는 의미가 변할 때 형태도 바뀐다. 예를 들어 남성을 나타내는 인칭대명사는 "그"(he)이고, 여성을 나타내는 것은 "그녀"(she)이다. 왕과 왕비가 한 명의 아들을 가지고 있다면 "왕자"(prince)이지만, 둘이 있다면 "왕자들"(princes)이 된다. 만약 아이가 여자라면 "공주"(princess)라고 부른다.

이 모든 변화가 어형변화의 예라고 할 수 있다. 대부분의 다른 언어들과 비교해 볼 때 상대적으로 영어는 큰 어미 변화를 갖지 않는다. 반면, 헬라어는 크게 변한다. 단어들은 대부분 문장 내에서 각각의 기능과 의미에 따라 형태가 변한다. 다음에 나오는 문법 개념은 영어와 헬라어 단어 형태에 모두 영향을 주는 사항들이다.

5.3 　**격**(Case). 단어들은 문장 안에서 다른 기능을 수행할 수 있다. 이렇게 다른 기능을 "격"이라고 부른다. 영어에는 주어격, 소유격, 목적격 이렇게 세 가지 격이 있다. 단어들 대부분이 형태를 그대로 유지하지만, 몇몇 단어들은 기능이 바뀔 때 형태도 바뀐다(이후에 제시하는 예문에서 인칭대명사 '그'가 해당 격에 따라 변하는 모습을 볼 수 있다).

1. 주격(Subjective case)

어떤 단어가 문장의 **주어**라면, 그 단어는 **주격**에 해당한다("He is my brother"[그는 나의 형제이다]). 주어는 능동태 동사의 행동을 수행하는 주체이다.

- 문장 내에서 주어는 보통 동사 앞에 있는 첫 번째 명사(또는 대명사)이다. 예를 들어, "Bill ran to the store"(빌은 가게로 달렸다)나 "He broke the window"(그가 창문을 깼다) 등의 어순은 빌과 그가 각각 동사의 주어임을 말해 준다.
- 그러나 종종 어떤 단어가 주어인지 구별하기 어려울 때가 있다. 그럴 경우, "누가"나 "무엇이"라는 질문을 통해 주어를 찾을 수 있다. 누가 가게로 달렸는가? 빌이다. 무엇이 창문을 깨뜨렸는가? 그이다.

2. 소유격(Possessive case)

어떤 단어가 소유를 의미한다면, 그 단어는 **속격**에 해당한다("His Greek Bible is always by his bed"[그의 헬라어 성경은 언제나 그의 침대 옆에 있다]).

3. 목적격(Objective case)

어떤 단어가 **직접 목적어**라면, 그 단어는 **대격**에 해당한다. 직접 목적어는 동사의 행동에 직접 영향을 받는 사람이나 사물이다. 다시 말해 동사가 어떤 행동을 하든지 직접 목적어에 행한다는 말이다("The teacher will flunk him if he does not take Greek seriously"[만일 그가 헬라어를 진지하게 공부하지 않는다면, 그 선생님은 그를 낙제시킬 것이다]).

- 직접 목적어는 대부분 어순에 따라 동사 뒤에 온다. 예를 들어, "Robin passed her test"(로빈은 그녀의 시험을 통과했다)나 "The waiter insulted Brian"(종업원이 브라이언을 모욕했다)에서 '시험'과 '브라이언'이 직접 목적어이다.
- 직접 목적어는 "무엇을"이나 "누구를"이라는 질문을 통해 찾을 수 있다. 로빈은 무엇을 통과했는가? 시험이다. 종업원이 누구를 모욕했는가? 브라이언이다.

격	기능	예문
주격	주어	"He borrowed my computer"(그가 나의 컴퓨터를 빌려갔다).
속격	소유	"He borrowed my computer"(그가 나의 컴퓨터를 빌려갔다).
대격	직접 목적어	"He borrowed my computer"(그가 나의 컴퓨터를 빌려갔다).

위의 예문에서는 격에 따라 쉽게 형태가 변하는 대명사 "그"(he)를 사용했다. 하지만 속격을 제외한 단어들은 대부분 그 형태가 거의 변하지 않는다. 예를 들어 "선생님"(teacher)이라는 단어는 그것이 주어이든("The teacher likes you"[선생님이 너를 좋아한다]) 직접 목적어이든("You like the teacher"[너는 선생님을 좋아한다]) 형태가 변하지 않는다. 하지만 속격은 's가 덧붙어 형태가 변한다("She is the teacher's pet"[그녀는 그 선생님의 애제자이다]).

5.4   **수(Number).**   단어는 그 단어가 하나를 나타내느냐, 하나 이상을 나타내느냐에 따라 **단수**가 되거나 **복수**가 된다. 예를 들면 다음과 같다. "Students(복수) should learn to study like this student(단수)"(학생들은[복수] 이 학생[단수]처럼 공부하는 것을 배워야 한다).

5.5 **성**(Gender). 어떤 단어들, 특히 대명사들은 해당 단어가 **남성**이냐 **여성**이냐 **중성**이냐에 따라 형태가 변한다. "He(남성) gave it(중성) to her(여성)"(그가[남성] 그녀(여성)에게 그것(중성)을 주었다)라는 문장에서 He, it, her는 모두 3인칭 단수 인칭대명사의 다른 형태들이다.

또 다른 예로 "왕자"(prince)라는 단어를 보자. 왕권을 이을 자가 남성일 때는 "왕자"(prince), 여성일 때는 "공주"(princess)가 된다. 그러나 대부분의 영어 단어는 다른 성을 나타내기 위한 목적으로 형태가 변하지는 않는다. "선생님"(teacher)은 남성과 여성 모두를 의미한다. 만약 어떤 단어가 남성도 여성도 나타내지 않는다면 그것은 중성이다.

5.6 **자연적 성**(natural gender)이란 어떤 단어가 가리키는 대상의 성을 그대로 받는 것을 의미한다. 바위를 "그것"(it)으로 부르는 이유는 바위는 남성도 여성도 아니기 때문이다. 하지만 남자는 "그"(he)로 여자는 "그녀"(she)로 부른다.

5.7 **어미 변화**(Declension). 영어에는 단수를 복수로 만드는 여러 가지 방법이 있다. 대부분 "s"(books)를 더하여 복수를 만들지만, 단어 안의 모음을 바꾸어 복수를 나타내기도 한다(man → men). 다른 방식으로 복수를 만들지만 기능은 같다. 단어의 의미만 생각한다면 복수를 만드는 방법은 사실 중요하지 않다. 만일 "childs"가 존재하는 단어였다면 "children"과 함께 사용되었을 것이다.

어미 변화는 어형변화의 한 형태이다. 영어는 더는 어미 변화를 하지 않지만[1], 그 패턴은 남아 있다. 단어에 "s"나 "es" 더하여 복수를 만들기도 하고 때때로 어간의 모음을 바꾸기도 한다 (예: goose → geese).

품사

5.8 **명사**(Noun). 명사는 어떤 사람이나 사물을 가리키는 단어이다. "빌이 그의 커다란 검은 책을 그 이상한 선생님에게 던졌다"라는 문장에서 "빌", "책", "선생님"이 명사이다.

5.9 **형용사**(Adjective). 형용사는 명사(또는 다른 형용사)를 수식하는 단어이다. 위의 문장에서 명사를 수식하고 있는 "커다란", "검은", "이상한"이 형용사이다. "어두운 갈색 성경은 너무 비싸다"라는 문장에서 "어두운"은 또 다른 형용사 "갈색"을 수식하는 형용사이다.

---

1 오늘날의 영어에도 옛 변화 체계의 흔적이 남아 있다. 특히 대명사에서 잘 나타난다(who → whom). 하지만 격과 관련한 체계는 중세 영어 시대부터 사라진다.

5.10   **전치사**(Preposition). 전치사는 두 단어 사이의 관계를 보여주는 단어이다. 이 관계는 공간이나 ("헬라어 성경이 침대 밑에 있다"[The Greek text is <u>under</u> the bed]), 시간을 나타낼 수 있다("그 학생은 항상 축구를 한 후에 공부한다"[The student always studies <u>after</u> the ball game]).

전치사 바로 다음에 나타나는 단어나 어구는 전치사의 목적어이다(첫째 문장의 "침대"와 둘째 문장의 "축구"). 전치사, 전치사의 목적어, 수식어를 하나로 묶어 "전치사구"(the ball game)라고 부른다.

5.11   **주부와 술부**(Subject and predicate). 하나의 문장은 두 부분으로 나눌 수 있다. **주부**는 동사의 주어와 주어를 수식하는 부분을 가리키며, **술부**는 동사나 직접 목적어 등과 같이 문장의 나머지 요소들을 가리킨다.

5.12   **정관사**(Definite article). 영어의 경우 정관사는 "the"이다. "The student is going to pass"(그 학생은 합격할 것이다)라는 문장에서 정관사는 특정한 한 학생을 가리킨다(하지만 그가 누구인지 알기 위해서는 문맥을 살펴야 한다).

5.13   **부정관사**(Indefinite article). 영어의 경우 부정관사는 "a"이다. "A good student works every day on her Greek"(좋은 학생은 매일 헬라어를 공부한다)라는 문장에서 관사는 부정관사이다. 특정한 한 학생을 나타내고 있지 않기 때문에, 누구에 대해 말하고 있는지 불분명하다. 만일 부정관사 뒤에 따라오는 명사가 모음으로 시작하면 부정관사는 "an"이 된다.

헬라어의 주어와 동사

5.14   동사와 관련된 본격적인 학습은 15장 이후부터 시작한다. 지금은 명사를 배우고 익히는 데 집중할 것이다. 하지만 연습문제를 이해하기 위해서 알아 두어야 할 중요한 문법 사항이 한 가지 있다. <u>헬라어 동사의 어미는 인칭과 수를 알려준다</u>는 것이다. "나"와 "우리"는 1인칭이고, "너"는 2인칭이며, 다른 것은 모두("그", "그녀", "그것", 모든 명사) 3인칭이다.
- γράφεις는 "너는 쓴다"라는 뜻이다. γράφεις의 어미 εις를 보고 이 동사의 주어가 "너"라는 것을 알 수 있다.
- γράφει는 "그가 쓴다", "그녀가 쓴다", "그것이 쓴다"라는 뜻이다. γράφει의 어미 ει를 보고 이 동사의 주어가 "그", "그녀", "그것"이라는 것을 알 수 있다.

연습문제를 통해서 동사를 어떻게 해석해야 하는지 훈련할 수 있다.

5.15   위의 내용으로 내릴 수 있는 중요한 결론은 헬라어 문장에는 명시된 주어가 필요하지 않다는 점, 다시 말해 주어가 동사 안에 포함될 수 있다는 것이다. 따라서 σὺ γράφεις와 γράφεις는 모두 "너는 쓴다"라고 번역할 수 있다. "너"라는 의미는 대명사 σύ 뿐만 아니라 동사의 어미에서도 알 수 있다.

연습문제에서 동사를 번역하는 문제일 경우, 항상 대명사(예: "그", "그들", "우리")를 기록해 놓을 것이다. 만일 명시된 주어가 있다면, 대명사를 사용해서는 안 된다.

ἄνθρωπος γράφει(그/그녀/그것이 쓴다) τὸ βιβλίον.
한 사람이 그 책을 쓴다.

이 문장을 "한 사람이 그가 그 책을 쓴다"라고 번역하면 안 된다. 그냥 간단히 "한 사람이 그 책을 쓴다"라고 번역하면 된다. 하지만 주어가 명시되어 있지 않으면(즉 ἄνθρωπος가 없으면), "그가 그 책을 쓴다"라고 번역한다.

5.16   하나 더 말하면, γράφει는 "그가 쓴다", "그녀가 쓴다", "그것이 쓴다"를 의미할 수 있다. 어미 ει는 세 가지 성 모두에 사용된다. 어떤 성이 적절한지는 문맥에 달려 있다. 15장 이전에 나오는 모든 연습문제에는 세 가지 대명사가 적혀 있다. 이 중 문맥을 고려하여 적절하게 번역하는 것은 여러분의 선택에 달려 있다.

ὁ θεὸς ἀγαπᾷ(그/그녀/그것이 사랑한다) τὸν κόσμον.
하나님은 세상을 사랑하신다.

▲ 이 문서는 12세기에서 14세기 사이에 제작된 성구집으로, 마태복음과 요한복음의 일부가 기록되어 있다. 이 사진은 신약 사본 연구 센터(Center for the Study of New Testament Manuscripts, www.csntm.org, 대니얼 월리스 박사가 소장으로 있음)에서 제공받았고, 신약성경 본문 연구소(Institut für Neutestamentliche Textforschung)의 허가를 받아 사용했다.

6 주격과 대격, 관사
(1, 2변화 명사)

본문 주해 맛보기

주격은 문장의 주어가 되는 격을 말한다. 주어가 "~이다"와 같은 등식동사(equative verb, 주어를 어떤 것과 대등하게 나타내는 동사)를 취할 때, 다른 명사 역시 주격(술어적 주격)으로 나타난다. "존은 남자다"(John is a man)라는 문장에서 "존"은 주어이고 "남자"는 술어적 주격이다. 영어에서 주어와 술어적 주격은 어순에 의해 구별되지만(주어가 먼저 온다) 헬라어에서는 그렇지 않다. 본래 헬라어 어순은 꽤나 유연하며, 엄격한 문법으로 기능하기보다는 강조를 의미한다. 그러므로 다른 방식으로 주어와 술어적 주격을 구분한다. 예를 들어 두 개의 명사 중 하나가 관사를 가지고 있다면 그것이 주어이다.

　　앞서 언급한 대로 헬라어 어순은 강조점을 나타낸다. 일반적으로 문장의 맨 처음에 있는 단어에 강조점이 온다. 좋은 예로 요한복음 1:1을 들 수 있다. 영어 성경은 대부분 "and the Word was God"(이 말씀은 곧 하나님이시니라)의 어순으로 번역하지만, 헬라어 성경은 그 역순이다.

καὶ	θεὸς	ἦν	ὁ	λόγος
and	God	was	the	Word.
그리고	하나님	이셨다	그	말씀.

"그 말씀"(the Word)이 정관사를 취하고 있으므로 문장의 주어라는 사실을 알면 다음과 같이 번역할 수 있다. "그리고 그 말씀은 하나님이셨다." 여기서 두 가지 신학적 질문을 할 수 있다. (1) 왜 θεός는 앞쪽에 위치하는가? (2) 왜 관사를 취하지 않았는가?

간략히 말하면,[1] 문장의 처음이라는 이 두드러진 위치는 단어의 핵심과 본질을 강조한다고 할 수 있다. "하나님이 누구셨는가 하면 바로 그 말씀이셨다"로 번역하면 강조가 더욱 잘 드러난다. 정관사가 없다는 사실은 "이 말씀"(예수 그리스도)의 위격과 "하나님"(아버지)의 위격이 서로 동일시되는 것을 방지하고 있다. 다시 말해, 문장의 어순은 예수 그리스도가 아버지가 가진 모든 신적 속성을 지니고 있다는 것을 알려준다. 그러나 관사가 없다는 것은 예수 그리스도가 곧 아버지는 아니라는 사실도 함께 말해 준다. 이 요한의 문장은 정말 아름답게 요약된 문장이며, 그 어디에서도 찾아볼 수 없는 고상하고 간략한 신학적 진술이다. 루터가 말했듯이 관사가 생략됨으로 인해, 이 문장은 사벨리우스파와 아리우스파에도 반대하고 있다. 상이한 헬라어 문장 구조가 어떻게 번역되는지 확인해 보자.

καὶ ὁ λόγος ἦν ὁ θεός

"and the Word was the God"

"그리고 그 말씀은 그 하나님이셨다"

(그 말씀을 곧 성부 하나님으로 봄. 사벨리우스파)

καὶ ὁ λόγος ἦν θεός

"and the Word was a god"

"그리고 그 말씀은 하나의 신이었다"

(아리우스파)

καὶ θεὸς ἦν ὁ λόγος

"and the Word was God"

"그리고 그 말씀은 하나님이셨다"

(정통파)

예수 그리스도는 하나님이고 아버지가 가진 모든 속성을 갖고 있다. 그러나 예수님이 삼위일체의 첫째 위격은 아니다. 이 모든 사실이 καὶ θεὸς ἦν ὁ λόγος라는 문장에 간결하게 표현되어 있다.

대니얼 월리스

1   이 구절은 Wallace, *GGBB*, 266-269쪽에서 더 자세히 다루고 있다.

이번 장에서는 배울 내용은 다음과 같다.

• 1변화 명사와 2변화 명사의 구별

• 두 종류의 격과 그 어미: 주격(주어가 되는 명사)과 대격(직접 목적어가 되는 명사)

• 정관사 "the"의 형태와 수식하는 명사의 "일치"

• 효과적인 번역을 위한 두 가지 힌트

• 여덟 가지 명사 법칙 중 첫 세 가지 법칙

들어가기

6.1   이번 장은 이 책에서 가장 길다. 여러분이 이번 장에서 중요한 개념들을 처음 만나게 되므로 충분히 다루려고 했다. 대부분은 문법 사항이고 외워야 할 내용은 그렇게 많지 않으니 겁낼 필요는 없다. 이번 장의 중반부에는 "중간복습"도 있고 마지막에는 "요약"도 있다.

이 책의 각 장은 다음과 같은 구성을 따른다.

• 모든 장은 "본문 주해 맛보기"로 시작한다. 각 장에서 배우게 될 몇 가지 요점을 실제로 보여주기 위해 실은 것이다.

• "개요"는 해당 장에서 배울 내용을 간략히 설명한다.

• "영어로 개념 잡기"는 영어 문법과 헬라어 문법의 관계를 다룬다.

• 헬라어 문법

• 전체 내용 요약

• 단어학습

• 어떤 장에는 "심화학습"과 "주해 원리"가 있다.

• 대부분의 장에 "중간복습"이 있다.

6.2 　이번 장에서 알아야 하는 모든 영어 문법은 이미 5장에서 다루었다.

헬라어 문법

헬라어 명사의 형태

6.3 　다음의 설명에 나오는 어미들은 암기하지 말고, 어미 변화가 어떻게 일어나는지만 확인하라.

격어미(Case ending). 헬라어 단어의 격은 "격어미"로 표시하는데, 단어의 끝에 붙는 접미사이다. 예를 들어 "사도"라는 헬라어 단어의 어간은 ἀποστολο이다.
- 만약 이 단어가 동사의 주어 기능을 한다면, 이 단어는 주격 어미, ς(ἀπόστολος)를 취한다.
- 만약 이 단어가 동사의 직접 목적어 기능을 한다면, 이 단어는 대격 어미, ν(ἀπόστολον)를 취한다.

> ὁ ἀπόστολος πέμπει τὸν ἀπόστολον.
>
> 그 사도가 그 사도를 보낸다.

영어의 경우 보통은 단어의 기능을 결정하기 위해 어순을 사용한다. 어떤 단어가 동사의 주어이면 동사 앞에 오고, 동사의 직접 목적어이면 동사 뒤에 온다. 하지만 헬라어는 **어순이 아닌** 격어미가 단어의 기능을 나타낸다. 그러므로 격어미를 잘 배우는 것이 매우 중요하다. 다음의 내용은 특정한 상황에서 어떤 격어미가 사용되는지에 영향을 주는 요소들이다.

6.4 　**어간**(Stem). 명사에서 격어미를 제거하면 어간이 남는다. λόγος의 어간은 λογο이다. 한 단어의 실제 의미를 담고 있는 것이 바로 어간이다. 단어의 어간을 식별할 줄 아는 것이 가장 중요하다. 이 책의 "단어학습"에서는 별표로 어간을 표시한다(*λογο).

6.5 　**성**(Gender). 명사에는 남성, 여성, 중성이 있고 하나의 단어는 하나의 성만 가지며 이는 절대 변하지 않는다.[2]

2 　남성과 여성을 동시에 갖는 단어가 종종 있지만, 당분간은 다루지 않을 것이다.

모든 단어가 우리가 예상하는 성을 갖는 것은 아니다(5.6 "자연적 성"을 참조하라). 남성명사 ἁμαρτωλός는 "죄인"을 의미하지만, 죄인이 남성이라는 의미는 아니다. 또 여성명사 ἁμαρτία 는 "죄"를 의미하지만, 죄가 여성이라는 의미도 아니다. 헬라어는 일반적으로 "문법적 성"이라고 부르는 것을 따르는데, 이는 단어의 성과 의미 사이에는 아무 관련이 없음을 의미한다.

그러나 단어의 성을 기억하는 데 도움이 되는 일정한 반복(패턴)이 있다. 단어학습 부분에 있는 단어 중 ος로 끝나는 것은 대부분 남성이고(καιρός), ον으로 끝나는 단어는 대부분 중성이 며(ἔργον), α/η로 끝나는 단어는 대부분 여성이다(ἀγάπη, βασιλεία).

6.6   **수**(Number). 영어에서는 "s"를 붙여 복수를 나타내지만, 헬라어는 격어미의 변화로 단수나 복수를 나타낸다.
- ἀπόστολος는 "사도"를 의미한다.
- ἀπόστολοι는 "사도들"을 의미한다.

단수와 복수의 차이는 격어미 ς와 ι로 표시한다.

6.7   **어미 변화**(Declensions). 앞선 5.7에서는 영어 명사를 복수로 만드는 다양한 어미 변화 패턴에 대해 이야기했다. 어떤 것은 "s"를 더하고, 어떤 것은 "es"를 더하며, 또 어떤 것은 어간의 모음을 바꾸기도 한다(예: "man"). 그 단어가 따르는 패턴은 의미에는 영향을 주지 않으며 오직 형태에 만 영향을 준다. 만약 "Childs"가 실재하는 단어라고 가정하면, "Children"과 "Childs"는 형태만 다를 뿐 같은 의미를 나타낼 것이다.

헬라어에는 기본적으로 세 가지 어형변화 패턴이 있다. 각각의 패턴들은 "어미 변화"라고 부른 다. 특정 명사가 세 가지 패턴 중 어떤 것을 따르든, 단어의 의미에는 변화가 없다. **세 가지의 어 미 변화 패턴은 오직 격어미의 형태에만 영향을 끼친다.**
- α/η로 끝나는 어간을 가진 명사는 1**변화**이다. 1변화 어미를 취하고 주로 여성명사이다(예: ὥρα, γραφή).
- ο으로 끝나는 어간을 가진 명사는 2**변화**이다. 2변화 어미를 취하고 대부분 남성명사와 중성 명사이다(예: ἀπόστολος, ἔργον).
- 단어의 어간이 자음으로 끝나는 명사는 3**변화**이다. 3변화 명사는 10장에서 다룬다.

예를 들면, 동사의 주어가 되는 1변화에는 격어미라고 할 것이 없다. 어간만 나타나기 때문이다.

ἡ ὥρα ἐστὶν νῦν.
그 <u>시간</u>은 지금이다.

동사의 주어가 되는 2변화의 격어미는 ς이다.

ὁ ἀπόστολος λέγει τὸν λόγον.
그 <u>사도</u>가 그 말을 한다.

기억하라. 어미 변화는 격어미의 형태에만 영향을 줄 뿐, 의미에는 아무런 영향을 주지 않는다. 명사 어간의 마지막 글자가 어미 변화를 결정하므로, **어떤 명사든 하나의 어미 변화에만 속한다.**

두 가지 격

6.8 **주격**(Nominative). 이번 장에서는 총 다섯 가지의 격 가운데 두 가지를 공부하게 된다. 첫 번째 격인 주격은 문장의 **주어**를 나타낸다. 다시 말해 동사의 주어인 명사는 주격 어미를 갖는다.
위에서 보았듯 ς는 단수 주격 어미 가운데 하나이다. 다음 문장에서 어떤 단어가 주어일까? ἀγαπᾷ는 "그가 사랑한다"를 뜻하고, τόν은 "그"(the)를 의미한다.

ὁ θεὸς ἀγαπᾷ τὸν κόσμον.

6.9 **대격**(Accusative). 어떤 단어가 동사의 **직접 목적어**인 단어는 대격이며, 대격 어미를 취한다. ν은 단수 대격 어미 가운데 하나이다. 다음의 문장에서 어떤 단어가 직접 목적어인가?

Χριστὸν ἀγαπᾷ ὁ θεός.

Χριστὸν은 대격 어미를 취하므로 ἀγαπᾷ의 직접 목적어가 된다.

어순과 사전

6.10 **어순**(Word order). 위의 예문들에서 잘 나타나듯이, 영어에서는 어순이 주어와 목적어를 결정하지만, 헬라어에서는 그렇지 않다. **헬라어에서 동사의 주어나 목적어를 구분하는 단 한 가지 방법은 바로 격어미이다.**
이는 아무리 강조해도 지나치지 않을 만큼 중요하다. 영어를 사용하는 사람들은 본능적으로 격어미를 무시하고 동사 앞의 단어는 주어이고 동사 뒤의 단어는 목적어라고 생각할 것이다. 이 습관을 극복해야 한다.
헬라어에서는 어미 ς로 그 단어가 주격이고 주어라는 사실을 알 수 있다. 어미 ν은 그 단어가 대격이고 직접 목적어라는 사실을 알려준다.[3] 다음의 예문에서 주어와 목적어를 찾아보라. 주의해야 할 점은 각각의 예문이 어순은 다르지만 같은 의미("하나님은 그 세상을 사랑하신다")를 가지고 있다는 사실이다.

> Θεὸς ἀγαπᾷ τὸν κόσμον.
> ἀγαπᾷ τὸν κόσμον Θεός.
> τὸν κόσμον Θεὸς ἀγαπᾷ.

일반적으로는 번역할 때는 가능한 한 헬라어의 어순을 유지하는 것이 좋다. 그러면 어느 정도 실수를 줄일 수 있다. 영어와는 다르지만, 헬라어 어순에도 리듬이 있다. 그러나 번역해서 이상한 결과가 나온다면, 단어의 어순을 바꿔서 이해할 수 있는 번역으로 만들어야 한다.

또 다른 접근 방식은 주어, 동사, 직접 목적어(있는 경우)를 파악하는 것이다. 이는 문장의 기본 구조를 파악하는 데 도움이 된다.

헬라어의 어순은 매우 다양하기 때문에 "정상적인" 어순을 제시하는 것은 어렵지만, 일반적으로는 동사-주어-직접 목적어 순으로 나열되며 접속사로 문장을 시작하는 경우가 많다.

> καὶ ἀγαπᾷ θεὸς τὸν κόσμον.

6.11 **사전과 기본형**(Lexicons and lexical form). 사람들은 사전을 대개 "dictionaries"라고 부르지만, 학자들은 "lexicons"라고 부른다.[4] 그리고 사전 속 단어 형태를 **기본형**(lexical form)이라고 부른다. 헬라어 명사의 기본형은 주격 단수이다. 예를 들어 κόσμον(대격 단수)의 기본형은 κόσμος 이다.

이 책의 단어학습에 나오는 단어들은 기본형으로 정리되어 있다. 형태가 변한 헬라어 단어의 뜻을 찾기 위해서는 반드시 기본형을 구별할 수 있어야 한다. 그렇지 않으면 단어를 사전에서 찾아서 의미를 알아낼 수 없다.

3　앞으로 나오겠지만, 이 글자들은 다른 격의 어미이기도 하다. 그러나 여기서는 단순하게 설명했다.

4　"Lexicon"은 헬라어 λεξικόν에서 왔고, "dictionary"는 라틴어 dictionarium에서 왔다.

이번 장의 중간 지점에 도착했다. 공부를 잠시 멈추고 배운 것을 복습해 보자.

- 헬라어는 격(주격, 대격), 성(남성, 여성, 중성), 수(단수, 복수)를 나타내기 위해 다른 격어미를 사용한다.
- 단어의 어간은 그 단어의 기본형으로서 의미를 전달하며, 어간은 격어미를 제거하여 찾아낸다.
- 어간이 α/η로 끝나는 단어들은 1변화, ο으로 끝나는 단어는 2변화이다.
- 단어가 동사의 주어이면 주격이고 주격 어미를 사용한다.
- 단어가 동사의 직접 목적어이면 대격이고 대격 어미를 사용한다.
- 어순은 단어의 기능을 결정하지 않는다.
- 헬라어의 일반적인 어순은 동사-주어-직접 목적어이며, 종종 접속사로 문장을 시작하기도 한다.
- 명사의 기본형은 그 단어의 단수 주격 형태이다.

격어미

6.12 **형태**(Form). 다음의 표는 "어형변화표"라고 부른다. 1변화와 2변화의 주격 어미와 대격 어미를 나타내는 변화표이다.[5]

- 위는 단수형이고 아래는 복수형이다.
- 왼쪽에서 오른쪽 순으로 남성, 여성, 중성이다.
- 맨 위의 "2 - 1 - 2"는 남성명사는 2변화를, 여성명사는 1변화를, 중성명사는 2변화를 따른다는 의미이다.
- 줄표(-)는 격어미가 없이 어간만 나타난다는 뜻이다.
- 알파벳 아래 밑줄(α)은 격어미가 어간의 마지막 모음과 결합한다는 의미이다.[6]

이 어미들은 완벽히 숙지해야 한다. 아래의 표는 "격어미 마스터 차트"인데, 가운데 나오는 두

---

5   만약 전에 헬라어를 공부한 적이 있다면 몇 가지 차이점을 확인할 수 있을 것이다. 모든 문법책은 어간의 마지막 모음을 격어미에 포함시켜 ς가 아닌 ος로 가르친다. 하지만 이 설명은 옳지 않을뿐더러 헬라어 공부를 더 어렵게 만든다. 격어미를 제대로 익힌다면 외워야 할 분량이 줄어든다는 사실을 깨닫게 될 것이다.

6   이런 경우를 "축약"(contraction)이라고 부른다. 자세한 내용은 나중에 설명할 것이다. 예를 들어 명사 ἔργον의 어간은 ἔργο이다. 이 단어의 중성 복수는 ἔργα이다. ο, α가 α로 "축약"되었다. ἔργο+ α → ἔργα.

가지 격은 다음 장에서 배울 것이다.

	남성 (2변화)	여성 (1변화)	중성 (2변화)
주격 단수	ς	–	ν
속격 단수			
여격 단수			
대격 단수	ν	ν	ν
주격 복수	ι	ι	α̲
속격 복수			
여격 복수			
대격 복수	υς[7]	ς	α̲

여기에 어간의 마지막 모음을 붙이면 다음과 같다.

	남성 (2변화)	여성 (1변화)		중성 (2변화)
주격 단수	ος	η	α	ον
속격 단수				
여격 단수				
대격 단수	ον	ην	αν	ον

7 　엄밀히 말하면 남성 복수 대격 어미는 νς이다. 하지만 ν가 그 고유한 특성 때문에 사라진다. ν를 잃는 대신 그에 대한 보상으로 σ가 따라오면, 어간의 o이 ου로 길어진다(*λογο + νς → λογος → λόγους). 어미를 υς로 암기하면 더 쉽다.

주격 복수	οι	αι	α
속격 복수			
여격 복수			
대격 복수	ους	ας	α

위의 표에서 나타나듯이 여성명사에는 두 종류의 어간 모음이 있다(6.16 참조).

6.13 힌트

- 남성과 여성의 격어미들은 종종 비슷하거나 똑같다. 중성은 주격과 대격에서 남성과 다르다.
- 중성의 경우 단수 주격과 대격의 형태는 언제나 같다. 그리고 복수 주격과 대격도 항상 같다. 중성인 단어가 주어인지 직접 목적어인지는 대부분 문맥으로 결정한다.

6.14 요점

- 이 어미들을 익히지 않고서는 아무것도 번역할 수 없으므로 반드시 익혀야 한다.
- 어미를 특정 단어와 결합한 형태로 외우지 말고 어미 자체만 외우라. 그렇지 않으면 다른 명사에 붙은 어미를 알아보기가 힘들다.
- 변화표 학습의 핵심은 다음과 같다. **변화표를 반복 학습하는 것보다, 어미를 바로 알아보는 것이 번역에 더 도움이 된다.** 어떤 의미에서 격어미는 문장에서 단어의 기능을 보여주는 장치라고 할 수 있다.
- 변화표는 위에서 아래가 아니라 왼쪽에서 오른쪽으로 읽어야 한다. 성경을 번역할 때 수와 성이 아니라 주격 단어를 제일 먼저 찾아야 하기 때문이다.
- 단어 카드를 사용하라. 어미를 각각 다른 카드에 적어 두고, 항상 가지고 다니면서, 반복해서 섞어 가며 복습하라.
- 어미를 항상 소리 내어 읽으라. 여러 감각을 활용하면 암기에 도움이 된다. 어미를 소리 내어 읽고 듣고 적으면서 눈으로 확인하자.[8]

---

8   플래시 카드를 먹어 의미를 맛보는 방식의 학습법은 아직 발견하지 못했지만, 그 모두가 오감 학습이 될 것이다.

6.15 **단어와 격어미 변화표.** 이제 격어미를 명사에 붙여 보자. 어간과 격어미를 확실히 구별해야 한다. 다음의 표는 필자가 명사 마스터 차트라고 부르는 것이다.

	남성 (2변화)	여성 (1변화)		중성 (2변화)
주격 단수	λόγος	γραφή	ὥρα	ἔργον
대격 단수	λόγον	γραφήν	ὥραν	ἔργον
주격 복수	λόγοι	γραφαί	ὧραι	ἔργα
대격 복수	λόγους	γραφάς	ὥρας	ἔργα

어떤 어미들이 까다로운지 주의하면서 봐야 한다. ν와 α가 여러 군데 등장하고 있다.

6.16 **여성명사.** 변화표 안에 두 개의 여성명사 γραφή와 ὥρα가 있다. 형태에서 두 단어가 다른 점 가운데 하나는 어간의 마지막 모음이다. γραφή는 η로 끝나고 ὥρα는 α로 끝난다. 만약 모음인 α와 η를 하나로 생각한다면 여성명사가 가진 두 개의 다른 패턴을 따로 공부할 필요가 없다. 어간의 마지막 모음만 다를 뿐 똑같이 변한다.

그러나 γραφή의 복수형 어간은 η가 아닌 α로 끝난다는 점에 주의하라. η를 갖는 모든 1변화 단수 명사들은 복수일 때 η가 α로 변한다.

6.17 **분해**(Parse). 명사를 분해할 때는 해당 단어에 관한 다섯 가지를 명기한다.
❶ 격(주격, 대격)
❷ 수(단수, 복수)

❸ 성(남성, 여성, 중성)

❹ 기본형(주격 단수)

❺ 번역

예를 들어, λόγους는 대격, 복수, 남성, λόγος, "말씀들을"이라고 분해한다. 이 방식은 단지 하나의 제안일 뿐, 선생님에 따라 선호하는 분해 방식과 나열 순서가 다를 수 있다.

6.18 **중성명사의 분해.** 주격이거나 대격일 수 있는 중성명사를 분해할 때는 두 가지를 모두 기록하는 것이 좋다. 예를 들면, ἔργον은 주격/대격, 단수, 중성, ἔργον, "일"이라고 분해한다.

번역할 때 이런 형태를 만난다면 그 단어가 주격일 수도 대격일 수도 있다는 것을 아는 것이 중요하다. 만약 직접 목적어인 단어를 주어라고 가정한다면 그 문장은 절대 번역할 수 없을 것이다. 따라서 "주격/대격"으로 분해하는 습관을 들이면 실수를 크게 줄일 수 있다.

6.19 **불변화사(Indeclinable).** 헬라어에는 인명이나 다른 언어에서 차용한 단어와 같이 불변하는 단어가 있다. 이런 단어들은 문장에서의 의미나 기능에 관계없이 형태가 변하지 않는다. 예를 들어, "이스라엘"이라는 단어는 주어이든 직접 목적어이든 Ἰσραήλ이다.

명사 법칙 I(세 가지 명사 법칙)

6.20 다음은 그 유명한 여덟 가지 명사 법칙 가운데 세 가지이다. 정확하게 암기해야 한다.

명사 법칙 1: α/η로 끝나는 어간은 1변화, ο으로 끝나는 어간은 2변화, 자음으로 끝나는 어간은 3변화이다.

명사 법칙 2: 모든 중성 단어는 주격과 대격이 같다.

명사 법칙 3: 거의 모든 중성 단어는 주격과 대격 복수형이 α로 끝난다.

여덟 가지 명사 법칙 전체는 부록(550쪽)에서 볼 수 있다.

관사(Article)

6.21 **요약.** 헬라어의 유일한 관사는 정관사로, 부정관사는 존재하지 않는다(6.28 참조). 따라서 정관사를 간단히 "관사"라고 부른다.

6.22 **일치. 관사는 그것이 수식하는 명사와 격, 수, 성에서 일치한다.** 이런 이유로 관사는 명사와 달리 모든 성으로 나타날 수 있다. 다시 말해 어떤 명사가 주격, 단수, 남성(ἄνθρωπος)이면, 이를 수식하는 관사도 주격, 단수, 남성(ὁ)이 된다. 관사의 기본형은 주격, 단수, 남성(ὁ)이다. 일반적으로 한 가지 이상의 성을 가지는 모든 단어의 기본형은 남성형이다.

6.23 **형태.** 다음은 관사 변화표이다. 관사와 격어미를 비교하여 유사점을 확인하라. 여성은 1변화를 따르고, 남성과 중성은 2변화를 따른다. 비교를 위해 6.12에서 가져온 표도 실었다.

	남성 (2변화)	여성 (1변화)	중성 (2변화)
주격 단수	ὁ	ἡ	τό
속격 단수			
여격 단수			
대격 단수	τόν	τήν	τό
주격 복수	οἱ	αἱ	τά
속격 복수			
여격 복수			
대격 복수	τούς	τάς	τά

6.24 **힌트**

- 관사는 거친 숨표(’)나 τ로 시작한다. 그다음 각 어미 변화의 특징이 되는 모음과 격어미가 나온다(중성 단수는 예외).[9]

---

9 다음과 같이 몇 가지 힌트가 더 있다.
  - 여성 관사의 모음은 단수에서 항상 η이며, 명사처럼 α일 수는 없다.
  - 주격 단수는 암기하기가 쉽다.

  여성과 남성은 격어미와 τ가 없다. 모음 하나만 존재한다. η는 1변화와 연관이 있고 ο은 2변화와 연관이 있다는 것은 이미 언급했다. 그러나 숨표는 주의 깊게 살펴야 한다. 중성은 일정한 패턴을 따르지 않는데, 만약 어떤 패턴을 따른다면 남성과 같아졌을 것이다. 그러므로 2변화와 관련된 ο이 τ 뒤에 붙는 특징을 갖는다.

- 관사는 수식하는 단어의 어미 변화 패턴과 상관없다. ἡ는 오직 여성명사를 수식할 뿐 그 단어가 1변화든 2변화든 상관하지 않는다.[10] 관사는 이 변하지 않는 특성 때문에 비교적 배우기 쉽다.

6.25 다음은 관사가 결합된 명사의 변화표이다.

	남성 (2변화)	여성 (1변화)		중성 (2변화)
주격 단수	ὁ λόγος	ἡ γραφή	ἡ ὥρα	τὸ ἔργον
속격 단수				
여격 단수				
대격 단수	τὸν λόγον	τὴν γραφήν	τὴν ὥραν	τὸ ἔργον
주격 복수	οἱ λόγοι	αἱ γραφαί	αἱ ὧραι	τὰ ἔργα
속격 복수				
여격 복수				
대격 복수	τοὺς λόγους	τὰς γραφάς	τὰς ὥρας	τὰ ἔργα

6.26 **관사의 형태를 아는 것은 헬라어의 명사 형태를 구별하는 핵심 요소이다.** 헬라어의 관사 형태를 잘 알아두면 명사에 관해서는 배울 것이 줄어든다.
- 거의 모든 명사에는 그에 선행하는 관사가 있기 때문에, 만약 명사를 분해할 수 없다면[11] 관

- 모든 남성과 여성의 복수 주격 어미는 모음이고 ι가 뒤에 붙는다. 1, 2변화에 특징적으로 등장하는 ο, α가 다시 한번 등장한다. 모음과 ι의 결합이 주격 복수를 나타낸다는 사실을 배웠다면, οι가 되면 남성, αι가 되면 여성이 되는 것을 알 수 있을 것이다.
- τήν과 τόν의 변화는 여성이 η를, 남성이 ο를 갖는다는 것 외에는 정확히 동일하다.
- 대격 복수는 ο, α가 그 특징이다. 모음과 σ의 조합도 대격 복수를 나타낸다. α는 중성 복수에 공통으로 나타난다(명사 법칙 3).
10 아직 2변화 여성명사는 다루지 않았다.
11 "분해"(Parse)와 "변화"(decline)는 기본적으로 뜻이 비슷하지만, 명사 체계와 관련해서는 "변화"라는 표현을 사용한다. 동사와 관련해서는 "활용"(conjugate)이라는 표현을 사용할 것이다.

사를 통해 명사의 격, 수, 성을 알 수 있다.

- 명사의 격어미 대부분은 관사와 비슷하다.
- 그러므로 관사를 알면 이미 격어미의 대부분을 알고 있다고 할 수 있다.

번역 요령

6.27 헬라어 공부를 시작할 때 마주하는 어려움 가운데 하나는 헬라어 문장이 서로 관련 없어 보이는 단어의 조합처럼 보인다는 점이다. 이 어려움을 극복하는 방법은 한 문장을 여러 부분으로 나누는 것이다. 여러분은 지금까지 배운 내용을 기초로 동사의 주어와 직접 목적어를 분리할 수 있다.

θεὸς σώσει ψυχάς.
하나님이 영혼들을 구원하실 것이다.

위의 문장에서 주어는 θεός이고 직접 목적어는 ψυχάς이다. 이 문장을 다음과 같이 분리해 보라.

θεὸς / σώσει / ψυχάς.

관사가 있다면 명사와 함께 묶으라.

ὁ θεὸς / σώσει / ψυχάς.

헬라어를 깊이 공부할수록 문장 구조가 복잡해진다. 조만간 필자가 가장 선호하는 해석 도구인 구문분석(phrasing)이라는 멋진 세계를 여러분에게 소개할 것이다.

6.28 **관사**(Article). 헬라어 관사는 영어처럼 보통 "그"를 붙여 번역한다. 관사는 관사의 유무에 따라 번역한다는 것이 원칙이다. 관사가 있으면 번역하고, 없으면 번역하지 않는다. 관사가 없는 경우, 명사 앞에 "한(어떤)"을 넣어 번역할 수 있다. 예를 들어, "ὁ ἄνθρωπος"는 "그 남자"를 의미하고 "ἄνθρωπος"는 "남자" 또는 "한 남자"를 의미한다.[12]

---

12 헬라어 명사는 그 자체로 한정성이 있어서, "그"라는 의미로 번역하기 위해 관사를 사용해야 하는 것은 아니다. 그

6.29   헬라 사람들은 관사를 영어와 같은 방식으로 사용하지 않았다. 그들은 영어에서는 관사를 쓰지 말아야 할 때 쓰기도 했고, 관사를 넣어야 할 때 빼기도 했다. 언어는 코드가 아니므로 그 의미가 정확히 단어 대 단어로 일치하는 경우는 없다. 그러므로 이 부분에서는 유연히 대처해야 한다. 이어지는 장에서 그 차이점에 관해 설명할 것이다. 이번 장에서는 일단 두 가지만 살펴보려고 한다.[13]

고유명사(Proper name). 헬라어는 종종 고유명사 앞에 정관사를 사용한다. 예를 들어 ὁ Ἰησοῦς("그 예수") 같은 형태를 자주 볼 수 있다. 하지만 이름을 번역할 때는 관사를 생략해도 된다.

추상명사(Abstract noun). 헬라어는 종종 "the Truth"(ἡ ἀλήθεια)와 같이 추상명사에 관사를 붙여 사용한다. 그러나 영어에서는 보통 추상명사에 관사를 사용하지 않으므로, 번역할 때는 관사를 생략해도 된다.

6.30   **후치사**(Postpositive). 후치사는 헬라어 문장이나 구문에서 첫 번째 자리에 올 수 없는 단어를 말한다. 물론 번역문에서는 첫 번째 단어가 될 수도 있다. 후치사는 보통 문장의 두 번째 자리에 나오는데 가끔 세 번째에 나오기도 한다. 후치사가 몇 개 되지는 않지만, 이번 장에서 "그러나" 또는 "그리고"라는 의미의 후치사 δέ를 배울 것이다.

> Ἰεσσαὶ δὲ ἐγέννησεν τὸν Δαυίδ.
> 그리고 이새는 다윗의 아버지가 되었다.

δέ의 특이한 용법은 관사와 함께 쓰이면, ὁ가 "그"를 의미하게 된다는 것이다. ὁ δὲ εἶπεν은 "그러나 그가 말했다"라고 번역된다.

6.31   **안개**. 우리는 지금 안갯속으로 들어가고 있다. 이번 장을 읽으면서 다 이해했다고 생각할 수도 있겠지만, 곧 흐릿해질 것이다. 하지만 괜찮다. 안갯속에 있는 것이 여러분을 낙심하게 한다면, 두 장 정도 앞으로 돌아가서, 자신이 그 내용을 얼마나 정확히 이해하고 있는지 확인해 보라. 우리가 꾸준히 헬라어 진도를 따라간다고 가정하면, 앞으로 두 장을 더 공부한 후에는 이번 장도 분명히 이해하고 있을 것이다.

렇다고 "한(어떤)"을 너무 자주 넣지 않도록 주의하라.

13   관사에 대해 더 자세한 설명을 원하면 36장을 참조하라.

❶ 헬라어는 명사의 기능을 보여주기 위해 격어미를 사용한다. 서로 다른 격어미는 격(주격, 대격), 수(단수, 복수), 성(남성, 여성, 중성)을 나타내는 데 사용된다.

❷ 명사의 어간은 격어미를 제거하고 남은 것으로 단어의 기본 의미를 담고 있다.

❸ 동사의 주어에는 주격 어미를 사용하고, 직접 목적어에는 대격 어미를 사용한다.

❹ 격어미 변화표와 관사 변화표를 외우라.

❺ 관사는 관사가 수식하는 명사와 격, 수, 성이 일치한다.

❻ 먼저 어미만 따로 외우고, 그런 다음 관사, 어간, 격어미를 모두 포함하는 변화표를 외우라.

❼ 격어미 마스터 차트

	남성 (2변화)	여성 (1변화)	중성 (2변화)
주격 단수	ς	–	ν
속격 단수			
여격 단수			
대격 단수	ν	ν	ν
주격 복수	ι	ι	α̲
속격 복수			
여격 복수			
대격 복수	υς	ς	α̲

❽ 명사 마스터 차트

	남성 (2변화)	여성 (1변화)		중성 (2변화)
주격 단수	ὁ λόγος	ἡ γραφή	ἡ ὥρα	τὸ ἔργον

속격 단수				
여격 단수				
대격 단수	τὸν λόγον	τὴν γραφήν	τὴν ὥραν	τὸ ἔργον
주격 복수	οἱ λόγοι	αἱ γραφαί	αἱ ὧραι	τὰ ἔργα
속격 복수				
여격 복수				
대격 복수	τοὺς λόγους	τὰς γραφάς	τὰς ὥρας	τὰ ἔργα

❾ 세 가지 명사 법칙

명사 법칙 1: α/η로 끝나는 어간은 1변화, ο으로 끝나는 어간은 2변화, 자음 어간은 3변화이
다. 명사의 어형변화는 단어의 뜻에는 영향을 미치지 않고, 형태에만 영향을 미친다.

명사 법칙 2: 모든 중성 단어는 주격과 대격이 같다.

명사 법칙 3: 거의 모든 중성 단어는 주격과 대격 복수형이 α로 끝난다.

❿ 번역하려는 문장을 주어, 동사, 직접 목적어, 관사 등으로 나누라. 관사는 관사가 수식하는
명사와 함께 묶으라.

단어학습

명사는 관사와 함께 나열되어 있다(예: ἀγάπη, ἡ). 여기서 관사는 단어의 성을 보여준다. 줄표와
함께 적힌 단어 형태는(예: ἀγάπη의 "-ης", ἄλλος의 "-η, -ο") 이어지는 장에서 다룰 것이다. 명사
나 형용사의 어간은 별표와 함께 적혀 있는데(예: *ἀγαπη), 기본형처럼 정확히 암기해야 한다.[14]

ἀγάπη, -ης, ἡ	사랑 (*ἀγαπη, 116)[15]

14　접속사나 불변화사의 어간을 숙지할 필요는 없다.

ἄλλος, −η, −ο	다른, 또 다른 (*ἀλλο, 155)[16]
αὐτός, −ή, −ό	(*αὐτο, 5,597)[17] 단수: 그, 그녀, 그것 복수: 그들, 그녀들, 그것들 아직은 이유를 모르겠지만, αὐτόν은 남성 형태만 있으며 중성 형태는 없다.
βασιλεία, −ας, ἡ	왕국 (*βασιλεια, 162)[18]
δέ(δ')	그러나, 그리고 (2,791) δέ는 후치사이다. δέ가 모음으로 시작하는 단어 앞에 오면 δ'로 쓴다(예: δ' ἄν···).
ἐν	~안에(in), ~위에(on), ~사이에(among) (2,752)
ἔργον, −ου, τό	일, 행위, 행동 (*ἔργο, 169)[19]
καιρός, −οῦ, ὁ	(약속된) 시간, 시기 (*καιρο, 85) 괄호 안의 설명은 καιρός가 "시간" 또는 "약속된 시간"을 의미할 수 있음을 보여준다.
νῦν	부사: 지금/이제 (147) 명사: 현재
ὁ, ἡ, τό	그 (19,865)
ὅτι	왜냐하면(because), ~하는 것(that), 직접 인용 (1,294) ὅτι는 인용부호로도 사용할 수 있다. 현대 헬라어 성경은 ὅτι로 시작하는 인용구의 첫 단어를 대문자로 적는다. 이것은 ὅτι를 인용부호로 인식하라는 것이다.

15 아가페(agape)는 초기 그리스도인들 안에 있었던 사랑의 축제였다.

16 풍유법(allegory)은 다른 심상을 사용하여 어떤 것을 묘사하는 것이다.

17 독재자(autocrat, αὐτοκρατής)는 스스로 다스리는 자이다. 12장에서 αὐτός가 '스스로'(self)나 '같은'(same)의 의미도 있다는 것을 배울 것이다. 많은 영어 동족어와 파생어에서 이 단어를 찾아볼 수 있다.

18 바실리카(basilica, βασιλική)는 왕궁이다. 근본적으로 이 단어는 "왕의 열주"를 의미했다. 라틴어에서 같은 어원의 단어가 "두 개의 열주가 있는 회관"을 의미했고, 초기 기독교와 중세 교회들의 특정한 건물 양식을 지칭하는 말로 사용되었다.

19 인간 공학(Ergonomics)은 기계공의 요구에 따라 일의 효율성을 높이기 위해 기계의 디자인을 조직하는 과학이다.

οὐ(οὐκ, οὐχ)	~아니다(not) (1,624)

οὐ는 뒤따르는 단어가 자음으로 시작할 때 사용된다(οὐ δύναται). οὐκ는 다음 단어가 연한 숨표 갖는 모음으로 시작할 때 사용되며 (οὐκ ἦλθον), οὐχ는 다음 단어가 거친 숨표 갖는 모음으로 시작할 때 사용된다(οὐχ ὑμεῖς). 모두 "~아니다"(not)를 의미한다. οὐ는 수식하는 단어 앞에 나타나는 경향이 있다.

ὥρα, −ας, ἡ	시간, 때, 시점 (*ὥρα, 106)[20]

신약성경의 전체 단어 수:	138,148
지금까지 배운 어휘 수:	39
이번 장에 나오는 단어의 신약성경 사용 횟수:	34,863
현재까지 배운 단어의 신약성경 사용 횟수:	51,047
신약성경에 사용된 총 단어에 대한 비율:	36.94%

단어복습

문법을 배워갈수록 이전에 배운 단어들을 복습하면서 그 단어들을 더 깊고 정확하게 이해하려는 노력이 필요하다. 이런 경우에 해당하는 단어들을 여기에 정리해 두었다. 단어의 관사와 어간을 확실히 숙지해야 한다.

Ἀβραάμ, ὁ	*Ἀβρααμ	γραφή, ἡ	*γραφη
ἄγγελος, ὁ	*ἀγγελο	Δαυίδ, ὁ	*Δαυίδ
ἄνθρωπος, ὁ	*ἀνθρωπο	δόξα, ἡ	*δοξα

---

20   시(hour)는 하루를 구성하는 시간 단위를 말한다.

ἀπόστολος, ὁ	*ἀποστολο	ζωή, ἡ	*ζωη
Γαλιλαία, ἡ	*Γαλιλαια	θεός, ὁ	*θεο
καρδία, ἡ	*καρδια	πνεῦμα, τό [21]	*πνευματ
κόσμος, ὁ	*κοσμο	προφήτης, ὁ [21]	*προφητη
λόγος, ὁ	*λογο	σάββατον, τό	*σαββατο
Παῦλος, ὁ	*Παυλο	Σίμων, ὁ [21]	*Σιμων
Πέτρος, ὁ	*Πετρο	φωνή, ἡ	*φωνη
Πιλᾶτος, ὁ	*Πιλατο	Χριστός, ὁ	*Χριστο

주해 원리

문법을 배운 직후 그 내용이 실제로 주해에 어떻게 적용되는지 직접 살펴보는 것도 때때로 도움이 될 수 있다. 지금까지 배운 내용만으로도 벅찬 상황이라면 "주해 원리"를 필요 이상의 정보처럼 생각할 수 있겠지만, 여기까지 올 정도라면 다음 내용을 공부하기에 충분한 실력을 갖추었다고 할 수 있다. 가르치는 선생님에 따라서 이 부분에 대한 학습 여부는 다를 수 있다. 각 시제의 용법에 대한 전문 용어는 녹색으로 표시했다. 여기에 나오는 용어들은 고급 문법이나 주석에서 볼 수 있는 것들이다. 다른 여러 항목에서 볼 수 있듯이, 문법학자들은 어떤 용법을 설명할 때 하나의 이름을 정해 놓지는 않는다.

주격

주격의 주된 기능은 동사의 주어를 나타내는 것이다. 8장에서는 주격의 다른 기능을 소개할 것이다.

τὸ δὲ τέλος τῆς παραγγελίας ἐστὶν ἀγάπη (딤전 1:5).
그러나 그 명령의 목표는 사랑이다.

---

21   이 단어는 지금까지 배운 어형변화 패턴을 따르지 않는다. 이 부분은 앞으로 다루게 될 것이다.

대격

1. 대격의 주된 기능은 직접 목적어를 나타내는 것이다.

> ἠγάπησεν ὁ θεὸς τὸν κόσμον (요 3:16).
> 하나님이 세상을 사랑하셨다.

2. 몇몇 동사는 그 의미를 완성하기 위해 두 개의 목적어를 취한다(이중 대격).

> ἐκεῖνος ὑμᾶς διδάξει πάντα (요 14:26).
> 그가 너희에게 모든 것을 가르칠 것이다.

이해를 돕기 위해 두 번째 대격 앞에 "~로서"(as)를 첨가하여 번역할 수 있다.

> ἀπέστειλεν τὸν υἱὸν αὐτοῦ ἱλασμόν (요일 4:10).
> 그가 화목제물로 그분의 아들을 보내셨다.

3. 대격은 동사를 수식하는 부사의 역할도 할 수 있다(부사적 대격, 수단 또는 방법의 대격).

> δωρεὰν ἐλάβετε, δωρεὰν δότε (마 10:8).
> 너희가 거저(freely) 받았으니, 거저(freely) 주라.

> ζητεῖτε πρῶτον τὴν βασιλείαν τοῦ θεοῦ (마 6:33).
> 너희는 먼저 하나님의 나라를 구하라.

7 속격과 여격
(1, 2변화 명사)

본문 주해 맛보기

"Peace on earth, good will toward men"(땅 위에는 화평이요, 사람들에게는 호의로다[눅 2:14, KJV]). 아마도 우리는 베들레헴 들판에서 목자들에게 전한 천사의 이 노랫말이 적힌 크리스마스 카드를 받은 적이 있을 것이다. 하지만 대부분의 현대 성경들은 이 구절을 다르게 번역한다. 예를 들어, NIV는 "on earth peace to men on whom his [God's] favor rests"로 번역하고, NRSV는 "and on earth peace among those whom he [God] favors"로 번역한다(개역개정은 "하나님이 기뻐하신 사람들 중에 평화로다"로 번역한다—옮긴이). KJV와 다른 번역 성경의 차이점은 KJV가 "호의"(Good will)로 번역한 헬라어 단어를 주격으로 보느냐 속격으로 보느냐에 있다.

　　KJV가 번역에 사용했던 헬라어 사본은 εὐδοκία로 주격이었지만, 현대의 성경들이 번역에 사용한 더 오래된 사본들은 εὐδοκίας로 속격이다. 이것을 직역하면, "좋은 뜻의" 또는 "[하나님의] 기뻐하심을 입은"이라는 뜻이 된다. 다시 말해, 예수님의 탄생이 가져온 결과로 이 땅에 임하게 되었으며 천사들이 노래했던 평화는, 모든 인류를 위해 주어진 보편적이고 범세계적인 평화가 아니라는 것이다. 이 평화는 예수님을 믿는 이들, 곧 하나님의 기뻐하심을 입은 자들에게만 국한된다는 견해가(롬 5:1을 보라) 현대 번역 성경들과 KJV의 차이라고 할 수 있다. 이 작은 글자 하나가 본문의 의미에 얼마나 큰 차이를 만들어 내는가!

벌린 버브루그(Verlyn Verbrugge)

개요

이번 장에서 배울 내용은 다음과 같다.

- 마지막 두 개의 중요한 격인 속격(명사가 소유를 나타내는 경우)과 여격(명사가 간접 목적어인 경우)
- "핵심 단어"의 개념
- 명사 법칙 4, 5, 6

영어로 개념 잡기

7.1   영어에서 소유격은 소유를 나타낸다. 단어 앞에 "of"(~의)를 붙이거나("The Word of God is true"[하나님의 말씀은 진리이다]), 단어 끝에 's를 붙여 나타낸다("God's word is true"). 단어가 "s"로 끝날 때는 아포스트로피(')만 붙인다("The apostles' word was ignored"[사도들의 말은 무시되었다]).

7.2   간접 목적어는 엄밀히 말하면 동사의 활동에 "간접적"으로 영향을 받는 사람이나 사물이다. 간접 목적어는 동사의 활동에 다소 영향을 받지만 직접 받지는 않는다.

예를 들어, "카린이 브레드에게 공을 던졌다"라는 문장에서 직접 목적어는 동사의 활동과 직접 관련된 "공"이다. 던져진 것이 공이기 때문이다. "브레드"는 공이 그에게 던져졌으므로 동사의 활동과 관련되어 있어서 간접 목적어가 된다. 만약 카린이 브레드를 던졌다면 "브레드"가 직접 목적어일 것이다.

간접 목적어를 찾는 방법 중 하나는 "~에게"(to)를 단어 앞에 두고 뜻이 통하는지 보는 것이다. "Karin threw Brad a ball." "Karin threw to Brad a ball." 카린은 누구에게 공을 던졌는가? 브레드에게 던졌다. 그러면 "브레드"가 간접 목적어이다. 간접 목적어는 "누구에게?" 또는 "무엇에게?"라는 질문의 답이 된다.

영어에는 따로 구별된 간접 목적어의 격이 없고 직접 목적어와 같은 격(대격)을 사용한다. "Him"은 직접 목적어와 간접 목적어 모두 될 수 있다.

헬라어 속격

7.3   헬라어 속격은 소유를 나타낼 때 사용한다. 영어처럼 's나 of를 사용하는 대신 속격 어미를 헬라어

단어에 붙인다. 예를 들면, "모든 사람이 하나님의 법을 깨뜨렸다"는 문장에서, "하나님"이 속격이 되고 그 단어에 속격 어미가 붙는다.

υ은 속격 단수 어미이고, ων은 속격 복수 어미이다.[1] 그래서 λόγου를 보면 이 단어가 단수이고 소유를 나타냄을 알 수 있다. 또 λόγων을 보면 이 단어가 복수이고 역시 소유를 나타냄을 알 수 있다.

영어의 소유격은 아포스트로피로 알 수 있다. "Everyone breaks God's laws." 하지만 헬라어는 이런 구조가 없다. 헬라어의 속격은 of의 형태로, 곧 "Laws of God"(νόμοι τοῦ θεοῦ)의 구조로 나타난다. τοῦ θεοῦ's νόμοι와 같은 형태는 결코 없다. 그러므로 영어로 번역할 때 "~의"(of) 구조를 반드시 고려해야 한다.[2]

속격 단어는 보통 수식하는 단어 뒤에 온다(νόμοι τοῦ θεοῦ). 속격이 수식하는 단어를 **주명사**(head noun)라고 부른다.

7.4 이제 필자가 "핵심 단어"(key words)라고 부르는 유용한 헬라어 학습법을 소개하겠다. 핵심 단어란 헬라어를 번역할 때 사용하는 헬라어의 특정한 격을 나타내는 단어를 말한다. 핵심 단어를 사용하면, 헬라어 단어의 격과 기능을 이해하는 데 도움이 될 것이다.

속격의 핵심 단어는 "**~의**"(of)이다.

ἡ δόξα ἀνθρώπου
인류의 그 영광.

속격은 소유 이상의 의미를 나타낼 수 있으므로 단순하게 "of + 단어"라고 생각하는 것이 좋다.

헬라어 여격

7.5 헬라어의 여격은 "~에게"(to), "~안에"(in), "~와 함께"(with) 등의 의미를 나타내며 상당히 다양하게 사용된다. 다음의 예문에서 τῷ는 관사의 여격이다.

---

1 어간의 마지막 모음이 ω에 흡수되었다(λογο + ων → λόγων). 중성 복수 주격/대격에서 α가 흡수되는 것과 같다.
2 지금 연습하라. 속격이 익숙해지면, 's 구조를 사용해도 된다.

ἄγγελος κυρίου κατ' ὄναρ ἐφάνη <u>αὐτῷ</u>(마 1:20).

주의 사자가 <u>그에게</u> 나타났다.

Μακάριοι οἱ πτωχοὶ <u>τῷ πνεύματι</u>(마 5:3).

Blessed are the poor <u>in spirit</u>.

복되도다, <u>마음에 있어</u> 가난한 자여!

πᾶς ὁ ὀργιζόμενος <u>τῷ ἀδελφῷ</u> αὐτοῦ(마 5:22).

everyone who is angry <u>with his brother</u>.

<u>그의 형제에게</u> 노하는 자마다.

여격의 세 가지 핵심 단어 중 "~에게"가 가장 우선한다. 어떤 단어가 가장 적절한지는 문맥을 보고 결정한다.

7.6   여격이 "~에게"라는 의미로 사용될 때는 **간접 목적어**가 된다. 간접 목적어의 기능은 영어와 헬라어가 같지만, 헬라어에서 간접 목적어는 여격 어미를 사용하는 여격이다. 예를 들면, "하나님이 세상에 그분의 아들을 주셨다'라는 문장에서 간접 목적어인 "세상에"가 여격으로 나타난다.

ἔδωκεν ἄν <u>σοι</u> ὕδωρ ζῶν(요 4:10).

He would give <u>you</u> living water.

그가 생수를 <u>네게</u> 주었을 것이다.

당분간은 간접 목적어를 번역할 때 핵심 단어를 "~에게"만 사용하는 것이 가장 좋을 것이다. 이 구조에 익숙해진 다음 조금 더 다양하게 번역해 보자.

7.7   ι는 여격 단수의 격어미이고, ις는 여격 복수의 격어미이다. 단수의 경우 어간의 마지막 모음은 길어지고[3] 이오타 하기가 된다.

αι → ᾳ   *βασιλεια + ι → βασιλείᾳ

---

3   1변화에서는 α가 장음 α로 길어지고, η는 이미 장음이기 때문에 길어지지 않는다. 하지만 2변화에서는 ο이 ω로 길어지기 때문에 모음 연장을 볼 수 있다.

$$\eta\iota \rightarrow \eta \qquad {}^*\dot{\alpha}\gamma\alpha\pi\eta \ + \ \iota \rightarrow \dot{\alpha}\gamma\dot{\alpha}\pi\eta$$

$$o\iota \rightarrow \omega \qquad {}^*\lambda o\gamma o \ + \ \iota \rightarrow \lambda o\gamma o\iota \ \rightarrow \lambda o\gamma\omega\iota \rightarrow \lambda\dot{o}\gamma\omega$$

λόγῳ를 보면 이 단어가 단수형이고 간접 목적어 기능을 한다는 것을 알 수 있다. 또 λόγοις를 보면 이 단어가 복수형이고 간접 목적어로 기능한다는 것을 알 수 있다.

속격과 여격의 격어미

7.8   다음은 1변화와 2변화의 전체 변화표이다. 속격과 여격은 주격과 대격 사이에 위치한다.[4]

	남성 (2변화)	여성 (1변화)	중성 (2변화)
주격 단수	ς	–	ν
속격 단수	υ [5]	ς	υ [5]
여격 단수[6]	ι	ι	ι
대격 단수	ν	ν	ν
주격 복수	ι	ι	α
속격 복수	ων	ων	ων
여격 복수	ις	ις	ις
대격 복수	υς	ς	α

4   필자는 개인적으로 주격, 대격, 여격, 속격의 순서를 선호한다. 주어에서 목적어, 간접 목적어로 옮겨가는 것이 더 자연스러운 것 같기 때문이다. 또 중성은 주격과 대격이 같아서 같이 묶을 수 있는 이점이 있다. 하지만 이 책에서는 전통적인 사용을 제시하고, 표준 형식으로 격을 나열했다.

5   남성 대격 복수의 격어미가 υς인 것처럼, 속격 단수의 어미도 사실은 υ이 아닌 o이다. 어간의 마지막 모음과 함께 축약되어 ου가 되었다(간략히 적었으니 더 자세한 설명은 Smyth, §230 D1을 보라). 하지만 어미를 υ로 외우는 것이 더 낫다.

6   단수에서(1변화와 2변화) ι는 항상 모음 아래에 위치한다. 이는 명사 체계에서 이오타 하기가 등장하는 유일한 경우이다.

어간의 마지막 모음을 붙이면 다음과 같다.

	남성 (2변화)	여성 (1변화)		중성 (2변화)
주격 단수	ος	η	α	ον
속격 단수	ου	ης	ας	ου
여격 단수	ῳ	η	α	ῳ
대격 단수	ον	ην	αν	ον
주격 복수	οι	αι		α
속격 복수	ων	ων		ων
여격 복수	οις	αις		οις
대격 복수	ους	ας		α

단어에 어미를 붙이면 다음과 같다.

	남성 (2변화)	여성 (1변화)		중성 (2변화)
주격 단수	λόγος	γραφή	ὥρα	ἔργον
속격 단수	λόγου	γραφῆς	ὥρας	ἔργου
여격 단수	λόγῳ	γραφῃ	ὥρᾳ	ἔργῳ
대격 단수	λόγον	γραφήν	ὥραν	ἔργον
주격 복수	λόγοι	γραφαί		ἔργα
속격 복수	λόγων	γραφῶν		ἔργων
여격 복수	λόγοις	γραφαῖς		ἔργοις
대격 복수	λόγους	γραφάς		ἔργα

7.9 힌트

a. 남성과 중성 모두 속격과 여격에서 **항상** 같은 격어미를 갖는다.

b. 여격에서 ι는 세 성 모두에 **항상** 나타난다. 단수일 때는 ι를 하기한다.

c. 여격 복수에도 ι가 나오고 그 뒤에는 ς가 있다. 또 여격 복수는 단수(한 개의 문자)보다 긴 어미(두 개의 문자)를 갖는다. 더 "긴" 어미가 복수이다.

d. 속격 복수는 세 성 모두에서 **항상** 어미 "ων"을 갖는다.

e. 어미가 ας인 여성명사들은 대부분 속격 단수이거나 대격 복수이다. 관사(τῆς/τάς)나 문맥 중 하나를 살핀 후에 결정한다(7.14을 보라).

관사

7.10 관사는 명사 체계를 정복하는 열쇠가 되므로 반드시 외워야 한다. 다음은 관사의 전체 변화표이다. 이것 외에는 관사의 다른 형태나 가능성이 존재하지 않으니 아래의 표만 알면 된다. 완벽히 숙지하라.

	남성 (2변화)	여성 (1변화)	중성 (2변화)
주격 단수	ὁ	ἡ	τό
속격 단수	τοῦ	τῆς	τοῦ
여격 단수	τῷ	τῇ	τῷ
대격 단수	τόν	τήν	τό
주격 복수	οἱ	αἱ	τά
속격 복수	τῶν	τῶν	τῶν
여격 복수	τοῖς	ταῖς	τοῖς
대격 복수	τούς	τάς	τά

전체 변화표

7.11   다음은 관사와 함께 적은 1, 2변화 명사의 전체 변화표이다.

	남성 (2변화)	여성 (1변화)		중성 (2변화)
주격 단수	ὁ λόγος	ἡ γραφή	ἡ ὥρα	τὸ ἔργον
속격 단수	τοῦ λόγου	τῆς γραφῆς	τῆς ὥρας	τοῦ ἔργου
여격 단수	τῷ λόγῳ	τῇ γραφῇ	τῇ ὥρᾳ	τῷ ἔργῳ
대격 단수	τὸν λόγον	τὴν γραφήν	τὴν ὥραν	τὸ ἔργον
주격 복수	οἱ λόγοι	αἱ γραφαί		τὰ ἔργα
속격 복수	τῶν λόγων	τῶν γραφῶν		τῶν ἔργων
여격 복수	τοῖς λόγοις	ταῖς γραφαῖς		τοῖς ἔργοις
대격 복수	τοὺς λόγους	τὰς γραφάς		τὰ ἔργα

중간복습 ....

❶ 속격은 소유를 나타낸다("~의"). 이것이 수식하는 단어는 주명사이다.
❷ 여격은 "~에게"(간접 목적어), "~안에", "~와/과 함께"와 같은 개념이다.
❸ 반드시 암기해야 하는 가장 중요한 변화표는 7.11이다.

....

명사 법칙 II

7.12   우리는 이미 세 가지 명사 법칙을 배웠다. 이제는 그다음 세 가지 법칙을 배울 차례이다. 정확하
게 암기해야 한다.

명사 법칙 4: 여격 단수에서 ι는 가장 마지막 문자에 하기한다.

γραφη + ι → γραφῇ. 이 법칙은 1, 2변화 명사에서 여격 단수 격어미가 어떻게 형성되는지를 설명한다. ι는 장모음 아래에만 하기할 수 있다.

명사 법칙 5: 모음의 길이는 자주 변한다("모음 전환").

λογο + ι → λογῷ. 이것을 "모음 전환"(ablaut)이라 부른다. "길이가 변한다"는 것은 짧아질 수도 있고(ω → o), 여격에서처럼 길어질 수도 있으며(o → ω), 완전히 없어질 수도 있다는 의미이다.[7]

명사 법칙 6: 속격과 여격에서 남성과 중성은 항상 같다.[8]

남아 있는 두 개의 법칙은 10장에 있는 3변화 명사에서 확인할 수 있다.

기타 어형변화 패턴

7.13 **부분 변화 단어**. 몇몇 특정 단어들은 완전히 변하지 않거나 흔치 않은 패턴을 따른다. 특히 고유 명사들이 여기에 해당한다. 단어별로 독립된 패러다임을 만들기보다는 단어들이 나타날 때마다 변화의 차이점을 설명하려 한다. 이번 장에는 "예수님"(Jesus)의 이름이 나온다. 이름 앞에는 보통 관사가 온다. 다음은 이에 대한 어형변화이다.

주격 단수	ὁ Ἰησοῦς
속격 단수	τοῦ Ἰησοῦ
여격 단수	τῷ Ἰησοῦ
대격 단수	τόν Ἰησοῦν

위의 표에서 여격과 속격을 어떻게 구별할 수 있는가? 그렇다! 예수님의 이름 앞에 있는 정관사의 형태로 구별할 수 있다.

---

7   앞서 언급했듯이 대격 복수의 실제 격어미는 νς이다. ν가 생략되면서 그 보상으로 어근의 마지막 모음인 o이 ου로 길어진다. "대상 연장"(compensatory lengthening)이라 부르는 이 현상은 자주 나타난다(λογο + νς → λογος → λόγους). 모음 전환의 일종이다.

8   이 법칙으로 인해 남성과 중성이 남성과 여성보다 더 비슷한 형태를 보인다고 생각할 수 있겠지만, 실제로는 남성과 여성이 더 비슷하다(10장에서 확인하라).

7.14 **변형된 1변화 패턴.** 신약성경에 있는 36개의 1변화 명사들은 속격과 여격 단수에서 어간의 마지막 모음을 α에서 η로 바꾼다. 그중 4개의 단어만이 자주 사용된다(*MBG*, n‑1c 참조. "n‑1c"와 같은 코드에 대한 설명은 *MBG* 참조).

주격 단수	δόξα	주격 복수	δόξαι
속격 단수	δόξης	속격 복수	δοξῶν
여격 단수	δόξῆ	여격 복수	δόξαις
대격 단수	δόξαν	대격 복수	δόξας

α에서 η로 변하는 법칙은 이렇다. **만약 1변화 단어의 마지막 어간이 α이고 그 앞이 ε, ι, ρ면 α 로 속격과 여격 단수를 만든다. 그렇지 않으면 α가 η로 바뀐다.** 이 법칙을 외워야 할지의 여부 는 선생님마다 다를 수 있으니 물어보라.

모든 여성 복수 어간은 단수의 형태가 어떻든 α로 끝난다.

7.15 αὐτός. 지난 장에서 남성 단수 인칭대명사 αὐτός는 "그"를, 여성형 αὐτή는 "그녀"를, 중성형 αὐτό는 "그것"을 의미한다는 것을 배웠다. 이번 장 연습문제에서는 이 단어의 여러 형태를 만나게 될 것이다. 변화된 다른 형태와 그 번역을 이해해야 한다.

	남성 (2변화)	여성 (1변화)	중성 (2변화)	번역		
주격 단수	αὐτός	αὐτή	αὐτό	그	그녀	그것
속격 단수	αὐτοῦ	αὐτῆς	αὐτοῦ	그의	그녀의	그것의
여격 단수	αὐτῷ	αὐτῇ	αὐτῷ	그에게	그녀에게	그것에게
대격 단수	αὐτόν	αὐτήν	αὐτό	그를	그녀를	그것을

주격 복수	αὐτοί	αὐταί	αὐτά	그들	그녀들	그것들
속격 복수	αὐτῶν	αὐτῶν	αὐτῶν	그들의	그들의	그들의
여격 복수	αὐτοῖς	αὐταῖς	αὐτοῖς	그들에게	그녀들에게	그것들에게
대격 복수	αὐτούς	αὐτάς	αὐτά	그들을	그녀들을	그것들을

탐정 수사

7.16 단어 분해는 탐정 놀이라고 생각하면 된다. 어떤 격어미들은 오직 한 곳에서만 나타난다. 예를 들어 λόγους는 무조건 대격 복수이다. 다른 경우일 수가 없다. 이오타 하기는 반드시 여격 단수이다. 이 두 가지는 구별하기 쉬운 어미들이다.

하지만 이 둘을 제외한 다른 어미들은 두 곳 이상에서 나타날 수 있기에 탐정 수사가 필요하다. 이를 위해 어떤 어미가 어떤 격에 분류되는지를 아는 것이 중요하다. 예를 들어 ἔργα는 주격 복수나 대격 복수가 될 수 있다. ὥρας는 속격 단수나 대격 복수가 될 수 있다.

번역

7.17 다음은 속격과 여격을 번역할 때 사용할 수 있는 단서들이다.
a. 속격이나 여격을 번역할 때는 반드시 핵심 단어를 사용한다.
b. 명사를 만나면 멈추지 말고 따라오는 속격 단어가 있는지 확인한다.

ὁ λόγος τοῦ θεοῦ σώσει ψυχάς.
그 하나님의 말씀이 영혼들을 구원할 것이다.

c. 문장을 분절할 때는 관사와 그것이 수식하는 명사를 함께 묶고, 속격과 (관사 포함) 속격이 수식하는 명사를 함께 묶는다.

ὁ λόγος τοῦ θεοῦ / σώσει / ψυχάς.

요약 ....

❶ 부록에 헬라어의 모든 격과 그에 따른 사용법을 소개한 표가 있으니 참조하라(546쪽).

❷ 속격은 소유를 나타내고, 속격 어미를 사용하며, 핵심 단어는 "~의"이다.

❸ 여격은 "~안에", "~와 함께", "~에게"를 의미한다.

❹ 간접 목적어는 "간접적으로" 동사의 영향을 받는다. "~에게"라는 핵심 단어를 붙일 수 있다면 간접 목적어이다. 이는 "누구에게?" 또는 "무엇에게?"라는 질문의 답이 된다. 여격의 핵심 단어는 "~에게"이고 여격 어미를 사용한다.

❺ 모든 격어미와 관사의 24가지 변화형은 모두 암기하라. 전체 변화표를 공부할 때는, 진짜 격어미가 무엇인지 확실히 파악하라.

❻ 명사 법칙 4: 여격 단수에서 ι는 가능한 한 마지막 문자에 하기한다.

❼ 명사 법칙 5: 모음은 자주 길이가 변한다("모음 전환").

❽ 명사 법칙 6: 속격과 여격에서 남성과 중성은 항상 같다.

❾ 만약 1변화 단어의 어간이 α로 끝나고 선행하는 문자가 ε, ι, ρ면 α로, ρ이면 속격과 여격에서 α가 나타난다. 그렇지 않으면 α는 η로 바뀐다.

❿ 문장을 각 부분으로 나눌 때 관사와 속격 단어는 언제나 그것이 수식하는 단어와 함께 묶는다.

이제 네 가지 주요 격과 대부분의 격어미를 배웠다. 축하한다.

....

단어학습

이제는 속격을 배웠기 때문에 단어의 완전한 사전적 형태를 이해할 수 있게 되었다. 명사의 경우 기본형 뒤에 그 명사의 속격과 관사가 나온다. ἁμαρτία, -ας, ἡ는 ἁμαρτία가 여성명사이고 (ἡ) 속격이 ἁμαρτίας임을 의미한다. 항상 주격 형태와 속격 형태를 함께 암기해야 한다. 뒤로 갈수록 이 습관은 더욱 중요해진다.

ἁμαρτία, -ας, ἡ   죄 (*ἁμαρτια, 173)[9]

---

9   ἁμαρτία는 개별적 죄 행위를 나타내며 동시에 죄의 개념을 나타낸다. 죄론(hamartiology)은 죄를 연구하는 학문이다.

ἀρχή, −ῆς, ἡ	시작, 통치자 (*ἀρχη, 55)[10]
γάρ	왜냐하면, 즉 (1,041) γάρ는 후치사이다.
εἶπεν	그가/그녀가/그것이 말했다 (613) εἶπεν은 3인칭 단수이다. 이 단어는 변형된 형태이므로 사용 빈도 수에 포함되지 않았다. 이 단어의 기본형은 나중에 보게 될 것이다.
εἰς	~안으로(into), ~안에(in) (1,767)[11]
ἐξουσία, −ας, ἡ	권위/권한, 능력/힘/권세 (*ἐξουσια, 102)
εὐαγγέλιον, −ου, τό	좋은 소식, 복음 (*εὐαγγελιο, 76)[12]
Ἰησοῦς, −οῦ, ὁ	예수, 여호수아 (*Ἰησου, 917)
κύριος, −ου, ὁ	주, 주인 (*κυριο, 716)[13]
μή	~아니다(not), ~하지 않도록/~할까 봐(lest) (1,042) μή는 οὐ와 기본 의미는 같지만 다른 상황에서 사용된다. 나중에 자세히 논의할 것이다. οὐ μή가 함께 사용될 때는 부정을 강조하 는(예: "안 돼!") 것이다.
οὐρανός, −οῦ, ὁ	하늘 (*οὐρανο, 273)[14] οὐρανός는 종종 복수 형태로 사용된다. 이는 유대인들이 말하는 방식이며, 문맥에 따라 단수로 번역해도 된다.

---

10   대주교(archbishop)는 대주교구를 다스리는 최고위 주교이다. 최고위 천사는 대천사(archangel)이다.

11   고전 헬라어의 경우 εἰς(~안으로)와 ἐν(~안에)의 의미 중첩이 많지 않았으나, 코이네 헬라어에서는 빈번했다. 자기 해석(Eisegesis)은 본문에서 의미를 끌어내는 것이(exegesis) 아니라 본문 안으로 의미를 집어넣는 것을 말하는데, 이는 옳지 않은 해석학적 행위이다.

12   복음 전도자(evangelist)는 복음의 좋은 소식을 전하는 사람이다.

13   키리에 엘레이손(Kyrie eleison)이란 말은 몇몇 동방교회와 로마교회에서 사용하던 청원기도이다.

14   우라노스(Uranus)는 그리스 신화에 나오는 하늘의 신이다.

οὗτος, αὕτη, τοῦτο	(*τουτο, 1,387) 단수: 이(것)[15] 복수: 이(것)들 형용사로는 "이"(단수), "이들"(복수)을 의미하며, 명사로는 "이것"을 의미한다.
σύ	너(단수) (1,067)[16] 영어에서 "you"는 단수와 복수를 모두 의미할 수 있지만, σύ는 항상 단수이다. 헬라어는 복수형이 따로 있다.
υἱός, −οῦ, ὁ	아들, 자손, 아이 (*υἱο, 377)
ὥστε	그러므로(therefore), 그 결과(so that) (83)

신약성경의 전체 단어 수:	138,148
지금까지 배운 어휘 수:	53
이번 장에 나오는 단어의 신약성경 사용 횟수:	9,688
현재까지 배운 단어의 신약성경 사용 횟수:	60,735
신약성경에 사용된 총 단어에 대한 비율:	43.95%

단어복습

4장과 6장에 나오는 모든 명사의 속격 형태도 공부해야 한다. 몇몇 명사의 경우 명시된 속격 형태가 없는 것을 볼 수 있는데, 이 단어들은 어미 변화를 하지 않기 때문이다. 모든 격으로 사용할 수 있어서 형태가 변하지 않는다. πνεῦμα와 Σίμων의 속격 형태에 대해서는 10장까지는 신경 쓰지 않아도 된다.

---

15   이 단어에는 여기에 나열된 것보다 더 많은 의미가 있다. 단어의 형태는 다른 성에서 상당히 많이 변하고 어근의 첫 음인 τ는 종종 거친 숨표로 대체된다. οὗτος에 대한 자세한 내용은 13장에서 다룰 것이다.

16   빈도수에 복수형도 포함했다.

Ἀβραάμ, ὁ	Γαλιλαία, –ας, ἡ	καιρός, –οῦ, ὁ
ἀγάπη, –ης, ἡ	γραφή, –ῆς, ἡ	καρδία, –ας, ἡ
ἄγγελος, –ου, ὁ	Δαυίδ, ὁ	κόσμος, ου, ὁ
ἄνθρωπος, –ου, ὁ	δόξα, –ης, ἡ	λόγος, –ου, ὁ
ἀπόστολος, –ου, ὁ	ἔργον, –ου, τό	Παῦλος, –ου, ὁ
αὐτός, –οῦ	ζωή, –ῆς, ἡ[17]	Πέτρος, –ου, ὁ
βασιλεία, –ας, ἡ	θεός, –οῦ, ὁ	Πιλᾶτος, –ου, ὁ
προφήτης, ου, ὁ[18]	φωνή, –ῆς, ἡ	ὥρα, –ας, ἡ
σάββατον, –ου, τό[19]	Χριστός, –οῦ, ὁ	

주해 원리

속격

1. 속격은 주명사에 대한 추가 설명을 나타내는 데 가장 많이 사용된다(설명의 속격).

> ἐνδυσώμεθα τὰ ὅπλα τοῦ φωτός(롬 13:12).
> 우리가 빛의 갑옷을 입자.

2. 주명사는 속격 단어에 지배받을 수 있다(소유의 속격).

---

17 ζωή의 속격 복수는 성경에는 나오지 않지만 ζωῶν일 것이다. 두 개의 ω가 하나의 ω로 축소되지는 않았을 것이다.

18 이 단어가 이전에 익숙하던 단어와 다른 점을 알아차릴 수 있는가? 어미 ης가 속격 단수처럼 보이지만 실제로는 주격 단수이다. 또 1변화 단어이지만 남성이다. '모든' 1변화 명사가 아니라 '대부분'의 1변화 명사가 여성이라고 했던 것을 기억하라. 이 단어의 속격 단수는 προφήτου이다. 2변화 속격 단수 어미를 사용하여 주격 단수와 다른 형태를 가진다. 이 외에는 보통 1변화 패턴을 따른다. 전체 변화표를 보고 싶으면, 부록에서 n–1f를 확인하라.

19 여격 복수는 3변화 단어처럼 σάββασι(ν)로 나타난다.

ὕπαγε πώλησόν <u>σου</u> τά ὑπάρχοντα(마 19:21).

너는 가서 <u>너의</u> 소유를 팔아라.

3. 일반적으로 한 명사가 다른 명사와 의미가 같다면, 저자는 명사를 속격으로 적을 수 있다. 이를 주명사의 동격(동격의 속격)이라고 한다. 이는 두 단어의 뜻이 같다는 표시로 등호(=)를 그려 넣는 것과 같다. 번역할 때는 단어나 기호를 덧붙여 동격임을 표시한다.

λήμψεσθε τὴν δωρεὰν <u>τοῦ ἁγίου πνεύματος</u>(행 2:38).

You will receive the gift, <u>the Holy Spirit</u>.

너희는 <u>성령(거룩한 영)</u>이라는 선물을 받을 것이다.

4. 속격은 주명사나 동사로부터 분리된 것을 나타내기도 한다. "~로부터"(from)라고 번역한다 (분리의 속격).

ἀπηλλοτριωμένοι <u>τῆς πολιτείας</u> τοῦ Ἰσραὴλ(엡 2:12).

이스라엘의 <u>공동체에서</u> 떨어지게 된 사람.

5. 이번 항목과 이어지는 두 개의 항목은 굉장히 중요하다. 이 세 가지 항목들은 주명사가 동사의 개념을 가지고 있을 때 나타난다(즉 같은 어근에서 나온 명사[cognate noun]가 동사로 나타날 수 있다는 말이다). 이 세 가지 용법은 종종 큰 해석의 차이를 만들어 낸다.

속격 단어는 때때로 주명사가 가진 동사적 의미의 주어로서 역할을 한다(주격적 속격). 이 용법을 분명히 표현하기 위해 "제공된"(produced)이라는 보조 단어를 사용할 수 있다. 예를 들면, "그리스도가 주신 사랑"(The love produced by Christ)으로 번역할 수 있다.

τίς ἡμᾶς χωρίσει ἀπὸ τῆς ἀγάπης <u>τοῦ Χριστοῦ</u>(롬 8:35).

누가 우리를 <u>그리스도의</u> 사랑에서 끊겠는가?

6. 속격 단어는 주명사가 가진 동사적 의미의 직접 목적어로서 역할을 한다(대격적 속격). 주격적 용법의 속격과 반대되는 개념이다. "받다"(receive)라는 핵심 단어를 사용한다. 예를 들면, "성령이 받은 신성모독"으로 번역할 수 있다.

ἡ <u>τοῦ πνεύματος</u> βλασφημία οὐκ ἀφεθήσεται(마 12:31).

성령을 모독하는 것은 용서받지 못할 것이다.

7. 때때로 속격 단어에서 주격적 용법과 대격적 용법이 함께 나타나기도 한다(종합적 속격).

ἡ γὰρ ἀγάπη τοῦ Χριστοῦ συνέχει ἡμᾶς(고후 5:14).
그리스도의 / 그리스도를 사랑하는 사랑이 우리를 강권한다.

8. 속격은 속격 단어와 주명사 사이의 가족 관계를 가리킬 때 사용한다(관계의 속격). 때로는 주명사가 생략되기도 하는데, 번역자의 해석 능력에 따라 정확한 내용 관계를 파악하면 된다.

Σίμων Ἰωάννου(요 21:15).
요한의 아들 시몬아.

Μαρία ἡ Ἰακώβου(눅 24:10).
야곱의 어머니 마리아.

9. 속격 명사가 더 큰 단위를 나타내고, 주명사는 그것의 일부를 나타내기도 한다(부분의 속격).

τινες τῶν κλάδων(롬 11:17).
몇몇 가지들(가지들 중에서 몇몇).

여격
문법학자들은 여격을 보통 세 가지 격, 곧 고유격, 처소격, 도구격으로 나눈다.

고유격("~에게")
1. 간접 목적어는 영어와 헬라어 모두에서 여격으로 나타나며 같은 기능을 한다.

ἐξουσίαν ἔδωκεν αὐτῷ κρίσιν ποιεῖν(요 5:27).
그분이 심판하는 권한을 그에게 주셨다.

2. 여격은 "~을 위하여"(for)를 의미한다(이해의 여격).

ἡ γυνή σου Ἐλισάβετ γεννήσει υἱόν <u>σοι</u>(눅 1:13).
너의 아내 엘리사벳이 <u>너에게</u>(<u>너를 위하여</u>) 아들을 낳아 줄 것이다.

위의 예문처럼 누군가를 위한 이익을 나타낼 때를 "이익의 여격"이라고 부른다. 반대로 누
군가의 이익을 위한 것이 아닐 때는 "불이익의 여격"이라고 부르며, 보통 문맥에 따라서 다
른 전치사를 사용하기도 한다.

μαρτυρεῖτε <u>ἑαυτοῖς</u>(마 23:31).
너희가 <u>스스로에게 반대하여</u>(against) 증명한다.

3. 여격은 "~에 관하여"(with respect to), "~의 측면에서는"(to)라는 의미를 나타낸다(관련, 측면의
여격).

λογίζεσθε ἑαυτοὺς εἶναι νεκροὺς <u>τῇ ἁμαρτίᾳ</u>(롬 6:11).
너희도 너희 자신을 <u>죄에는</u>(죄의 측면에서는) 죽은 자로 여기라.(

처소격("~안에", "~와 함께")
4. 조금은 불분명한 여격의 용법으로 어떤 일이 일어나는 위치나 장소 등을 나타낸다(영역의 여격).

μακάριοι οἱ καθαροὶ <u>τῇ καρδίᾳ</u>(마 5:8).
복되도다, <u>마음에 있어</u> 가난한 자여!

5. 어떤 일이 일어나는 시간을 설정한다(시간의 여격).

<u>τῇ τρίτῃ ἡμέρᾳ</u> ἐγερθήσεται(마 17:23).
그가 <u>제삼일에</u> 살아날 것이다.

6. 여격은 "~와 함께"라는 의미를 나타낸다(연합의 여격).

μὴ γίνεσθε ἑτεροζυγοῦντες <u>ἀπίστοις</u>(고후 6:14).
너희는 <u>믿지 않는 자와</u> 멍에를 함께 메지 말라.

고유격("~에 의하여")

7. 여격은 어떤 일이 일어나는 방법을 나타낸다(방법의 여격).

      παρρησίᾳ λαλεῖ(요 7:26).

      그가 드러나게(드러나는 방법으로) 말했다.

8. 여격은 어떤 일을 완성하는 수단(또는 도구)을 나타낸다(수단, 도구의 여격).

      Τῇ γὰρ χάριτί ἐστε σεσῳσμένοι(엡 2:8).

      왜냐하면 너희가 은혜에 의하여 구원을 받았기 때문이다.

8 전치사와 εἰμί

본문 주해 맛보기

"이런 자를 사탄에게 내주었으니 이는 육신은 멸하고 영은 주 예수의 날에 구원을 받게 하려 함이라"(고전 5:5).[1] 이 구절은 양어머니와 간음한 교인에게 바울이 명령한 내용이다. NIV의 각주에는 "죄악된 본성"(sinful nature, 문자적으로는 "육체")을 "몸"(body)으로 번역할 수 있다고 나와 있다. 주석학자들 사이에서는 바울이 이 본문에서 출교를 염두에 두었는지 아니면 실제적인 육체의 죽음을 생각한 것인지에 대한 논쟁이 있다. 전자가 더 적절해 보이지만 어떤 해석이 맞든 교회 차원에서 공식적인 징계가 거의 없거나 전혀 없는 오늘날의 기준에서 볼 때 둘 모두 가혹해 보인다.

이 본문을 바르게 해석하기 위해서는 전치사 εἰς에 대한 이해가 도움을 준다. NIV는 이 구문에서 바울의 두 가지 명령, 곧 징계와 교정이 똑같이 중요한 목적인 것처럼 번역한다. 그러나 실제로 헬라어 성경을 보면 징계는 εἰς로, 교정은 ἵνα로 시작하고 있다. Εἰς는 결과를 의미할 수도 있고 목적을 의미할 수도 있지만, ἵνα는 대개 목적만을 나타낸다. 다시 말해 바울은 단어를 의도적으로 바꾸어 사용함으로써 징계의 **목적**이 온전히 교정(회복)에 있음을 보여주는 것 같다. 이 목적을 위한 바울의 행동이 일시적인 징계와 계속해서 죄를 짓는 자를 출교하는 것을 일으키더라도, 또는 고든 피(Gordon Fee)의 말대로, "이 구절의 문법은, 이 징계의 명확한 목적이 구원이기는 해도, '육체의 파괴'(육신을 멸함)가 사람이 사탄의 지배에 들어갔을 때 당연히 예상되는 결과임을 보여준다"고 할 수 있다.

모든 학자가 이런 해석에 동의하는 것은 아니지만, NIV와 같은 번역본만 읽는다면 결코

---

1   NIV는 다음과 같이 번역한다. "Hand this man over to Satan, so that the sinful nature may be destroyed and his spirit saved on the day of the Lord"(고전 5:5).

생각할 수 없는 해석이다. 신약성경 헬라어를 공부하면 할수록 문학 양식이나 글의 흐름을 위해 영어 성경에는 번역되지 않고 생략된 전치사들과 접속사들을 자주 보게 될 것이다. 따라서 영어 성경(또는 한글 성경)만 읽는다면, 문장과 구문 사이의 원래 의미를 통째로 놓칠 수도 있고, 때로는 저자가 전혀 의도하지 않은 의미를 더할 수도 있다. 고린도전서 5:5의 최종 해석이 무엇이든 간에, 신약성경에 나타난 모든 교회의 징계 목적은 전적으로 회복과 복귀이지 결코 징벌이나 보복이 아니다. "주께서 그 사랑하시는 자를 징계하신다"(히 12:6). 그러니 우리도 이 말씀을 따라야 한다.

크레이그 블룸버그(Craig L. Blomberg)

개요

이번 장에서 배울 내용은 다음과 같다.
- 전치사는 "~위에", "~아래에", "~을 통하여" 등의 짧은 단어로, 두 단어 사이의 관계를 정의한다.
- 전치사 뒤에 오는 단어는 전치사의 목적어이다.
- 전치사의 의미가 변하는 방식.
- 종속절.
- εἰμί와 술어적 주격.

영어로 개념 잡기

8.1   **전치사.** 전치사는 두 단어의 관계를 나타내는 단어이다. "The book is under the table"(그 책은 탁자 아래에 있다)이라는 문장에서 "under"(아래에)라는 전치사는 "book"(책)과 "tabel"(탁자)의 위치 관계를 묘사한다. 또 다른 전치사에는 무엇이 있는지 생각해 보자.

그녀의 발이 의자 <u>위에</u>(on) 있다.
그 공은 그의 머리 <u>위로</u>(over) 넘어갔다.
요한이 그의 제자들과 <u>함께</u>(with) 왔다.
요한은 예수님 <u>앞에</u>(before) 왔다.

전치사는 토끼가 자기 집에서 할 수 있는 모든 행동이라고 말하곤 한다. 토끼는 집안에 들어가거나, 주위에 머물거나, 집 아래를 파는 행동 등을 할 수 있다.

전치사 뒤에 오는 단어를 **전치사의 목적어**라고 부른다. 위의 첫 번째 예문에서 전치사 "아래에"의 목적어는 "탁자"이다. 영어에서 전치사의 목적어는 항상 목적격이다. "The book is under he"라 말하지 않고, "The book is under him"이라 말한다. "He"는 주격이고 "him"은 목적격이다. 전치사와 전치사의 목적어 및 수식어를 하나로 묶어 **전치사구**라고 부른다. 위의 예문에서는 "탁자 아래에"(under the table)가 전치사구에 해당한다.

8.2   **술어적 주격**. 동사 "to be"(~이다)에는 특별한 용법이 있다(to be 동사는 am, are, was, were 등의 여러 형태로 나타난다). 만약(실제로는 그렇게 말하지 않지만) "The teacher is I"(그 선생님은 나이다)라고 말한다면, 대명사 "I"(나)는 동사의 행동을 받지 않고, 주어에 관한 어떤 사실을 전한다. 문법 용어로 표현하면, 대명사 "나"(I)는 주어에 관한 어떤 사실을 "서술한다."

이 대명사는 동사의 행위를 받지 않기 때문에 직접 목적어가 될 수 없다. 그 대신 "술어적 주격"이라 불리며 주격 형태를 취한다. 위의 문장을 실제로는 "The teacher is me"라고 표현하지만, 정확히 말해 "그 선생님은 나를 이다"라는 말은 있을 수 없다. 왜냐하면 "나를"은 대격이고 "나는"은 주격이기 때문이다. 따라서 "The teacher is I"라고 말해야 한다.

헬라어 문법

8.3   헬라어 전치사는 영어 전치사와 같은 기능을 한다. 하지만 헬라어 전치사에 대해 반드시 이해해야 할 중요한 사실이 하나 있다. **헬라어 전치사의 의미는 그것의 목적어가 어떤 격인지에 따라 결정된다**는 것이다. 예를 들면, 전치사 διά는 목적어가 속격일 때 "~을 통하여"라는 의미이지만, 대격일 때는 "~때문에"라는 의미가 된다.[2] 전치사의 목적어는 거의 대부분 전치사 뒤에 온다.

어떤 전치사는 항상 같은 격의 목적어를 가지며 한 가지 뜻만 갖는다. 예를 들어 전치사 ἐν은 여격의 목적어를 가지며 "~안에"라는 기본 의미를 지닌다. 하지만 어떤 전치사는 두 가지 격과 함께 사용되고, 일부 전치사는 세 가지 격과 함께 사용되기도 한다. 전치사의 목적어가 주격인 경우는 (아주 드문 상황을 제외하고는) 전혀 없다.

---

2   엄밀히 말하면 이 설명은 정확하지 않다. 목적어가 전치사를 지배하는 것이 아니라 그 반대이기 때문이다. 즉 전치사가 특정한 의미를 나타내기 위해 그것의 목적어가 특정한 격을 취하는 것이다. 하지만 번역자의 관점에서 보면, 목적어의 격을 확인하고 전치사의 의미를 결정하는 게 더 쉽다.

8.4   **플래시 카드**. 각각의 격에 따라 다른 카드를 만들어 외워야 한다. 다시 말해 "διά+속격"이 적힌 카드와 "διά+대격"이 적힌 카드를 따로 만들어야 한다.

8.5   **핵심 단어**. 속격과 여격의 핵심 단어는 각각 "~의"(of)와 "~에게"(to)이다. 하지만 **전치사의 목적어인 속격과 여격에는 핵심 단어를 사용하지 않는다.**

예를 들면, ὁ λόγος τοῦ θεοῦ는 "하나님의 말씀"을 의미하기에 θεοῦ의 핵심 단어로 소유의 의미를 나타내는 "~의"가 사용되었다. 그러나 ὁ λόγος ἀπὸ θεοῦ는 "하나님으로부터의 말씀"이라고 번역한다(전치사 ἀπό는 "~로부터"라는 의미이며 속격을 목적어로 취한다). θεοῦ가 속격이라도 전치사가 있기에, "하나님'의'로부터 나온 말씀"(the word from of God)이라고는 번역할 수 없다.

8.6   **불변성**. 전치사는 쓰임에 따라 그 형태가 변하지 않는다는 점에서 불변성을 갖는다. παρά는 속격, 여격, 대격 가운데 무엇을 목적어로 취하든 언제나 παρά이다.

전치사의 형태가 변하는 단 하나의 경우가 있긴 하지만, 어형변화와는 전혀 상관이 없다. 모음으로 끝나는 전치사가 모음으로 시작하는 단어를 만났을 때 이 전치사의 마지막 모음은 사라지고 생략 기호인 아포스트로피(')로 대체된다. 이를 "모음탈락"(elision)이라고 부른다(4.2 참조).

μετὰ αὐτόν → μετ' αὐτόν

전치사의 마지막 문자가 모음이고 이어지는 단어의 첫 문자가 **거친 숨표**를 가진 모음이면, 전치사의 마지막 모음 앞의 자음도 종종 변화한다. 이런 변화들은 여러 음이 만나 조합될 때 좀 더 쉽게 발음하기 위한 것이다.

μετὰ ἡμῶν → μετ' ἡμῶν → μεθ' ἡμῶν

모든 변화된 형태를 따로 적어 암기 카드를 만들어라. 단어학습 부분에 각 전치사의 변화된 형태를 적어 두었다.

8.7   전치사의 의미는 다음과 같이 암기한다.

_____과 함께 있는 _____은 _____를 의미한다.
여격과 함께 있는 ἐν은 "~안에"를 의미한다.

8.8 　전치사의 목적어가 특정한 격을 갖는 이유를 설명할 때는 다음의 방식으로 대답한다.

　　　　　＿＿＿＿가 ＿＿＿＿격인 이유는 ＿＿＿＿격을 취하는 전치사 ＿＿＿＿의 목적어이기 때문이다.

　　　　　αὐτῷ가 여격인 이유는 여격을 취하는 전치사 ἐν의 목적어이기 때문이다.

종속절

8.9 　이번 장에서는 "~하기 위하여"(in order that)라는 의미를 가진 단어 ἵνα를 배운다. ἵνα는 항상 "종속절"을 이끄는 첫 단어로 사용된다. 6장에서도 종속절을 이끄는 ὅτι를 배웠다.

　　　종속절은 단어의 조합이긴 하지만 그 자체로 완전한 문장은 아니다. 완전한 문장의 일부가 되어 주절에 종속될 때만 의미가 있다. 예를 들어, "만약 내가 집에 가면"이라는 구문은 그 자체로 완전한 문장이 될 수 없으므로 주절에 종속된다. "만약 내가 집에 가면, 나는 저녁을 먹을 것이다"라고 해야 완전한 문장이 된다.

　　　다음은 반드시 기억해야 하는 중요한 사항이다. **문장의 본 주어와 본 동사는 절대 종속절에서 찾을 수 없다.** 종속절에도 주어와 동사가 있지만, 결코 문장의 본 동사와 본 주어는 될 수 없다.

중간복습

- 전치사는 토끼가 자기 집에서 할 수 있는 모든 행동이라고 빗대어 말하곤 한다. 토끼는 집 안에 들어가거나, 주위에 머물거나, 집 아래를 파는 행동 등을 할 수 있다.
- 전치사구는 전치사와 전치사의 목적어(수식어 포함)로 구성된다.
- 전치사가 목적어의 격을 결정한다. 따라서 핵심 단어는 사용되지 않는다.
- 전치사는 어형변화가 일어나지 않는다. 하지만 어미는 변할 수 있다.
- 종속절은 문장의 본 주어와 본 동사를 가질 수 없다.

εἰμί

8.10   본격적인 동사 학습은 15장에서 시작한다. 지금은 명사에 집중해야 하며 명사에 대해 확실히 알아둘 필요가 있다. 동사는 조금 나중에 배우지만, 이 시점에서 배우기에 적절하고 자주 사용되는 동사 εἰμί를 먼저 알아보겠다. 우선 5.14 – 16에 있는 동사 관련 문법을 복습하고 시작하자.

8.11   **기본 동사 문법**. 동사의 기본 부분은 **어간**이라 부른다. 어간은 동사의 기본 의미를 나타낸다. **인칭 어미들**은 어간 끝에 붙어 인칭과 수를 나타낸다.

     대명사 부분에서 이미 확인했듯이 문법적으로 세 가지 **인칭**이 존재한다. ἐγώ는 1인칭이고 "나"라는 뜻이다. σύ는 2인칭이고 "너"라는 뜻이다. αὐτός는 3인칭이고 "그" "그녀" "그것"을 의미한다. 복수형으로는 "우리" "너희" "그들"을 의미한다.

     마찬가지로 동사의 어미도 인칭을 나타낸다. 예를 들면 γράφεις의 어미 εις는 주어가 "너"(단수)임을 말해 준다. γράφει의 어미 ει는 주어가 "그" "그녀" "그것"이라는 말이다. 즉 γράφεις는 "네가 기록한다", γράφει는 "그가 기록한다"를 의미한다.

     동사는 해당 주어와 **일치**하는데, 이것은 동사의 인칭 어미가 주어의 인칭과 수에서 일치한다는 뜻이다. 주어가 ἐγώ이면 동사는 1인칭 단수가 되고, 주어가 ἀποστολοί이면 동사는 3인칭 복수가 된다.

8.12   εἰμί는 헬라어에서 가장 많이 쓰이는 동사이므로 반드시 외워 두어야 한다. 다음의 변화표는 εἰμί의 현재시제이다.

1인칭 단수	εἰμί	나는 ~이다
2인칭 단수	εἶ	너는 ~이다
3인칭 단수	ἐστίν	그/그녀/그것은 ~이다
1인칭 복수	ἐσμέν	우리는 ~이다
2인칭 복수	ἐστέ	너희는[3] ~이다
3인칭 복수	εἰσίν	그들/그녀들/그것들은 ~이다

εἶ를 제외한 모든 εἰμί의 변형은 전접어이고, 전접어는 자신의 강세를 앞에 있는 단어로 보낸다.

이들은 보통 스스로 강세를 갖지 않는다.

8.13 **이동하는 뉘**(movable nu). 이동하는 뉘는 모음으로 끝나는 단어 끝에 붙는 ν를 가리키는 것으로, 뒤에 오는 단어가 모음으로 시작할 때 나타난다(예: εἰσίν αὐτοί). 연속으로 두 개의 모음을 발음하지 않기 위해서 ν를 붙인다. 즉 ν를 붙여서 두 모음 사이를 끊어 주고 소리를 구별하는 것이다. 영어에서 부정관사 "a"를 모음으로 시작하는 단어 앞에서는 "an"으로 바꾸는 것과 같은 원리이다.

3인칭 단수 ἐστίν에 포함된 ν는 이동하는 뉘이다.[4] 신약성경에서 ἐστί는 한 번만 나타난다 (행 18:10). 3인칭 복수 εἰσίν에 포함된 ν도 이동하는 뉘이다. εἰσί는 신약성경에 한 번도 나오지 않는다.

종종 코이네 헬라어에서 이 이동하는 뉘는 자음으로 시작하는 단어 앞에서도(특히 여격 복수일 때) 나타난다. 또한, 구문의 마지막 단어에도 나타난다. 그러나 헬라어 학습의 목적이 독해이지 작문이 아니므로 큰 문제는 아니다.

8.14 **ἦν.** ἐστί(ν)의 과거시제는 ἦν이고, "그는/그녀는/그것은 ~였다"로 번역된다. 자주 등장하는 형태이니 지금 바로 암기하자.

8.15 **술어적 주격.** 주격의 두 번째 기능은 술어적 주격이다.[5] 영어의 경우처럼, εἰμί를 따라오는 명사는 동사의 행동을 받는 게 아니라 주어와 관련된 사항을 말해 준다.[6] 그래서 주격이 사용된다.

> ὁ θεὸς ἐστιν κύριος.
> 하나님은 <u>주님</u>이시다.

---

3   영어는 you라는 단어로 2인칭 대명사 단수와 복수를 같이 표현한다. 하지만 번역할 때는 두 경우를 구분하기 위해 여러 방법이 사용해왔다(예: "thou"와 "ye", "you"와 "y'all"). 이 책에서는 "you"를 사용하겠지만, 선생님에 따라 다르게 구분할 수 있다. 필자의 수업시간에는 "y'all"을 쓰고 있는데, 이는 켄터키 주에 몇 년을 살면서 "y'all"을 좋아하게 되었기 때문이다.

4   NA 27판을 기준으로 하면, ν가 없는 ἐστί 형태는 신약에서 단 한 번 나온다(행 18:10). 그러나 28판에서는 모든 ἐστίν에 ν를 추가했다. 고대 헬라어 텍스트를 보다 정확하게 반영하려면 The Greek New Testament, Produced at Tyndale House, Cambridge(Wheaton, IL: Crossway, 2017)를 참조하라. 이동하는 뉘는 주로 3변화 단어의 여격 복수형(10장)과 동사에 인칭 어미 ε이 붙는 형태(22장)에 붙는다.

5   문법적으로 "술어"는 동사와 그것을 따르는 모든 것을 지칭한다. 즉 주어와 주어의 수식어를 제외한 나머지를 말한다.

6   동사 "~이다"는 주어와 술어적 주격(보어)이 같다는 것을 나타낸다는 점에서 "동등동사"(equative verb)라고 부른다.

이 문장의 첫 단어와 마지막 단어가 주격인 것을 주목하라. 어떤 것이 주어이고 술어적 주격(보어)인지는 문맥을 보고 결정한다.[7]

그러나 우선 순위가 있다.
- 단어가 대명사이면, 주어일 것이다.
- 관사가 있는 명사나 고유명사이면, 주어일 가능성이 높다.
- 대명사나 관사가 있는 명사, 고유명사가 있으면, 대명사가 주어일 가능성이 높다.

번역

8.16 문장을 부분으로 분리할 때 전치사구(또는 다른 종속절)를 별개로 묶어 구분하고, 그것이 어떤 단어를 수식하는지 확인해야 한다. 전치사구는 보통 동사를 수식한다.

ὁ λόγος / ἔρχεται / εἰς τὸν κόσμον.
그 말씀이 / 그 세상으로 / 간다.

8.17 헬라어는 대부분 전치사구 안의 관사를 생략한다. 문맥에 따라 번역할 때 다시 넣을 수도 있다.

ὁ λόγος ἔρχεται εἰς κόσμον.
그 말씀이 그 세상으로 간다.

구문분석(phrasing)

8.18 필자가 좋아하는 주석 도구를 소개하게 되어 기쁘다. 온라인 수업에서 동영상 강의를 시청한 적이 있다면 구문분석을 보았을 것이다. 기본적으로 구문분석이란 절을 구로 나누는 것을 말한다(전치사구, 속격구, 여격구 및 앞으로 배울 여러 구문). 각 어구는 주절과 함께 왼쪽에 배치하되, 수식하는 단어가 있다면 종속구는 그 다음 줄에 한 칸 들여서 배치한다. 이것은 저자의 주된 생각은 무엇이고, 그것이 어떻게 바뀌는지, 저자의 생각의 흐름을 한눈에 볼 수 있다는 의미이다.

7   이 문장은 실제로 κύριός ἐστιν ὁ θεός라고 쓰였을 것이고, 관사가 있는 단어가 주어이다.

BillMounce.com/phrasing에 접속하면 더 많은 정보를 얻을 수 있다.

8.19 구문분석을 지금 소개하는 이유는 문장 구조가 복잡해질수록 문장을 어구로 나누고, 각 어구를 번역하고, 어구간 연계성을 파악하는 과정이 더욱 중요해지기 때문이다. 구문분석이 문장 구조를 파악하는 데 도움이 될 것이다. 그러한 맥락에서 전치사구는 전치사구가 수식하는 단어(εἰς αὐτὸν) 다음 줄에 한 칸 들여서 배열할 것이다. 예를 들어, 요한복음 3:16을 보자.

   (왜냐하면 ~때문이다) 하나님께서 세상을 이와 같이 사랑하셨다.
      (그 결과) 그분은 하나뿐인 아들을 주셨다
         (~하기 위하여) 믿는 모든 자마다 →
            그를
               → 멸망하지 않는다
                  도리어
                  영생을 얻는다.

   οὕτως γὰρ ἠγάπησεν ὁ θεὸς τὸν κόσμον,
      ὥστε τὸν υἱὸν τὸν μονογενῆ ἔδωκεν,
         ἵνα πᾶς ὁ πιστεύων →
            εἰς αὐτὸν
               → μὴ ἀπόληται
                  ἀλλ᾽
                  ἔχῃ ζωὴν αἰώνιον.

왜냐하면(γάρ) 하나님께서 이와 같이(οὕτως) 그분의 하나뿐인 아들을(τὸν υἱὸν τὸν μονογενῆ) 주심으로(ὥστε…ἔδωκεν) 세상(τὸν κόσμον)을 향한 그분의 사랑(ἠγάπησεν)을 보이셨기 때문이다. 이는 아무나 믿는 것이 아니라 그를(εἰς αὐτὸν) 믿는 모든 자마다(πᾶς ὁ πιστεύων) 두 가지 (ἀλλ᾽) 결과를 얻게 하려 하심이다(ἵνα). 즉 그들이 멸망하지 않고(μὴ ἀπόληται) 도리어 영생을 얻게 하려(ἔχῃ ζωὴν αἰώνιον) 하심이다. 중간에 나오는 어구가 생각의 흐름을 깨뜨릴 수 있을 때는 화살표(→)를 사용하여 연결성을 표시했다. 연습문제를 풀다가 막히면, 구문을 나누고, 도식화하여 배열하고, 배열된 구문을 어구별로 번역한 후, 종합해 보라.

❶ 전치사 뒤에 오는 단어는 전치사의 목적어이고, 전치사와 전치사의 목적어 및 수식어가 전치사구를 구성한다.

❷ 전치사의 의미는 전치사의 목적어가 가진 격으로 결정한다. 항상 전치사와 목적어의 격을 함께 외우라.

❸ 전치사의 목적어를 번역할 때는 핵심 단어를 사용하지 않는다.

❹ 전치사는 어형변화를 하지 않지만, 뒤에 오는 단어에 따라 어미가 변할 수 있다.

❺ 종속절은 문장의 본 주어와 본 동사를 포함할 수 없다.

❻ εἰμί 동사를 외우라. 이 단어에는 항상 술어적 주격이 따라온다.

❼ 전치사구 안에서 관사는 자주 생략된다. 그러나 번역할 때 문맥에 따라 관사를 넣을 수 있다.

⋯⋯⋯

단어학습

이번 장에서는 자주 사용되는 전치사 중 3분의 2에 해당하는 일곱 개의 전치사를 배울 것이다. 다음의 표는 이번 장에서 배운 전치사들의 공간적인 관계를 설명하고 있다. 그러나 이 공간 중심의 지도에서는 단지 일부 의미만 설명하고 있음을 기억하라.

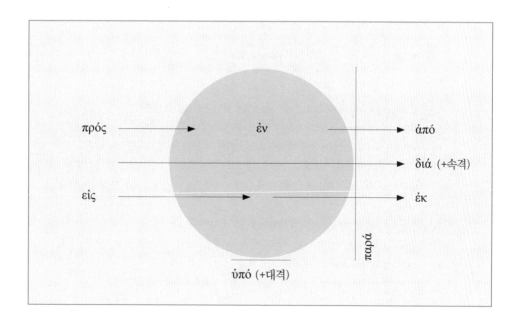

의미로 짝을 지어(예: πρός와 ἀπό) 전치사를 공부하면 암기에 도움이 될 것이다.

ἀλλά(ἀλλ’)	그러나, 아직(still), 도리어(rather) (638) ἀλλά 뒤에 오는 단어가 모음으로 시작하면 마지막 α는 생략한다 (ἀλλὰ Ἰησοῦς → ἀλλ’ Ἰησοῦς).
ἀπό(ἀπ’, ἀφ’)	+속격: ~로부터 (떨어진) (646)[8] ἀπό 뒤에 오는 단어가 모음으로 시작하면 ο은 탈락한다(ἀπ’ αὐτῶν). 뒤에 오는 단어가 모음과 거친 숨표로 시작하면 ἀφ’가 된다(ἀφ’ ὑμῶν).
διά(δι’)	+속격: ~을 통하여 (667)[9] +대격: ~을 위하여, ~때문에
εἰμί	나는 ~이다, 존재하다, 살다, 있다 (*ἐς, 2,462)[10] (ἤμην), ἔσομαι, -, -, -, -
ἐκ(ἐξ)[11]	+속격: ~로부터(from), ~밖으로(out of) (914)[12] ἐκ 뒤에 오는 단어가 모음으로 시작하면 ἐξ가 된다(ἐξ ὑμῶν).
ἡμέρα, −ας, ἡ	날 (*ἡμερα, 389)[13]
ἦν	그/그녀/그것은 있었다 (315)[14]
θάλασσα, −ης, ἡ	바다, 호수 (*θαλασσα, 91)[15]
θάνατος, −ου, ὁ	죽음 (*θανατο, 120)[16]

---

8   배교(Apostasy, ἀποστασία)는 한 사람이 진리에서 벗어나 있는 것을 말한다.

9   직경(diameter, διάμετρος)은 한 물체의 중간을 통과하여 측정하는 것이다.

10   당분간은 εἰμί의 어근이나 두 번째 줄에 있는 형태에 대해서는 신경 쓰지 않아도 된다.

11   고유 전치사는 ἐξ이다. 뒤에 오는 단어가 자음으로 시작하면 ξ 안에 있는 "σ"는(ξ의 음가를 ‘xs’로 생각하라) 탈락한다. σ가 자음 사이에 있는 σ가 되기 때문이다. 다시 말해, σ가 두 자음 사이에 있게 되어 하나가 탈락하는 것이다(exs+자음 → ex → ἐκ).

12   황홀경(ecstasy, ἔκστασις)은 자신을 벗어나 밖에 있는 것이다.

13   덧없는 것(Ephemeral, ἐφήμερος)은 하루밖에 유지되지 못하는 것, 곧 수명이 짧다는 의미이다.

14   당분간 ἦν의 어근은 신경 쓰지 말라.

15   탈라시안(Thalassian, θαλάσσιος, 바다거북)은 ‘바다와 관계가 있음’을 의미한다.

16   안락사(Euthanasia)는 고통 없이 죽게 하거나, 치료를 중지하여 죽게 하는 것을 의미한다. Thanatophobia는 죽음

ἵνα	~하기 위하여(in order that), ~하는 것(that), 그 결과(so that) (663)
Ἰωάννης, ‑ου, ὁ	요한 (*Ιωαννη, 135) προφήτης와 같은 패턴을 따른다(n‑1f, 551쪽).
λέγω	(*λεγ, ϝερ / ϝεπ, 2,353)[17] 내가 말하다, 이야기하다
μετά(μετ᾽, μεθ᾽)	+속격: ~와 함께(with) (469)[18] +대격: ~후에(after) μετά 뒤에 오는 단어가 모음으로 시작하면 α는 탈락한다(μετ᾽ αὐτοῦ). 뒤에 오는 단어가 모음과 거친 숨표로 시작하면 μεθ᾽(μεθ᾽ ὑμᾶς)가 된다.
οἰκία, ‑ας, ἡ	집, 가족/가정 (*οικια, 93)
οἶκος, ‑ου, ὁ	집, 가족/가정 (*οικο, 114)[19]
ὄχλος, ‑ου, ὁ	군중, 무리 (*ὀχλο, 175)[20]
παρά(παρ᾽)	+속격: ~로부터(from) (194)[21] +여격: ~옆에(besides), ~앞에 +대격: ~와 나란히, ~에 접하여
παραβολή, ‑ῆς, ἡ	비유 (*παραβολη, 50)[22]

에 대한 큰 두려움이다. Thanatopsis는 죽음에 대한 사색으로, 윌리엄 컬런 브라이언트(William Cullen Bryant)가 지은 시의 제목이다. 좋은 시이지만 신학적으로 옳지는 않다. "최후의 괴로운 시간에 대한 생각들이 마치 마른병처럼 그대의 정신을 엄습해서, 모진 고통과 수의와, 관 덮개와, 숨 막히는 어둠과, 그 좁은 집에 대한 심상들이 그대를 전율케 하고, 가슴 아프게 할 때—열린 하늘 아래로 나가, 자연의 가르침들에 귀를 기울여보라…"(『윌리엄 컬런 브라이언트』, 김천봉 옮김, 이담books).

17 당분간은 다른 어근인 ϝερ와 ϝεπ는 무시해도 된다.

18 μετά의 속격 목적어는 주로 사람이나 사람과 관련된 개념을 나타낸다. 어떤 전치사(σύν)는 목적어가 비인격체일 때 사용된다. 형이상학(metaphysics)은 아리스토텔레스 이후에 등장하는 물리학에 관한 논의를 일컫는다(τὰ μετὰ τὰ φυσικά).

19 οἰκία와 οἶκος는 실제로 의미의 차이가 없다.

20 우민정치(ochlocracy)는 폭동을 일으킨 군중이 장악하는 정치이다.

21 단락(paragraph, παράγραφος)은 원래 분단을 나타내는 글 옆의 마지막에 있는 선이었다.

22 비유(parable)는 인생 "곁에 놓인"(παρά + βάλλω) 이야기이다.

πρός	대격: ~에게(to), ~을 향하여(towards), ~와 함께(with) (700)[23]
ὑπό(ὑπ', ὑφ')	속격: ~에 의하여(by) (220)[24]
	대격: ~아래에(under)
	ὑπό 뒤에 오는 단어가 모음으로 시작하면 ο이 탈락한다(ὑπ' αὐτοῦ). 뒤에 오는 단어가 모음과 거친 숨표로 시작하면 ὑφ'(ὑφ' ὑμᾶς)가 된다.

신약성경의 전체 단어 수:	138,148
지금까지 배운 어휘 수:	72
이번 장에 나오는 단어의 신약성경 사용 횟수:	11,406
현재까지 배운 단어의 신약성경 사용 횟수:	72,143
신약성경에 사용된 총 단어에 대한 비율:	52.22%

이제 신약성경에 사용된 단어 가운데 절반을 알게 되었다. 축하한다!

단어복습

εἰς	+대격: ~안으로, ~안에, ~중에
ἐν	+여격: ~안에, ~위에, ~중에

---

23 개종자(proselyte, προσήλυτος)는 다른 종교로 전향한 사람이다.

24 ὑπό의 목적어는 보통 사람이거나 사람과 관련된 개념을 나타낸다. 가설(Hypothesis, ὑπόθεσις)은 토대가 되는 가정을 의미하며, 다른 주장을 아래에서 받쳐주는 기초이다(*θε는 헬라어 단어를 만들 때 '내가 놓다'[I place]를 의미한다). 피하주사(Hypodermic)는 피부(δέρμα) 아래로 들어가는 주사이다.

9 형용사

본문 주해 맛보기

형용사는 신학적인 면에서 다른 것과 비견하기 어려울 정도로 중요하다. 형용사는 명사를 수식하고(수식적 용법), 명사에 관한 어떤 것을 서술하며(서술적 용법), 명사처럼 쓰이기도 한다(독립적 용법). 가끔은 형용사가 명확히 어떤 역할을 하는지 말하기 어려울 때도 있다.

예를 들어, 마태복음 6:13에 나타나는 형용사 πονηροῦ("악")의 경우, KJV를 비롯한 최근의 영어 성경들은 "우리를 **악**에서 구하옵소서"라고 번역하고 있다. 하지만 이 형용사는 관사(τοῦ)의 수식을 받아 독립적 용법으로 사용되었으므로 "악한 존재"를 의미한다.

이 두 번역 사이에는 절대 작지 않은 신학적 차이가 존재한다. 하나님 아버지는 그의 자녀들을 위험, 재앙, 세상의 추악함에서 항상 보호하지는 않으신다. 간단히 말하면, 하나님은 우리를 항상 악에서는 구하지 않으시지만, 악한 존재에게서는 구하신다는 것이다. 이 본문은 하나님이 우리의 삶을 장미꽃밭으로 만드시는 것이 아니라 악한 존재, 곧 악마로부터 보호하신다는 것을 가르친다(요 10:28 – 30; 17:15).

대니얼 월리스

개요

이번 장에서 배울 내용은 다음과 같다.
- 형용사의 세 가지 기능.
- 형용사는 관사처럼 그것이 수식하는 명사와 일치한다.

9.1 **형용사**는 명사나 대명사를 수식하는 단어이다. 형용사의 역할은 세 가지로 나눌 수 있다.

9.2 **수식적 용법**의 형용사는 수식하는 단어에 특정한 성질(특성)을 부여한다. 이것은 형용사의 일반적인 용법이다.

> "She learned <u>modern</u> Greek."
> 그녀는 <u>현대</u> 헬라어를 배웠다.

형용사가 수식하는 단어는 **주명사**라고 불린다.

> "She learned modern <u>Greek</u>."
> 그녀는 현대 <u>헬라어</u>를 배웠다.

9.3 **독립적 용법**(또는 명사적 용법)의 형용사는 명사와 같은 역할을 한다.

> "The <u>Good</u>, the <u>Bad</u>, and the <u>Ugly</u> are all welcome here."
> 여기서는 <u>좋은</u> 것, <u>나쁜</u> 것, 그리고 <u>이상한</u> 것 모두 환영한다.

> "Out with the <u>old</u> and in with the <u>new</u>."
> <u>오래된</u> 것은 나가고 <u>새로운</u> 것이 들어온다.

이 경우 형용사는 그 무엇도 수식하지 않는다.[1]

9.4 **서술적 용법**(또는 동사적 용법)의 형용사는 주어를 설명하며, 동사 "~이다"가 명시되거나 생략된다.[2]

---

1 형용사에는 수식하는 명사가 이미 전제되어 있으므로 독립적 용법은 수식적 용법의 하나라고도 말할 수 있다.

"The students are good."

그 학생들은 선하다.

"God is true."

하나님은 참되시다.　　　　.

헬라어 문법

9.5　헬라어 형용사의 역할은 영어의 그것과 상당히 유사하다.

9.6　**형태**. 이번 장에 등장하는 형용사들은 이미 배운 명사의 격어미를 사용한다. 형용사는 관사와 같이 세 가지 성 모두에서 나타날 수 있다는 사실을 기억하라. ἀγαθός는 형용사로 "선한"이라는 뜻이다.

	남성 (2변화)	여성 (1변화)	중성 (2변화)
주격 단수	ἀγαθός	ἀγαθή	ἀγαθόν
속격 단수	ἀγαθοῦ	ἀγαθῆς	ἀγαθοῦ
여격 단수	ἀγαθῷ	ἀγαθῇ	ἀγαθῷ
대격 단수	ἀγαθόν	ἀγαθήν	ἀγαθόν
주격 복수	ἀγαθοί	ἀγαθαί	ἀγαθά
속격 복수	ἀγαθῶν	ἀγαθῶν	ἀγαθῶν
여격 복수	ἀγαθοῖς	ἀγαθαῖς	ἀγαθοῖς
대격 복수	ἀγαθούς	ἀγαθάς	ἀγαθά

2　어떤 사람은 이것을 서술적 위치에 있는 형용사라고 말한다.

이미 공부한 명사와 관사의 어미들과 상당히 비슷하다는 점에 주목하자.

9.7 **기본형**. 하나 이상의 성을 가진 모든 단어의 기본형은 이미 관사에서 확인한 대로 주격 단수 남성형이다. 예를 들어, 여격 복수 여성인 ἀγαθαῖς의 기본형은 ἀγαθή가 아니라 ἀγαθός이다.

형용사의 용법

9.8 **수식적 용법**. 형용사의 가장 일반적 용법이다. 형용사가 수식적 용법일 때 형용사는 **그것이 수식하는 단어와 격, 수, 성이 일치한다.**

> ὁ ἀγαθὸς λόγος ἐστίν⋯
> <u>선한</u> 말은 ~이다.

- 명사는 세 가지 성으로 사용될 수 있고, 수식적 용법의 형용사는 반드시 수식하는 명사와 성이(격과 수도 일치한다) 일치해야 하므로, 형용사도 반드시 남성, 여성, 중성이 될 수 있어야 한다.[3]
- 모든 명사의 성을 꼭 암기해야 한다. 이는 형용사가 어떤 명사를 수식하고 있는지 파악하는 데 도움을 줄 것이다. 예를 들어, 형용사 ἀγαθή는 명사 ἄνθρωπος를 수식할 수 없다. ἀγαθή는 여성이고 ἄνθρωπος는 남성이기 때문이다.

9.9 **독립적 용법**. 헬라어 형용사는 명사와 같은 역할을 할 수 있다.
- 형용사가 독립적으로 사용될 때는 명사와 마찬가지로 그 역할에 따라 격이 결정된다. 예를 들어, 형용사가 동사의 주어 역할을 하면 주격이 되는 것이다.

> ὁ ἀγαθός ἐστιν⋯
> 그 좋은 (사람)은 ~이다.

---

3   여성 형용사가 어간의 마지막 문자로 η(ἀγαθή)나 α(νεκρά) 중 어떤 것을 가질 것인가 하는 문제는 그것이 수식하는 명사가 아니라 형용사 자체에 의해서 결정된다. 형용사는 반드시 격, 수, 성이 일치해야 하지만, 형용사가 어떻게 일치를 이루고 어떤 형태를 사용하는지는 형용사의 고유 기능이다. 그러므로 –ας로 끝나는 명사를 수식할 때 형용사는 속격으로 –ης를 가질 수 있다(예: τῆς ἀγαθῆς ὥρας).

- **성과 수는 이 형용사가 지칭하는 것에 의해 결정된다.** 예를 들어, 형용사가 하나의 존재를 지칭하고 성이 남성이라면 형용사는 위의 예처럼 남성 단수가 된다.

독립적 용법의 형용사를 번역할 때는 상식적인 차원에서 생각하라. 다음과 같은 질문이 이 형용사를 번역하는 데 도움이 된다.

- 어떤 격을 가지고 있는가?

만약 형용사가 대격이라면, 그것은 반드시 동사의 직접 목적어이거나 전치사의 목적어일 것이다.

- 어떤 성과 수를 가지고 있는가?

어떻게 번역할지를 결정하기 위해 자연적 성을 따를 수도 있다. 완전한 문장을 만들기 위해 단어를 첨가할 수도 있다(예: 남자, 여자, 것, 사람, 하나).

변화형	분해	번역
ἀγαθός	남성 단수	한 좋은 남자 한 좋은 사람
ἀγαθαί	여성 복수	좋은 여자들
ἀγαθόν	중성 단수	하나의 좋은 것
οἱ ἀγαθοί	포괄적 개념으로서의 남성	그 좋은 것들 그 좋은 사람들

물론 ἀγαθός는 문장의 요건이 적절히 충족되었을 경우, 간단히 "좋은"이라고 번역할 수 있다.

9.10 **서술적 용법.** 형용사를 서술어로 사용하면 그 형용사는 다른 단어를 수식하기보다는 오히려 주어와 관련된 사항을 설명하거나 서술하는 역할을 한다. 만약 εἰμί 동사가 (명시되어 있는 것이 아니라) 암시되어 있다면, 번역할 때 이를 명시해야 한다.

ὁ ἄνθρωπος ἀγαθός.
그 남자는 <u>선하다</u>.

- 수식적 용법의 형용사는 주명사라고 부르는 명사에 일정한 특성을 부여한다. 수식적 용법의 형용사는 주명사와 격, 수, 성이 일치한다.
- 독립적 용법의 형용사는 명사처럼 기능한다. 형용사의 격은 기능에 따라 결정되고, 수와 성은 형용사가 나타내는 단어에 따라 결정된다. 이들은 자연적 성을 따르는 경향이 있다.
- 서술적 용법의 형용사는 주어에 관한 것을 설명(서술)해 주며, "~이다"라는 동사를 사용한다.
- 한 가지 이상의 성을 가지는 모든 단어의 기본형은 주격 단수 남성이다.

형용사의 용법을 구별하는 법

9.11   형용사가 어떤 용법인지 어떻게 구별할 수 있을까? 전적으로 형용사에 관사가 있는지 없는지에 따라 좌우된다.
- 영어의 "anarthrous"(무관사의)는 관사가 없다는 의미이다.
- 영어의 "articular"(관사의)는 관사가 있다는 의미이다.

9.12   **관사가 있는 경우.** 형용사 바로 앞에 관사가 있다면, 수식적 용법과 독립적 용법 중 하나이다.
- **수식적 용법.** 형용사가 수식하고 있는 명사가 있으면 이 형용사는 수식적 용법이다. 형용사는 명사의 앞이나 뒤 모두 올 수 있으며, 위치에 따른 의미의 차이는 크지 않다. 그러나 관사는 형용사 앞에 위치해야 한다. 다음 예문은 모두 "그 좋은 남자"라는 의미이다.

    명사 앞에서 수식: ὁ ἀγαθὸς ἄνθρωπος
    명사 뒤에서 수식: ὁ ἄνθρωπος ὁ ἀγαθός

    ὁ ἀγαθὸς ὁ ἄνθρωπος는 존재하지 않는다.[4]
- **독립적 용법.** 형용사가 수식하고 있는 명사가 없으면 대개는 독립적 용법이다.

    ὁ ἀγαθός 그 선한(남자/사람)

---

4   수식적 용법에는 제3의 위치도 존재한다. 심화학습을 참조하라.

τὴν πιστήν 그 신실한(여자)

- **서술적 용법**. 명사에는 관사가 있지만 형용사에는 관사가 없다면(ὁ ἄνθρωπος ἀγαθός), 이 형용사는 서술적 용법이다. 이 경우 "~이다"라는 동사를 써서 형용사의 서술적 용법을 나타낸다.

    ὁ ἄνθρωπος ἀγαθός 그 남자는 선하다.
    ἀγαθὸς ὁ ἄνθρωπος 그 남자는 선하다.

9.13   **관사가 없는 경우**. 명사와 형용사 모두 관사가 없다면, 문맥에 따라 번역한다. 형용사가 명사에 어떤 특성을 부여(한정)하고 있는지, 아니면 명사에 관한 어떤 것을 서술하고 있는지 결정해야 한다. 만약 εἰμί 동사가 나와 있지는 않지만 암시된 것으로 볼 수 있다면, 번역할 때 동사 "~이다"를 사용할 수 있다.

    ἀγαθὸς ἄνθρωπος "좋은 사람" 또는 "사람은 선하다."
    ἄνθρωπος ἀγαθός "좋은 사람" 또는 "사람은 선하다."

관사가 없는 형용사가 독립적으로 쓰일 때도 있지만 매우 드물다.

    ἀγαθός 좋은(남자/사람)

9.14   그 과정을 도식화하면 다음과 같다.

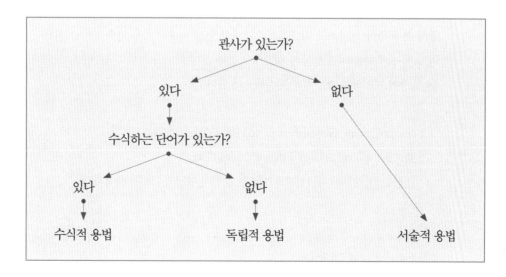

9.15   **관사＋전치사구.** 뒤에 전치사구가 붙은 관사를 종종 보게 될 것이다. 일반적으로 이와 같은 구문은 관계절로 번역한다.

- 이 형태는 때때로 "관사 – 명사 – 관사 – 수식어" 구조에서 나타나며 두 번째 관사와 전치사구 (수식어)가 앞에 있는 명사를 수식하고 있음을 알려준다.

  τοὺς παῖδας τοὺς ἐν Βηθλέεμ (마 2:16).
  The children who are in Bethlehem.
  베들레헴에 있는 사내아이를.

- 어떤 경우에는 관사가 전치사구를 독립 구문으로 만든다.

  ἐλάλησαν τὸν λόγον τοῦ κυρίου πᾶσιν τοῖς ἐν τῇ οἰκίᾳ.
  They spoke the word of the Lord to all who were in the house.
  그들은 주의 말씀을 집 안에 있는 모든 사람에게 말했다.

9.16   **2–2 패턴 형용사.** 이번 장에서는 αἰώνιος, –ον이라고 적힌 형용사를 만나게 된다. 이것은 αἰώνιος가 남성일 수도 있고 여성일 수도 있다는 것과 αἰώνιον이 중성이라는 사실을 알려준다. 문맥에 따라 αἰώνιος가 남성인지 여성인지를 결정한다. 남성과 여성이 2변화를 따르기 때문에 "2–2" 패턴이고, 중성 역시 2변화를 따른다.[5]

9.17   **중성 복수 주어.** 헬라어는 일반적으로 주어가 중성 복수일 경우 단수 동사를 취한다. 이것은 저자가 복수 주어를 여러 물체의 집합으로 보는 것이 아니라 하나의 집단으로 보고 있음을 나타낸다. 영어로 번역할 때는 복수 동사를 사용한다.

  δοκιμάζετε τὰ πνεύματα εἰ ἐκ τοῦ θεοῦ ἐστιν (요일 4:1).
  Test the spirits (and see) if they are from God.
  너희는 그 영들이 하나님으로부터 온 것인지 아닌지 (보고) 분별하라.

---

5   우리가 사용하는 용어 체계에 따르면, 이런 형용사는 "a – 3"으로 분류된다. 세부적으로는 1 – 3b(1)로 분류한다. 전체 패러다임은 *MBG*에서 확인하라.

9.18 문장을 나눌 때, 형용사는 수식하는 명사와 함께 나눈다는 사실을 잊지 말라. 형용사와 형용사가 수식하는 명사는 하나의 단위로 생각해야 한다.

> ὁ ἀγαθὸς ἄνθρωπος / γράφει / τὸ βιβλίον.
> 그 선한 사람이 그 책을 쓴다.

구문분석을 할 때 형용사를 수식하는 단어 다음 줄로 내릴 필요는 없다. 문법 도해에서는 필요할 수 있지만 구문분석에서는 그렇지 않다.

요약

❶ 형용사는 수식적, 독립적, 서술적 용법으로 사용될 수 있다.

❷ 관사가 있는 형용사가 어떤 단어를 수식하고 있다면 수식적 용법이다. 이 형용사는 수식하는 명사와 격, 수, 성이 일치한다.

❸ 관사가 있는 형용사가 어떤 단어도 수식하고 있지 않다면 독립적 용법이다. 이 형용사의 격은 그것의 기능에 따라 결정되고, 형용사의 성과 수는 그것이 나타내는 것에 따라 결정된다.

❹ 관사가 없는 형용사가 관사가 있는 명사와 함께 나온다면, 이 형용사는 서술적 용법이며 동사 "~이다"를 넣어 번역한다.

❺ 형용사든 명사든 그 앞에 관사가 없을 때는 문맥이 모든 것을 결정한다.

❻ 관사를 앞에 둔 전치사구는 수식적 용법의 수식어이거나 독립적 용법이 될 수 있다.

❼ 2-2 형용사는 남성과 여성의 형태가 같고 2변화를 따른다. 중성도 마찬가지로 2변화를 따른다.

❽ 주어가 중성 복수일 때 하나의 집단으로 여겨 단수 동사를 사용할 수 있다.

혹시 앞으로 배울 내용을 생각하니 낙심이 되는가? 6장이나 7장으로 돌아가서 다시 한번 읽어 보고 지금은 얼마나 쉬워졌는지 확인해 보라. 그 내용을 처음 배웠을 때 얼마나 어렵게 느껴졌는지도 기억해 보라. 이제 6장을 덮고 있던 안개는 걷히고 9장을 감싸기 시작했을 것이다. 지금처럼 꾸준히 공부하라. 그러다 보면 그 안개도 서서히 걷힐 것이다. 우리가 왜 헬라어를 공부해야 하는지 선생님께 다시 한번 물어도 보고, 웹사이트에 들어가서 동기부여도 받으라.

단어학습

형용사의 기본형 뒤에 붙은 어미들은(예: −ή, −όν) 그 단어의 여성형과 중성형을 나타낸다. ἀγαθός의 여성형은 ἀγαθή이고 중성형은 ἀγαθόν이다. 형용사의 어근은 남성형 어간의 마지막 모음과 함께 적혀 있다(예: *ἀγαθο).

ἀγαθός, −ή, −όν	선한, 유용한 (*ἀγαθο, 102)[6]
ἀγαπητός, −ή, −όν	사랑하는 (*ἀγαπητο, 61)[7]
ἅγιος, −ία, −ιον	(*ἅγιο, 233)[8] 형용사: 거룩한 복수 명사: 성도들
αἰώνιος, −ον	영원한 (*αἰωνιο, 71)[9]
ἀλλήλων	서로 (*ἀλληλο, 100)[10] 이 단어는 일반적이지 않게 주격이나 단수의 형태로 절대 나타나지 않는다. 그래서 이 단어의 기본형은 속격 복수이다.
ἀπεκρίθη	그/그녀/그것이 대답하다 이 단어는 일반동사의 일반적 형태로 신약성경에 82번 나온다. 여격을 직접 목적어로 취하고, 영어로 번역할 때 직접 목적어에 to를 붙이지 않는다. ἀπεκρίθη αὐτῷ는 "He answered to him"이 아니고 "He answered him"이며 "그가 그에게 대답하였다"라는 의미이다.

6   아가사(Agatha)는 여성의 이름이다.

7   이 단어는 명사 ἀγάπη와 같은 어근에서 나온 형용사이다.

8   Hagiographa(ἁγιόγραφα)는 유대교 정경의 세 번째 책이자 마지막 책인 "성문서"(거룩한 문서)를 의미하며, Hagiolatry는 "성인 숭배"를 의미한다.

9   Aeonian은 "영원한"을 의미한다.

10   평행(Parallel)선(παράλληλος)은 서로(ἄλλος) 곁에(παρά) 있는 선이다.

δοῦλος, −ου, ὁ	노예, 종 (*δουλο, 126)
ἐάν	만약 ~라면(if), ~할 때(when) (349) 종속절을 이끄는 ἐάν은 εἰ와 ἄν의 모음 축합이다. "모음 축합"은 두 개의 단어를 하나로 만들 때 발생한다. ἐάν이 관계대명사(ὅς) 뒤에 나타나면, 대명사의 마지막에 "~든지"(-ever)를 붙이는 효과가 있다(ἄν도 마찬가지이다). ὅς ἐάν…은 "누구든지"(whoever)를 의미한다.
ἐμός, ἐμή, ἐμόν	나의, 나의 것 (*ἐμο, 76) 이 형용사는 모든 격에서 "나의"라는 의미를 지닌다. 독립적으로 사용된 경우 "나의 것"이라는 의미이다.
ἐντολή, −ῆς, ἡ	명령 (*ἐντολη, 67)
καθώς	~처럼/~대로(as), 심지어 ~같이(even as) (182)
κακός, −ή, −όν	나쁜, 악한 (*κακο, 50)[11]
μου (ἐμοῦ)	나의[12] 이 단어는 ἐγώ의 속격 단수이다. ἐμός와 다르게 μου는 속격일 때 "나의"라는 의미만 지닌다. 또한, 이 단어는 앞에 ε과 악센트를 붙여 사용할 수도 있다(ἐμοῦ). 11장에서 자세히 다룰 것이다.
νεκρός, −ά, −όν	(*νεκρο, 128)[13] 형용사: 죽은 명사: 사체, 시체
πιστός, −ή, −όν	신실한, 믿음을 가진 (*πιστο, 67)
πονηρός, −ά, −όν	악한, 나쁜 (*πονηρο, 78)[14]
πρῶτος, −η, −ον	첫/첫째(first), 먼저의 (*πρωτο, 155)[15]
τρίτος, −η, −ον	셋째(third) (*τριτο, 56)[16]

11 "Caco"는 일반적으로 다른 단어와 결합하여 사용된다. 불협화음(cacophony)은 듣기 싫거나 좋지 않은 소리이다. Cacoepy는 나쁜 발음이다. 악필(cacography)은 형편없는 필체를 말한다.

12 여기에 실린 빈도수에는 변화형의 빈도수가 포함되지 않는다.

13 사망 공포증(necrophobia)은 죽음에 대한 비정상적인 두려움이다.

신약성경의 전체 단어 수:	138,148
지금까지 배운 어휘 수:	88
이번 장에 나오는 단어의 신약성경 사용 횟수:	1,879
현재까지 배운 단어의 신약성경 사용 횟수:	74,044
신약성경에 사용된 총 단어에 대한 비율:	53.6%

단어복습

다음에 나오는 단어들은 우리가 이미 배운 것으로, 하나 이상의 성으로 사용될 수 있다. 그러므로 다음의 단어들은 여성과 중성 형태도 익혀야 한다.

ἄλλος, −η, −o	다른 ἄλλος, ὁ, αὐτός, οὗτος와 같은 몇몇 단어들은 중성 주격 단수와 중성 대격 단수에서 격어미를 사용하지 않는다. 따라서 가장 기본 형태의 어간만 독립적으로 나타난다. 이들은 a‑1a(2b) 형용사들이다. 전체 변화표는 부록에 있다.
αὐτός, −ή, −ό	그/그녀/그것, 그들/그녀들/그것들
ἔσχατος, −η, −ον	마지막
οὗτος, αὕτη, τοῦτο[17]	이(것), 이(것)들

14   포네라(Ponera)는 침을 쏘는 개미의 한 종류이다.
15   원형(prototype)은 어떤 물체의 종류, 모형, 패턴 등의 첫 번째 것이다.
16   삼각형(triangle)에는 세 개의 면이 있다.
17   이 단어의 어간은 상당히 큰 폭으로 변화한다. 13장에서 자세히 설명하고 있다. 이 단어는 a‑1a(2b) 형용사이며 부록에 전체 변화표가 있다.

9.19 **속격인가 대격인가?** 형용사 어간의 마지막 문자 다음에 ρ 또는 모음이 오면, 여성형 어간은 α 로 끝나고(예: νεκρά), 그 여성형 어간에 붙은 격어미 ας는 속격 단수나 대격 복수를 나타낸다.

주격 단수	ἀγία	주격 복수	ἀγίαι
속격 단수	ἀγίας	속격 복수	ἀγιῶν
여격 단수	ἀγίᾳ	여격 복수	ἀγίαις
대격 단수	ἀγίαν	대격 복수	ἀγίας

만약 형용사 어간의 마지막 문자 다음에 ρ 또는 모음을 제외한 다른 것이 오면, 그 여성형 어간은 η로 끝나고(예: ἀγαθή), 그 여성형 어간에 붙은 격어미 ας는 오직 대격 복수를 나타낸다.

복수 어간의 마지막 모음은 항상 모든 여성명사의 α일 수 있다. 그렇다면 νεκράς는 속격 단수일 수 있는가?

9.20 **형용사의 제3위치.** 형용사에는 제3의 위치가 있다(ἄνθρωπος ὁ ἀγαθός). 신약성경에서 수식어 가 형용사인 경우는 드물긴 하지만, 수식어가 구(phrase)인 경우보다는 더 일반적이다.

주해 원리

헬라어 관사는 사실 사용 방식이 꽤 복잡해서 다양한 방식으로 번역된다.

1. ὁ는 정관사의 역할을 한다.

οἱ μαθηταὶ Ἰωάννου νηστεύουσιν πυκνά(눅 5:33).
요한의 (그) 제자들은 자주 금식한다.

2. ὁ는 문법적 표지 역할을 한다. 예를 들면, 관사 뒤에 등장하는 단어는 관사 앞에 있는 단어를 수식하고 있다.

μετὰ τῶν ἀγγέλων τῶν ἁγίων(막 8:38).

그 거룩한 천사들과 함께.

3. 헬라어는 영어와 달리 ὁ를 고유명사와 함께 사용한다.

ἀποκριθεὶς δὲ ὁ Ἰησοῦς εἶπεν πρὸς αὐτόν(마 3:15).

그러나 예수께서 (그에게) 대답하여 말씀하셨다.

θεός의 경우도 마찬가지이다.

εἰ υἱὸς εἶ τοῦ θεοῦ, εἰπὲ ἵνα οἱ λίθοι οὗτοι ἄρτοι γένωνται(마 4:3).

네가 만일 하나님의 아들이라면 이 돌들이 떡덩이가 되도록 명하라.

4. 때때로 ὁ는 분사와 함께 사용되거나(예: ἔχοντι), 형용사를 명사로 만든다. ὁ와 형용사 사이에 단어가 있어도 상관없다(τὴν ξηρὰν χεῖρα). 이 두 경우는 보통 관계절로 번역한다.

λέγει τῷ ἀνθρώπῳ τῷ τὴν ξηρὰν χεῖρα ἔχοντι(막 3:3).

He says to the one who has the withered hand.

예수께서 마른 손을 가진 사람에게 말씀하셨다.

5. 헬라어에서는 ὁ를 사용하지 않지만, 영어에서는 관사가 꼭 필요한 경우가 있다.

Ἐν ἀρχῇ ἦν ὁ λόγος(요 1:1).

In the beginning was the Word.

(그) 태초에 말씀이 계셨다.

6. ὁ는 인칭대명사나 소유대명사, 관계대명사의 역할을 한다.

Οἱ δὲ εἶπαν πρὸς αὐτόν(눅 5:33).

그리고 그들이 예수께 말했다.

Οἱ ἄνδρες, ἀγαπᾶτε τὰς γυναῖκας(엡 5:25).

남편들아, 너희는 (너희의) 아내를 사랑하라!

ὅμοιοί εἰσιν παιδίοις τοῖς ἐν ἀγορᾷ καθημένοις(눅 7:32).

They are like children <u>who</u> sit in the market place.

그들은 마치 장터에 앉아 있는 아이들과 같다.

7. ὁ가 두 개의 명사를 지배할 때 이 두 개의 명사들은 하나의 집합체로 간주한다. 이런 경우는 종종 신학적으로 미묘한 차이를 가져온다는 점에서 중요하다고 할 수 있다.

προσδεχόμενοι τὴν μακαρίαν ἐλπίδα καὶ ἐπιφάνειαν τῆς δόξης τοῦ μεγάλου θεοῦ καὶ σωτῆρος ἡμῶν Ἰησοῦ Χριστοῦ(딛 2:13).

waiting for our blessed hope, the appearing of the glory of our great God and Savior Jesus Christ

(하나님의 구원의 은혜가 우리가) 그 복된 소망 곧 그 위대하신 하나님과 우리 구주 예수 그리스도의 그 영광의 나타나심을 기다리게 한다.

두 가지 경로의 학습법

로버트 프로스트(Robert Frost)의 시에 등장하는 "노란 숲 속에 갈라진 두 개의 길"이라는 표현처럼, 이제 우리는 헬라어라는 여정의 갈림길에 서게 되었다. 다음에는 무엇을 배우게 될까? 첫 번째 경로를 따르면 명사 체계를 마친 후 동사로 이동하게 되고, 두 번째 경로를 따르면 동사로 먼저 이동하게 된다.

경로 ① 명사 체계 끝내기	경로 ② 동사 먼저 배우기
9. 형용사	9. 형용사
복습 2	복습 2
10. 3변화 명사	15. 동사 개요
11. 1, 2인칭 대명사	16. 현재 능동태 직설법
12. αὐτός	17. 축약동사
13. 지시대명사/지시형용사	18. 현재 중간태/수동태 직설법
14. 관계대명사	21. 미완료과거 직설법
복습 3 - 경로 1	복습 3 - 경로 2
15. 동사 개요	10. 3변화 명사
16. 현재 능동태 직설법	11. 1, 2인칭 대명사

개관 3 | 10−14장

10장

3변화 단어는 자음으로 끝나는 어간을 갖는다. 이와 관련하여 알아야 할 세 가지 사항이 있다.

- 어간의 마지막 문자가 격어미에 의해 바뀌는 현상은 주격 단수와 여격 복수에서 일반적으로 일어난다. 어간 *σαρκ는 ς가 붙었을 때 주격 단수에서 σάρξ로 바뀌는데, 이는 λόγος의 어형변화에 사용된 것과 같은 격어미이다. 주격 단수가 1, 2변화 단어와 다른 형태처럼 보이기 때문에 3변화 단어를 완전히 다른 것으로 생각하기 쉽지만, 전혀 그렇지 않다.
- 속격 단수를 암기하는 것이 핵심이다. 그 이유는 속격 단수가 단어의 진짜 어간을 보여주기 때문이다. *σαρκ의 속격 단수는 σάρκος이고, 여기서 ος를 떼어내면 어간이 남는다.
- 속격 σάρκος와 여격 σαρξί의 경우에서 볼 수 있듯이, 3변화 단어에는 새로운 격어미가 많지 않다.

또 다른 사항들이 있는데, 특히 주격 단수에 해당한다. 예를 들어, 어간 *παντ는 πᾶς가 되는데, ντ가 ς 앞에서 탈락하기 때문이다(*παντ + ς → πᾶς). 3변화를 익히는 요령은 3변화가 실제로는 다른 단어들과 많이 다르지 않다는 것을 인식하고 단어의 어간을 암기하는 것이다.

11장

이제는 마침내 1, 2인칭 대명사(ἐγώ와 σύ)의 전체 변화표를 만나게 된다. 이미 대명사에 대한 문법은 거의 배웠기 때문에 11장에는 새로운 내용이 많지 않다. 추가로 3변화 패턴들을 몇 가지 배우겠지만 크게 어렵지 않다.

12장

12장은 αὐτός에 대해 집중적으로 학습한다. 이미 우리는 이 단어가 3인칭 대명사임을 배웠고, 이제까지는 이것이 주로 인칭대명사로 사용된다고 알고 있었다. 하지만 αὐτός는 두 가지 기능을 더 갖고 있다.

- αὐτός는 서술적 위치에서 강조의 의미를 전달한다. αὐτὸς ὁ ἀπόστολος는 "그 사도 자신이"라는 뜻이다. 이렇게 사용될 때 αὐτός는 주로 주어를 수식한다.
- αὐτός는 수식적 위치에서 "바로 그 동일한"이란 의미를 전달한다. ὁ αὐτὸς λόγος는 "바로 그 동일한 말씀"을 의미한다.

13장

13장에서는 지시사를 배울 것이다. 그중 하나인 οὗτος는 이미 배웠다. οὗτος는 "이것"(복수는 "이 것들")을 의미하고, ἐκεῖνος는 "저것"(복수는 "저것들")을 의미한다. 이 단어들의 특이 사항은 형용사로 쓰일 때 서술적 위치에 온다는 것이다. οὗτος ὁ ἄνθρωπος는 "이 사람"을 뜻하고, "이것은 사람이다"를 의미하지 않는다.

지시사들은 대명사로 사용할 수 있다. 때로 의미를 만들기 위해 하나 혹은 두 단어들을 덧붙여야 할 때도 있다. ἐκείνη는 "저 여인"을 의미하고 문맥에 따라 인칭대명사로 번역할 수 있다. ἐκείνη는 "그녀"도 될 수 있다.

기타 사항으로 호격(직접 누군가를 부를 때 사용한다)과 같은 것을 배우게 된다. 호격은 거의 주격과 형태가 같다.

14장

명사 체계에서 배워야 할 마지막 핵심 문법은 관계대명사라고 할 수 있다. 영어에서는 "who/whom"(질문에 쓰이는 경우가 아님), "that"(여러 용법 중에 하나), "which"에 해당하며, 관계대명사가 가리키는 단어는 선행사이다.

관계대명사는 그 자체의 주어와 동사를 갖는 관계절을 이끈다. 종속 구문으로 무언가를 수식하거나(The book that is open on the table is too expensive[탁자 위에 펼쳐진 그 책은 너무 비싸다]), 다른 특정한 기능을 수행한다(Whoever is not for me is against me"[누구든지 나를 위하지 않는 자는 나를 대적하는 자이다]).

관계대명사의 격은 관계절 안에서 그것의 기능에 따라 결정된다. 수와 성은 선행사(관계대명사가 지시하는 사람이나 사물)에 따라 결정된다.

10 3변화 명사

본문 주해 맛보기

요한복음의 서두(요 1:1-18)를 읽었던 1세기의 일반 독자들에게 요한의 λόγος에 대한 설명은 이해하기에 별 어려움이 없었을 것이다. Λόγος라는 개념은 사실 단순했다고 할 수 있다. 이 단어는 실체들 가운데 존재하는 지적 법칙이었다. Ὁ λόγος τοῦ θεοῦ는 우주에 질서와 목적을 주신 하나님의 초월적인 지성이었다. 아마 헬라의 영향을 받은 유대인들은 우주에 그 형태와 통일성을 부여하신 하나님의 지혜와 말씀을 설명해 놓은 지혜 문헌에 쉽게 접근할 수 있었을 것이다. 엄밀히 말하면 ὁ λόγος τοῦ θεοῦ는 인간의 방식과는 다른 것으로, 인간을 초월하여 아주 먼 곳에 있으면서 그 먼 곳에서 우리를 인도하시는 것을 뜻했다.

다른 한편으로 요한복음 1:14은 이런 독자들을 놀라게 하여 잠시 얼어붙게 했을 것이다. "(그) λόγος가 육신(σάρξ)이 되어 우리 가운데 거하시매." Σάρξ는 땅의 영역이고, 인간 의지와 감정의 영역이며, 인간의 역사와 인간의 죄가 있는 곳이었다(요 1:13, 3:6, 17:2 등을 참조하라). 요한복음 1:14은 위험과 불명예를, 그와 동시에 그리스도인의 복음을 담고 있다. ὁ λόγος가 σάρξ가 되었기 때문이다. 하나님의 생명과 생각의 중심이 이 세상 깊은 곳에 들어왔고, 우리로 그를 알게 하고 우리를 구원하기 위해, 세상의 형상, 세상의 σάρξ, 세상의 몸을 취하셨다.

그러므로 이 λόγος와 σάρξ에 대한 확신이 우리 믿음의 핵심이다. **하나님은 우리를 버리지 않으셨다.** 비천함도, 고통도, 죄도 하나님의 지식과 한계를 넘어서지 못한다. 그가 우리 가운데 오셨고, σάρξ의 세상을 성육신으로 기꺼이 안으셨으며, 우리를 사랑하신다. "하나님이 세상을 이처럼 사랑하사"(요 3:16)라고 말하는 것은 어쩌면 참 쉬울 수 있다. 하지만 하나님이 나의 약함과 나의 믿음 없음에도 나를 사랑하신다(즉 그가 σάρξ를 사랑하신다)고 말하는 것은 차원이 다른 문제이다. 이것이 예수 그리스도를 통해 우리를 위해 하나님이 행하신 일의 비밀과 능력이다.

게리 버지(Gary M. Burge)

이번 장에서 배울 내용은 다음과 같다.

- 3변화(어간이 자음으로 끝나는 경우) 명사.
- 3변화 명사를 위한 네 가지 힌트.
- 마스터 격어미표.
- 명사 법칙 7: "폐쇄음의 사각형"이 폐쇄음에 미치는 영향.
- 명사 법칙 8.

들어가기

10.1 **의미.** 1변화와 2변화의 차이점은 무엇일까? 1변화 단어는 어간의 마지막 문자가 α/η로 끝나고, 2변화 명사는 ο으로 끝난다. 단어가 어떤 변화에 속하든 의미에 영향을 주지는 않는다. ἀπόστολος가 1변화를 하든 2변화를 하든 변함없이 "사도"를 뜻한다.

10.2 **기능.** 어떤 격변화를 하든 모든 헬라어 명사는 같은 역할을 한다는 사실을 기억하라. 단지 형태만 조금 다를 뿐이다.

10.3 **어간의 마지막 문자가 자음인 명사는 3변화를 따른다.** 이것은 명사 법칙 1의 한 부분이다.

$$^*σαρκ + ων → σαρκῶν$$

10.4 **어간의 마지막 자음과 격어미.** 3변화 명사 변화표를 처음 보면 1, 2변화표와 완전히 다르다고 생각할 수 있다. 하지만 그렇지 않다! 3변화 명사의 어간이 자음으로 끝나면 그 자음이 격어미의 첫 문자와 만나 종종 변화를 일으키기 때문에 그렇게 보일 뿐이다. 특히 격어미가 σ로 시작할 때 그렇다.

예를 들어, 2변화 명사 λόγος의 어간은 *λογο이다. ο이 주격 남성 격어미인 σ와 합쳐져 λόγος가 된다(*λογο + ς → λόγος). 여기서는 문제 될 것이 없다. 하지만 3변화 명사 σάρξ의 어간은 *σαρκ이다. κ가 **같은** 주격 단수 격어미와 합쳐진 κσ의 조합은 ξ가 된다(*σαρκ + ς → σάρξ). σάρξ의 어미가 λόγος와 완전히 다른 것으로 보이지만, 사실은 그렇지 않다.

10.5   **서로 다른 격어미.** 3변화는 1, 2변화와는 조금 다른 격어미를 사용하지만, 많이 다르지는 않다. 혹시 격어미를 어간의 마지막 모음과 함께 외웠다면(예: 주격 단수의 경우 ς가 아닌 ος), 다시 앞으로 돌아가서 실제 격어미를 학습하면 된다.

10.6   **힌트.** 다음의 네 가지 힌트를 기억하면 이런 변화들은 문제 될 것이 없다. 앞으로 살펴보겠지만, 가장 기본적인 쟁점은 σ가 자음 뒤에 올 때 어떤 일이 발생하는가에 있다.

    ❶ 주격 단수에서 생기는 변화로 인해, 때로 3변화 명사의 어간을 찾기가 어려울 수 있다. 이 문제의 해결 방법은 속격 단수와 기본형을 항상 함께 외우는 것이다. 대부분 속격 단수에서 격어미를 제외하면(예: ος), 단어의 어간만 남는다. 사전의 표제어 σάρξ, σαρκός, ἡ는 이 단어의 어간이 *σαρκ라는 사실을 알려준다.

    ❷ 주격 단수(ς)에서 일어나는 모든 변화는 여격 복수에서도 일어난다. 여격 복수의 격어미(σι)도 σ로 시작하기 때문이다.

$$^*\sigma\alpha\rho\kappa + \varsigma \ \rightarrow \sigma\acute{\alpha}\rho\xi$$
$$^*\sigma\alpha\rho\kappa + \sigma\iota \rightarrow \sigma\alpha\rho\xi\acute{\iota}$$

    ❸ ν는 σ 앞에서 탈락한다.

$$^*\tau\iota\nu + \varsigma \ \rightarrow \tau\acute{\iota}\varsigma$$
$$^*\tau\iota\nu + \sigma\iota \rightarrow \tau\acute{\iota}\sigma\iota$$

    ❹ τ는 σ 앞이나 단어 끝에서 탈락한다.

$$^*\grave{o}\nu o\mu\alpha\tau + \sigma\iota \rightarrow \grave{o}\nu\acute{o}\mu\alpha\sigma\iota$$
$$^*\grave{o}\nu o\mu\alpha\tau + - \ \rightarrow \breve{o}\nu o\mu\alpha$$

ὄνομα는 중성이고, 주격과 대격 단수에서 격어미를 사용하지 않는다. τ가 이 단어 끝에 있는 이유가 여기에 있다.

    이 네 가지 힌트는 상황을 약간 단순화한 측면이 없지 않다. 하지만 이 힌트들을 기억하면, 나머지 3변화를 쉽게 배울 수 있다.

    헬라어는 오직 세 개의 어미 변화만 가지고 있으므로, 이를 이해한다면 신약성경에 있는 모든 기본 명사의 변화에 익숙해질 것이다. 이 부분에 노력을 아끼지 말라! 그러면 우리의 목표를 향해 한걸음 더 나아갈 수 있다. 하지만 어떤 어미 변화형이라도 몇 가지 변형이 있을 수 있다는 사실을 잊지 말라!

자세히 살펴보기

10.7 다음은 3변화 명사 σάρξ(*σαρκ)의 변화표이다. 격어미들은 녹색으로 표시했다. σάρξ에는 지금까지 보지 못 했던 격어미가 세 개뿐이고, 나머지 두 개도 이미 알고 있는 것과 비슷하므로 겁먹을 필요가 없다. 아직은 격어미들을 외우지 말고 눈으로만 확인하라. 비교할 수 있도록 λόγος와 γραφή의 변화표를 함께 나열했다.

주격 단수	*σαρκς	→	σάρξ	λόγος	γραφή
속격 단수	*σαρκος	→	σαρκός	λόγου	γραφῆς
여격 단수	*σαρκι	→	σαρκί	λόγῳ	γραφῇ
대격 단수	*σαρκα	→	σάρκα	λόγον	γραφήν
주격 복수	*σαρκες	→	σάρκες	λόγοι	γραφαί
속격 복수	*σαρκων	→	σαρκῶν	λόγων	γραφῶν
여격 복수	*σαρκσι(ν)	→	σαρξί(ν)	λόγοις	γραφαῖς
대격 복수	*σαρκας	→	σάρκας	λόγους	γραφάς

얼마나 쉬운지 알 수 있도록 간략히 살펴보자.

- σάρξ. 보통 주격 단수 어미는 ς이다. 이것을 어간에 붙이면, κσ가 되고 이 결합은 ξ로 변한다. σαρκ + ς → σάρξ
- σαρκός. ος는 새로운 어미이지만 기억하기가 쉽다. 1변화 명사의 속격 단수 격어미는 σ이고(예: γραφῆς), 2변화 명사는 ο이다(어간의 마지막 모음과 축약되어 ου가 된다. *λογο + ο → λόγου). 이 두 개의 격어미를 합치면 3변화의 격어미 ος가 된다. σαρκ + ος → σαρκός.[1]

---

[1] 3변화 주격 단수 남성인 σαρκός를 2변화 단어인 σαρκός와 헷갈리지 않고 어떻게 구별할 수 있을까? 결국, 단어

- σαρκί. 여격 단수 격어미는 다른 변화들과 같이 ι가 된다. 하지만 3변화 어간이 자음으로 끝나고 장모음이 아니므로 이오타 하기는 하지 못한다. σαρκ + ι → σαρκί.
- σάρκα. 3변화의 대격 단수 격어미는 α로, 다른 변화들과 다르다. σαρκ + α → σάρκα.
- σάρκες. 3변화의 주격 복수 격어미는 ες로, 다른 변화들과 다르다. σαρκ + ες → σάρκες.
- σαρκῶν. 속격 복수 격어미는 ων로, 언제나 같다. σαρκ + ων → σαρκῶν.
- σαρξί. 3변화의 여격 복수 격어미는 σι(ν)로, 1, 2변화(ις)의 역순이고 움직이는 ν가 붙기도 한다. σ로 시작하기 때문에 주격 단수에서 나타나는 변화가 여기서도 나타난다. σαρκ + σι(ν) → σαρξί(ν).
- σάρκας. 3변화의 대격 복수 격어미는 ας로, 다른 변화들과 다르다. σαρκ + ας → σάρκας. α를 어간의 일부로 갖는 1변화 단어(γραφάς)와 혼동하면 안 된다. 그러나 이런 유사점이 어떤 면에서 격어미의 암기를 도울 수도 있다.

10.8   자, 그리 어렵지 않아 보인다. 새로운 어미는 세 개뿐이고(ος, α, ες), 비슷한 것이 두 개나 있다 (σι[ν], ας). 이제 주요 격어미를 모두 알게 되었으니, 3변화에 대한 일반적인 설명을 들어 보자.

형태

10.9   3변화 단어들은 단어 어간의 마지막 자음에 따라 나뉜다. 아래에 σάρξ의 변화표와 함께 다른 두 개의 3변화 단어 변화표가 더 나온다. 어간이 ματ(신약성경에서 149개 단어)와 ν(77개 단어)로 끝나는 경우이다. 녹색으로 격어미들을 표시하여 1, 2변화와 비슷한 점을 강조했다. 11장에서 3변화의 하위 패턴들을 몇 개 더 배울 것이다.

        변화표를 무조건 외우지 말라고 권하고 싶다. 각주를 읽으면 왜 그런 형태가 되는지 알 수 있다. 이 부분은 10.14에서 암기하게 될 것이다.

를 암기해야 한다. 기본형은 σάρξ이다.

10.10 어간별 변화표

	*σαρκ (κ 어간)	*ονοματ (ματ 어간)	*τιν (ν 어간)
주격 단수	σάρξ	ὄνομα[2]	τίς[3]
속격 단수	σαρκός	ὀνόματος	τίνος
여격 단수[4]	σαρκί	ὀνόματι	τίνι
대격 단수	σάρκα	ὄνομα[5]	τίνα
주격 복수	σάρκες	ὀνόματα[6]	τίνες
속격 복수	σαρκῶν	ὀνομάτων	τίνων
여격 복수[7]	σαρξί(ν)	ὀνόμασι(ν)	τίσι(ν)
대격 복수	σάρκας	ὀνόματα	τίνας

10.11 τίς는 의문대명사이다("누구?"). 악센트가 없는 τις는 부정대명사이다("누구든지"). 두 단어 모두 *τιν을 어근으로 갖는다. 남성과 여성은 형태가 같고 모든 성에서 3변화를 따른다. 주격 단수에서 나타나는 변화는 ν가 σ 앞에서 탈락하는 현상으로 설명할 수 있다. *τιν + ς → τίς(힌트 3: 10.6).

2　어미가 사용되지 않으며, 마지막 어간인 τ가 탈락한다. τ는 단어 끝에 올 수 없다는 음운법칙 때문이다(힌트 4: 10.6).

3　ν가 σ 앞에서 탈락했다(힌트: 3: 10.6).

4　3변화에서도 1, 2변화처럼 이오타 하기를 하지 않는다. ι는 장모음 아래에서만 하기한다.

5　－μα로 끝나는 모든 명사는 중성이다. 이는 3변화가 드물게 가진 변하지 않는 패턴 가운데 하나이다. 그리고 다른 중성명사처럼 주격과 대격의 형태가 언제나 같다.

6　이 형태와 주격 단수를 구별하는 방법은 모든 어간이 다 나타나 있는지를 보는 것이다(예: *ονοματ). 만약 그렇다면 복수이고(ὀνόματα), 그렇지 않다면 단수이다(ὄνομα).

7　어떤 변화든지 주격 단수에 나타나는 변화는 여격 복수에도 나타난다. 주격 단수와 여격 복수 모두 격어미가 σ로 시작하기 때문이다(힌트 2: 10.6). 격어미 σι는 1, 2변화 어미의 역순이다. 괄호 안에 있는 ν는 모두 "움직이는 뉘"이다(8.13).

	남성/여성	중성	남성/여성	중성
주격 단수	τίς	τί	τις	τι
속격 단수	τίνος	τίνος	τινός	τινός
여격 단수	τίνι	τίνι	τινί	τινί
대격 단수	τίνα	τί	τινά	τι
주격 복수	τίνες	τίνα	τινές	τινά
속격 복수	τίνων	τίνων	τινῶν	τινῶν
여격 복수	τίσι(ν)	τίσι(ν)	τισί(ν)	τισί(ν)
대격 복수	τίνας	τίνα	τινάς	τινά

τίς는 항상 첫음절에 악센트가 온다. τις는 악센트가 없거나 마지막 음절("울티마")에 온다.

10.12   εἷς는 "하나"를 의미하는 형용사이다. 남성과 중성의 어간은 *ἑν이고 여성의 어간은 1변화를 하는 *μια이다. 주격 단수에서 ν는 σ 앞에서(힌트 3: 10.6) 탈락하고 어간의 모음 ε이 ει로 길어진다(*ἑν + ς → ες → εἷς).

	남성	여성	중성
주격 단수	εἷς	μία	ἕν
속격 단수	ἑνός	μιᾶς	ἑνός
여격 단수	ἑνί	μιᾷ	ἑνί
대격 단수	ἕνα	μίαν	ἕν

남성과 중성에 있는 거친 숨표는 이 단어와 형태가 비슷한 전치사 εἰς와 ἐν을 구별하는 데 도움이 된다.[8]

10.13 1, 2변화에서 남성과 여성은 종종 다른 형태를 보인다. 하지만 3변화에서는 일반적으로 비슷하다. 남성과 중성보다 남성과 여성이 더 비슷하게 변화한다. 이는 일반적으로 주격과 대격에서 남성과 중성이 다르기 때문이다.

중간복습 ···

- 3변화 단어들은 어간의 마지막 문자가 자음이다. 어간을 알 수 있도록 항상 속격 단수형과 함께 외워야 한다.
- 어간의 마지막 자음이 격어미와 결합할 때 자음이 변하는 경우가 있다. 일반적으로 주격 단수와 여격 복수에서 나타난다.
- 네 가지 힌트
  - 속격 단수형을 기본형과 함께 암기하라.
  - 주격 단수(ς)에서 나타나는 현상은 여격 복수(σι)에서도 나타난다.
  - ν와 τ는 σ 앞에서 탈락한다(힌트 3, 4).
- 3변화 단어들은 1, 2변화와 세 개의 다른 격어미(ος, α, ες)와 두 개의 다른 격어미(σι, ας)를 사용한다.

···

3변화 명사의 특징

10.14 **격어미 마스터 차트.** 필자가 추천하는 방법은, 이전의 변화표들은 외우지 말고 아래 차트에 있는 격어미들을 외우고, 이 격어미들이 명사에 붙을 때 어떤 형태로 나타나는지 확인하는 것이다. 꼼꼼히 공부하면서 공통점이 무엇인지 살펴보는데, 특히 1, 2변화의 공통점을 자세히 보라. 3변화 내에서는 다른 패턴이 나타나고 있지만, 이것을 익혀 두면 나머지는 상대적으로 쉽게 이해할 수 있다. 비슷한 점이 무엇인지 모두 적어 보라. 첫 번째 차트는 실제 격어미를 보여준다. 두 번째는 격어미들이 어간의 마지막 모음에 붙었을 때 어떤 형태가 되는지 보여준다.

---

8   이 단어는 왜 복수형이 없을까? 내가 헬라어 1년 차 수업 때 던졌던 질문인데, 답을 듣고는 나 자신이 어리석게 느껴졌던 기억이 떠올라 묻는 것뿐이다.

	1변화/2변화			3변화	
	남성	여성	중성	남성/여성	중성
주격 단수	ς	–	ν	ς	–[9]
속격 단수	υ[10]	ς	υ	ος	ος
여격 단수	ι[11]	ι	ι	ι[12]	ι
대격 단수	ν	ν	ν	α/ν[13]	–
주격 복수	ι	ι	α̲	ες	α[14]
속격 복수	ω̲ν	ω̲ν	ω̲ν	ων	ων
여격 복수	ις	ις	ις	σι(ν)[15]	σι(ν)
대격 복수	υς[16]	ς	α̲	ας[17]	α

	남성	여성		중성	남성/여성	중성
주격 단수	ος	α	η	ον	ς –	–
속격 단수	ου	ας	ης	ου	ος	ος
여격 단수	ῳ	ᾳ	ῃ	ῳ	ι	ι
대격 단수	ον	αν	ην	ον	α/ν	–
주격 복수	οι	αι		α̲	ες	α
속격 복수	ω̲ν	ω̲ν		ω̲ν	ων	ων
여격 복수	οις	αις		οις	σι(ν)	σι(ν)
대격 복수	ους	ας		α̲	ας	α

10.15 **성.** 3변화의 성은 구별하기가 어려울 수 있다. 어형변화의 패턴이 1, 2변화처럼 뚜렷하지 않기 때문이다. 따라서 모든 단어의 성을 외워야만 한다. 하지만 외워야 할 패턴이 많지 않다. 이번 장에서는 ματ로 끝나는 어간들을 보게 되는데(예: ὄνομα, ματος, τό), ματ 어간을 가진 단어는 모두 중성이다.

10.16 **관사.** 이 시점에서 관사의 중요성을 다시 한번 확인할 수 있다. 명사는 스스로 형태가 변하지만, 관사는 언제나 같은 형태를 유지한다. τῷ는 수식하는 명사가 1, 2, 3변화 중 무엇이든 항상 τῷ이다. 명사들은 대부분 관사의 수식을 받기 때문에 관사를 파악하면 성을 구별하기가 쉽다.

폐쇄음의 사각형

10.17 **폐쇄음**(stop)은 입에서 나오는 공기를 느리게 하거나 완전히 차단하는 소리를 내는 자음이다.

10.18 "폐쇄음"에는 세 가지 종류가 있다.
- **순음.** π, β, φ는 입술을 사용해 공기의 흐름을 순간적으로 멈추었다가 내는 소리이다. 입술을 붙이지 말고 π를 발음해 보라.
- **연구개음.** κ, γ, χ는 입술의 중간 부분을 입천장의 부드러운 부분으로 밀어 올리며 내는 소리이다.[18]

---

9 어간의 마지막 문자가 변할 것을 대비해야 한다(명사 법칙 8).

10 실제 어미는 o이지만 어간의 마지막 모음과 함께 축약되어 ου가 된다(명사 법칙 5).

11 모음이 길어지고(명사 법칙 5) ι를 하기한다(명사 법칙 4).

12 3변화 어간이 자음으로 끝나기 때문에 ι는 1, 2변화처럼 하기할 수 없다.

13 몇몇 단어에서 격어미는 α나 ν 중 하나가 된다. 11.12를 보라.

14 1, 2변화와 반대로 이 α가 실제 격어미이며 어간의 모음이 변한 것이 아니다. 대격 복수의 경우도 마찬가지이다.

15 이 ν는 '움직이는 뉘'이다. σι는 1, 2변화의 ις가 바뀌었다는 점을 기억하자.

16 1, 2변화의 실제 격어미는 νς이지만 뒤에 오는 σ 때문에 ν가 탈락한다. 1변화에서 α는 σ에 단순하게 붙지만(*ωρα + νς → ὥρας), 2변화에서는 마지막 어간인 οι가 ου로 길어진다(명사 법칙 5. λογονς → λογος → λόγους).

17 1변화와 반대로(예: ὥρα), 여기 있는 α는 격어미의 일부이다.

18 어떤 사람은 "구개음"(palatas)이라는 용어로 이 세 자음을 설명하기도 하는데, 이는 입천장의 부드러운 부분이 해부학적으로 구개(palate)이기 때문이다.

- **치음**. τ, δ, θ는 혀로 치아의 뒷부분을 차면서 내는 소리이다.[19]

10.19 **명사 법칙 7: 폐쇄음의 사각형.** 여덟 가지 명사 법칙 가운데 일곱 번째 법칙은 아래의 표이다. 정확하게 암기해야 한다. 좌에서 우로 암기할 뿐 아니라 위에서 아래로도 암기해야 한다.

폐쇄음	무성음	유성음	기식음
순음	π	β	φ
연구개음	κ	γ	χ
치음	τ	δ	θ

- π, κ, τ는 발음할 때 성대가 사용되지 않기 때문에 "무성음"이다.
- β, γ, δ는 성대를 사용하기 때문에 "유성음"이다. (성대에 손을 얹고 이 글자들을 발음해 보라. 폐쇄음을 발음할 때는 진동이 느껴질 것이다.)
- 마지막 열의 폐쇄음 φ, χ, θ는 엄밀히 말해 폐쇄음이 아니라 "대기음"(또는 기식음, aspirates)이다. 공기의 흐름이 멈춘 것이 아니라 느려지기 때문이다. 하지만 이 패턴과 잘 들어맞기 때문에 폐쇄음으로 보는 편이 더 쉬울 수 있다.

이 표가 중요한 이유는 폐쇄음이 어디서든 일관되게 작용하기 때문이다. 어간의 마지막 τ에 나타나는 모든 현상이 어간의 마지막 δ에서도 나타난다. 이 둘은 같은 치음이기 때문이다. 이 표를 외우면 앞으로 어떤 현상이 일어날지 예측할 수 있다. 기존의 변화표보다 이것을 외우는 것이 훨씬 쉽다. 폐쇄음의 사각형은 동사를 배울 때도 중요하므로, 나중에 더 혼란스럽지 않도록 지금 잠시 시간을 내는 것이 좋다.

10.20 **폐쇄음 + σ.** 폐쇄음과 σ가 만나면 다음과 같은 현상을 예측할 수 있다. 이 현상을 자주 보게 될 것이므로 다음의 변화들을 제대로 익혀야 한다.

---

19 사실 치아가 아니라 치아 뒤의 "치조 융선"을 사용한다. 하지만 "치음"(dental)과 관련하여 "치아"(teeth)라는 단어가 더 이해하기 쉬우므로 이 단어를 사용했다.

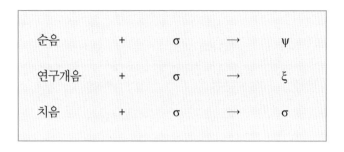

순음	+	σ	→	ψ
연구개음	+	σ	→	ξ
치음	+	σ	→	σ

*σκολοπ + σ → σκόλοψ [20]

*σαρκ + σι → σαρξί

*ὀνοματ + σι → ὀνόμασι [21]

10.21   명사 법칙 8: τ는 단어 끝에 올 수 없으므로 탈락한다. 예를 들어 "이름"이라는 단어의 어간은 *ὀνοματ이다. 주격 단수에서 격어미가 사용되지 않고 어간 끝에 오는 τ는 탈락한다.

*ονοματ + – → ὄνομα

이것이 격어미에 해당하는 마지막 명사 법칙이다. 이제 여덟 가지 법칙을 모두 배웠다. 부록 (550쪽)에서 순서대로 볼 수 있다.

πᾶς

10.22   πᾶς는 3-1-3 패턴[22]의 형용사이며 3변화 변화표에서 보기 단어로 자주 사용된다. 어근은 *παντ이고 여성형은 *πασα로 달라진다.[23] 이번 장에서 다루는 내용과 법칙들을 완전히 익혀서 이 단어의 전체 변화표를 아래 표를 보지 않고 쓸 수 있어야 한다. 만약 그렇게 할 수 있다면 지금까지 헬라어 학습을 잘하고 있다고 할 수 있다.

---

20   신약성경에서 π로 끝나는 어간을 가진 명사는 일곱 개뿐이다. 하지만 κ/τ로 끝나는 어간은 많다.

21   엄밀히 말하면 치음이 σ를 만들고, 이중 시그마는 하나로 줄어든다(*ὀνοματ + σι → ὀνόμασσι → ὀνόμασι).

22   "3-1-3"은 남성과 중성이 3변화를 따르고 여성은 1변화를 따른다는 의미이다. 10.24을 보라.

23   고급 음운론에 관심 있는 이들을 위해 설명을 덧붙이면, 여성형 어간을 만들기 위해 자음 이오타를 추가하였고, ντ + 자음 이오타가 σα를 만들었다(*MBG*에서 πᾶς를 보라).

	남성 (3변화)	여성 (1변화)	중성 (3변화)
주격 단수	πᾶς [24]	πᾶσα	πᾶν [25]
속격 단수	παντός	πάσης [26]	παντός
여격 단수	παντί	πάσῃ	παντί
대격 단수	πάντα	πᾶσαν	πᾶν
주격 복수	πάντες	πᾶσαι	πάντα
속격 복수	πάντων	πασῶν	πάντων
여격 복수	πᾶσι(ν) [27]	πάσαις	πᾶσι(ν)
대격 복수	πάντας	πάσας	πάντα

변화표 외우기를 좋아할 사람은 없겠지만, 이것은 반드시 외워야 한다. 이 변화표는 1, 3변화를 보여줄 뿐 아니라, 분사를(26장) 정복하는 열쇠가 된다.

10.23 πᾶς는 형용사이기 때문에 독립적으로 기능할 수 있다. 독립적으로 사용될 때는 부가적으로 "사람들", "사물들"과 같은 단어가 필요하다. 하지만 다른 형용사들과는 달리 πᾶς는 명사를 수식할 때 서술적 위치에 온다.

πᾶς ὁ ἄνθρωπος는 "모든 사람"을 의미한다.

---

24 ντ는 σ 앞에서 탈락한다.
25 격어미가 사용되지 않고, τ는 단어 끝에 있을 수 없어서 탈락한다(10.21).
26 어간의 마지막이 모음인 단어가 속격과 여격 단수에서 어떤 법칙을 가지는지 기억하는가? 1변화 단어가 ε, ι, ρ가 앞에 붙은 α로 끝나는 어간일 때, 속격과 여격 어미는 α가 된다. 그렇지 않으면 α는 η로 변한다.
27 ντ는 σ 앞에서 탈락한다. 여격 복수 중성에서도 마찬가지이다.

분류

10.24 형용사는 그것이 따르고 있는 변화 형태는 물론, 여성형과 남성형이 같은지 다른지에 따라 네 가지로 분류할 수 있다. 남성과 중성은 항상 같은 변화를 따른다. 2-1-2 패턴과 2-2 패턴은 9장에서 살펴보았다.

패턴	남성	여성	중성	예
2 – 1 – 2	2변화	1변화	2변화	ἀγαθός, ή, όν
3 – 1 – 3	3변화	1변화	3변화	πᾶς, πᾶσα, πᾶν
2 – 2	2변화	2변화	2변화	αἰώνιος, αἰώνιον
3 – 3	3변화	3변화	3변화	τίς, τί

관사

10.25 관사를 번역할 때 잘 살펴봐야 하는 두 가지 특별한 상황이 있다.

헬라어의 관사는 단지 "그"(the)라는 단어 이상의 역할을 한다. "약한 지시사"로서 문맥의 요구에 따라 지시사("그/저", "그것/저것", that), 관계대명사("~하는 자", who), 인칭대명사("그", "그녀", "이", he, she, one)의 기능을 수행한다. 보통 "~하는 자"(who), "~하는 것"(which) 등을 넣어 번역해야 한다. 어떤 단어가 적합한지는 문맥이 결정한다. ὁ δέ 구문이 나오면, 관사는 보통 인칭대명사 역할을 하며 "그러나 그는"으로 번역한다.

ὁ δὲ ὀπίσω μου ἐρχόμενος ἰσχυρότερός μού ἐστιν(마 3:11).

But he who is coming after me is mightier than I.

그러나 내 뒤에 오시는 그분은 나보다 능력이 많으시다.

10.26 때로는 전치사구 앞에 관사가 오기도 한다. 9.15에서 다룬 내용이다.

λαμπεῖ πᾶσιν τοῖς ἐν τῇ οἰκίᾳ(마 5:15).

It gives light to all who are in the house.

그것이 집 안(에 있는) 모든 <u>사람</u>에게 비친다.

관사는 이어지는 전치사구(ἐν τῇ οἰκίᾳ)가 **πᾶσιν**과 수식적 관계에 있음을 보여준다. 이것은 형용사에서 이미 살펴본 "관사 – 명사 – 관사 – 수식어"와 같은 구조이며, 전치사구는 여기에서만 수식어로 나타난다.

　이와 같은 구조를 번역하기 위해서는 보통 전치사구를 관계대명사구로 치환하고, 필요한 단어를 추가한다(위의 예에서 "집 안에 있는 ~한 사람"). 관사는 수식하는 명사와 격, 수, 성이 일치해야 한다.

요약

❶ 자음으로 어간이 끝나는 단어들은 3변화 격어미를 사용한다.
❷ 힌트
  • 속격 단수형을 기본형과 함께 암기하라. 3변화 명사의 어간을 찾으려면 속격 단수에서 격어미를 제거하면 된다.
  • 주격 단수(ς)에서 나타나는 현상은 여격 복수(σι)에서도 나타난다.
  • ν와 τ는 σ 앞에서 탈락하고, τ는 단어 끝에서 탈락한다.
❸ 3변화 명사의 성을 기억하기 위해서는 기본형을 관사와 함께 외워야 한다. 3변화 명사의 어간을 알기 위해서는 속격 형태를 외워야 한다.
❹ 격어미 마스터 차트를 완벽히 외우라.
❺ 명사 법칙 7: 폐쇄음의 사각형

폐쇄음	무성음	유성음	기식음
순음	π	β	φ
연구개음	κ	γ	χ
치음	τ	δ	θ

❻ 명사 법칙 8: τ는 단어 끝에 올 수 없으므로 탈락한다.

❼ ὁ δέ는 "그러나 그는"으로 번역하며, 전치사구 앞에 있는 관사는 해당 전치사구가 수식적 용법 구조라는 신호이다.

❽ πᾶς는 앞으로 배울 분사 변화와 거의 같으므로 잘 습득해야 한다.

❾ 형용사의 네 가지 범주를 익히라.

힘내기 바란다! 우리는 세 가지 어미 변화를 익혔고, 거의 모든 명사 형태를 배웠다.

....

단어학습

3변화 명사의 주격, 속격, 관사 형태를 모두 외워야 한다는 사실을 기억하라.

εἰ	만약 ~라면(if) (502)
	이 단어는 "당신은 ~이다"를 의미하는 εἶ와 다른 단어이다. 악센트를 자세히 보면 εἰ는 악센트를 가지지 않는다. ἐάν처럼 εἰ는 종속절을 이끌기 때문에 εἰ절에서는 문장의 본 주어나 본 동사를 찾을 수 없다.
εἰ μή	~을 제외하고/~외에는(except), 그렇지 않다면(if not) (86)
	이 두 단어는 "제외하고"라는 의미의 "관용구"로 사용된다(아래를 보라). 그 밖에는 "외에는"이라고 번역하는 것이 제일 좋다. 주로 종속절을 이끈다. "관용구"에서는 각각의 구성 단어들이 고유의 의미를 갖지 않는다. 관용구 안에 있는 각 단어의 의미를 살피는 것으로는 관용구의 의미를 찾기 어렵다.
εἷς, μία, ἕν	하나 (*ἕν/*μια, 345)[28]
ἤδη	지금, 이미 (61)
ὄνομα, −ατος, τό	이름, 명성 (*ονοματ, 230)[29]

---

28 중언법(hendiadys)은 수사적 표현으로, 두 개의 명사로 하나의 뜻을 나타내는 것이다. "두 개로 만들어진 하나"라는 의미의 ἓν διὰ δυοῖν에서 유래했다. 단일신교(henotheism)는 다른 신들의 존재를 인정하면서 한 신을 믿는 것이다.

29 의성어(onomatopoeia, ὀνοματοποιία)는 bang이나 whisper처럼 단어 자체가 그 의미와 같은 소리를 내는 것이다.

οὐδείς, οὐδεμία, οὐδέν	(οὐ[δε] + *ἕν/*μια, 227) 아무도 ~아닌, 아무것도 ~아닌, 아무도 ~없는 이 단어의 뒷부분은 εἷς와 같은 어미 변화를 갖는다.
πᾶς, πᾶσα, πᾶν	(*παντ/*πασα, 1,243)[30] 단수: 각각의(each), 모든(every) 복수: 전부(all)
περί	+속격: ~에 관하여(concerning), ~에 대하여(about) (333)[31] +대격: ~주위에(around)
σάρξ, σαρκός, ἡ	육체, 몸 (*σαρκ, 147)[32]
σύν	+여격: ~와 함께 (128)[33]
σῶμα, -ατος, τό	몸 (*σωματ, 142)[34]
τέκνον, -ου, τό	아이/자녀, 자손 (*τεκνο, 99)[35]
τίς, τί	(*τιν, 555) 누구? 무엇? 어느 것? 왜? 이 단어가 중성으로 사용되면 일반적으로 "왜?"를 의미한다(τί).
τις, τι	(*τιν, 525) 어떤 사람/것, 누군가/무언가, 어떤 사람/것이나

---

30 범신론(pantheism)은 신이 모든 것 안에 존재한다는 믿음이다.

31 경계선(perimeter, περίμετρος)은 어떤 대상이나 지역에 대해 경계를 짓는 선이다.

32 석관(sarcophagus, σαρκοφάγος)은 돌로 만든 관을 말한다. 그리스에서는 육체를 태우거나 "먹는다"(φαγέω)고 믿었던 대리석으로 석관을 만들었다.

33 "Syn"은 자주 사용되는 접두사이다. 회당(synagogue, συναγωγή)은 사람들이 함께 모이는 장소이다. 합음(synaeresis, συναίρεσις)은 두 소리가 하나로 축약되는 것이다.

34 심신(psychosomatic)의 장애는 육체적 장애로 심리적/감정적 작용 때문에 발생한다. 생채학(somatology)은 몸을 연구하는 학문이다.

35 테크노니미(Teknonymy)는 자녀의 이름을 따서 부모의 이름을 짓는 관습이다. 이 책의 소프트웨어 회사는 Teknia 라고 이름을 지었는데, 이렇게 한 목적은 상업적인 데이타베이스 프로그래밍에서 벗어나 KidsGreek.com과 같이 아이들을 가르치기 위함이다.

신약성경의 전체 단어 수:	138,148
지금까지 배운 어휘 수:	102
이번 장에 나오는 단어의 신약성경 사용 횟수:	4,623
현재까지 배운 단어의 신약성경 사용 횟수:	78,667
신약성경에 사용된 총 단어에 대한 비율:	56.94%

단어 암기를 포기해 버리는 학생들이 많다. 아무리 문법 공부가 많아도 단어 암기를 게을리해서는 안 된다. 지난 단어들을 계속 복습하자. 단어의 의미를 알지 못하면 문법을 많이 알아도 아무 소용없고 번역도 할 수 없다. 그러므로 단어를 계속 붙들고 있어야 한다. 남은 명사 관련 장들은 이번 장보다 쉬울 것이다.

단어복습

πνεῦμα, -ατος, τό	영혼, 성령
Σίμων, -ωνος, ὁ	시몬

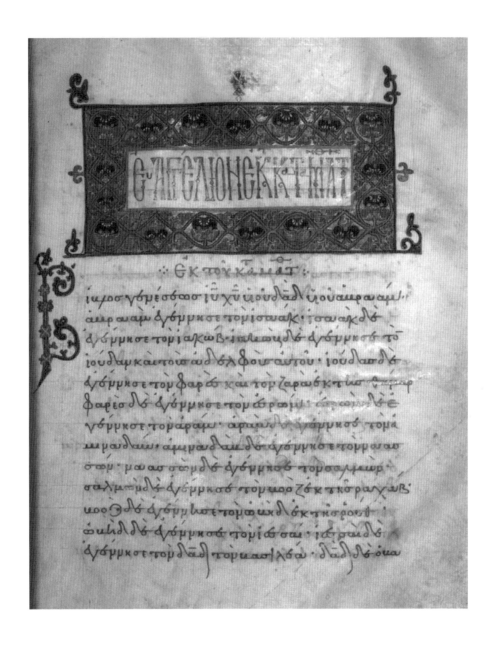

▲ GA 106은 양피지로 된 11-12세기 소문자 사본(minuscule)으로, 사복음서가 포함되어 있다. 필경사는 타일 주변을 청색과 적색 등 다양한 색상으로 장식했으며, 본문은 금색 잉크(다른 재료와 혼합된 금가루)로 기록했다. 이 사본은 더블린의 체스터 비티 컬렉션(Chester Beatty Collection)에 속한 것으로 허가를 받아 사용했다. 이 사진은 신약 사본 연구 센터(www.csntm.org, 대니얼 월리스 박사가 소장으로 있음)에서 제공받았으며, 필사 내용을 좀 더 선명하게 볼 수 있도록 화질을 개선했다.

11 1, 2인칭 대명사

본문 주해 맛보기

때로는 작은 단어 하나가 큰 충격을 주기도 한다. 특히 그 단어가 헬라어의 특징적인 문법 요소들과 만날 때 더욱 그렇다. 대명사가 이런 경우에 속한다. 대명사는 마치 트럭처럼 큰 짐을 실어 나른다. 누가복음 4:6-7에서 예수님이 시험받는 장면을 생각해 보자. 마귀는 예수님을 하늘로 올려 천하만국을 보여주며 이렇게 말한다. "이 모든 권위와 그 영광을 내가 네게 주리라. 이것은 내게 넘겨 준 것이므로 내가 원하는 자에게 주노라. 그러므로 네가 만일 내게 절하면 다 네 것이 되리라."

상당히 큰 제안이지만 악의를 담고 있다. 그리고 이 심각한 대화 내용에는 다양한 인칭대명사들이 사용된다. 이 구절을 막힘없이 읽기 위해서는 여기저기 튀어 다니는 공처럼 연결되어 등장하는 다양한 대명사들이 어떻게 사용되고 있는지 잘 따라가야 한다. 만약 예수님(네가, 네 것)이 마귀에게 절한다면 마귀(내가, 내게)는 세상(이것은)을 지배하는 권력을 줄 것이다.

그러나 이 구절에는 또 다른 특징이 있다. 마귀의 제안을 더 달콤하게 만들고 강조하기 위해 대명사 "네게"(σοι)를 문장의 제일 앞에 둔 것이다(6절). 몇몇 번역 성경들이 이 강조점을 반영하고 있긴 하지만(RSV), 이것은 헬라어를 안다면 쉽게 발견할 수 있는 중요한 특징이다. 마귀는 "이 제안은 오직 너만을 위한 것이다"라고 말하며 그 제안을 개인적이고 특별한 것으로 만든다. 다시 말해, 마귀는 자신의 제안을 가장 매력적으로 표현하려 노력한다. 이 마귀가 중고차 매매상이 아닌 것이 참으로 다행이다. 예수님에게는 하나님을 높이는 것이 세상의 권력을 쥐는 것보다 더 중요했고, 예수님은 이 마귀의 교활한 대명사 사용(그리고 악용)에도 불구하고 실족하지 않으셨다.

대럴 복(Darrel L. Bock)

이번 장에서 배울 내용은 다음과 같다.

- 1인칭(나)과 2인칭(너) 대명사.
- 대명사의 격은 명사처럼 문장 안에서의 기능에 따라 결정된다.
- 대명사의 수는 선행사의 수에 따라 결정된다.
- 몇 가지 3변화 명사의 변화 패턴.

영어로 개념 잡기

11.1 **대명사**는 명사를 대신하는 단어이다. "이것은 빨갛다"라는 문장에서 "이것"이 대명사이며, 이전에 나온 무언가를 지칭한다.

인칭대명사는 인칭 명사를 대신하는 대명사이다.[1] "내 이름은 빌이다. 나는 가능한 한 헬라어를 잘 배울 것이다"라는 문장에서 "나는"은 인칭대명사로 "빌"을 지칭한다. 대명사가 지칭하는 단어인 "빌"이 **선행사**이다.

11.2 **인칭**. 대명사에는 1인칭, 2인칭, 3인칭이 있다.

- 1인칭은 말하는 사람을 가리킨다(나, 우리).
- 2인칭은 그 말을 듣는 사람을 가리킨다(너, 너희).
- 3인칭은 그 말에서 언급되는 사람을 가리킨다(그, 그녀, 그것, 그들, 그녀들, 그것들). 모든 명사는 3인칭으로 간주한다.

영어의 대명사가 얼마나 크게 변하는지 주목하자. 대명사는 기능에 따라 전혀 다른 형태로 변한다. 영어의 2인칭 단수와 복수는 구별할 수 없다.[2]

---

1   인칭 명사란 사람을 지시하는 명사를 말한다.
2   어떤 문법책에서는 "you"(단수)와 "y'all"(복수)를 사용하거나, 옛 형태인 "thou"(단수)와 "ye"(복수)를 사용하기도 한다.

	단수	복수
주격	thou	ye
속격	thy, thine	your, yours
대격	thee	you

11.3 격, 수, 성

대명사의 격은 문장 안에서의 기능에 따라 결정되고, 수와 성은 선행사에 따라 결정된다. 독립적 용법으로 사용되는 형용사와 비슷하다.

❶ 대명사의 **격**은 문장 안에서의 기능에 따라 결정된다. 예를 들어 대명사가 문장의 주어이면, 주격인 "내가"를 사용하고 "나를"을 사용하지 않는다. "나를 지금 먹어도 되나요"라고 말하지 않는다. "나를"은 대격이기 때문이다. 격이 선행사에 따라 결정되는 서술적 용법의 형용사와는 다르다. 대명사는 (속격을 제외하고) 단어를 수식하지 않는다.

❷ 대명사의 **수**는 선행사에 따라 결정된다. "빌"이 단수이기 때문에 "우리가"가 아닌 "내가"를 사용한다.

❸ 대명사의 **인칭**은 선행사에 따라 결정된다. 선행사가 말하는 사람이면(1인칭), "네가"를 쓰지 않고 "내가"를 쓴다.

❹ 1인칭과 2인칭에는 **성**이 없다. "내가"나 "네가"는 모두 여성이거나 남성일 수 있다. 3인칭 대명사에는 성이 있다. 자세한 내용은 다음 장에서 살펴볼 것이다.

11.4 영어 인칭대명사의 형태

	1인칭	2인칭
주격 단수	I(내가)	you(네가)
속격 단수[3]	my(나의)	your(너의)
대격 단수	me(나를)	you(너를)
주격 복수	we(우리가)	you(너희가)
속격 복수	our(우리의)	your(너희의)
대격 복수	us(우리를)	you(너희를)

---

3 속격이 독립적으로 사용되면 "나의 것"(mine), "너의 것"(yours), "우리의 것"(ours)으로 번역한다.

11.5 헬라어 대명사는 영어의 대명사와 비슷하다.

- 명사를 대신한다.
- 격은 문장 안에서의 기능에 따라 결정된다.
- 수와 성은 선행사에 따라 결정된다.
- 1인칭과 2인칭 대명사에는 성이 없다.

11.6 **헬라어 대명사의 형태**

우리는 이미 대명사의 몇 가지 형태를 살펴보았고 연습문제에서도 자주 마주쳤다. 꽤 익숙한 형태여서 배우기 쉽다. 괄호 안의 다른 형태는 11.8에 설명해 두었다.

	1인칭			2인칭		
주격 단수	ἐγώ		나는	σύ		너는
속격 단수	μου	(ἐμοῦ)	나의	σου	(σοῦ)	너의
여격 단수	μοι	(ἐμοί)	나에게	σοι	(σοί)	너에게
대격 단수	με	(ἐμέ)	나를	σε	(σέ)	너를
주격 복수	ἡμεῖς		우리는	ὑμεῖς		너희는
속격 복수	ἡμῶν		우리의	ὑμῶν		너희의
여격 복수	ἡμῖν		우리에게	ὑμῖν		너희에게
대격 복수	ἡμᾶς		우리를	ὑμᾶς		너희를

1인칭 대명사와 2인칭 대명사의 특징

11.7 **형태**. 대명사의 격어미는 이미 배운 명사의 격어미와 많이 유사하다.

- 주격(단수, 복수)과 대격(단수)은 조금 다르지만, 나머지 격어미는 이미 알고 있는 어미들이므

로 금방 기억날 것이다.

- 복수일 경우, 1인칭과 2인칭 대명사는 첫 글자를 제외하고 형태가 같다.[4]
- 위의 표에 나오는 형태와 이미 알고 있는 형태 사이에 유사한 부분이 많은데도, 몇몇 학생은 이 변화표를 그냥 외우고 싶어 한다.

11.8 **악센트**. 1인칭 단수 속격, 여격, 대격은 ε과 악센트를 가질 때가 있다(ἐμοῦ, ἐμοί, ἐμέ). 2인칭 대명사는 ε 없이 악센트만 가진다(σοῦ, σοί, σέ).[5] 이와 같은 악센트 형태를 **강조형**이라고 한다. 강조형과 비강조형은 기본적으로 의미는 같다. 강조형은 저자가 특별히 강조하고 싶은 것이 있을 때 사용하며, 보통은 어떤 사람을 다른 사람과 대조할 때 사용한다.

> ἐγὼ ἐβάπτισα ὑμᾶς ὕδατι, αὐτὸς δὲ βαπτίσει ὑμᾶς ἐν πνεύματι ἁγίῳ (막 1:8).
> 나는 너희에게 물로 세례를 베풀었지만 그는 성령으로 너희에게 세례를 베푸실 것이다.

보통은 이런 대조의 의미를 살려 번역하기가 어렵다. 강조형은 전치사 다음에 사용되는 경향이 있다.

> ἔργον γὰρ καλὸν ἠργάσατο εἰς ἐμέ (막 26:10).
> 그가 나에게 좋은 일을 했다.

11.9 **분해**. 1인칭이나 2인칭 대명사를 분해할 때, 이 책에서는 보통 격, 수, 인칭, 기본형, 번역 순으로 나열한다.
σοῦ를 분해하면, 속격, 단수, 3인칭, σύ, "너의"가 된다.

1인칭과 2인칭 대명사의 기본형은 주격이다. 어떤 사람은 ἐγώ를 ἡμεῖς의 기본형이라고도 하고, 또 어떤 사람은 ἡμεῖς를 독립된 단어로 보기도 한다. 이는 ὑμεῖς도 마찬가지이다.

11.10 **번역 요령**. 대명사가 주어이거나 직접 목적어일 때는 일반적인 주어나 직접 목적어로 취급하고, 속격일 때도 일반적인 속격으로 취급한다.

---

4 υ은 거친 숨표가 있어서 "후" 소리를 만들기 때문에 "후"와 "συ"를 연관 지어 복수 인칭의 형태로 외울 수 있다.
5 신약성경에서 주격 단수 σύ는 항상 악센트와 함께 나타난다.

ἐγώ / πιστεύω / λόγον σου.

나는 네 말을 믿는다.

속격 인칭대명사(μου, σου)는 보통 수식하는 단어 뒤에 온다.

οὗτός ἐστιν ὁ υἱός μου ὁ ἀγαπητός, ἐν ᾧ εὐδόκησα (마 3:17).

This is my beloved Son, with whom I am pleased.

이는 내 사랑하는 아들이요 내가 기뻐하는 자이다.

중간복습

- 인칭대명사는 인칭 명사를 대신하는 단어이다.
- 인칭대명사에는 1인칭(말하는 사람), 2인칭(듣는 사람), 3인칭(대화 속에 언급되는 사람) 대명사가 있다.
- 1인칭과 2인칭 대명사는 인칭과 수에서 선행사와 일치한다. 인칭대명사의 격은 문장 안에서의 기능에 따라 결정된다.
- 인칭대명사의 형태는 암기해야 한다.
- 인칭대명사의 사격(주격을 제외한 나머지 격들)은 강조형으로 쓰일 때 악센트를 가질 수 있다.

3변화 명사의 추가 사항

11.11   τ/δ가 있는 어간. 10장에서 3변화의 기본 사항들을 공부했지만, 더 살펴봐야 할 몇 가지 패턴들이 있다. 하지만 이 패턴들도 같은 법칙을 따른다.

τ/δ로 끝나는 어간은 같은 방식으로 변하는데, 두 자음 모두 치음이기 때문이다. 치음(τ, δ, θ)은 σ 앞에서 탈락한다는 점을 기억하라.

	*χαριτ	*φωτ	*ἐλπιδ	*σαρκ
주격 단수[6]	χάρις	φῶς	ἐλπίς	σάρξ
속격 단수	χάριτος	φωτός	ἐλπίδος	σαρκός
여격 단수[7]	χάριτι	φωτί	ἐλπίδι	σαρκί
대격 단수	χάριτα	φῶς[8]	ἐλπίδα	σάρκα
주격 복수	χάριτες	φῶτα	ἐλπίδες	σάρκες
속격 복수	χαρίτων	φώτων	ἐλπίδων	σαρκῶν
여격 복수[9]	χάρισι(ν)	φωσί(ν)	ἐλπίσι(ν)	σαρξί(ν)
대격 복수	χάριτας	φῶτα	ἐλπίδας	σάρκας

χάριτα는 특별히 주목할 필요가 있다. 대격 단수에 사용된 어미 α는 신약성경에서 이 유형에 속하는 모든 단어의 대격 단수에 사용된다. 하지만 χάρις만은 예외이다. 총 44번 나타나는 χάρις의 대격 단수 중 42번은 χάριν으로 나오고 나머지 2번은 χάριτα로 나타난다(행 24:27; 유 4).

11.12   **자음 이오타**(consonantal iota) **어간**. πίστις는 어간의 마지막 모음으로 ι를 취하는 것으로 보인다.

주격 단수	πίστις
속격 단수	πίστεως[10]
여격 단수	πίστει
대격 단수	πίστιν[11]

---

6   τ는 σ 앞에서 탈락한다(χαριτ + ς → χάρις). δ도 마찬가지이다(ἐλπίς).

7   1, 2변화와는 달리, 3변화에서는 이오타 하기를 하지 않는다. ι는 장모음(α, η, ω)에서만 하기할 수 있다.

8   φῶς는 중성이므로 주격과 대격 형태가 같다.

9   주격 단수에서 나타나는 모든 변화는 여격 복수에서도 그대로 나타난다. 모두 격어미가 σ로 시작되기 때문이다. 격어미는 σι로 1, 2변화 격어미의 앞뒤가 뒤바뀐 형태이다. 괄호 안의 ν는 "움직이는 뉘"이다(08.13).

주격 복수	πίστεις[12]
속격 복수	πίστεων[13]
여격 복수	πίστεσι(ν)
대격 복수	πίστεις[12]

11.13 원래 이 이오타는 "자음 이오타"로 불리는 하나의 문자였다. 이 문자는 코이네 헬라어를 사용하기 훨씬 이전에 헬라어 알파벳에서 사라졌다. 하지만 기존에 이 문자가 존재했다는 사실을 알아두면, 헬라어 명사와 동사에서 나타나는 이상한 현상들을 설명하는 데 도움이 된다.[14]

πίστις의 마지막에 사용된 이오타는 자음 이오타이다. 자음 이오타가 탈락하면 ι/ε으로 대체된다. 언제 어떤 것으로 대체되는지를 아는 것은 그다지 중요하지 않고, πίστις와 같은 단어들이 ι/ε으로 끝난다는 것만 알면 된다. 그런데도 정말 알고 싶다면 다음의 법칙을 참조하라.

* 격어미가 모음으로 시작하면 어간의 마지막 모음은 ε이다.
* 격어미가 자음으로 시작하면 어간의 마지막 모음은 ι이다. 하지만 여격 복수에서는 ε이 σ 앞에 온다.

11.14 자음 이오타로 끝나는 어간을 가진 명사는 모두 여성명사이다(예: πίστις, πίστεως, ἡ).

11.15 **마지막 두 가지 패턴.** 다음은 ὕδωρ(물), πατήρ(아버지), μήτηρ(어머니), ἀνήρ(남자)의 변화표이다.

---

10 ως는 ος가 길어진 것으로 생각하라.

11 이 특별한 3변화 명사 패턴은 ν를 대격 단수 격어미로 사용한다.

12 주격 격어미는 χάριτες와 같다(πιστε + ες → πίστεις, εε가 ει로 축약된다). 이 단어의 대격 복수는 마치 중성처럼 주격 복수와 인칭 어미가 똑같다.

13 격어미 ων이 1, 2변화와는 달리 어간의 마지막 모음을 제거하지 않았다는 사실에 주목하라. 이 현상은 ε이 자음 이오타를 대체했다는 증거이다.

14 '자음 이오타'로 불리는 이유는 이 옛 문자가 자음과 모음의 특징을 모두 가지고 있었기 때문이다. 문법적으로는 "ι"로 적는다. 20.27에 더 자세히 설명해 두었다.

주격 단수	ὕδωρ, τό	πατήρ	μήτηρ	ἀνήρ
속격 단수	ὕδατος	πατρός	μητρός	ἀνδρός
여격 단수	ὕδατι	πατρί	μητρί	ἀνδρί
대격 단수	ὕδωρ	πατέρα	μητέρα	ἄνδρα
주격 복수	ὕδατα	πατέρες	—	ἄνδρες
속격 복수	ὑδάτων	πατέρων	—	ἀνδρῶν
여격 복수	ὕδασι(ν)	πατράσι(ν)	—	ἀνδράσι(ν)
대격 복수	ὕδατα	πατέρας	μητέρας	ἄνδρας

ὕδωρ의 어간은 대부분 τ로 끝난다. 하지만 격어미가 없는 경우(주격 단수, 대격 단수)에는 원래 형태인 ρ가 어간 끝에 다시 나타난다.

πατήρ는 *πατερ라는 어근에서 나온 형태이다. 두 번째 어간의 모음이 η(πατήρ), ε(πατέρα), 아무것도 없는 형태(πατρός) 사이에서 불규칙적으로 변한다. 여격 복수에서는 어간의 모음이 없어지고 발음을 돕기 위해 α가 붙는다(πατράσι).

요약

❶ 인칭대명사는 인칭 명사를 대신하는 단어이다.
❷ 인칭대명사의 격은 문장 안에서의 기능에 따라 결정되고 수와 인칭은 선행사에 따라 결정된다.
❸ 두 인칭대명사의 형태는 대부분 이미 배워 알고 있는 격어미들과 비슷하다. 이 비슷한 부분에 집중하라.
❹ πίστις 유형의 단어들은 자음 이오타로 끝나는 여성명사이다. 자음 이오타는 ι/ε의 형태로 나타난다.

ἀδελφός, −οῦ, ὁ	형제 (*ἀδελφο, 343)[15] ἀδελφός는 신약성경에서 하나님의 가족에 속한 구성원들을 나타내는 데 사용된다. 일부 성경은 이럴 때 ἀδελφός를 "형제와(또는) 자매"로 번역한다.
ἄν	불변화사(uninflected particle)이며, 번역할 수 없는 단어이다. 어떤 것에 관해 분명히 일어날 수 있다는 진술을 하고 싶을 때 사용된다. 예를 들어 "누구"를 "누구든지"와 같은 의미로 바꾼다. 일반적으로 번역은 할 수 없다. (166)
ἀνήρ, ἀνδρός, ὁ	남자, 남편, 사람 (*ἀνδρ, 216)[16]
ἐκκλησία, −ας, ἡ	교회, 모임, 회중 (*ἐκκλησια, 114)[17]
ἐλπίς, −ίδος, ἡ	소망, 기대 (*ἐλπιδ, 53)[18]
ἔξω	부사: ~없이(without) (63) 전치사(+속격): ~밖에(outside)
ἐπί (ἐπ᾽, ἐφ᾽)	+속격: ~위에(on), ~넘어(over), ~때(when) (890)[19] +여격: ~에 근거하여(on the basis of), ~에서(at) +대격: ~위에(on), ~에게(to), ~에 대항하여(against) ἐπί가 모음이나 연한 숨표로 시작하는 단어와 만나면 ι는 생략된다(ἐπ᾽ αὐτόν). 뒤에 오는 단어가 거친 숨표로 시작하면, ι는 생략되고 π는 기식과 함께 φ가 된다(ἐφ᾽ ὑμᾶς).
ἡμεῖς	우리 (863)[20]

---

15 필라델피아(Philadelphia)는 형제간의 사랑을 뜻하는 도시 이름이다.

16 Androgynous(ἀνδρόγυνη)는 남성이기도 하고 여성이기도 한 존재이다(자웅 동체).

17 교회론(Eccleology)은 교회에 관해 연구하는 학문이다. Ecclesiastical은 "교회의 조직에 관련한"을 뜻한다.

18 그리스도인의 "소망"이란 앞으로 어떤 일이 일어날지를 궁금해하는 것이 아니라, 우리가 아는 것이 분명히 일어날 것이라는 "확실한 기대"이다. 조금 재미있게 설명하면, 엘비스 팬들이 그가 실제로 죽지 않았을 것이라고 소망하는 것을 말할 수 있겠다.

19 표피(epidermis, ἐπιδερμίς)는 피부의 표면으로, "피부 위에 있는 것"이다.

20 사용 빈도수에는 복수의 변화 형태도 모두 포함된다.

θέλημα, θελήματος, τό	뜻, 욕망 (*θελημματ, 62)[21]
ἴδε	보라! (감탄사, 29)[22]
ἰδού	보라! (감탄사, 200)[23]
καλός, −ή, −όν	좋은/선한(good), 아름다운(beautiful) (*καλο, 101)[24]
μήτηρ, μητρός, ἡ	어머니 (*μητρ, 83)[25]
οὐδέ	~도 아닌, 심지어 ~도 아닌, ~도 아니고 ~도 아닌(neither … nor) (143)
πατήρ, πατρός, ὁ	아버지 (*πατρ, 413)[26]
πίστις, πίστεως, ἡ	믿음, 신앙, 신뢰, 가르침 (πιστι, 243)[27] 믿어지는 것에 대한 "가르침"(teaching).
ὕδωρ, ὕδατος, τό	물 (*ὑδατ, 76)[28]
ὑμεῖς	너희(복수) (1,840)[29]
φῶς, φωτός, τό	빛 (*φωτ, 73)[30]

21 단의론(Monothelitism)은 7세기경의 이단 종파로, 예수님이 오직 하나의 본성만을 가지며 그러므로 하나의 의지만을 가졌다는 사상이다.

22 본래 ἴδε는 εἶδον(← ὁράω)의 부정과거 능동태 명령형이지만 불변화사로 사용된다. 29번밖에 나오지 않지만, 다음에 나오는 ἰδού와 비슷하므로 익혀 두는 것이 가장 좋은 방법이다. 이 단어는 다음에 나오는 ἰδού와 기본적으로 같은 의미로 사용된다.

23 이 동사의 형태는 200번 나타난다. 실제로는 εἶδον(← ὁράω)의 부정과거 중간태 명령형이지만, 이와 같은 특정한 형태로 아주 많이 사용되기 때문에 독립된 단어로 여기는 것이 좋다.

24 캘리그래피(calligraphy, καλλιγραφία)는 "아름다운 손글씨"이다. 사용 빈도수에 사도행전 27:8이 포함되었는데, 여기서 이 단어는 고유명사로 사용되고 있다.

25 가모장적(matriarchal) 사회는 어머니가 우위인 사회를 말한다.

26 족장(patriarch, πατριάρχης)은 시조(始祖), 그리고 한 가족이나 부족의 지도자를 의미한다.

27 신앙학(pistology)은 믿음을 연구하는 학문이다. 어근에 있는 πιστι는 20.24에서 다루겠다. 지금은 ι로 취급한다.

28 수문학(hydrology)은 물을 연구하는 학문이다. "수력의"(Hydraulic, ὕδραυλις)라는 말은 물로 작동하는 것을 가리킨다.

29 복수의 변화 형태도 모두 사용 빈도수에 포함되었다.

30 사진(photograph)은 빛으로 그려진 그림이다.

χάρις, χάριτος, ἡ	은혜, 호의, 친절 (*χαριτ, 155)
ὧδε	여기 (61)

신약성경의 전체 단어 수:	138,148
지금까지 배운 어휘 수:	123
이번 장에 나오는 단어의 신약성경 사용 횟수:	6,187
현재까지 배운 단어의 신약성경 사용 횟수:	84,854
신약성경에 사용된 총 단어에 대한 비율:	61.42%

12. αὐτός

본문 주해 맛보기

헬라어 대명사는 여러 기능을 한다. 가장 많이 나오는 대명사 가운데 하나인 αὐτός는 주로 명사의 반복을 피하는 용도로 사용된다. "제임스는 메리를 사랑했다. 하지만 메리는 제임스를 받아줄 수 없었다"는 "제임스는 메리를 사랑했다. 하지만 그녀는 그를 받아줄 수 없었다"로 줄일수 있다. 그러나 때로 대명사는 명사를 강조하는 데 사용되기도 한다. 베드로전서 5:10은 "모든 은혜의 하나님 곧 그리스도 안에서 너희를 부르사 자기의 영원한 영광에 들어가게 하신 이가 잠깐 고난을 당한 너희를 친히 온전하게 하시며 굳건하게 하시며 강하게 하시며 터를 견고하게 하시리라"고 말씀한다. 베드로는 "친히"라고 번역된 대명사 αὐτός를 추가해 문장의 주어인 하나님을 강조한다. 이를 통해 하나님이 그의 백성을 개인적으로 돌보신다는 사실을 나타낸다.

P. H. 데이비스[Davids]는 이 구절을 다음과 같이 주해한다. "본문의 저자가 강조하는 바는 하나님이 저들의 상황 밖에 있는 것이 아니라 오히려 직접 들어가 계신다는 것이다."[1] 본문의 이같은 내용은 주변 사람들에게서 핍박받고 있던 그리스도인들에게 이루 말할 수 없는 위로가 되었을 것이다. 그들은 삶 속에서 사탄의 사악한 역사를 지각하고, 유혹에 굴복하여 믿음을 잃지 않도록 사탄을 강하게 대항하라는 말씀을 듣게 되었다. 그 상황이 너무 힘들었기 때문이다. 이런 상황에서 그들은 확신을 가질 필요가 있었다. 마치 사탄이 그 핍박하는 사람 속에 역사하고 있는 것처럼, 하나님도 신자들로부터 멀리 있지 않으시고, 그들이 혼자 싸우도록 내버려 두지 않으시며, 친히 한 사람 한 사람을 걱정하시고, 그에게 힘을 주시며, 지탱하시어, 결국 그들을 영원한 상급으로 불러 주신다는 확신이었다.

하워드 마샬(I. Howard Marshall)

이번 장에서 배울 내용은 다음과 같다.

- αὐτός의 세 가지 용법.
- 이미 배운 2 – 1 – 2 형용사의 변화와 동일한 αὐτός의 변화.
- 영어로 개념 잡기.

12.1   다음은 3인칭 대명사의 변화 형태이다.

	남성	여성	중성
주격 단수	he	she	it
속격 단수	his	her	its
대격 단수	him	her	it

	공성
주격 복수	they
속격 복수	their
대격 복수	them

12.2   **형태**. 인칭대명사의 격은 문장 안에서의 기능에 따라 결정된다. 인칭대명사의 성과 수는 선행사에 따라 결정된다.

12.3   3인칭 대명사와 1, 2인칭 대명사의 가장 큰 차이점은 3인칭 단수 대명사에는 성이 있다는 점이다. 예를 들어 여자인 "로빈"이 선행사이면, "I would like to talk to her"(나는 그녀에게 말하고 싶다")라고 말하지, "I would like to talk to it"(나는 그것에게 말하고 싶다)라고 말하지 않는다. 또

---

1   Peter H. Davids, *The First Epistle of Peter*, NICNT (Grand Rapids: Eerdmans, 1990), 195.

로빈은 한 사람이기 때문에 "them"(그들에게)이라는 대명사를 사용하지 않는다. "I would like to talk to she"(나는 그녀가 말하고 싶다)라고도 하지 않는데, 대명사 "she"(그녀)는 전치사 "~에게"의 목적어로 적합하지 않기에 목적격(her)이 나와야 한다.

헬라어 문법

12.4   αὐτός가 3인칭 대명사의 역할을 하면서 "그"(αὐτός)와 "그를"(αὐτόν)을 의미한다는 것을 이미 배웠다.[2] ἐγώ와 σύ와는 다르게 αὐτός는 보통의 격어미를 사용하고 단수와 복수 모두에 성이 있다.

	남성 (2변화)	여성 (1변화)	중성 (2변화)	번역		
주격 단수	αὐτός	αὐτή	αὐτό	그는	그녀는	그것은
속격 단수	αὐτοῦ	αὐτῆς	αὐτοῦ	그의	그녀의	그것의
여격 단수	αὐτῷ	αὐτῇ	αὐτῷ	그에게	그녀에게	그것에
대격 단수	αὐτόν	αὐτήν	αὐτό	그를	그녀를	그것을
주격 복수	αὐτοί	αὐταί	αὐτά	그들은	그녀들은	그것들은
속격 복수	αὐτῶν	αὐτῶν	αὐτῶν	그들의	그녀들의	그것들의
여격 복수	αὐτοῖς	αὐταῖς	αὐτοῖς	그들에게	그녀들에게	그것들에게
대격 복수	αὐτούς	αὐτάς	αὐτά	그들을	그녀들을	그것들을

12.5   **형태**
   - αὐτός는 형용사와 같은 격어미를 사용한다(2-1-2).
   - 여성형은 1변화(어간의 마지막 모음이 η인 단어)를 따르고, 남성과 중성은 2변화를 따른다.
   - 중성 주격과 대격 단수에서 αὐτός는 격어미를 사용하지 않는다. 그래서 어간의 마지막이 모

---

2   ὁ δέ 역시 "그러나 그가"라는 의미로 사용된다는 것을 배웠다.

음으로 끝난다(αὐτό). 이것은 중성이 갖는 특성이며 이미 관사 τό에서 확인했다.

- αὐτός는 항상 연한 숨표를 갖는다.[3]

12.6 **분해.** αὐτός는 형용사와 같은 방식으로 분해한다(격, 수, 성, 기본형, 번역).

αὐτοῖς. 여격, 복수, 남성/중성, αὐτός, "그들에게"

12.7 **성.** 영어와 헬라어 복수형의 차이점을 혼동하지 말라. 영어는 성이 없지만, 헬라어 대명사에는 성이 있다.

αὐτός의 세 가지 용법

12.8 **요약.** αὐτός를 3인칭 대명사로 생각하지 말라. αὐτός는 전혀 다른 세 가지 기능을 가진 단어로 생각해야 한다.

12.9 **용법 1: 인칭대명사.** αὐτός는 3인칭 대명사 역할을 할 수 있다. 이 용법이 아직은 가장 일반적 인 기능이라고 할 수 있다.[4] 다음과 같이 번역하라.

αὐτός	그는	αὐτοί	그들은
αὐτή	그녀는	αὐταί	그녀들은
αὐτό	그것은	αὐτά	그것들은

이 용법에서 인칭대명사의 격은 문장 안에서의 기능에 따라 결정된다.
- 인칭대명사가 주어라면, 주격이 될 것이다.

<u>αὐτοὶ</u> τὸν θεὸν ὄψονται(마 5:8).

---

3   반드시 외워야 할 사항이다. 13장에서 이 단어와 비슷한 형태를 가진 단어를 만나게 되는데, 두 단어 사이의 한 가지 차이점은 바로 αὐτός가 항상 연한 숨표를 가진다는 점이다.

4   신약성경에 총 5,597번 사용되는 αὐτός는, 사격들(속격, 여격, 대격)로 5,322번 사용된다.

<u>그들이</u> 하나님을 볼 것이다.

- 인칭대명사가 직접 목적어라면, 목적격이 될 것이다.

    παραλαμβάνει <u>αὐτὸν</u> ὁ διάβολος εἰς τὴν ἁγίαν πόλιν(마 4:5).
    마귀가 <u>그분을</u>(예수를) 거룩한 도시로 데려갔다.

인칭대명사의 성과 수는 선행사에 따라 결정된다.
- 선행사가 사람이라면, αὐτός는 자연적 성을 따른다.

    <u>αὐτός</u> ἐστιν Ἠλίας ὁ μέλλων ἔρχεσθαι(마 11:14).
    <u>그 사람</u>이 오기로 되어 있는 엘리야이다.

    ὁ δὲ οὐκ ἀπεκρίθη <u>αὐτῇ</u> λόγον(마 15:23).
    그러나 그분은 <u>그녀에게</u> 한 말씀도 대답하지 않으셨다.

    διὰ τί ἡμεῖς οὐκ ἠδυνήθημεν ἐκβαλεῖν <u>αὐτό</u>;(마 17:19)
    우리는 어찌하여 <u>그것을</u> 쫓아내지 못하였습니까?

- 선행사가 사람이 아니라면, αὐτός는 문법적 성을 따른다. 예를 들어 선행사가 "세상"(κόσμος)이면 헬라어는 남성 인칭대명사(αὐτός)를 취할 것이다. 그러나 αὐτός를 "그"(he)가 아니라 "그것"(it)으로 번역한다. 우리는 세상을 "그"라고 생각하지 않고 "그것"이라고 생각하기 때문이다.

    ὀλίγοι εἰσὶν οἱ εὑρίσκοντες <u>αὐτήν</u>(마 7:14).
    <u>그것을</u> 찾는 자들이 적다(좁은 문을 지칭한다, πύλη).

- 소유(속격)를 나타내는 경우 인칭대명사는 보통 수식하는 단어 뒤에 온다.

    καλέσεις τὸ ὄνομα <u>αὐτοῦ</u> Ἰησοῦν(마 1:21).
    너는 <u>그의</u> 이름을 예수라 부를 것이다.

αὐτός가 속격을 취하는 전치사의 목적어로 사용될 때는 영어의 소유대명사로 번역하지 않는다. 전치사 πρὸ αὐτῶν은 "before their"(그들의 앞에)이 아니라 "before them"(그들 앞에)을 의미한다.

12.10 **용법 2: 강조의 형용사.** αὐτός는 형용사로 사용될 때 강조의 형용사로 기능할 수 있다. 이 경우, αὐτός는 일반적으로 다른 단어를 수식하고 서술적 위치에 온다. αὐτός는 재귀대명사(그 자신 [himself], 그녀 자신[herself], 그것 자체[itself], 그들 자신[themselves] 등)로 번역한다.[5]

αὐτὸς ὁ ἀπόστολος   그 사도 자신
αὐτὸ τὸ δῶρον   그 선물 자체

αὐτὸς γὰρ ὁ Ἡρῴδης ἀποστείλας ἐκράτησεν τὸν Ἰωάννην(막 6:17).
왜냐하면 헤롯이 <u>친히</u> 사람을 보내 요한을 잡았기 때문이다.

αὐτός는 수식하는 명사와 격, 수, 성이 일치한다. 재귀대명사의 성은 αὐτός가 수식하는 단어의 자연적 성을 따라 번역한다.

ἡ ἐκκλησία αὐτή   그 교회 자체
ἐγὼ αὐτός   나 자신

서술적 위치에 있는 다른 형용사들과 αὐτός를 혼동하지 말라. 형용사가 서술적 위치에 오면 반드시 동사 "~이다"를 붙여 번역해야 한다. 그러나 αὐτός가 서술적 위치에 오면 형용사처럼 명사를 수식한다.

ὁ Ἰησοῦς ἀγαθός   예수님은 선하시다
αὐτὸς ὁ Ἰησοῦς   예수님 스스로/자신이

12.11 αὐτός가 강조의 용법으로 사용될 때는 일반적으로 주격이 되고 주어를 수식한다.

---

5   헬라어의 재귀대명사 ἐμαυτοῦ는 인칭대명사 ἐγώ와 αὐτός가 결합하여 만들어졌다. 이것은 αὐτός와 재귀대명사가 밀접한 관계에 있음을 잘 보여준다.

αὐτὸς Δαυὶδ εἶπεν ἐν τῷ πνεύματι τῷ ἁγίῳ(막 12:36).

다윗이 성령에 의하여(by Holy Spirit) 친히 말했다.

Ἰησοῦς αὐτὸς οὐκ ἐβάπτιζεν ἀλλ᾽ οἱ μαθηταὶ αὐτοῦ(요 4:2).

예수께서 친히 세례를 베푸신 것이 아니라 제자들이 베푼 것이다.

이 용법은 인칭대명사 ἐγώ와 σύ에서도 볼 수 있다. 기억해야 할 것은, 동사는 그 자체에 주어를 포함하고 있으므로 αὐτός가 필요하지 않으며, 따라서 αὐτός가 강조의 용법일 수밖에 없다는 점이다.

αὐτός의 강조 용법을 번역하는 방법에는 여러 의견이 있다. 어떤 사람은 위의 경우처럼 재귀대명사를 사용할 것을 제안한다. 성령으로 말한 사람은 다윗 자신이지 다른 사람이 아니기 때문이다.

또 어떤 사람은 주격 형태로 인칭을 강조하는 αὐτός를 굳이 번역하지 않아도 된다고 말하는데, 영어의 경우 적절한 번역문을 만들기 어렵기 때문이다. 만약 번역에 αὐτός를 넣지 않는다면, 이 단어가 강조의 의미가 있다는 사실을 잊지 말아야 한다.

동사의 주어가 꼭 3인칭이어야 할 필요는 없다. 1, 2인칭과 사용될 때도 αὐτός는 여전히 강조의 의미를 지닌다.

σὺ αὐτὸς λέγεις τοῖς ἀνθρώποις.

당신이 스스로 그 사람들에게 말한다.

12.12 **용법 3: 일치의 형용사.** αὐτός는 종종 "동일한"(same)이라는 의미를 지닌 일치의 형용사로 사용한다. 이 용법은 가장 드물게 나타난다. 일반적으로는 수식적 위치에 오지만 항상 그런 것은 아니다.[6] 격, 수, 성은 형용사처럼 수식하는 단어가 결정한다.

καὶ πάλιν ἀπελθὼν προσηύξατο τὸν αὐτὸν λόγον(막 14:39).

그리고 그분은 다시 떠나가셔서 동일한 말씀으로 기도하셨다.

Ἐν αὐτῇ τῇ ὥρᾳ προσῆλθάν τινες Φαρισαῖοι(눅 13:31).

그 때에(In the same hour) 어떤 바리새인들이 나아왔다.

---

6   αὐτός는 신약성경에서 서술적 위치에 60번 나온다.

❶ αὐτός는 일반적인 격어미를 사용하지만, 주격과 대격의 단수 중성에서는 예외적으로 ν가 탈락한다. 이것도 일반적인 형태의 변화이다.

❷ αὐτός가 대명사 역할을 할 때, 격은 기능에 따라 결정되고 수와 성은 선행사에 따라 결정된다.

❸ αὐτός가 강조의 의미로 사용되면, 보통 재귀대명사로 번역한다. 일반적으로 서술적 위치에서 주격으로 나온다.

❹ αὐτός는 일치의 형용사로도 사용하고 "동일한"이라고 번역한다. 일반적으로 수식적 위치에 나온다.

단어학습

αἰών, −ῶνος, ὁ	세대, 영원 (*αἰων, 122) 관용구 εἰς τὸν αἰῶνα와 εἰς τοὺς αἰῶνας τῶν αἰώνων은 모두 "영원히"를 의미한다.
διδάσκαλος, −ου, ὁ	선생 (*διδασκαλο, 59)[7]
εὐθύς	곧/즉시(immediately) (51)[8]
ἕως	접속사: ~까지(until) (146) 전치사(+속격): ~까지(as far as)
μαθητής, −οῦ, ὁ	제자 (*μαθητη, 261)[9] μαθητής는 προφήτης와 같이 어미가 변한다.
μέν	한편으로, 진실로 (179) 후치사. 이 단어는 가끔 번역하지 않는다. δέ와 함께 상관접속사로 사용될 때, μέν … δέ는 "한편으로 ~하고 다른 한편으로 ~하다"라고 번역한다. μέν은 번역하지 않고, δέ를 "그러나"로 번역하는 경우가 많다.

7   선생님마다 각자의 교수(didactic, διδακτικός)법이 있다.

8   이 부사는 신약성경에 9번만 등장하고 "평탄한, 곧은"이라는 뜻을 가진 형용사 εὐθύς, −εῖα, −ύ와 다르다.

9   제자는 "배우는 자"이다. 수학(math)은 μάθημα와 관련된 단어로 "배운 것"을 의미한다. 수학(mathematics)은 μαθηματική에서 유래했다.

μηδείς, μηδεμία, μηδέν	아무(것)도 ~않는 (μη[δε] + *ἕν/*μια, 90) οὐδείς처럼 변화한다.
μόνος, −η, −ον	홀로(alone), 오직(only) (*μονο, 114)[10] 모든 형용사는 부사적으로 사용할 수 있다. 이 단어는 상당히 자주 부사로 사용되고, 주로 대격 중성일 때 그렇다(μόνον).
ὅπως	어떻게, ~하기 위하여 (53)
ὅσος, −η, −ον	~만큼 대단한, ~만큼 많은 (*ὁσο, 110) 단어 처음의 ὁσ는 같은 형태를 유지하고, 나머지 반이 관계대명사처럼 어미가 변화한다. 예를 들면, 주격 복수 남성형은 ὅσοι이다. 이 단어는 관용적으로 쓰며, 그 정확한 의미는 문맥에 따라 결정된다.
οὖν	그러므로, 따라서, 그래서 (498) 후치사.
ὀφθαλμός, −οῦ, ὁ	눈, 시각 (*ὀφθαλμο, 100)[11]
πάλιν	다시 (141)[12]
πούς, ποδός, ὁ	발 (*ποδ, 93)[13] πούς은 ἐλπίς, ἐλπίδος처럼 어미가 변화한다. 예외적으로 주격 단수에서 어간의 ο이 ου로 길어진다(*ποδ + ς → πος → πούς). 여격 복수는 ποσί(ν)이다.
ὑπέρ	+속격: ~을 위하여 (15)[14] +대격: ~위에/~을 초월하여(above)

---

10 일부일처제(monogamous)는 한 사람이 한 명의 배우자만 갖는 결혼제도이다.

11 안과학(ophthalmology)은 눈을 연구하는 학문이다.

12 팔림프세스트(palimpsest, παλίμψηστος, "다시 새긴")는 처음 적혀 있던 글자들을 벗겨내서 다시 사용할 수 있게 만든 양피지이다. 어구반복법(palilogy. παλιλογία)은 강조를 위해 단어들을 반복하는 것이다. Palingenesia(παλιγγενεσία)는 기독교(딛 3:5)와 스토아 철학 모두에서 다시 태어남을 의미한다.

13 족병 전문의(podiatrist)는 발에 생긴 질병을 다루는 의사이다. "d"가 주격 πούς에 나타나지 않는데도 어떻게 이 단어의 어근이 "d"와 함께 영어로 넘어왔는지 주목할 필요가 있다. 동족어의 대부분은 이 헬라어의 어근에서 형성되었고, 주격처럼 어형변화가 이뤄진 형태에서 나오지 않았다.

14 "하이퍼"(Hyper)는 "초과하는, 넘치는"을 뜻하는 흔한 접두사이다. 과장법(hyperbole)은 효과를 높이기 위해 과장해서 말하는 것이다.

신약성경의 전체 단어 수:	138,148
지금까지 배운 어휘 수:	138
이번 장에 나오는 단어의 신약성경 사용 횟수:	2,167
현재까지 배운 단어의 신약성경 사용 횟수:	87,021
신약성경에 사용된 총 단어에 대한 비율:	62.99%

13 지시대명사/지시형용사
(οὗτος, ἐκεῖνος)

본문 주해 맛보기

δικαιοσύνη는 기독교 신학에서 가장 중요한 단어 가운데 하나이다. 기본적으로 이 단어는 "올바르고 정의로운 성질"을 의미하고, 하나님을 묘사하는 데 사용된다. 하나님은 궁극적으로 정의로운 분이시다(롬 3:5, 25). 이 단어는 또한 믿는 자들의 올바른 삶, 곧 하나님의 뜻에 순종하는 삶을 묘사하는 데 사용된다(롬 6:13, 16, 18, 19, 20; 엡 6:14 등).

하지만 신약성경에서 δικαιοσύνη가 가장 중요하게 사용되는 경우는, 우리를 하나님과의 올바른 관계로 인도하시는 예수 그리스도, 그를 믿는 믿음을 통해 주어지는 하나님의 은혜로운 선물을 묘사할 때이다. 이 관계는 율법과 관련 없는, 곧 율법의 행위와는 관련이 없는 것으로서, 우리가 이를 얻기 위해 할 수 있는 것은 아무것도 없다. 그러나 "율법과 선지자들", 곧 구약성경도 이것을 증언하는데, 이 모두는 그의 아들을 통해 하나님과의 바른 관계 속으로 우리를 인도하려는 구원 계획의 일부였다.

루터가 한 말은 옳다. "하나님은 우리를 우리 자신의 것으로 구원하기 원하지 않으시고, 우리 밖의 의(righteousness), 곧 우리 안에서 기원하지 않고 저편에서 우리에게 다가오는 것으로 우리를 구원하기 원하신다."

이것 외에 내 소망을 쌓을 곳 없나니, 이는 곧 예수의 피와 δικαιοσύνη이라.
My hope is built on nothing less, Than Jesus' blood and δικαιοσύνη.

월터 웨슬(Walter W. Wessel)

이번 장의 내용은 다음과 같다.

- 지시대명사이자 지시형용사인 "이것"과 "저것"을 배운다.
- "이것"과 "저것"은 서술적 위치에 있을 때 형용사의 역할을 한다는 사실을 제외하고는 대명 사와 형용사처럼 기능한다.
- 다섯 번째이자 마지막 격인 호격은 사람을 직접 부를 때 사용된다.

영어로 개념 잡기

13.1 영어에서 지시대명사는 "this/these"(이것/이것들)와 "that/those"(저것/저것들)이 있다. 예를 들면 다음과 같다. "This book is the greatest Greek textbook"(이 책은 가장 훌륭한 헬라어 교과서이다). "Those students really work hard"(저 학생들은 정말 열심히 공부한다). 이 지시사들은 단수와 복수를 나타내는 것 외에는 결코 변형이 일어나지 않는다.[1]

13.2 같은 단어를 대명사나("That is mine"[<u>저것은</u> 내 것이다]), 형용사("That car is mine"[<u>저</u> 차는 내 것이다])로 사용할 수 있다.[2]

헬라어 문법

13.3 헬라어의 지시사에는 οὗτος(이것/이것들)와 ἐκεῖνος(저것/저것들)가 있다. 영어와 마찬가지로 이 지시사도 대명사와 형용사의 역할을 한다. 영어와 헬라어 지시사의 차이는, 영어와 달리 헬라어 지시사는 격과 성을 갖는 데 있다.

- 지시사가 대명사 역할을 할 경우, 문장 안에서의 기능에 따라 격이 결정된다. 수와 성은 대명 사처럼 선행사에 따라 결정된다.

---

1   둘의 차이를 구별하기 위해 도움이 되는 개념이 있다면, "가까운 것"과 "먼 것"을 들 수 있다. 가까운 것은 "이것/이것들"이라고 하고, 먼 것은 "저것/저것들"이라고 한다. "이것/이것들"은 상대적으로 가까운 것을 나타내고, "저것/저것들"은 상대적으로 먼 것을 나타낸다.

2   좀 더 간략한 설명을 위해, 이 책에서는 "지시대명사"나 "지시형용사"가 아니라 "지시사"라고 부를 것이다.

- 지시사가 형용사 역할을 할 경우, 격, 수, 성은 형용사처럼 수식하는 명사에 따라 결정된다. 아래의 변화표에서 각각의 형태를 형용사로 번역해 보고, 그다음 대명사로도 번역해 보라.

13.4 οὗτος의 형태

	남성 (2변화)	여성 (1변화)	중성 (2변화)
주격 단수	οὗτος	αὕτη	τοῦτο
속격 단수	τούτου	ταύτης	τούτου
여격 단수	τούτῳ	ταύτῃ	τούτῳ
대격 단수	τοῦτον	ταύτην	τοῦτο
주격 복수	οὗτοι	αὗται	ταῦτα
속격 복수	τούτων	τούτων	τούτων
여격 복수	τούτοις	ταύταις	τούτοις
대격 복수	τούτους	ταύτας	ταῦτα

13.5 ἐκεῖνος의 형태

	남성 (2변화)	여성 (1변화)	중성 (2변화)
주격 단수	ἐκεῖνος	ἐκείνη	ἐκεῖνο
속격 단수	ἐκείνου	ἐκείνης	ἐκείνου
여격 단수	ἐκείνῳ	ἐκείνη	ἐκείνῳ
대격 단수	ἐκεῖνον	ἐκείνην	ἐκεῖνο

주격 복수	ἐκεῖνοι	ἐκεῖναι	ἐκεῖνα
속격 복수	ἐκείνων	ἐκείνων	ἐκείνων
여격 복수	ἐκείνοις	ἐκείναις	ἐκείνοις
대격 복수	ἐκείνους	ἐκείνας	ἐκεῖνα

지시사의 특성

13.6 **형태.** 지시사는 일반적인 격어미를 사용한다. 세 가지 특성을 주의해서 익혀야 한다.

❶ 중성 단수 주격과 대격(τοῦτο, ἐκεῖνο)은 격어미를 사용하지 않는다. 그래서 ον이 아니라 어간인 ο으로 끝난다. 이것은 αὐτός (αὐτό), ἄλλος (ἄλλο), ὁ (τό)의 경우도 마찬가지이다.

❷ οὗτος는 항상 거친 숨표나 τ로 시작한다. 이 둘은 교차적으로 사용된다고 생각하면 된다. 이것이 여성 지시사(αὗται)와 항상 연한 숨표를 취하는 αὐτός (αὐταί)를 구별하는 중요한 차이점이다.

- 마지막 모음이 α 또는 η이면 지시사는 어간에 α를 갖는다(예: ταύταις, ταύτης).
- 마지막 모음이 ο이면 어간에 ο이 온다(τούτου).

13.7 **지시대명사.** 지시사가 대명사 역할을 하면 다른 단어를 수식하지 않는다(형용사의 독립적 용법과 같다).

οὗτος	이(남자/사람)	ἐκεῖνος	저(남자/사람)
αὕτη	이(여자)	ἐκείνη	저(여자)
τοῦτο	이(것)	ἐκεῖνο	저(것)
οὗτοι	이(남자/사람)들	ἐκεῖνοι	저(남자/사람)들
αὗται	이(여자)들	ἐκεῖναι	저(여자)들
ταῦτα	이(것)들	ἐκεῖνα	저(것)들

대명사로 사용된 지시사를 번역할 때는 괄호 안의 단어들이 필요할 수 있다. 자연적 성을 따라 가장 적절한 의미로 번역하면 된다. 예를 들어 ἐκείνη는 "저 남자"로 번역하면 안 된다.

13.8   **지시형용사.** 지시사가 형용사 역할을 하면 수식적 용법의 형용사로 사용한다 하더라도 **서술적 위치**에 나온다.

> οὗτος ὁ ἄνθρωπος   이 사람
> ὁ ἄνθρωπος οὗτος   이 사람
> ἐκεῖνοι οἱ ἄνθρωποι   저 사람들

일반적인 형용사의 용법과는 반대되므로 혼동해서는 안 된다.[3] 단, 지시사(지시형용사)가 수식하는 명사는 항상 관사를 갖는다.

13.9   지시대명사는 때때로 그 의미가 약해져 인칭대명사 역할을 한다.

> <u>οὗτος</u> ἔσται μέγας καὶ υἱὸς ὑψίστου κληθήσεται(눅1:32).
> <u>그가</u> 큰 자가 되고 지극히 높으신 이의 아들이라 일컬어질 것이다.

위의 예문에서 추측할 수 있듯이, 관사와 인칭대명사와 지시대명사의 기능은 상당 부분 겹친다고 할 수 있다.

호격

13.10   다섯 번째이자 마지막 격은 호격, 즉 "직접 호칭의 격"이다. 명사가 직접 호명되었을 때 호격 어미를 취한다. 다음의 예문을 보면, 한 사람이 "주님"을 직접 부르고 있다.

> Οὐ πᾶς ὁ λέγων μοι, <u>Κύριε κύριε</u>, εἰσελεύσεται εἰς τὴν βασιλείαν τῶν οὐρανῶν(마 7:21).
> 나에게 '<u>주여, 주여</u>' 하고 부르는 자마다 다 하늘 나라에 들어갈 것은 아니다.

---

3   αὐτός의 강조 용법, 그리고 πᾶς와 관련된 이 문법사항은 이미 살펴본 부분이다.

호격 형태는 대부분 단순하다. 호격은 일반적으로 문맥에 의해 선명하게 드러난다.[4]

• 복수에서 호격은 항상 주격 복수와 같다.

> ἄνδρες Γαλιλαῖοι, τί ἑστήκατε ἐμβλέποντες εἰς τὸν οὐρανόν;(행 1:11)
> 갈릴리 사람들아, 너희는 어찌하여 서서 하늘을 쳐다보느냐?

• 1변화 단수형에서 호격은 주격과 같다.

> ἐρῶ τῇ ψυχῇ μου· ψυχή, ἔχεις πολλὰ ἀγαθά(눅 12:19).
> 내가 내 영혼에게 말할 것이다. "영혼아, 너는 좋은 것들을 많이 쌓아 두었다."

• 2변화 단수형에서 호격 어미는 보통 ε이다.

> ἄνθρωπε, ἀφέωνταί σοι αἱ ἁμαρτίαι σου(눅 5:20).
> 사람아, 너의 죄가 너에게 용서받았다.

• 3변화 단수형에서 호격은 일반적으로 어간만 나타나며, 때때로 변화한 어간의 모음과 함께 나타나기도 한다(모음 전환).

> Πάτερ ἡμῶν ὁ ἐν τοῖς οὐρανοῖς(마 6:9).
> 하늘에 계신 우리 아버지여.

그 밖에도 몇 가지 호격의 형태들이 더 있으나[5] 위에 제시한 내용만으로 충분하다. 일반적으로는 문맥을 통해 호격이 사용되는지 알 수 있다.

---

4   신약성경에는 호격이 총 610번 나온다. 가장 일반적인 예시로는 κύριε(124번), ἀδελφοί(106번), πάτερ(24번, 또는 πατήρ로 24번, πατέρες로 6번), ἄνδρες(32번), διδάσκαλε(31번), ἀγαπητοί(30번)가 있다.
5   모든 법칙은 MBG에 기록되어 있다.

13.11 **형용사의 비교급.** 형용사에는 세 가지 "급"(degree)이 있다.

- **원급**은 비교되지 않은 형용사 형태를 말한다. "큰"(μέγας).
- **비교급**은 두 개 중 더 큰 것을 나타낸다. "더 큰"(μείζων).
- **최상급**은 가장 큰 것을 설명하거나, 세 개 이상을 비교한다. "가장 큰"(μέγιστος).

코이네 헬라어에서는 최상급이 없어지고 비교급이 그 기능을 수행한다.[6]

13.12 **모음 축합**(Crasis)은 두 개의 단어가 합쳐져 한 단어가 되는 것이다. 이번 장에는 καί와 ἐγώ의 모음 축합인 κἀγώ를 보게 될 것이다. 부록(544쪽)에 신약성경에 등장하는 모음 축합의 형태들을 나열해 놓았다.

13.13 Πολύς. "많은", "다량의"라는 뜻을 가진 πολύς도 볼 수 있다. 이 단어는 2, 3변화 단어가 섞인 것처럼 보인다.

	남성 (2변화)	여성 (1변화)	중성 (2변화)
주격 단수	πολύς	πολλή	πολύ
속격 단수	πολλοῦ	πολλῆς	πολλοῦ
여격 단수	πολλῷ	πολλῇ	πολλῷ
대격 단수	πολύν	πολλήν	πολύ
주격 복수	πολλοί	πολλαί	πολλά
속격 복수	πολλῶν	πολλῶν	πολλῶν
여격 복수	πολλοῖς	πολλαῖς	πολλοῖς
대격 복수	πολλούς	πολλάς	πολλά

---

6   Wallace, 299-300, 303-305쪽. 예를 들어 문맥에서 문법적으로 μέγιστος가 필요할 때는 μείζων을 사용할 수 있다. 늘 그렇듯 문맥이 번역의 열쇠이다.

❶ 지시사 "이것/이것들"은 οὗτος이고, "저것/저것들"은 ἐκεῖνος이다. οὗτος는 항상 거친 숨표 나 τ로 시작한다. 중성 단수 주격과 대격에서는 격어미를 사용하지 않고, 마지막 어간 모음 은 υ으로 바뀐다.

❷ 지시사가 대명사 역할을 할 때 격은 문장 안에서의 기능에 따라 결정된다. 수와 성은 선행사 에 따라 결정된다. 이해를 돕기 위해 자연적 성을 따라 단어를 추가하여 번역할 수 있다.

❸ 지시사가 형용사 역할을 할 때 격, 수, 성은 수식하는 단어와 일치한다. 항상 서술적 위치에 오지만 수식적 용법의 형용사로 번역한다.

❹ 지시사는 의미를 약화하여 인칭대명사로 사용할 수 있다.

❺ 호격은 직접적인 호칭을 나타내는 격이다.

  • 복수형에서는 어미 변화와 상관없이 주격과 같다.
  • 단수 1변화에서는 주격과 같다.
  • 단수 2변화에서는 일반적으로 ε을 격어미로 갖는다.
  • 단수 3변화에서는 일반적으로 어간 그 자체만 나타난다.

단어학습

γυνή, γυναικός, ἡ	여자, 아내 (*γυναικ, 215)[7] Γυνή는 σάρξ(n‑3b[1])처럼 어미가 변화한다. 주격 단수에서 ικ 는 사라진다.
δικαιοσύνη, ‑ης, ἡ	의 (*δικαιοσυνη, 92)
δώδεκα	열둘 (75)[8] 어미 변화 없음.

---

7   부인병학(gynecology)은 여성의 건강과 질병을 다루는 의학의 한 분야이다.
8   십이각형(dodecagon)은 열두 개의 면과 열두 개의 각이 있는 평면도형이다.

ἑαυτοῦ, −ῆς, −οῦ	(*ἑαυτο, 319)
	단수: 그 자신의/그녀 자신의/그것 자체의
	복수: 그들 자신의
	ἑαυτοῦ는 재귀대명사이다. 대부분 3인칭으로 사용되지만 1인칭 과 2인칭으로도 사용된다("나 자신의", "당신 자신의").
	단어의 의미상 주격으로 사용될 수 없기에 단어의 기본형은 속격 단수이며 αὐτός와 같이 어미가 변화한다.
	문장의 동사에 따라 ἑαυτοῦ의 복수형은 1인칭("우리 자신의")이 나 2인칭("너희 자신의")으로 번역할 수 있다.

ἐκεῖνος, −η, −ο	(*ἐκεινο, 265)
	단수: 저 남자(사람)/여자/것
	복수: 저 남자들(사람들)/여자들/것들

| ἤ | 또는, ~보다(than) (343) |
| | 항상 거친 숨표가 있는 관사 ἡ와 혼동하지 말라. |

| κἀγώ | 그리고 내가, 그러나 내가 (καί + *ἐγώ, 76) |
| | 어미 변화 없음. κἀγώ는 καί와 ἐγώ의 모음 축합이다. 사용 빈도 수에 κἀμέ와 κἀμοί도 포함된다. |

| μακάριος, −ία, −ιον | 복된/축복받은, 행복한 (*μακαριο, 50)[9] |

| μέγας, μεγάλη, μέγα[10] | 큰, 위대한 (*μεγαλο, 243)[11] |

| πόλις, −εως, ἡ | 도시 (*πολι 163)[12] |

πολύς, πολλή, πολύ	(*πολλο, 416)[13]
	단수: 많은/큰(much)
	복수: 다수의/많은(many)
	부사: 자주(often)

---

9   메츠거의 책 『신약성경 헬라어 단어집』에서는 동족어로 "마카리즘"(macarism)을 예로 제시한다. 이것은 산상수훈 에 나오는 팔복을 뜻한다.

10   부록에서 이 단어의 변화표를 확인하라(a-1a[2a]).

11   Mega는 "큰"이나 "많은"을 의미하는 일반적인 접두사이다. 예를 들면 megaphone, megavolt, Megalosaurus(상당 히 큰 공룡의 한 종류로 σαῦρος는 "도마뱀"을 의미한다) 등이 있다.

12   중심 도시(metropolis, "mother-city")는 식민지, 특히 고대 그리스 식민지의 모도시이다. 이 단어는 수도나 큰 도시 를 나타내는 뜻으로 사용하였다. Neapolis는 빌립보의 항구도시이다(행 16:11).

πῶς	어떻게? (118) [14]
σημεῖον, -ου, τό	표적/징조(sign), 기적/이적(miracle) (*σημειο, 77) [15]

신약성경의 전체 단어 수:	138,148
지금까지 배운 어휘 수:	151
이번 장에 나오는 단어의 신약성경 사용 횟수:	2,452
현재까지 배운 단어의 신약성경 사용 횟수:	89,473
신약성경에 사용된 총 단어에 대한 비율:	64.77%

단어복습

οὗτος, αὕτη, τοῦτο	(*τουτο, 1388)
	단수: 이 남자(사람)/여자/것
	복수: 이 남자들(사람들)/여자들/것들

13 Poly는 "많은"이라는 의미로 합성어에 자주 사용하였다. 예를 들면 polysyllabic, polyandry, polygamy, polyglot, polygon 등이 있다.

14 이것과 다른 단어로 πώς가 있는데, "어쨌든, 어떻게든"이라는 뜻이고 15번 나타난다. 이 두 단어의 유일한 차이는 악센트이다.

15 특별히 요한복음에 기록된 기적들은 예수님이 누구신지를 나타내기 위한 표시들이다. Semeio는 "표시" 또는 "증상"을 뜻하는 합성어이다. Semeiology는 수화이다. Semeiotic은 "증상에 관한"이라는 의미이다.

14 관계대명사

본문 주해 맛보기

어떤 작가는 사복음서의 첫 번째 복음서 기자를 "꼼꼼한 마태"라고 불렀다. 마태는 구세주가 보낸 이 땅에서의 삶과 사역을 이야기할 때, 의도적으로 정확하게 기록했다는 사실을 곳곳에서 보여준다. 신앙과 교리에 중요한 진리를 강조하기 위해서였다. 이 정밀성은 이 복음서의 시작에 나타난 예수님의 족보에서 여실히 드러난다. 마태는 예수님을 족보에 쓸 때 "… 야곱은 마리아의 남편 요셉을 낳았으니 마리아'에게서' 그리스도라 칭하는 예수가 나시니라"(마 1:16)고 말한다. 여기서 "에게서"라는 단어는 누구를 가리키는가? 아버지 요셉인가? 어머니 마리아인가? 아니면 부모인 요셉과 마리아를 모두 지칭하는가? 영어에서는 "of whom"이라고 번역되어 이들 중 누구라도 지칭하는 것으로 볼 수 있다.

"~에게서"라고 번역한 헬라어 단어는 관계대명사 ἧς이다. 여성형 관계대명사인 이 단어는 구체적으로 마리아를 통해서 예수님이 나신 것을 알린다. 이 족보는 규칙적으로 남성, 곧 아이의 아버지들을 강조하는데, 이곳에서만은 "꼼꼼한 마태"가 예수님, 요셉, 그리고 마리아의 관계에 관해 세밀하게 진술한다. 마태는 이 족보를 통해 요셉이 예수님의 법적 아버지임을 규정하는 한편, 마리아가 예수님을 낳은 생물학적 부모임을 강조한다. 더불어 γεννάω라는 단어가 이 족보에서 40번 사용되었는데, 그중 동사 ἐγεννήθη("태어나게 되었다")는 이 족보에 등장하는 유일한 수동태형으로, 이를 통해 예수님의 탄생이라는 주제에서 하나님의 행위를 강조하고 있다 (1:18-25).

R. H. 건드리(Gundry)는 그의 주석에서 이렇게 말한다. "여성형 ἧς는 이야기의 중심을 요셉에게서 마리아에게로 옮기면서 동정녀 탄생의 이야기로 이어지도록 한다."[11] 헬라어의 관계대명사는 한 실체가 다른 실체와 맺는 관계가 무엇인지를 섬세하게 표시한다. 마태는 이곳에서 여성형을 사용하여 의도적으로 마리아가 우리 주님의 어머니임을 강조하고, 하나님의 영이 그

녀에게 임하여 기적적으로 잉태한 것을 분명히 나타낸다. 예수님은 다윗의 자손이자 아브라함의 자손이지만(1:1), 또한 하나님의 아들 임마누엘(하나님이 우리와 함께 계신다[1:23])이시다. 그는 다윗의 계보에 있는 평범한 왕이 아니시다. 동정녀 마리아에게서 태어난 우리의 구원자이자 주님이시다.

마이클 윌킨스(Michael J. Wilkins)

개요

- 관계대명사 who, that, which.
- 관계대명사는 다른 대명사들처럼 성과 수는 선행사를 따르고, 격은 문장 안에서의 기능에 따라 결정된다.
- 관계절은 항상 종속절이기 때문에, 문장의 본 주어와 본 동사를 가질 수 없다.

영어로 개념 잡기

14.1 영어 관계대명사로는 "who", "whom", "that", "which", "whose"가 있다. 오늘날 이 단어들은 매우 다양하게 사용되므로 일반적인 용례들만 정리했다.

- "Who"와 "whom"은 사람을 가리키는 데 사용된다(예: The teacher, whom the students love, won the teacher of the year award[학생들이 사랑하는 이 선생님이 올해의 선생님 상을 탔다]).
- "Who"는 남성과 여성으로, "which"는 중성으로 사용된다.
- "That"은 모두를 지칭할 수 있다(예: The glass that broke was my favorite[이 깨진 유리잔은 내가 아끼던 것이었다]. I helped the boy that fell off his bike[내가 그의 자전거에서 떨어진 소년을 도와주었다]).[2]
- "Whose"는 주로 사람을 지칭하지만, 사물을 가리키기도 한다(예: I sold the car whose

---

1   Robert H. Gundry, *Mattew, A Commentary on His Handbook for a Mixed Church under Persecution*, 2nd ed. (Grand Rapids: Eerdmans, 1994), 18.

2   "That"은 일반적으로 사물을 나타내고 한정적 용법의 관계절에 사용된다. "Which"는 계속적 용법의 관계절에 사용된다.

color made me ill[나는 내가 싫어하는 색의 차를 팔았다]. I love the girl whose eyes sparkle in the moonlight[나는 달빛 아래 빛나는 눈을 가진 그 소녀를 사랑한다]).

관계대명사는 단수("학생")와 복수("학생들")의 선행사를 모두 가리킬 수 있다.

14.2 관계대명사는 의문문을 만들지 않고, 명사나 명사구를 받는 역할만 한다. 관계대명사는 다음과 같은 질문에 사용되지 않는다. "Whose eyes sparkled in the moon light?"(어떤 사람의 눈이 달빛을 받고 빛나는가?)라는 문장에서 "whose"는 의문대명사이다.

14.3 **관계절**은 관계대명사가 이끄는 절이다. "The teacher who has a halo around his head teaches Greek"(그의 머리 주변에서 후광이 비치는 이 선생님은 헬라어를 가르친다).

14.4 관계대명사는 대부분 명사를 수식하는 절을 이끈다. 위의 예문에서,
- "whom"은 "the students loved" 절을 이끌고 명사 "teacher"를 수식한다.
- "that"은 "broke" 절을 이끌고 명사 "glass"를 수식한다.

14.5 관계절이 명사나 형용사 역할을 할 수 있다는 것을 잊지 말라. 관계절은 다음과 같이 사용될 수 있다.
- 주어("Whoever is with me is not against me"[누구든지 나와 함께 있는 자는 나를 대적하지 않는다]).
- 직접 목적어("I eat what is placed before me"[나는 내 앞에 차려진 것을 먹는다]).
- 전치사의 목적어("Give the Bible to whoever asks for it"[누구든지 요구하는 자에게 성경을 주라]).

위의 사항들은 번역할 때 중요하다. 관계절은 반드시 하나의 독립된 단위로 봐야 하기 때문이다. 관계절 앞뒤로 빗금(/)을 그어 구분해도 된다. 구문분석을 할 때는 관계절 전체를 선행사 아래로 내리면 된다.[3]

헬라어 문법

14.6 관계대명사의 기본형은 ὅς이고, 변화형은 ὅς, ἥ, ὅ이다. 헬라어의 관계대명사는 격, 수, 성이 있다는 것을 제외하고는 영어의 관계대명사와 기본적으로 같은 기능을 한다.

---

3 어떤 학자들은 문장에 나타나지 않은 단어가 관계대명사의 선행사로 오는 경우가 있다고 본다. 실제 주어, 직접 목적어 등이 여기에 해당한다.

	남성 (2변화)	여성 (1변화)	중성 (2변화)	번역
주격 단수	ὅς	ἥ	ὅ	who/which/that
속격 단수	οὗ	ἧς	οὗ	of whom/which/whose
여격 단수	ᾧ	ᾗ	ᾧ	to whom/which
대격 단수	ὅν	ἥν	ὅ	whom/which/that
주격 복수	οἵ	αἵ	ἅ	who/which/that
속격 복수	ὧν	ὧν	ὧν	of whom/which/whose
여격 복수	οἷς	αἷς	οἷς	to whom/which
대격 복수	οὕς	ἅς	ἅ	whom/which/that

14.8　**힌트.** 관계대명사와 명사 어미의 유사점에 주목할 필요가 있다. 이들은 사실 거의 같다. 중성 단수 주격과 대격(τοῦτο, ἐκεῖνο)에는 αὐτός (αὐτό)와 지시사(τό)처럼 ν가 없고 ο만 있다.

　　　관계대명사는 관사와도 비슷하다. 숨표와 악센트를 살펴보는 것이 둘을 구별하는 열쇠이다. 관계대명사에는 항상 거친 숨표와 악센트가 있지만, 관사에는 항상 거친 숨표나 τ가 있고 남성과 여성에는 악센트가 없다(ὁ, ἡ; οἱ, αἱ).

관계대명사의 특징

14.9　**선행사.** 관계대명사의 수, 성은 선행사의 수, 성과 일치한다. 이는 αὐτός와 같다. 선행사를 찾는 것이 정확한 번역에 얼마나 도움을 주는지 알 수 있을 것이다. 때로는 선행사가 관계대명사와 같은 절에 있지 않다. 이 경우 앞서 나온 절들을 살펴야 한다. 심지어 선행사를 못 찾을 때도 있다. 그렇다면 어떻게 관계대명사의 선행사를 찾을 수 있을까? 답은 역시 문맥이다.

14.10　**관계대명사의 격.** 관계대명사의 격은 전체 문장이 아니라 관계절 안에서의 기능에 따라 결정된다.

ὃς οὐ λαμβάνει τὸν σταυρὸν αὐτοῦ καὶ ἀκολουθεῖ ὀπίσω μου, οὐκ ἔστιν μου ἄξιος (마 10:38).

Whoever does not take his cross and follow me is not worthy of me.

그 자신의 십자가를 지고 나의 뒤를 따르지 않는 <u>자는 누구든지</u> 내게 합당하지 않다.

ἰδοὺ ὁ ἀστήρ, <u>ὃν</u> εἶδον ἐν τῇ ἀνατολῇ (마 2:9).

Behold, the star <u>that</u> they had seen when it rose.

보라, 동방에서 <u>보았던</u> 그 별이다.

관계대명사와 수식하는 단어의 격을 따르는 형용사를 서로 혼동하지 말라.

ὁ ἄνθρωπος <u>ὃν</u> γινώσκομεν διδάσκει ἡμᾶς.

The man <u>whom</u> we know teaches us.

우리가 <u>아는</u> 그 사람이 우리를 가르친다.

위의 예문에서 선행사(ἄνθρωπος)는 주격인데 관계대명사(ὅν)는 대격이다. 이는 관계대명사(ὅν)가 관계절 안에 있는 동사인 γινώσκομεν의 직접 목적어이기 때문이다.

14.11 **번역.** 관계대명사는 관계절에서 그 역할에 따라 다양한 방식<u>으로</u> 번역한다. 다음은 영어 문법과 관련된 사항들이다.

❶ 관계절이 한 단어를 수식할 때 관계대명사는 간단히 "who", "which", "that"으로 번역한다.

The man who is sitting at the table is my pastor.

그 탁자에 앉아 있는 그 남자는 나의 목사님이다.

❷ 관계절은 주어, 직접 목적어, 간접 목적어, 전치사의 목적어 역할을 한다. 다시 말해 명사가 할 수 있는 거의 모든 기능을 한다. 이런 경우, 대명사를 넣어 번역하면 좋다. 예를 들어, "Who will be first will be last"(먼저 된 자가 나중 될 것이다)라는 문장에서 관계절은 동사 "will be"(될 것이다)의 주어이다. 좀 더 부드러운 번역을 위해 인칭대명사를 넣을 수 있다. "<u>He</u> who will be first will be last"(먼저 된 <u>그가</u> 나중 될 것이다).

ὃς οὐ λαμβάνει τὸν σταυρὸν αὐτοῦ ··· οὐκ ἔστιν μου ἄξιος (마 10:38).

He who does not take his cross ⋯ is not worthy of me.

그 자신의 십자가를 지지 않는 그는 내게 합당하지 않다.

또한 지시대명사를 추가할 수도 있다("Give the good grade to those who deserve it"[받아 마땅한 이 들에게 좋은 성적을 주라]). 우리가 알고 있는 문법 상식에 따라 적절한 대명사를 결정하면 된다.

번역 요령

14.12 관계절도 전치사구처럼 하나의 독립된 단어로 구분해야 한다.

ὁ Ἰησοῦς / ἐλάλησεν / ὅ ἐστιν δίκαιον.

예수께서 옳은 것을 말씀하셨다.

14.13 구문분석을 할 때는 관계대명사를 선행사 다음 줄에 두어 관계절과 선행사를 연결한다.

μάρτυς γάρ μού ἐστιν ὁ θεός,
  ᾧ λατρεύω
    ἐν τῷ πνεύματί μου
    ἐν τῷ εὐαγγελίῳ τοῦ υἱοῦ αὐτοῦ(롬 1:9).

For God is my witness,
  whom I serve
    with my spirit
    in the gospel of his Son.

왜냐하면 하나님이 나의 증인이시기 때문이다.
  내가 섬기는 분
    나의 영으로
    그분의 아들의 복음 안에서

구문분석을 하다 보면 본문이 오른쪽으로 나열되면서 페이지를 넘어가기도 한다. 그럴 때는 관계절을 사용하여 텍스트를 다시 왼쪽으로 끌어올 수 있다. 관계대명사와 선행사는 선으로 연결하면 된다.

δικαιούμενοι
  δωρεὰν
  τῇ αὐτοῦ χάριτι
  διὰ τῆς ἀπολυτρώσεως τῆς ἐν Χριστῷ Ἰησοῦ·

ὃν προέθετο ὁ θεὸς ἱλαστήριον
  διὰ [τῆς] πίστεως ἐν τῷ αὐτοῦ αἵματι(롬 3:24-25).

They are justified
  freely
  by his grace
  through the redemption that is in Christ Jesus,

whom God set forth as an atoning sacrifice
  obtainable through faith in his blood.

그들은 의롭게 되었다.
  값없이
  그분의 은혜로
  그리스도 예수 안에 있는 속량을 통하여

그분을 하나님이 화목제물로 세우셨다.
  그분의 피로써 믿음을 통하여

14.14   관계절은 항상 종속되므로, 본 주어와 본 동사를 절대 갖지 않는다.

❶ 관계대명사는 명사와 형용사 역할을 할 수 있는 관계절을 이끈다.

❷ 관계대명사에는 ὅς, ἥ, ὅ가 있다. 2 – 1 – 2 변화의 일반적 형태를(αὐτός처럼) 따르며, 항상 거친 숨표와 악센트를 갖는다.

❸ 관계대명사의 격은 관계절 안에서의 기능에 따라 결정되고, 수와 성은 선행사와 일치시킨다.

❹ 관계절을 번역할 때 대명사를 첨가할 수 있다. 상식의 선에서 문맥에 가장 잘 어울리는 대명사를 선택하면 된다.

❺ 관계절은 항상 종속절이다.

단어학습

ἀλήθεια, –ας, ἡ	진리 (*ἀληθεια, 109)[4]
εἰρήνη, –ης, ἡ	평화[5] (*εἰρηνη, 92)
ἐνώπιον	+속격: ~전에/~앞에(before) (94)
ἐπαγγελία, –ας, ἡ	약속 (*ἐπαγγελια, 52)
ἑπτά	일곱, 7 (ἑπτα, 88)[6] 어미 변화 없음.
θρόνος, –ου, ὁ	왕좌/보좌(throne) (*θρονο, 62)
Ἰερουσαλήμ, ἡ	예루살렘 (*ἱερουσαλημ, 77) Ἰερουσαλήμ은 어미 변화가 없다. 하지만 관사는 변화한다.

4   여자 아이 이름인 앨러시아(Alethea)는 "진리"를 의미한다. 진리론(alethiology)은 진리를 다루는 학문이다.

5   Irenic(εἰρηνικός)은 "평화로운"을 의미한다.

6   칠각형(heptagon)은 일곱 면을 가진다.

κατά(κατ᾽, καθ᾽)	+속격: ~아래로부터(down from), ~에 대항하여(against) (473)[7]
	+대격: ~에 따라서(according to), ~내내(throughout), ~동안(during)
	Κατά 뒤에 나오는 단어가 연한 숨표를 가진 모음이면 α가 생략된다(κατ᾽ ἐμοῦ). 만약 거친 숨표를 가진 모음이면 α가 생략되고 τ는 θ로 변한다(καθ᾽ ὑμῶν).
κεφαλή, −ῆς, ἡ	머리 (*κεφαλη, 75)[8]
ὁδός, −οῦ, ἡ	길, 도로, 여행, 행위 (*ὁδο, 101)
	이 단어는 남성형 같지만 실제로는 여성형임을 주의하라. 제2변화 여성명사이다. λόγος와 비슷한 모양이지만 이 단어는 여성형이다. 이 단어를 수식하는 관사도 항상 여성형이다.
ὅς, ἥ, ὅ	누구(누구를), 어떤(어느) (*ὅς, 1,407)
ὅτε	~할 때(when) (103)
οὕτως	이렇게, 이와 같이 (208)
πλοῖον, −ου, τό	배 (*πλοιο, 68)
ῥῆμα, −ατος, τό	말 (*ῥηματ, 68)[9]
τε	그리고, 그래서 (215)
	τε는 후치사이고, 그 강도가 καί보다 약하다.
χείρ, χειρός, ἡ	손, 팔, 손가락 (*χειρ, 177)[10]
ψυχή, −ῆς, ἡ	생명(목숨), 영혼, 자기 자신 (*ψυχη, 103)[11]

---

7 Cata는 "아래에"라는 의미로 합성어를 만드는 일반적인 단어이다. 회복기(catabasis)는 질병이 사라지는 시기를 말한다. 카탈로그(catalogue, κατάλογος)는 목록을 만든다는 의미로 아래로 세어 내려가는 것이다. 대참사(catastrophe, καταστροφή)는 갑작스러운 재앙으로 무너져 내리는 것을 말한다.

8 뇌수종(hydrocephalus, ὑδροκέφαλον)은 두개골 안에 물이 차올라 뇌가 손상되는 상황을 일컫는다.

9 수사법(Rhetoric, ῥητορική)은 단어를 효과적으로 사용하는 기술이다.

10 서법(chirography)은 글쓰기를 말한다. 손금쟁이(chiromancer)는 손금을 보는 사람이다.

11 심리학(psychology)은 사람의 내면을 연구하는 학문이다.

신약성경의 전체 단어 수:	138,148
지금까지 배운 어휘 수:	169
이번 장에 나오는 단어의 신약성경 사용 횟수:	3,563
현재까지 배운 단어의 신약성경 사용 횟수:	93,036
신약성경에 사용된 총 단어에 대한 비율:	67.35%

단어복습

ἄν	ἄν은 접속사로, 관계대명사와 함께 부정관계대명사를 만든다("누가"[who]는 "누구든지"[whoever]가 된다).
ἐάν	만약 ~라면(if), ~든지(-ever), ~할 때(when) 9장에서 이미 배운 단어지만, 이제는 이 단어가 관계대명사와 함께 사용될 때 "~든지"(-ever)라고 번역된다는 것을 알게 되었다.

심화학습

14.15 **견인**(Attraction). 다른 언어들처럼 헬라어에도 예외가 있다. 모든 언어는 변하므로 규칙적인 문법 사항은 늘 깨지기 마련이다. 관계대명사도 마찬가지이다. 관계대명사의 격은 관계절 내 기능에 따라 결정되기 마련이지만, 특별한 경우 수식하는 선행사의 격을 따라 변화한다. 이것을 "견인"이라 부른다. 견인 현상은 일반적으로 관계대명사가 선행사와 아주 가까이 있을 때 나타나고, 선행사가 여격이나 속격일 때와 관계대명사가 대격일 때 일어난다.

> ἤγγιζεν ὁ χρόνος τῆς ἐπαγγελίας ἧς ὡμολόγησεν ὁ θεὸς τῷ Ἀβραάμ(행 7:17).
> The time of the promise that God promised to Abraham was drawing near.
> 하나님이 아브라함에게 약속하신 (그) 때가 가까웠다.

관계대명사 ἧς는 동사 ὡμολόγησεν의 직접 목적어이므로 대격 ἥν이 **와야** 했지만, 선행사인 속격 ἐπαγγελίας에 견인되었다.

3부 | 직설법 동사 체계

개관 4 | 15-20장

이제 동사를 배우려고 한다. 여러분은 이미 동사에 관한 많은 것을 배웠다.

- 동사는 어간과 인칭 어미로 구성된다.
- 동사는 1인칭, 2인칭, 3인칭, 그리고 단수와 복수가 있다.
- 동사는 주어의 인칭 및 수와 일치한다.
- 동사는 주어를 꼭 필요로 하지는 않는다(동사에 주어가 포함되어 있다).
- εἰμί의 형태도 이미 어느 정도 배웠다.

15장

명사 체계를 다룰 때 영어의 명사 문법을 개괄하며 시작한 것처럼(5장), 15장에서도 동사에 관한 영어 문법을 전체적으로 살펴볼 것이다. 아주 새로운 내용은 아니지만, 핵심적인 참조 사항이 될 수 있는 내용이다

16장

현재 능동태 직설법은 일반적으로 현재에 일어나는 행동을 묘사하기 위한 동사 형태이다. 현재 시제 어간에 연결 모음과 인칭 어미를 붙여서 만든다. 동사 체계의 각 부분에서는 다음과 같은 표를 볼 수 있다. 암기에 핵심이 되는 부분이다.

현재시제 어간 + 연결 모음 + 제1시제 능동태 인칭 어미

λυ + ο + μεν → λύομεν

연결 모음은 ο/ε이며 시제 어간과 인칭 어미 사이에 붙여 발음을 부드럽게 한다.

동사는 주어와 인칭 및 수가 일치해야 한다는 것을 기억하라. 인칭 어미를 동사 마지막에 붙여 일치시킨다. 현재시제에는 3개의 인칭과 2개의 수가 있으므로 총 여섯 개의 인칭 어미가 있다. 이 인칭 어미는 네 개의 세트만 있으므로 총 24개가 된다. 첫째 세트로는 현재 직설법 인칭 어미를 배우게 된다.

	제1시제		제2시제
능동태	λύω	–	
	λύεις	ς	
	λύει	ι	
	λύομεν	μεν	
	λύετε	τε	
	λύουσι(ν)	νσι	
중간태/수동태			

그다음 인칭 어미가 어떻게 동사에 붙는지 변화표를 통해 보여줄 것이다(아래를 보라).

	형태	번역	연결 모음	인칭 어미
1인칭 단수	λύω	나는 푼다.	ο	–
2인칭 단수	λύεις	너는 푼다.	ε	ς
3인칭 단수	λύει	그/그녀/그것은 푼다.	ε	ι

1인칭 복수	λύομεν	우리는 푼다.	ο	μεν
2인칭 복수	λύετε	너희는 푼다.	ε	τε
3인칭 복수	λύουσι(ν)	그들/그녀들/그것들은 푼다.	ο	νσι

또한, 동사 마스터 차트도 소개할 텐데, 이 차트는 반드시 암기해야 한다. 동사가 시제에 따라 어떻게 변화하는지를 보여주기 때문이다. 이 차트를 외울 수도 있고, 엄청나게 많은 동사 형태들을 외울 수도 있다. 어느 쪽이 더 쉬울까? 아마 전자가 더 쉬울 것이다(쉬운 방법을 가르쳐 준 것에 대한 감사 인사는 넣어 두시라).

동사 마스터 차트

시제	시상 접두모음	시제 어간	시제 형태소	연결 모음	인칭 어미	1인칭 단수 변화형
현재 능동		현재		ο/ε	제1능동	λύω

17장

축약동사(contract verbs)는 ἀγαπάω와 같이 어근이 모음으로 끝나는 동사이다. 16장에서 배운 인칭 어미를 똑같이 사용하지만, 어미가 붙을 때 어간의 모음이 축약되어 ἀγαπῶμεν(← ἀγαπα + ο + μεν, [λύομεν 참조])과 같은 형태가 된다. αο가 ω로 축약되었다.

18장

16, 17장에서는 능동태 동사를 배웠다. 이것은 문장의 주어가 동사의 행동을 수행한다는 의미이다. λύομεν은 "우리는 푼다"라는 의미이다. 만약 동사가 수동태이면, 주어는 동사의 행동을 받는다. 헬라어 수동태에는 여섯 개의 다른 인칭 어미가 있다. λυόμεθα는 "우리는 풀린다"라는 의미이다.

19장

헬라어 동사의 미래 형태는 연결 모음과 인칭 어미를 붙이기 전에 시제 형태소(σ)를 동사의 시제 어간에 더해서 만든다. λύσομεν는 "우리가 풀 것이다"라는 의미이다. 축약동사의 경우 시제 형태소 앞에 있는 모음이 길어진다. ἀγαπήσω는 "나는 사랑할 것이다"라는 의미이다.

20장

동사의 가장 기본적인 형태는 어근이다. ἀγαπάω의 어근은 ἀγαπα이다. 이 어근에서 관련 명사와 형용사, 그리고 동사의 시제 어간이 만들어진다. 다시 말해, 동사의 미래 형태는 현재 형태에서 만들어지는 것이 아니라 동사의 어근에서 만들어진다.

시제에 따라 어근이 변하지 않는 동사들도 있다. ἀγαπα의 현재형은 ἀγαπάω가 되고, 미래형은 ἀγαπήσω가 된다. 이 단어는 (어간의 마지막 모음 α가 미래시제에서 η로 길어지기는 하지만) 현재형과 미래형 모두로부터 어근을 명확히 알 수 있다.

그러나 현재시제에서 어근이 변하는 동사들도 있다. 여기서 핵심은 다른 시제들이 현재시제가 아닌 어근에서 왔다는 점이다. 예를 들어, 어근 βαλ은 현재에서 βάλλω가 되지만(두 개의 λ가 사용된다), 다른 시제들에서는 λ가 하나만 사용된다. 미래형은 βαλῶ이다(미래시제에서 사용되는 σ는 다른 이유로 사라진다).

15 동사 개요

본문 주해 맛보기

마태복음 18:18의 몇몇 번역본을 보면, 예수님이 제자들에게 그들이 무엇이든지 땅에서 매면 천국에서도 매이고, 땅에서 풀면 천국에서도 풀리도록 하겠다고 약속하신 것처럼 들린다. 즉 제자들에게 매고 푸는 능력이 있고, 천국(곧, 하나님)은 단순히 그들의 결정을 뒷받침하는 것 같다. 그러나 사실 이 문제는 그렇게 단순하지가 않다. 이 구절에서 천국에서의 행위는 미래 완료 수동태로 나타난다. 이는 다음과 같이 번역될 수 있다. "하늘에서도 매일 것이요 … 하늘에서도 풀리리라"(will have already been bound in heaven … will have already been loosed in heaven). 다시 말해, 땅의 행동을 확증하는 하늘의 선언은 그 이전의 판결에 기초하고 있음을 알 수 있다.

이 언어는 법정용어이다. 예수님 시대의 유대인 법정 판결은 일반적으로 회당 공동체에서 이루어졌다(이후에는 랍비들이 판결하였다). 유대인들은 대부분, 재판관들이 하나님의 법에 대한 정확한 이해에 기초해서 사건들을 판결할 때, 천국의 권위가 재판관을 지지하고 있다고 믿었다 (이 과정을 "맺고 푼다"라고 불렀다). 예수님 당시의 사람들은 종종 하나님의 정의를 천국의 법정과 연관해서 생각했다. 하나님의 법에 순종함으로써 땅 위의 법정은 이미 선취된 천국 법정의 결정들을 단순히 인준하는 것이라고 말이다. 마태복음 18:15-20에서 그리스도인들은 자신들이 15-17절에 나타난 세심한 절차를 따른다면, 어느 사안에 관한 판단을 내릴 때 하나님 법정의 권위를 토대로 행동했다고 확신할 수 있었을 것이다.

우리가 상대주의 문화 가운데서도 절대적인 가치들을 확신하기 위해 분투하는 것처럼, 오늘날 그리스도인들은 죄악을 행한 교인에 대해 어떻게 사랑의 태도로 징계해야 할지 궁금해한다. 본문에서 예수님은 이에 대한 답을 제시하신다. 즉 어떤 사람이 계속되는 사랑의 권고 후에도 죄에서 돌이키지 않을 때, 교회는 그 사람을 징계함으로써, 하나님이 보시기에 이미 진리인 영적 실체를 그가 분명히 자각하도록 해야 한다.

크레이그 키너(Craig S. Keener)

이번 장에서 배울 내용은 다음과 같다.

- 영어 동사와 관련된 기본적인 문법.
- 일치, 성, 수, 시제, 시간, 태, 법 등과 같은 용어.
- 헬라어 동사의 기본적인 구성요소(어간, 연결 모음, 인칭 어미).
- 헬라어 동사를 적절히 이해하기 위한 시상의 개념과 그 중요성.

···

영어로 개념 잡기

15.1   5장에서 우리는 명사와 관련된 기본적인 문법을 다루었다. 여기서는 동사를 다루려고 한다. 그러나 εἰμί 동사를 다루었기 때문에(8장), 우리는 동사에 관한 문법의 상당 부분을 이미 알고 있다고 할 수 있다. 아래의 내용은 대부분 복습 차원의 학습이 될 것이다.

15.2   **동사.** 동사는 행동이나 상태를 묘사하는 단어이다.

"I <u>am studying</u> Greek"(나는 헬라어를 공부하는 중이다).
"Greek <u>is</u> the heavenly language"(헬라어는 근사한 언어이다).

15.3   **주요형**(Principal Parts). 영어에는 동사의 세 가지 주요형이 있다. 영어 동사의 모든 시제 변화 형태는 이 세 가지 주요형을 바탕으로 만들어진다.

- 현재: 내가 먹는다(I eat), 내가 먹고 있다(I was eating), 내가 먹을 것이다(I will eat).
- 과거: 내가 먹었다(I ate).
- 과거완료: 내가 먹었다(I have eaten, I was eaten).

일반적으로 동사의 과거시제는 "-ed"를 붙여 만든다(kick, kicked, kicked). 어간을 바꾸는 바꾸는 경우도 있다(swim, swam, swum). 때때로 과거와 과거 완료 형태가 같은 경우도 있다(study, studied, studied). 부록에 영어 동사의 모든 기본 형태를 보여주는 차트가 있다(558쪽).

15.4   **인칭.** 1인칭, 2인칭, 3인칭 세 개의 인칭이 있다.

- 1인칭은 말하는 사람이다(I, we).
- 2인칭은 말을 듣는 사람이다(you).
- 3인칭은 말에서 언급되는 사람/물건이다(he, she, it, they, 인칭대명사를 제외한 모든 명사와 대명사).

15.5 **수**는 동사가 **단수**(하나를 언급)인지 **복수**(하나 이상을 언급)인지를 나타낸다.
- "I <u>am</u> the teacher"(나는 교사이<u>다</u>).
- "They <u>are</u> the students"(그들은 학생들<u>이다</u>).

15.6 **일치.** 동사는 인칭과 수에서 반드시 주어와 일치해야 한다. 주어가 단수이면 동사도 단수여야 하고, 주어가 3인칭이면 동사도 3인칭이어야 한다는 의미이다.

　　예를 들어, 우리는 "<u>Bill say</u> to the class that there <u>are</u> no <u>test</u>"라고 말하지 않는다. "Bill"과 "test"가 단수이기에, "<u>Bill says</u> to the class that there <u>is</u> no <u>test</u>"라고 말한다. "says"에서 "s"가 붙거나 붙지 않는 것은 영어에서 일어나는 일치를 보여준다.

　　또 우리는 "I <u>were</u> here"라고도 말하지 않는다. "I"는 단수이나 "were"는 복수이므로 "I <u>was</u> here"이라고 말한다.

15.7 **시간**(Time). 동사의 행동이 일어난 때를 지칭한다. 영어에는 과거, 현재, 미래가 있다.

15.8 **시제**(Tense). 영어에서는 행동이 일어난 **시간**과 단어의 **형태**를 모두 지칭한다.
- 만약 여러분이 헬라어를 지금 바로 공부한다면, 동사는 **현재시제**에 속한다("I study"[나는 공부한다]). "I see the ball"(나는 공을 본다)이라는 문장에서, 동사 "see"는 현재시제에 속하며, 현재 시간에 일어나는 행동을 가리킨다.
- 헬라어 공부를 내일 하려고 한다면, 동사는 **미래시제**에 속한다("I will study"[나는 공부할 것이다]). 영어는 조동사(will/shall)로 미래시제 동사를 만든다.
- 헬라어 공부를 어젯밤에 했다면, 동사는 **과거시제**에 속한다("I studied"[나는 공부했다]). 영어는 보통 "-ed"를 동사에 붙여서 과거시제를 만든다("study"는 "studied"로 변한다).

　　분명한 점은, 독자가 아니라 화자/저자의 관점에서 동사의 시간을 정한다는 점이다. 성경 저자에게 현재인 것은 우리에게 현재일 수도 있고 아닐 수도 있다. 모든 장에서 이 부분을 매번 반복할 수도 있지만 그렇게 하지는 않을 것이다.

15.9 **시상**(Aspect). 행동의 종류를 말한다. 시제와 관련이 있지만 같지는 않다. "나는 어젯밤에 공부했

다"(I studied last night)와 "나는 어젯밤에 공부하고 있었다"(I was studying last night)는 어떤 차이가 있는가?

- "I studied last night"는 어젯밤에 완료된 사건을 말한다. 완료된 것 외에, 공부했던 시간의 정확한 성격에 대해서는 그 어떠한 단서도 주지 않는다. 사건 전체가 끝난 것으로 본다. 이것을 **완료적 시상**(perfective)[1]이라 부른다. 대개 과거의 사건들을 묘사한다. 완료적 시상은 동사의 형태가 단순하다("I eat", "I ate").

- "I was studying last night"는 공부하는 행위를 계속되는 행동이나 진행, 그리고 일정한 시간 동안 일어난 것으로 묘사한다. 이것을 **미완료적 시상**(imperfective)이라 부른다.[2] 대개 지속적 행동을 묘사한다. 미완료적 시상은 조동사와 함께 만들어진다("I am eating, I was eating").

시상은 여러 다른 시간으로 나타날 수 있다. 다음의 표를 살펴보라.

	현재	과거	미래
완료상	I study. 나는 공부한다.	I studied. 나는 공부했다.	I will study. 나는 공부할 것이다.
미완료상	I am studying. 나는 공부하고 있다.	I was studying. 나는 공부하고 있었다.	I will be studying. 나는 공부하고 있을 것이다.

혼란스럽지 않도록 영어로 시상을 말할 때는 "부정 시상"(undefined)과 "진행 시상"(continuous)라는 용어를 사용하고, 헬라어로 시상을 말할 때는 "완료적 시상"과 "미완료적 시상"이라는 용어를 사용할 것이다.

15.10 **완료적 시상**(perfective)**과 즉각적/순간적 시상**(punctiliar). 완료적 시상은 순간적/즉각적이라 부르는 시상과 다르다. 순간적/즉각적 시상은 시간의 한 점에서 일어난 행동을 묘사한다.

둘의 차이는 영화(지속적)와 스냅사진(즉각적)의 차이와 같다. 완료적 시상은 즉각적/순간적 행동을 묘사할 수 있지만, 완료된 행동들이 반드시 즉각적/순간적인 것은 아니다. 문맥(동사의 의미처럼)만이 그 행동이 즉각적/순간적인지 아닌지를 결정할 수 있다.

---

1 "부정과거 시상"(aorist) 또는 "완료 시상"(completed) 등 다른 용어들이 사용되기도 한다. "완료적 시상"(perfective)은 영어의 "완료"(completed)와는 다른 의미를 갖기 때문에 어려운 용어지만, 언어학자들이 정한 용어이다. 이전 판(3판)에서는 "부정 시상"(undefined)이라는 용어를 사용했다.

2 이전 판(3판)에서는 "진행 시상"(continuous)이라는 용어를 사용했다.

καὶ φωνὴ ἐγένετο ἐκ τῶν οὐρανῶν· σὺ εἶ ὁ υἱός μου ὁ ἀγαπητός, ἐν σοὶ εὐδόκησα(막 1:11).

And a voice came from heaven, "You are my beloved Son, with you I am well pleased."

그리고 하늘로부터 소리가 있었다. "너는 내 사랑하는 아들이다. 내가 너를 기뻐한다."

ἐγένετο는 명백히 부정과거이다. 말 그대로 소리가 하늘에서 왔다(순간적 사건). 그러나 부정과거 εὐδόκησα는 이해하기가 쉽지 않다. 말하자면 하나님은 예수님의 전 생애, 곧 처음부터 끝까지(아직 일어나지 않았지만)의 생애를 보시고, "내가 기뻐한다"(현재 시간으로 표현)고 말씀하시는 것이다. 이 기쁨은 순간적인 것도 즉각적인 것도 아니다.

15.11 **태**(voice)는 주어와 동사 간의 관계를 말한다.
- 주어가 동사의 행동을 **한다면**, 동사는 **능동태**이다. "Bill hit the ball"에서 "hit"은 **능동태**인데, 주어 Bill이 때리고 있기 때문이다.
- 주어가 동사의 행동을 **받는다면**, 동사는 **수동태**이다. "Bill was hit by the ball"에서 "was hit"은 **수동태**인데, 주어 Bill이 맞고 있기 때문이다.

영어에서 수동태는 과거분사에 조동사(위 문장에서는 "was")를 붙여 만든다.

15.12 **법**(mood)은 동사와 실제 상황의 관계를 말한다. **직설법** 동사는 (가정법에 해당하는) **일어날 가능성이 높지 않거나 낮은 사건**(may or might be)과는 반대로, **일어날 가능성이 확실한 사건**(is)을 묘사하는 데 사용된다. 직설법은 진술과 질문을 포함한다. 예를 들어, "I am rich"(나는 부유하다)나, "Are you rich?"(당신은 부유한가)는 직설법이다.

　　언어는 현실에 대한 묘사일 뿐이다. 동사가 직설법이라고 해서 그것이 곧 참이라는 의미는 아니다. 화자/저자가 전달하는 정보가, 일어날 가능성이 높지 않거나 낮은 사건(may or might be)에 대한 것이 아니라, 그 가능성이 확실한 사건(is)에 대한 것임을 의미할 뿐이다.

헬라어 문법

15.13 이번 장에 나오는 헬라어 형태는 공부하려고 하지 말라. 동사 개념에 익숙해지라고 살짝 보여주는 것이다. 실제 형태는 다음 장에서 배울 것이다.

15.14 **일치**. 헬라어에서 동사는 주어와 일치한다. 인칭 어미를 사용해서 일치시킨다. 인칭 어미는 동사 끝에 붙는 접미사이다. 예를 들어 ω는 1인칭 단수 어미이므로, λέγω는 "나는 말한다"가 된다. ουσι는 3인칭 복수 어미이므로, λέγουσι는 "그들은 말한다"가 된다.

동사의 어간 *ἀκου는 "듣는 것"을 의미한다.

1인칭 단수	ἀκούω	내가 듣는다.
2인칭 단수	ἀκούεις	네가 듣는다.
3인칭 단수	ἀκούει	그/그녀/그것이 듣는다.
1인칭 복수	ἀκούομεν	우리가 듣는다.
2인칭 복수	ἀκούετε	너희가 듣는다.
3인칭 복수	ἀκούουσι	그들이 듣는다.

15.15 **인칭**(Person). 헬라어 인칭에는 세 가지가 있다.
- 1인칭은 말하는 사람이다(ἐγώ, ἡμεῖς): εἰμί, ἐσμέν, ἀκούω, ἀκούομεν.
- 2인칭은 말을 듣는 사람이다(σύ, ὑμεῖς): εἶ, ἐστέ, ἀκούεις, ἀκούετε.
- 3인칭은 말에서 언급되는 사람/사물이다(αὐτός, λόγοι): ἐστίν, εἰσίν, ἀκούει, ἀκούουσι.

동사는 주어와 인칭이 일치해야 한다. 적절한 인칭 어미를 사용하여 일치시킨다.
- εις는 2인칭 단수를 나타내는 일반 어미이다. 그러므로 주어가 "너"(σύ)라면 동사는 εις로 끝난다. σὺ λέγεις는 "네가 말한다"라는 의미이다.
- 주어가 "우리"(ἡμεῖς)라면 동사는 ομεν으로 끝난다. ἡμεῖς λέγομεν은 "우리가 말한다"라는 의미이다..

헬라어 동사는 항상 인칭을 나타내기 때문에, 헬라어 문장에는 주어가 필요 없다. 동사는 그 자체로 완전한 문장이 될 수 있다. ἐγώ λέγω와 λέγω 모두 "내가 말한다"라는 의미이다.

15.16 **수**(Number). 동사도 명사처럼 단수와 복수가 있다. 수를 구별하기 위해 서로 다른 인칭 어미를 사용한다.
- 주어가 "나"라면, 인칭 어미는 1인칭 단수가 된다(ἀκούω).

- 주어가 "우리"라면, 인칭 어미는 1인칭 복수가 된다(ἀκούομεν).
- 동사가 한 개인을 나타내면, 인칭 어미는 3인칭 단수가 된다(ἀκούει). 많은 사람을 가리키면, 어미는 3인칭 복수가 된다(ἀκούουσι).

15.17 **시제**(Tense). 헬라어 문법은 "시제"라는 용어를 영어 문법과는 다른 방식으로 사용한다.
- 영어 "시제"는 **시간**, 곧 행동이 일어난 때(과거), 일어나는 때(현재), 일어날 때(미래)를 말한다.
- 헬라어 "시제"는 **시상**(aspect)과 **시간**(time)이라는 두 가지 함축적 의미를 전달한다. 예를 들어, 부정과거시제는 일반적으로 과거(시제)라고 부르는 완결적 행동(시상)을 묘사한다. 그러므로,
- "시제"는 헬라어 동사의 **형태**를 말할 때만 사용한다(예: 현재시제, 미래시제, 부정과거시제).
- "시간"은 동사의 행동이 일어난 **때**(when)를 묘사할 때 사용한다.
- "시제"와 "시간"을 혼동하지 말라.

15.18 **시간**(Time). 동사의 시간은 영어에서처럼 독자가 아니라 화자나 저자의 입장에 있다. 성경 저자에게 현재는 우리에게 현재일 수도 있고 그렇지 않을 수도 있다.

15.19 **시상/동작상**(문법상, Aspect). 시상은 헬라어 동사에서 가장 이해하기 어려운 개념이다. 또한 가장 중요하지만 가장 오해하는 개념이기도 하다. 기본적으로 헬라어 동사의 탁월함은, **언제** 발생한 행동인지 시점(시간)을 알려주는 데 있다기 보다, **어떤 종류의 행동**인지, 곧 "시상(동작상)"을 알려주는 데 있다.[3] 헬라어에는 세 가지 시상이 존재한다.
- **완료 시상**(perfective aspect)은 동사의 행동이 **단순한 사건**임을 의미한다. 여기서 이 행동이 진행 중인 과정인지의 여부는 언급하고 있지 않다. "I ate"(나는 먹었다), "She saw the bird"(그녀는 새를 보았다). 완료 시상은 **부정적**(undefined) 행동을 진술하는 시상이라고 할 수 있다.[4]
- **미완료 시상**(imperfective aspect)은 동사의 행동이 **진행 중인 과정**임을 의미한다. "I am eating"(나는 먹고 있다), "They were studying"(그들은 공부하고 있었다). 미완료 시상은 **지속적**

---

3   이 주제에 대한 입문서로는 Constantine R. Campbell, *Basics of Verbal Aspect in biblical Greek*(Grand Rapids: Zondervan, 2008)을 보라.

4   다른 학자들은 각각 다른 방법으로 완료 시상을 설명하지만, 뉘앙스 차이가 너무 미미하므로 여러분의 학습 단계에서는 혼동을 줄 수 있다. 어떤 학자들은 완료 시상은 동사의 행동을 전체적으로 묘사하는 관점이라고 말한다. 캠벨은 외부에서 행동을 묘사하는 관점이라고 설명한다. 그는 완료 시상은 헬리콥터에서 퍼레이드를 보는 것과 같다고 하며 "외부 관점"이라는 것을 말한다(*Basics of Verbal Aspect in Biblical Greek*, 34).

(continuous) 행동을 진술하는 시상이라고 할 수 있다.[5]

이 차이의 중요성을 보여주는 예를 우리는 예수님이 제자들에게 하신 말씀에서 찾을 수 있다. "누구든지 나를 따라오려거든 자기를 부인하고 자기 십자가를 지고 나를 따를 것이니라"(막 8:34)는 말씀에서, "부인하고"와 "지고"는 시간을 규정하지 않은 시상이다(완료적 시상). 이에 반해, "따를 것이니라"는 미완료적 시상이다. "부인하다"와 "지다"의 시상은 이 행동이 발생해야 한다는 언급 외에는 그 행동의 성격에 대해 그 어떤 것도 말하지 않는다. 그러나 "따르라"의 시상은 제자로서의 헌신이 지속적인 행동임을, 즉 문맥으로 볼 때 매일의 반복적인 행위가 수반된다는 점을 강조하고 있다.

흥미롭게도, 누가복음 9:23의 병행구절은 제자들이 날마다 자기를 부인해야 한다는 점을 부각시킨다. 누가는 마가가 사용한 완료형 동사(ἀράτω)를 똑같이 사용하지만, 그것이 지속적인 행동임을 명확히 하기 위해 καθ᾽ ἡμέραν을 덧붙인다. 자기 십자가를 지는 행위는 우리가 날마다 지속적으로 해야 하는 일이라는 것이다. 완료적 시상이 사건의 정확한 본질을 진술하지는 않는다는 점을 기억하라.

다른 예는 예수님의 재판을 다룬 본문에서 볼 수 있다. 마가복음 15:19에 "갈대로 그의 머리를 치며 침을 뱉으며 꿇어 절하더라"(And they were striking his head with a reed and spitting on him and kneeling down in homage to him[ESV])는 말씀이 나온다. 영어 번역을 보면 그들이 지속적으로 예수님을 때렸다는 사실을 알 수 있지만, 그들이 예수님께 반복적으로 침을 뱉었다는 것은 알 수 없다. 그러나 ἐνέπτυον은 분명히 미완료 시상이다. 그들은 계속해서 침을 뱉었다. NIV는 이 행동을 다음과 같이 묘사한다. "Again and again they struck him on the head with a staff and spit on him."

헬라어에는 세 번째 시상이 있는데, 이 부분은 25장 이후에 살펴볼 것이다.

15.20 **동작류**(어휘상, Aktionsart). 동사가 의미를 어떻게 전달하는지 설명하기 위해 사용하는 독일어 단어이다. 의미를 구성하는 것은 시제, 태, 시상의 개념만은 아니며, 동사 자체의 의미나 문법적 구조, 문맥도 반드시 살펴야 한다. 단어를 번역할 때는 이 모든 요소를 함께 고려해야 한다. **동**

---

5 캠벨은 미완료 시상은 "내부에서 행동을 묘사하는 관점이라고 말한다. 동사의 행동이 마치 눈앞에 펼쳐지는 것처럼 제시된다. 헬리콥터에서 본 퍼레이드의 모습이 아니라 진행 중인 퍼레이드를 거리에서 본 모습이다. 퍼레이드의 시작이나 끝을 보지 못하기 때문에 전체를 보지는 못한다"(*Basics of Verbal Aspect in Biblical Greek*, 40). 페닝은 다음과 같이 덧붙인다. "현재는 사건의 과정이나 내부 세부 사항에 초점을 맞추되 끝점에 초점을 맞추지 않고 내부 관점에서 사건을 묘사하는 반면, 부정과거는 관련된 내부 세부 사항에 초점을 맞추지 않고, 사건을 처음부터 끝까지 전체적으로 보는 외부 관점에서 본다"(Fanning, 388; *BDF*, 335 참조). 윌리스는 두 가지 시상(그의 책 500-501쪽)을 "외부"와 "내부"로 설명하는 것을 선호한다.

작류는 그 모든 영향을 포함하는 개념이다.[6]

15.21 **태**(Voice). 헬라어에서는 **능동태**를 **수동태**와 구분하기 위해 다른 세트의 인칭 어미를 사용한다. ἐσθίω는 "나는 먹는다"라는 의미지만, ἐσθίομαι는 "나는 먹히고 있다"라는 의미이다. 세 번째 태는 **중간태**이다. 중간태는 18장에서 다룰 것이다.

15.22 **법**(Mood). 직설법은 진술문과 대부분의 의문문을 만들 때 사용하는 동사 형태이다. 여러분이 27장 전에 만나는 모든 동사는 직설법이다. 다른 법을 배우게 되면, 직설법의 정확한 의미가 더 명확해질 것이다.

헬라어 동사의 주요 구성요소

15.23 **개관표**. 앞으로 당분간은 헬라어 동사가 아래와 같이 세 부분으로 구성된다고 간주할 것이다.

> 시제 어간 + 연결 모음 + 인칭 어미
>
> λυ + ο + μεν → λύομεν

15.24 **어근**(Root). 어근은 단어의 가장 기본적인 형태를 말하며, 단어의 기본 의미를 담고 있다. 어근은 동사뿐 아니라 명사, 형용사 등에서도 나타난다.
- ἀγαπάω, 내가 사랑한.
- ἀγάπη, 사랑.
- ἀγαπητός, 사랑하는.

단어학습 부분에 별표로 어근을 표시해 두었다: *λυ.

---

6   월리스는 시상과 시간의 역할을 설명하기 위해 "영향 받지 않은 의미"(unaffected meaning) 또는 "존재론적 의미"(ontological meaning)라는 용어를 사용한다. 그러나 시상과 시간은 그가 "영향 받은 의미(affected meaning)"(그의 책 514-515쪽)라고 부르는, 어휘적, 문법적, 문맥적 영향 없이는 발생하지 않는다.

15.25 **어간**(Stem). 동사의 어간은 특정 시제에서 사용되는 어근의 형태를 말한다. λύομεν은 "우리가 허문다"라는 뜻이고, 현재시제 어간은 (어근 *λυ에서 파생된) λυ이다. 이 경우는 어근과 현재시제 어간이 동일하지만, 다른 단어에서는 현재시제 어간을 만들기 위해 어근이 변하는 경우도 배우게 될 것이다.[7]

지금까지 "어간"을 사용하여 단어의 기본 형태를 설명해 왔다고 해서 혼동해서는 안 된다. "어근"은 모든 파생어 뒤에 있는 형태로서, 어근으로부터 동사의 시제 어간, 명사와 형용사의 어간이 만들어진다.

15.26 **연결 모음**(Connecting vowel).[8] 헬라어에서는 종종 어간 뒤에 모음을 붙여 단어의 발음을 돕는다. 연결 모음 뒤에 접미사가 붙기 때문이다. λέγετε는 "너희가 말한다"라는 의미인데, 어간은 *λεγ이고, 연결 모음은 두 번째 ε이며, τε는 인칭 어미이다.

직설법에서는 인칭 어미가 μ/ν로 시작하면 연결 모음으로 o이 온다. 그렇지 않은 경우에는 연결 모음으로 ε이 온다. 인칭 어미를 사용하지 않는 경우에는 연결 모음으로 o/ε이 올 수 있다.

λεγ + o + μεν → λέγομεν

λεγ + ε + τε → λέγετε

λεγ + o + – → λέγω [9]

15.27 **인칭 어미**(Personal ending). 앞서 살펴본 대로, 인칭 어미는 동사 끝에 붙는 접미사를 말한다. 인칭과 수를 나타내서 동사를 주어와 일치시키는 역할을 한다.[10]

• 어근 *λεγ는 "말하다"를 의미한다.

• 인칭 어미 ω는 "나"를 의미한다. 따라서 λέγω는 "내가 말한다"라는 의미이다.

• λέγομεν은 "우리는 말한다"라는 의미이다. 인칭 어미 μεν이 "우리"를 의미하기 때문이다("o"는 연결 모음이다).

---

7   동사의 어간이 변할 가능성이 있기는 하지만, 대부분의 변화는 명사처럼 동사의 어미에서 일어난다. 그러나 동사의 시작 부분이 변할 수도 있고 때로는 (πατήρ에서 πατρός로 모음이 변한 것처럼) 동사의 어간 자체가 변할 수도 있다. 이 부분은 나중에 다룰 것이다.

8   "어간 형성 모음"(thematic)이라고도 부른다.

9   인칭 어미가 탈락하면서 그 보상으로 연결 모음이 o에서 ω로 길어진다(*MBG*, §36.5 n1).

10   대다수 문법책은 연결 모음을 적어도 현재시제에서는 인칭 어미의 한 부분으로 가르친다. 연결 모음과 인칭 어미가 함께 올 때 변한다는 점에서 이해할 수 있는 설명이기는 하다. 예를 들어, 3인칭 복수 형태는 λέγουσι인데, λεγ + o + νσι → λέγουσι로 변화 과정을 거치고, 이 과정에서 ν가 사라지고 o은 ου로 길어진다.

인칭 어미를 사용하는 언어의 장점은 어미가 인칭과 수를 나타내므로 동사의 행동을 하는 사람이 누구인지를 말할 수 있다는 것이다. 주어가 언급되지 않더라도 동사의 인칭 어미에서 주어를 찾을 수 있다.

또 다른 장점은, 주어가 있을 때 동사의 인칭과 수를 확인하여 그것이 주어가 확실한지 알 수 있다는 점이다. 이것은 언어를 학습할 때 매우 중요하기 때문에, 항상 반복해서 확인해야 한다.

예를 들어, 동사 λέγεις는 "네가 말한다"(2인칭)라는 의미이다. 이 문장에는 σύ와 ἄνθρωπος라는 단어가 있는데 둘 다 주어처럼 보인다. 이때 우리는 동사를 보고 σύ가 주어라는 사실을 알 수 있다. σύ는 2인칭이고 ἄνθρωπος는 3인칭이기 때문이다. 인칭 어미를 사용하는 언어의 단점은 외울 내용이 많다는 것인데, 얻는 장점에 비하면 그렇게 힘든 일은 아니다.

이런 가르침은 초반에는 좋을 수 있다. 그러나 몇 가지 시제들을 더 배우고 난 다음에는 연결 모음과 인칭 어미를 명확히 구분하는 것이 매우 중요해진다. 따라서 이 책에서는 항상 모든 변화표에서 연결 모음과 인칭 어미를 정확하게 구분해서 나열할 것이다. 이 방식은 동사 전체의 패러다임을 관통하는 유사점을 정확히 알려줄 뿐 아니라, 단어의 최종 형태를 결정하는 다른 규칙도 알려주기 때문이다.

15.28   **제1시제 인칭 어미**. 여기서 배워야 할 인칭 어미는 두 세트이다. **제1시제 인칭 어미**는 현재시제와 20장에서 다룰 시제들에서 사용된다. 21장에서 제2시제 인칭 어미 및 제1시제 인칭 어미와 제2시제 인칭 어미의 차이점도 공부할 것이다.

15.29   **태**. 헬라어에서는 서로 다른 두 세트의 인칭 어미를 사용하여 현재 능동태(16장)와 현재 중간태/수동태(18장)를 구분한다.

ἀκούομεν는 "우리가 듣는다"(능동태)라는 의미이고, ἀκουόμεθα는 "우리가 들린다"(수동태)라는 의미이다.

15.30   **분해**. 동사를 분해할 때, 인칭, 수, 시제, 태, 법, 기본형, 번역 순으로 나열하는 것이 좋다.[11] 예를 들어, "λέγομεν은 1인칭 복수, 현재, 능동태, 직설법, λέγω, 우리는 말한다"로 분해한다. 당분간은 직설법만 배우기 때문에 분해할 때 직설법이라고 말하는 데 익숙해지면 된다.

15.31   **기본형**(Lexical form). 동사의 사전적 형태는 항상 1인칭 단수, 현재 직설법이다.[12] 이 책의 단어

---

11   선생님에 따라 분해 순서가 다를 수 있다. 이것은 어디까지나 필자의 제안일 뿐이다.
12   어떤 문법책은 부정사 형태(λέγειν, "to say")를 기본형으로 제시하기도 한다. 그러나 현대 사전들은 하나같이 1인칭

학습에 사전적 형태가 나와 있다.

15.32 **형태소**(Morpheme). 의미를 구성하는 가장 작은 단위를 말한다. 인칭 어미는 형태소이다. 이 책을 공부하다 보면 형태소에 해당하는 시상 접두 모음(augment)과 시제 형태소(tense formative)도 만나게 될 것이다.

결론

15.33 이번 장에서는 헬라어 동사의 특정한 형태를 배우지 않았다. 여기에 나오는 예들은 단지 다음 장들에서 배울 동사의 일반적인 개념을 제시했다.

동사는 헬라어에서 가장 흥미로운 부분이다. 대부분 성경의 한 단락에 포함된 신학이나 뉘앙스에 대한 선명한 통찰은 동사의 시상에 숨겨져 있다. 그러나 동사를 배우는 데는 노력이 필요하다. 동사에 대한 적절한 이해가 없이는 헬라어를 결코 즐길 수 없다. 꿋꿋이 견뎌내라. 그리고 계속 공부하라. 그러다 보면 여러분을 덮고 있는 안개도 서서히 걷힐 것이다.

덧붙이면 명사와 동사는 무심결에 혼동하기가 매우 쉽다. 예를 들어 동사는 격과 성을 가지지 않는다. 그러나 동사를 분해할 때, 혼동해서 동사가 대격이라고 말할 수 있다. 이 책에서 명사를 먼저 다루고 다음에 동사를 다루는 것은 이 자연스러운 혼란을 최소화하기 위한 것이다.

요약

❶ 동사는 인칭(1, 2, 3인칭)과 수(단수, 복수)에서 주어와 일치한다.
❷ 이때 인칭 어미를 사용해서 일치시킨다.
❸ 헬라어 동사의 진정한 중요성은 시상을 묘사할 수 있다는 점에 있다. 헬라어 동사는 미완료 시상을 나타낼 수 있는데, 이것은 진행되는 과정을 의미하며 지속적인 행동을 묘사한다. 또한 완료 시상을 나타낼 수도 있는데, 이것은 어떤 행동이 일어났다는 언급을 제외하면 저자가 그 행동의 진정한 성격이 무엇인지에 대해서는 그 어떤 단서도 주지 않는다는 것을 의미한다.
❹ "시제"는 동사의 형태를 나타낸다.
❺ "시간"은 동사의 행동이 일어난 시점을 묘사한다.

단수 현재를 기본형으로 표시한다(λέγω, "나는 말한다").

❻ 태는 능동태(주어가 행동할 때), 수동태(주어가 동사의 행동을 받을 때), 중간태(당분간 능동태와 같은 것으로 간주), 이렇게 세 가지가 있다.

❼ 직설법은 동사의 법 중에서 가장 주된 법이다. 이 직설법은 사실을 진술하거나 질문을 던질 때 사용한다.

❽ 어근은 단어의 기본 형태이다. 동사의 어간은 특정 시제에서 사용되는 어근의 형태이다.

❾ 앞서 살펴본 대로, 동사는 시제 어간, 연결 모음, 인칭 어미로 구성된다.

❿ 동사를 분해한다는 것은 동사의 인칭, 수, 시제, 태, 법, 기본형, 번역을 알아내는 것을 말한다.

⓫ 동사의 사전적 형태는 1인칭 단수, 현재 직설법이다.

⓬ 형태소는 의미를 구성하는 가장 작은 단위이다.

16 현재 능동태 직설법

본문 주해 맛보기

이번 장에서 만날 헬라어 문법은, 문장에 주격 단어가 없을 때 주어가 동사에 들어 있다는 사실이다. 즉 동사 어미를 통해 대명사를 주어처럼 사용한다는 말이다. 그러나 헬라어 문장에 대명사가 주격으로 있으면, 문장의 저자는 동사의 주어를 강조한다고 볼 수 있다.

요한복음 6:35을 시작으로 요한복음의 수많은 본문에서, 예수님은 대명사 ἐγώ를 "~이다"(εἰμι)라는 동사와 함께 사용하여, ἐγώ εἰμι ὁ…("**나는** 그 ~이다"라는 뜻으로 다음 구절들을 살펴보라. 6:41; 8:12; 10:7, 9, 11, 14; 11:25; 14:6; 15:1, 5)라고 표현하신다. 각 구절에서 예수님은 그 자신이 누구인지를 강조하신다. 예를 들어, 예수님이 ἐγώ εἰμι ὁ ἄρτος τῆς ζωῆς(나는 생명의 떡이니, 6:35)라고 하실 때, 그는 자신을 가리켜 이렇게 말씀하신다. "너희의 삶에서 영의 양식을 얻기 원한다면, 나를 보라. 나만 보라. **내가** 그 생명의 떡이기 때문이다." 다른 ἐγώ εἰμι(나는 ~이다) 구절들에서도 비슷한 방식으로 강조하고 있다. 우리가 영적인 삶에서 원하는 것이 무엇이든, 우리는 복된 구주 예수 그리스도를 바라봄으로써 그것을 찾을 수 있다.

더 나아가 예수님의 ἐγώ εἰμι 사용은 구약성경, 곧 출애굽기 3장에서 모세가 불타는 떨기나무에서 하나님께 다가가는 장면을 떠오르게 한다. 모세가 여호와께 이름을 가르쳐 달라고 요구했을 때, 하나님은 ἐγώ εἰμι ὁ ὤν("I am the one who is"[나는 스스로 있는 자이니라])이라고 대답하신다. 말하자면, 여호와는 위대한 "I AM"(출 3:14)이시다. 예수님은 유대인들에게 말할 때, 하나님을 부르는 이 유명한 칭호를 사용하신다. "아브라함이 나기 전부터 내가 있느니라(ἐγώ εἰμι, I am)"(요 8:58). 여기서 예수님은 여호와께서 구약에서 사용하셨던 바로 그 이름을 자신에게 사용하신다. 바로 이 이름과 표현은 요한복음에서 예수님이 "ἐγώ εἰμι"를 말씀하시는 배경이 된다.

벌린 버브루그

이번 장에서 배울 내용은 다음과 같다.

- 직설법 현재시제는 보통 현재에 일어나는 행동을 묘사한다.
- 현재시제는 완료 시상이 될 수도 있고, 미완료 시상이 될 수도 있다.
- 현재 능동태 직설법은 세 부분으로 구성된다. 현재시제 어간, 연결 모음, 인칭 어미이다.
- 어근은 동사의 가장 기본적인 형태를 말하고, 동사의 어간은 특정 시제에서 사용되는 어근의 형태를 말한다.
- 제1시제 능동태 인칭 어미.

영어로 개념 잡기

16.1   현재 직설법은 현재에 일어나는 행동을 묘사한다. 능동태는 주어가 동사의 행동을 할 때 사용한다. 직설법은 사실을 진술하거나 질문을 던질 때 사용한다. 예를 들어, "I see the tall man"(나는 그 키 큰 남자를 본다)에서 "see"(본다)는 현재시제에서 문장의 주어인 "I"(나)가 수행하는 행동을 나타낸다.

헬라어 문법

16.2   현재 능동태 직설법 동사는 기본적으로 영어와 같다. 이것은 현재 일반적으로 일어나는 행동을 묘사한다. 직설법은 지속적("I am studying"[나는 공부를 하고 있다]) 행동일 수도 있고, 부정적("I study"[나는 공부한다]) 행동일 수도 있다.[1] 기억하라. 동사의 시간은 화자/저자의 관점이지 독자의 관점이 아니다. 성경 저자에게 현재인 것이 우리에게는 현재일 수도 있고 아닐 수도 있다.

16.3   **개관표**. 새로운 동사 형태를 소개하는 각 장의 서두에는, 다음과 같이 요약표를 제시할 것이다. 이 표는 각 장에서 매우 중요한 요소이기에 확실히 공부해야 한다. 물론, 이 표를 이해하기 위해

---

1   선생님에 따라 둘 중 선호하는 기본 형태가 다를 수 있다. 어떤 것을 기본 형태로 사용해야 하는지는 선생님께 물어보라.

서는 먼저 해당 장을 다 읽어야 한다. 현재시제에서 동사는 세 부분으로 구성된다. 현재시제 어간, 연결 모음, 인칭 어미이다.

> 현재시제 어간 + 연결 모음(o/ε) + 제1시제 능동태 인칭 어미
>
> $λυ + o + μεν → λύομεν$-

16.4 **어근과 어간.** 15장에서 배운 내용을 잊지 말라. 어근은 **동사의 가장 기본적인 형태**를 말하며, 단어학습 부분에 수록된 단어 옆에 별표로 표시되어 있다. 시제 어간은 (마치 명사 어간처럼) **특정 시제에서 사용되는 동사의 가장 기본적인 형태**를 말한다. 동사에서 연결 모음과 인칭 어미를 제거하면 시제 어간이 남는다.

현재 능동태 직설법 형태

16.5 **서론.** 변화표에는 위쪽부터 1인칭, 2인칭, 3인칭 단수가 나오고, 이어서 1인칭, 2인칭, 3인칭 복수가 차례대로 나온다. 왼쪽부터 변화형, 번역, 연결 모음, 인칭 어미 순으로 나열되어 나온다 (연결 모음과 인칭 어미는 녹색으로 표시했다). 몇몇 변화표에서는 비교를 위해 유사한 변화표를 맨 오른쪽 열에 포함했다.

    연결 모음/인칭 어미의 조합을 눈여겨보고 어떤 현상이 일어나는지 특별히 주의해서 보라. 앞으로 중요한 부분이 된다.

16.6 **변화표: 현재 능동태 직설법.**[2] 변화표에 붙은 각주는 반드시 읽어야 한다.

	형태	번역	연결 모음	인칭 어미
1인칭 단수	$λύω$	내가 풀고 있다.	o	$-$[3]
2인칭 단수	$λύεις$	네가 풀고 있다.	ε	$ς$[4]
3인칭 단수	$λύει$	그/그녀/그것이 풀고 있다.	ε	$ι$[5]

1인칭 복수	λύομεν	우리가 풀고 있다.	ο	μεν
2인칭 복수	λύετε	너희가 풀고 있다.	ε	τε
3인칭 복수	λύουσι(ν)	그들이 풀고 있다.	ο	νσι[6]

16.7   인칭 어미가 동사에 붙을 때 가끔 변화하는 것을 볼 수 있다. 명사도 이와 비슷했다. 인칭 어미가 실제로 무엇인지 익힐 필요가 있긴 하지만, 가끔 이 인칭 어미도 변화를 겪는다.[7]

     제1시제 능동태 어미를 ω, εις, ει, ομεν, ετε, ουσι(ν)로 알아두는 것이 가장 좋다. **그러나 연결 모음과 정확한 인칭 어미를 항상 구분할 수 있어야 한다.**[8]

16.8   변화표에 나오는 동사를 미완료 시상으로 번역하면 "나는 풀고 있다"가 되고, 완료 시상으로 번역하면 "나는 푼다"가 된다. 둘 다 옳은 번역이다. 어떤 방식으로 외워야 할지는 선생님께 물어보라.

16.9   **인칭 어미 마스터 차트.** 동사에는 알아야 할 변화표가 두 가지밖에 없다. 다음은 그중 첫 번째

2   λύω에는 넓고 다양한 의미가 있다. 안식일을 "어긴다"는 의미로도 사용하고, 성전을 "더럽힌다"는 의미로도 사용한다.

3   인칭 어미를 사용하지 않았다. 연결 모음 ο이 ω로 길어지면서 이 손실을 보상한다(*λυ + ο → λύω).

4   인칭 어미는 사실 σι이다. σ가 없어진 다음, 끝에 다시 붙었다(λυεσι → λυει → λύεις). 이 부분은 Smyth의 설명을 참조하라(§463b). σ와 ι가 음위 전환(metathesis)했다고, 즉 서로 위치를 바꿨다고 생각하면 쉽다. 간단히 어미가 σ로 끝나고 연결 모음이 변화했다고 기억하면 된다.

5   인칭 어미는 실제로 τι인데, τ가 탈락했다. 원래 형태를 ἐστί로도 볼 수 있다.

6   3인칭 복수에는 움직이는 뉘가 올 수 있다. 따라오는 σ 때문에, 원래 어미에 있던 ν가 사라졌다(2변화 명사의 복수 대격처럼). 그리고 연결 모음 ο이 이 손실을 보상하기 위해 ου로 길어졌다(λυονσι → λυοσι → λύουσι). 다른 형태들을 더 쉽게 외우기 위해서는, 어미가 실제로 νσι임을 기억하는 것이 중요하다.

7   예를 들어, 2변화의 속격 단수 어미는 ο이다. 그러나 어간의 마지막 자음과 축약되어 λόγου가 된다(*λογο + ο → λόγου). 우리는 이 어미를 υ으로 외웠지만, 원래는 ο이라는 사실을 기억해야 한다.

8   왜 제1시제 능동태 인칭 어미와 그것이 현재 능동태 직설법에서 어떻게 변하는지를 알아야 하는지 그 이유가 궁금할 수도 있다. 대답은 이렇다. 진짜 인칭 어미들을 알게 되면, 앞으로의 학습이 더 쉬울 수 있기 때문이다.

     예를 들어, 2인칭 단수 어미는 ς이며 연결 모음은 ει로 길어진다(모음 전환, λυ + ε + ς → λύεις). 그런데 왜 이 어미를 ις로 배우지 않을까? 이 어미가 제2시제 능동태에서는 ς가 되는데, 연결 모음이 길어지지 않기 때문이다(ε + λυ + ε + ς → ἔλυες). 만약 ς를 제1시제 어미로 알고 있다면, 제2시제 어미도 이미 안다고 할 수 있다. 이 내용에 관해서는 필자를 믿어야 한다. 정말 헬라어를 잘 배우길 원하고, 앞으로 몇 년 동안 변화표를 복습하고 싶지 않다면, 실제 인칭 어미를 익히도록 하라.

로, 인칭 어미 마스터 차트라고 부른다(이 표의 3/4은 다음 장들에서 채우게 될 것이다). 두 번째 세로 열에 나타난 형태는 인칭 어미이다. 반드시 숙지해야 한다.

어떤 의미에서 이 두 변화표는 명사표 및 여덟 가지 명사 법칙과 비슷하다. 이 두 개의 표와 몇 가지 규칙을 알면, 신약에 나타나는 동사 형태를 대부분 구별할 수 있다.

	제1시제		제2시제
능동태	λύω	—	
	λύεις	ς	
	λύει	ι	
	λύομεν	μεν	
	λύετε	τε	
	λύουσι(ν)	νσι	
중간태/수동태			

현재 능동태 직설법의 특징

16.10 **시상.** 현재시제는 지속적인(미완료된) 행동을 나타낸다.

- 현재시제는 지금 일어나고 있는 진행적 행동을 묘사한다. 일반적으로 지속적 현재로 번역된다. "나는 공부하고 있다."
- 현재시제는 더 넓은 시간 범주 안에서 반복해서 일어나는 관습적 행동을 묘사한다. 일반적으로 단순 현재로 번역된다. "나는 감자를 먹는다", "하나님은 즐겨 내는 자를 사랑하신다."
- 현재시제는 때때로 현재 순간에 집중하느라 진행 감각이 상실된 즉각적 행동을 묘사하기도 한다. "내가 공을 때렸다."

문맥에 가장 적절한 시상을 선택하라. 시상은 항상 시간보다 우선한다.

16.11 **시간.** 동사의 현재시제 형태는 일반적으로 현재의 시간에 발생하는 행동을 가리킨다. 이것은 직설법에서만 유효하다. 다른 법을 배우면 현재시제에서 시간은 중요하지 않거나 있다고 해도 부수적이라는 것을 알게될 것이다.

동사와 인칭대명사

16.12 **주격 인칭대명사.** 인칭 어미는 사람을 가리키기 때문에, 일반적으로 인칭대명사를 주어로 보충할 필요가 없다. 헬라어는 ἐγὼ ἀγαπῶ Ῥόβιν[9] 또는 단순히 ἀγαπῶ Ῥόβιν이라고 써서 "나는 로빈을 사랑한다"고 할 수 있다. 인칭대명사가 있으면, 그것은 **강조**나 주어의 **성**을 명확하게 하기 위한 것이다.

ἐγὼ ἀγαπῶ Ῥόβιν은 "**나는** 로빈을 사랑한다"(나를 강조)라고 말하는 것일 수 있다. 인칭대명사와 동사의 "나"(1인칭)가 함께 나오면 강조를 나타낸다.

οὐχ ὡς ἐγὼ θέλω ἀλλ᾽ ὡς σύ(마 26:39).
<u>내가</u> 원하는 대로가 아니라 <u>당신께서</u> 원하시는 대로 하소서!

Ἰησοῦς αὐτὸς οὐκ ἐβάπτιζεν ἀλλ᾽ οἱ μαθηταὶ αὐτοῦ(요 4:2).
예수께서 <u>친히</u> 세례를 베푸신 것이 아니라 제자들이 베푼 것이다.

베드로는 자신과 다른 제자들을 부자 청년 관원과 구분하고 싶어 한다.

ἡμεῖς ἀφήκαμεν πάντα καὶ ἠκολουθήκαμέν σοι(막 10:28).
<u>우리는</u> 모든 것을 버리고 당신을 따랐습니다.

---

9   Ῥόβιν는 사실 헬라어가 아니다.

1. 현재 능동태 직설법은 대개 현재 시간에 일어나는 행동을 묘사한다.

2. 현재시제는 세 부분으로 구성된다. 현재시제 어간, 연결 모음, 제1시제 인칭 어미이다.

3. 어근은 동사의 가장 기본적인 형태를 말하며, 동사의 어간은 특정 시제에서 사용되는 어근의 형태를 말한다.

4. 직설법에서 인칭 어미가 μ/ν로 시작하면 연결 모음은 ο이다. 그 외에 연결 모음은 ε이다. 인칭 어미가 없으면, ο/ε 둘 중 하나가 연결 모음이 된다.

5. 동사는 인칭과 수에서 주어와 일치한다.

6. 현재 능동태 시제에는 제1시제 능동태 어미인 ω, εις, ει, ομεν, ετε, ουσι(ν)가 온다. 원래 어미는 –, ς, ι, μεν, τε, νσι이다.

7. 움직이는 뉘는 3인칭 복수 인칭 어미에 붙일 수 있다.

동사 마스터 차트

16.13 동사를 다루는 각 장의 마지막에는 **"동사 마스터 차트"**가 나온다. 이 차트에 각 동사 형태 간에 서로 다른 부분이 무엇인지 나열하였다. 새로운 동사 형태를 배울 때마다 차트는 늘어날 것이다. 다음은 동사를 위해 반드시 알아야 할 두 번째 표이다. 그리고 실제로 모든 동사 체계를 푸는 열쇠라고 할 수 있다. 확실히 익히도록 하라. 전체 차트는 부록에 있다.

이 차트에는 "시상 접두 모음"을 위한 세로 열과 "시제 형태소"를 위한 열이 있다. 아직 이 부분을 배우지 않았으므로, 지금은 무시해도 된다. "1인칭 단수 변화형"이라는 세로 열은 1인칭 단수 동사의 변화형이다.

동사 마스터 차트

시제	시상 접두모음	시제 어간	시제 형태소	연결 모음	인칭 어미	1인칭 단수 변화형
현재 능동		현재		ο/ε	제1능동	λύω

단어학습

각 동사의 빈도수 다음에 별표로 현재시제 어간을 표시했다. 우선은 각 동사를 여섯 개의 인칭 어미를 붙여 발음해 봐야 한다.

동사의 의미 아래에는 아직 배우지 않은 동사 형태를 표시해 두었다. 플래시 카드를 만든 다면 이 형태들을 카드의 의미를 기록한 면의 아랫부분에 기록하라. 형태들이 무엇을 의미하는 지는 다음 장에서 설명하겠다.

BillMounce.com에 있는 16장 온라인 강의에서 앞으로 이 책에서 배우게 될 모든 동사의 파일을 내려받을 수 있다.

8장에서 이미 λέγω 동사를 배웠지만, 여기에서는 동사 전체를 볼 수 있도록 정리해 두었다.

ἀκούω	듣다, 배우다, 순종하다, 이해하다 (*ἀκου, 428)[10]
	(ἤκουον), ἀκούσω, ἤκουσα, ἀκήκοα, –, ἠκούσθην
	ἀκούω는 속격이나 대격을 직접 목적어로 가질 수 있다.
βλέπω	보다, 살펴보다 (*βλεπ, 132)
	(ἔβλεπον), βλέψω, ἔβλεψα, –, –, –
ἔχω	가지다, 소유하다 (*σεχ, 708)[11]
	(εἶχον), ἕξω, ἔσχον, ἔσχηκα, –, –
λέγω	말하다 (*λεγ, *ϝερ, *ϝιπ, 2,353).[12]
	(ἔλεγον), ἐρῶ, εἶπον, εἴρηκα, εἴρημαι, ἐρρέθην
λύω	풀다, 풀어 주다, 파괴하다 (*λυ, 42)[13]
	(ἔλυον), λύσω, ἔλυσα, –, λέλυμαι, ἐλύθην
νόμος, -ου, ὁ	법, 원칙 (*νομο, 194)[14]

10 음향학(acoustics, ἀκουστικός)은 소리를 연구하는 학문이다.
11 현재시제에서 어근의 σ는 기식음(거친 숨표)으로 바뀐다. 그러나 χ 때문에 결국 없어진다. 미래시제에서 χ가 변화 될 때 다시 등장한다. *σεχ → ἑχ → ἔχω. 더 많은 정보를 얻기 원한다면 *MBG*, 260쪽을 보라.
12 어근에 있는 ϝ은 신경 쓰지 않아도 된다. 나중에 설명할 것이다.
13 λύω는 50번 이하로 등장하는 단어이긴 하지만 이 책의 변화표에서 사용되므로 어쨌든 익혀야 한다.
14 자율적인(autonomous, αὐτόνομος) 사람은 독립적이며, 스스로 결정한다.

ὅπου	어디에(where) (82)
πιστεύω	믿다, 믿음을 가지다, 신뢰하다 (*πιστευ, 241). (ἐπίστευον), πιστεύσω, ἐπίστευσα, πεπίστευκα, πεπίστευμαι, ἐπιστεύθην πιστεύω는 여격과 대격을 직접 목적어로 취할 수 있다. 명사 πίστις 와 형용사 πιστός는 이 동사와 같은 어근에서 나왔다.
πρόσωπον, −ου, τό	얼굴, 겉모습/외모(appearance) (*προσωπο, 76)[15]
τότε	그러고 나서/그때(then), 그 후부터(thereafter) (160)
τυφλός, −ή, −όν	맹인, 눈이 먼 (*τυφλο, 50)[16]
χαρά, −ᾶς, ἡ	기쁨, 즐거움 (*χαρα, 59).

신약성경의 전체 단어 수:	138,148
지금까지 배운 어휘 수:	180
이번 장에 나오는 단어의 신약성경 사용 횟수:	4,525
현재까지 배운 단어의 신약성경 사용 횟수:	97,561
신약성경에 사용된 총 단어에 대한 비율:	70.62%

주해 원리

1. 헬라어의 현재시제는 가끔 즉시 일어난 사건을 묘사한다. 다시 말해 이 용법은 지속성이 없다는 의미를 전달한다(순간적, 단회적, 즉각적 용법).

---

15 인물 연구(prosopography)는 한 사람의 얼굴을 묘사하는 것이다.
16 실명(typhlosis)은 시력 상실을 지칭하는 전문용어이다.

τέκνον, ἀφίενταί σου αἱ ἁμαρτίαι (막 2:5).

My son, your sins are forgiven.

작은 자야, 너의 죄들이 용서받았다.

2. 헬라어의 현재시제는 행동이 아주 오래 계속되지 않더라도, 지속적인 행동을 묘사할 수 있다(진행적, 묘사적 용법).

ἐὰν γὰρ προσεύχωμαι γλώσσῃ, τὸ πνεῦμά μου προσεύχεται (고전 14:14).

For if I pray in a tongue, my spirit is praying.

내가 만일 방언으로 기도하면 내 영은 기도하고 있거니와.

3. 반복해서 일어나는 행동들(반복적 용법).

ολλάκις γὰρ πίπτει εἰς τὸ πῦρ (마 17:15).

For often he falls into the fire.

그는 자주 불 속에 넘어지기 때문입니다.

4. 규칙적으로 일어나지만 동시에 일어날 필요는 없는 행동들(관습적, 습관적, 일반적 용법).

νηστεύω δὶς τοῦ σαββάτου (눅 18:12).

I fast twice a week.

나는 이레 동안 두 번씩 금식합니다.

5. 헬라어 현재시제는 때때로 무시간적 사실을 표현하는 데 사용된다(격언적 용법).

ἱλαρὸν δότην ἀγαπᾷ ὁ θεός (고후 9:7).

God loves a cheerful giver.

하나님은 즐겨 내는 자를 사랑하신다.

6. 헬라어 동사 체계에서는 시간이 시제보다는 부차적이기 때문에, 헬라어 현재시제는 과거에 일어난 행동을 언급할 수도 있다. 현재시제를 사용함으로 과거의 사건을 좀 더 생생하게 표현하기 위한 것이다(역사적, 드라마적 용법). 영어에도 이런 개념이 있지만, 헬라어에서는 더

많이 나타난다. 이 용법은 자주 과거시제로 번역한다.

> βλέπει τὸν Ἰησοῦν ἐρχόμενον πρὸς αὐτόν(요 1:29).
>
> The next day he saw Jesus coming toward him.
>
> 이튿날 요한이 자기에게 나아오시는 예수님을 보았다.

7. 현재시제 동사는 미래 사건을 묘사하는 데 사용할 수 있다(예언적 용법).

> ναί, ἔρχομαι ταχύ(계 22:20).
>
> Yes, I am coming quickly.
>
> 내가 진실로 속히 올 것이다.

17 축약동사

본문 주해 맛보기

현재 능동태 직설법은 종종 미완료과거의 특징을 가진다. 즉 어떤 행동이 진행 중이거나 지속적이라는 개념을 전달한다. 사도 바울이 데살로니가 교인들에게 첫 편지를 썼을 때, 바울과 그의 동료들은 이 새신자들에게 그들을 잊지 않고 있다는 것—바울과 그의 동료들이 여전히 데살로니가 교인들에게 깊은 관심을 두고 있다는 것—을 확신시켜 주려고 했다. 바울은 그들에게 다음과 같이 말한다. "우리가 너희 모두로 말미암아 항상 하나님께 감사하며 기도할 때에 너희를 기억함은"(살전 1:2).

바울은 현재 능동태 직설법 동사 εὐχαριστοῦμεν을 사용해서, 하나님께 감사하고 있는 자신의 지속적인 행동을 나타내고 있다. 물론, 이 동사는 지속적인 기도를 표현하지 않는, "단순한" 또는 "시간이 규정되지 않은" 행동으로 해석할 수도 있다. 그러나 부사인 "항상"(πάντοτε)은, 바울이 데살로니가 교인들을 위해 규칙적으로 기도하고 있음을 강조한다고 볼 수 있다. 복수형인 "우리"를 사용한 것은 바울이 이 사랑하는 하나님의 백성을 위해 기도하려고 실라와 디모데와 자주 만났다는 것을 암시한다. 분명히 바울은 그의 개인 기도 시간에도 데살로니가 교인들을 기억하고 있었다.

돈과 음식을 구하는 순회 도덕 설교자들에게 속지 않았던 데살로니가 교인들은 살아 계시고 참되신 하나님을 선포한 이 세 사람에게서 복음을 들었다. 그들은 부활하신 예수 그리스도를 깊이 만나는 삶을 살았고, 사랑으로 데살로니가 교인들에게 그들 자신을 쏟아부었다. 그들이 갑자기 떠난 것은 애정이 없었기 때문이 아니다. 그와 반대로 강제로 떠날 수밖에 없는 상황이었기 때문이다. 그들은 함께 이 걸음마 단계의 연약한 신자들을 위해 살아 계신 하나님께 계속 기도하고 있었다!

클린턴 아널드(Clinton E. Arnold)

이번 장에서 배울 내용은 다음과 같다.

- 어간이 α, ε, ο으로 끝나는 동사의 특징.
- 모음 축약의 다섯 가지 핵심 법칙.

들어가기

17.1 축약동사는 어간의 어미가 α, ε, ο으로 끝나는 동사이다. 이 마지막 모음을 "축약모음"이라 부른다.[1] 예를 들어 현재시제는 ἀγαπάω이며, α로 끝나는 어간을 가진다(*αγαπα).

축약동사는 동사의 일반 규칙을 따른다. 그러나 알아야 할 점이 한 가지 더 있다. 어간의 마지막 모음이 연결 모음과 만나면, 두 모음이 **축약**된다는 점이다.[2] 이 두 모음은 합쳐져 다른 모음이 되거나 이중모음이 된다(예: *ποιε + ομεν → ποιοῦμεν).

17.2 축약동사는 어간의 마지막 모음에 따라 분류된다. 축약동사를 공부하는 데 격려가 되는 것은, ε과 ο으로 끝나는 모든 축약동사와 마찬가지로, α로 끝나는 모든 축약동사도 비슷하게 변화한다는 점이다. 즉 어간이 α로 끝나는 모든 축약동사는 같은 방식으로 어미가 변화하기 때문에, ἀγαπάω의 형태를 일단 배우고 나면, α로 끝나는 모든 축약동사의 어형변화를 알게 되는 것이다.

축약

17.3 축약동사는 자주 등장하며, 어떤 모음이 어떻게 축약되는지 "이해"할 수 있어야 한다. 이것을 알지 못하면, 동사의 사전적 형태를 찾을 수 없으므로 그 의미도 알 수 없다.

---

1   축약동사는 일반적으로 어간이 모음으로 끝나는 동사이다. 이 정의는 사실이면서도 혼란스럽게 만드는 측면이 있다. ἀκούω는 어간에서 모음이 나타나지만 축약동사가 아니다. 사실 ἀκούω의 마지막 υ은 옛 글자 디감마의 존재를 반영한다. 디감마는 오래전에 헬라어 알파벳에서 사라진 글자이다. 이 글자는 대부분 υ이 대체하였다. 이 단어는 어간의 마지막 글자가 디감마이므로 υ이 축약되지 않는다. 17.13을 참조하라.

2   이것은 격변화의 어미 변화에서 나타나는 현상과 같다. 2변화 속격 단수 어미는 사실 ο이다. 명사 어간의 ο은 축약되어 ου(*λογο + ο → λόγου)가 된다.

예를 들어, ποιεῖτε를 찾을 때, ει가 두 개의 ε이 만드는 축약일 수 있다는 사실을 알지 못하면 곤란할 것이다. 축약을 이해하면, ποιεῖτε가 엡실론 축약동사의 2인칭 복수라는 것을 알 수 있다(ποιεῖτε ← ποιε + ετε).

종종 몇 가지 모음의 조합도 똑같이 축약할 수 있다는 사실을 볼 수 있다. 예를 들어 ου는 εο, οε, οο의 축약에서 나온다. 만약 ποιοῦμεν이라는 단어를 봤다고 가정해 보자. 여기서 연결 모음과 인칭 어미는 ομεν이다. 그렇다면 사전적 형태는 ποιέω일까, ποιόω일까? 단어 암기와 사전을 통해서만 알 수 있다.

축약동사는 두 시제, 곧 현재와 미완료과거(21장)에서만 나타난다. 다른 시제에서는 축약 모음이 길어지고 축약은 일어나지 않는다. 이 점에 대해서는 다음에 더 살펴보겠다.

17.4 그렇다고 축약에 대한 이해의 중요성을 과장하고 싶지는 않다. 모음들이 만드는 축약을 이해하는 것은 단어의 사전적 형태를 찾을 때는 중요하지만, 분해할 때는 별로 중요하지 않기 때문이다. 예를 들어, 어떤 모음이 축약되었는지 몰라도 뒤에 오는 형태들(인칭과 수)을 보고 분해할 수 있다.

	인칭	수
ποιοῦμεν		
πληροῦτε		
ἀγαπᾷς		
ποιῶ		
ἀγαπῶσι		

17.5 **축약 법칙.**[3] 다음은 모음의 조합으로 어떤 축약이 발생하는지를 보여주는 축약 법칙이다. 축약 법칙 1-5는 가장 중요한 법칙들(다섯 가지 핵심 법칙)이며, 그중에서 법칙 1, 2는 가장 일반적인 법칙들이다. 부록(545쪽)을 보면 축약이 가능한 모든 형태를 정리한 표가 있다. 축약 법칙 1-6에서 제시된 모음들은 순수한 인칭 어미들이 아니라, λύω 동사를 통해 배웠던 변화된 인칭 어

---

3 어떤 선생님은 축약되지 않은 형태에서 축약된 형태로 가르치는 방식을 선호하기도 한다. 예를 들면, "ε과 ε이 축약되면 ει가 된다"고 말이다. 만약 이런 방식으로 규칙들을 공부하고 싶다면 심화학습을 참조하면 된다.

미들(ω, εις, ει 등)이다.[4] 법칙 8은 이에 대한 설명이다.

축약 법칙 1: ε+ο, ο+ε, ο+ο은 ου로 축약된다.

ου ← εο	ποιοῦμεν ← ποιεομεν
ου ← οε	πληροῦτε ← πληροετε
ου ← οο	πληροῦμεν ← πληροομεν

축약 법칙 2: ε+ε는 ει로 단축된다.

ει ← εε   ποιεῖτε ← ποιεετε

축약 법칙 3: ο/ω가 다른 모음과 만나면 ω로 축약된다(단, 축약 법칙 1은 제외).

ω ← αο   ἀγαπῶμεν ← ἀγαπαομεν

여기서 축약동사의 사전적 형태에 대한 조금 특별한 상황에 직면하게 된다. 어간에 있는 α, ε, ο가 사전적 형태에 제시되는데, 모음이 어떤 것인지 알아야 할 필요가 있기 때문이다(예: ἀγαπάω). 그러나 그 단어가 본문에서 1인칭 단수로 나올 때는, 변화표에 나온 대로 축약된 형태일 것이다(ἀγαπῶ).[5]

축약 법칙 4: α+ε는 α로 축약된다.

α ← αε	ἀγαπᾶτε ← ἀγαπαετε
α ← αει	ἀγαπᾷ ← ἀγαπαει

축약 법칙 5: ε+α는 η로 축약된다.

η ← εαι   ποιῇ ← ποιηι ← ποιεαι[6] ← ποιεσαι[7]

---

4   예를 들면 ποιοῦσιν은 *ποιε + ουσι(ποιουυσι → ποιοῦσι)에서 축약되었다. *ποιε + νσι에서 축약된 것이 아니다.

5   다음은 심화학습에 속하는 내용이어서 그냥 넘어가도 된다. 1인칭 단수의 ε과 ο의 축약에서는 축약 과정이 한 번 더 일어난다. 인칭 어미가 사용되지 않기 때문에, 이를 보상하기 위해 연결 모음이 길어진다. 그다음 축약모음과 길어진 연결 모음 사이에서 축약이 발생한다. ποιεο → ποιεω → ποιῶ → πληροο → πληροω → πληρῶ.

α+ε과 ε+α는 기억하기 쉽다. "처음이 이긴다"라고 생각하면 된다. α가 처음이면(αε) 장음 α가 되고, ε이 처음이면(εα) η가 된다(장음 ε이 된다고 생각할 수 있다).

축약 법칙 6: 그 외의 모음

$$οι \leftarrow οει^6 \qquad πληροῖς \leftarrow πληροεις$$
$$πληροῖ \leftarrow πληροει$$

축약 법칙 7: 이중모음의 축약. 이중모음의 경우, 축약모음과 이중모음의 첫 모음이 같은지 다른지에 따라 축약이 일어난다.

a. 축약모음과 이중모음의 첫 모음이 **같으면** 단축된다.(즉 중복되는 모음 중 하나가 없어진다).

$$ει \leftarrow εει \qquad ποιεῖς \quad \leftarrow ποιεεις$$
$$ου \leftarrow οου \qquad πληροῦσι \leftarrow πληροους$$

b. 축약모음과 이중모음의 첫 모음이 **다르면** 축약된다.[7] 이중모음의 두 번째 모음이 ι이면, 가능한 한 ι를 하기한다. 두 번째 모음이 υ이고 새로 축약된 모음도 υ이면, 하나의 υ으로 단축된다.

$$ᾳ \leftarrow αει \qquad ἀγαπᾷ \quad \leftarrow ἀγαπαει$$
$$ου \leftarrow εου \qquad ποιοῦσιν \leftarrow ποιεουσι$$

축약 법칙 8: 축약동사는 원래의 인칭 어미가 현재 능동태 직설법에 나타나는 것처럼 축약된다.

1인칭 단수	αω	→	ἀγαπῶ
2인칭 단수	αεις	→	ἀγαπᾷ
3인칭 단수	αει	→	ἀγαπᾷ

---

6   이 결합은 ο 축약동사의 2인칭 단수와 3인칭 단수에서 나타난다.

7   여기에 해당하는 예를 지금까지는 본 적이 없을 것이다.

1인칭 복수	αομεν	→	ἀγαπῶμεν
2인칭 복수	αετε	→	ἀγαπᾶτε
3인칭 복수	αουσι	→	ἀγαπῶσι(ν)

이 법칙들을 정확히 익혀야 한다. 다른 축약 형태를 만날 때 이 법칙들을 알고 있으면 쉽게 형태를 파악할 수 있다.

중간복습 ···

일곱 가지 법칙 중에서 처음 다섯 가지가 가장 중요하다.

축약 법칙 1: ε+ο, ο+ε, ο+ο은 ου로 축약된다.

축약 법칙 2: ε+ε는 ει로 단축된다.

축약 법칙 3: ο/ω가 다른 모음과 만나면 ω로 축약된다(단, 법칙 1은 제외).

축약 법칙 4: α+ε는 α로 축약된다.

축약 법칙 5: ε+α는 η로 축약된다.

···

축약동사

17.6 변화표: 현재 능동태 직설법(축약동사)

ἀγαπάω는 "나는 사랑한다"라는 의미이고, ποιέω는 "나는 한다"라는 의미이다. πληρόω는 "나는 채운다"이다. 축약모음은 괄호 안에 표시되어 있다. 변화표를 보면서 모든 축약을 설명할 수 있도록 공부하라.

−άω		−έω		−όω	
ἀγαπῶ	(αω)	ποιῶ	(εω)	πληρῶ	(οω)
ἀγαπᾷς	(αεις)	ποιεῖς	(εεις)	πληροῖς	(οεις)
ἀγαπᾷ	(αει)	ποιεῖ	(εει)	πληροῖ	(οει)

ἀγαπῶμεν	(αομεν)	ποιοῦμεν	(εομεν)	πληροῦμεν	(οομεν)
ἀγαπᾶτε	(αετε)	ποιεῖτε	(εετε)	πληροῦτε	(οετε)
ἀγαπῶσι(ν)	(αουσι)	ποιοῦσι(ν)	(εουσι)	πληροῦσι(ν)	(οουσι)

17.7 축약동사의 특징

현재 직설법에서 축약된 모음 위에는 대부분 서컴플렉스가 있다. 어미는 축약이 일어나지 않을 때와 거의 같다는 점에 주목하라. ω는 1인칭 단수 어미이고, σ는 2인칭 단수 어미이다. 복수 어미들은 사실 같다고 할 수 있다. 비슷한 점에 주목하라.

17.8 힌트. 연결 모음의 법칙들을 기억하라. ἀγαπᾶτε를 보면, 인칭 어미가 τε임을 알 수 있다. 하지만 동사는 ἀγαπάω, ἀγαπέω, ἀγαπόω 가운데 어떤 것일까?

- 인칭 어미가 τ로 시작하기 때문에(ἀγαπᾶτε), 연결 모음으로 ε이 와야 한다.
- ε+ε는 ει로 축약되기 때문에, 이 동사는 ε 축약일 수 없다.
- ο+ε는 ου로 축약되기 때문에, 이 동사는 ο 축약일 수 없다.
- 그러므로 어간은 α 축약(ἀγαπάω)이 분명하다.

17.9 부록에 보면(545쪽), 단일모음에서 축약이 가능한 모든 축약 차트와 단일모음과 이중모음의 축약을 정리한 다른 차트가 있다.

자동사와 타동사

17.10 동사는 타동사이거나 자동사이다.

- 타동사는 행동의 영향력을 목적어까지 전달한다. 다시 말해, 타동사에는 직접 목적어가 와야 한다.

  φέρετέ μοι αὐτὸν ὧδε (마 17:17).
  너희는 그를 이리로 (나에게) 데려오라.

- 자동사는 행동의 영향력을 목적어까지 전달하지 않는다. 따라서 다른 수식어들이 존재할 수

는 있지만, 직접 목적어는 갖지 않는다.

λέγει αὐτῷ, ἀκολούθει μοι. καὶ ἀναστὰς ἠκολούθησεν αὐτῷ (마 9:9).
그분이 그에게 말씀하셨다. "나를 따르라." 그리고 그는 <u>일어나서</u> 그분을 따랐다.

요약

❶ 축약동사는 어간이 α, ε, ο으로 끝난다.

❷ 다섯 가지 핵심 법칙

> **다섯 가지 핵심 법칙**
>
> ❶ ε+ο, ο+ε, ο+ο은 ου로 축약된다.
> ❷ ε+ε는 ει로 단축된다.
> ❸ ο/ω가 다른 모음과 만나면 ω로 축약된다(단, 법칙 1은 제외).
> ❹ α+ε는 α로 축약된다.
> ❺ ε+α는 η로 축약된다.

❸ ο+ει는 οι로 축약된다.

❹ 축약모음과 이중모음의 첫 모음이 같으면 단순해지고, 축약모음과 이중모음의 첫 모음이 다르면 축약된다. 이중모음의 두 번째 모음이 가능한 한 이오타 하기를 한다. 두 번째 모음이 υ이고 새로 축약된 이중모음의 마지막 문자도 υ이면, 하나의 υ으로 단순해진다.

❺ 축약동사는 1인칭 능동태 직설법에 나타나는 인칭 어미처럼 축약된다.

❻ 기본형은 축약모음을 보여준다(ἀγαπάω). 그러나 그 형태가 본문에 나타날 때 축약모음과 ο은 축약된다(ἀγαπῶ, ποιῶ, πληρῶ).

❼ 1인칭 단수에서는 인칭 어미가 사용되지 않기 때문에 연결 모음이 ω로 길어진다.

ἀγαπάω	사랑하다, 소중히 여기다 (*ἀγαπα, 143)[10]
	(ἠγάπων), ἀγαπήσω, ἠγάπησα, ἠγάπηκα, ἠγάπημαι, ἠγαπήθην
δαιμόνιον, −ου, τό	마귀(demon) (*δαιμονιο, 63)[11]
ζητέω	찾다/추구하다, 갈망하다, 얻으려고 노력하다 (*ζητε, 117)
	(ἐζήτουν), ζητήσω, ἐζήτησα, −, −, ἐζητήθην
καλέω	부르다, 이름을 부르다, 요청하다/초대하다 (*καλεϝ, 148)[12]
	(ἐκάλουν), καλέσω, ἐκάλεσα, κέκληκα, κέκλημαι, ἐκλήθην
λαλέω	말하다 (*λαλε, 296)[13]
	(ἐλάλουν), λαλήσω, ἐλάλησα, λελάληκα, λελάλημαι, ἐλαλήθην
οἶδα	알다, 이해하다 (*οἰδ, *ϝιδ, 318)[14]
	εἰδήσω, ᾔδειν, −, −, −

οἶδα는 독특한 형태의 단어로, 사실 다른 시제이지만(현재완료, 25장), 현재시제처럼 기능한다. 다음은 οἶδα의 변화표이다.

1인칭 단수	οἶδα	1인칭 복수	οἴδαμεν
2인칭 단수	οἶδας	2인칭 복수	οἴδατε
3인칭 단수	οἶδε(ν)	3인칭 복수	οἴδασιν

ὅταν	언제든지(whenever) (123)

ὅτε와 ἄν의 모음 축합이다. 종속절을 이끈다.

πλείων, πλεῖον	더 큰, 더 많은 (*πλειο, 54)[15]

πλείων은 남성형과 여성형이고, πλεῖον은 중성형이다. 이 단어는 3-3 변화 형용사이다. 이 두 형태의 속격은 πλείονος이다. 어간의 마지막 모음에 나타나는 모음 전환에 주목하라. 부록에 변화표가 있다(556쪽). 두 번째 경로(경로 2)를 따라 공부하고 있다면, 이 단어를 외우기만 하라. 그 형태는 10장에서 설명한다. 단어의 의미 때문에 속격 단어가 따라온다. "~보다"를 사용해서 속격을 번역할 수 있다. 어코던스는 이 단어 중에서 11개를 비교급 부사로 분류한다.

πληρόω	채우다, 완성하다, 성취하다 (*πληρο, 86)
	(ἐπλήρουν), πληρώσω, ἐπλήρωσα, πεπλήρωκα, πεπλήρωμαι, ἐπληρώθην
ποιέω	하다, 만들다 (*ποιε, 568)[16]
	(ἐποίουν), ποιήσω, ἐποίησα, πεποίηκα, πεποίημαι, –
	이 단어는 때때로 관용적으로 번역할 수 있고, 매우 폭넓은 의미를 지닌다.
τηρέω	유지하다, 지키다, 준수하다 (*τηρε, 70)
	(ἐτήρουν), τηρήσω, ἐτήρησα, τετήρηκα, τετήρημαι, ἐτηρήθην

신약성경의 전체 단어 수:	138,148
지금까지 배운 어휘 수:	191
이번 장에 나오는 단어의 신약성경 사용 횟수:	1,986
현재까지 배운 단어의 신약성경 사용 횟수:	99,547
신약성경에 사용된 총 단어에 대한 비율:	72.06%

신약성경에 50번 이상 나오는 축약동사 중 o 축약은 한 번(πληρόω), α 축약은 여섯 번(ἀγαπάω, γεννάω, ἐρωτάω, ἐπερωτάω, ζάω, ὁράω) 등장하지만, ε 축약은 자주 등장한다.

8   이 단어는 ἀγάπη, ἀγαπητός와 어원이 같은 동사이다.

9   귀신(Demon, δαίμων).

10 어근에 관해서는 17.12을 보라. 디감마(ϝ)는 다른 시제들에서 나타나는 명백한 불규칙성을 설명하게 해준다.

11 이 단어는 의성어로, 단어의 소리에 상응하는 의미를 가진다("랄라").

12 οἶδα의 두 번째 어근은 무시해도 된다. 나중에 설명할 것이다.

13 용어법(pleonasm)이란 중복, 곧 필요하지 않은 단어 사용을 의미한다.

14 시(poem, ποίημα)는 문자적으로 "만들어진 어떤 것"을 의미한다. 시인(poet, ποιητής)은 "만드는 사람"이다.

심화학습

전체 법칙을 소개하긴 했지만, 다음은 축약동사에 적용된 사례들만 나열한 것이다. 예외에 해당하는 축약 법칙 2, 4가 지금까지는 가장 자주 나타난다.[15]

17.11 **단일모음의 축약 법칙**(모음이 두 개인 경우).

1. 같은 모음이 서로 만나면, 그 모음의 장모음으로 단축된다.

$$αα \rightarrow α$$

2. 예외: ε과 ε이 만나면 ει로 축약되고, ο과 ο이 만나면 ου로 축약된다.

$$εε \rightarrow ει \qquad ποιε + ε + τε \rightarrow ποιεῖτε$$
$$οο \rightarrow ου \qquad πληρο + ο + μεν \rightarrow πληροῦμεν$$

3. ο/ω가 α, ε, η와 만나면 순서에 상관없이 ω로 축약된다.

$$οα \rightarrow ω$$
$$αο \rightarrow ω \qquad ἀγαπα + ο + μεν \rightarrow ἀγαπῶμεν$$

4. 예외: ε과 ο이 만나면 순서에 상관없이 ου로 축약된다.

$$εο \rightarrow ου \qquad ποιε + ο + μεν \rightarrow ποιοῦμεν$$
$$οε \rightarrow ου \qquad πληρο + ε + τε \rightarrow πληροῦτε$$

---

15 우리는 본문을 읽을 때, 축약된 형태에서 시작하여 무엇이 그 축약된 형태를 만들었는지 알아야 한다. 또한 가장 자주 나타나는 축약 법칙 2, 4는 보통 예외의 경우에 속한다. 이런 이유로 필자는 축약된 형태에서 축약되지 않은 형태로 축약 법칙을 가르친다.

많은 문법책에서 반복되고 있는 내용이기 때문에 이 법칙에 대해 어떻게 인용을 달아야 할지 모르겠다. 필자는 J. Gresham Machen, *New Testament Greek for Beginners*, 143에서 처음 이 법칙을 배웠는데, 그는 White, *Beginner's Greek Book*(1895), 75-76을 인용했다고 기록하고 있다.

5. α가 ε/η와 만나면 α로 축약된다. ε/η가 α와 만나면 η로 축약된다.[16]

   αε → α   ἀγαπα + ε + τε → ἀγαπᾶτε

17.12   단일모음과 이중모음의 축약 법칙

이중모음은 앞에서 설명한 단일모음과 같은 법칙을 따른다. 그러나 모음이 두 개가 아니라 세 개이므로, 약간 다른 추가 법칙이 적용된다. 현재 능동태 직설법에서는 3인칭 복수에서만 일어난다.

❶ 단일모음이 단일모음과 **같은 모음**으로 시작하는 이중모음 앞에 오면, 이 두 개의 비슷한 모음은 단순해지고[17] 두 번째 모음은 그대로 남는다.

   οου → ου   πληρο + ουσι → πληροῦσι
   αα → α
   ααι → αι → ᾳ

❷ 단일모음이 단일모음과 **다른 모음**으로 시작하는 이중모음 앞에 오면, 단일모음과 이중모음의 첫 모음은 일반 법칙에 따라 축약된다. 세 번째 모음이 υ이고 축약된 이중모음의 마지막 문자도 υ이면 하나의 υ으로 단순해지고, ι이면 하기한다.

   αου → ωυ → ω   ἀγαπα + ουσι → ἀγαπῶσι
   εου → ουυ → ου   ποιε + ουσι → ποιοῦσι

예외의 경우는 다음과 같다.

   εοι → οι
   αει → αι → ᾳ   ἀγαπα + ειν → ἀγαπᾶν [19]
   οει → οι   πληρο + ει → πληροῖ
   οη → οι

---

16   현재 능동태에는 이 법칙을 보여주는 예문이 없고 현재 수동태에만 있다. λυ + ε + σαι → λυεαι → λυηι → λύῃ.

17   하나가 떨어져 나가는데, 엄밀히 말하면 축약은 아니다.

18   이 단어는 부정사이며, 32장까지는 나오지 않는다.

17.13 **디감마.** 디감마(ϝαῦ)는 헬라어 알파벳 가운데 하나였다. 그러나 코이네 헬라어 시기 이전에 사라졌다. 대부분 υ으로 대체되었다. 오늘날 문법책에는 ϝ 또는 υ(대문자 ϝ 또는 ϝ)라고 쓴다. 이 문자는 "w"로 발음되었고, 원래 알파벳에서 ε과 ζ 사이에 있었다. 디감마라는 명칭은 "이중 감마"(doble gamma)에서 왔으며, "반자음"(semiconsonant)으로 분류한다.

디감마가 사용되었다는 사실은 헬라어에 나타나는 몇몇 불규칙 변화를 설명해 준다. 예를 들어, ἀκούω의 어근은 실제 *ἀκου이다. 디감마가 사용되지 않고 나서 υ으로 대체되었다. 원래 어근이 υ였다는 사실은 ω 축약이 일어나지 않는 이유를 설명해 준다. *MBG*, §27(45-47쪽)에서 디감마에 대해 자세히 다루고 있다.

18 현재 중간태/수동태 직설법

본문 주해 맛보기

ἀρχηγός은 예수님을 나타내는 칭호로서 신약성경에 네 번 등장한다. 사도행전(3:15; 5:31)에 두 번, 히브리서(2:10; 12:2)에 두 번 나타난다. 이 단어는 번역하기 까다롭기로 유명하다. 구약성경의 헬라어 번역인 칠십인역과 성경 외의 문헌에서 사용된 이 단어를 살펴보면 세 가지 정도의 내포된 의미를 찾을 수 있다. (a) 다른 사람을 위해서 길을 내는 개척자(선구자)로서 "안내자", "영웅." (b) 공급자(근원) 또는 창시자(설립자)로서 "저자", "개시자", "시작." (c) 지도자와 통치자로서, "지휘자", "왕자", "왕."

이 개념들을 서로 배타적인 것으로 이해할 필요는 없다. 사실 이 개념들은 새로운 영역을 개척하고, 길을 만들며, 다른 사람을 지도하는 사람을 지칭하는 것으로 서로 결합할 수 있다. 그는 자신을 따르는 사람들을 위해 도시나 요새를 건설하고 대적자들에 대항하여 그들을 안전한 곳으로 이끈다. 평화를 얻게 되면, 그는 통치자로 남고, 그 도시와 공동체는 그의 이름을 기억하며 이후에 도시를 세운 영웅으로 추앙받게 된다.

구약성경은 이런 지위를 가진 몇몇 사람을 언급한다. 적어도 한 사람에게는 이 단어가 실제로 사용된다. 사사기 11:6 이하에서, 입다는 암몬 족속에게서 길르앗 사람들을 구원하기 위해(6절) 그들의 "장관"이 되도록 요청받았다. 칠십인역은 여기에서 ἀρχηγός를 사용한다. 입다는 이 지위가 영구적으로 계속될 것이라는 조항에 동의한다. 장로들도 이에 동의해서 그는 전쟁 이전에 벌써(8-11절) κεφαλὴ와 ἀρχηγός가 되었다. 이 전투의 결론 부분에서, 사사기는 "입다가 이스라엘의 사사가 된 지 육 년이라"(삿 12:7)고 기록한다.

베드로는 사도행전 3:15에서 "생명의 ἀρχηγός(주)"를 죽인 유대인들을 책망한다. 이 "생명의 ἀρχηγός(주)"라는 말은 예수님이 생물학적인 생명의 근원일 뿐만 아니라 "새로운 생명"의 근원이며, 예수님의 또 다른 이름이 인도자−보호자−통치자임을 제시하는 것이다. 이후에 베드로는 예수님을 "이스라엘에게 회개함을 주는 ἀρχηγόν(임금)과 구주"라고 말한다(5:31). "구주"는 옛 사사들과 연결된 단어였다. 예수님은 하나님의 백성이 죄를 지은 위급한 상황에 나타나신 바로 그 구주이시다. 예수님은 단지 구원을 위해서만 오신 것이 아니라, 계속해서 ἀρχηγός의 역할을 감당하신다. 히브리서의 저자는 "구원의 ἀρχηγός(창시자)"(2:10)가 당하신 고통에 관해서 말하고, "믿음의 ἀρχηγός(주)요 온전하게 하시는 이"(12:2)에 대해 말한다. 각각의 경우에서 예수님은 ἀρχηγός로서 그의 백성을 위한 새로운 생명을 시작하고 공급할 뿐만 아니라, 이 생명을 통해 그들과 함께하신다. 그로 인해 그들은 그의 이름을 가지게 된다. 예수님은 그들의 영웅이시다.

줄리어스 스콧 주니어(J. Julius Scott, Jr.)

개요

이번 장에서 배울 내용은 다음과 같다.
- 주어가 동사의 행동을 받는 수동태.
- 현재시제에서 중간태와 수동태는 형태가 같다.
- 현재 중간태/수동태는 현재시제 어간, 연결 모음, 제1시제 중간태/수동태 어미로 만든다.

영어로 개념 잡기

18.1   동사가 능동태이면 주어가 동사의 행동을 실행한다. 동사가 수동태이면 주어는 동사의 행동을 받는다.

능동태. "I hit the ball"(내가 공을 때린다)이라는 문장에서 "I"는 주어이고, 동사 "hit"의 행동을 하는 사람이다.

수동태. "I am hit by the ball"(내가 공에 맞았다)이라는 문장에서 "I"는 문장의 주어이지만, 동사 "hit"의 행동을 하지 않고, 오히려 그 행동을 받는다.

18.2 영어에서는 조동사와 과거분사를 합쳐서 현재 수동형을 만든다.

	지속적 행동	단순 행동
현재 능동태	I am hitting(내가 치고 있다).	I hit(내가 친다).
	They are hitting(그들이 치고 있다).	They hit(그들이 친다).
현재 수동태	I am being hit(내가 맞고 있다).	I am hit(내가 맞는다).
	They are being hit(그들이 맞고 있다).	They are hit(그들이 맞는다).

18.3 동사 뒤에 "by"를 붙여서 의미가 통하는지 보고 수동태 동사인지 확인할 수 있다. "내가 맞았다"(I was hit). "내가 맞았는데 무엇에 맞았는가?"(I was hit by what?) "나는 공에 맞았다"(I was hit by the ball). 그러면 "맞았다"(was hit)는 수동태 동사이다. 때때로 동사의 행동을 실행하는 사람이나 물건을 구체화하기 위해 전치사구가 나타나기도 한다(예: "by the ball").

18.4 영어의 시제를 담은 전체 차트가 부록(558쪽)에 있다. 영어에 익숙하지 않다면, 이 차트를 공부하는 데 시간이 더 걸릴 수도 있다.

18.5 수동태를 만들기 위한 목적으로 조동사를 사용할 때, 동사 구문의 시제는 주동사가 아니라 조동사에 의해 결정된다. 예를 들어 능동태 구문인 "나는 기억한다"(I remember)는 수동태가 되면, "나는 기억된다"(I am remembered)로 변한다. "remembered"가 과거분사이기는 해도 "am"이 현재이기 때문에, "am remembered"의 구문도 현재가 된다.

헬라어 문법: 현재 중간태 직설법

18.6 능동태와 중간태의 의미 차이는 대체로 뉘앙스의 차이이다. 영어에는 중간태가 없으므로 중간태를 대부분 능동태처럼 번역하는 경우가 많다. 이것이 아래의 변화표에서 중간태를 능동태로 번역한 이유이다. 중간태는 나중에 더 자세히 다룰 것이다.

18.7 개관표: 현재 중간태 직설법

> 현재시제 어간 + 연결 모음(o/ε) + 제1시제 중간태/수동태 인칭 어미
>
> ερχ + ο + μαι → ἔρχομαι

중간태와 수동태는 동일한 인칭 어미를 사용한다. 그래서 "중간태/수동태"(middle/passive) 인칭 어미 또는 "중수동태"(mediopassive) 인칭 어미라고 부른다.

18.8 변화표: 현재 중간태 직설법

	형태	번역	연결 모음	어미	현재 능동태
1인칭 단수	ἔρχομαι	나는 온다.	ο	μαι	λύω
2인칭 단수	ἔρχῃ[1]	너는 온다.	ε	σαι	λύεις
3인칭 단수	ἔρχεται	그/그녀/그것은 온다.	ε	ται	λύει
1인칭 복수	ἐρχόμεθα	우리는 온다.	ο	μεθα	λύομεν
2인칭 복수	ἔρχεσθε	너희는 온다.	ε	σθε	λύετε
3인칭 복수	ἔρχονται	그들은 온다.	ο	νται	λύουσι(ν)

위의 표에서 볼 수 있듯이 연결 모음은 능동태보다 중간태/수동태에서 더 쉽게 알 수 있다.

---

1   2인칭 단수 어미는 상당히 까다롭다. σ가 단어의 어간이 아닌 모음과 모음 사이에 나타나기 때문에(λυ + ε + σαι), 종종 σ는 탈락하고 모음이 축약된다. 이 경우, 해당 법칙에 따라 η로 축약되고 ι는 하기한다(λυ + ε + σαι → λυεαι → λυηι → λύῃ). 이 동사의 원래 어미가 σαι라는 것을 반드시 기억해야 한다. 이 부분은 나중에 중요해진다.

18.9 **인칭 어미 마스터 차트**. 이제 인칭 어미 마스터 차트에서 새로운 부분을 배우게 되었다. 이제 절반쯤 왔다.

	제1시제		제2시제
능동태	λύω		–
	λύεις		ς
	λύει		ι
	λύομεν		μεν
	λύετε		τε
	λύουσι(ν)		νσι
중간태/수동태	λύομαι		μαι
	λύῃ		σαι
	λύεται		ται
	λυόμεθα		μεθα
	λύεσθε		σθε
	λύονται		νται

18.10 **인칭, 수, 시제, 시간, 시상**. 중간태와 수동태는 이 부분에서는 차이점이 없다.

중간태의 의미

18.11 **의미**. 학계에서는 중간태의 의미에 대한 이해를 조정하는 중이다. 헬라어 1년 차에 다루기에는 다소 어려운 내용이지만, (중간태에 대한 최신 주석적 논의를 포함한) 지금까지의 논의와 앞으로의 동향에 대해서는 알아둘 필요가 있다.

이전에는 중간태가 기본적으로 재귀적이거나 상호적이라는 좁은 의미로 정의되었다. 그런 의미를 표현하려 한다면 동사는 중간태가 된다. 변화표는 중간태 동사의 변화된 형태를 "자신을 위하여"(for himself)라는 의미로 정의한다.

그러나 오늘날 학자들은 중간태에 더 넓은 정의를 부여하기 시작했다. **중간태의 본질은 주어가 동사의 행동에 영향을 받는다는 것이다.** 주어는 동사의 행동을 수행하고, 직접 목적어가 있으면 동사의 행동도 받지만, 그 행동은 어떤 식으로든 돌아와서 주어에 영향을 미친다. 이것을 주어의 피영향성(subject-affectedness)[2]이라고 한다.

18.12 주어가 동사의 행동에 영향을 받는다는 사실(주어의 피영향성)은 느껴지지 않을 정도로 미미한 경우가 많다. "묻다"(I ask)라는 뜻을 가진 능동태 동사 αἰτέω로 시작하는 다음의 예문을 보라.

마태복음 7:7에서 예수님은 사람들에게 구하라고 말씀하신다. 상황을 보면 그 요구들은 그들을 위한 것이라 할 수 있지만, 동사의 능동 형태가 그 점을 드러내 주지는 않는다.

> Αἰτεῖτε καὶ δοθήσεται ὑμῖν(마 7:7).
> 너희는 구하라. 그러면 그것이 너희에게 주어질 것이다.

마태복음 20:22에서 중간태 αἰτεῖσθε는 문법적 주어인 "어머니"에 주목하게 한다. 문맥을 보면 그녀의 두 아들이 권력의 위치에 있게 되는 것이므로, 동사의 행동이 그녀에게 영향을 미치게 된다는 것을 알 수 있다.

> οὐκ οἴδατε τί αἰτεῖσθε(마 20:22).
> 너희는 너희가 무엇을 구하는지 깨닫지 못한다.

요한일서 5:14에 나오는 중간태 동사는 예수님이 그 요청을 어떤 방식으로든 주어에 영향을 미치는 요청으로 생각하고 계신다는 것을 보여준다. "우리"가 구하는 것은 어쩌면 우리 자신을 위한 것인지도 모른다.

> ἐάν τι αἰτώμεθα κατὰ τὸ θέλημα αὐτοῦ ἀκούει ἡμῶν(요일 5:14).

---

2   Rutger J. Allan은 동사의 행동이 주어에 영향을 미친다는 점(주어의 피영향성)이 "중간태의 이론적 의미"라고 말한다(*The Middle Voice in Ancient Greek: A Study in Polysemy* [Amsterdam: J. C. Gieben, 2003], 19). Smyth는 중간태 동사는 "자신에게(on himself) 또는 자신을 위하여(for himself)" 작용한다고 말한다(§356a). Alston Chase와 Henry Phillips는 중간태는 "주어를 자신에게(재귀적) 또는 자신의 이익을 위하여 작용하는 것으로 나타낸다"라고 말한다(*A New Introduction to Greek*, 3rd ed. [Harvard University Press], 1961), 90. Carl W. Conrad는 "주어 중심성"(subject-focused)이라는 용어를 사용하며, "중간태 동사는 … 주어가 상태 변화와 관련된 행동을 경험하고, 겪어 내고, 견디거나, 치러 내는 주체로서 깊이 관여하고 있음을 나타낸다"라고 말한다("New Observations on Voice in the Ancient Greek Verb," 미출간 논문, 2002, www.gk2.me/middle, 3).

만일 우리가 그분의 뜻을 따라 <u>구한다면</u>, 그분은 무엇이든 우리의 말을 들으신다.

18.13 주어가 동사의 행동에 영향을 받는다는 사실이 상당히 두드러지는 경우도 있다. 마가복음 14:54에는 "그 자신"에 해당하는 헬라어 단어가 없다. 베드로가 불을 쬐는 행동은 그 자신에게 영향을 미쳤다.

> Πέτρος ··· ἦν συγκαθήμενος μετὰ τῶν ὑπηρετῶν καὶ <u>θερμαινόμενος</u> πρὸς τὸ φῶς(막 14:54).
> 베드로는 ··· 그 관리들과 함께 앉아 있었고 불을 <u>쬐고 있었다</u>.

여러 면의 단장(grooming)을 묘사하는 동사는 중간태로 오는 경향이 있다. 이 경우에는 중간태를 사용하는 명확한 이유가 있다.

> ὁ Πιλᾶτος ··· λαβὼν ὕδωρ <u>ἀπενίψατο</u> τὰς χεῖρας(마 27:24).
> 빌라도는 ··· 물을 가져와서 그 (두) 손을 <u>씻었다</u>.[3]

위치의 변화를 포함하여, 변화를 묘사하는 동사는 중간태로 오는 경향이 있다.

> ὑμεῖς δὲ οὐκ οἴδατε πόθεν <u>ἔρχομαι</u> ἢ ποῦ ὑπάγω(요 8:14).
> 그러나 너희는 내가 어디서 <u>와서</u> 어디로 가는지 알지 못한다.

> ἐγὼ πρὸς τὸν πατέρα <u>πορεύομαι</u>(요 14:12).
> 나는 아버지께로 <u>갈 것이다</u>.

18.14 몇몇 학자들은 보통 능동태 동사는 행동에 초점을 맞추는 반면, 중간태 동사는 주어에 초점을 맞추는 경향이 있다고 주장한다. 이런 주장은 지나친 일반화이고 신중하게 미묘한 뉘앙스를 부여해야 하지만, 지금의 학습 단계에서는 도움이 될 수 있겠다.[4]

중간태 형태로 나오는 단어는 자동사가 되는 경향이 있어서, 동사의 영향을 받을 직접 목

---

3   월리스는 중간태가 "빌라도에게 특별히 초점을 맞추게 하여 마치 이 행동이 그를 용서할 수 있는 것처럼 묘사한다"고 말한다(그의 책 421쪽).

4   어떤 학자들은 능동태를 기본태로 생각하고, 중간태/수동태는 화자/저자가 동사의 행동이 주어에 영향을 미친다는 사실을 표시하기 원할 때 사용하는 태로 생각해야 한다고 주장한다.

적어가 없다. 주어에 다시 초점을 맞추게 된다.

중간태는 뉘앙스의 문제인데, 너무 어렵다면 지금은 능동태로 취급해도 된다. 하지만 결국에는 중간태 동사가 주어에 어떻게 초점을 맞추는지 살펴봐야 할 것이다.

번역

18.15 **"중간태 동사"** 또는 **"디포넌트 동사"**. 어떤 동사는 능동태가 아닌 중간태 형태로만 나온다(수동태 형태로만 나오거나 중간태와 수동태 형태가 함께 나올 수도 있다). 예를 들어, ἔρχομαι는 능동태 형태로는 나오지 않지만, 항상 능동태처럼 "내가 온다"로 번역한다.

이 동사를 설명하는 방식에는 두 가지가 있는데 선생님에 따라 다를 수 있다.

- 선생님이 이 동사를 단순하게 중간태 동사로 취급하자고 할 수 있다. 그러면 능동태로 번역하면 된다.
- 전통적으로는 이러한 동사를 "디포넌트 동사"(deponent)라고 부른다. 디포넌트 동사란 형태는 중간태 또는 수동태이지만 의미는 능동인 동사를 말한다. 형태는 항상 중간태나 수동태이지만, 의미는 항상 능동이다. 이 동사는 절대 수동의 의미를 가질 수 없다.

능동태 동사는 한 시제 안에서 규칙동사 아니면 중간태(디포넌트) 동사 중 하나이며, 둘 다는 될 수 없다. ἔρχομαι는 현재시제에서 항상 디포넌트 동사이다. 절대 ἔρχω는 될 수 없다. 그러나 어떤 시제에서는 디포넌트 동사이지만, 다른 시제에서는 디포넌트 동사가 아닐 수 있다.

18.16 **기본형**. 헬라어 선생님이 어떤 방식을 취하든 구별하는 방법은 같다. 동사의 사전적 형태를 보고 중간태 동사인지 디포넌트 동사인지 구별할 수 있다. 중간태만 있는 동사의 기본형은 ομαι로 끝난다(예: ἔρχομαι).

> οὐκ οἴδατε ποίᾳ ἡμέρᾳ ὁ κύριος ὑμῶν ἔρχεται(마 24:42).
> 어느 날에 너희 주님이 오시는지 너희가 알지 못한다.

18.17 **분해**. 중간태 동사를 분해하는 방식은 어느 정도 자의적일 수 있다. 그러나 일관성을 유지할 필요가 있다. 이 책에서는 다음과 같이 분해하도록 제안한다. 물론 선생님에 따라 다른 방식을 선호할 수도 있다.

- 중간태 형태만 있는 동사라고 배운다면, 분해할 때 "중간태"라고 하면 된다. 예를 들어,

ἐρχόμεθα는 현재, 중간태, 직설법, 1인칭, 복수, ἔρχομαι, "그들이 온다"로 분해한다.

- 디포넌트 동사라고 배운다면, 분해할 때 "디포넌트" 또는 "중간태 디포넌트"라고 하면 된다. 예를 들어, ἐρχόμεθα는 현재, 디포넌트, 직설법, 1인칭, 복수, ἔρχομαι, "그들이 온다"로 분해한다.

중간복습

- 주어는 능동태 동사의 행동을 수행하고, 수동태 동사의 행동을 받는다.
- 영어는 조동사를 사용해서 수동태를 만든다. 동사 구문의 시제는 주동사가 아닌 조동사가 결정한다.
- 헬라어의 현재 수동태는 제1시제 어간, 연결 모음, 제1시제 수동태 인칭 어미를 사용하여 ομαι, ῃ, εται, ομεθα, εσθε, ονται로 만든다.
- 진짜 중간태/수동태 인칭 어미는 μαι, σαι, ται, μεθα, σθε, νται이다.
- 중간태 동사는 어떤 식으로든 주어에 영향을 미치는 행동을 묘사한다("주어의 피영향성"). 주어는 여전히 동사의 행동을 수행하며, 직접 목적어가 있으면 동사의 행동도 받지만, 그 행동은 어떤 식으로든 돌아와서 주어에 영향을 미친다.
- 어떤 동사는 중간태 형태로만 나온다. 능동태 형태로는 나오지 않지만 능동태로 번역한다. "중간태 동사" 또는 "디포넌트 동사"라고 하는데, 선생님에 따라 부르는 방식이 다를 수 있다.

현재 수동태 직설법

18.18 **의미.** 주어가 능동태 동사("I love Robin")의 행동을 수행하는 대신에, 수동태 동사("I am loved by Robin")의 행동을 받는다.

18.19 **개관표: 현재 수동태 직설법**

> 현재시제 어간 + 연결 모음(o/ε) + 제1시제 중간태/수동태 인칭 어미
>
> λυ + ο + μαι → λύομαι

18.20 변화표: 현재 수동태 직설법

	형태	번역	연결 모음	어미	현재 능동태
1인칭 단수	λύομαι	나는 풀리고 있다.	ο	μαι	λύω
2인칭 단수	λύῃ[5]	너는 풀리고 있다.	ε	σαι	λύεις
3인칭 단수	λύεται	그/그녀/그것은 풀리고 있다.	ε	ται	λύει
1인칭 복수	λυόμεθα	우리는 풀리고 있다.	ο	μεθα	λύομεν
2인칭 복수	λύεσθε	너희는 풀리고 있다.	ε	σθε	λύετε
3인칭 복수	λύονται	그들은 풀리고 있다.	ο	νται	λύουσι(ν)

현재 수동태 직설법 동사는 기본적으로 영어와 같다. 중간태인지 수동태인지는 문맥과 단어의 의미를 보고 알 수 있다.

축약동사의 현재 중간태/수동태 형태

18.21 변화표: 현재 중간태/수동태 직설법(축약동사). 축약동사는 능동태의 경우처럼 중간태/수동태에서도 같은 규칙을 따른다.

	−άω	−έω	−όω
1인칭 단수	ἀγαπῶμαι	ποιοῦμαι	πληροῦμαι
2인칭 단수	ἀγαπᾷ[6]	ποιῇ[7]	πληροῖ[8]
3인칭 단수	ἀγαπᾶται	ποιεῖται	πληροῦται

---

5   각주 1을 참조하라.

1인칭 복수	ἀγαπώμεθα	ποιούμεθα	πληρούμεθα
2인칭 복수	ἀγαπᾶσθε	ποιεῖσθε	πληροῦσθε
3인칭 복수	ἀγαπῶνται	ποιοῦνται	πληροῦνται

일반적인 현재시제 수동태 어미와 축약동사가 비슷하다는 점에 주목하라. 유사한 부분에 더 집중해야 한다. 축약동사의 형태들을 보고 특정한 형태의 축약을 만드는 원래의 모음이 무엇이었는지를 찾을 수 있어야 한다.

중간태와 수동태에서는 진짜 인칭 어미들을 볼 수 있다(2인칭 단수는 제외). 능동태를 공부할 때와 마찬가지로 축약의 여덟 번째 법칙으로 생기는 문제를 다룰 필요는 없다.

번역

18.22 **"~에 의하여"**(by). 헬라어 문장에서 수동태 동사 뒤에 "~에 의하여"와 같은 기능을 하는 단어를 흔히 찾아볼 수 있다. 인격적인 행위자를 가리키며 속격 명사 앞에 오는 ὑπό나 (예: ὑπὸ τοῦ θεοῦ), 비인격적인 수단을 가리키는 단순 여격(τῷ λογῷ τοῦ θεοῦ)이 그 기능을 한다.

> ἱνατί γὰρ ἡ ἐλευθερία μου κρίνεται ὑπὸ ἄλλης συνειδήσεως;(고전 10:29)
> 그렇다면 무엇 때문에 나의 자유가 다른 사람의 양심에 의해 판단받아야 하는가?

18.23 **수동태.** 수동태 동사는 어떤 의미에서 동사의 행동을 수행하는 주어의 의미를 모두 상실하고, 동사가 주어의 피영향성의 의미를 온전히 전달하는 중간태와 같다. 사실 어떤 학자들은 헬라어가 "능동태"(또는 그들이 "기본태"라고 부르기 선호하는 것)와 "중간태/수동태"(일부가 "중수동태"라고 부르는 것)라는 두 가지 태만 가진 체계라고도 말한다.

18.24 **중간태냐 수동태냐?** 헬라인들에게는 중간태와 수동태를 구분하는 다른 변화형이 없었기 때문

---

6 αεσαι → ασαι → ααι → αι → α. 같은 형태를 가진 3인칭 단수 능동태와 혼동하지 말라. 단어의 형태가 같아도 문맥을 보고 구분할 수 있다.

7 εεσαι → εσαι → εαι → ηι → ῃ.

8 οεσαι → οεαι → οει → οι(불규칙).

에, 동사가 중간태인지 수동태인지 명확하게 하기 위해서는 다른 문맥적 단서에 의존해야 했다. 우리도 같은 방법을 따른다.

요한복음 18:22에서 ἀποκρίνῃ가 중간태인지 수동태인지 어떻게 결정할 수 있는가?

οὕτως ἀποκρίνῃ τῷ ἀρχιερεῖ;(요 18:22)
당신은 대제사장에게 그렇게 <u>대답하는가</u>?

- 동사의 기본형이 ομαι로 끝나면 중간태이거나 디포넌트 동사이다. 이번 장의 단어학습에서 ἀποκρίνομαι, ἔρχομαι, πορεύομαι를 배우게 된다. 각각의 기본형이 ομαι로 끝나기 때문에 중간태만 있고 능동태로 번역되는 동사임을 알 수 있다.
- 동사 뒤에 ὑπό+속격이 붙거나 행위의 주체를 나타내는 여격이 붙으면 수동태로 번역한다.
- 중간태만 있는 동사는 특정 범주에 속한다. 18.13은 단장(ἀπενίψατο)과 변화(ἔρχομαι, πορεύομαι)의 두 가지 범주를 보여준다. 동사의 의미가 이러한 범주에 포함되면 능동태로 번역하라. 다른 범주에 대해서는 18.27을 참조하라.
- 능동의 의미가 문맥에 어울리지 않으면 수동태를 사용하라.

18.25   **분해**. 문맥에서 분리된 현재 중간태/수동태 형태를 분해한다면, 중간태인지 수동태인지 알 수 없을 것이다. 이런 경우는 중간태/수동태로 분해하라고 제안하고 싶지만 선생님께 물어보라.

요약

❶ 동사가 수동태이면 주어는 동사의 행동을 받는다.
❷ 영어는 조동사로 수동태를 만든다. 영어 동사의 시간은 조동사의 시간이 결정한다.
❸ 현재시제 중간태/수동태는 현재시제 어간에 연결 모음과 제1시제 중간태/수동태 어미를 붙여서 만든다. 제1시제 중간태/수동태 어미는 μαι, σαι(연결 모음과 결합하면 η로 변함), ται, μεθα, σθε, νται이다.
❹ 디포넌트 동사는, 형태는 중간태/수동태이지만 능동의 의미를 지닌다. 사전적 형태는 항상 중간태/수동태이지만 의미는 항상 능동이다. 사전적 형태를 보고 디포넌트 동사인지 아닌지를 말할 수 있다.
❺ 현재시제에서 중간태와 수동태는 형태가 같다. 중간태는 대부분 디포넌트 동사이므로 능동의 의미를 지닌다.

❻ 동사가 중간태인지 수동태인지 결정할 수 있도록 문맥적 단서를 찾아보라.

- ομαι로 끝나는 단어 형태는 중간태일 것이다.

- 동사 뒤에 행위자를 지칭하는 단어가 나오면 수동태일 것이다.

- 변화나 단장을 지칭하는 동사가 나오면 중간태일 것이다.

- 능동의 의미가 문맥에 어울리지 않는다면 수동태로 번역하라.

동사 마스터 차트

시제	시상 접두모음	시제 어간	시제 형태소	연결 모음	인칭 어미	1인칭 단수 변화표
현재 능동		현재		ο/ε	제1능동	λύω
현재 중간/수동		현재		ο/ε	제1중간/수동	λύομαι

단어학습

ἀποκρίνομαι	대답하다 (ἀπο+*κριν, 231) −, ἀπεκρινάμην, −, −, ἀπεκρίθην
δεῖ	~해야 하다, ~이 필요하다 (*δει, 101) 이 동사는 항상 3인칭 단수로 사용되고, 주어는 항상 중성이다(과거 시제는 다른 형태를 가진다).
δύναμαι	~할 수 있다, ~할 능력이 있다 (*δυνα, 210)[9] (ἐδυνάμην 또는 ἠδυνάμην), δυνήσομαι, −, −, −, ἠδυνήθην δύναμαι는 연결 모음에 관한 법칙에서 예외에 속하는 몇몇 동사 중 하나이다. δύναμαι는 α를 사용한다.

1인칭 단수	δύναμαι	1인칭 복수	δυνάμεθα
2인칭 단수	δύνασαι 또는 δύνῃ	2인칭 복수	δύνασθε
3인칭 단수	δύναται	3인칭 복수	δύνανται

ἔρχομαι	가다, 오다 (*ἔρχ, *ἐλευθ, 632)[10]
	(ἠρχόμην), ἐλεύσομαι, ἦλθον or ἦλθα, ἐλήλυθα, –, –
νύξ, νυκτός, ἡ	밤 (*νυκτ, 61)[11]
	두 번째 경로를 따라 학습하고 있다면, 이 단어를 우선은 암기해야 한다. 이 형태는 10장에서 설명할 것이다.
ὅστις, ἥτις, ὅτι	누구든지(whoever), 어느 것이든지(whichever) 무엇이든지(whatever) (*ὁ + *τιν, 152)
	이 단어는 관계대명사와 부정대명사가 결합한 것으로(ὅς + τις), 양쪽 모두 변화한다. 부록에서(555쪽) 전체 변화표를 확인하라. 두 번째 경로로 학습하고 있다면, 우선은 이 단어를 암기해야 한다. 이 형태는 10장에서 설명할 것이다.
	ὅστις는 관계대명사와 함께 나오기 때문에 종속절만 이끈다. ὅστις절은 본 주어와 본 동사를 포함할 수 없다.
	코이네 헬라어에서 이 관계-부정대명사가 변화하기 시작했다. 그러면서 관계대명사로도 사용할 수 있었다. 다시 말해 부정의 의미는 사라질 수 있으며, 문맥에 따라 ὅστις는 ὅς와 같이 번역할 수 있다.
	중성 단수 ὅτι는 신약성경에는 나타나지 않는다. 그 대신 ὅ τι(두 개의 단어)가 9번 나온다.
πορεύομαι	가다, 계속하다/나아가다(proceed), 살다 (*πορευ, 153)
	(ἐπορευόμην), πορεύσομαι, –, –, πεπόρευμαι, ἐπορεύθην
συνάγω	모으다, 초대하다, 인도하다 (σύν + *ἀγ, 59)[12]
	συνάξω, συνήγαγον, –, συνῆγμαι, συνήχθην
τόπος, –ου, ὁ	장소, 위치 (*τοπο, 94)[13]
ὡς	~처럼, ~같이, ~하는 것(that), 대략, ~할 때(when), ~후에(after) (504)[14]

---

9   발전기(dynamo)는 기계에너지를 전기에너지로 바꾼다. 비유적으로 많은 에너지를 가진 사람을 표현할 때 사용한다.

10   ἔρχομαι는 각각 다른 시제 어간을 만드는 데 두 가지 어근을 사용한다. 이 내용은 20장에서 다룰 것이다.

11   Nocturnal은 "밤에 일어나는"이라는 뜻이며, 헬라어 νύξ와 관련된 것으로 보인다. 그러나 클라인(Klein)의 설명에 따르면 사실 이 단어는 라틴어 "nocturnus"에서 온 것이다.

12   21장에서 같은 어근에서 나온 명사 συναγωγή를 배울 것이다. 이 단어는 사람들이 함께 모이는 장소를 말한다.

13   지형학(Topology)은 어떤 장소(땅)의 모양을 설명하는 학문이다. 지명(toponym)은 장소(지역)의 이름이다.

신약성경의 전체 단어 수:	138,148
지금까지 배운 어휘 수:	201
이번 장에 나오는 단어의 신약성경 사용 횟수:	2,197
현재까지 배운 단어의 신약성경 사용 횟수:	101,744
신약성경에 사용된 총 단어에 대한 비율:	73.65%

심화학습

중간태 동사의 범주

18.26 중간태 동사(디포넌트 동사)는 의미에 따라 특정 범주에 들어가는 경향이 있다. 다시 말해, 동사의 의미에 주어의 피영향성이라는 개념이 포함되어 있기 때문에, 능동태가 아닌 중간태 형태로만 있게 된다. 우리는 이미 이러한 범주 중 일부를 보았다. 여기에 그 전체 목록이 있다.[15] 계속되는 논의를 살펴보려면 BillMounce.com/middle을 참조하라.

이런 동사들을 디포넌트 동사라고 배운다면, 다음 동사들은 디포넌트 동사로 분류되는 유형이다.

- **동작**(장소 또는 신체 위치의 변화)

    ἐγὼ χρείαν ἔχω ὑπὸ σοῦ βαπτισθῆναι, καὶ σὺ ἔρχῃ πρός με;(마 3:14)
    내가 당신께(당신에 의해) 세례를 받아야 하는데, 당신께서 내게로 <u>오십니까?</u>

    λέγω τούτῳ· πορεύθητι, καὶ <u>πορεύεται</u>(눅 7:8).
    내가 이 사람에게 가라고 말하면 <u>그가 갑니다.</u>

---

14 "대략"이라는 의미의 "about"과 같다.

15 Rachel Aubrey, "Motivated Categories, Middle Voice, and Passive Morphology," in *The Greek Verb Revisited*, ed. Steven E. Runge and Christopher J. Fresch (Bellingham, WA: Lexham Press, 2016), 585, 574-612; Neva F. Miller, *Analytical Lexicon of the Greek New Testament*, ed. Timothy and Barbara Friberg (Victoria, BC: Trafford, 2005), 426-429 을 참조하라. 또한 Allan, *The Middle Voice in Ancient Greek*, 57-124도 참조하라.

κάθημαι βασίλισσα καὶ χήρα οὐκ εἰμί(계 18:7).
나는 여왕으로 <u>앉아 있고</u> (나는) 과부가 아니다.

• 감정

ταῦτα εἶπαν οἱ γονεῖς αὐτοῦ ὅτι ἐφοβοῦντο τοὺς Ἰουδαίους(요 9:22).
그의 부모가 유대인들을 <u>두려워하였기</u> 때문에 이렇게 말했다.

• 단장

μὴ μεριμνᾶτε τῇ ψυχῇ τί φάγητε, μηδὲ τῷ σώματι τί ἐνδύσησθε(눅 12:22).
너희는 목숨을 위하여 무엇을 먹을까 몸을 위하여 무엇을 <u>입을까</u>[16] 염려하지 말라.

• **자발적 과정**(외부 원인이 없는)

ὅταν δὲ αὐξηθῇ μεῖζον τῶν λαχάνων ἐστὶν καὶ γίνεται δένδρον(마 13:32).
그러나 그것이 자라면 모든 풀보다 더 커서 나무가 <u>된다</u>.

• **이익**(어떤 식으로든 대상에게 이익이 되는 행동)

ἐὰν προσεύχωμαι γλώσσῃ, τὸ πνεῦμά μου προσεύχεται(고전 14:14).
내가 방언으로 <u>기도하면</u> 내 영이 기도하기 때문이다.

Ὁ δεχόμενος ὑμᾶς ἐμὲ δέχεται(마 10:40).
너희를 영접하는 사람은 나를 <u>영접하는 것이다</u>.

• **상호**(두 참여자가 관련된 행동)

ἀποκρίνεται Ἰησοῦς, τὴν ψυχήν σου ὑπὲρ ἐμοῦ θήσεις;(요 13:38)
예수께서 <u>대답하셨다</u>. 네가 네 목숨을 나를 위하여 버리겠느냐?

16   우리는 무엇을 입을까 염려할 필요가 없다.

Ἀσπάζεται ὑμᾶς Τιμόθεος ὁ συνεργός μου (롬 16:21).

나의 동역자 디모데가 너희에게 <u>문안한다.</u>

- **재귀**(동사가 주제에 직간접적으로 작용하는 경우는 단장의 동사를 포함할 수 있다)

  ῥίψας τὰ ἀργύρια εἰς τὸν ναὸν ἀνεχώρησεν, καὶ ἀπελθὼν <u>ἀπήγξατο</u> (마 27:5).

  그는 은화들을 성전에 던지고 떠났다. 그리고 떠나면서 <u>그는 (스스로) 목을 매었다.</u>[17]

17　"스스로"라는 의미로 번역되는 특정한 헬라어 단어는 없다. 이 번역은 중간태 ἀπήγξατο에서 나온 것이다.

19 미래 능동태/중간태 직설법 (패턴 1)

본문 주해 맛보기

영어에서 미래시제는 단순한 예측을 나타낸다. 헬라어도 미래시제를 이런 방식으로 사용하곤 한다. 그러나 많은 성경 구절에서 미래시제는 다른 의미를 지닌다. 특별히 구약을 인용할 때(대응하는 히브리어 구문의 영향으로), 명령을 위해 미래시제를 사용한다. "살인하지 말라, 간음하지 말라"와 같은 명령은 하나님의 백성이 따르게 될 행동에 대한 예언이 아니다. 만일 그게 아니라면, 우리는 하나님이 틀렸다고 계속해서 증명하는 격이 아닌가! 그러므로 여기서 미래시제는 명령으로 이해할 수 있다. 문법학자들은 이를 미래시제의 명령적 또는 의지적 용법이라고 부른다. 가끔 영어에서도 나타나는데, 특별히 일상적인 대화에서 사용된다. 예를 들어 한 학생이 나중에 열릴 파티에 대해서 친구들에게 끈질기게, "너는 거기 있게 될 거야"(You will be there!)라고 말했다면, 이것은 예언이 아니라 요구가 된다!

신약성경에서 볼 수 있는 가장 좋은 예는 예수님과 바울이 창세기 2:24을 인용할 때 나타난다. "이러므로 남자가 부모를 떠나 그 아내와 합하여 둘이 한 몸을 이룰지로다." 아담과 하와의 이야기는 문맥상 첫 인류의 자손들 가운데 있을 결혼 생활에 관한 하나님의 예언으로 보는 것이 자연스럽다. 여기에는 분명 부분적으로 예언적 요소가 있을 것이다. 그러나 예수님은 바리새인들이 가진 이혼에 대한 관대한 태도를 반박하기 위해 이 구절을 인용하셨다(마 19:5). 예수님은 하나님의 많은 백성이 이 창조 질서를 어겨왔고, 앞으로도 계속 어길 것이라는 사실을 잘 알고 계셨다. 바울도 에베소의 문란한 이방 문화 속에서 살아가는 그리스도인의 결혼 원칙을 세울 때, 이 구절을 같은 의미로 사용한다(엡 5:31). 예수님과 바울 모두, 창세기 본문의 미래시제 동사를 명령의 의미로 받아들여, 하나님이 우리의 삶에서 배우자에게 신실하도록 명령하신다는 것을 말하고 있다.

오늘날에도 이 명령은 매우 중요하다고 할 수 있다. 그리스도인들이 쓸데없는 이유를 제시하며 성경이 용인하는 범위를 넘어서서 이혼하는 상황이기 때문이다. 결혼하기 전 상담 시간에 나와 아내는 우리를 주례했던 목사님에게 이와 같은 말을 들었다. "결혼 생활을 하다 보면 성경적으로 이혼이 합법적일 수밖에 없는 최악의 경우가 생길 수 있습니다. 그러나 여러분이 혼인 관계를 유지하면서 해결할 방법을 찾으려고 한다면, 반드시 찾을 수 있을 것입니다. 최악의 상황이 일어나도, 절대 이혼하지 않고 서로에게 헌신하는 것이 훨씬 아름답습니다. 그다음 여러분은 하나님께로 돌아가고, 믿음의 친구들에게로 돌아가며, 이 어려운 시기를 겪고 있는 서로에게로 돌아가야 합니다. 그러면 하나님께서 자신의 신실함을 드러내실 것입니다." 30년이 지난 지금도 우리는 이 조언을 주의해서 따르고 있다. 앞으로 살아갈 동안에도 계속 그럴 것이다. 물론 결혼 생활을 하면서 다툼이 있기는 했지만, 결혼 생활을 심각하게 위협하는 일은 생기지 않았다. 우리가 하나님의 **명령**에 충실할 때, 하나님은 여전히 신실하시다. 이 명령 중 일부는 미래시제로 "숨어서" 우리에게로 찾아온다.

크레이그 블룸버그

개요

이번 장에서 배울 내용은 다음과 같다.

- 미래시제는 미래에 일어날 일을 가리킨다.
- 미래시제 어간은 현재시제 어간이 아니라 동사 어근에서 만들어진다.
- 미래는 미래시제 어간에 σ를 첨가하고, 제1시제 인칭 어미를 붙여서 만든다(λύσω).
- 축약동사 안에 있는 σ 앞의 축약 모음은 길어진다(ἀγαπήσω).
- 폐쇄음의 사각형을 아는 것은 미래시제를 파악하는 데 특별히 도움이 된다.

영어로 개념 잡기

19.1   미래시제는 미래에 일어날 행동을 묘사한다. 미래형을 만들기 위해서는 동사의 현재시제 어간에 조동사(will)를 붙인다.[1]

---

1   예전 영어에서 미래시제를 만드는 기본적인 규칙은 1인칭에 "shall"을 사용하고, 2, 3인칭에는 "will"을 사용하는

19.2 **번역.** 헬라어의 미래시제는 영어의 미래시제와 의미가 같아서 미래에 일어날 행동을 묘사한다. 미래시제는 시상이 그렇게 중요하지 않다. 이 시제는 지속적인 시상("I will be seeing"[나는 계속 볼 것이다])으로 번역하지 말고, 부정적인 시상("I will see"[나는 볼 것이다])으로 번역하라.

> ἀγαπήσεις τὸν πλησίον σου ὡς σεαυτόν(마 19:19).
> 너는 네 이웃을 네 자신과 같이 <u>사랑할 것이다</u>(또는 <u>사랑하라</u>).

헬라어의 모든 시제 가운데 미래시제가 시간을 가장 강조하는데, 이 시제는 미래에 일어날 행동을 묘사한다.

동사 어근과 시제 어간

19.3 **네 가지 패턴.** 동사 어근이 현재시제 어간을 만드는 방법에는 네 가지 패턴이 있다. 이 패턴들은 다른 시제에서도 이어지므로 이것을 익히는 것이 중요하다. 이번 장에서는 패턴 1을 배우게 된다. 이 패턴에 속하는 동사들은 현재시제 어간을 만들 때 어근이 변하지 않는다. 즉 <u>현재시제 어간과 미래시제 어간이 어근과 동일하다</u>.[2]

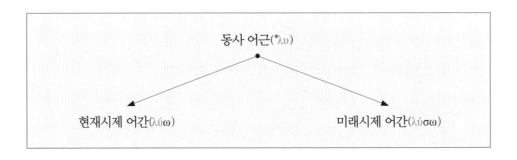

예를 들어, 어근 *λυ는 현재시제 어간(λύω)과 미래시제 어간(λύσω)을 만드는 데 사용된다.

것이었다. 예를 들면, "I shall work hard", "You will work hard", "He will slack off"라는 문장이 있다. 그러나 오늘날에는 이 구별이 사라지고, 직설법에서는 모두 "will"을 사용한다.

2   학생들이 미래시제 어간의 형태를 암기해야 한다고는 생각하지 않는다. 이 규칙은 형태를 알아보는 정도로만 알아도 충분하지만, 선생님마다 다를 수 있으니 물어보라.

19.4 **세 가지 범주.** 패턴 1에 속하는 동사는 세 가지 범주로 분류한다. 이 범주에 해당하는 동사를 보면, 현재시제 어간과 미래시제 어간이 어근과 같다는 것을 알 수 있다.

범주	어근	현재시제	미래시제
ι/υ으로 끝나는 어근	*ἀκου	ἀκούω	ἀκούσω
축약동사	*ποιε	γποιέω	ποιήσω[3]
폐쇄음으로 끝나는 어근	*βλεπ	βλέπω	βλέψω[4]

헬라어를 더 깊이 공부할수록 이 세 가지 범주가 중요하다는 것을 알게 될 것이다. 동사를 볼 때면 어떤 시제인지 궁금해질 것이다. 이 동사가 패턴 1에 속하는 동사라는 사실을 알면, 그 동사를 쉽게 분해할 수 있을 것이다.

패턴 1: 어근이 변하지 않는 경우

앞서 말한 대로, 동사는 미래시제 어간을 만들 때 네 가지 패턴을 따른다. 패턴 1의 동사는 현재와 미래 능동태에서 모두 같은 어간을 사용한다. 즉 현재시제 어간과 미래시제 어간이 어근과 동일하다. 동사의 최종 형태는 시제 형태소 및 다른 요소의 영향을 받아 변하지만, 그래도 어간은 같다. 많은 동사가 이 패턴에 속하는데, 이 동사들은 배우기가 쉽다. 이 패턴은 세 범주(어근이 ι/υ으로 끝나는 동사, 축약동사, 어근이 폐쇄음으로 끝나는 동사)로 분류한다. 우리가 이미 알고 있는 부분이다.

---

3   ε은 σ 앞에서 η로 길어진다.
4   어간에 있는 π가 미래시제에서 σ와 결합하면, πσ가 ψ로 변한다(19.18).

19.5 **개관표: 미래 능동태 직설법**

미래 능동태 시제 어간 + 시제 형태소(σ) + 연결 모음(o/ε) + 제1시제 능동태 인칭 어미

λυ + σ + o + μεν → λύσομεν

19.6 **미래시제 어간.** 19.4에서 말한 것처럼, 패턴 1에 속한 동사들은 현재시제 어간과 미래시제 어간에서 같은 어근을 사용한다. 즉 현재시제 어간과 미래시제 어간이 어근과 동일하다.[5]

19.7 **시제 형태소.** 미래시제는 미래시제 어간과 연결 모음 사이에 σ를 첨가하여 만든다. 이 σ를 "시제 형태소"라고 부르는데, 이 σ가 미래시제를 만들기 때문이다.

λύσω

시제 형태소는 일종의 형태소로 인칭 어미와 같은 것이다.

19.8 **연결 모음.** 연결 모음은 현재시제와 같다.

λύσομεν

λύσετε

19.9 **인칭 어미.** 미래 능동태 직설법은 현재 능동태와 같은 제1시제 능동태 어미를 사용한다. 현재시제처럼 ω, εις, ει, ομεν, ετε, ουσι 어미 변화를 따르며, 연결 어미와 함께 축약된다.

---

5   엄밀히 말하면 이 시제 어간은 미래 능동태/중간태 시제 어간이다. 현재시제처럼 능동태와 중간태 모두 같은 어간으로 만들어진다.

19.10 변화표: 미래 능동태 직설법

	형태	번역	연결 모음	어미	현재 능동태
1인칭 단수	λύσω	내가 풀어줄 것이다.	ο	–	λύω
2인칭 단수	λύσεις	네가 풀어줄 것이다.	ε	ς	λύεις
3인칭 단수	λύσει	그/그녀/그것이 풀어줄 것이다.	ε	ι	λύει
1인칭 복수	λύσομεν	우리가 풀어줄 것이다.	ο	μεν	λύομεν
2인칭 복수	λύσετε	너희가 풀어줄 것이다.	ε	τε	λύετε
3인칭 복수	λύσουσι(ν)	그들이 풀어줄 것이다.	ο	νσι	λύουσι(ν)

중간복습

- 미래는 미래에 일어날 행동을 묘사한다. 시상은 시간보다 부차적이다.
- 헬라어 동사에는 여섯 가지 기본 형태가 있다. 시제 어간은 한 시제에서 사용되는 동사의 기본 형태를 말한다.
- 패턴 1에 속하는 동사들(어근이 ι/υ으로 끝나는 동사, 축약동사, 어근이 폐쇄음으로 끝나는 동사)은 현재시제 어간을 만들 때 어근을 그대로 사용한다.
- 미래 능동태 직설법은 미래 능동태 시제 어간 + 시제 형태소(σ) + 연결 모음 + 제1시제 능동태 인칭 어미로 만든다.

미래 중간태 직설법

19.11 현재시제에서는 중간태와 수동태의 형태가 같다. 미래시제에서는 중간태와 능동태 및 수동태의 형태가 다르다(24장에서 미래 수동태를 배울 것이다). 미래 중간태는 미래 능동태 시제 어간에서 만들지만, 제1시제 중간태/수동태 어미를 사용한다(예: πορεύσω가 아니라 πορεύσομαι).

19.12 개관표: 미래 중간태 직설법

미래 능동태 시제 어간 + 시제 형태소(σ) + 연결 모음(o/ε) + 제1시제 수동태 인칭 어미

πορευ + σ + ο + μαι → πορεύσομαι

19.13 변화표: 미래 중간태 직설법

	형태	번역	연결 모음	어미	현재 중간태
1인칭 단수	πορεύσομαι	나는 갈 것이다.	ο	μαι	λύομαι
2인칭 단수	πορεύσῃ	너는 갈 것이다.	ε	σαι	λύῃ
3인칭 단수	πορεύσεται	그/그녀/그것이 갈 것이다.	ε	ται	λύεται
1인칭 복수	πορευσόμεθα	우리는 갈 것이다.	ο	μεθα	λυόμεθα
2인칭 복수	πορεύσεσθε	너희는 갈 것이다.	ε	σθε	λύεσθε
3인칭 복수	πορεύσονται	그들은 갈 것이다.	ο	νται	λύονται

19.14 εἰμί의 미래형

εἰμί의 미래시제는 중간태 디포넌트 동사이고 어근은 *εσ이다. 이 변화표를 암기하라.

	형태	번역	미래중간태
1인칭 단수	ἔσομαι	나는 될 것이다.	πορεύσομαι
2인칭 단수	ἔσῃ	너는 될 것이다.	πορεύσῃ
3인칭 단수	ἔσται[6]	그/그녀/그것은 될 것이다.	πορεύσεται

---

6   연결 모음이 보이지 않는 것에 주목하라.

1인칭 복수	ἐσόμεθα	우리는 될 것이다.	πορευσόμεθα
2인칭 복수	ἔσεσθε	너희는 될 것이다.	πορεύσεσθε
3인칭 복수	ἔσονται	그들은 될 것이다.	πορεύσονται

헬라어 시제 개관

19.15 **다섯 가지 시제, 일곱 가지 형태.** 코이네 헬라어에는 다섯 가지 시제가 있다.[7] 우리는 이미 현재시제를 배웠고, 지금 미래시제를 배우는 중이다. 아직 미완료과거, 부정과거, 현재완료는 배우지 않았다. 그헬라어 동사는 시제와 태가 어떻게 조합되는지에 따라 일곱 가지 형태로 구분할 수 있다. 다른 시제들을 아직 배우지는 않았지만, 일단 아래의 표를 주의 깊게 살펴보자.[8]

헬라어	시제/태	번역
ἀγαπάω	현재 능동태	나는 사랑한다(I love).
ἠγάπων	미완료과거 능동태	나는 사랑하고 있었다(I was loving).
ἀγαπήσω	미래 능동태	나는 사랑할 것이다(I will love).
ἠγάπησα	부정과거 능동태	나는 사랑했다(I loved).
ἠγάπηκα	현재완료 능동태	나는 사랑해 왔다(I have loved).
ἠγάπημαι	현재완료 수동태	나는 사랑받아 왔다(I have been loved).
ἠγαπήθην	부정과거 수동태	나는 사랑받았다(I was loved).

7   사실 두 가지 시제가 더 있었는데 과거완료와 미래완료이다. 하지만 코이네 헬라어에서는 이 두 시제가 사용되고 있지 않다.

8   헬라어 동사가 왜 그 형태로 변화하는지, 즉 왜 α가 η(ἀγαπώ → ἠγάπων)로 변하는지, θην(ἠγαπήθην)처럼 동사 끝에 있는 글자는 무엇인지 등을 알고 싶을 수 있다. 하지만 조금만 참자. 이번 장에서 다룰 내용만으로도 충분하다. 일단은 동사 체계의 전반적인 구조를 파악할 수 있어야 한다.

19.16 **동사의 여섯 가지 기본형**. 사전에서 동사를 찾으면, 다음과 같은 목록을 볼 수 있다.[9]

$$λύω, λύσω, ἔλυσα, λέλυκα, λέλυμαι, ἐλύθην$$

이것을 위의 표와 비교해 보라. 사전에서는 동사의 1인칭 단수형을 현재(λύω), 미래 능동태 (λύσω), 부정과거 능동태(ἔλυσα), 현재완료 능동태(λέλυκα), 현재완료 중간태/수동태(λέλυμαι), 부정과거 수동태(ἐλύθην)로 나열하고 있다. 그러므로 동사의 미래형을 알고 싶으면, 사전에서 두 번째 형태를 살펴보아야 한다. λύσω는 λύω의 미래형이다. 만약 동사가 미래 능동태로는 나타나지 않고 미래 중간태로만 나타난다면, 두 번째 형태는 ομαι로 끝나는 형태가 된다.

πορεύομαι *πορευ (153)   가다/오다, 나아가다, 살아가다
πορεύσομαι, -, -, πεπόρευμαι, ἐπορεύθην

이 책에서 시제 어간 대신 줄표(-)가 나오면, 신약성경에서 그 시제 어간은 나타나지 않는다는 뜻이다. πορεύομαι는 신약성경에서 부정과거 능동태와 현재완료 능동태로는 나타나지 않는다.

기타 사항

19.17 **축약동사**. 지금까지 축약모음이 연결 모음과 만날 때 축약이 일어나는 것을 배웠다. 그러나 축약모음이 다른 모음과 만나지 않는다면 어떤 일이 일어나게 될까?

축약모음 바로 다음에 시제 형태소가 따라오는 미래시제에서 그런 일이 발생한다. 이 경우, **시제 형태소 앞에서 축약모음은 길어진다.** α/ε은 η로 길어지고, ο은 ω로 길어진다.[10]

$$*ἀγαπα + σ + ω → ἀγαπήσω$$
$$*ποιε + σ + ω → ποιήσω$$
$$*πγηρο + σ + ω → πληρώσω$$

---

9   이 책을 보면 현재형과 미래형 사이에 다음과 같이 나열되어 있는 것을 볼 수 있다. λύω, (ἔλυον), λύσω, ἔλυσα, λέλυκα, λέλυμαι, ἐλύθην. 여기서 괄호 안의 형태는 미완료과거시제이다. 왜 이런 방식으로 분류하는지는 21장에서 설명할 것이다.

10   *MBG*, §43.2에서 전체 변화표를 볼 수 있다.

앞으로 공부하겠지만, 시제 형태소 앞에서 일어나는 이런 장음화는 시제 형태소가 있으면 언제든 발생한다. 단지 미래시제에서만 일어나는 것이 아니다. 길어진 축약모음 위에 항상 악센트가 있다는 사실에 주의하라.

19.18 **폐쇄음의 사각형**. 폐쇄음으로 끝나는 동사 어간에, 미래시제를 만들기 위해 σ를 첨가하면, 폐쇄음으로 끝나는 3변화 명사의 변화와 똑같은 변화가 일어난다(예: *σαρκ + σ → σάρξ). 인칭 어미 앞에 ψ/ξ가 보이면(예: βλέψω, διώξω), σ가 있다고 가정하는 것이 비교적 안전하다.

아래 표는 폐쇄음의 사각형이다. 네 번째 열(ψ, ξ, σ)은 폐쇄음이 σ와 만나면 어떤 자음으로 변하는지 보여준다.

순음	π	β	φ	→	ψ
연구개음	κ	γ	χ	→	ξ
치음	τ	δ	θ	→	σ

순음	πσ → ψ		
	βσ → ψ	βλεπ + σω → βλέψω	
	φσ → ψ	γραφ + σω → γράψω	

연구개음	κσ → ξ	διωκ + σω → διώξω
	γσ → ξ	αγ + σω → ἄξω
	χσ → ξ	ἐλεγχ + σω → ἐλέγξω

치음	τσ → σ	
	δσ → σ	βαπτιδ + σω → βαπτίσω
	θσ → σ	πειθ + σω → πείσω

19.19 **디포넌트 동사**. 동사는 현재시제에서 디포넌트라는 이유로 미래시제에서도(다른 시제에서도) 디포넌트가 되지는 않는다. 그렇다면 동사가 미래시제에서 디포넌트인지 어떻게 알 수 있을까?

패턴 1 동사에서는 현재와 미래 능동태에서 같은 시제 어미가 붙는다. 현재가 디포넌트이면 미래도 대부분 디포넌트이다. 그 반대도 마찬가지이다.

ἐγὼ ἀπὸ τοῦ νῦν εἰς τὰ ἔθνη <u>πορεύσομαι</u>(행 18:6).

이제부터 (나는) 이방인에게로 <u>갈 것이다</u>.

그러나 어떤 동사의 형태가 예외가 아니라는 것을 확인하고 싶다면 어떻게 해야 할까? 일단 사전에서 동사를 찾아볼 수 있는데, 여기서 두 번째 시제 형태가 -ομαι로 끝난다면, 미래에서도 디포넌트 동사이다.

πορεύομαι, πορεύσομαι, -, -, πεπόρευμαι, ἐπορεύθην

요약

❶ 미래시제는 미래에 일어날 행동을 가리킨다. 대체로 부정적 시상을 나타낸다.

❷ 패턴 1에 속하는 동사들(어근이 ι/υ으로 끝나는 동사, 축약동사, 어근이 폐쇄음으로 끝나는 동사)은 현재시제 어간을 만들 때 어근을 그대로 사용한다. 따라서 이 동사들은 현재시제 어간과 미래시제 어간이 동일하다.

❸ 미래 능동태 직설법은 미래 능동태 시제 어간 + 시제 형태소(σ) + 연결 모음(ο/ε) + 제1시제 능동태 인칭 어미로 만든다.

❹ 축약동사는 시제 형태소 앞에 있는 축약모음을 길게 만든다.

❺ 폐쇄음의 사각형은 미래시제에서 특히 유용하다. 폐쇄음으로 끝나는 동사 어간이 시제 형태소 σ와 결합하면, 순음은 ψ로, 연구개음은 ξ로 변하고, 치음은 탈락한다.

❻ εἰμί 동사의 미래형을 암기하라.

동사 마스터 차트

시제	시상 접두모음	시제 어간	시제 형태소	연결 모음	인칭 어미	1인칭 단수 변화형
현재 능동		현재		ο/ε	제1능동	λύω
현재 중간/수동		현재		ο/ε	제1중간/수동	λύομαι

미래 능동		미래 능동	σ	o/ε	제1능동	λύσω
미래 중간		미래 능동	σ	o/ε	제1중간/수동	πορεύσομαι

단어학습

중요한 것은 이렇게 다른 시제 형태들을 무턱대고 처음부터 외우기만 해서는 안 된다는 점이다. 규칙들을 적용하는 법을 배우고 형태를 파악하는 데 집중하라. 여러 다른 시제 형태들을 보면서, 이렇게 스스로 질문해 보아야 한다. "나는 이 형태를 보고 무엇인지 알 수 있는가? 서로 다른 이 형태들이 어떻게 관련되어 있는지 이해하는가?" 만약 특정 시제 형태를 알아보지 못할 것 같다면 암기해야 한다.

부록을 보면 "신약성경에서 50번 이상 나오는 동사의 시제 형태"(587쪽)라는 목록이 있다. 여기에는 이 책에서 배우는 모든 동사가 나오고, 각각의 시제에서 나타나는 형태들을 모두 나열했다. 외워야 할 형태는 모두 녹색으로 강조했다. 이 목록을 반복해서 참조하라. BillMounce. com에 있는 20과 온라인 수업에도 이러한 동사표가 있으니, 마음껏 표시해도 된다. 이번 장까지는 λέγω, οἶδα, ἔρχομαι의 미래형은 신경 쓰지 않아도 된다.

βασιλεύς, −έως, ὁ	왕 (*βασιλευ, 115)[11]
γεννάω	낳다, 생산하다 (*γεννα, 97)[12]
	γεννήσω, ἐγέννησα, γεγέννηκα, γεγέννημαι, ἐγεννήθην
ζάω	살다 (*ζα, 140)[13]
	(ἔζων), ζήσω, ἔζησα, −, −, −
Ἰουδαία, −ας, ἡ	유대 (*ιουδαια, 43)[14]

11 βασιλεία와 같은 어근에서 나온 명사이다. 접미사 ευς는 그 명사에 관련된 사람을 묘사하기 위해 자주 사용한다 (예: ἁλιεύς[어부], γραμματεύς[서기관], ἱερεύς[제사장]).

12 Gen은 다른 단어와 결합하여 "만들어진 것"을 의미한다. 수소(Hydrogen)는 산화의 결과로 물(ὕδωρ)을 만든다.

13 동물학(Zoology)은 생물을 연구하는 학문이다. 클라인은 이 단어가 현대 헬라어 ζῳολογία에서 온 것이라고 주장한다. 이것은 ζῷον + λογία에 기초하고 있다.

14 이 단어는 50번보다 적게 나오지만, 같은 어근에서 나온 형용사 Ἰουδαῖος와 매우 비슷하므로 알아두어야 한다.

Ἰουδαῖος, −αία,	(*ἰουδαιο, 195)[15]
−αῖον	형용사: 유대인의
	명사: 유대인

| Ἰσραήλ, ὁ | 이스라엘 (*Ἰσραηλ, 68) |
| | Ἰσραήλ은 변화하지 않기 때문에, 속격 형태가 없다. |

| καρπός, −οῦ, ὁ | 열매, 작물, 결과 (*καρπο, 66)[16] |

| μείζων, −ον | 더 큰 (*μειζον, 46) |
| | μείζων는 신약성경에 48번만 나타난다. 신약성경에 매우 자주 나타나는 형용사 μέγας의 비교급이기 때문에, 여기에 포함했다. 중성 대격 단수(μεῖζον)는 부사적으로 사용할 수 있다. 부록의 전체 변화 표를 살펴보라(a−4b[1], 556쪽). πλείων와 같이 뒤에 속격 단어가 붙는다. 핵심 단어로 "~보다"(than)를 사용할 수 있다. |

ὅλος, −η, −ον	(*ὅλο, 109)
	형용사: 전체의/온, 완전한
	부사: 완전히, 전적으로
	ὅλος가 형용사로 나올 때는 종종 서술적 위치에 나타난다.

| προσκυνέω | 예배하다, 경배하다 (*προσκυνε, 60) |
| | (προσεκύνουν), προσκυνήσω, προσεκύνησα, −, −, − |

신약성경의 전체 단어 수:	138,148
지금까지 배운 어휘 수:	211
이번 장에 나오는 단어의 신약성경 사용 횟수:	940
현재까지 배운 단어의 신약성경 사용 횟수:	102,684
신약성경에 사용된 총 단어에 대한 비율:	74.33%

---

15 Ἰουδαῖος는 형용사로 9번, 명사로 186번 나타난다.
16 Carpology(과실학)은 과실(열매)을 연구하는 학문이다.

단어복습

새로운 시제를 배우게 되면, "단어복습" 부분에서 이미 알고 있는 단어의 새로운 시제 형태들을 나열할 것이다. 이 단어들은 꼭 복습해야 한다.

규칙동사(패턴 1-1)

어근	현재	미래
*ἀκου	ἀκούω	ἀκούσω
*ἀποκριν	ἀποκρίνομαι	–
*δυνα	δύναμαι	δυνήσομαι[17]
*λυ	λύω	λύσω
*πιστευ	πιστεύω	πιστεύσω
*πορευ	πορεύομαι	πορεύσομαι

축약동사(패턴 1-2)

어근	현재	미래
*ἀγαπα	ἀγαπάω	ἀγαπήσω
*ζητε	ζητέω	ζητήσω
*καλεϝ[18]	ϙκαλέω	καλέσω
*λαλε	λαλέω	λαλήσω
*πληρο	πληρόω	πληρώσω
*ποιε	ποιέω	ποιήσω
*τηρε	τηρέω	τηρήσω

어간이 폐쇄음으로 끝나는 동사(패턴 1-3)

어근	현재	미래
*βλεπ	βλέπω	βλέψω
*σεχ	ἔχω	ἕξω[19]
*συν + *ἀγ	συνάγω	συνάξω

어근이 다른 동사(패턴 2)

어근	현재	미래
*ἐρχ; *ἐλευθ	ἔρχομαι	ἐλεύσομαι
*λεγ; *ἐρ	λέγω	ἐρῶ
*οἰδ; *ϝιδ	οἶδα	εἰδήσω

주해 원리

1. 미래시제는 기본적으로 미래에 일어날 어떤 일을 묘사한다(예언적 미래).

> ὁ ἐναρξάμενος ἐν ὑμῖν ἔργον ἀγαθὸν ἐπιτελέσει(빌 1:6).
> 너희 안에서 선한 일을 시작하신 이가 이루실 것이다.

2. 헬라어의 미래시제는 명령을 표현할 수도 있다(명령적 미래).

> ἀγαπήσεις κύριον τὸν θεόν σου(마 22:37).
> (너는) 주 너의 하나님을 사랑하라.

---

17   축약동사처럼 α가 η로 길어졌다.

18   καλέω는 축약모음이 길어지지 않는 몇몇 동사 중 하나이다. ε 뒤에 있던 장음 디감마(καλεϝ, 17.17 참조)가 없어졌기 때문이다. 디감마가 있었기에 ε이 길어지지 않는다.

19   미래형에 있는 거친 숨표(')를 주목하라. *MBG*, 260n10을 참조하라.

3. 미래는 또한 일반적인 사건이 일어날 것을 언급할 수도 있다. 이것은 특별한 사건을 염두에 두고 말하는 것이 아니라, 일반적인 사건들이 일어날 것을 말하는 것이다(격언적 미래).

μόλις γὰρ ὑπὲρ δικαίου τις ἀποθανεῖται(롬 5:7).
왜냐하면 의인을 위하여 죽을 사람은 거의 없기 때문이다.

20 동사 어근
(패턴 2-4)

본문 주해 맛보기

히브리서 저자는 히브리서 첫 장에서 구약성경의 시편 102:25-27을 인용한다. 여기에 이번 장에서 설명하게 될 많은 흥미로운 동사 형태들이 들어 있다. 1세기의 랍비들은 압도적인 논증을 위해 여러 구절을 서로 연결했다. 히브리서 1:10-12에 나타난 시편 102편의 인용은, 예수님이 천사들보다 뛰어나고, 우리의 온전한 헌신을 받기에 합당하다는 강한 증거를 제시하기 위해서, 저자가 엮어 놓은 구절들 가운데 하나이다. 이 시편은 특별히 하늘과 땅의 창조주와 종결자라는 예수님의 역할에 기초해서 그가 뛰어난 분이라는 사실을 선포한다. 이 구절이 전하고자 하는 바는 다음과 같다. 천사들은 피조물에 불과하지만, 우리의 상상을 초월할 정도로 능력이 많은 하나님의 아들은 만물의 창조주로서 온 우주를 다스린다. 그러므로 그는 마지막 날에 모든 창조 질서를 완성할 것이다! 그는 최후의 종결자가 될 것이다!

히브리서 1:11에서 인용된 시편의 첫 부분에 특별히 주목해야 하는데, 이 구절은 종말에 있을 창조 질서의 완성을 다루고 있다. 여기에 사용한 미래시제는 종말에 일어날 일을 말한다는 점에서 "예언적 용법"이다. 시편은 하늘과 땅에 대해 "그것들은 **멸망할 것이다**"라고 말한다. 나아가 시편은 창조 질서를 다스리는 예수님의 통치권(lordship)에 대해 "그것들은(천지는) 다 옷과 같이 **낡아지리니** 의복처럼 **갈아입을 것이요** 그것들은 옷과 같이 변할 것이나"라고 말한다. 예수님은 군건한 토대로 그의 창조 세계를 안정시켰어도, 절대 그 세계를 영원히 지속시킬 의도가 없으셨다. 사실 하늘과 땅은 언젠가 옷과 같이 낡아질 것이다. 그날이 오면 그것들은 더는 필요하지 않기 때문에 둘둘 말아서 치워야 한다(옷장에 있는 낡고 해진 오래된 스웨터를 생각해 보라!). 예수님은 당신의 뛰어난 능력 때문에 그 일을 할 수 있는 유일한 분이 되신다. 창조 세계와 달리 그는 "여전하여" 그의 연대가 **다함이 없을 것이다**. 온 우주의 영원한 주님으로서 모든 만물을 창조하고 마지막 날에 만물을 완성하는 능력을 지닌 하나님의 아들 예수님은 우리의 예배와 모든 삶의 완전한 헌신을 받기에 합당한 분이시다!

조지 거스리(George H. Guthrie)

개요

이번 장에서 배울 내용은 다음과 같다.
- 몇몇 동사 어근은 현재시제 어간을 만들 때 어근이 변하지만, 다른 시제 어간을 만들 때는 영향을 미치지 않는다.
- 유음동사 미래형을 배운다.

동사 어근과 시제 어간

20.1 **패턴** 1. 지난 장에서는 패턴 1 동사는 현재시제 어간을 만들 때 어근이 변하지 않는다고 배웠다. 즉 현재어간과 미래어간이 같다.

이 패턴에 속한 동사에는 ι/υ으로 어간이 끝나는 동사(*ἀκου → ἀκούω, ἀκούσω), 폐쇄음으로 어간이 끝나는 동사(*βλεπ → βλέπω, βλέψω), 축약동사(*ἀγαπα → ἀγαπάω, ἀγαπήσω)가 있다.

20.2 **패턴** 2-4. 이번 장에서는 현재시제 어간을 만들 때 어근이 변하는 동사를 배우게 된다. 따라서 현재어간과 미래어간이 다르다(*βαλ → βάλλω, βαλῶ). 어근은 동사의 기본 형태임을 기억하라. 어간은 특정한 시제를 가진 동사의 기본 형태이다.[1]

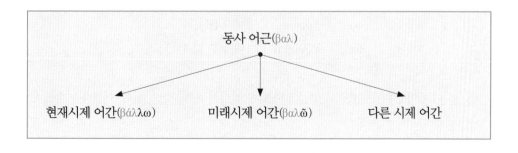

동사 어근(βαλ)

현재시제 어간(βάλλω)   미래시제 어간(βαλῶ)   다른 시제 어간

---

1   어간에는 시제 형태소나 시상 접두 모음이 포함되지 않는다. 시상 접두 모음은 다음 장에서 배우게 된다.

20.3   모든 현재시제 형태의 어근을 외우라. 이것만 암기하면 이번 장은 이 책에서 가장 쉬운 장이 될수도 있다. 어근과 현재시제 어간이 다를 수도 있지만, 대부분의 경우 어근은 다른 시제 어간과 같거나 유사하다. 모든 시제 어간은 어근에서 형성되며, 현재시제 어간은 모든 시제 어간 중에서 가장 많이 변화된 것임을 기억하라. 이것을 알지 못하면 수백 가지의 "불규칙한" 형태를 외워야 하기 때문에 혼란스러워지고 낙담할 수도 있다.[2]

패턴 2: 다른 어근들을 사용하는 경우

20.4   어떤 동사들은 미래시제에서 완전히 다른 형태를 가진다.
- ὁράω("보다")는 어근 *ὁρα에서 나왔다.
- ὁράω의 미래형은 ὄψομαι이다. 이 동사는 어근 *ὀπ에서 나왔다. 여기에 σ가 붙으면 πσ가 ψ로 변한다.

ὄψομαι는 불규칙한 형태가 아니다. 이 동사가 다른 어근에서 나왔다는 것을 안다면 완벽하게 규칙 변화된 형태임을 알 수 있다. 신약에는 9개의 동사에만 이 형태가 나타난다(*MBG*, v-8 참조). 첫 세 단어는 아래와 같고, 여섯 개의 단어가 더 존재한다. 이 단어들은 매우 자주 등장한다.

(현재)	*ἐρχ	→ ἔρχομαι	내가 온다.
(미래)	*ἐλευθ	→ ἐλεύσομαι	내가 올 것이다.
(현재)	*λεγ	→ λέγω	내가 말한다.
(미래)	*ἐρ	→ ἐρῶ	내가 말할 것이다.
(현재)	*ὁρα	→ ὁράω	내가 본다.
(미래)	*ὀπ	→ ὄψομαι	내가 볼 것이다.

이 단어들은 두 어근 모두 쉽게 외울 수 있어서 분해하기가 쉽다. 어근마다 다른 단어 카드를

---

2   대다수 문법책은 이런 변화들에 대해서 미래시제와 부정과거시제가 λ를 "잃었다"고 설명한다. 이 설명이 처음에는 쉬울 수 있지만 심각한 오류이다. 현재시제 어간은 절대 다른 시제 어간을 형성하지 않는다!

만들 수도 있다.

패턴 3: 유음동사의 미래

20.5 엄밀히 말하면, 유음동사의 미래형은 패턴 4에 속한다. 그러나 모든 헬라어 선생님은 학생들이 유음동사가 어떻게 만들어지는지 배우길 원한다. 어떤 선생님은 패턴 4와 같은 방식으로 변한다고 생각하지 않을 수 있다. 따라서 이 책에서는 유음동사의 미래형을 패턴 4에서 분리했다.

20.6 유음동사는 대부분 규칙적으로 만들어진다.
- 그러나 조금 다른 시제 형태소를 사용한다.
- 대개 현재시제와 미래시제 어간이 조금 다르다.

20.7 자음 λ, μ, ν, ρ는 "유음"이라고 부른다. 이 글자들을 발음할 때, 공기가 혀(λ, ρ) 주위에 흐르거나, 소리가 코(μ, ν)를 거쳐 가기 때문이다.[3] 동사 어근의 마지막 글자가 유음이면, 이 동사를 "유음동사"라고 부른다.[4]

20.8 **개관표: 미래 능동태 직설법(유음)**

미래 능동태 시제 어간 + 시제 형태소(εσ) + 연결 모음(o/ε) + 제1시제 능동태 인칭 어미

$$μεν + εσ + o + μεν → μενοῦμεν$$

σ를 시제 형태소로 사용하지 않는 대신 연결 모음 앞에 εσ를 붙인다. 그러나 이 σ는 두 모음 사이에 올 때 탈락하는 경향이 있다. 이것을 "모음 사이의 시그마"(intervocalic)라고 부른다. 그러

---

3   엄밀히 말하면, λ, ρ만 유음이라고 할 수 있다. μ, ν는 "비음"이라고 부른다. 그러나 유음과 비음은 같은 방식으로 변하기 때문에 대개 "유음"으로 함께 분류한다.

4   사실 현재시제 어간이 유음으로 끝난다고 해서 모두 유음동사로 분류하지는 않는다. 이것은 원래 어간에 유음이 포함되어 있었는가에 달려 있다(어떤 동사들은 현재시제를 만들기 위해 어근에 유음을 붙이는데, 이런 동사는 미래시제 어간이 유음으로 끝나지 않기 때문에 유음 미래형을 가질 수 없다). 어떤 동사가 미래형에서 유음인지를 알 수 있는 방법은 사전을 찾아서 암기하는 것뿐이다.

고 나서 ε과 연결 모음이 결합하여 축약된다.[5]

$$\mu\epsilon\nu + \epsilon\sigma + o + \mu\epsilon\nu \longrightarrow \mu\epsilon\nu\epsilon o\mu\epsilon\nu \longrightarrow \mu\epsilon\nu o\tilde{\upsilon}\mu\epsilon\nu$$

미래시제를 만드는 이런 방식은 동사의 의미에 영향을 미치지 않으며, 오직 형태에만 영향을 미친다.

20.9 **변화표: 미래 능동태 직설법(유음)**

	유음	번역	현재 축약	현재 유음
1인칭 단수	μενῶ	나는 갈 것이다.	ποιῶ	μένω
2인칭 단수	μενεῖς	너는 갈 것이다.	ποιεῖς	μένεις
3인칭 단수	μενεῖ	그/그녀/그것이 갈 것이다.	ποιεῖ	μένει
1인칭 복수	μενοῦμεν	우리는 갈 것이다.	ποιοῦμεν	μένομεν
2인칭 복수	μενεῖτε	너희는 갈 것이다.	ποιεῖτε	μένετε
3인칭 복수	μενοῦσι(ν)	그들은 갈 것이다.	ποιοῦσι(ν)	μένουσι(ν)

20.10 **개관표: 미래 중간태 직설법(유음)**

미래 능동태 시제 어간 + 시제 형태소(εσ)
+ 연결 모음(ο/ε) + 제1시제 중간태/수동태 인칭 어미

$$\mu\epsilon\nu + \epsilon\sigma + o + \mu\epsilon\theta\alpha \longrightarrow \mu\epsilon\nu o\tilde{\upsilon}\mu\epsilon\theta\alpha$$

5   모음 사이에 있는 모든 σ가 없어지는 것은 아니다.

20.11 변화표: 미래 중간태 직설법(유음)

	유음	번역	현재 축약	현재 유음
1인칭 단수	μενοῦμαι	나는 남을 것이다.	ποιοῦμαι	μένομαι
2인칭 단수	μενῇ	너는 남을 것이다.	ποιῇ	μένῃ
3인칭 단수	μενεῖται	그/그녀/그것은 남을 것이다.	ποιεῖται	μένεται
1인칭 복수	μενούμεθα	우리는 남을 것이다.	ποιούμεθα	μενόμεθα
2인칭 복수	μενεῖσθε	너희는 남을 것이다.	ποιεῖσθε	μένεσθε
3인칭 복수	μενοῦνται	그들은 남을 것이다.	ποιοῦνται	μένονται

20.12 **현재시제의 ε 축약.** 유음동사의 미래시제는 악센트까지도 현재시제의 ε 축약동사와 똑같아 보인다. 그러면 어떻게 이 둘을 구분할 수 있을까? 한 예로, μενεῖς는 현재시제의 ε 축약인가, 아니면 미래시제의 유음동사인가?

- 이 동사의 사전 형태는 μένω로 외우게 된다. μενέω와 같은 단어는 없다.
- 마지막 어간의 자음이 유음이기 때문에 μενεῖς가 미래시제의 유음동사라는 것을 알 수 있다.

20.13 **악센트.** 악센트는 유음동사를 파악하는 데 도움이 된다(그러나 현재시제의 ε 축약과 뚜렷한 차이를 만들지는 못한다). 유음동사의 축약 모음 위에는 항상 서컴플렉스가 온다. 그러나 1인칭 복수 중간태는 예외이다(μενούμεθα).

20.14 **유음동사의 현재시제와 미래시제.** 유음동사의 현재형과 미래형의 차이점을 확인하라(20.15에 나오는 두 개의 세로 열을 보라).

- 악센트가 다르다(μένω → μενῶ, μένομαι → μενοῦμαι)
- 현재시제에서는 축약이 없다(μένομεν → μενοῦμεν, μενόμεθα → μενοῦμεθα).

20.15 **어간의 변화.** 시제 형태소가 다르므로 유음동사의 미래시제 어간은 대체로 현재시제 어간과 다르다(여기에는 여러 이유가 있다). 이번 장의 단어학습 부분에 나오는 모든 예가 여기에 있다. 어떤 일이 일어나는지 주목하라.

	어근	현재	미래
이중자음	*ἀποστελ	ἀποστέλλω	ἀποστελῶ
	*βαλ	βάλλω	βαλῶ
	ἐκ + *βαλ	ἐκβάλλω	ἐκβαλῶ
이오타의 추가	*ἀρ	αἴρω	ἀρῶ
	*ἀποκτεν	ἀποκτείνω	ἀποκτενῶ
	*ἐγερ	ἐγείρω	ἐγερῶ
다른 어근	*λεγ	λέγω	
	*ἐρ		ἐρῶ

지금까지 배운 단어 가운데 두 개의 유음동사만이 미래시제 어간에서 변화하지 않는다.

	*κρίν	κρίνω	κρινῶ
	*μέν	μένω	μενῶ

20.16 **힌트.** "모음이 아니라 자음이 단어의 의미를 전달한다"고 흔히들 말한다. 자음의 관점에서 동사를 먼저 생각할 수 있다면, 모음의 변화는 큰 문제가 되지 않는다.

예를 들어, γινώσκω는 어근 *γνω에서 나왔고 미래에서는 γνώσομαι가 된다. 만일 기본 자음이(γν) 단어에 들어 있다는 것을 안다면, γνώσομαι에서도 기본 자음을 찾을 수 있다(γινώσκω는 이번 장의 단어학습에 나온다).

중간복습

- 동사의 **어근**은 그 동사의 가장 기본적인 형태이다. 동사의 **어간**은 특정한 시제를 가진 동사의 기본 형태라고 할 수 있다.
- 모든 동사는 현재시제 어간이 아니라 어근에서 어간을 만든다. 현재시제는 모든 시제 중에서 가장 불규칙적으로 변한다.
- 패턴 2 동사는 다른 어근들을 사용하여 서로 다른 시제 어간을 만든다.
- 패턴 3 동사(유음동사)는 어간이 유음으로 끝나고(λ, μ, ν, ρ), 미래시제 형태소로 εσ를 사용한

다. σ는 연결 모음 앞에서 떨어져 나가고 모음은 축약되는데, 이때 이 동사는 마치 현재시제의 ε 축약동사처럼 보인다. 가끔 어간의 모음이 미래시제에서 변하기도 한다.

패턴 4: 어근이 규칙적으로 변하는 경우

20.17 패턴 4에서 동사 어근은 현재시제 어간을 만들 때 규칙적으로 변한다. 이 패턴을 알면 변화된 형태를 대부분 충분히 파악할 수 있다. 그러나 어떤 경우에는 특정한 형태를 외우는 것이 더 쉬울 수 있다. 이 어근들은 세 개의 기본적인 하위패턴으로 나눌 수 있다.

이제 학생들이 힘들어 하는 부분으로 들어가고자 한다. 여기에는 두 가지 옵션이 있는데, 결정은 선생님이 내려줄 것이다. 학생들은 아래의 패턴들을 외우든지, 아니면 이 범주에 묶인 동사들의 모든 시제를 다 외우든지 둘 중 하나를 선택할 수 있다. 후자를 선택한다고 해도, 아래의 패턴들을 알아야 한다. 이 패턴들이 암기를 잘하도록 도와주기 때문이다.

그러나 현재시제 어간을 만들 때 어근에 일어난 변화가 다른 시제 어간에서는 일어나지 않는다는 사실을 기억하라. 미래시제 어간 및 다른 시제 어간에서는 어근이 명확히 드러난다.

A. 폐쇄음으로 끝나는 어근

20.18 이 패턴을 따르는 어근은 폐쇄음으로 끝난다. 그러나 패턴 1의 어근과는 달리, 현재시제 어간을 만들 때 변화한다.

- ιζω/αζω **동사.** ιζω 또는 αζω로 끝나는 동사의 현재시제 어간은 일반적으로 **치음**(τ, δ, θ)으로 끝나는 어근에서 만들어진다.

  예를 들어 βαπτίζω("내가 세례를 준다")는 어근 *βαπτιδ에서 나왔다. 동사 어근의 마지막 문자는 현재시제 어간을 만들 때 ζ로 변했다.[6] 미래시제에서는 βαπτίσω(*βαπτιδ + σω → βαπτίσω)로 변하는데, 이 변화는 명백히 규칙적이다. 폐쇄음의 사각형 법칙에 따라 치음은 σ 앞에서 사라진다는 사실을 기억하라.

- αssω **동사.** αssω로 끝나는 동사의 현재시제 어간은 일반적으로 **연구개음**(κ, γ, χ)으로 끝나는 어근에서 만들어진다.

  예를 들어 ταράssω("괴롭히다")는 어근 *ταραχ에서 나왔다. 동사 어근의 마지막 글자는

---

6   심화학습에 나오는 설명을 보라. 미래시제에서는 βαπτίσω(*βαπτιδ + σω → βαπτίσω)로 변하는데, 이 변화는 명백히 규칙적이다. 폐쇄음의 사각형 법칙에 따라 치음은 σ 앞에서 사라진다는 사실을 기억하라.

현재시제 어간을 만들 때 σσ로 변했다.[7] 미래시제에서는 규칙적으로 ταράξω(*ταραχ + σω → ταράξω)가 된다. 폐쇄음의 사각형 법칙에 따라 연구개음과 σ는 ξ를 만든다는 점을 기억하라.

B. 이중자음

20.19 이중자음으로 끝나는 현재시제 어간은 주로 하나의 자음으로 된 어근에서 만들어진다(ασσω 동사를 제외하고).

예를 들어, βάλλω는 어근 *βαλ에서 나왔다. 두 개의 λ는 현재시제 어간에서만 나타난다. 하나의 λ는 다른 시제들에서 나타난다(예: βαλῶ).

C. 문자 첨가

20.20 어떤 어근은 문자(또는 문자들)를 첨가해서 현재시제 어간을 만든다. 첨가된 문자(들)는 다른 시제들에서는 나타나지 않는다. 아래의 예를 통해, 미래시제에서 어근이 어떻게 나타나는지 확인하라.

- **이오타**. 몇몇 어근은 ι를 첨가해서 현재시제 어간을 만든다.

(현재)	*αρ + ι	→	αἴρω[8]
(미래 유음)	*αρ	→	ἀρῶ

- **(ι)σκ**. 몇몇 어근은 σκ(어간이 자음으로 끝나면, ισκ)를 첨가해서 현재시제 어간을 만든다.

(현재)	*ἀποθαν	→	ἀποθνήσκω[9]
(미래)	*ἀποθαν	→	ἀποθανοῦμαι[10]

(현재)	*γνω[11] + σκ	→	γινώσκω
(미래)	*γνω	→	γνώσομαι

---

7 심화학습에 나오는 설명을 보라.

8 ρι는 ιρ로 순서가 바뀐다("음위 전환").

9 어근의 α는 현재시제 어간에서 사라지고, ι는 하기한다.

10 미래 유음동사.

11 심화학습에 속하는 설명을 덧붙이면, 현재시제 어간을 만들기 위해 첫 γ는 중복되고, ι로 나누어진다. 그다음 원래 γ가 없어지고, σκ가 붙는다. *γνω → γιγνω → γινω + σκ + ω → γινώσκω.

20.21   **모음 전환**. 몇몇 명사에서 모음이 길어지거나 심지어 없어지는 것도 이미 보았을 것이다(πατήρ → πάτερ → πατρός). 동사에서도 같은 현상이 일어난다.

　　　　예를 들어 어근 *ἀποθαν은 현재시제 어간에서 α를 잃는다(그리고 변화된 어간에 η와 ισκ를 첨가한다).

$$*\grave{\alpha}\pi o\theta\alpha\nu \quad \rightarrow \quad \grave{\alpha}\pi o\theta\nu + \eta + \iota\sigma\kappa \quad \rightarrow \quad \grave{\alpha}\pi o\theta\nu\acute{\eta}\sigma\kappa\omega.$$

미래시제에서는 어근이 명확히 드러난다(ἀποθανοῦμαι).

20.22   **핵심은 무엇인가?** 모든 시제 형태를 외우는 데는 두 가지 방법이 있다. 패턴 4에 속하는 모든 동사의 시제를 다 외우거나, 아니면 어근과 패턴을 익혀서 시제 어간들을 파악한 후, 특별히 어려운 몇몇 종류만 외우는 것이다.

복합동사

20.23   **복합동사**는 두 부분으로 구성되는데, 전치사 부분과 동사 부분이다. 예를 들어, ἐκβάλλω("내가 내던지다")는 전치사 ἐκ("밖으로")와 동사 βάλλω("던지다")의 복합어이다.

　　　　복합동사는 단순동사와 같은 방식으로 시제 어간을 만든다. 예를 들어, βάλλω의 미래형은 βαλῶ이고 ἐκβάλλω의 미래형은 ἐκβαλῶ이다.

요약

❶ 동사의 어근은 단어의 가장 기본적인 형태이다. 동사의 어간은 특정한 시제를 가진 동사의 기본 형태이다.

❷ 모든 시제 어간은 동사 어근으로 만든다. 현재시제 어간은 다른 시제들의 기본 형태가 아니다.

❸ 동사 어근이 현재시제 어간을 만드는 방법에는 네 가지 패턴이 있다.

• 패턴 1. 동사 어근과 현재시제 어간이 같다. ι/υ으로 끝나는 동사, 축약동사, 폐쇄음으로 끝나는 동사 등이 여기에 속한다.

• 패턴 2. 동사가 다른 어근들을 사용한다.

• 패턴 3. 어근이 유음(λ, μ, ν, ρ)으로 끝나는 동사는, 일반적으로 현재와 미래 능동 어간을 만

들 때 어근이 변화 없이 사용된다(모음 전환을 제외하고). 이 동사들은 εσ를 미래시제 형태소로 사용한다. σ는 없어지고 ε은 연결 모음과 결합하여 축약된다. 이때 현재시제의 ε 축약 동사처럼 보인다.

- 패턴 4. 동사 어근은 현재시제 어간을 만들 때 규칙적으로 변한다. 동사 어근이 폐쇄음으로 끝나는 경우(ιζω, αζω, σσω), 이중자음으로 끝나는 경우, 어근이 하나 또는 여러 개의 문자를 첨가하는 경우(ισκ)가 있다.

❹ 복합동사는 전치사와 동사로 만든다. 복합동사는 항상 일반동사의 시제 형성 방법을 따른다.

동사 마스터 차트

시제	시상 접두모음	시제 어간	시제 형태소	연결 모음	인칭 어미	1인칭 단수 변화형
현재 능동		현재		ο/ε	제1능동	λύω
현재 중간/수동		현재		ο/ε	제1중간/수동	λύομαι
미래 능동		미래 능동	σ	ο/ε	제1능동	λύσω
유음 미래 능동		미래 능동	εσ	ο/ε	제1능동	μενῶ
미래 중간		미래 능동	σ	ο/ε	제1중간/수동	πορεύσομαι
유음 미래 중간		미래 능동	εσ	ο/ε	제1중간/수동	μενοῦμαι

단어복습

다음은 지금까지 배운 동사들이다. 각각의 단어가 어디에 속하는지 확인해 보라(οἶδα는 생략되었다).

어근	현재	미래
*αγαπα	ἀγαπάω	ἀγαπήσω

*ακου	ἀκούω	ἀκούσω
*βαπτιδ	βαπτίζω	βαπτίσω
*βλεπ	βλέπω	βλέψω
*γεννα	γεννάω	γεννήσω
*γνω	γινώσκω	γνώσομαι
*δυνα	δύναμαι	δυνήσομαι
*ἐρχ, *ἐλευθ	ἔρχομαι	ἐλεύσομαι
*σεχ	ἔχω	ἕξω
*ζα	ζάω	ζήσω
*ζητε	ζητέω	ζητήσω
*καλεϙ	καλέω	καλέσω
*λαλε	λαλέω	λαλήσω
*λεγ, *ἐρ	λέγω	ἐρῶ
*λυ	λύω	λύσω
*οἰδ, *ϙιδ	οἶδα	εἰδήσω[12]
*ὁρα, *ὀπ	ὁράω	ὄψομαι
*πιστευ	πιστεύω	πιστεύσω
*πληρο	πληρόω	πληρώσω
*ποιε	ποιέω	ποιήσω

---

12 οἶδα의 미래 능동태 형태는 신약성경에서 한 번만 나타난다(히 8:11). 외울 필요는 없을 것 같지만 선생님마다 다를 수 있으니 물어보라. 어근에 관한 설명은 *MBG*, 263n9을 보라.

*πορευ	πορεύομαι	πορεύσομαι
*προσκυνε	προσκυνέω	προσκυνήσω
συν + *αγ	συνάγω	συνάξω
*σωδ	σῴζω	σώσω
*τηρε	τηρέω	τηρήσω

단어학습

αἴρω	일으키다, 들어 올리다, 치우다/제거하다 (*ἀρ, 101) ἀρῶ, ἦρα, ἦρκα, ἦρμαι, ἤρθην 시제 어미의 변화에 관한 설명은 20.20을 보라. αἴρω는 속격을 직접 목적어로 가질 수 있다.
ἀποκτείνω	죽이다 (ἀπό + *κτεν, 74) ἀποκτενῶ, ἀπέκτεινα, −, −, ἀπεκτάνθην
ἀποστέλλω	보내다 (*ἀποστελ, 132)[13] ἀποστελῶ, ἀπέστειλα, ἀπέσταλκα, ἀπέσταλμαι, ἀπεστάλην
βαπτίζω	세례를 주다, 담그다, 빠지게 하다 (*βαπτιδ, 77)[14] (ἐβάπτιζον), βαπτίσω, ἐβάπτισα, −, βεβάπτισμαι, ἐβαπτίσθην
γινώσκω	알다, 알게 되다, 깨닫다, 배우다 (*γνω, 222)[15] (ἐγίνωσκον), γνώσομαι, ἔγνων, ἔγνωκα, ἔγνωσμαι, ἐγνώσθην 어근에 관한 설명은 20.20을 보라.
γλῶσσα, −ης, ἡ	혀, 언어 (*γλωσσα, 50)[16]

13 ἀπόστολος와 같은 어근에서 나온 동사.

14 세례(baptism)는 같은 어근에서 나온 명사 βάπτισμα에서 왔다. 헬라어에서 μα 접미사는 어근으로 묘사되는 행동의 결과를 구체화하기 위해 종종 사용된다(*BDF*, §109[2] 참조).

15 영지주의자들(Gnostics)은 특정한 지식을 소유하고 있다고 주장하던 사람들이었다.

16 방언(glossolalia)은 다른 언어로 말하는 은사이다. 언어학(glossology)은 언어를 연구하는 학문이다.

ἐγείρω	일으키다, 깨우다 (*ἐγερ, 144)
	ἐγερῶ, ἤγειρα, −, ἐγήγερμαι, ἠγέρθην
ἐκβάλλω	던지다, 보내다 (ἐκ + *βαλ, 81)[17]
	(ἐξέβαλλον), ἐκβαλῶ, ἐξέβαλον, −, −, ἐξεβλήθην
ἐκεῖ	거기에, 그 장소에 (105)
κρίνω	판단하다/심판하다, 결정하다, ~을 더 좋아하다 (*κριν, 114)[18]
	(ἐκρινόμην), κρινῶ, ἔκρινα, κέκρικα, κέκριμαι, ἐκρίθην
λαός, −οῦ, ὁ	백성, 무리 (*λαο, 142)[19]
μένω	남다, 살다 (*μεν, 118)
	(ἔμενον), μενῶ, ἔμεινα, μεμένηκα, −, −
ὁράω	보다, 주목하다, 경험하다 (*ὁρα; *ὀπ; *ϝιδ, 454)
	ὄψομαι, εἶδον, ἑώρακα, −, ὤφθην
	*ὁρα는 ὁράω와 ἑώρακα을 만드는 데 사용된다. *ὀπ는 ὄψομαι와 ὤφθην를 만드는 데 사용된다. *ϝιδ는 εἶδον을 만드는 데 사용된다.
σοφία, −ας, ἡ	지혜 (*σοφια, 51)[20]
στόμα, −ατος, τό	입 (*στοματ, 78)[21]
σῴζω[22]	구원하다, 해방시키다, 구출하다 (*σῳδ, 106)[23]
	(ἔσῳζον), σώσω, ἔσωσα, σέσωκα, σέσῳσμαι, ἐσώθην

---

17 ἐκβάλλω는 이 단어를 구성하는 두 부분의 의미를 모두 가진다. 그러나 헬라어 단어를 볼 때마다 항상 이런 방식으로 의미를 가정해서는 안 된다.

18 비평가(critic, κριτικός)는 판단할 수 있는 사람이다.

19 평신도(laity)는 사실 "lay"와 접미사 "ity"에서 왔다. "Lay"는 λαϊκός에서 왔는데, 이 단어는 λαός와 의미가 같다. 평신도는 성직자와 구별되는 사람들을 지칭하거나, 특정한 직업에 속하지 않는 사람들을 구분할 때 사용한다.

20 철학(philosophy)은 지혜에 대한 사랑이다.

21 구강의학(stomatology)은 입에 나타나는 질병을 연구하는 학문이다. 위(stomach, στόμαχος)도 στόμα에서 나왔다.

22 여기에 나타나는 이오타 하기는 이 단어가 원래 ιζω 동사라는 것을 보여준다.

23 구원론(Soteriology)은 구원을 연구하는 학문이다.

신약성경의 전체 단어 수:	138,148
지금까지 배운 어휘 수:	227
이번 장에 나오는 단어의 신약성경 사용 횟수:	2,049
현재까지 배운 단어의 신약성경 사용 횟수:	104,733
신약성경에 사용된 총 단어에 대한 비율:	74.81%

심화학습

20.24 **자음 이오타.** 헬라어 알파벳에서 가장 중요한 논의 가운데 하나가 "자음 이오타"(ι)이다. 이미 πίστεως(*πιστι)와 같은 3변화 명사의 어간에서 자음 이오타를 본 적이 있을 것이다. 동사 시제 어간에서 발생하는 대부분의 변화도 자음 이오타 때문에 일어난다.

- 자음 이오타는 현재시제 어간을 만들기 위해 폐쇄음으로 끝나는 어근에 붙었다. 그리고 폐쇄음 + ι는 ιζω(*βαπτιδ + ι → βαπτίζω)나 σσω(*ταραχ + ι → ταράσσω)가 되었다.
- 자음 이오타는 현재시제 어간을 만들기 위해 자음으로 끝나는 몇몇 어근에 붙었다. 그리고 자음 + ι는 이중자음이 되었다(*βαλ + ι → βάλλω).
- 자음 이오타는 현재시제 어간을 만들기 위해 몇몇 어근에 붙었다. ι는 ι가 되고 종종 그 단어 안에서 위치를 바꿨다(*ἀρ + ι → ἀρι → αἴρω). 이것을 "음위 전환"이라고 부른다.

20.25 *MBG*에는 이런 변화 유형을 세부적으로 분류해 두었다. 이번 장에서 살핀 것은 *MBG*의 내용을 요약한 것이다.

개관 5 | 21-25장

이 부분에서는 나머지 시제들을 배우고 직설법 동사 체계 학습을 마무리할 것이다. 지금까지 책에 있는 내용을 충실히 학습했다면 이번 장들은 비교적 쉬울 것이다. 새로운 형태와 문법이 많이 등장하지 않는다.

21장

헬라어 동사의 본질은 행동이 일어나는 시기를 알려주는 데 있지 않다. 물론 시간을 알려주는 것이 직설법 동사의 한 역할이기는 하지만, 헬라어 동사의 일차적 중요성은 **시상**이나 행동의 **종류**를 묘사한다는 점이다.

우리는 현재시제가 지속적일 수도 있고("나는 공부하고 있다"), 부정적일 수도 있다("나는 공부한다")는 점을 이미 살펴보았다. 어떤 구절이 어떤 의도를 드러내는지는 문맥에 달려 있다.

그러나 헬라어에서는 과거 행동을 묘사할 때 두 종류의 다른 시제를 사용한다. 미완료과거(21장)는 일반적으로 과거에 일어나고 있던 지속적인 행동을 묘사한다.

헬라어 미완료과거는 시제 어간에 시상 접두 모음을 붙여서 만든다. 시상 접두 모음 (augment)은 동사의 첫 글자를 장음화한 것이다.

- 동사가 자음으로 시작하면 ε이 붙는다. *λυ는 ἔλυον이 되고, "나는 풀고 있었다"라는 의미가 된다.
- 동사가 모음으로 시작하면 그 모음이 길어진다. *ἀγαπα는 ἠγάπων이 되고, "나는 사랑하고 있었다"라는 의미가 된다.

미완료과거도 다른 세트의 어미를 사용한다("제2시제"). 21장에서는 미완료과거 능동태와 수동태를 배우게 되며 나머지 두 세트의 인칭 어미도 함께 배울 것이다. 그러면 이제 인칭 어미를 마무리하게 된다.

22장

부정과거(aorist)는 대개 과거에 발생한 부정적 행동을 묘사한다. 부정과거는 시상 접두 모음과 제2시제 어미를 사용해서 만든다(미완료과거와 같다).

부정과거를 만드는 데는 두 가지 방법이 있다. 여기에 의미 변화는 없으며 오직 형태의 차이만 있을 뿐이다. 22장에서는 제2부정과거를 배울 것이다. 부정과거 동사는 제1부정과거 또는 제2부정과거의 형태를 가지며 두 가지 형태를 다 가지지는 않는다(이미 짐작했겠지만, 여기서 약간의 예외가 나타난다).

제2부정과거는 시상 접두 모음, 부정과거시제 어간, 연결 모음, 제2시제 인칭 어미로 만들어진다. 어근 *λαβ은 ἔλαβον이 된다. 제2부정과거형 단어들은 일반적으로 현재시제 어간을 만들 때 어근을 변형시킨다. 그렇지 않으면, 제2부정과거와 미완료과거의 차이점을 구별할 수 없을 것이다. *λαβ는 현재형으로 바뀌면 λαμβάνω가 된다. μ와 αν이 더해진다. 다음은 부정과거의 변화표이다.

	형태	번역	연결 모음	어미	미완료과거
1인칭 단수	ἔλαβον	내가 가졌다.	ο	ν	ἔλυον
2인칭 단수	ἔλαβες	네가 가졌다.	ε	ς	ἔλυες
3인칭 단수	ἔλαβε(ν)	그/그녀/그것이 가졌다.	ε	– (ν)	ἔλυε(ν)
1인칭 복수	ἐλάβομεν	우리가 가졌다.	ο	μεν	ἐλύομεν
2인칭 복수	ἐλάβετε	너희가 가졌다.	ε	τε	ἐλύετε
3인칭 복수	ἔλαβον	그들이 가졌다.	ο	ν	ἔλυον

동사 마스터 차트의 분량이 점점 많아지고 있으니 주의해서 암기해야 한다.

23장

만약 동사가 제1부정과거어간으로 부정과거시제를 만들면, 이 동사는 시상 접두 모음, 부정과거시제 어간, 시제 형태소(σα), 제2시제 능동태 인칭 어미를 갖게 된다. 동사가 제1부정과거이면, 어근, 현재시제 어간, 부정과거시제 어간은 거의 모두 같아질 것이다.

	제1부정과거	번역	어미	미완료과거	제2부정과거
1인칭 단수	ἔλυσα	내가 풀었다.	–	ἔλυον	ἔλαβον
2인칭 단수	ἔλυσας	네가 풀었다.	ς	ἔλυες	ἔλαβες
3인칭 단수	ἔλυσε(ν)	그/그녀/그것이 풀었다.	(ν)	ἔλυε(ν)	ἔλαβε(ν)
1인칭 복수	ἐλύσαμεν	우리가 풀었다.	μεν	ἐλύομεν	ἐλάβομεν
2인칭 복수	ἐλύσατε	너희가 풀었다.	τε	ἐλύετε	ἐλάβετε
3인칭 복수	ἔλυσαν	그들이 풀었다.	ν	ἔλυον	ἔλαβον

24장

제1부정과거 수동태는 시제 형태소(θησ)와 능동태 인칭 어미를 사용한다. *λυ는 ἐλύθην("나는 풀렸다")이 된다. 제2부정과거 수동태는 η를 시제 형태소로 사용한다. *γραφ는 ἐγράφην("나는 쓰여졌다")이 된다.

　　미래 수동태는 같은 부정과거시제 어간으로 만들어지지만(시상 접두 모음은 제외), 조금 다른 시제 형태소(θησ)와 제1시제 중간태/수동태 인칭 어미를 사용한다. *λυ는 λυθήσομαι("나는 쓰여질 것이다")가 된다. 영어에서는 같은 개념을 전달하는 데 현재시제를 자주 사용한다.

25장

이제 마지막 시제인 현재완료를 배우게 된다. 현재완료는 완료된 행동을 가리키는데, 이 행동의 결과가 화자의 현재에 영향을 미친다. 영어에서는 일반적으로 "have/has"를 연결해서 현재완료를 나타낸다.

　　현재완료는 어간 중복과 시제 형태소 κα를 이용해서 만든다.

- 동사가 자음으로 시작하면, 자음은 반복되고 ε으로 나뉜다. *λυ는 λέλυκα가 되고, "나는 풀어 왔다"(I have loosed)라는 의미가 된다.
- 동사가 모음으로 시작하면, 모음은 길어진다. *ἀγαπα는 ἠγάπηκα가 되고 "나는 사랑해 왔다"(I have loved)라는 의미가 된다.

사전에서는 여섯 가지 동사 형태가 나온다(각 형태가 신약성경에 등장한다는 가정하에). 현재(λύω), 미래 능동태(λύσω), 부정과거 능동태(ἔλυσα), 현재완료 능동태(λέλυκα), 현재완료 중간태/수동태(λέλυμαι), 부정과거 수동태(ἐλύθην)가 나온다.

21 미완료과거 직설법

본문 주해 맛보기

헬라어 미완료과거시제는 사용이 제한적이면서도 동시에 다양하다. 직설법으로만 사용되기 때문에 제한적이지만, 흥미로운 뉘앙스를 가지고 있다. 일반적으로 미완료과거는 과거에서 시간의 선형 행동(linear action)을 나타낸다. 그 행동은 반복되거나 연장된 행동일 수 있고 단순한 시작일 수도 있다. 그러나 때로 미완료과거는 반복된 **시도들**(attempts)을 표현하기도 한다.

　　이것은 갈라디아서 1:13에서 잘 드러나는데, 여기서 바울은 "내가 이전에 유대교에 있을 때에 행한 일을 너희가 들었거니와 하나님의 교회를 심히 박해하여 멸하고"라고 말한다. 이 구절의 하반절에 나오는 두 개의 동사(박해하여 멸하고)는 모두 미완료과거이다. 첫 번째 동사(ἐδίωκον, 박해하다)는 단순히 과거의 반복된 행동을 나타내고 있다. 바울은 자주 교회를 박해했다고 말한다. 두 번째 동사(ἐπόρθουν, 멸하다)는 "경향적"(tendential) 행동, 즉 어떤 행동을 시도했다는 것을 나타낸다(이는 왜 NIV가 헬라어 성경에 나오지 않는 단어인 "tried"라는 단어를 붙이는지 설명해 준다). 바울은 반복적으로 교회를 박해했지만, 그의 과격한 행동은 교회를 없애지 못했다. 아니 없앨 수 없었다. 그의 행동은 단순한 시도였을 뿐이었고, 더구나 미약하기 그지없었다. 교회를 향한 예수님의 약속은 예나 지금이나 진실하다. "음부의 권세가 (교회를) 이기지 못하리라"(마 16:18).

월터 웨슬(Walter W. Wessel)

개요 ··

이번 장에서 배울 내용은 다음과 같다.

- 미완료과거는 대개 과거에 일어난 지속적인 사건을 가리킨다.
- 미완료과거는 시상 접두 모음, 현재시제 어간, 연결 모음, 제2시제 인칭 어미로 만든다.
- 시상 접두 모음은 과거시제를 가리키는 접두사이다. 동사가 자음으로 시작하면, 시상 접두 모음은 ε이다(λύω → ἔλυον). 동사가 모음으로 시작하면, 시상 접두 모음은 길어진다(ἀγαπάω → ἠγάπων).
- 인칭 어미의 마지막 두 세트는 제2시제 능동태와 수동태 인칭 어미이다.

영어로 개념 잡기

21.1   영어에는 하나의 단순 과거시제만 있다. 그러나 시상은 부정적(완료적) 의미일 수도 있고 지속적(미완료적) 의미일 수도 있다. 예를 들어, "Ed studied(부정적) last night, but I was studying(지속적) until the early hours of the morning"(에드는 어젯밤에 공부했다. 그러나 나는 이른 아침까지 공부하고 있었다).

과거 미완료과거 능동태는 "was"(단수)나 "were"(복수) 같은 조동사와 동사의 현재분사(동사의 "ing" 형태)를 결합해서 만든다. "I was studying"(나는 공부하고 있었다).

수동태에서는 같은 조동사를 사용하지만, 현재분사 "being"과 주동사의 과거분사를 결합해서 만든다. "I was being studied"(나는 공부 당하고 있었다).

헬라어 문법

21.2   **두 가지 과거시제.** 헬라어도 과거에 일어난 행동을 묘사할 수 있다. 그러나 차이점이 있다면 다른 **시상**을 표현하기 위해 다른 **시제**를 사용한다는 점이다. **미완료과거**시제는 대개 과거에 발생해서 미완료된 행동을 묘사한다. 이에 반해, **부정과거**(22장)시제는 대개 과거에 발생했던 부정적 행동을 묘사한다. ἠγάπων는 미완료과거이며(지속적인), "나는 사랑하고 있었다"라는 뜻이다. ἠγάπησα는 부정과거이며(부정적인), "나는 사랑했다"라는 의미이다.[1] "미완료과거" 시제와 "미

---

1   "미완료과거"(imperfect)라는 명칭은 미완료의 기본적인 의미에서 나왔다. 미완료는 과거의 지속적인 행동을 묘사하기 때문에, 그 행동이 완료된 적이 있는지를 알려주지 않는다. 그래서 미완료라고 부르며, 완성되지 않았거나 완료되지 않았음을 의미한다.

완료적" 시상을 혼동하면 안 된다.

21.3 **시상 접두 모음.** 헬라어 동사는 접두사를 붙여서 과거를 표현하는데, 이 접두사를 "시상 접두 모음"이라고 부른다. 나중에 더 자세하게 다루겠다. 21.7의 변화표에서 λύω 앞에 붙은 ε이 시상 접두 모음이다(*λυ [λύω] → ἔλυον). 대략 영어의 "‒ed"와 같다(kick → kicked).

21.4 **제1시제 어미와 제2시제 어미.** 16장에서 살펴본 대로, 여기에서도 두 가지 세트의 변화표를 배워야 한다. **제1시제는 시상 접두 모음을 사용하지 않고, 제2시제는 시상 접두 모음을 사용한다.**

네 세트의 인칭 어미	
제1시제 능동	제2시제 능동
제1시제 중간/수동	제2시제 중간/수동

제1시제는 제1시제 인칭 어미를 사용하고 제2시제는 제2시제 인칭 어미를 사용한다. 현재시제와 관련해서 우리는 제1시제 인칭 어미를 배웠다. 이번 장에서는 제2시제 인칭 어미와 미완료과거시제를 배울 것이다. 이 네 세트의 어미들은 인칭 어미 마스터 차트(21.14)에 나오는 네 개의 영역과 일치한다.

현재 능동	미완료과거 능동
현재 중간/수동	미완료과거 중간/수동

이 네 세트의 어미들은 모두 헬라어 동사 학습을 위해 알아야 할 인칭 어미들이다. 다른 모든 시제의 동사들도 이 어미들을 사용하거나, 이 어미들에서 약간 변화된 형태를 사용한다. 우리는 이미 네 가지 가운데 두 가지를 배웠다. 다음에 나오는 두 개의 변화표를 배우면, 동사를 위한 모든 기본적인 인칭 어미를 배우게 되는 것이다. 축하한다.

21.5 제1시제 어미와 제2시제 어미를 배웠을 때의 장점은, 제2시제 어미를 보고서 동사에 시상 접두 모음이 붙은 것을 짐작할 수 있다는 점이다. 이것은 동사를 분해할 때 많은 도움이 되기 때문에, 분해 과정에서 하나의 규칙으로 삼아야 한다. 제2시제 어미를 볼 때마다 동사에 시상 접두 모음

이 붙은 것을 확인하라.

미완료과거 능동태

21.6 **개관표: 미완료과거 능동태 직설법**

> 시상 접두 모음 + 현재시제 어간 + 연결 모음(o/ε) + 제2시제 능동태 인칭 어미
>
> $\dot{ε} + λυ + o + ν → ἔλυον$

21.7 **변화표: 미완료과거 능동태 직설법**

	형태	번역	연결 모음	어미	현재 능동
1인칭 단수	ἔλυον	내가 풀고 있었다.	o	ν	λύω
2인칭 단수	ἔλυες	네가 풀고 있었다.	ε	ς	λύεις
3인칭 단수	ἔλυε(ν)	그/그녀/그것이 풀고 있었다.	ε	$-(ν)^2$	λύει
1인칭 복수	ἐλύομεν	우리가 풀고 있었다.	o	μεν	λύομεν
2인칭 복수	ἐλύετε	너희가 풀고 있었다.	ε	τε	λύετε
3인칭 복수	ἔλυον	그들이 풀고 있었다.	o	ν	λύουσι(ν)

ν는 1인칭 단수와 3인칭 복수 능동태 모두에서 사용하는 인칭 어미이다. 1인칭 단수인지 3인칭 복수인지를 결정하는 것은 바로 문맥이다.

제1시제 인칭 어미와 제2시제 인칭 어미의 비슷한 점을 모두 나열해 보라.

21.8   개관표: 미완료과거 중간태/수동태 직설법

> 시상 접두 모음 + 현재시제 어간 + 연결 모음(o/ε) + 제2시제 중간태/수동태 인칭 어미
>
> $\dot{\epsilon} + \lambda\upsilon + o + \mu\eta\nu \rightarrow \dot{\epsilon}\lambda\upsilon\acute{o}\mu\eta\nu$

21.9   변화표: 미완료과거 중간태/수동태 직설법
수동태로 가정하고 번역했다.

	형태	번역	연결 모음	어미	현재 수동
1인칭 단수	ἐλυόμην	나는 풀리고 있었다.	o	μην	λύομαι
2인칭 단수	ἐλύου	너는 풀리고 있었다.	ε	σο[3]	λύῃ
3인칭 단수	ἐλύετο	그/그녀/그것은 풀리고 있었다.	ε	το	λύεται
1인칭 복수	ἐλυόμεθα	우리는 풀리고 있었다.	o	μεθα	λυόμεθα
2인칭 복수	ἐλύεσθε	너희는 풀리고 있었다.	ε	σθε	λύεσθε
3인칭 복수	ἐλύοντο	그들은 풀리고 있었다.	o	ντο	λύονται

이처럼 제2시제 어미는 제1시제 어미와 별반 다르지 않다. 바로 이 때문에 헬라어 동사가 어떻게 변하는지 알아야 한다고 권하는 것이다. 그렇지 않으면, 우리는 상호 간의 유사점을 명확하게 분간할 수 없을 것이다. 연결 모음은 거의 모든 형태에서 등장한다.

2   여기서는 인칭 어미를 사용하지 않았기 때문에, 연결 모음 혼자 나타나고 움직이는 뉘와 분리되었다. 이 부분은 제1시제 인칭 어미의 1인칭 단수 능동태와 다소 비슷하다(16.10 참조).

3   이 어미는 현저한 변화를 보이는 유일한 제2시제 인칭 어미이다. 어미는 사실 σο이다. σ는 두 개의 모음 사이에 있을 수 없으므로 탈락하고, 연결 모음과 o이 ου로 축약된다.

21.10 **시상 접두 모음**. 시상 접두 모음은 과거의 시간을 가리킨다. 단어에 시상 접두 모음을 붙이는 방법은 두 가지인데, 동사의 어간이 자음으로 시작하는지, 모음으로 시작하는지에 따라 방법이 다르다.

    a. 동사가 **자음**으로 시작하면, 시상 접두 모음은 ε이 되고 항상 연한 숨표와 함께 온다.[4] 예를 들어 λύω에 시상 접두 모음이 붙으면 ἔλυον이 된다.

    b. 동사가 **단일모음**으로 시작하면, 시상 접두 모음은 그 모음을 장음화한다.[5] 예를 들어 ἀγαπάω에 시상 접두 모음이 붙으면 ἠγάπων이 된다. 장음화는 축약모음을 다룬 장에서 배운 기본적인 패턴을 따른다. 그러나 첫 α는 α가 아닌 η로 길어진다.

시상 접두 모음		원음	시상 접두 모음		원음
η	←	α	ι	←	ι
η	←	ε	υ	←	υ
ω	←	ο	ω	←	ω
η	←	η			

    c. 동사가 **이중모음**으로 시작하면, 이중모음의 첫 모음이 길어지거나(*εὐχαριστε [εὐχαριστέω] → ηὐχαρίστουν), 변하지 않는다(*εὑρ [εὑρίσκω] → εὑρισκον). ευ로 시작하는 동사에는 시상 접두 모음이 자주 나타나지 않는다. 만약 이중모음의 두 번째 모음이 ι이면, 장음화된 모음 아래로 들어간다.

시상 접두 모음		원음	시상 접두 모음		원음
ῃ	←	αι	ην	←	αυ
ῃ	←	ει	ην	←	ευ
ῳ	←	οι			

---

4   이것을 "음절의" 시상 접두 모음이라고 부르는데, 그 단어에 다른 음절을 붙이기 때문이다.

5   이것을 "시간의" 시상 접두 모음이라고 부르는데, 긴 모음을 발음할 때 시간이 더 걸리기 때문이다. 물론 "길다"는 것은 상대적이다. ω와 ο의 발음 길이가 분명하지 않지만, 어쨌든 차이가 존재한다.

21.11 **현재시제 어간.** 현재시제 어간은 미완료과거시제를 만드는 데 사용한다. 미완료과거 형태는 대개 사전에서 다른 시제 형태들과 함께 나타나지 않는데, 현재시제 어간으로 미완료과거 형태를 만들기 때문이다. 그러나 이 책에서는 신약성경에서 동사가 미완료과거시제로 나타날 경우, 괄호로 묶어서 목록에 미완료과거를 포함했다. 이렇게 해야 시상 접두 모음이 붙었을 때 어떤 형태가 되는지 알 수 있다.

> ἔρχομαι, (ἠρχόμην), ἐλεύσομαι, ἦλθον 또는 ἦλθα, ἐλήλυθα, −, −

21.12 **연결 모음.** 미완료과거시제에는 현재시제와 같은 연결 모음이 온다.

21.13 **제2시제 인칭 어미.** 미완료과거는 다음과 같이 제2시제 인칭 어미를 사용한다.

> ν, ς, −, μεν, τε, ν, μην; σο, το, μεθα, σθε, ντο.

중간복습

- 미완료과거시제는 일반적으로 과거에 일어난 미완료적 행동을 묘사한다.
- 인칭 어미 마스터 차트는 제1시제 어미와 제2시제 어미, 능동태와 중간태/수동태로 구성되어 있다. 제1시제에는 시상 접두 모음이 없고, 제2시제에는 시상 접두 모음이 있다.
- 미완료과거 능동태는 시상 접두 모음 + 현재시제 어간 + 연결 모음 + 제2시제 능동태 인칭 어미로 만든다(예: ἔλυον).
- 미완료과거 중간태/수동태는 시상 접두 모음 + 현재시제 어간 + 연결 모음 + 제2시제 수동태 인칭 어미로 만든다(예: ἐλυόμην).
- 시상 접두 모음은 동사 어간에 붙는 접두사로 과거의 시간을 나타낸다. 어간이 자음으로 시작하면 시상 접두 모음은 ε이 된다. 어간이 하나의 모음으로 시작하면 그 모음은 길어진다. 어간이 이중모음으로 시작하면, 이중모음의 첫 모음이 길어질 수도 있고 이중모음 전체가 변하지 않을 수도 있다.

21.14 이제 네 세트의 인칭 어미를 배우게 된다. 모든 시제가 이 어미들을 사용하거나, 약간 변화된 형태를 사용한다.

	제1시제		제2시제	
능동태	λύω	–	ἔλυον	ν
	λύεις	ς	ἔλυες	ς
	λύει	ι	ἔλυε(ν)	–
	λύομεν	μεν	ἐλύομεν	μεν
	λύετε	τε	ἐλύετε	τε
	λύουσι(ν)	νσι	ἔλυον	ν
중간태/수동태	λύομαι	μαι	ἐλυόμην	μην
	λύῃ	σαι	ἐλύου	σο
	λύεται	ται	ἐλύετο	το
	λυόμεθα	μεθα	ἐλυόμεθα	μεθα
	λύεσθε	σθε	ἐλύεσθε	σθε
	λύονται	νται	ἐλύοντο	ντο

21.15 **파악하기.** 미완료과거 인칭 어미는 현재나 미래시제와 약간 다를 수 있지만, 비슷한 부분이 많이 있다.

능동태

2인칭 단수	λύεις	ἔλυες	둘 다 ς로 끝난다. 이렇게 끝나는 인칭 어미는 이것이 유일하다. 그러므로 ς로 끝나는 인칭 어미를 보면, 자동으로 무엇인지 알 수 있다.

1인칭 복수	λύομεν	ἐλύομεν	같다.
2인칭 복수	λύετε	ἐλύετε	같다.
3인칭 복수	λύουσι	ἔλυον	제2시제 어미는 단순히 ν이지만, 제1시제 어미는 νσι이다.

수동태

1인칭 단수	λύομαι	ἐλυόμην	둘 다 μ로 시작하는 세 개의 문자이다.
2인칭 단수	λύῃ	ἐλύου	둘 다 σ가 없어지고 다른 모음축약을 한다. 이 어미는 언제나 가장 까다롭다.
3인칭 단수	λύεται	ἐλύετο	ται는 제1시제 어미이고 το는 제2시제 어미이다.
1인칭 복수	λυόμεθα	ἐλυόμεθα	능동태와 마찬가지로, 어미가 같다.
2인칭 복수	λύεσθε	ἐλύεσθε	능동태와 마찬가지로, 어미가 같다. 능동태는 τ로 연결되지만(τε), 수동태는 θ가 특징이다. 1인칭 복수의 θ와도 비교해 보라(μεθα).
3인칭 복수	λύονται	ἐλύοντο	νται는 제1시제 어미이고 ντο는 제2시제 어미이다.

21.16 **디포넌트 동사.** 현재에서 디포넌트(middle-only 또는 deponent)이면 미완료과거에서도 디포넌트인데, 이유는 둘 다 같은 어간을 사용하기 때문이다.[6]

21.17 **분해 힌트.** 동사 형태를 보면 **"이것은 현재시제인가, 아니면 다른 시제인가?"** 라고 물어야 한다. 다르게 질문하면 다음과 같다. "지금 보고 있는 이 변화된 형태의 시제 어간은 무엇인가?" "이것은 현재시제 어간과 같은가, 아니면 다른가?"

- 시제 어간이 현재시제 어간과 같고 시제 형태소가 없다면, 이 동사는 아마 현재시제일 것이다.
- 시상 접두 모음이 있다면 미완료과거시제일 것이다.

---

6   중간태 동사(middle-only)를 디포넌트 동사(deponent)로 배우는 경우, 현재에서 디포넌트이면 미완료과거에서도 디포넌트라고 보면 된다.

- 하지만 어간이 다르다면 그것은 다른 시제일 것이고 어근이 바뀌었을 수 있다.

이렇게 이해하기 위해서는 동사의 어근이, 그것의 변화 여부에 상관없이, 해당 동사의 형태를 파악하는 데 중요한 단서가 된다.[7]

21.18 **미완료과거시제의 번역.** 미완료과거시제는 거의 모든 부분(인칭, 수, 태, 법)에서 현재시제와 같다. 한 가지 다른 점은 시간이다. 일반적으로 미완료과거는 과거의 지속적인 사건으로 번역한다(예: "공부하고 있었다").

οἱ Φαρισαῖοι ἔλεγον τοῖς μαθηταῖς αὐτοῦ· διὰ τί μετὰ τῶν τελωνῶν καὶ ἁμαρτωλῶν ἐσθίει ὁ διδάσκαλος ὑμῶν;(마 9:11)
바리새인들이 보고 그의 제자들에게 <u>말하고 있었다</u>. "어찌하여 너희 선생은 세리들과 죄인들과 함께 잡수시느냐?"

καὶ ἐβαπτίζοντο ἐν τῷ Ἰορδάνῃ ποταμῷ ὑπ᾽ αὐτοῦ(마 3:6).
그리고 그들은 요단 강에서 그에게 세례를 <u>받고 있었다</u>.

21.19 ἔλεγεν(미완료과거 능동태 직설법, 3인칭 단수)의 특이점 중 하나는 어떤 지속적 의미도 전달하지 않고, 단순 과거로 번역된다는 것이다("그가 말했다").

복합동사

21.20 복합동사에서 시상 접두 모음은 전치사 뒤 그리고 동사의 어간 앞에 온다. 다시 말해 전치사가 아니라 동사 부분에 시상 접두 모음이 붙는다. καταβαίνω의 미완료과거는 κατέβαινον이다.
복합동사의 동사 부분에 시상 접두 모음이 붙는다고 이해하는 것은 이치에도 맞다. 시상 접두 모음은 과거의 시간을 가리키는데, 전치사는 시간을 가리킬 수 없다. 그러므로 복합동사의 동사 부분에 시상 접두 모음이 붙어야 한다.

21.21 주목할 점은, κατέβαινον에서 κατά의 마지막 α는 시상 접두 모음과 함께 축약되지 않는다는

---

7 만약 두 번째 경로로 학습하고 있다면 변화된 어간을 아직 보지 못했을 것이다.

사실이다. 만약 그렇지 않다면, κατάβαινον이 되었을 것이다(αε → α).

- 전치사가 모음으로 끝나면, 마지막 모음은 κατέβαινον과 같이 시상 접두 모음 앞에서 없어진다.
- 일부의 경우(περί가 붙은 복합동사처럼), 전치사의 마지막 모음은 시상 접두 모음과 축약되지 않고 남아 있다(예: περιπατέω → περιεπάτουν).

21.22 ἐκ로 시작하는 복합동사에 시상 접두 모음이 붙을 때, κ는 ξ로 변한다(ἐκβάλλω → ἐξέβαλλον).[8]

축약동사와 εἰμί

21.23 **변화표: 미완료과거 능동태(축약동사).** 다음의 축약된 형태를 보고, 어떤 동사들이 축약되었고 왜 그렇게 축약되었는지 스스로 찾아낼 수 있어야 한다. 이 부분이 힘들다면, 17장으로 다시 돌아가서 해당 규칙을 복습하는 것이 좋다.

	ἀγαπάω	ποιέω	πληρόω
		능동태	
1인칭 단수	ἠγάπων	ἐποίουν	ἐπλήρουν
2인칭 단수	ἠγάπας	ἐποίεις	ἐπλήρους
3인칭 단수	ἠγάπα	ἐποίει[9]	ἐπλήρου[10]
1인칭 복수	ἠγαπῶμεν	ἐποιοῦμεν	ἐπληροῦμεν
2인칭 복수	ἠγαπᾶτε	ἐποιεῖτε	ἐπληροῦτε
3인칭 복수	ἠγάπων	ἐποίουν	ἐπλήρουν

---

8   왜 이렇게 변하는지 알고 싶다면, 이 전치사의 원래 형태가 ἐξ라는 것을 알아야 한다. 이 단어 다음에 자음이 오면 ξ의 일부인 σ가 없어진다("자음 사이의 시그마"). 그러나 시상 접두 모음이 붙으면, σ가 더는 자음 사이에 있지 않기 때문에 사라지지 않는다.

9   인칭 어미가 없으므로, 어간의 모음(ε)과 연결 모음(ε)이 축약된다.

10   인칭 어미가 없으므로, 어간의 모음(o)과 연결 모음(ε)이 축약된다.

		중간태/수동태	
1인칭 단수	ἠγαπώμην	ἐποιούμην	ἐπληρούμην
2인칭 단수	ἠγαπῶ	ἐποιοῦ	ἐπληροῦ
3인칭 단수	ἠγαπᾶτο	ἐποιεῖτο	ἐπληροῦτο
1인칭 복수	ἠγαπώμεθα	ἐποιούμεθα	ἐπληρούμεθα
2인칭 복수	ἠγαπᾶσθε	ἐποιεῖσθε	ἐπληροῦσθε
3인칭 복수	ἠγαπῶντο	ἐποιοῦντο	ἐπληροῦντο

21.24 εἰμί의 미완료과거 형태를 암기하라. 이제 직설법 형태의 εἰμί 변화는 모두 알게 되었다.[11]

	형태	번역
1인칭 단수	ἤμην	나는 ~였다.
2인칭 단수	ἦς [12]	너는 ~였다.
3인칭 단수	ἦν	그/그녀/그것은 ~였다.
1인칭 복수	ἦμεν/ἤμεθα [13]	우리는 ~였다.
2인칭 복수	ἦτε	너희는 ~였다.
3인칭 복수	ἦσαν	그들은 ~였다.

21.25 **"There"의 예비적 사용.** 지금까지 εἰμί의 유일한 예외 사항은 직접 목적어가 아닌 술어적 주격을 가진다는 것이었다. 여기에서 이 동사의 중요한 특징이 하나 더 추가된다. 영어로 번역할 때

---

11 두 번째 경로로 학습하고 있다면, 아직은 공부해야 할 미래형이 남아 있다.

12 이것의 다른 형태인 ἦσθα는 신약성경에서 두 번만 등장한다(마 26:69; 막 14:67).

13 ἦμεν은 신약성경에서 여덟 번 등장한다. 다른 형태인 ἤμεθα는 다섯 번 등장한다.

의미를 전달하기 위해서 εἰμί 앞에 "there"를 붙이도록 허용한다는 점이다. 문맥에 따라 이것이 필요한지 아닌지를 결정하겠지만, 일반적으로 εἰμί가 이 의미를 전달할 때는 절의 시작 부분에 나타난다.

예를 들어 ἐστίν οἶκος παρὰ τὴν θάλασσαν은 "There is a house by the sea"(바닷가에 집이 있다)를 의미할 수도 있다. 그러나 "A house is by the sea"(한 집이 바닷가 근처에 있다)도 의미할 수 있다.

요약

❶ 미완료과거는 보통 과거에 일어난 지속적인 행동을 가리킨다.

❷ 미완료과거는 시상 접두 모음 + 현재시제 어간 + 연결 모음 + 제2시제 인칭 어미로 만들어진다. 미완료과거는 제2시제인데, 시상 접두 모음을 사용하기 때문이다.

❸ 시상 접두 모음은 동사에 붙는 접두사로 과거를 나타낸다.
   - 어간이 자음으로 시작하면, 시상 접두 모음은 ε이다.
   - 어간이 단일모음으로 시작하면, 그 모음은 길어진다.
   - 어간이 이중모음으로 시작하면, 이중모음의 첫 모음이 길어지거나 이중모음 자체가 변하지 않게 된다.
   - 복합동사의 경우, 시상 접두 모음은 동사 부분의 앞에 붙는다. 만약 전치사가 모음으로 끝나면, 그 모음이 사라지거나, 시상 접두 모음과 축약하지 않게 된다.

❹ 제2시제 인칭 어미들은 제1시제 인칭 어미들과 비슷하다.
   - 능동태: ν, ς, −, μεν, τε, ν.
   - 수동태: μην, σο, το, μεθα, σθε, ντο.

❺ 동사가 현재에서 디포넌트이면 미완료과거에서도 디포넌트이다.

❻ 축약동사는 일반 법칙을 따른다.

❼ εἰμί의 모든 형태를 외웠는지 확인해 보라.

동사 마스터 차트

시제	시상 접두모음	시제 어간	시제 형태소	연결 모음	인칭 어미	1인칭 단수 변화표
현재 능동		현재		ο/ε	제1능동	λύω
현재 중간/수동		현재		ο/ε	제1중간/수동	λύομαι
미완료과거 능동	ε	현재		ο/ε	제2능동	ἔλυον
미완료과거 중간/수동	ε	현재		ο/ε	제2중간/수동	ἐλυόμην
미래 능동		미래 능동	σ	ο/ε	제1능동	λύσω
유음 미래 능동		미래 능동	εσ	ο/ε	제1능동	μενῶ
미래 중간		미래 능동	σ	ο/ε	제1중간/수동	πορεύσομαι
유음 미래 중간		미래 능동	εσ	ο/ε	제1중간/수동	μενοῦμαι

단어학습

ἀκολουθέω	따르다, 동행하다 (*ἀκολουθε, 90) [14] (ἠκολούθουν), ἀκολουθήσω, ἠκολούθησα, ἠκολούθηκα, –, – ἀκολουθέω는 일반적으로 여격을 직접 목적어로 가진다.
διδάσκω	가르치다 (*διδακ, 97) [15] (ἐδίδασκον), διδάξω, [16] ἐδίδαξα, –, –, ἐδιδάχθην
ἐπερωτάω	묻다, 찾다, 요구하다 (ἐπί + *ἐρωτα, 56) (ἐπηρώτων), ἐπερωτήσω, ἐπηρώτησα, –, –, ἐπηρωτήθην

14 파격 구문(Anacoluthon)은 문법을 따르지 않는 문장, 즉 맞지 않은 문장이다. 시종/조수(acolyte, ἀκόλουθος)는 시중 드는 사람이나 따르는 사람으로, 특별히 제단의 시종자를 의미한다.

15 명사 διδάσκαλος와 어근이 같은 동사이다. 엄밀히 말하면 어근은 *δακ이다. 첫 δ가 중복된 다음, 원래 어근인 δ가 ι에 의해 분리되었다(MBG, v-5a을 보라).

16 어간의 σ가 ξ에 흡수된 것에 주목하라.

ἐρωτάω	묻다, 요청하다, 간청하다 (*ἐρωτα, 63) (ἠρώτων), ἐρωτήσω, ἠρώτησα, −, −, ἠρωτήθην ἐρωτάω는 이중 대격(double accusative)을 가진다. 질문을 받은 사람과 질문의 내용이 모두 대격으로 나타난다.
θέλω	~하려고 하다, 원하다, 즐기다 (*ἐθελε, 208)[17] (ἤθελον), −, ἠθέλησα, −, −, − θέλω는 현재시제에서는 어근의 첫 번째 ε이 없어지고, 현재와 미완료에서는 어근의 마지막 ε이 없어진다.
περιπατέω	(주위를) 걷다, 살다 (περί + *πατε, 95)[18] (περιεπάτουν), περιπατήσω, περιεπάτησα, −, −, −
συναγωγή, −ῆς, ἡ	회당, 모임 (*συναγωγη, 56)[19]
Φαρισαῖος, −ου, ὁ	바리새인 (*φαρισαιο, 98)
χρόνος, −ου, ὁ	시간 (*χρονο, 54)[20]

신약성경의 전체 단어 수:	138,148
지금까지 배운 어휘 수:	236
이번 장에 나오는 단어의 신약성경 사용 횟수:	817
현재까지 배운 단어의 신약성경 사용 횟수:	105,550
신약성경에 사용된 총 단어에 대한 비율:	76.4%

[17] 메츠거는 『신약성경 헬라어 단어집』에서 그리스도가 오직 하나의 의지와 신성을 가졌다고 주장했던 단의론(monothelite)이란 이단에 대해 말한다.

[18] 소요학파(peripatetic, περιπατητικός)에 속한 철학자들은 여행할 때 이곳저곳 걸어 다니면서 추종자들을 가르쳤다.

[19] 회당(synagogue)은 모임을 위해 사람들이 모이던 장소이다.

[20] 크로노그래프(chronograph)는 시간을 측정하는 장치이다. 연대학(Chronology)은 연대를 측정하는 학문이다.

이미 배운 이 두 동사에는 추측할 수 없는 시상 접두 모음이 등장한다(불규칙한 시상 집두 모음이 등장한다—편집자).

| δύναμαι | (ἐδυνάμην 또는 ἠδυνάμην), δυνήσομαι, –, –, –, ἠδυνήθην |
| ἔχω | (εἶχον), ἕξω,[21] ἔσχον, ἔσχηκα, –, – |

심화학습

21.26 **불규칙한 시상 접두 모음.** 어떤 동사들에는 시상 접두 모음이 불규칙하게 온다. 사실 불규칙이 아니지만, 매우 복잡한 규칙에 따라 시상 접두 모음이 붙는다. 가장 식별하기 쉬운 "불규칙성"은 각주를 통해 설명하겠지만, 어떤 경우에는 그냥 외우는 편이 더 쉬울 수도 있다. 물론, 규칙을 외우는 편이 훨씬 바람직하다. 특정한 시상 접두 모음에 영향을 미치는 규칙들은 다른 동사에서도 영향을 미칠 가능성이 있기 때문이다.

예를 들어 ἔχω 동사를 살펴보자. ἔχω의 미완료과거는 εἶχον이고, 동사 어근은 *σεχ이다. 현재시제에서 이 σ는 거친 숨표로 변한다. 그러나 헬라어는 두 가지 기식음인 거친 숨표와 χ가 나란히 등장하는 것을 선호하지 않는다. 그래서 거친 숨표(')는 연한 숨표(')로 역기음화(deaspirate)한다(*σεχ → ἑχ → ἐχ → ἔχω).

이 동사를 미완료과거시제로 만들면, 동사 어근이 자음으로 시작하므로 시상 접두 모음은 ε이 된다. 이때 σ가 두 개의 모음 사이에서 사라지고, ε + ε은 ει로 축약된다(ε + *σεχ → εεχ → εἶχον).

이 동사는 미래시제에서 거친 숨표(')를 갖는다(ἕξω). 시제 형태소 σ는 χ와 결합되어 ξ가 된다. 그러나 두 개의 기식음이 연속으로 나오지 않기 때문에, 거친 숨표(')는 그대로 남을 수 있다(*σεχ + σ + ω → ἑχσω → ἕξω).

지금은 이 모든 것이 복잡하고 불필요하게 들릴지도 모른다. 현재 시점에서는 그렇게 생각하는 것이 어쩌면 당연할 수 있다. 그러나 헬라어 동사를 만들 때 리듬을 고려하고 특정한 규칙들을 따르는 데는 그만한 이유가 있음을 깨닫는 것이 중요하다. 그리고 이런 규칙들이 결국 외워야 할 분량을 줄여준다는 사실을 알아야 한다. 결과적으로 보면, 이런 방식을 추구할 때 헬라

---

21 거친 숨표에 대해서는 아래 21.26을 보라.

어를 더 오래 사용할 가능성이 열린다. 그리고 이것은 결국 우리가 왜 이 위대한 언어를 배우고 있는가에 대한 답으로 이어진다. 남은 생애 동안 가능한 한 더 효과적으로 하나님의 계시를 이해하고 선포하기 위해 우리는 이 언어를 배우고 사용한다.

주해 원리

1. 일반적으로 미완료과거는 과거에 일어난 지속적인 행동을 묘사한다(진행적, 계속적 용법).

   ἐδίδασκεν τοὺς μαθητὰς αὐτοῦ(막 9:31).
   그는 제자들을 가르치고 계셨다.

2. 미완료과거는 행동의 시작을 강조할 수 있다(진입적, 기동적 용법). 번역할 때 이 의미를 잘 전달하기 위해 "시작했다"라는 문구를 첨가할 수 있다.

   ἄγγελοι προσῆλθον καὶ διηκόνουν αὐτῷ(마 4:11).
   천사들이 나아와서 수종들기 시작했다.

3. 미완료과거시제에서 어떤 지속적인 행동은 계속해서 발생하기보다 반복해서 발생한다(반복적 용법). 번역할 때 의미를 잘 전달하기 위해 "반복해서"라는 문구를 첨가할 수 있다.

   ἤρχετο πρὸς αὐτὸν(눅 18:3).
   (그녀가) 그에게 반복해서 갔다.

   ἤρχοντο πρὸς αὐτὸν καὶ ἔλεγον· χαῖρε(요 19:3).
   그들이 그에게 반복해서 가서 말했다. "너는 기뻐하라."

4. 미완료과거시제는 영어의 "used to"(~하곤 한다)와 같이, 규칙적으로 일어나는 행동을 나타낼 수 있다(관례적 용법).

   Κατὰ δὲ ἑορτὴν ἀπέλυεν αὐτοῖς ἕνα δέσμιον(막 15:6).
   그런데 그는 명절 때마다 사람들이 요구하는 죄수 하나를 놓아주곤 했다.

5. 미완료과거시제는 무엇인가 행하기를 원하는 것(자발적 용법), 무엇인가 시도하려는 것(능동적 용법), 거의 그렇게 하려는 것(경향적 용법) 등을 묘사할 때도 사용한다. 종종 이 세 가지 용법을 구별하기가 쉽지 않을 때가 있다. 늘 그런 것처럼 결국 문맥이 이것을 결정한다.

<u>ηὐχόμην</u> γὰρ ἀνάθεμα εἶναι αὐτὸς ἐγώ(롬 9:3).
왜냐하면 내가 내 자신이 저주받기를 <u>원하기</u> 때문이다.

<u>ἐδίωκον</u> τὴν ἐκκλησίαν τοῦ θεοῦ καὶ <u>ἐπόρθουν</u> αὐτήν(갈 1:13).
나는 하나님의 교회를 <u>박해하곤 했고</u>, 또 <u>없애버리기 원했다.</u>

ὁ δὲ Ἰωάννης <u>διεκώλυεν</u> αὐτόν(마 3:14).
요한이 그를 <u>말리려고 했다.</u>

22 제2부정과거 능동태/ 중간태 직설법

본문 주해 맛보기

부정과거(ἀόριστος)는 기간이 정해지지 않은 행동의 사실만을 서술하는 부정(不定) 시제이다. 부정과거가 행동을 한 단위의 사건으로 묘사할 때, 세 가지 가능성 중 하나를 강조할 수 있다. 일단 공 하나가 누군가에 의해 던져졌다고 상상해 보자. 그러면 **날아가게 했다**(진입적/기동적), **날아갔다**(술정적), **부딪쳤다**(완료적)를 묘사하는 세 가지 가능성이 있다.

부정을 나타내는 이러한 부정과거의 측면들은 예수님이 감람산 강화(막 13:30과 비유들)에서 들려주신 까다로운 말씀에 어느 정도의 실마리를 제공한다. "내가 진실로 너희에게 말하노니 이 세대가 지나가기 전에 이 일이 다 **일어나리라**(γένηται)." 이 구절을 풀기가 쉽지 않은 것은 예수님이 24절 이하에서 이 세상의 마지막에 대해 이미 묘사했기 때문이다. 그것도 해와 달이 빛을 잃고, 별들이 하늘에서 떨어지고, 하늘의 권능들이 흔들린다는 생생한 용어로 말씀하셨다. "이 세대"(ἡ γενεὰ αὕτη)라는 표현이 예수님의 초림에서 재림까지 전 시대를 포함하는 말이 아니라면(이것은 설득력이 약한 주장이다), 부정과거 γένηται가 이 문제의 단서를 제공해야 한다. 만약 이 동사를 기동적인 부정과거로 보고 행동이 시작되었다는 관점으로 해석한다면, 이 말씀은 이렇게 번역할 수 있다. "내가 진실을 말한다. 이 모든 일이 일어나기 **시작하기까지** 이 세대는 지나가지 않을 것이다."

똑같은 부정과거의 미묘한 의미 차이는 천사 가브리엘이 스가랴에게 하는 말에서도 나타난다(눅 1:20). "보라 **이 일이 되는**(γένηται ταῦτα) 날까지 네가 말 못하는 자가 되어 능히 말을 못하리니." 13-17절을 보면, 가브리엘은 세례 요한의 탄생뿐 아니라 어른이 된 후에 그가 감당할 사역도 예언하고 있다. 그런데 스가랴는 아기 이름 요한을 서판에 쓰자마자 말을 할 수 있게 되었다(62-64절). 그렇다면 20절은 "보라 이 일이 **시작되기까지** 너는 침묵하게 되고 말을 할 수 없을 것이다"로 번역해야 한다.

그러므로 학생들은 더 큰 의미를 전달하는 문맥에 주의를 기울이고, 그 단락이 제시하는 의미로 부정과거를 해석해야 한다.

로이스 고든 그륀너(Royce Gordon Gruenler)

개요

이번 장에서 배울 내용은 다음과 같다.
- 부정과거는 보통 과거에 일어난 부정적(완료적) 행동을 나타낸다. 당분간은 단순 과거로 번역할 것이다("나는 먹고 있었다"가 아니라 "나는 먹었다"[I ate]로).
- 부정과거를 만드는 방법에는 두 가지가 있다.
  첫째, 제2부정과거는 부정과거시제 어간을 위해서 동사 어근을 변화시키지 않는데, 이는 현재시제 어간과 항상 다르다.
  둘째, 제2부정과거는 시상 접두 모음, 제2부정과거 능동태 어간, 연결 모음, 제2시제 인칭 어미로 만든다.

영어로 개념 잡기

22.1   영어 동사는 과거시제를 두 가지 방법으로 만든다.
- **규칙동사**[1]는 "-ed"를 붙여서 만든다. "I study all the time"(나는 내내 공부한다). → "I studied all last night"(나는 지난 밤 모두 공부했다).
- **불규칙동사**[2]는 어간을 변화시키는데, 대체로 모음이 변한다. "I eat breakfast every morning"(나는 매일 아침 식사를 먹는다). → "I ate last night as well"(나는 어젯밤에도 먹었다).
어떤 형태로 변하든 의미에는 차이가 없다. "Swimmed"와 "swam"은 만약 전자가 있기만 하다면, 아마도 같은 의미일 것이다.

---

1   "약변화동사"라고도 불린다.
2   "강변화동사"라고도 불린다.

22.2 **의미.** 지난 장에서 헬라어의 과거시제 중 하나를 배웠다. 미완료과거는 대개 과거에 일어난 미완료적 행동을 묘사한다. 두 번째 과거시제는 부정과거이다. **부정과거는 일반적으로 과거에 일어난 부정적 행동을 묘사한다.**[3]

22.3 **번역.** 미완료과거는 항상 완료되지 않은 상태를 가리키지만, 부정과거는 항상 완료된 상태를 가리킨다. 그래서 어떤 행동이 일어났을 때, 행동의 시상에 관해서는 아무것도 알려주지 않는다. 이것은 부정과거를 단순 과거로 번역해야 한다는 것을 의미한다. "나는 공부했다"로 번역하고, "나는 공부하고 있었다"로 번역하지 않는다.[4]

　　　καὶ ἦλθον πρὸς τὸν Ἰωάνην(요 3:26).
　　　<u>그들이</u> 요한에게 <u>갔다.</u>

22.4 **두 가지 형태.** 부정과거를 만드는 방법에는 두 가지가 있다. 영어에서 과거시제를 만드는 두 가지 방법과 다소 비슷하다.
- 영어의 "규칙" 변화에 해당하는 헬라어 시제는 **제1부정과거**(23장)라고 부른다.
- 영어의 "불규칙" 변화에 해당하는 헬라어 시제는 **제2부정과거**라고 부른다. 미완료과거와 거의 비슷한 제2부정과거부터 시작하겠다.

헬라어 동사는 제1부정과거가 되거나 제2부정과거가 되고, 둘 모두 될 수는 없다. 예를 들어 헬라어에서 "swim"의 과거형은 "swam" 아니면 "swimmed"이고, 결코 이 두 개가 다 되지 않는다.[5]

3　부정과거라는 단어는 "정의되지 않는", "한정되지 않은"을 의미한다.

4　선생님에 따라 "have"를 사용하기도 한다. "I have studied all night"(나는 밤새워 공부해 왔다). 이것은 부정과거에 대한 적절한 번역일 수 있다. 하지만 교수법의 차원에서 말하면, 마지막에 배울 현재완료시제를 위해서 "have"를 사용하지 않고 남겨두는 것이 더 좋을 것 같다. 동사 체계에 익숙해지면 더 풍성하게 부정과거를 번역하기 위해 "have"를 추가 사용해도 될 것 같다. 그래도 선생님에 따라 다른 방식을 선호할 수 있으니, 반드시 선생님께 물어보라.

5　이 규칙에는 아주 소수의 예외 사항이 있다.

22.5   개관표: 제2부정과거 능동태 직설법[6]

> 시상 접두 모음 + 부정과거 능동태 시제 어간 + 연결 모음(ο/ε) + 제2시제 능동태 인칭 어미
>
> ἐ + λαβ + ο + μεν → ἐλάβομεν

λύω는 제1부정과거 능동태 형태를 가진다. 그래서 이번 장의 변화표에서는 제2부정과거 형태를 가진 λαμβάνω(*λαβ)를 사용한다.[7] 이 단어의 의미는 "취하다"(take)이다. 여기서 단어의 어미가 미완료과거에서의 의미와 같다는 점에 주목하라.

ἔλαβεν οὖν τοὺς ἄρτους ὁ Ἰησοῦς(요 6:11).
예수께서 그 빵들을 취하셨다.

22.6   변화표: 제2부정과거 능동태 직설법

	형태	번역	연결 모음	어미	미완료과거
1인칭 단수	ἔλαβον	나는 가졌다.	ο	ν	ἔλυον
2인칭 단수	ἔλαβες	너는 가졌다.	ε	ς	ἔλυες
3인칭 단수	ἔλαβε(ν)	그/그녀/그것은 가졌다.	ε	– (ν)	ἔλυε(ν)
1인칭 복수	ἐλάβομεν	우리는 가졌다.	ο	μεν	ἐλύομεν
2인칭 복수	ἐλάβετε	너희는 가졌다.	ε	τε	ἐλύετε
3인칭 복수	ἔλαβον	그들은 가졌다.	ο	ν	ἔλυον

6   엄밀히 말하면, 이것은 부정과거 능동태/중간태 시제 어간이다. 그러나 중간태/수동태를 다룰 때 이미 말했던 것처럼, 필자는 이 문제를 단순화해서 설명하는 중이다.

7   λαμβάνω는 어근 *λαβ에 μ와 αν을 더해 현재시제 어간을 만든다(*λαβ → λαμβ + αν + ω → λαμβάνω).

22.7 **시상 접두 모음**. 제2부정과거에 붙는 시상 접두 모음은 미완료과거와 같은 규칙을 따른다.

22.8 **시제 형태**. 사전에서 제2부정과거 능동태는 세 번째에 위치한다(예: ἔλαβον).

λαμβάνω, (ἐλάμβανον), λήμψομαι, ἔλαβον, εἴληφα, εἴλημμαι, ἐλήμφθην

능동태에서 **제2부정과거는 항상 현재시제와 다른 어간을 가지는데, 이유는 동사 어근이 항상 현재시제 어간을 만들 때 변하기 때문이다.** 그렇지 않으면 미완료과거와 제2부정과거를 결코 구분할 수 없을 것이다. 제2부정과거시제 어간을 만들기 위해 다른 어근을 사용할 때, 때로는 급격한 변화가 나타나기도 한다(예: λέγω[*λεγ]는 제2부정과거에서 εἶπον[*ϝιπ]으로 변한다). 그러나 대부분의 경우 현재시제 어간과 제2부정과거시제 어간 사이의 변화는 크지 않다. 예를 들어, *βαλ과 같이 하나의 자음으로 된 어근은 현재(βάλλω)에서는 이중자음을 갖지만, 부정과거(ἔβαλον)에서는 단일자음을 갖는다. 또는 *λειπ가 현재에서는 λείπω가 되지만 부정과거에서는 ἔλιπον이 되듯이 어간 모음이 변한 것일 수 있다.

정확히 암기하라. 이런 변화들은 종종 한 글자만 변하기 때문에, 동사 어근과 사전적 형태를 **정확히 외우는 것이 중요하다.** ἔβαλλον(미완료과거)과 ἔβαλον(제2부정과거)은 한 글자만 다르다.

번역 힌트. 변화된 동사 형태를 번역할 때, 스스로 **"이것이 현재시제 어간인가 아닌가"**를 질문해야 한다. 만약 현재시제 어간이면 그 동사 형태는 현재나 미완료과거이고, 어간이 다르면 제2부정과거이다. 예를 들어, ἔλιπον을 보면 현재시제 어간이 ει이 있는 *λειπ이기 때문에, 현재나 미완료과거가 될 수 없다는 것을 알 수 있다.

22.9 **시제 형태소**. 제2부정과거 능동태에는 시제 형태소가 없다.

22.10 **연결 모음**. 제2부정과거는 현재시제와 같은 연결 모음을 사용한다.

22.11 **인칭 어미**. 제2부정과거에는 시상 접두 모음이 붙기 때문에 제2시제 인칭 어미가 나타난다. 이미 배운 대로 제2부정과거 능동태 어미는 미완료과거 능동태 어미와 같다. 이 두 시제는 혼동하기 쉽다. 미완료과거와 제2시제부정과거 능동태 사이의 유일한 차이는 시제 어간이다(예: ἔβαλλον과 ἔβαλον을 비교하라). 1인칭 단수와 3인칭 복수의 형태가 같긴 하지만(ἔβαλον), 문맥을 보고 의미를 결정하면 된다.

22.12 **어휘 목록.** 부록에(600쪽) 제2부정과거를 갖는 동사 중 50번 이상 나오는 단어를 소개하고 있다. 이 목록은 제2부정과거 단어 카드를 만드는 데 도움이 될 것이다.

22.13 **"불규칙" 제2부정과거.** "불규칙" 미래 형태에 관한 내용은 부정과거에도 적용된다. 제2부정과거의 몇몇 형태들은 불규칙으로 보일 수 있지만, 사실은 그렇지 않다. 단어를 외우다가 어려운 제2부정과거 형태를 발견하면, 동사 어근에 기초해서 제2부정과거 형태임을 알아낼 것인지, 아니면 단순히 암기할 것인지 결정해야 한다.

제2부정과거 중간태

22.14 **개관표: 제2부정과거 중간태 직설법**

> 시상 접두 모음 + 부정과거 능동태 시제 어간
> + 연결 모음(ο/ε) + 제2시제 중간태/수동태 인칭 어미
>
> ἐ + γεν + ο + μην → ἐγενόμην

22.15 **변화표: 제2부정과거 중간태 직설법.**
이 변화표에서는 γίνομαι(*γεν)를 사용한다.

	형태		연결 모음	어미	미완료과거
1인칭 단수	ἐγενόμην	내가 되었다(I became).	ο	μην	ἐγινόμην
2인칭 단수	ἐγένου	네가 되었다.	ε	σο[8]	ἐγίνου
3인칭 단수	ἐγένετο	그/그녀/그것이 되었다.	ε	το	ἐγίνετο

8   σ는 모음 사이에 있어서 사라지고 모음들은 ου로 축약된다.

1인칭 복수	ἐγενόμεθα	우리가 되었다.	ο	μεθα	ἐγινόμεθα
2인칭 복수	ἐγένεσθε	너희가 되었다.	ε	σθε	ἐγίνεσθε
3인칭 복수	ἐγένοντο	그들이 되었다.	ο	ντο	ἐγίνοντο

여기에서 그렇게 특별한 부분은 없다. 이 부정과거는 어간만 제외하고 미완료과거시제와 같다.

22.16   **디포넌트 동사.** 사전에서 동사의 세 번째 형태가 ομην으로 끝나면, 제2부정과거 능동태가 아니라 디포넌트라는 것을 알 수 있다.

γίνομαι, (ἐγινόμην), γενήσομαι, ἐγενόμην, γέγονα, γεγένημαι, ἐγενήθην

22.17   미래시제와 마찬가지로 부정과거는 중간태와 수동태가 확실히 다른 형태를 가진다. 부정과거 수동태 형태는 위에 나열된 목록의 맨 마지막에 있다(ἐγενήθην).

요약

❶ 부정과거는 대개 과거에 발생한 완료적 행동을 묘사한다. 이제부터 영어의 단순 과거처럼 번역해야 한다.

❷ 헬라어에는 두 가지 형태의 부정과거가 있다. 형태만 다를 뿐 이 둘의 의미는 다르지 않다.

❸ 단어가 제2부정과거 형태를 갖는 경우, 동사 어근은 일반적으로 현재시제 어간을 만들면서 변화가 일어났을 것이다. 제2부정과거시제 어간은 보통 변화가 없는 동사 어근이다. 이것은 제2부정과거시제 어간은 보통 현재시제와 구분하기 위해 모음 변화나 자음 변화가 일어난다는 것을 의미한다.

❹ 제2부정과거 능동태는 시상 접두 모음, 제2부정과거 능동태 시제 어간, 연결 모음, 제2시제 능동태 어미로 만든다.

❺ 제2부정과거 중간태는 시상 접두 모음, 제2부정과거 능동태 시제 어간, 연결 모음, 제2시제 중간태/수동태 어미로 만든다.

❻ 제2부정과거는 제2부정과거시제 어간을 사용하는 것을 제외하고 미완료과거처럼 변화한다.

동사 마스터 차트

시제	시상 접두모음	시제 어간	시제 형태소	연결 모음	인칭 어미	1인칭 단수 변화표
현재 능동		현재		o/ε	제1능동	λύω
현재 중간/수동		현재		o/ε	제1중간/수동	λύομαι
미완료과거 능동	ε	현재		o/ε	제2능동	ἔλυον
미완료과거 중간/수동	ε	현재		o/ε	제2중간/수동	ἐλυόμην
미래 능동		미래 능동	σ	o/ε	제1능동	λύσω
유음 미래 능동		미래 능동	εσ	o/ε	제1능동	μενῶ
미래 중간		미래 능동	σ	o/ε	제1중간/수동	πορεύσομαι
유음 미래 중간		미래 능동	εσ	o/ε	제1중간/수동	μενοῦμαι
제2부정과거 능동	ε	부정과거 능동		o/ε	제2능동	ἔλαβον
제2부정과거 중간	ε	부정과거 능동		o/ε	제2중간/수동	ἐγενόμην

단어학습

제2부정과거는 자주 나오는 시제이므로 확실히 공부해야 한다. 다음 장에서는 προσεύχομαι의 부정과거형과 이미 배운 몇몇 동사들을 공부할 것이다.

ἀποθνήσκω	죽다, 죽으려고 하다, ~로부터 자유하다 (ἀπό + *θαν, 111)
	(ἀπέθνησκον), ἀποθανοῦμαι, ἀπέθανον, –, –, –
ἄρτος, –ου, ὁ	빵, 빵 한 덩어리, 음식 (*ἀρτο, 97)
βάλλω	던지다 (*βαλ, 122)
	(ἔβαλλον), βαλῶ, ἔβαλον, βέβληκα, βέβλημαι, ἐβλήθην

γῆ, γῆς, ἡ	땅, 대지, 지역, 인류 (*γη, 250)[9]
γίνομαι	~이 되다, 발생하다, ~이다, ~이 있다(존재하다), 태어나다, 창조되다 (*γεν, 669)[10]
	(ἐγινόμην), γενήσομαι, ἐγενόμην, γέγονα, γεγένημαι, ἐγενήθην
	γίνομαι는 εἰμί처럼 술어적 주격을 취한다. γίνομαι에는 폭넓은 뜻이 있다. 이 동사는 두 개의 범주, 곧 "~이다"와 "나타나다, 태어나다"로 나누어 생각하는 것이 좋다. 대부분의 의미가 이 두 범주 안에 들어간다. 어근은 현재시제 어간을 제외한 모든 시제들에서 명확히 드러난다.
εἰσέρχομαι	들어가다/들어오다 (εἰς + *ἐρχ / *ἐλευθ, 194)
	εἰσελεύσομαι, εἰσῆλθον,[11] εἰσελήλυθα, –, –
ἐξέρχομαι	~로 나가다 (ἐκ + *ἐρχ / *ἐλευθ, 218)
	(ἐξηρχόμην), ἐξελεύσομαι, ἐξῆλθον,[12] ἐξελήλυθα, –, –
ἔτι	아직, ~까지 (93)
εὑρίσκω	찾다 (*εὑρ, 176)[13]
	(εὕρισκον 또는 ηὕρισκον), εὑρήσω,[14] εὗρον, εὕρηκα, –, εὑρέθην
λαμβάνω	취하다, 받다/받아들이다 (*λαβ, 258)
	(ἐλάμβανον), λήμψομαι,[15] ἔλαβον, εἴληφα, –, ἐλήμφθην
οὔτε	그리고 ~이 아닌, (둘 중) 어느 것도 아닌, 또한 ~이 아닌 (87)

---

9   Geo는 "땅"이라는 의미로 복합어를 만들 때 사용한다(예: geocentric[지구 중심적인], geology[지질학], geodesy[측지학]).

10   γίνομαι는 영어 동족어들에서 "일어나다"라는 의미를 부여한다. genesis(기원)와 generate(발생시키다)와 같은 단어가 있다.

11   어근에 모음 전환이 일어나 ευ가 탈락한다.

12   어근에 모음 전환이 일어나 ευ가 탈락한다.

13   "발견적 학습의"(heuristic)라는 단어는 발견을 통해 배우는 사람을 나타내는 형용사이다. 유레카(Eureka)는 "내가 찾았다"라는 뜻이다. 왕의 황금 왕관의 순도를 측정하는 방법을 발견했을 때, 아르키메데스가 사용했던 감탄사이다.

14   γίνομαι와 같이 η가 시제 어간 뒤에 들어갔다(γενήσομαι).

15   미래 중간태 디포넌트 동사는 불규칙하지 않다. α는 η로 길어지고(모음 전환), μ가 현재시제처럼 β 앞에 들어간다. β는 시제 형태소의 σ 때문에 ψ로 바뀐다. *λαβ → ληβ → λημβ + σομαι → λήμψομαι.

| προσέρχομαι | ~로 오다/가다 (πρός + *ἐρχ / *ἐλευθ, 86) |
| | (προσηρχόμην), –, προσῆλθον,[16] προσελήλυθα, –, – |

| προσεύχομαι | 기도하다 (πρός + *ἐρχ / *ἐλευθ, 86) |
| | (προσηυχόμην), προσεύξομαι, προσηυξάμην, –, –, – |

| πῦρ, πυρός, τό | 불 (*πυρ, 71)[17] |

신약성경의 전체 단어 수:	138,148
지금까지 배운 어휘 수:	250
이번 장에 나오는 단어의 신약성경 사용 횟수:	2,517
현재까지 배운 단어의 신약성경 사용 횟수:	108,067
신약성경에 사용된 총 단어에 대한 비율:	78,22%

축하한다! 여러분은 이제 신약성경에 등장하는 전체 단어의 3/4을 알게 되었다.

단어복습

22.18 다음에 나오는 동사들은 우리가 이미 배운 것으로 제2부정과거를 갖는 동사들이다. 이 목록에 있는 각주들은 꼭 읽어 보라.

동사 어근	현재	미래	부정과거
*γνω	→ γινώσκω	γνώσομαι	ἔγνων
*ερχ, *ἐλευθ (*ελθ[18])	→ ἔρχομαι	ἐλεύσομαι	ἦλθον

16 어근은 모음 전환이 일어나 ευ가 탈락한다.

17 방화광(pyromaniac)은 무언가가 파괴되도록 불을 지르고 싶어 하는 강박적인 욕구를 가진 사람이다.

18 ἐλθ는 ευ가 없어지며 ἐλευθ가 축약된 형태이다(*MBG*, 260n6 참조). ἦλθον은 자주 등장하는 단어인데 두 가지 어

*σεχ	→ ἔχω	ἕξω	ἔσχον
*λεγ, *ϝιπ	→ λέγω	ἐρῶ	εἶπον [19]
*ὁρα, *ϝιδ	→ ὁράω	ὄψομαι	εἶδον [20]
συν + *αγ	→ συνάγω	συνάξω	συνήγαγον

격려의 말. 신약성경에는 서로 다른 어근을 사용하는 헬라어 동사가 9개만 있다. 그러나 이 동사들은 매우 자주 등장한다(*MBG* v-8). 또한 어간 모음이 시제마다 변하는 동사는 38개 있는데,(*MBG* v-7) 이 동사들은 우리가 이미 배운 패턴을 따라 변한다.

22.19 ἔγνων의 변화표는 다음과 같다.

1인칭 단수	ἔγνων	1인칭 복수	ἔγνωμεν
2인칭 단수	ἔγνως	2인칭 복수	ἔγνωτε
3인칭 단수	ἔγνω	3인칭 복수	ἔγνωσαν

어떤 사람은 3인칭 복수가 ἔγνων이 된다고 예상했을 수도 있다. 그러나 그런 형태는 신약성경에 나오지 않으며 모두 ἔγνωσαν으로 나온다(17번).

22.20 우리는 이미 οἶδα가 현재의 의미를 지닌 완료라는 사실을 배웠다. ᾔδειν은 οἶδα의 미완료과거와 부정과거로 기능하지만 실제로는 과거완료인데(25장), 이는 이 단어의 형태가 왜 다른지를

근 형태(*ἐλευθ, *ἐλθ)로 외워 두면 좋다.

19 *ϝιπ는 ϝ로 시작하기 때문에(17.13) 시상 접두 모음이 불규칙하게 나타난다. ι는 길어지지 않으면서 ε이 붙고 디감마가 없어진다(ε + ϝιπ → εἶπον).

20 εἶδον은 현재시제 형태가 없는 제2부정과거이다. "보다"를 뜻하는 다른 모든 단어에는 각각의 부정과거 어간이 있다. 그래서 대다수 문법책은 이 단어를 ὁράω와 연결한다. ὁράω에는 자기만의 제1부정과거 중간태 디포넌트 형태(ὠψάμην, 부정과거 가정법)가 있지만, 매우 드물게 나타난다. 신약성경에서는 누가복음 13:28에서만 나온다. 대부분의 문법책과 같이 이 책에서도 εἶδον을 ὁράω의 부정과거로 제시했다. 어근은 *ιδ로 표시했는데, 엄밀히 말하면 원래 어근은 첫 자음이 디감마인 *ϝιδ이다(17.12를 보라). 디감마는 "w"로 발음했고 *ϝιδ에서 video(비디오)라는 단어가 나왔다.

설명한다.

1인칭 단수	ᾔδειν		1인칭 복수	ᾔδειμεν
2인칭 단수	ᾔδεις		2인칭 복수	ᾔδειτε
3인칭 단수	ᾔδει		3인칭 복수	ᾔδεισαν

심화학습

22.21 **완료적 시상 대 순간적 시상.** 헬라어 주해에서 가장 혼란스러운 부분 중 하나는 헬라어에서 사용하는 완료적 시상과 영어의 순간적 시상을 혼동할 때 일어난다. 영어의 순간적 시상은 한 시점에서 일어나는 행동을 말한다. "The tidal wave <u>hit</u> the boat"(해일이 배를 <u>쳤다</u>)라는 문장처럼 말이다. 그러나 헬라어의 완료적 시상은 순간적 시상이 아니다. 이 완료적 시상은 행동이 일어난 것 외에는 동사의 행동에 대해서 아무것도 말하지 않는다.

헬라어의 완료적 시상에 관한 오해는, 부분적으로 이 시상이 순간적인 행동을 묘사하는 곳에서도 사용될 수 있기 때문이다. 그러나 그런 동사가 순간적인 행동이 아닌 이유는 시상 때문이 아니라 문맥과 단어의 의미 때문이다. 미완료적 시상을 사용하여 순간적인 행동에 묘사할 수는 없기에 기본적으로는 완료적 시상을 사용하는 것이다.

주해 원리

1. 일반적으로 부정과거는 행동을 전체적으로 보며, 행동의 정확한 성격에 대해서는 그 어떠한 것도 말하지 않는다(술정적 용법).

ἐνέβη εἰς τὸ πλοῖον καὶ ἦλθεν εἰς τὰ ὅρια Μαγαδάν(마 15:39).
예수께서 그 배로 <u>오르셨고</u> 마가단 지역으로 <u>가셨다.</u>

그 행동이 진행 중인 과정이 아니었다는 의미가 아니다. 단지 저자가 우리에게 그 점에 대해서 말하지 않을 뿐이다. 어떤 사람은 동사가 부정과거이므로 즉시 일어났거나 단 한 번만 일어난 일을 묘사해야 한다고 말한다. 이는 만연한 오해로, 사실이 아니다.

> ἐβασίλευσαν μετὰ τοῦ Χριστοῦ χίλια ἔτη (계 20:4).
> 그들은 그리스도와 함께 천 년 동안 <u>다스렸다</u>.

이 구절에서 "다스렸다"라는 단어는 문맥으로 볼 때 명백히 지속적이지만, 어떤 이유로 인해 요한에게는 이 점을 문법적으로 분명하게 나타내는 것이 중요한 문제가 되지 않았다. 필자 생각에, 요한은 자신이 부정과거를 사용하더라도 그 의미가 분명히 드러날 줄 알았을 것이다.

2. 다른 경우에 부정과거는 행동의 시작을 강조한다(기동적 용법). 이 강조점을 명확히 전달하기 위해 "되었다"(became)라는 문구를 번역문에 사용할 수 있다.

> ὁ δὲ βασιλεὺς <u>ὠργίσθη</u> (마 22:7).
> 그래서 그 임금이 <u>노하게 되었다</u>.

3. 부정과거는 시간을 초월한 어떤 진리를 묘사하는 데 사용할 수 있다(격언적 용법). 여기에서 부정과거의 시간이 가지는 중요성은 완전히 사라져 버린다. 영어로는 흔히 현재시제로 번역한다.

> ἐξηράνθη ὁ χόρτος, καὶ τὸ ἄνθος <u>ἐξέπεσεν</u> (벧전 1:24).
> (그) 풀은 <u>마르고</u> (그) 꽃은 <u>떨어진다</u>.

4. 시간은 시상에 비하면 부차적이기 때문에, 헬라어를 말하는 화자는 미래에 일어날 행동을 묘사하기 위해 심지어 부정과거도 사용할 수 있다(예언적/선취적 용법). 이 용법은 어떤 사건이 반드시 발생한다는 확실성을 강조한다.

> οὓς <u>ἐδικαίωσεν</u>, τούτους καὶ <u>ἐδόξασεν</u> (롬 8:30).
> 그분은 그들을 의롭다 하시고 (의롭다 하신) 그들을 또한 <u>영화롭게 하셨다</u>.

23 제1부정과거 능동태/ 중간태 직설법

본문 주해 맛보기

학자와 설교자들은 부정과거시제를 잘못 사용해 왔다. 이들은 본문에 그러한 의도가 없을 때도 이를 단 한 번의 행동만을 나타내는 시제라고 자주 말한다. 윌리엄 마운스는 매우 명확하게 아래와 같이 논의를 이어간다. 우리는 이 오류에 유의함과 동시에 다른 극단으로 치우치지 않으면서, 부정과거가 정말 문맥상 단 한 번의 행동을 표현하고 있는지 확실히 볼 수 있어야 한다. 단순히 동사가 부정과거인 것이 중요한 게 아니라, 바로 문맥이 중요하기 때문이다. 로마서 6:10은 예수님에 대해 다음과 같이 말한다. ὃ γὰρ ἀπέθανεν, τῇ ἁμαρτίᾳ ἀπέθανεν ἐφάπαξ("그가 죽으심은 죄에 대하여 단번에 죽으심이요"). 부정과거 ἀπέθανεν("그가 죽었다")는 예수님이 단번에 죽으셨다는 것을 명확히 말하고 있는데, 그 이유는 동사가 부사 ἐφάπαξ("단번에")의 수식을 받고 있기 때문이다. 바울의 의도는 예수님이 그의 죽음으로 죄와 사망의 권세를 단번에 정복하셨음을 가르치는 것이다.

예수님의 죄와 죽음에 대한 승리는 단순히 역사적으로 흥미로운 그런 사건이 아니다. 로마서 6장은 예수님께 속한 자들이 죄에 대한 그의 승리를 함께 나눈다고 가르치기 때문이다. 2절에서는 이렇게 말하고 있다. οἵτινες ἀπεθάνομεν τῇ ἁμαρτίᾳ, πῶς ἔτι ζήσομεν ἐν αὐτῇ("죄에 대하여 죽은 우리가 어찌 그 가운데 더 살리요"). 이어지는 구절(3-6절)에서는 우리가 그리스도와 합하여 세례를 받았기 때문에 죄에 대해서 죽었다고 밝힌다. 그리스도와 합하여 세례를 받았을 때, 우리는 그리스도와 함께 십자가에 못 박혔기 때문이다. 그러므로 2절의 부정과거 ἀπεθάνομεν("우리가 죽었다")은 회심했을 때, 우리가 죄에 대해 단 한 번에 죽었다는 것을 보여준다. 이는 우리가 더는 죄를 짓지 않을 수 있게 되었다는 의미가 아니다. 우리가 죄를 짓지 않게 되었다면, 죄가 우리 삶을 지배하게 해서는 안 된다는 권고들이 더는 필요하지 않았을 것이다(12-14절). 이것은 신자들을 대상으로 한 죄의 다스림, 지배, 통치가 결정적인 방법으로 무너저 버렸다는 것을 의미한다. 그리스도께서 그의 죽음을 통해 죄를 정복하셨기 때문에, 그리고 우리가 그리스도와 함께 죽었기 때문에, 우리는 이제 죄에 대한 그의 승리에 참여한다. "그러므로 너희는 죄가 너희 죽을 몸을 지배하지 못하게 하여 몸의 사욕에 순종하지 말고"(12절).

토머스 슈라이너(Thomas R. Schreiner)

개요

이번 장에서 배울 내용은 다음과 같다.

- 제1부정과거는 시상 접두 모음, 시제 형태소($\sigma\alpha$), 제2시제 인칭 어미를 부정과거시제 어간에 붙여서 "규칙적으로" 만든다(예: ἔλυσα).
- 대부분의 제1부정과거어간은 현재시제 어간과 같다.
- 시제 형태소의 σ가 폐쇄음으로 끝나는 시제 어간에 붙을 때, 미래시제에서 일어난 변화가 제1부정과거에서도 똑같이 일어난다.(예: βλέπω → ἔβλεψα).
- 축약동사는 미래시제에서 그랬던 것처럼 시제 형태소 앞에서 어간의 마지막 모음을 길게 한다(예: γεννάω → ἐγέννησα).
- 유음동사의 어간은 시제 형태소로 $\sigma\alpha$가 아니라 α를 사용한다.

영어로 개념 잡기

23.1   지난 장에서 설명한 대로, 영어는 두 가지 방법으로 과거시제를 만든다.
- 불규칙동사는 어간을 변화시킨다.

  "I eat my lunch at noon." "I ate my dinner last night."
- 규칙동사는 어간에 "-ed"를 붙인다.

  "I clean my desk every day." "I cleaned mine last year."

23.2 지난 장에서 설명한 대로, 헬라어는 두 가지 방법으로 부정과거를 만든다. 제2부정과거는 시제 형태소를 사용하지 않는다는 점에서 영어의 "불규칙" 변화와 같다. 반면 헬라어의 제1부정과거는 영어의 "규칙" 변화와 비슷하다. 제1부정과거에서는,

- 시제 어간이 일반적으로 현재시제 어간 및 동사 어근과 같다.
- 시제 형태소(σα)를 사용한다.

대부분의 헬라어 동사는 이 패턴을 따른다.

23.3 **번역.** 제1부정과거 능동태는 일반적으로 완료된 행동을 가리키는 단순 과거로 번역한다(예: "나는 공부했다"). 동사의 형태가 제1부정과거이든 제2부정과거이든, 의미와는 아무 관련이 없으며 형태만 다를 뿐이다.

시상이 더 중요하다는 사실을 기억하라. 모든 부정과거는 일어났던 사건에 대해 말한다. 그러나 해당 사건의 시상에 대해서는 어떤 것도 알려주지 않는다. 부정과거는 순간적 시상일 필요가 없다. 부정과거는 "완료적" 시상이기 때문이다.

제1부정과거 능동태의 특징

23.4 **개관표: 제1부정과거 능동태 직설법**

시상 접두 모음 + 부정과거 능동태 시제 어간 + 시제 형태소(σα) + 제2시제 능동태 인칭 어미

$\dot{\epsilon} + \lambda\upsilon + \sigma\alpha + \mu\epsilon\nu \longrightarrow \dot{\epsilon}\lambda\dot{\upsilon}\sigma\alpha\mu\epsilon\nu$

변화표: 제1부정과거 능동태 직설법

	제1부정과거	번역	연결 모음	어미	제2부정과거
1인칭 단수	ἔλυσα[1]	내가 풀었다.	–	ἔλυον	ἔλαβον
2인칭 단수	ἔλυσας	네가 풀었다.	ς	ἔλυες	ἔλαβες
3인칭 단수	ἔλυσε(ν)[2]	그/그녀/그것이 풀었다.	– (ν)	ἔλυε(ν)	ἔλαβε(ν)
1인칭 복수	ἐλύσαμεν	우리가 풀었다.	μεν	ἐλύομεν	ἐλάβομεν
2인칭 복수	ἐλύσατε	너희가 풀었다.	τε	ἐλύετε	ἐλάβετε
3인칭 복수	ἔλυσαν	그들이 풀었다.	ν	ἔλυον	ἔλαβον

23.6　**시상 접두 모음**. 제1부정과거에는 제2부정과거와 미완료과거처럼 시상 접두 모음이 붙는다.

23.7　**시제 형태**. 제1부정과거 능동태는 제1부정과거시제 어간으로 만드는데, 일반적으로 현재시제 어간 및 동사 어근과 같다. 동사의 부정과거시제 어간이 현재시제 어간과 다르면, 동사는 일반적으로 제2부정과거형이다(그리고 현재시제 어간은 동사 어근이 변화된 형태가 된다).

23.8　**시제 형태소**. 헬라어는 제1부정과거를 만들기 위해 어간과 인칭 어미 사이에 시제 형태소를 붙인다. 이는 미래시제에서 시그마를 붙이는 것과 같다. 제1부정과거 능동태의 시제 형태소는 σα이다.[3]
　　시제 형태소가 모음으로 끝나기 때문에, 연결 모음이 필요 없다. 인칭 어미가 시제 형태소에 직접 붙는다.
　　능동태의 시제 형태소는 구별하기가 쉽다. 3인칭 단수에서 σα 대신 σε로 변한다(ἔλυσε[ν]).

23.9　**인칭 어미**. 제1부정과거 능동태에는 제2시제 인칭 어미가 오는데, 이 부정과거시제에 시상 접두 모음이 붙기 때문이다. 이것은 1인칭 단수(σαν이 아니라 σα이다. ἔλυσα)를 제외하고는 미완료

1　인칭 어미가 사용되지 않았기 때문에 시제 형태소가 독립적으로 나온다.

2　인칭 어미가 사용되지 않았지만, 이 경우에는(1인칭 단수와 반대로) 시제 형태소의 α가 ε으로 변한다.

3　어떤 학자들은 시제 형태소가 σ이고 α는 연결 모음이라고 주장하기도 한다. 이에 대한 반론은 Smyth, §455 – 456을 보라.

과거와 제2부정과거의 인칭 어미와 같은 어미를 가진다는 뜻이다.

만약 인칭 어미를 연결 모음과 인칭 어미가 결합된 형태로 암기했다면(예: oμεν), 제1부정과거어미와 미완료과거 어미의 유사점을 명확하게 볼 수 없을 것이다. 그러나 연결 모음과 인칭 어미를 구분해서 암기했다면(예: o + μεν), 제1부정과거에서 사용되는 어미를 이미 알고 있다고 할 수 있다.

23.10   **축약동사.** 미래시제에서 그랬던 것처럼, 축약동사는 시제 형태소 앞에서 축약모음이 길어진다 (예: ἀγαπάω → ἠγάπησα).

23.11   **폐쇄음으로 끝나는 어간.** σ가 따라올 때 폐쇄음이 어떻게 변하는지는 3변화 명사와 미래시제의 동사에서 이미 살펴보았다. 미래시제에서 변화한 것처럼, 제1부정과거에서도 똑같이 변화한다.

• 제1부정과거어간이 순음으로 끝나면 시제 형태소와 결합해서 ψ를 만든다.

πσ	→	ψ		βλέπ	+ σα	→	ἔβλεψα
βσ	→	ψ		τρίβ	+ σα	→	ἔτριψα
φσ	→	ψ		γράφ	+ σα	→	ἔγραψα

• 어간이 연구개음으로 끝나면(ασσω 동사를 포함해서) ξ를 만든다.

κσ	→	ξ		πλέκ	+ σα	→	ἔπλεξα
γσ	→	ξ		πνίγ	+ σα	→	ἔπνιξα
χσ	→	ξ		βρέχ	+ σα	→	ἔβρεξα

• 어간이 치음으로 끝나면 (ιζω와 αζω 동사를 포함해서) 치음은 없어진다.

τσ[4]	→	σ					
δσ	→	σ		σπεύδ	+ σα	→	ἔσπευσα
θσ	→	σ		πείθ	+ σα	→	ἔπεισα

23.12   **제1부정과거어미를 사용하는 제2부정과거어간.** 가끔 연결 모음으로 o 대신 α를 사용하는 제2

4   신약성경에서 부정과거 동사가 이렇게 결합하는 예는 없다.

부정과거를 볼 수 있다.

- εἶπον 대신 εἶπαν(신약성경에서 95번),
- ἦλθον 대신 ἦλθαν(5번),
- εἶδον 대신 εἶδαν(5번),
- ἤνεγκον 대신 ἤνεγκαν(3번)

형태만 다를 뿐 의미의 차이는 없다.[5]

중간복습

- 제1부정과거는 시상 접두 모음, 제1부정과거시제 어간(대개 현재시제 어간 및 동사 어근과 같다), 시제 형태소(σα), 제2시제 능동태 인칭 어미로 만든다.
- 축약동사는 어간의 마지막 모음이 시제 형태소 앞에서 길어진다.
- 제1부정과거와 제2부정과거는 같은 의미(완료적 시상으로 대개 과거에 발생한 일)로 번역한다.
- 어간의 마지막 자음이 폐쇄음이면 시제 형태소의 σ와 결합해서 ψ(순음), ξ(연구개음)가 되거나 없어진다(치음).
- 제1부정과거어미로 끝나는 제2부정과거의 형태도 볼 수 있다.

유음동사 부정과거 능동태

23.13   개관표: 제1부정과거 능동태 직설법(유음동사)

> 시상 접두 모음 + 부정과거 능동태 시제 어간 + 시제 형태소(α) + 제2시제 능동태 인칭 어미
>
> ἐ + μειν + α + μεν → ἐμείναμεν

5   그 이유는 다음과 같다. 다른 언어와 마찬가지로 헬라어도 항상 변한다. 한 형태가 다른 형태보다 우선하게 되어, 형태들이 생기기도 하고 사라지기도 한다. 이에 대한 한 가지 증거를 바로 특정 제2부정과거 형태에서 찾아볼 수 있다. 코이네 헬라어 시대에는 제2부정과거의 어간은 유지하지만 제2부정과거의 어미는 없어지고 있었다. 그 결과, εἶπαν과 ἦλθαν처럼, 제2부정과거의 어간에 붙은 제1부정과거의 어미 형태를 가끔 볼 수 있다.

유음동사는 시제 형태소 σα를 붙이는 대신 α만 붙이고, 때로 시제 어간을 변화시킨다. 이번 장에서 변화표에 사용된 동사는 μένω이다. 유음 현상은 미래와 부정과거에만 영향을 미친다. 그러므로 앞으로 남은 장들에서 더는 이 현상을 다루지 않을 것이다.

23.14 **변화표: 제1부정과거 능동태 직설법(유음동사)**

	유음동사 부정과거	번역	제1부정과거
1인칭 단수	ἔμεινα	나는 남았다.	ἔλυσα
2인칭 단수	ἔμεινας	너는 남았다.	ἔλυσας
3인칭 단수	ἔμεινε(ν)	그/그녀/그것이 남았다.	ἔλυσε(ν)
1인칭 복수	ἐμείναμεν	우리는 남았다.	ἐλύσαμεν
2인칭 복수	ἐμείνατε	너희는 남았다.	ἐλύσατε
3인칭 복수	ἔμειναν	그들은 남았다.	ἔλυσαν

위의 표에서처럼, μένω는 부정과거에서 어간을 변화시킨다. ε이 ει로 변했다. 부록에(598쪽) 유음동사이면서 신약성경에 50번 이상 나오는 모든 동사의 목록을 정리해 두었다.

23.15 **형태.** 유음동사 부정과거를 파악하는 두 가지 핵심 요소가 있다.
- 어간의 마지막 자음이 유음이다.
- 시제 형태소가 σα가 아니라 α이다.

부정과거 중간태 직설법

23.16 미래시제와 같이, 부정과거도 중간태와 수동태에서 별개의 형태를 갖는다(다음 장에서 부정과거 수동태를 배울 것이다). 미래 중간태와 같이, 부정과거 중간태는 중간태/수동태 인칭 어미를 사용하는 것을 제외하고는 부정과거 능동태와 같다.

23.17 개관표: 제1부정과거 중간태 직설법

> 시상 접두 모음 + 부정과거 능동태 시제 어간
> + 시제 형태소(σα) + 제2시제 중간태/수동태 인칭 어미
>
> ἐ + λυ + σα + μην → ἐλυσάμην

23.18 변화표: 제1부정과거 중간태 직설법. 아직은 능동태로 번역한다. 이번 장에서 보게 될 모든 중간태 동사는 디포넌트 동사이고 의미가 능동이기 때문이다.

	제1부정과거	번역	어미	제2부정과거
1인칭 단수	ἐλυσάμην	내가 풀었다.	μην	ἐγενόμην
2인칭 단수	ἐλύσω [6]	네가 풀었다.	σο	ἐγένου
3인칭 단수	ἐλύσατο	그/그녀/그것이 풀었다.	το	ἐγένετο
1인칭 복수	ἐλυσάμεθα	우리가 풀었다.	μεθα	ἐγενόμεθα
2인칭 복수	ἐλύσασθε	너희가 풀었다.	σθε	ἐγένεσθε
3인칭 복수	ἐλύσαντο	그들이 풀었다.	ντο	ἐγένοντο

23.19 유음동사 부정과거 중간태는 예상할 수 있는 형태로 등장한다.

	제1부정과거	번역	어미	제2부정과거
1인칭 단수	ἐμεινάμην	내가 남아 있다.	μην	ἐγενόμην
2인칭 단수	ἐμείνω	네가 남아 있다.	σο	ἐγένου
3인칭 단수	ἐμείνατο	그/그녀/그것이 남아 있다.	το	ἐγένετο

---

6   원래의 인칭 어미는 σο라는 것을 기억하라. 시제 형태소와 결합할 때, 두 번째 σ는 없어진다. σ가 모음들 사이에 있고, 모음들이 ω로 축약되었기 때문이다(*σα + σο → σαο → σω).

1인칭 복수	ἐμεινάμεθα	우리가 남아 있다.	μεθα	ἐγενόμεθα
2인칭 복수	ἐμείνασθε	너희가 남아 있다.	σθε	ἐγένεσθε
3인칭 복수	ἐμείναντο	그들이 남아 있다.	ντο	ἐγένοντο

23.20 **디포넌트 동사.** 전통적으로 제1부정과거 중간태 동사는 형태는 중간태이지만 의미는 능동인 디포넌트 동사가 될 수 있다고 가르쳐 왔다.

> οὕτως εὐδοκία ἐγένετο ἔμπροσθέν σου (마 11:26).
> 이와 같이 선한 뜻이 당신 앞에 있었습니다.

사전에 나오는 세 번째 형태를 보면 디포넌트인지 알 수 있다. 세 번째 형태가 oμην으로 끝나면 제1부정과거 디포넌트이다.

γίνομαι   *γεν
     ~이 되다, 발생하다, 태어나다, 창조되다, ~이다, ~이 있다(존재하다)
     (ἐγινόμην), γενήσομαι, ἐγενόμην, γέγονα, γεγένημαι, ἐγενήθην

선생님마다 선호하는 방식이 다를 수 있으므로 반드시 물어보라. 또는 현재 디포넌트를 다뤘던 방식으로 부정과거 디포넌트를 다뤄도 된다.

요약 ....

❶ 어간이 폐쇄음으로 끝나는 동사는, 미래시제에서 시제 형태소 σ와 관련된 현상이 제1부정 과거시제에서도 똑같이 일어난다.

❷ 제1부정과거시제 어간을 가진 동사는 시상 접두 모음, 시제 형태소(σα), 제2시제 인칭 어미를 붙여서 제1부정과거 능동태를 만드는데, 여기서 제1부정과거시제 어간은 현재시제 어간 및 동사 어근과 같다.

❸ 제1부정과거 중간태는 수동태와 별개의 형태를 가지며, 중간태/수동태 인칭 어미를 사용하여 만드는 것을 제외하고는, 능동태와 같은 방식으로 만든다.

❹ 제2부정과거처럼, 제1부정과거는 대개 과거에 일어난 부정의 행동을 묘사한다.

❺ 축약동사는 시제 형태소 앞에서 어간의 마지막 모음이 길어진다.

❻ 유음동사의 부정과거는 σα가 아니라 α를 시제 형태소로 사용하며, 때로 시제 어간이 변하기도 한다.

동사 마스터 차트

시제	시상 접두모음	시제 어간	시제 형태소	연결 모음	인칭 어미	1인칭 단수 변화표
현재 능동		현재		o/ε	제1능동	λύω
현재 중간/수동		현재		o/ε	제1중간/수동	λύομαι
미완료과거 능동	ε	현재		o/ε	제2능동	ἔλυον
미완료과거 중간/수동	ε	현재		o/ε	제2중간/수동	ἐλυόμην
미래 능동		미래 능동	σ	o/ε	제1능동	λύσω
유음 미래 능동		미래 능동	εσ	o/ε	제1능동	μενῶ
미래 중간		미래 능동	σ	o/ε	제1중간/수동	πορεύσομαι
유음 미래 중간		미래 능동	εσ	o/ε	제1중간/수동	μενοῦμαι
제1부정과거 능동	ε	부정과거 능동	σα		제2능동	ἔλυσα
유음 부정과거 능동	ε	부정과거 능동	α		제2능동	ἔμεινα
제2부정과거 능동	ε	부정과거 능동		o/ε	제2능동	ἔλαβον
제1부정과거 중간	ε	부정과거 능동	σα		제2중간/수동	ἐλυσάμην
제2부정과거 중간	ε	부정과거 능동		o/ε	제2중간/수동	ἐγενόμην

ἀπέρχομαι	떠나다, 출발하다 (ἀπό + *ἐρχ/*ἐλευθ, 117) ἀπελεύσομαι, ἀπῆλθον, ἀπελήλυθα, –, –
ἄρχομαι	시작하다 (*ἀρχ, 86)[7] ἄρξομαι, ἠρξάμην, –, –, –
γράφω	쓰다 (*γραφ, 191)[8] (ἔγραφον), γράψω, ἔγραψα, γέγραφα, γέγραμμαι 또는 γέγραμμαι, ἐγράφην
διό	그러므로, 이런 이유로 (53)
δοξάζω	찬양하다/칭송하다, 존경하다, 영화롭게 하다 (*δοξαδ, 61)[9] (ἐδόξαζον), δοξάσω, ἐδόξασα, –, δεδόξασμαι, ἐδοξάσθην
δύναμις, –εως, ἡ	능력, 기적 (*δυναμι, 119)[10]
κηρύσσω	선포하다, 설교하다/전하다 (*κηρυγ, 61)[11] (ἐκήρυσσον), –, ἐκήρυξα, –, –, ἐκηρύχθην
πίνω	마시다 (*πι, 73)[12] (ἔπινον), πίομαι, ἔπιον, πέπωκα, –, ἐπόθην

[7]   ἄρχομαι는 독특한 단어이다. 신약성경에서 84번 나타난다. 중간태 디포넌트 동사이고 "시작하다"라는 의미이다. 그러나 두 번은 디포넌트가 아닌 동사로 사용되고(ἄρχω), "다스리다"(막 10:42; 롬 15:12)라는 뜻을 갖는다.

[8]   그래픽(graphic, γραφικός)은 "쓰는 것에 관계된" 것을 의미한다.

[9]   δόξα와 어근이 같은 동사이다.

[10]   이것은 동사 δύναμαι와 어근이 같은 명사이다. 다이너마이트(dynamite)는 δύναμις에서 나왔다. 그러나 δύναμις 의 의미를 다이너마이트로 정의할 수는 없다. 영어라는 언어는 수백 년 동안 생겨나지 않았기 때문이다. D. A. Carson, *Exegetical Fallacies*, 32 – 33을 보라.

[11]   C. H. 도드(Dodd)는 케리그마(kerygma)를 초대교회가 전한 복음의 본질을 묘사하기 위해 사용했다. R. H. Mounce, *The Essential Nature of New Testament Preaching*(Eerdmans)를 보라. 케리그마는 같은 어근에서 나온 명사 κηρύγμα에서 나왔다.

[12]   πίνω는 어근 *πι에서 왔다. 여기에 ν가 붙어서 현재시제 어간을 만든다(ν - 3, 20.24을 보라). Potion은 마시는 것을 의미한다(*πι에서 프랑스어 potion이 유래했다).

신약성경의 전체 단어 수:	138,148
지금까지 배운 어휘 수:	258
이번 장에 나오는 단어의 신약성경 사용 횟수:	761
현재까지 배운 단어의 신약성경 사용 횟수:	108,828
신약성경에 사용된 총 단어에 대한 비율:	78.78%

단어복습

규칙동사(패턴 1a 동사)

동사 어근		현재	미래	부정과거
*ἀκου	→	ἀκούω	ἀκούσω	ἤκουσα
*ἀποκριν	→	ἀποκρίνομαι	–	ἀπεκρινάμην
*δυνα	→	δύναμαι	δυνήσομαι	–
*ἐθελε	→	θέλω	–	ἠθέλησα[13]
*λυ	→	λύω	λύσω	ἔλυσα
*πι	→	πίνω	πίομαι	ἔπιον
*πιστευ	→	πιστεύω	πιστεύσω	ἐπίστευσα
*πορευ	→	πορεύομαι	πορεύσομαι	–

축약동사(패턴 1b 동사)

동사 어근		현재	미래	부정과거
*ἀγαπα	→	ἀγαπάω	ἀγαπήσω	ἠγάπησα

*ἀκολουθε	→	ἀκολουθέω	ἀκολουθήσω	ἠκολούθησα
*γεννα	→	γέννσω	γεννήσω	ἐγέννησα
*ἐρωτα	→	ἐρωτάω	ἐρωτήσω	ἐρώτησα
ἐπί + *ἐρωτα	→	ἐπερωτάω	ἐπερωτήσω	ἐπερώτησα
*ζα	→	ζάω	ζήσω	ἔζησα
*ζητε	→	ζητέω	ζητήσω	ἐζήτησα
*καλεϙ	→	καλέω	καλέσω	ἐκάλεσα[14]
*λαλε	→	λαλέω	λαλήσω	ἐλάλησα
*περιπατε	→	περιπατέω	περιπατήσω	περιεπάτησα
*πληρο	→	πληρόω	πληρώσω	ἐπλήρωσα
*ποιε	→	ποιέω	ποιήσω	ἐποίησα
*προσκυνε	→	προσκυνέω	προσκυνήσω	προσεκύνησα[15]
*τηρε	→	τηρέω	τηρήσω	ἐτήρησα

어간이 폐쇄음으로 끝나는 동사(패턴 1c 동사)

동사 어근		현재	미래	부정과거
*ἀρχ	→	ἄρχομαι	ἄρξομαι	ἠρξάμην
*βλεπ	→	βλέπω	βλέψω	ἔβλεψα

13 θέλω의 어근은 *εθελε이고, 처음과 마지막 ε이 현재시제에서는 사라진다는 것을 기억하라.

14 미래시제와 마찬가지로 καλέω는 시제 형태소 앞에서 어간의 마지막 모음이 길어지지 않는다.

15 προσκυνέω는 복합동사(κυνέω가 신약성경에는 등장하지 않지만)이고, 복합동사에 맞게 시상 접두 모음이 붙는다는 사실을 기억하라.

*γραφ	→	γράφω	γράψω	ἔγραψα
*διδακ	→	διδάσκω	διδάξω	ἐδίδαξα
*σεχ	→	ἔχω	ἕξω	ἔσχον
*προσευχ	→	προσεύχομαι	προσεύξομαι	προσηυξάμην
σύν + *ἀγ	→	συνάγω	συνάξω	συνήγαγον

어간이 다양한 동사(패턴 2 동사)

동사 어근		현재	미래	부정과거
*ἐρχ, *ἐλευθ	→	ἔρχομαι	ἐλεύσομαι	ἦλθον
ἀπό + *ἐρχ/*ἐλευθ	→	ἀπέρχομαι	ἀπελεύσομαι	ἀπῆλθον
εἰς + *ερχ/*ελευθ	→	εἰσέρχομαι	εἰσελεύσομαι	εἰσῆλθον
ἐκ + *ερχ/*ελευθ	→	εξέρχομαι	ἐξελεύσομαι	ἐξῆλθον
πρός + *ἐρχ/*ἐλευθ	→	προσέρχομαι	–	προσῆλθον
*λεγ, *ϝερ, *ϝιδ	→	λέγω	ἐρῶ	εἶπον
*οἰδ, *ϝιδ[16]	→	οἶδα	εἰδήσω	ἤδειν
*ὁρα, *ὀπ, *ϝιδ	→	ὁράω	ὄψομαι	εἶδον

어간이 유음인 동사(패턴 3 동사)

동사 어근		현재	미래	부정과거
*ἀρ	→	αἴρω	ἀρῶ	ἦρα
*ἀποκιν	→	ἀποκρίνομαι	–	ἀπεκρινάμην
*ἀποκτεν	→	ἀποκτείνω	ἀποκτενῶ	ἀπέκτεινα

*ἀποστελ	→	ἀποστέλλω	ἀποστελῶ	ἀπέστειλα
*βαλ	→	βάλλω	βαλῶ	ἔβαλον
ἐκ + *βαλ	→	ἐκβάλλω	ἐκβαλῶ	ἐξέβαλον
*ἐγερ	→	ἐγείρω	ἐγερῶ	ἤγειρα
*κριν	→	κρίνω	κρινῶ	ἔκρινα
*μεν	→	μένω	μενῶ	ἔμεινα[17]

어간이 규칙적으로 변하는 동사(패턴 4 동사)

동사 어근		현재	미래	부정과거
*ἀποθαν	→	ἀποθνήσκω	ἀποθανοῦμαι	ἀπέθανον
*βαπτιδ	→	βαπτίζω	βαπτίσω	ἐβάπτισα
*γεν	→	γίνομαι	γενήσομαι	ἐγενόμην
*γνω	→	γινώσκω	γνώσομαι	ἔγνων
*δοξαδ	→	δοξάζω	δοξάσω	ἐδόξασα
*εὑρ	→	εὑρίσκω	εὑρήσω	εὗρον
*κηρυγ	→	κηρύσσω	–	ἐκήρυξα
*λαβ	→	λαμβάνω	λήμψομαι	ἔλαβον
*σωδ	→	σῴζω	σώσω	ἔσωσα

16 οἶδα의 어근과 어간에 관해서는 *MBG*, 263nn 9-11을 보라.

17 ε는 ει로 변한다(모음 전환).

24 부정과거와 미래 수동태 직설법

본문 주해 맛보기

요한복음 2:22은 예수의 제자들이 "[예수께서] 죽은 자 가운데서 살아나신"(he was raised from the dead) 후에야 그 하신 말씀을 기억했다고 기록한다(영어 성경은 대부분 이 구절에서 ἠγέρθη ἐκ νεκρῶν을 이렇게 번역한다). 그러나 이것이 ἠγέρθη에 대한 올바른 번역일까?

θη 형태소로 만들어진 동사는 주어가 동사의 행동에 영향을 받는다는 것을 나타내며, 기능적으로는 중간태 또는 수동태가 된다. 그 결과 ἠγέρθη는 두 가지로 해석할 수 있다. 수동태로 기능할 수도 있지만("그는 일으켜졌다"[he was raised]) 중간태가 될 수도 있다("그가 일어났다"[he rose]). πορεύομαι("가다") 또는 κάθημι("앉다")와 같은 동작 동사가 전형적인 중간태/수동태 형태이다. 주어가 동사에 영향을 받기 때문이다. 누군가가 오거나 가거나, 비틀거리거나 돌거나, 올라가거나 넘어지면 그 행동에 영향을 받는다. 이 구절에 나오는 "rising"은 동작 동사와 비슷한 동사이다. 또한 대부분의 중간태/수동태 동사는 수동태가 아니라 중간태로 기능한다는 사실에 주목하라. 즉 대부분의 동사를 능동태로 번역하게 된다는 의미이다.

그런 이유로 우리는 요한복음 2:22의 ἠγέρθη를 보고 먼저는 수동태가 아닌 중간태로 이해하려는 경향이 있다. 앞선 문맥도 중간태로 보는 견해를 지지한다. ἠγέρθη를 수동태로 보고 "그는 일으켜졌다"라고 번역하면, 하나님을 본문에 암시된 부활의 주체로 이해하게 된다. 신약 성경은 다른 곳에서도 하나님 아버지를 예수를 죽은 자 가운데서 일으키신 분으로 분명하게 밝히고 있다(갈 1:1; 엡 1:17-20; 살전 1:9-10). 그러나 때로는 성령께서 예수님을 일으키셨다고 말하기도 한다(롬 8:11). 또 때로는 마치 삼위일체의 순환을 완성하듯이 예수께서 스스로 일어나셨다고 말하기도 한다(요 10:17-18).

앞선 문맥은 예수께서 살아나신 후에야 제자들이 그 말씀을 기억했다는 말을 인용하면서, 요한복음 2:22의 ἠγέρθη는 마지막 독법으로 이해해야 한다고 강하게 암시한다. 예수님은 2:19

에서 다음과 같이 말씀하신다. "너희가 이 성전을 헐라. 내가 사흘 동안에 일으키리라(ἐγερῶ)." 예수의 제자들은 나중에서야 예수께서 자신의 부활을 은유적으로 가리켜 말씀하신 것임을 깨달았다. 중요한 것은 예수께서 친히 성전된 자기 육체를 일으키리라 말씀하신다는 것이다. 예수님을 부활의 주체로 명시하고 있는 것을 보면, 요한복음 2:22의 ἠγέρθη는 수동태("그는 일으켜졌다")보다는 중간태("그가 일어났다")로 번역하는 것이 바람직하다. ἠγέρθη는 이런 식으로 최고의 절대적 주권이 죽음을 이기시고 무덤에서 일어나신 성육신하신 하나님, 예수 그리스도께 있음을 알려준다.

마크 두비스(Mark Duvis)

개요 ....

이번 장에서 배울 내용은 다음과 같다.

- 부정과거 수동태와 미래 수동태는 같은 시제 어간으로 만든다. 사전에 나오는 동사형에서 여섯 번째이자 마지막 자리에 있다.
- 부정과거 수동태는 시상 접두 모음, 부정과거 수동태 시제 어간, 시제 형태소(θη 또는 η), 제2 시제 능동태 어미로 만든다.
- 미래 수동태는 시상 접두 모음이 없는 부정과거 수동태 시제 어간, 시제 형태소(θησ 또는 ησ), 연결 모음, 제1시제 수동태 어미로 만든다.

영어로 개념 잡기

24.1   영어에서 **과거 수동태**는 조동사(was/were)와 동사의 과거분사형으로 만든다. "I was flunked by the Hebrew teacher"(나는 히브리어 선생님에 의해 [시험에] 떨어졌다). **미래 수동태**는 조동사(will be)와 동사의 과거분사형으로 만든다. "I will be flunked if I do not study"(만일 공부하지 않는다면, 나는 떨어지게 될 것이다).[1] 영어 동사의 모든 시제 차트는 부록에(558쪽) 있다.

---

1   미래 진행 수동태도 "being"을 첨가하는 것을 제외하면 같은 방법으로 만든다고 할 수 있다. "I will be being flunked"와 같은 문장은 영어에서 일반적인 시제 표현이라고는 할 수 없다.

24.2 부정과거와 미래시제의 능동태와 중간태는 이미 배웠다. 이번 장에서는 부정과거와 미래시제의 수동태를 배울 것이다. 이 두 시제는 같은 시제 어간으로 만들어지기 때문에 함께 설명하는 것이 더 낫다. 이번 장에서 배울 내용은 너덧 가지 정도이고 해당 문법은 쉬운 편이다. 또한, 직설법 동사 마스터 차트를 거의 다 배우게 된다.

제1부정과거 수동태

24.3 **번역**. 부정과거 수동태는 조동사 "~였다"(was/were)로 번역한다. 일반적으로 과거에 발생한 부정적 시상의 사건을 표현한다. "나는 시험을 받았다"(I was tested), "그들은 떨어졌다"(They were flunked).

> τότε ἐπληρώθη τὸ ῥηθὲν διὰ Ἰερεμίου τοῦ προφήτου(마 2:17).
> Then was fulfilled what was spoken by the prophet Jeremiah.
> 그리고 나서 선지자 예레미야를 통하여 하신 말씀이 이루어졌다.

24.4 **개관표: 제1부정과거 수동태 직설법**

시상 접두 모음 + 부정과거 수동태 시제 어간 + 시제 형태소(θη) + 제2시제 능동태 인칭 어미

$$ἐ + λυ + θη + ν \rightarrow ἐλύθην$$

시제 형태소 θη[2]가 모음으로 끝나기 때문에 연결 모음은 필요하지 않다. 부정과거 수동태에 능동태 어미가 온다는 점에 주목하라.

---

2   이 부분이 궁금한 사람을 위해 심화학습에서 더 자세히 소개했다. 일단 시제 형태소는 사실 θε인데, 이것이 길어져 θη가 되었다. 다른 경우에는 단음화된 형태도 볼 수 있다.

24.5 변화표: 제1부정과거 수동태 직설법

	제1부정과거 수동태	번역	어미	미완료과거 능동태
1인칭 단수	ἐλύθην	나는 풀렸다.	ν	ἔλυον
2인칭 단수	ἐλύθης	너는 풀렸다.	ς	ἔλυες
3인칭 단수	ἐλύθη	그/그녀/그것은 풀렸다.	–	ἔλυε
1인칭 복수	ἐλύθημεν	우리는 풀렸다.	μεν	ἐλύομεν
2인칭 복수	ἐλύθητε	너희는 풀렸다.	τε	ἐλύετε
3인칭 복수	ἐλύθησαν[3]	그들은 풀렸다.	σαν	ἔλυον

24.6 **시상 접두 모음.** 부정과거 수동태 어간은 일반적으로 과거 시간을 가리키는 시상 접두 모음을 사용한다.

24.7 **시제 형태.** 제1부정과거 수동태 시제 어간은 일반적으로 현재시제 어간 및 동사 어근과 같다. 만약 다르다면 그 동사는 보통 제2부정과거 수동태이다. 동사의 부정과거 수동태 시제는 기본형에서 여섯 번째로 나온다.

ἄγω 인도하다 (*ἀγ, 67)
(ἦγον), ἄξω, ἤγαγον, –, –, ἤχθην

24.8 **시제 형태소.** 시제 형태소는 θη이고, 절대 변하지 않기 때문에 구별하기가 쉽다. θη를 보면 대부분의 동사가 부정과거 수동태인 것을 짐작할 수 있다.[4]

---

3 이 형태는 미완료과거와 제2부정과거에서 사용되는 ν 대신 대체 인칭 어미 σαν을 사용한다. 이 어미는 이미 부정과거 능동태에서 배운 것으로, γινώσκω의 3인칭 복수는 ἔγνωσαν이다.

4 여기에 하나의 예외가 있는데, ἀκολουθέω와 같은 ε 축약동사이다. 이 동사는 시제 형태소와 사용될 때 길어진 축약모음 때문에 θη의 조합을 갖게 된다. 예를 들어 ἠκολούθησα는 부정과거 능동태이고, ἀκολουθήσω는 미래 능동태이다.

24.9   **제2시제 능동태 어미.** 부정과거 수동태는 능동태 어미를 사용한다. 부정과거 수동태를 만들기 위한 능동태 어미의 사용을 몇 번 더 보게 될 것이다.

24.10   **폐쇄음으로 끝나는 어간.** 폐쇄음은 θ가 바로 뒤에 따라 나올 때 다음과 같은 유형으로 변한다.[5]

πθ	→	φθ	*βλεπ	+	θη	→	ἐβλέφθην
βθ	→	φθ	*ἐλημβ	+	θη	→	ἐλήμφθην
κθ	→	χθ	*διωκ	+	θη	→	ἐδιώχθην
γθ	→	χθ	*αγ	+	θη	→	ἤχθην
τθ	→	σθ [6]					
δθ	→	σθ	*βαπτιδ	+	θη	→	ἐβαπτίσθην
θθ	→	σθ	*πειθ	+	θη	→	ἐπείσθην

제2부정과거 수동태

24.11   **개관표: 제2부정과거 수동태 직설법**

> 시상 접두 모음 + 부정과거 수동태 시제 어간 + 시제 형태소(η) + 제2시제 능동태 인칭 어미
>
> ἐ + γραφ + η + μεν → ἐγράφημεν

---

5   문법 전문가들은 이것을 "기식"(aspiration)이라고 부른다. 영어로 설명하자면, "t"가 "th"로, "p"가 "ph"로, "c"가 "ch"로 변하는 것이다. 이 변화는 "h"음(기식음)을 더하는 것과 비슷하다. 이런 현상이 헬라어에서도 나타난다. θ는 기식음이 된 τ와 유사하다. 다시 말하면 폐쇄음의 사각형에서 이 패턴을 볼 수 있다.

π	β	φ	→	φ
κ	γ	χ	→	χ
τ	δ	θ	→	σ

6   신약성경의 부정과거 동사에서는 이 조합이 나타나지 않는다.

제2부정과거 수동태의 변화표에서는 γράφω를 사용한다. γράφω 동사의 경우, 제2부정과거시제 어간은 현재시제 어간과 같다(γράφω → ἐγράφην). 그래서 인칭 어미를 정확히 알아야 한다고 매우 강조하는 것이다. 그렇지 않으면, ἐγράφην을 미완료과거로 오해할 수 있다.

24.12 변화표: 제2부정과거 수동태 직설법

	제2부정과거 수동태	번역	어미	제1부정과거 수동태
1인칭 단수	ἐγράφην	나는 기록되었다.	ν	ἐλύθην
2인칭 단수	ἐγράφης	너는 기록되었다.	ς	ἐλύθης
3인칭 단수	ἐγράφη	그/그녀/그것은 기록되었다.	–	ἐλύθη
1인칭 복수	ἐγράφημεν	우리는 기록되었다.	μεν	ἐλύθημεν
2인칭 복수	ἐγράφητε	너희는 기록되었다.	τε	ἐλύθητε
3인칭 복수	ἐγράφησαν	그들은 기록되었다.	σαν[7]	ἐλύθησαν

수동태에서 어간은 어떤 때는 현재와 같고, 어떤 때는 부정과거 능동태와 같으며, 어떤 때는 이 두 시제 모두와 다르다. 그러므로 부정과거 수동태에 사용된 시제 형태소와 인칭 어미를 파악하는 것이 중요하다.

　　신약성경에는 제2부정과거 수동태로 나오는 단어(MBG, §47.8 참조)가 32개밖에 없고, 50번 이상 나오는 단어는 3개밖에 없다. 그중 두 단어는 이미 배웠고(*ἀποστελ → ἀποστέλλω와 ἀπεστάλην, γραφ → γράφω와 ἐγράφην), 나머지 동사는 이 장에 있다(*χαρ → χαίρω와 ἐχάρην).

제1미래 수동태

24.13 번역. 미래 수동태는 단순 미래("완료적 시상")로 번역하고, 항상 미래의 사건을 가리킨다. "나는 합격될 것이다"(I will be passed).

7　똑같은 대체 인칭 어미가 제1부정과거에서도 나타난다.

24.14 개관표: 제1미래 수동태 직설법.

> 부정과거 수동태 시제 어간(시상 접두 모음 없음)
> + 시제 형태소(θησ) + 연결 모음(ο/ε) + 제1시제 중간태/수동태 어미
>
> λυ + θησ + ο + μαι → λυθήσομαι

미래 수동태는 부정과거시제 어간으로 만들고 미래 수동태에는 시상 접두 모음이 없다. 부정과거 수동태가 능동태 어미를 사용하는 대신, 미래 수동태는 중간태/수동태 어미를 사용한다.

24.15 변화표: 제1미래 수동태 직설법

	제1미래 수동태	번역	연결 모음	어미	미래 중간태
1인칭 단수	λυθήσομαι	나는 풀릴 것이다.	ο	μαι	πορεύσομαι
2인칭 단수	λυθήσῃ	너는 풀릴 것이다.	ε	σαι[8]	πορεύσῃ
3인칭 단수	λυθήσεται	그/그녀/그것은 풀릴 것이다.	ε	ται	πορεύσεται
1인칭 복수	λυθησόμεθα	우리는 풀릴 것이다.	ο	μεθα	πορευσόμεθα
2인칭 복수	λυθήσεσθε	너희는 풀릴 것이다.	ε	σθε	πορεύσεσθε
3인칭 복수	λυθήσονται	그들은 풀릴 것이다.	ο	νται	πορεύσονται

24.16 미래 수동태와 부정과거 수동태의 차이점

- 미래 수동태에는 시상 접두 모음이 없다. 왜 그런지 정확하게 이해할 수 있어야 한다.[9]
- 미래시제 형태소는 θη가 아니라 θησ이다. θη는 부정과거 수동태 어간의 한 부분이고 σ는 미래 수동태를 만들기 위한 변형이라고 생각할 수 있다(미래 능동태와 중간태의 σ와 같다).

---

8   인칭 어미의 σ는 모음 사이에 있으므로 사라진다. 모음들은 규칙적으로 축약된다.

9   시상 접두 모음은 과거의 시간을 나타낸다. 미래 수동태는 미래이다.

- 3인칭 복수 수동태 형태 $-\theta\eta\sigma\alpha\nu$은 미래 형태($\dot{\epsilon}\lambda\dot{\upsilon}\theta\eta\sigma\alpha\nu$)가 아니라 부정과거 형태이다. 이 것이 제1부정과거 수동태 가운데 유일하게 $\theta\eta$ 뒤에 σ가 붙는다. 다른 모든 경우에 $\theta\eta\sigma$는 미래 수동태를 가리킨다.

제2미래 수동태

24.17　**개관표: 제2미래 수동태 직설법**. 제2미래 수동태는 시제 형태소가 $\eta\sigma$인 것을 제외하면 제1미래 수동태와 같은 방법으로 만든다.

부정과거 수동태 시제 어간(시상 접두 모음 없음)

+ 시제 형태소($\eta\sigma$) + 연결 모음(o/ϵ) + 제1시제 중간태/수동태 인칭 어미

$\dot{\alpha}\pi o\sigma\tau\alpha\lambda + \eta\sigma + o + \mu\alpha\iota \rightarrow \dot{\alpha}\pi o\sigma\tau\alpha\lambda\dot{\eta}\sigma o\mu\alpha\iota$

24.18　**변화표: 제2미래 수동태 직설법**

	제2미래 수동태	번역	연결 모음	어미
1인칭 단수	$\dot{\alpha}\pi o\sigma\tau\alpha\lambda\dot{\eta}\sigma o\mu\alpha\iota$	나는 보내질 것이다.	o	$\mu\alpha\iota$
2인칭 단수	$\dot{\alpha}\pi o\sigma\tau\alpha\lambda\dot{\eta}\sigma\eta$	너는 보내질 것이다.	ϵ	$\sigma\alpha\iota$[10]
3인칭 단수	$\dot{\alpha}\pi o\sigma\tau\alpha\lambda\dot{\eta}\sigma\epsilon\tau\alpha\iota$	그/그녀/그것은 보내질 것이다.	ϵ	$\tau\alpha\iota$
1인칭 복수	$\dot{\alpha}\pi o\sigma\tau\alpha\lambda\eta\sigma\acute{o}\mu\epsilon\theta\alpha$	우리는 보내질 것이다.	o	$\mu\epsilon\theta\alpha$
2인칭 복수	$\dot{\alpha}\pi o\sigma\tau\alpha\lambda\dot{\eta}\sigma\epsilon\sigma\theta\epsilon$	너희는 보내질 것이다	ϵ	$\sigma\theta\epsilon$
3인칭 복수	$\dot{\alpha}\pi o\sigma\tau\alpha\lambda\dot{\eta}\sigma o\nu\tau\alpha\iota$	그들은 보내질 것이다	o	$\nu\tau\alpha\iota$

10　인칭 어미의 σ는 모음 사이에 있으므로 사라진다. 모음들은 규칙적으로 축약된다.

24.19 우리는 현재 중간태를 다룬 18장에서처럼 또 다시 어려운 갈림길에 서게 되었다. 학자들은 부정과거 중간태("σα 유형")와 부정과거 수동태("θη 유형")의 관계에 대한 전통적인 입장에 의문을 제기하고 있다.

24.20 우리는 전통적으로 부정과거 수동태는 부정과거 중간태와 구분되며, 헬라어는 세 가지 태를 가진 체계라고 배워 왔다. θη 유형은 부정과거 수동태를 나타낸다. 이런 경우는 그 동사가 수동태 디포넌트인지 판단하기 어렵다. 이것을 결정하기 위해서는 단어의 의미와 문맥을 살펴야 한다.

> οὕτως εὐδοκία ἐγένετο ἔμπροσθέν σου (마 11:26).
> 이와 같이 선한 뜻이 당신 앞에 있었습니다.

> ἐφοβήθη τὸν ὄχλον, ὅτι ὡς προφήτην αὐτὸν εἶχον (마 14:5).
> 그(헤롯)가 군중을 두려워했다. 왜냐하면 그들이 그(요한)를 선지자로 생각했기 때문이다.

좀 더 자주 나오는 동사 중에서 부정과거 수동태 디포넌트 형태가 있는 동사로는 ἀποκρίνομαι (ἀπεκρίθην), γίνομαι (ἐγενήθην), δύναμαι (ἠδυνήθην), πορεύομαι (ἐπορεύθην)가 있다.

24.21 중간태에 대한 새로운 관점은 θη 유형에 대한 새로운 관점과 관련이 있다. 이 입장에 따르면, 헬라어는 "능동태"(또는 "기본태")와 "중간태/수동태"라는 두 가지 태를 가진 체계이다. 중간태에서는 행위자가 동사에 포함되어 있고, 수동태에서는 행위자가 동사 밖에 있다. 이처럼 중간태와 수동태 동사 모두 주어가 동사의 행동에 영향을 받기 때문에, 두 동사는 같은 범주에 속한다.[11]

즉 어떤 θη 유형은 (대부분의 경우처럼) 수동태일 수도 있고 (능동태로 번역되는) 중간태일 수도 있다는 것이다. 문맥상 뜻이 통한다면, 기본적인 규칙대로 부정과거 중간태를 능동태로 번역하고, 부정과거 수동태를 수동태로 번역하면 된다. 늘 그랬듯 이것을 어떻게 학습해야 하는

---

11 일부 학자들은 (중간태를 나타내는) σα가 원래의 중간태/수동태라고 믿는다. 헬라어는 중간태와 수동태를 형태론적으로 구분하지는 않았다. 고대 그리스 시대 이전의 어느 시점에 θη 유형이 상태 변화에 관한 언어적 개념을 나타내기 위해 도입되었고, 동사를 자동사로 만들어서 주어에 초점을 맞추는 역할을 했다(직접 목적어가 없었을 것이기 때문이다). 결국 중간태의 영역으로 흡수되어 중간태와 수동태 개념을 모두 표현할 수 있게 되었다. 주어에 좀 더 초점이 맞출 때는 중간태(σα)를 사용했고, 행동을 받는 문법적 주어에 좀 더 초점을 맞출 때는 수동태(θη)를 사용했다. 현대 헬라어는 θη 유형이 σα 유형을 완전히 압도하여, 이제는 2성 체계가 되었다(아마도 늘 그랬을 것이다).

지는 선생님께 물어보라.

요약

❶ 부정과거 수동태와 미래 수동태는 같은 시제 어간으로 만든다. 사전에서는 여섯 번째와 마지막에 나온다.

❷ 부정과거 수동태는 부정과거 수동태 시제 어간, 시제 형태소(θη 또는 η), 제2시제 능동태 어미로 만든다.

❸ 미래 수동태는 부정과거 수동태 시제 어간(시상 접두 모음 없음), 시제 형태소(θησ 또는 ησ), 연결 모음, 제1시제 수동태 어미로 만든다.

❹ 부정과거 수동태와 미래 수동태는 둘 다 완료적 시상이다.

❺ 일부 동사가 부정과거 수동태 디포넌트라고 가르칠지, 아니면 θη 유형과 σα 유형이 겹치므로 자연스럽게 θη 유형이 수동태로 번역되면서도 중간태일 수 있다고 가르칠지는 선생님마다 다를 수 있다.

동사 마스터 차트

시제	시상 접두모음	시제 어간	시제 형태소	연결 모음	인칭 어미	1인칭 단수 변화형
현재 능동		현재		o/ε	제1능동	λύω
현재 중간/수동		현재		o/ε	제1중간/수동	λύομαι
미완료과거 능동	ε	현재		o/ε	제2능동	ἔλυον
미완료과거 중간/수동	ε	현재		o/ε	제2중간/수동	ἐλυόμην
미래 능동		미래 능동	σ	o/ε	제1능동	λύσω
유음 미래 능동		미래 능동	εσ	o/ε	제1능동	μενῶ
미래 중간		미래 능동	σ	o/ε	제1중간/수동	πορεύσομαι

유음 미래 중간		미래 능동	εσ	o/ε	제1중간/수동	μενοῦμαι
제1미래 수동		부정과거 수동	θησ	o/ε	제1중간/수동	λυθήσομαι
제2미래 수동		부정과거 수동	ησ	o/ε	제1중간/수동	ἀποσταλήσομαι
제1부정과거 능동	ε	부정과거 능동	σα		제2능동	ἔλυσα
유음 부정과거 능동	ε	부정과거 능동	α		제2능동	ἔμεινα
제2부정과거 능동	ε	부정과거 능동		o/ε	제2능동	ἔλαβον
제1부정과거 중간	ε	부정과거 능동	σα		제2중간/수동	ἐλυσάμην
제2부정과거 중간	ε	부정과거 능동		o/ε	제2중간/수동	ἐγενόμην
제1부정과거 수동	ε	부정과거 수동	θη		제2능동	ἐλύθην
제2부정과거 수동	ε	부정과거 수동	η		제2능동	ἐγράφην

이제 한 시제만 더 배우면 된다!

단어학습

ἄγω	인도하다, 데려가다, 체포하다 (*ἀγ, 67)[12]
	(ἦγον), ἄξω, ἤγαγον,[13] –, –, ἤχθην[14]
αἷμα, –ατος, τό	피 (*αἱματ, 97)[15]
ἕκαστος, –η, –ον	각각의, 모든 (*ἕκαστο, 82)

12 이 단어는 복합동사 συνάγω의 동사 부분이다.

13 ἄγω는 "아티카 방언의 어간 중복"(Attic reduplication)이라고 불리는 변화를 겪은 단어이다. 다시 말해, 이 단어는 어간이 중복된 다음 그 중복된 α가 시상 접두 모음이 되었다(αγ → αγαγ → ἤγαγον). 이것은 제2부정과거 형태이다.

14 γ는 뒤에 θ가 붙으면서 규칙에 따라 χ로 변한다(24.10).

15 혈액학(hematology)은 피를 연구하는 학문이다.

ἱμάτιον, −ου, τό	옷, 겉옷 (*ἱματιο, 60) [16]
ὄρος, ὄρους, τό	산, 언덕 (*ὀρο, 63) [17]
ὑπάγω	떠나다, 출발하다 (ὑπό + *ἀγ, 79)
	(ὑπῆγον), −, −, −, −, −
φοβέομαι	두려워하다 (*φοβε, 95) [18]
	(ἐφοβούμην), −, −, −, −, ἐφοβήθην [19]
*χαίρω [20]	즐거워하다 (*χαρ, 74)
	(ἔχαιρον), −, −, −, −, ἐχάρην [21]
	ἐχάρην은 부정과거 수동태 디포넌트 동사로 보이지만, 의미는 능동이다.

신약성경의 전체 단어 수:	138,148
지금까지 배운 어휘 수:	266
이번 장에 나오는 단어의 신약성경 사용 횟수:	617
현재까지 배운 단어의 신약성경 사용 횟수:	109,445
신약성경에 사용된 총 단어에 대한 비율:	79.22%

16 히마티온(himation)은 블라우스 위에 입던 그리스 옷이다.

17 산악학(orology, orography)은 산을 연구하는 학문이다.

18 *BDAG*는 이 단어를 φοβέω로 보며, 항상 수동태로 나타나는 단어라고 말한다. 공포증(phobia)이라는 영어 단어가 이 어근에서 왔다. 일반적으로는 복합어 형태로 사용한다.

19 부정과거 수동태는 능동의 의미로 번역된다.

20 χαίρειν(부정사, 32장)은 코이네 헬라어에서 일반적으로 사용된 인사말이었다(행 15:23; 약 1:1 참조).

21 ἐχάρην은 매우 규칙적이다. 어간의 이중모음 αι가 α로 바뀌었고(모음 전환), 제2부정과거이다.

단어복습

24.22 우리는 17장에서 οἶδα(*ϝιδ)를 배웠다. 이 동사는 실제로는 제2현재완료지만 현재시제처럼 기능한다. 이 동사의 과거완료(ᾔδειν)는 부정과거시제로 기능한다.

1인칭 단수	οἶδα	1인칭 복수	οἴδαμεν
2인칭 단수	οἶδας	2인칭 복수	οἴδατε
3인칭 단수	οἶδε(ν)	3인칭 복수	οἴδασιν

24.23 πορεύομαι는 χαίρω와 같이 부정과거에서 수동태로만 나타나고 능동태로 번역된다. συνάγω는 부정과거 수동태에서 능동태로 번역된다. 이 동사는 부정과거 능동태로는 나오지만 중간태로는 나오지 않는다.

24.24 아래의 표는 신약성경에 나타나는 부정과거 수동태와 미래 수동태를 나열한 것이다. 신약에 등장하지 않는 형태는 줄표(‒)로 표시했다.

규칙동사(패턴 1a 동사)

어근		현재 능동태	부정과거 수동태	미래 수동태
*ἀκου	→	ἀκούω	ἠκούσθην[22]	ἀκουσθήσομαι
*ἀποκριν	→	ἀποκρίνομαι	ἀπεκρίθην	ἀποκριθήσομαι
*δυνα	→	δύναμαι	ἠδυνήθην	δυνηθήσομαι
*ἐθελε	→	θέλω	‒	‒
*λυ	→	λύω	ἐλύθην	λυθήσομαι
*πι	→	πίνω	ἐπόθην	‒
*πιστευ	→	πιστεύω	ἐπιστεύθην	‒
*πορευ	→	πορεύομαι	ἐπορεύθην	‒

축약 어간(패턴 1b 동사)

어근		현재 능동태	부정과거 수동태	미래 수동태
*ἀγ	→	ἄγω	ἤχθην	–
ὑπό + *ἀγ	→	ὑπάγω	–	–
*ἀγαπα	→	ἀγαπάω	–	ἀγαπηθήσομαι
*ἀκολουθε	→	ἀκολουθέω		
*γεννα	→	γεννάω	ἐγεννήθην	–
*ἐρωτα	→	ἐρωτάω	–	–
ἐπί + *ἐρωτα	→	ἐπερωτάω	ἐπηρωτήθην	–
*ζα	→	ζάω	–	
*ζητε	→	ζητέω	–	ζητηθήσομαι
*καλεϝ	→	καλέω	ἐκλήθην	κληθήσομαι
*λαλε	→	λαλέω	ἐλαλήθην	λαληθήσομαι
*ὁρα, *ὀπ	→	ὁράω	ὤφθην[23]	ὀφθήσομαι
*περιπατε	→	περιπατέω	–	–
*πληρο	→	πληρόω	ἐπληρώθην	πληρωθήσομαι
*ποιε	→	ποιέω	–	–
*προσκυνε	→	προσκυνέω		
*τηρε	→	τηρέω	ἐτηρήθην	–
*φοβε	→	φοβέομαι	ἐφοβήθην	φοβηθήσομαι

22 어떤 동사들은 시제 어간 뒤에 그리고 시제 형태소 앞에 σ가 온다.

23 ὁράω의 부정과거 수동태는 다른 어근인 *οπ로 만든다. ο은 시상 접두 모음이 되고, π에서 φ로 변한다(즉 "기식음" 이 된다). 이는 뒤에 오는 θ 때문이다(24.10 참조). 미래 중간태 디포넌트인 ὄψομαι를 만들 때도 같은 어근을 사용한다.

폐쇄음으로 끝나는 어간(패턴 1c 동사)

어근		현재 능동태	부정과거 수동태	미래 수동태
*ἀρχ	→	ἄρχομαι	–	–
*βλεπ	→	βλέπω	–	–
*γραφ	→	γράφω	ἐγράφην	–
*διδακ	→	διδάσκω	ἐδιδάχθην[24]	–
*προσευχ	→	προσεύχομαι	–	–
*σεχ	→	ἔχω	–	–
σύν + ἀγ	→	συνάγω	συνήχθην	συναχθήσομαι

다수 어간(패턴 2 동사)

어근		현재 능동태	부정과거 수동태	미래 수동태
*ἐρχ, *ἐλευθ	→	ἔρχομαι	ἐλεύσομαι	ἦλθον
ἀπό + *ἐρχ/*ἐλευθ	→	ἀπέρχομαι	ἀπελεύσομαι	ἀπῆλθον
εἰς + *ἐρχ/*ἐλευθ	→	εἰσέρχομαι	εἰσελεύσομαι	εἰσῆλθον
ἐκ + *ερχ/*ελευθ	→	ἐξέρχομαι	ἐξελεύσομαι	ἐξῆλθον
πρός + *ἐρχ/*ἐλευθ	→	προσέρχομαι	–	προσῆλθον
*λεγ, *ϝερ, *ϝιδ	→	λέγω	ἐρῶ[25]	εἶπον
*οἰδ, *ϝιδ	→	οἶδα	εἰδήσω	ᾔδειν
*ὁρα, *ὀπ, *ϝιδ	→	ὁράω	ὄψομαι	εἶδον

---

24   σ는 없어지고, 규칙에 따라 κ는 χ로 변한다(24.10 참조).

25   λέγω의 부정과거 수동태는 다른 어근인 *ερ로 만든다. 미래 능동태인 ἐρῶ를 만들 때도 같은 어근을 사용한다.

유음 어간(패턴 3 동사)

어근		현재 능동태	부정과거 수동태	미래 수동태
*ἀρ	→	αἴρω	ἤρθην	ἀρθήσομαι
*ἀποκριν	→	ἀποκρίνομαι	ἀπεκρίθην	ἀποκριθήσομαι
*ἀποκτεν	→	ἀποκτείνω	ἀπεκτάνθην	–
*ἀποστελ	→	ἀποστέλλω	ἀπεστάλην	–
*βαλ	→	βάλλω	ἐβλήθην	βληθήσομαι
ἐκ + *βαλ	→	ἐκβάλλω	ἐξεβλήθην	ἐκβληθήσομαι
*ἐγερ	→	ἐγείρω	ἠγέρθην	ἐγερθήσομαι
*κριν	→	κρίνω	ἐκρίθην	κριθήσομαι
*μεν	→	μένω	–	–
*χαιρ	→	χαίρω	ἐχάρην	–

규칙적으로 변하는 어간(패턴 4 동사)

어근		현재 능동태	부정과거 수동태	미래 수동태
*ἀπό + θαν	→	ἀποθνήσκω	–	–
*βαπτιδ	→	βαπτίζω	ἐβαπτίσθην	βαπτισθήσομαι
*γεν	→	γίνομαι	ἐγενήθην	–
*γνω	→	γινώσκω	ἐγνώσθην	γνωσθήσομαι
*δοξαδ	→	δοξάζω	ἐδοξάσθην	–
*εὑρ	→	εὑρίσκω	εὑρέθην	εὑρεθήσομαι
*κηρυγ	→	κηρύσσω	ἐκηρύχθην	κηρυχθήσομαι

*λαβ	→	λαμβάνω	ἐλήμφθην[26]	–
*σωδ	→	σῴζω	ἐσώθην	σωθήσομαι

26   미래 중간태 디포넌트에서 일어나는 변화가 부정과거 수동태에서도 일어난다. 규칙에 따라 마지막 β는 φ로 변한다(24.10 참조).

25 현재완료 직설법

보통 맨 처음과 맨 마지막 말은 가장 중요하거나 가장 잊을 수 없는 말이 된다. 첫인상과 마지막 인상은 계속 남아 있다. 예수님도 마찬가지였다. 우리가 들었던 예수님의 첫 번째 말씀은 그가 아버지의 집에 거해야겠다는 말씀이었다(눅 2:49). 아직 열두 살의 나이임에도 예수님은 신적인 혈통을 인지하고 계셨다.

그리고 죄 없는 삶을 살고 난 후 십자가에 달렸을 때는, 당신과 나의 죄를 위한 형벌을 받으시면서 죽기 전에 마지막 말씀들을 남기셨다. Τετέλεσται. "다 이루었다"(요 19:30). 예수님의 삶과 죽음에 관한 이 한마디의 요약은 아마도 성경 전체에서 매우 중요한 진술일 것이다. 이 단어는 "성취하다", "완성하다"를 의미한다. 예수님은 하나님이 자신을 보내어 이루고자 한 일들을 완전히 이루셨다. 바울은 로마서 5장에서 바로 이 사실을 설명하고 있다. 즉 우리의 구원은 확실하다는 것이다. 그리스도의 죽음이 아담의 죄에 대한 효력을 완전히 패배시켰기 때문이다. 그것도 완벽하게 말이다!

그러나 이 동사는 "현재완료"시제로, 예수님이 말씀하신 것 이상의 메시지를 우리에게 전하고 있다. 현재완료는 확실히 완료된 행동을 묘사하고, 화자가 말하는 그 시점에 나타난 결과를 나타내는 시제라고 할 수 있다. 예수님은 부정과거 ἐτελέσθη를 사용하여 단순히 "그 일이 끝났다"라고 말씀하실 수도 있었다. 그러나 예수님의 말씀에는 그보다 더 큰 무엇이 있으며, 우리를 향한 소망이 담겨 있다. 예수님이 자기 임무를 완수하셨기 때문에, 그 임무 완수의 지속적인 효력으로 당신과 내가 구원이라는 값없는 선물을 받게 되어 그와 영원히 함께할 수 있다는 그 소망 말이다. 주님을 찬양하라. Τετέλεσται.

윌리엄 D. 마운스

이번 장에서 배울 내용은 다음과 같다.

- 현재완료는 완료된 행동을 가리키는데, 이 행동의 영향은 화자의 현재 시점까지 영향을 미친다. 이 행동은 일반적으로 과거에 일어난 것이다.
- 동사가 자음으로 시작하면, 자음을 중복해서 현재완료를 만든다($^{*}λυ$ [λύω] → λέλυκα).
- 동사가 모음으로 시작하면, 모음을 중복해서 현재완료를 만든다($^{*}ἀγαπα$ [ἀγαπάω] → ἠγάπηκα).
- 현재완료 능동태는 시제 형태소 κα와 제1시제 능동태 인칭 어미를 사용한다.
- 현재완료 중간태/수동태는 제1시제 중간태/수동태 인칭 어미를 사용한다.

···

영어로 개념 잡기

25.1   영어에는 헬라어 현재완료시제와 정확히 일치하는 시제가 없다.

- 영어의 과거시제는 과거에 일어난 어떤 일을 가리킨다. 그 일은 지속적일 수도 있고 부정적일 수도 있다. "I wrote"는 내가 이전에 무엇인가 썼다는 것을 의미한다. 그러나 글쓰기를 완전히 마무리했는지는 알 수 없다.
- 조동사 "have"나 "has"를 사용하면, 묘사된 행동은 가까운 과거(최근)에 일어났고 그 진술이 지금까지 정확히 사실인 것을 나타낸다("I have written").
- 영어의 현재는 현재에 나타난 결과로서의 행동을 묘사할 수 있다("It is written"). 이것이 헬라어 현재완료와 가깝다고 할 수 있다.

헬라어 문법

25.2   **의미.** 헬라어의 현재완료는 매우 흥미로운 시제이다. 현재완료는 중요한 신학적 진리를 표현하는 데 자주 사용된다. 헬라어의 현재완료는 **완결된 행동이면서 그 영향이 현재까지 미치는 행동을 묘사한다.**[1] 현재완료는 이미 완료된 행동을 묘사하기 때문에, 현재완료로 묘사된 행동은 대

---

1   동사의 시간은 독자가 아니라 화자/저자의 관점이라는 점을 기억하라. 성경 저자에게 현재는 우리에게 현재일 수

개 과거에 일어났다는 점을 함축하고 있다.[2]

예를 들어, 영어에서 "Jesus died"(예수님이 죽으셨다)라는 문장은 과거에 일어난 사건에 대한 단순한 진술이다. 헬라어에서 이 문장은 부정과거로 표현할 수 있다. 하지만 현재완료를 사용하여 "Jesus has died"라고 말한다면, 과거의 그 행동이 가지는 현재의 중요성을 말함으로써 그 영향이 계속된다고 볼 수 있다. "Jesus has died for my sins"(예수님은 나의 죄를 위해 죽으셨다).

또 다른 예는 동사 "to write"(쓰다)이다. 성경에서 "It is written"(그것은 쓰여 있다)라는 문장은 대개 현재완료시제로 나온다. 성경은 과거에 기록되었지만, 현재에도 적용되고 있다. 이것이 몇몇 성경들에서 "It has been written"이라고 번역하지 않고, 현재시제인 "It is written"으로 번역한 이유이다. 이 사실은 성경이 가진 영원한 중요성을 강조한다. "It stands written"이라고 번역하는 것이 이 문장의 뉘앙스를 더 분명히 표현한다고 할 수 있다.

25.3   **복합적 시상**(combinative). 필자는 시제를 말할 때 "완료"라는 용어를 쓰지만, 시제의 상을 말할 때 언어학적으로 올바른 표현은 '복합적'이라는 용어이다. (첫 음절에 악센트가 있다. "com"bi na tive.) 다소 이상하게 들릴 수도 있지만 단어의 의미는 분명하다. 완료형은 (완료된 동작을 나타내는) 부정과거와 (진행 중인 동작을 나타내는) 현재의 시상적 의미를 결합한다.

25.4   **혼동할 가능성**. "완료" 시제를 "완료적 시상"(perfective), "미완료적 시상"(imperfective)과 혼동하면 안 된다. 비슷해서 혼동하기 쉽지만, "완료적", "미완료적"이라는 용어가 언어학적으로 올바른 표현이므로 그렇게 사용한다.

25.5   **번역**. 현재완료시제는 번역이 약간 까다로울 수 있는데, 그것에 정확히 상응하는 영어 시제가 없기 때문이다. 문맥을 고려하여 아래에 제시하는 두 가지 번역 가운데 하나를 선택하라.
- 조동사(have/has)와 과거분사 형태를 사용하라(예: "has written"). 헬라어 현재완료의 정확한 의미를 분명히 기억해야 한다. 부정과거("I wrote")와 현재완료("I have written")를 구별해야 하기 때문이다.

  θυγάτηρ, ἡ πίστις σου *σέσωκέν* σε· ὕπαγε εἰς εἰρήνην (막 5:34).

  Daughter, your faith <u>has saved</u> you. Go in peace.

  딸아, 네 믿음이 너를 <u>구원하였으니</u> (너는) 평안히 가라.

도 있지만 아닐 수도 있다.

2   직설법에만 해당한다.

- 문맥에서 동사의 행동이 갖는 현재의 함축적인 의미들이 강조된 경우, 영어의 현재시제를 사용하라("It is written").

> μετανοεῖτε· ἤγγικεν γὰρ ἡ βασιλεία τῶν οὐρανῶν(마 3:2).
>
> Repent, for the kingdom of heaven is near.
>
> (너희는) 회개하라. 왜냐하면 천국이 가까이 왔기 때문이다.

조동사(have/has)를 사용하게 되면 선생님에게 여러분이 완료시제를 완벽히 이해했다는 신호를 줄 수 있다. 그러나 영어의 현재시제를 사용하게 되면 동사의 행동이 현재 미치는 영향을 강조할 수도 있고, 종종 좀 더 정확한 번역이 되기도 한다.

현재완료는 우리가 배우는 마지막 시제이다(과거완료는 심화학습을 참조하라). 약간의 변형들이 있긴 하지만, 이것이 실제 마지막 시제이다. 다시 한번 축하한다!

현재완료

25.6 **개관표: 현재완료 능동태 직설법**

> 어간 중복 + 현재완료 능동태 시제 어간 시제 형태소(κα) + 제1시제 능동태 인칭 어미
>
> λ + ε + λυ + κα + μεν ⟶ λελύκαμεν

λελύκαμεν 앞에 있는 형태소 λε를 "어간 중복"이라고 하는데, 이것이 **완료시제의 중요한 특징이다**. 현재완료 능동태는 제1시제이고 제1시제 어미를 사용한다. 그러나 시제 형태소의 α 때문에 제1부정과거와 비슷하게 보인다.

25.7 변화표: 현재완료 능동태 직설법

	현재완료 능동태	번역	어미	부정과거 능동태
1인칭 단수	λέλυκα	내가 풀었다(I have loosed).	–	ἔλυσα
2인칭 단수	λέλυκας	네가 풀었다.	ς	ἔλυσας
3인칭 단수	λέλυκε(ν)[3]	그/그녀/그것이 풀었다.	– (ν)	ἔλυσε(ν)
1인칭 복수	λελύκαμεν	우리가 풀었다.	μεν	ἐλύσαμεν
2인칭 복수	λελύκατε	너희가 풀었다.	τε	ἐλύσατε
3인칭 복수	λελύκασι(ν)[4]	그들이 풀었다.	σι(ν)	ἔλυσαν

25.8 개관표: 현재완료 중간태/수동태 직설법

어간 중복 + 현재완료 중간태/수동태 시제 어간 + 제1시제 중간태/수동태 인칭 어미

λ + ε + λυ + μαι → λέλυμαι

시제 형태소와 연결 모음이 없다는 것에 주목하라. 현재시제와 마찬가지로 현재완료 중간태/수동태는 완료시제에서 같다.

---

3 시제 형태소가 κα에서 κε로 변한다. 제1부정과거의 시제 형태소가 σα에서 σε로 변하는 것과 같다.

4 어미는 사실 νσι(ν)이다. 그러나 σ 때문에 ν가 없어졌다. 제1부정과거와 비슷하게 3인칭 복수는 λέλυκαν이 될 수 있다. 신약성경에서 현재완료 능동태 3인칭 복수는 31번이 나오고, 이 "대체형"은 9번 나온다.

25.9 **변화표: 현재완료 중간태/수동태 직설법.** 이 변화표에서는 수동태로 번역하였다.

	현재완료 중간태/수동태	번역	어미	현재 중간태/수동태
1인칭 단수	λέλυμαι	나는 풀렸다(I have been loosed)	μαι	λύομαι
2인칭 단수	λέλυσαι	너는 풀렸다	σαι[5]	λύῃ
3인칭 단수	λέλυται	그/그녀/그것이 풀렸다.	ται	λύεται
1인칭 복수	λελύμεθα	우리는 풀렸다.	μεθα	λυόμεθα
2인칭 복수	λέλυσθε	너희는 풀렸다.	σθε	λύεσθε
3인칭 복수	λέλυνται[6]	그들은 풀렸다.	νται	λύονται

중간복습 ···

- 현재완료는 완료된 행동을 가리키는데, 이 행동은 화자의 현재 시점까지 영향을 미친다. 이 행동은 일반적으로 과거에 일어났던 것이다.
- 현재완료 능동태는 어간 중복, 현재완료 능동태 시제 어간, 시제 형태소(κα), 제1시제 능동태 인칭 어미로 만든다.
- 현재완료 중간태/수동태는 어간 중복, 현재완료 중간태/수동태 시제 어간, 제1시제 중간태/수동태 인칭 어미로 만든다. 시제 형태소나 연결 모음은 없다.

··

5   여기가 원래 형태의 2인칭 단수가 나오는 유일한 곳인데, 제1시제 수동태 어미가 축약 없이 나타나서, 그 형태를 모호하게 한다. 다른 곳에서는 모음이 앞에 오고, σ는 탈락하며, 모음은 축약된다.

6   현재완료 수동태 3인칭 복수는 신약성경에서 9번만 나타난다. 그중 6번은 ἀφέωνται(ἀφίημι에서 나온)의 형태로 나온다. 심화학습을 보라.

25.10 **어간 중복.** 현재완료와 다른 시제들 사이에 가장 주목해야 할 차이점은 첫 글자를 반복한다는 것이다. 이 차이는 매우 분명하게 나타나기 때문에 현재완료는 상대적으로 구별하기가 쉽다. 반복을 만드는 규칙에는 변형들이 있을 수 있지만, 기본적인 지침을 제시하면 다음과 같다.

❶ **자음 중복.** 동사가 하나의 자음으로 시작하면[7] 자음은 반복되고 두 개의 반복된 자음은 ε으로 나누어진다.

$$\lambda\upsilon \rightarrow \lambda\epsilon\lambda\upsilon \rightarrow \lambda\acute{\epsilon}\lambda\upsilon\kappa\alpha$$

반복된 자음이 φ, χ, θ이면, 이 자음들은 각각 π, κ, τ로 변한다. 이 변화는 단어를 더 쉽게 발음하도록 한다.

$$\varphi\alpha\nu\epsilon\rho\acute{o}\omega \quad \rightarrow \varphi\epsilon\varphi\alpha\nu\epsilon\rho o \quad \rightarrow \pi\epsilon\varphi\alpha\nu\acute{\epsilon}\rho\omega\kappa\alpha$$
$$\chi\alpha\rho\acute{\iota}\zeta o\mu\alpha\iota \rightarrow \chi\epsilon\chi\alpha\rho\iota\zeta \quad \rightarrow \kappa\epsilon\chi\acute{\alpha}\rho\iota\sigma\mu\alpha\iota$$
$$\theta\epsilon\rho\alpha\pi\epsilon\acute{\upsilon}\omega \rightarrow \theta\epsilon\theta\epsilon\rho\alpha\pi\epsilon\upsilon \rightarrow \tau\epsilon\theta\epsilon\rho\acute{\alpha}\pi\epsilon\upsilon\mu\alpha\iota$$

폐쇄음의 사각형을 보면 알 수 있는 것처럼, 오른쪽 열에 있는 폐쇄음("기식음")은 왼쪽 열에 있는 그에 상응하는 패쇄음으로 변한다("무성음").[8]

무성음	유성음	기식음
π	β	φ
κ	γ	χ
τ	δ	θ

---

7   "단일자음"(single consonant)은 바로 다음에 다른 자음이 없다는 뜻이다.

8   이것은 폐쇄음이 θη에 붙을 때 일어나는 현상과 정반대이다. 24.10을 보라.

❷ 모음 중복. 동사가 단일모음이나 이중모음으로 시작하면 모음은 길어진다. 모음의 중복은 미완료와 부정과거에서 시상 접두 모음을 붙일 때와 같다.[9]

$$\overset{\text{ἀγαπάω}}{\text{}} \longrightarrow \overset{\text{ἠγάπηκα}}{\text{}}$$
$$\overset{\text{αἰτέω}}{\text{}} \longrightarrow \overset{\text{ᾔτηκα}}{\text{}}$$

이중모음은 반복하지 않는 것이 일반적이다. 예를 들어 εὑρίσκω의 현재완료형은 εὕρηκα이다.

그렇다면 이제 단어 처음에 시상 접두 모음/모음 중복이 나타나면, 세 가지 시제 중 하나라고 할 수 있다. 미완료과거, 부정과거, 현재완료.

동사가 **두 개의 자음**으로 시작하면,[10] 대개 자음 중복이 아니라 모음 중복이 일어난다.[11]

$$^*γνω\,(γινώσκω) \longrightarrow ἔγνωκα$$

❸ 복합동사. 미완료과거와 부정과거에서 복합동사의 동사 부분에 시상 접두 모음이 붙는 것처럼, **복합동사에서는 동사 부분이 중복된다.**

$$ἐκβάλλω \longrightarrow ἐκβέβληκα\,[12]$$

25.11 **시제 형태.** 현재완료 능동태는 사전에서 네 번째 자리에 나오고, 현재완료 중간태/수동태는 다섯 번째 자리에 나온다.

$$ἀγαπάω, ἀγαπήσω, ἠγάπησα, \underline{ἠγάπηκα}, \underline{ἠγάπημαι}, ἠγαπήθην$$

간혹 현재완료시제 어간이 현재시제 어간과 같을 때가 있다. 그러나 다른 시제들에서는 변화한다(어간의 모음이 변화하는 것처럼).

---

9 그러나 모음 중복과 시상 접두 모음의 기능은 현저하게 다르다. 중복은 동작의 완결을 가리키고, 시상 접두 모음은 과거의 시간을 가리킨다.

10 이것을 "자음군"이라고 부른다.

11 두 번째 자음이 λ이거나 ρ일 때, 동사에서는 대개 어간 중복이 일어난다(γράφω → γέγραφα).

12 βέβληκα는 βάλλω의 현재완료 능동태이다.

25.12   **시제 형태소.** 현재완료 능동태의 시제 형태소는 κα(λέλυκα)이다. 현재완료 수동태에는 시제 형태소가 없다(λέλυμαι).

25.13   **연결 모음.** 현재완료는 연결 모음을 사용하지 않는다. 능동태에서 시제 형태소는 모음으로 끝나기 때문에 연결 모음이 필요 없다. 수동태에서는 어미가 직접 어간에 붙는다.

현재완료 중간태/수동태를 파악할 수 있는 좋은 단서는, 이 형태에는 시제 형태소와 연결 모음이 모두 없다는 점이다. 이것은 오직 현재완료 중간태/수동태에서만 나타난다.

25.14   **인칭 어미.** 현재완료는 어간에 시상 접두 모음이 붙지 않기 때문에, 제1시제 인칭 어미를 사용한다. 그러나 시제 형태소 α 때문에 현재완료는 제2시제 인칭 어미를 갖는 제1부정과거와 비슷하게 보인다.

중간태/수동태에는 연결 모음이 없다. 어간의 마지막 자음과 인칭 어미의 첫 자음이 직접 만난다. 그 결과, 어간의 마지막 자음이 자주 변한다(예: γράφω → γέγραμμαι). 이번 장의 심화 학습 부분에서 이 변화들을 간결하게 설명했다. 이 부분이 너무 복잡하다면, 현재완료시제에서 인칭 어미 바로 앞에 나오는 자음은 변할 수 있다는 사실만 기억하라.

25.15   **축약동사.** 축약동사들은 중간태/수동태에서는 시제 형태소가 없지만, 능동태와 중간태/수동태 모두에서 축약모음을 길게 한다.

*ἀγαπα (ἀγαπάω) → ἠγάπηκα

*ἀγαπα (ἀγαπάω) → ἠγάπημαι

25.16   **제2현재완료.** 신약성경에는 제2현재완료 능동태 동사가 매우 드물게 나오기 때문에, 여기에서 주요한 논의를 모두 다룰 수는 없다. 능동태에서 시제 형태소 κα가 아니라 α를 사용한다는 것을 제외하면, 제1현재완료와 같다. 이미 배운 단어 중 다음 다섯 개의 동사가(복합동사 형태와 함께) 제2현재완료형을 가진다.[13]

*ἀκου (ἀκούω)   → ἀκήκοα

*γεν (γίνομαι)   → γέγονα

*γραφ (γράφω)   → εἴληφα

---

13   οἶδα는 사실 제2현재완료이다.

*ἐλευθ (ἔρχομαι) ⟶ γέγραφα

*λαβ (λαμβάνω) ⟶ ἐλήλυθα

시제 형태소가 존재하지 않기 때문에 제2현재완료 중간태/수동태는 존재하지 않는다.

25.17 **축하한다!** 이제 직설법의 모든 시제를 배웠다. 부록에서 "신약성경에서 50번 이상 나오는 시제 형태"나 "신약성경에서 50번 이상 나오는 단어(빈도수)" 차트에 시간을 투자하는 것이 중요하다(587, 602쪽). 어떤 형태를 알고 있고, 어떤 형태를 더 학습해야 하는지 파악할 필요가 있다. 이 차트를 완전히 익히게 되면 동사들이 한결 쉬워진다. 아래의 질문을 참조하여 검토해 보라.

- 다른 시제 어간에서 어근을 찾을 수 있는가?
- 시제 어간과 어근이 서로 어떻게 관련되어 있는지 이해하고 있는가?
- 암기가 필요한 특정 시제 형태가 있는가?

웹사이트에 이 차트의 스프레드시트가 들어 있다. 마음껏 재배열할 수도 있고 색칠도 쉽게 할 수 있다.

부록에는 λύω 동사의 모든 시제와 태를 수록한 요약 차트가 들어 있다(565-568쪽). 또한, 모든 직설법 동사를 포함하는 일련의 차트들도 들어 있다(569-574쪽). 이런 차트들은 배운 것을 복습할 수 있는 좋은 자료이므로, 모든 형태를 잘 파악했는지 확인하는 데 도움이 될 것이다.[14]

동사 마스터 차트

25.18 **동사 마스터 차트**를 이제 모두 완성했다. "어간 중복"에는 λύω를 생략하고 중복된 어간인 λε만 표기했다. 이 차트는 부록에도(560-561쪽) 있다.

---

14 이 차트들에는 34장까지는 나타나지 않는 동사들이 있는데, 이런 동사의 사전적 형태는 ω가 아니라 μι로 끝난다. 이 동사는 "어간 형성 모음이 없는 변화를" 한다. 34장까지는 차트에 나타나는 이런 단어들을 그냥 넘어가라.

시제	접두모음/ 어간중복	시제 어간	시제 형태소	연결 모음	인칭 어미	1인칭 단수 변화형
현재 능동		현재		o/ε	제1능동	λύω
현재 중간/수동		현재		o/ε	제1중간/수동	λύομαι
미완료과거 능동	ε	현재		o/ε	제2능동	ἔλυον
미완료과거 중간/수동	ε	현재		o/ε	제2중간/수동	ἐλυόμην
미래 능동		미래 능동	σ	o/ε	제1능동	λύσω
유음 미래 능동		미래 능동	εσ	o/ε	제1능동	μενῶ
미래 중간		미래 능동	σ	o/ε	제1중간/수동	πορεύσομαι
유음 미래 중간		미래 능동	εσ	o/ε	제1중간/수동	μενοῦμαι
제1미래 수동		부정과거 수동	θησ	o/ε	제1중간/수동	λυθήσομαι
제2미래 수동		부정과거 수동	ησ	o/ε	제1중간/수동	ἀποσταλήσομαι
제1부정과거 능동	ε	부정과거 능동	σα		제2능동	ἔλυσα
유음 부정과거능동	ε	부정과거 능동	α		제2능동	ἔμεινα
제2부정과거 능동	ε	부정과거 능동		o/ε	제2능동	ἔλαβον
제1부정과거 중간	ε	부정과거 능동	σα		제2중간/수동	ἐλυσάμην
제2부정과거 중간	ε	부정과거 능동		o/ε	제2중간/수동	ἐγενόμην
제1부정과거 수동	ε	부정과거 수동	θη		제2능동	ἐλύθην
제2부정과거 수동	ε	부정과거 수동	η		제2능동	ἐγράφην
제1 현재완료 능동	λε	현재완료 농동	κα		제1능동	λέλυκα
제2 현재완료 능동	λε	현재완료 농동	α		제1능동	γέγονα
현재완료 중간/수동	λε	현재완료 수동			제1중간/수동	λέλυμαι

❶ 현재완료는 완료된 행동을 가리키는데, 이 행동은 화자의 현재 시점까지 영향을 미친다. 이 행동은 일반적으로 과거에 일어났던 행동을 말한다.

❷ 현재완료 능동태는 어간 중복, 현재완료 능동태 시제 어간, 시제 형태소(κα), 제1시제 능동태 인칭 어미로 만든다.

❸ 현재완료 중간태/수동태는 어간 중복, 현재완료 중간태/능동태 시제 어간, 제1시제 중간태/수동태 인칭 어미로 만든다. 시제 형태소나 연결 모음은 없다.

❹ 동사가 하나의 자음으로 시작하면, 그 자음을 반복하고 ε으로 반복된 자음을 나눈다. 첫 자음이 φ, χ, θ이면, 반복된 자음은 각각 π, κ, τ가 된다.

❺ 여러 개의 자음(자음군)이나 하나의 모음으로 시작하는 동사는 보통 모음의 중복(장음화)이 일어난다. 이것은 시상 접두 모음처럼 보이지만 본질상 기능이 다르다. 처음 나오는 이중모음은 반복되지 않는다.

❻ 복합동사는 단어의 동사 부분을 반복한다.

❼ 축약동사는 현재완료 능동태와 중간태/수동태 모두에서 축약모음을 길게 한다.

❽ 현재완료시제 동사는 조동사(have/has)와 현재분사를 사용하여 번역하거나, 문맥에 따라서 현재시제를 사용하여 번역할 수 있다.

단어학습

αἰτέω	묻다, 요구하다 (*αἰτε, 70)
	(ἤτουν), αἰτήσω, ἤτησα, ἤτηκα, -, -
	αἰτέω에는 두 개의 대격이 따라온다. 요구를 받은 사람과 요구된 내용이 대격으로 나온다.
μᾶλλον	더(more), 오히려(rather) (81)
	μᾶλλον이 ἤ와 사용되면, ἤ는 "또는"이 아니라 "~보다"로 번역한다.
μαρτυρέω	증언하다, 증거하다 (*μαρτυρε, 76)
	(ἐμαρτύρουν), μαρτυρήσω, ἐμαρτύρησα, μεμαρτύρηκα, μεμαρτύρημαι, ἐμαρτυρήθην

신약성경의 전체 단어 수:	138,148
지금까지 배운 어휘 수:	269
이번 장에 나오는 단어의 신약성경 사용 횟수:	227
현재까지 배운 단어의 신약성경 사용 횟수:	109,672
신약성경에 사용된 총 단어에 대한 비율:	79.39%

심화학습

25.19 **폐쇄음으로 끝나는 어간**. 동사 어근이 폐쇄음으로 끝날 때, 현재완료 중간태/수동태는 그 어근이 인칭 어미의 자음과 바로 만나면서 크게 변화한다. 다음은 이 변화를 모두 담은 표이다 (*MBG*, §46.4 참조).

	순음(π β φ)	연구개음(κ γ χ)	치음(τ δ θ)
	γράφω	διώκω	πείθω
μαι	γέγραμμαι	δεδίωγμαι	πέπεισμαι
σαι	γέγραψαι	δεδίωξαι	πέπεισαι
ται	γέγραπται	δεδίωκται	πέπεισται
μεθα	γεγράμμεθα	δεδιώγμεθα	πεπείσμεθα
σθε	γέγραφθε	δεδίωχθε	πέπεισθε
νται	εἰσὶ γεγραμμένοι	εἰσὶ δεδιωγμένοι	εἰσὶ πεπεισμένοι

15 같은 어근에서 나온 명사 μάρτυς는 증인이라는 뜻이다. 순교자(martyr)는 죽음으로 믿음을 증언하는 사람이다.

2인칭 복수를 보면, 순음에서 ψ로 변할 것으로 예상했던 것이 φ가 되었으며(γεγραφσθε →
γεγραψθε → γέγραφθε), 연구개음에서 ξ로 변할 것으로 예상했던 것이 χ가 되었는데(δεδιωκσθε
→ δεδιωξθε → δεδίωχθε), 이는 일반 법칙에 위배되는 것이다.

앞에서 볼 수 있듯이, 헬라어는 3인칭 복수를 다른 방식으로 만든다. 이것을 "우언적 구
문"(periphrastic)이라고 하는데, 주로 εἰμί 동사와 분사를 만들 때 사용한다. 이 내용은 30장에서
다룰 것이다.

25.20 **과거완료.** 여기서 언급해야 할 시제가 하나 더 남아 있는데, 바로 "과거완료"라고 불리는 것이
다. 자주 등장하지 않으므로 선생님에 따라 다루지 않을 수도 있다. 신약성경에서는 28개의 동
사가 과거완료형으로 총 86번 등장한다.[16]

과거완료는 완료된 행동을 묘사하기 위해 사용하는데, 이 행위의 효력은 완료 이후의 시점
부터 화자가 말하는 시점까지 영향을 미친다.

과거완료는 현재완료시제 어간으로 만든다. 꼭 그래야 하는 것은 아니지만, 앞에 나오는
어간 중복은 시상 접두 모음이 될 수 있으므로, 이 책에서는 시상 접두 모음을 괄호로 처리했다.
제1과거완료는 시제 형태소(κ)와 함께 만들어지지만, 제2과거완료에는 시제 형태소가 오지 않
는다. 시제 형태소 뒤에는 연결 모음 ει와 제2시제 어미가 따라온다.[17]

능동태

	제1과거완료	제2과거완료	번역
1인칭 단수	(ἐ)λελύκειν	(ἐ)γεγράφειν	내가 풀려 있었다/쓰여 있었다.
2인칭 단수	(ἐ)λελύκεις	(ἐ)γεγράφεις	네가 풀려 있었다/쓰여 있었다.
3인칭 단수	(ἐ)λελύκει(ν)	(ἐ)γεγράφει(ν)	그/그녀/그것이 풀려 있었다/쓰여 있었다.
1인칭 복수	(ἐ)λελύκειμεν	(ἐ)γεγράφειμεν	우리가 풀려 있었다/쓰여 있었다.
2인칭 복수	(ἐ)λελύκειτε	(ἐ)γεγράφειτε	너희가 풀려 있었다/쓰여 있었다.
3인칭 복수	(ἐ)λελύκεισαν	(ἐ)γεγράφεισαν	그들이 풀려 있었다/쓰여 있었다.

16 οἶδα는 과거완료형으로 33번 등장하지만, 이 과거완료형은 미완료과거나 부정과거의 역할을 한다(22.18 참조).
17 과거완료 능동태는 79번 나오고, 중간태/수동태는 7번만 나타난다.

중간태/수동태

과거완료의 중간태/수동태는 현재완료 중간태/수동태의 시제 형태를 따르는 것을 제외하고는, 부정과거 능동태와 같은 형태로 변한다. 시제 형태소나 연결 어미는 사용하지 않는다.

	제1과거완료	제2과거완료	번역
1인칭 단수	(ἐ)λελύμην	(ἐ)γεγράφειν	내가 풀려 있었다/쓰여 있었다.
2인칭 단수	(ἐ)λέλυσο	(ἐ)γεγράφεις	네가 풀려 있었다/쓰여 있었다.
3인칭 단수	(ἐ)λέλυτο	(ἐ)γεγράφει(ν)	그/그녀/그것이 풀려 있었다/쓰여 있었다.
1인칭 복수	(ἐ)λελύμεθα	(ἐ)γεγράφειμεν	우리가 풀려 있었다/쓰여 있었다.
2인칭 복수	(ἐ)λέλυσθε	(ἐ)γεγράφειτε	너희가 풀려 있었다/쓰여 있었다.
3인칭 복수	(ἐ)λέλυντο	(ἐ)γεγράφεισαν	그들이 풀려 있었다/쓰여 있었다.

25.21 **미래완료.** 신약성경에서 미래완료는 우언적 구문으로 6번 등장한다(30장을 보라, 마 16:19; 18:18; 요 20:23). 이 시제의 정확한 의미에 대해서는 의문의 여지가 있다. D. A. 카슨의 연구[18] 와 15장에 나오는 "본문 주해 맛보기"를 보라.

주해 원리

1. 완료시제 동사는 때때로 행동이 완결되었다는 사실을 강조한다(완결적 용법, 확장적 용법).

τὸν καλὸν ἀγῶνα ἠγώνισμαι, τὸν δρόμον τετέλεκα(딤후 4:7).
I have fought the good fight, I have finished the race.
나는 선한 싸움을 다 싸우고 나의 달려갈 길을 마쳤다.

ἡ ἀγάπη τοῦ θεοῦ ἐκκέχυται ἐν ταῖς καρδίαις ἡμῶν(롬 5:5).

---

18   D. A. Carson, "Matthew", *The Expositor's Bible Commentary* (Grand Rapids: Zondervan, 1995) 8:370–372.

God's love <u>has been poured</u> into our hearts.

하나님의 사랑이 우리 마음에 다 <u>부어졌다</u>.

2. 다른 경우에는 행동의 결과적 상태를 강조한다(강의적 용법). 일반적으로 현재시제로 번역한다.

ἄνθρωπε, ἀφέωνταί σοι αἱ ἁμαρτίαι σου(눅 5:20).

Man, your sins <u>are forgiven</u> you.

사람아, 네 죄가 <u>용서를 받았다</u>.

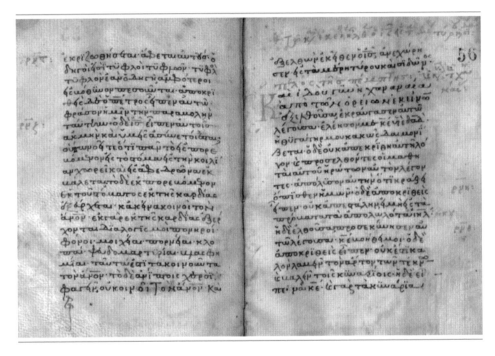

▲ 이 사진은 필기체로 된 신약성경 사본인데 12세기에 필사되었다. 이 사진에는 마태복음 15:13-27a가 적혀 있다. 이 사진은 신약성경 사본 연구 센터(Center of the Study of New Testament Manuscripts, 대니얼 월리스 박사가 소장으로 있음)에서 제공받았고, 신약성경 본문 연구소(Institut für neutestamentliche Textforschung)의 허락을 받아 사용했다.

개관 6 | 26-30장

26-30장에서는 헬라어 분사를 배우게 된다. 분사는 동사적 형용사라고 할 수 있다. 이 사실을 정확히 이해한다면 나머지는 비교적 쉽다. 우리는 분사가 사용하는 격어미를 이미 알고 있다. 기본적인 번역은 영어의 경우 동사에 "-ing"를 붙이는 것이다.

26장

26장은 분사와 관련한 문법 사항의 주요 내용을 살펴본다. 분사는 동사에 분사를 만드는 형태소와 격어미를 붙여서 만든다. 아래에 분사 형태소를 녹색으로 표시했다.

- λυ + ο + ντ + ες → λύοντες(잃은)
- πιστευ + σα + ντ + ες → πιστεύσαντες(믿는)
- πεποιη + κ + οτ + ες → πεποιηκότες(끝난)

분사의 종류에는 기본적으로 두 가지가 있다.
- 부사적 분사는 부사처럼 동사의 의미를 수식한다.
- 형용사적 분사는 형용사처럼 명사나 대명사를 수식한다. 그리고 형용사처럼 명사 역할도 할 수 있다.

직설법 이외의 동사 형태들은 절대 시간(absolute time)을 나타내지 않는다. 현재시제 어간을 가진 동사 형태라 해도 직설법이 아닌 이상, 현재에 일어나는 동작을 묘사하지 않는다. 직설법이 아닌 동사 형태들이 유일하게 의미하는 것은 시상이다.
- 현재(미완료적) 분사는 현재시제 어간으로 만들며 지속적인 동작을 나타낸다.
- 부정과거(완료적) 분사는 부정과거시제 어간으로 만들며 부정적인 동작을 나타낸다.
- 현재완료(복합적) 분사는 완료시제 어간으로 만들며 현재 시점까지 영향을 미치는 완료된 동

작을 나타낸다.

27장

분사가 부사로 기능할 때는 분사의 의미가 수식하는 동사에 직접 영향을 미친다. 분사는 격, 수, 성이 어떤 한 단어와 일치하며, 그 일치하는 단어는 보통 주어이다. 부사적 분사에는 항상 관사가 없다. 즉 관사가 앞에 오지 않는다.

ὁ ἄνθρωπος ἀπέθανε διδάσκων τὴν κοινήν.

The man died while teaching Koine.

그 사람은 코이네 헬라어를 가르치다가 죽었다.

분사는 절대 시간을 나타내지 않는 대신, 상대 시간을 나타낸다. 분사의 시간은 본 동사를 기준으로 해서 상대적이기 때문이다. 현재분사는 본 동사와 동시에 일어나는 동작을 나타낸다.

분사 형태를 익히려면 여섯 개의 시제/태 조합을 암기해야 한다. 예를 들면, 다음은 현재 능동태 분사를 익히기 위해 암기해야 하는 형태이다.

	남성	여성	중성
주격 단수	ων	ουσα	ον
속격 단수	οντος	ουσης	οντος

다음은 전체 변화표이다.

	남성	여성	중성
주격 단수	λύων	λύουσα	λῦον
속격 단수	λύοντος	λυούσης	λύοντος
여격 단수	λύοντι	λυούσῃ	λύοντι
대격 단수	λύοντα	λύουσαν	λῦον

주격 복수	λύοντες	λύουσαι	λύοντα
속격 단수	λυόντων	λυουσῶν	λυόντων
여격 단수	λύουσι(ν)	λυούσαις	λύουσι(ν)
대격 단수	λύοντας	λυούσας	λύοντα

28장

부정과거시제 어간으로 만든 분사는 부정의 동작을 나타낸다. 절대 시간이 없기에 시상 접두모음은 붙지 않는다.

> 시상 접두 모음이 없는 부정과거시제 어간 + 시제 형태소 + 분사 형태소 + 격어미
>
> 능동태: λυ + σα + ντ + ες → λύσαντες
> 중간태: λυ + σα + μενο + ι → λυσάμενοι
> 수동태: λυ + θε + ντ + ες → λυθέντες

부정과거분사는 본 동사의 시간보다 앞서 일어난 동작을 나타낸다.

29장

분사가 형용사로 기능할 때, 형태는 부사적 분사와 같지만, 관사를 앞에 두는 경향이 있고, 주로 관계대명사구로 번역한다.

ὁ διδάσκαλός μου ὁ λέγων τῷ ὄχλῳ ἐστιν ἄγγελος.
My teacher, who is speaking to the crowd, is an angel.
군중에게 말하고 있는 나의 선생님은 천사다.

30장

마지막으로 완료시제 어간으로 만든 분사는 완료된 동작과 그 동작의 결과가 계속되고 있음을 나타낸다. πεποιηκότες는 "믿어 왔다"(having believed)로 번역할 수 있다.

26 분사 개요

이번 장에서 배울 내용은 다음과 같다.

- 분사는 "‑ing" 형과 같다(eating, sleeping, procrastinating).
- 분사는 동사적 형용사로서, 동사와 형용사의 특성을 모두 갖는다.
- 분사는 동사처럼 시제(현재, 부정과거, 완료)와 태(능동태, 중간태, 수동태)를 갖는다.
- 형용사처럼 분사는 수식하는 명사와 격, 수, 성이 일치한다.

영어로 개념 잡기

26.1   영어에서 분사는 동사에 "‑ing"를 붙여 만든다.[1]

> The man, <u>eating</u> by the window, is my Greek teacher.
> 창가에서 <u>먹고 있는</u> 그 남자는 나의 헬라어 선생님이다.

> After <u>eating</u>, I will go to bed.
> 다 <u>먹은</u> 후에 나는 자러 갈 것이다.

---

[1]   더 정확히 말하면, "‑ing"는 능동태 분사를 만들 때 붙이고, "‑ed"는 수동태 분사를 만들 때 붙인다. "Moved by the sermon, they all began to cry"(설교에 감동하여 그들은 모두 울기 시작했다).

26.2 **분사는 동사적 형용사이다.** 분사는 동사의 특징을 갖는다.

> While eating, my Greek teacher gave us the final.
> 음식을 드시면서, 나의 헬라어 선생님은 우리에게 기말시험을 내주셨다.

이 예문에서 "eating"(먹고 있을 때)은 동사 "gave"(주셨다)에 관해 무언가를 알려주는 분사이다. 선생님이 우리에게 기말시험을 낼 때, 그는 계속 먹고 있었다("while"은 분사의 행동이 발생한 시점을 구체적으로 나타낸다).

분사는 또한 형용사적 특성을 갖는다. "The woman, sitting by the window, is my Greek teacher"(창가에 앉은 여자가 나의 헬라어 선생님이다)라는 예문에서, sitting(앉은)은 분사로서 명사인 "여자"에 관해 무언가를 말하고 있다.

26.3 영어에서 분사는 수식하는 단어와 가까이 있어야 한다. "While eating, he saw her"(음식을 먹으면서, 그는 그녀를 보았다)라는 예문에서 먹고 있는 사람은 "그녀"가 아니라 "그"이다. "그"가 어순으로 볼 때 분사에 가깝기 때문이다. 만약 "He saw her while eating"(그가 그녀를 먹는 동안에 보았다)이었다면, 먹고 있는 사람은 "그녀"이다. 이미 짐작했겠지만 헬라어는 그렇지 않다.

26.4 분사가 직접 목적어나 부사의 수식을 받을 때, 이 분사와 수식어들은 **분사구**를 형성한다. 번역할 때는 관계절처럼 분사구의 시작과 끝을 구별해야 한다.

헬라어 문법

26.5 영어의 분사에 관해 앞에서 언급한 내용이 대부분 헬라어에도 그대로 적용된다. 이 부분을 확실히 인지하는 것이 중요하다. 헬라어 분사와 영어 분사 사이에 존재하는 많은 유사점을 보지 못한다면, 헬라어 분사를 배우기가 어려울 수 있다.

신약성경을 능숙하게 번역하기 위해서 헬라어 분사를 배우는 것은 필수이다. 분사는 많이 쓰일 뿐만 아니라 그 자체로도 중요하다.[2]

26장부터 30장까지 분사를 다룬다. 길다고 느낄 수도 있지만, 새롭게 배우는 내용이 그리 많지는 않다. 이번 장에서 다루는 분사의 문법과 나머지 네 개의 장에서 나오는 주된 내용은 분

---

2   신약성경에는 6,658개의 분사가 있다.

사의 형태와 관련되어 있다. 분사는 일반적인 1, 2, 3변화 유형을 따르므로 새롭게 배워야 하는 격어미가 없다.

　　이번 장의 헬라어 형태들은 설명을 위한 것이므로 굳이 외우지 않아도 되고, 문법 내용에 더 집중해야 한다.

26.6　**형태**. 분사는 동사를 바탕으로 만든다.
- 분사 λύοντες는 λύω로 만든다.
- 분사 πιστεύσαντες는 πιστεύω로 만든다.
- 분사 πεποιηκότες는 ποιέω로 만든다.

26.7　분사를 만들기 위해서는 동사에서 시작해야 한다. 먼저 동사에 연결 모음 또는 시제 형태소를 붙이고, 그다음 **분사 형태소**(ντ/οτ)와 격어미를 붙인다.

$$λυ + ο + ντ + ες \longrightarrow λύοντες$$
$$πιστευ + σα + ντ + ες \longrightarrow πιστεύσαντες$$
$$πεποιη + κ + οτ + ες \longrightarrow πεποιηκότες$$

26.8　**동사적 특성과 형용사적 특성**. 분사는 동사적 형용사(verbal adjective)이므로 동사와 형용사의 특성을 모두 갖는다.
- **동사**로서 시제(현재, 부정과거, 완료)와 태(능동, 중간, 수동)를 갖는다.
- **형용사**로서 수식하는 단어와 격, 수, 성이 일치한다.

한 단어가 시제와 격을 모두 갖는다는 것이 처음엔 이상할 수도 있지만, 헬라어 분사는 그렇다.

26.9　**분사의 두 가지 기본 용법**. 분사는 동사적 형용사이므로 동사적 요소와 형용사적 요소 가운데 어떤 요소가 강조되는가에 따라 그 강조된 기능을 수행한다.
- **부사적 분사**의 경우, 해당 분사가 묘사하는 동작은 일차적으로 동사를 향한다. 이런 종류의 분사는 주로 부사구로 번역한다.

　　<u>While studying for his Greek final, Ian fell asleep.</u>
　　<u>헬라어 기말시험을 위해 공부하는 동안</u>, 이안은 잠이 들어버렸다.

- **형용사적 분사**의 경우, 해당 분사가 묘사하는 동작은 일차적으로 명사나 대명사를 수식한다.

이런 종류의 분사는 주로 형용사구로 번역한다.

The book <u>lying on the window still</u> belongs to Kathy.
<u>창틀에 여전히 있는</u> 그 책은 캐시의 것이다.

분사가 부사적인지 형용사적인지는 결국 문맥이 결정한다. 분사의 형태는 다르지 않다.

분사의 동사적 요소

26.10 **시제.** 분사는 현재, 부정과거, 완료시제 어간으로 만든다.[3] 녹색으로 표시한 형태소를 암기하라.[4]
- **현재(미완료적) 분사** λύοντες는 λύω의 현재시제 어간으로 만든다(λυ + ο + ντ + ες).
- **부정과거(완료적) 분사** λύσαντες는 λύω의 부정과거시제 어간으로 만든다(λυ + σα + ντ + ες). 시상 접두 모음이 없는 것에 주목하라.
- **현재완료(복합적) 분사** λελυκότες는 λύω의 완료시제 어간으로 만든다(λε + λυ + κ + οτ + ες).

26.11 **태.** 분사는 능동태, 중간태, 수동태가 될 수 있다. 헬라어는 서로 다른 분사 형태소를 사용하여 다른 태를 나타낸다.
- ἀκούοντες는 능동태이고, 수식하는 단어가 분사의 동작을 한다는 의미이다.
- ἀκουόμενοι는 중간태가 될 수 있으며, 이 경우 수식하는 단어가 주어에 영향을 미치는 방식으로 분사의 동작을 한다는 의미이다.[5]
- ἀκουόμενοι는 수동태도 될 수 있으며, 이 경우 수식하는 단어가 분사의 동작을 받는다는 의미이다.

26.12 **시상.** 분사의 의미를 이해하는 핵심 열쇠는 분사의 의미가 일차적으로 세 가지 시상(동작의 종류) 가운데 하나라는 사실을 인지하는 것이다. 바로 이것이 분사의 특징이자 핵심이라고 할 수 있다. 분사는 동작이 언제 발생하는지 그 시점을 반드시 나타낼 필요가 없다(과거나 현재의 "시간"). 분사에는 세 가지 시상이 존재하기 때문에, 세 종류의 분사가 존재한다고 볼 수 있다.

3   미래시제 어간으로 만드는 분사도 있긴 하지만, 신약성경에서 12번만 등장한다. 28장의 심화학습을 참조하라.
4   필자는 주격 복수형을 사용하는데, 이 형태가 변화가 일어나지 않은 분사 형태소를 보여주기 때문이다.
5   만약 어떤 동사가 특정 시제에서 디포넌트이면 그 동사로 만들어지는 분사도 디포넌트가 된다. ἔρχομαι는 디포넌트이기 때문에, 이 동사와 같은 어간으로 만들어지는 분사 ἐρχόμενοι도 디포넌트가 된다.

- **현재(미완료적)** 분사는 **지속적인** 동작을 묘사하며 동사의 **현재**시제 어간으로 만든다.
- **부정과거(완료적)** 분사는 동작의 성격에 관해 설명이 없는 **부정적인** 동작을 묘사하며 동사의 **부정과거**시제 어간으로 만든다.
- **현재완료(복합적)** 분사는 **현재까지 영향을 미치는 완료된 동작을** 묘사하며 동사의 **완료**시제 어간으로 만든다.

	시제 어간	시상
현재(미완료적)	현재	지속적
부정과거(완료적)	부정과거	부정적
현재완료(복합적)	현재완료	완료적

분사의 형용사적 요소

26.13   분사는 형용사로서, 수식하는 명사와 격, 수, 성이 일치한다.

초콜릿을 먹는 사람은 나의 형제이다.

만약 위의 예문이 헬라어였다면 "먹는"은 주격 단수 남성이었을 것이다. 이것이 주격 단수 남성인 "사람"(ἄνθωπος)을 수식하기 때문이다.

ἔβλεψε τὸν ἄνθρωπον τὸν διδάσκοντα τὴν κοινήν.
그는 코이네 헬라어를 <u>가르치고 있는</u> 그 사람을 보았다.

위의 예문에서 분사 διδάσκοντα가 ἄνθρωπον을 수식하고 ἄνθρωπον은 대격, 단수, 남성이기 때문에 διδάσκοντα 역시 대격, 단수, 남성이 된다. 이것은 형용사와 같은 방식이므로 새로운 문법 내용이 아니다.

26.14   **주어.** 분사는 엄밀히 말해 주어를 갖지 않는다. 하지만 분사는 반드시 수식하는 단어와 격, 수, 성이 일치해야 하므로, 분사의 동작을 누가 또는 무엇이 수행하는지를 찾아야 하고, 이것은 비

교적 쉽다고 할 수 있다.

예를 들어, 헬라어로 "공부하는 동안 그가 그녀를 보았다"라고 말한다면, 분사인 "공부하는 동안"은 주격 남성(만약 그가 공부하고 있다면)이거나, 또는 대격 여성(만약 그녀가 공부하고 있다면)일 수 있다. 헬라어는 이런 상황에서 영어와 같이 어순을 사용하지 않는다.

αὐτὸς ἔβλεψε τὸν ἄνθρωπον τὸν διδάσκοντα τὴν κοινήν이라는 예문을 보면, 가르치던 사람은 "그"(αὐτὸς)가 아니라 "사람"(ἄνθρωπον)인 것을 알 수 있다. 분사(διδάσκοντα)가 대격이기 때문이다. 만약 "그"(αὐτὸς)가 가르치고 있었다면 분사는 διδάσκων(주격)이었을 것이다.

분사의 다른 요소들

26.15 **수식어와 기타 사항**. 분사는 동사와 같은 특성을 갖는다.

분사는 대격의 직접 목적어를 가질 수 있다. "<u>그녀가 헬라어를 공부한 후에</u>, 그 학생은 그녀가 죽어서 천국에 갔다고 생각했다"(After studying her Greek, the student thought she had died and gone to heaven)라는 예문에서, "헬라어"(Greek)는 분사인 "공부한 후에"(studying)의 직접 목적어로서 대격이다.

분사는 또한 전치사구나 부사 등의 수식어를 가질 수 있다. "<u>긴 시간</u> 조용히 공부한 후, 나는 결국 그 변화표를 이해했다"(After studying quiet__ly for a long time, I finally understood the paradigm)라는 예문에서, "조용히"(quietly)는 부사이고, "긴 시간"(for a long time)은 전치사구로서 둘 다 분사인 "공부한 후"(studying)를 수식한다.

26.16 **부정**(Negation). 부정어 οὐ는 일반적으로 직설법에 사용한다. 분사는 직설법이 아니므로 일반적으로 οὐ와 같은 뜻을 가진 부정어 μή를 사용한다.

26.17 **인칭 어미 없음**. 분사는 동사의 인칭 어미를 사용하지 않는다. 정동사만 인칭 어미를 사용한다.[6]

26.18 **분해**. 분사는 동사적 형용사이기 때문에 외워야 할 것이 여덟 가지이다. 이 책에서는 동사의 특성으로 시작해 형용사의 특성으로 마무리할 것이다(선생님에 따라 선호하는 방법이 다를 수 있다).

시제, 태, "분사"[7] – 격, 수, 성 – 기본형, 번역.

---

6   동사의 동작이 주어에 의해 제한되기 때문에 정동사라고 한다.

ἀκούοντος는 현재 능동태 분사, 속격 단수 남성, ἀκούω, "듣는"이라고 분해한다.

분사의 분해 방식은 선생님께 물어보라. 선생님에 따라 선호하는 나열 순서가 다를 수도 있고, "미완료적", "완료적", "복합적"을 첨가하는 분해 방식을 선호할 수도 있다.

다음 장들의 내용

26.19 분사를 더 쉽게 학습하기 위해 이 책에서는 기본적인 용법들을 장별로 분류했다.
- 27장은 현재(미완료적) 부사적 분사를 다룬다.
- 28장은 부정과거(완료적) 부사적 분사를 설명한다.
- 29장은 분사의 형용사적 용법을 다룬다.
- 30장은 현재완료(복합적) 분사를 소개한다.

지금까지 분사에 관해 알아야 할 대부분의 문법을 배웠다. 이제 형태를 배우는 것만 남았는데, 이것은 형용사의 격어미에서 이미 배운 것이다. πᾶς의 변화표(555쪽)를 익히게 되면, 분사의 형태가 쉬워질 것이다.

요약

❶ 분사는 동사적 형용사로 동사와 형용사의 특성을 모두 갖는다.

❷ 분사는 동사로서 시제(현재, 부정과거, 완료)와 태(능동, 중간, 수동)를 갖는다.[8]

❸ 분사는 형용사로서 수식하는 명사와 격, 수, 성이 일치한다.

❹ 분사는 동사를 수식하는 부사적 분사(분사 앞에 항상 관사가 없음)일 수도 있고, 형용사적 분사(분사 앞에 주로 관사가 있음)일 수도 있다.

❺ 분사는 절대 시간이 아닌 시상을 나타낸다.

❻ 현재(미완료적) 분사는 현재시제 어간으로 만들며 지속적인 행동을 묘사한다.

❼ 부정과거(완료적) 분사는 시상 접두 모음이 없는 부정시제 어간으로 만들며 부정적인 행동

---

7   엄밀히 말하면, 분사는 직설법 같은 그런 "법"이 아니다. 그러나 단순화를 위해 분사도 일반적으로 법을 구별하는 위치에 두기로 한다.

8   동사가 디포넌트이면 그 동사로 만들어지는 분사도 디포넌트이다.

을 묘사한다.

❽ 완료(복합적) 분사는 완료시제 어간으로 만들며 현재 시점까지 영향을 미치는 완료된 행동
을 묘사한다.

27 현재(미완료적) 부사적 분사

본문 주해 맛보기

그리스도인이 겪는 가장 큰 경험은 본성을 따르던 존재에서 하나님의 은혜로 말미암아 하나님이 원하시는 존재가 되는 극단적 변화이다. 그 어느 곳에서도 고린도후서 3:18보다 더 선명하게 이 변화를 언급하는 곳은 없다. 그리고 이 구절의 핵심에 현재 중간태 분사가 나타나는데, 여기에 그리스도인의 성장과 성숙의 비밀이 나타난다.

이 구절이 우리에게 말하는 바는 이 놀라운 변화가 믿는 자들의 삶에서 일어난다 사실이다. 믿지 아니하는 자들의 마음을 덮은 수건은 그대로 남아 있지만(15절), 그리스도 안에 있는 자들을 덮은 수건은 벗겨진다(14, 16절). 그들은 그리스도의 형상으로 변화되어 영광에서 영광에 이르게 된다.

이 신령한 변혁의 비밀은 분사형인 κατοπτριζόμενοι에 담겨 있다. 이 분사는 "거울로 보다"라는 기본 의미를 지닌 동사의 중간태에서 온 것으로, "응시하다", "바라보다"를 뜻한다. 이 분사를 도구적 용법으로 받아들이면 다음과 같은 의미로 이해할 수 있다. "우리는 모두 주의 영광을 **바라봄으로써** 그리스도의 형상으로 변화한다."

그리스도의 형상으로 변화하는 것은 인간이 하나님의 영광을 응시했을 때 나타날 수밖에 없는 결과이다. 우리는 우리의 생각과 감정을 지배하는 그 대상의 모습을 닮는다. 마치 선하고 순수하다고 여겨진 것들의 대표인 바위상을 바라보면서 인생을 보낸 사람의 모습을 그린 나다니엘 호손의 "큰 바위 얼굴"과 같이, 믿는 자들도 점차 하나님의 영광을 생각하며 인생을 보낼 때 가족이 닮아가듯 그들의 주님을 닮아간다.

여기서 분사가 현재시제라는 사실에 주목하자. 이 분사는 이러한 변화를 가져오는 바라본다는 행위가 지속적이라는 사실을 보여준다. 분사가 현재시제라는 사실과 함께 정동사 "변화받다"(μεταμορφούμεθα)도 현재시제이다. 그리스도인의 변화는 하나님을 바라보는 것과 나란히 일어나며, 따라서 이 둘은 서로 밀접하게 묶여 있다고 할 수 있다. 주님의 영광을 계속 바라봄으로써 우리는 지속적으로 그의 형상으로 변화되어 가는 것이다.

로버트 마운스(Robert H. Mounce)

개요

이번 장에서 배울 내용은 다음과 같다.

- 현재(미완료적) 분사는 현재시제 어간 + 연결 모음 + 분사 형태소 + 격어미로 만든다.
- 번역을 하려면 우선 분사의 시상, 태, 의미를 찾아야 한다. 현재분사는 영어로 번역할 경우 일반적으로 "–ing"를 붙이지만, 때로 핵심 단어 "~하는 동안" 또는 "왜냐하면"을 넣어 번역하기도 한다.

헬라어 문법

27.1 현재(미완료적) 부사적 분사 요약.[1]

a. 현재분사는 동사의 **현재시제 어간**으로 만든다.

b. **지속적인** 동작을 묘사한다. 이 의미를 번역에 나타내기는 어렵지만, 마음속으로 가장 염두에 두어야 할 사항이다. 분사가 나타내는 시상과 비교하면 나머지 부분은 부차적이다.

c. 분사가 **능동태**나 **중간태**면 수식하는 단어가 분사의 동작을 수행한다. 분사가 수동태이면 수식하는 단어가 분사의 동작을 받는다.

d. 이번 장은 부사적 분사를 다룬다. 부사적 분사는 그 **분사가 묘사하는 동작이 동사와 연관되어 있다**는 것을 의미한다.

---

1   대개 문법책들은 "현재" 분사라는 용어를 사용한다. 이 분사를 동사의 현재시제 어간으로 만들기 때문이다. 이 용어는 분사의 형태를 배우는 데 도움이 된다. 하지만 심각한 부작용을 일으킬 수 있는데, 학생들이 현재분사가 현재의 시간에 일어나는 동작을 묘사한다고 생각할 수 있기 때문이다. 실제로는 그렇지 않은 데 말이다. 현재분사는 지속적인 동작을 묘사한다. 분사는 직설법이 아니므로 시간을 나타내지 않는다. (분사와 동사 사이에 암시된 시간 관계는 있겠지만, 이 또한 분사의 실제 의미에서는 이차적인 부분이다.) 오히려 언어학적으로는 "미완료적 분사"라는 용어를 사용하는 것이 현재시제 어간으로 만들어진 분사가 실제로 나타내는 "시상"을 바르게 강조한다고 본다.

부사적 분사는 일반적으로 부사구로 번역한다. 영어의 경우 "–ing" 형태를 사용하고, 문맥상 적절하면 "~하는 동안"이나 "왜냐하면"을 넣어 번역한다.[2]

ὁ ἄνθρωπος ἀπέθανε <u>διδάσκων</u> τὴν κοινήν·
그 사람은 코이네 헬라어를 <u>가르치는 동안</u> 죽었다.

그가 죽을 때 그는 헬라어를 가르치고 있었다. 그는 행복하게 죽었다!

e. 분사가 부사적이라 해도, 이 분사는 **명사나 대명사와 격, 수, 성이 일치한다.** 예를 들어, 명사가 ἄνθρωπος이면 분사는 διδάσκων(주격 단수 남성)이 된다. 대부분의 부사적 분사는 (주어가 드러나든 드러나지 않든) 동사의 주어와 일치하는 주격이다.

f. 부사적 분사는 항상 관사가 붙지 않는다(즉 관사가 분사 앞에 나오지 않는다).

27.2 개관표: 현재(미완료적) 분사

현재시제 어간 + 연결 모음(o/ε) + 분사 형태소 + 격어미

πιστευ + ο + ντ + ες → πιστεύοντες
πιστευ + ο + μενο + ς → πιστευόμενος

분사는 네 개의 형태소를 가지고 만든다(형태소는 시제와 성에 따라 조금씩 달라진다). 이 형태소들은 반드시 외워야 한다.

• ντ는 일반적인 능동태 형태소이다. 남성/중성 분사에서 ντ로 나타나며 3변화를 따른다.

λύοντες, λύοντα

• ουσα는 여성 분사에서 사용하는 능동태 형태소이다.[3] 능동태 분사에서 여성 분사 형태소는 항상 남성/중성과는 다르다. 여성 분사는 모든 시제에서 1변화를 따른다.

---

2   헬라어를 공부하다 보면 이 분사를 이와는 다른 방식으로 번역한 것을 볼 수 있다. 하지만 지금 단계에서는 이 방식이 좋다. "왜냐하면"을 사용해 번역하면 분사구가 아니라 부사구로 번역하게 된다.

3   ουσα와 ντ는 어형론적으로 상호 관련성이 있다. 이런 급격한 변화가 발생하는 이유에 대해서는 *MBG*, 91쪽을 참조하라.

λύουσαι

- μενο/μενη는 중간태/수동태 형태소이다.[4]

λυόμενος, λυομένη, λυόμενον

27.3 분사 형태소 차트[5]

	남성	여성	중성
능동태	ντ	ουσα	ντ
중간태/수동태	μενο	μενη	μενο

분사 형태소도 시제 형태소처럼 중요한 표지로 여기고 읽어 내는 법을 배우라.
- "οντ + 격어미" 형태가 나오면, 능동태 분사라고 확신하면 된다.
- "ομενο/ομενη + 격어미" 형태가 나오면, 대개 중간태/수동태 분사라고 추측하면 된다.

현재(미완료적) 분사: 능동태

27.4 개관표: 현재(미완료적) 능동태 분사

현재시제 어간 + 연결 모음(ο/ε) + 능동태 분사 형태소(ντ) + 격어미

πιστευ + ο + ντ + ες → πιστεύοντες

---

4 빗금(/)은 이 형태소가 어떤 경우에는 μενο(남성과 중성)이고, 어떤 경우에는 μενη(여성)라는 것을 의미한다. 심화학습: 실제 형태소는 μεν이지만, 1, 2변화의 형태로 기능하기 위해서는 반드시 모음으로 끝나야 하므로 일반적인 변화모음들이 추가되었다.

5 οτ는 완료시제와 함께 쓰이는 능동태 형태소이다. 30장에서 배우게 될 것이다.

27.5 **변화표: 현재(미완료적) 능동태 분사.** 남성과 중성의 능동태 분사 형태소는 ντ이고, 연결 모음이 붙으면 οντ처럼 보인다. 여성형에서는 οντ가 ουσα로 대체된다.

	남성 (3변화)	여성 (1변화)	중성 (3변화)
주격 단수	λύων [6]	λύουσα	λῦον [7]
속격 단수	λύοντος	λυούσης [8]	λύοντος
여격 단수	λύοντι	λυούσῃ	λύοντι
대격 단수	λύοντα	λύουσαν	λῦον
주격 복수	λύοντες	λύουσαι	λύοντα
속격 복수	λυόντων	λυουσῶν	λυόντων
여격 복수	λύουσι(ν) [9]	λυούσαις	λύουσι(ν) [9]
대격 복수	λύοντας	λυούσας	λύοντα

이 어미들이 πᾶς의 어미들과 얼마나 비슷한지 유의해서 보라(555쪽).

27.6 **분사의 여섯 가지 형태.** 분사를 배우는 중요한 열쇠 가운데 하나는 아래에 나열한 여섯 가지 주요 분사 형태를 암기하는 것이다(주격과 속격의 단수, 남성 여성 중성, 연결 모음과 격어미들). 주격과 속격 형태 간의 변화를 안다면, 다른 형태를 구별하기는 쉽다.

---

6 여기서는 격어미가 사용되지 않는다. τ는 단어 끝에 올 수 없으므로 탈락한다(명사 법칙 8). ο이 ω로 길어져 그 탈락을 보상한다(*λυ + οντ + – → λυον → λύων).

7 주격 단수 남성의 경우처럼 격어미가 사용되지 않으며, τ는 탈락한다(명사 법칙 8). 하지만 중성에서 연결 모음은 길어지지 않는다.

8 어간의 마지막 모음 앞의 문자가 ε, ι, ρ이면 속격은 ας로 남는다. 그 외에는 ης로 변환한다(7.14).

9 σ 때문에 ντ는 탈락하고, 탈락을 보상하기 위해 ο이 ου로 길어진다(οντσι → οσι → ουσι). 이 형태와 3인칭 복수 직설법 형태를 혼동해서는 안 된다(λύουσι, "그들이 풀다").

	남성	여성	중성
주격 단수	ων	ουσα	ον
속격 단수	οντος	ουσης	οντος

이 표가 도움이 된다면 속격 단수 형태 밑에 여격 복수 형태(특별히 3변화 형식으로)를 덧붙여도 좋다.

	남성	여성	중성
주격 단수	ων	ουσα	ον
속격 단수	οντος	ουσης	οντος
여격 복수	ουσι(ν)	ούσαις	ουσι(ν)

27.7   **축약동사**. 축약동사는 분사 형태에서도 규칙적이다. 직설법에서 그랬던 것처럼, 축약모음은 연결 모음과 함께 축약된다.

$$\dot{\alpha}\gamma\alpha\pi\alpha + οντος \longrightarrow \dot{\alpha}\gamma\alpha\pi\tilde{\omega}ντος$$

27.8   εἰμί. εἰμί의 능동태 분사는 분사 형태소와 격어미가 결합되어 있는 것처럼 보인다. 이들은 언제나 연한 숨표를 갖는다. 영어로는 분사 "being"을 넣어 번역한다.

	남성 (3변화)	여성 (1변화)	중성 (3변화)
주격 단수	ὤν	οὖσα	ὄν
속격 단수	ὄντος	οὔσης	ὄντος
여격 단수	ὄντι	οὔσῃ	ὄντι
대격 단수	ὄντα	οὖσαν	ὄν

주격 복수	ὄντες	οὖσαι	ὄντα
속격 복수	ὄντων	οὖσῶν	ὄντων
여격 복수	οὖσι(ν)	οὔσαις	οὖσι(ν)
대격 복수	ὄντας	οὔσας	ὄντα

현재(미완료적) 분사: 중간태/수동태

27.9 **개관표: 현재(미완료적) 중간태/수동태 분사**

> 현재시제 어간 + 연결 모음(ο/ε) + 중간태/수동태 분사 형태소(μενο/μενη) + 격어미
>
> λυ + ο + μενο + ι → λυόμενοι

27.10 **변화표: 현재(미완료적) 중간태/수동태 분사.** 중간태/수동태 분사 형태소는 μενο/μενη이고, 연결 모음이 붙으면 ομενο/ομενη가 된다.

	남성 (2변화)	여성 (1변화)	중성 (2변화)
주격 단수	λυόμενος	λυομένη	λυόμενον
속격 단수	λυομένου	λυομένης	λυομένου
여격 단수	λυομένῳ	λυομένῃ	λυομένῳ
대격 단수	λυόμενον	λυομένην	λυόμενον
주격 복수	λυόμενοι	λυόμεναι	λυόμενα
속격 복수	λυομένων	λυομένων	λυομένων

	남성	여성	중성
여격 복수	λυομένοις	λυομέναις	λυομένοις
대격 복수	λυομένους	λυομένας	λυόμενα

	남성	여성	중성
주격 단수	ομενος	ομενη	ομενον
속격 단수	ομενου	ομενης	ομενου

중간복습

- 27.1을 잘 이해하고 있는지 꼭 확인하라.
- 현재(미완료적) 분사는 현재시제 어간으로 만들며 지속적인 동작을 묘사한다.
- 현재(미완료적) 능동태 분사는 현재시제 어간과 능동태 분사 형태소로 만든다. 암기해야 하는 형태는 ων, ουσα, ον, οντος, ουσης, οντος이다.
- 축약동사의 분사와 εἰμί의 분사는 복잡하지 않다.
- 현재(미완료적) 중간태/수동태 분사는 현재시제 어간과 중간태/수동태 분사 형태소로 만든다. 암기해야 하는 형태는 ομενος, ομενη, ομενον, ομενου, ομενης, ομενου이다.

번역 요령

27.11 **시작 질문.** 분사를 번역하기 전에 다음 세 가지를 질문해야 한다.

❶ **시상은?** 분사가 현재시제 어간으로 만들어졌다면 미완료적 분사이다. 가능하다면 지속적인 의미로 번역해야 한다(이번 장과 다음 장에서 만나게 되는 분사는 모두 미완료적 시상이다).

❷ **태는?** 분사의 태는 능동태, 중간태, 수동태 중 하나이고, 이는 동사의 어간과 분사 형태소를 통해 알 수 있다(디포넌트 동사가 있다는 것을 잊지 말라).

❸ **의미는?** 동사의 기본형의 의미는 무엇인가? 이것은 분사의 격, 수, 성을 파악하는 과정을 포함하는 것으로, 이를 통해 그 분사가 수식하는 단어를 알 수 있다.

27.12 **번역**. 위의 세 가지 질문에 대한 답을 가지고 있다면, 분사가 무엇을 말하는지 이해할 수 있다. 여러 방식으로 부사적 분사를 번역할 수 있지만, 다음 세 가지 방법이 일반적이다. 어떤 방식을 사용할지는 문맥을 보고 결정한다.

- 영어의 "–ing" 형태로 만들어 번역하면 가장 쉽다.

> παραγίνεται Ἰωάννης ὁ βαπτιστὴς <u>κηρύσσων</u> ἐν τῇ ἐρήμῳ (마 3:1).
> John the Baptist came, <u>preaching</u> in the desert.
> 세례 요한이 광야에서 <u>선포하면서</u> 나타났다.

영어의 경우 헬라어 분사가 수동태이면 "being"+과거분사 형태를 사용한다.

> τί ἐξήλθατε εἰς τὴν ἔρημον θεάσασθαι, κάλαμον ὑπὸ ἀνέμου <u>σαλευόμενον</u>; (마 11:7)
> What did you go out into the wilderness to see? A reed <u>being shaken</u> by the wind?
> 너희는 무엇을 보러 광야로 나갔더냐? 바람에 <u>흔들리는</u> 갈대냐?

분사를 번역하기가 어렵다면, "–ing" 형태를 사용하여 번역하는 것으로 만족하라. 그 구절의 번역을 마친 다음, 아래에 나오는 내용을 참조하여 번역을 수정할 곳이 있는지 검토해 보라.

- 몇몇 부사적 분사는 "–ing" 형태 앞에 핵심 단어 "while"(~하는 동안)을 사용해야 한다. 이것을 **시간적**(temporal) 분사라고 부른다.

> <u>παράγων</u> εἶδεν Λευὶν τὸν τοῦ Ἀλφαίου (막 2:14).
> <u>While passing by</u>, he saw Levi the son of Alphaeus.
> 그가 <u>지나가는 동안</u> 알패오의 아들 레위를 보셨다.

- 부사적 분사는 때로 **이유**나 **원인**을 나타내기도 하며, 핵심 단어로 "because"(~ 때문이다)를 사용해야 한다. 이것을 **이유/원인적**(causal) 분사라고 부른다.

> Ἰωσὴφ ··· δίκαιος <u>ὢν</u> ··· ἐβουλήθη λάθρᾳ ἀπολῦσαι αὐτήν (마 1:19).
> Joseph, <u>because he was</u> righteous, decided to divorce her quietly.
> 요셉은 <u>의로운 사람이기 때문에</u> 그녀를 조용히 보내 주려 했다.

나중에 보게 되겠지만, 분사에는 다른 사용법과 여러 번역 방식들이 존재한다. 그러나 당분간은 이 정도만 아는 것으로도 충분할 것이다.

분사의 시상을 번역에 완전히 표현하는 것은 거의 불가능하지만, 설교나 성경 공부에서는 얼마든지 설명할 수 있다.

마스터 차트

27.13 **분사 형태소 차트**. 아래의 표를 주의 깊게 암기하라. 30장에서 한 줄이 더 늘어날 것이다.

형태소	시제/태	격어미
ντ	능동태, 부정과거 수동태	3 – 1 – 3
μενο/η	중간태, 중간태/수동태	2 – 1 – 2

ντ는 모든 능동태 형태(30장에 나오는 현재완료시제를 제외하고)와 부정과거 수동태 형태에서 사용된다. μεν은 모든 중간태 형태과 중간태/수동태 형태에서 사용된다.

27.14 **분해**. 분사를 분해할 때는 핵심 단어 "~하고 있는"(-ing)을 사용하고, 법을 말할 때는 "분사"라고 하면 된다. 변화형은 현재(미완료적) 분사의 경우 "~하고 있는"(-ing) 또는 "~하는 동안"(while)으로 해석하는 것이 가장 좋다. "현재 능동태 분사"로 분해할지 "미완료적 능동태 분사"로 분해할지는 선생님께 물어보라.

λύοντες. 현재(미완료적), 능동태, 분사, 주격, 복수, 남성, λύω, "풀고 있는"

27.15 **분사 마스터 차트**. 직설법 동사에서 본 것처럼, 분사에도 마스터 차트가 있어서 각각의 형태가 어떻게 연결되는지 보여준다. 동사 마스터 차트를 암기했던 것처럼, 이 차트도 주의 깊게 암기해야 한다. 맨 오른쪽 열은 모든 형태소가 주격 복수 남성 형태에 붙었을 때 어떤 형태가 되는지 보여준다.

시제/태	어간 중복	어간	연결 모음	시제 형태소/ 연결 모음	여섯 가지 암기 형태	주격 복수
현재 능동		현재	ο	ντ/ουσα	ων, ουσα, ον οντος, ουσης, οντος	λέγοντες
현재 중간/수동		현재	ο	μενο/η	ομενος, ομενη, ομενον ομενου, ομενης, ομενου	λεγόμενοι

요약

❶ 현재(미완료적) 분사는 동사의 현재시제 어간으로 만들고 지속적인 동작을 나타낸다. 분사에는 시간적 개념이 없다.

❷ 부사적 분사는 동사와 연관된 동작을 나타내고, 그 형태는 수식하는 단어에 따라 결정된다.

❸ 부사적 분사에는 관사가 없다.

❹ εἰμί의 분사는 분사 형태소와 격어미의 조합처럼 보인다. 항상 연한 숨표를 갖는다.

❺ 분사를 번역하기 위해서는 분사의 시상, 태, 의미를 먼저 파악해야 한다. 현재분사는 일반적으로 영어의 경우 "−ing"형으로 번역한다. 때로 핵심 단어 "~하는 동안"이나 "~때문이다"를 넣어 번역한다.

❻ 앞서 제시한 분사 형태소 차트와 분사 마스터 차트를 암기하라.

구문분석

27.16 분사가 형용사적이면 선행사 아래에 두고, 부사적이면 동사 아래에 두라.

        καὶ εὐθὺς
        <u>ἀναβαίνων</u> ἐκ τοῦ ὕδατος
   εἶδεν   τοὺς οὐρανοὺς
             <u>σχιζομένους</u>
         καὶ

τὸ πνεῦμα

ὡς περιστερὰν

κα<u>ταβαῖνον</u> εἰς αὐτόν·

And just as

he was <u>coming up</u> out of the water,

he saw   the heavens

<u>opening up</u>

and

the Spirit

as a dove

<u>descending</u> on him.

그리고 곧

물 밖으로 <u>올라오</u>시면서,

그분은   하늘들을 보셨다.

<u>갈라지고 있는</u>

그리고

영(성령)이

비둘기같이

그분에게 <u>내려오고 있는</u> 것을

마가복음 1:10의 본 동사는 "보았다"(εἶδεν)이다. 부사적 분사는 "올라오면서"(ἀναβαίνων)이다. "갈라지고 있는"(σχιζομένους)과 "내려오고 있는"(καταβαῖνον)은 각각 "하늘들"(οὐρανούς)과 "영"(πνεῦμα)을 수식하는 형용사적 분사이다.[10]

27.17   구문분석을 하다 보면 본문이 오른쪽으로 나열되면서 페이지를 넘어가기도 한다. 그럴 때는 분사를 사용하여 텍스트를 다시 왼쪽으로 끌어올 수 있다. 분사와 분사가 수식하는 단어는 선으로 연결하라(막1:14).

10   이 구절의 특이점 중 하나는 실제로는 어순상 σχιζομένους가 τοὺς οὐρανούς 앞에 오지만 οὐρανούς가 εἶδεν의 직접 목적어라는 것이다.

Μετὰ δὲ τὸ παραδοθῆναι τὸν Ἰωάννην

ἦλθεν ὁ Ἰησοῦς εἰς τὴν Γαλιλαίαν

κηρύσσων τὸ εὐαγγέλιον τοῦ θεοῦ.

After John had been taken into custody,

Jesus went into Galilee,

proclaiming the gospel of God.

요한이 떠난 후에

예수께서 갈릴리로 오셨다.

하나님의 복음을 선포하시면서

단어학습

ἀναβαίνω	올라가다, 올라오다 (ἀνά + *βα, 82) (ἀνέβαινον), ἀναβήσομαι, ἀνέβην, ἀναβέβηκα, −, −
ἀρχιερεύς, −έως, ὁ	대제사장 (*ἀρχιερευ, 122)[11]
δεξιός, −ά, −όν	오른(쪽) (*δεξιο, 54)[12] 이 단어를 번역할 때는 보통 다른 단어를 추가한다. 문맥을 보고 어떤 단어를 더해야 하는지 결정하며, 보통은 "손"이나 "쪽"이 된다.
δύο	둘, 2 (135)[13] δύο는 다음과 같이 어미가 변한다. 주격 복수 δύο 속격 복수 δύο 여격 복수 δυσί(ν) 대격 복수 δύο
ἕτερος, −α, −ον	다른 (*ἕτερο, 98)[14]

εὐαγγελίζω	좋은 소식(복음)을 전하다, 설교하다 (*εὐαγγελιδ, 54) [15] (εὐηγγέλιζον), −, εὐηγγέλισα, −, εὐηγγέλισμαι, εὐηγγελίσθην εὐαγγελίζω는 일반적으로 중간태로 나타나지만(εὐαγγελίζομαι), 의미는 능동태와 같다.
θεωρέω	보다/관찰하다(look at), 인지하다/깨닫다(perceive) (*θεωρε, 58) (ἐθεώρουν), θεωρήσω, ἐθεώρησα, −, −, −
Ἱεροσόλυμα, τά	예루살렘 (*ἱεροσολυμα, 62) Ἱεροσόλυμα는 대부분 중성 복수형이지만(신약에 61번 사용), 여성 단수형으로 한 번 등장한다(마 2:3).
κάθημαι	(아래에) 앉다, 살다 (*καθη, 91) [16] (ἐκαθήμην), καθήσομαι, −, −, −, −
καταβαίνω	내려가다, 내려오다 (κατά + *βα, 81) (κατέβαινον), καταβήσομαι, κατέβην, καταβέβηκα, −, −
οὗ	부사: 어디에(where) (24) 부정사(οὐ) 또는 속격 남성/중성 관계대명사(οὗ)와 이 단어를 혼동하지 말아야 한다. οὗ는 신약성경에 27번밖에 나타나지 않지만, 쉽게 혼동하는 단어이므로 여기에 수록해 두었다.
παρακαλέω	(~옆으로) 부르다, 권고하다/요청하다, 격려하다, 위로하다 (παρά + *καλε, 109) [17] (παρεκάλουν), −, παρεκάλεσα, −, παρακέκλημαι, παρεκλήθην

11 이 합성 명사를 구성하는 두 부분은, "hierarch"(대제사장)라는 뜻을 가진 단어 ἱεράρχης와 앞뒤가 바뀌었다(신성한[ἱερός] + 지도자[ἀρχός]).

12 δεξιός는 라틴어 "dextra"와 관련된 단어인데, 이 라틴어에서 "오른손을 사용하는"이라는 뜻의 영어 형용사 dextral이 유래했다.

13 양두 정치(dyarchy)는 두 개의 정부가 있는 시스템이다. 이분자(dyad [δυάς])는 하나로 보이는 두 개의 독립체들이다.

14 비정통주의는(heterodoxy, ἑτερόδοξος)는 옳은 것과 다른 견해를 보이는 것이다.

15 설교자는 복음의 좋은 소식으로 청중들에게 복음을 가르친다(evangelizes).

16 교황이 "ex cathedra"(라틴어에서 유래했지만, 헬라어와 분명히 연결된 단어이다)라고 말하면, 권좌에 앉은 자로서 교황의 모든 권위를 가지고 말하는 것이다.

17 예수님은 성령을 가리킬 때 같은 어근에서 나온 명사인 보혜사(παράκλητος, "Paraclete")를 사용하셨다. 성령은 곁에서(παρά) 부름을 받아(κλήτος) 그리스도인에게 용기를 주며 돕는 분이시다(요 14:26).

πείθω	설득하다 (*πειθ, 52)
	(ἔπειθον), πείσω, ἔπεισα, πέποιθα, πέπεισμαι, ἐπείσθην
τρεῖς, τρία	셋, 3 (*τρες, 69)[18]

신약성경의 전체 단어 수:	138,148
지금까지 배운 어휘 수:	283
이번 장에 나오는 단어의 신약성경 사용 횟수:	1,090
현재까지 배운 단어의 신약성경 사용 횟수:	110,763
신약성경에 사용된 총 단어에 대한 비율:	80.18%

축하한다! 여러분은 이제 신약성경에 등장하는 전체 단어의 4/5를 알게 되었다.

심화학습

27.18 문법학자들은 대부분 다음에 다룰 내용을 분사의 핵심 요소로 생각하는데, 장기적 안목으로 보면 필요하다고 할 수 있다. 분사에 관해 배울 것이 이미 너무 많으므로, 여기에서는 분사의 상대 시간(relative time)을 살펴보는 것이 가장 좋을 것 같다. 가능하다면 이번 장에 등장하는 모든 내용은 학습하는 것이 좋다. 그러나 그럴 여유가 없다면 당분간은 무시해도 된다. 그러나 결국, 다시 돌아와 공부해야 할 것이다.

　　이 심화학습을 연습문제를 번역할 때 사용하고 싶다면, 이 내용을 읽기 전에 연습문제를 풀어 보라. 그리고 다시 이 책으로 돌아와 여기에서 설명하는 내용을 읽고 다시 연습문제를 풀어 보라.

27.19 **상대 시간.** 절대 시간과 상대 시간이라는 매우 중요한 구분이 있다. 직설법 동사는 **절대 시간**을 나타낸다. 예를 들어 직설법 동사가 현재시제라면 대부분 현재 일어나고 있는 동작을 나타낸

18　삼분자(triad, τριάς)는 세 가지 것의 집합이다. 세발자전거(tricycle)에는 세 개의 바퀴가 있다.

다. 만약 헬라어 분사가 절대적 시간을 나타낸다면, 현재분사는 현재 일어나고 있는 동작을 나타낼 것이다.

그러나 헬라어 분사는 절대 시간이 아닌 상대 시간을 나타낸다. 다시 말해, 분사의 시간은 본 동사의 시간과 관련이 있는 상대적 시간이라는 것이다. **현재분사는 본 동사와 같은 시간에 일어나는 동작을 묘사한다.**[19]

27.20 상대 시간을 나타내기 위해서는 조동사를 사용해서 번역해야 한다(예: "공부하고 있었다"[was studying]).

  - 주절의 동사가 부정과거이면 현재분사는 과거 진행형으로 번역한다(예: "기도하고 있었다").

    Περιπατῶν δὲ παρὰ τὴν θάλασσαν τῆς Γαλιλαίας εἶδεν δύο ἀδελφούς(마 4:18).
    And as he was walking by the Sea of Galilee, he saw two brothers.
    그리고 그가 갈릴리 바닷가를 걷고 계셨을 때 두 형제를 보셨다.

  - 주절의 동사가 현재이면 현재분사는 현재 진행형으로 번역한다(예: "기도하고 있다").

    πᾶν δένδρον μὴ ποιοῦν καρπὸν καλὸν ἐκκόπτεται καὶ εἰς πῦρ βάλλεται(마 7:19).
    Every tree not bearing good fruit is cut down and thrown into the fire.
    아름다운 열매를 맺고 있지 않는 나무마다 찍혀서 불에 던져진다.

분사를 번역할 때 상대 시간의 의미를 드러내고 싶다면, 그 번역문에서 시상의 의미가 없어지지 않도록 해야 한다. **시상은 언제나 시간에 앞선다. 시상과 시간 가운데 한 가지를 나타낼 수밖에 없는 상황이라면, 시상을 선택해야 한다.**

27.21 **분사에서의 "주어."** 엄밀히 말해 분사는 주어를 갖지 않는다. 하지만 분사는 수식하는 단어와 일치하므로, 대부분 누가 또는 무엇이 분사의 동작을 행하는지 알 수 있다. 분사의 "주어"를 살려서 번역하면 본문을 주해할 때 도움이 된다(이 "주어"가 27.19에 언급한 대로 문장에 넣어 번역할 수 있는 대명사이다).

시상과 "주어"를 모두 살려서 번역하고 싶다면 적절한 대명사와 동사를 첨가하면 된다.

  - **그가 공부했을 때**, 선생님(διδάσκαλος)은 학생들(μαθητάς)에게 시험에 대해 말했다.

---

19   완료형 분사, 곧 부정과거시제 어간으로 만드는 분사는 보통 본 동사의 시간 이전에 일어난 동작을 나타낸다.

- **그들이 공부했을 때**, 선생님(διδάσκαλος)은 학생들(μαθητάς)에게 시험에 대해 말했다.

> Καὶ <u>παράγων</u> ὁ Ἰησοῦς ἐκεῖθεν <u>εἶδεν</u> ἄνθρωπον(마 9:9).
>
> And Jesus, as <u>he was passing on</u> from there, <u>saw</u> a man.
>
> 그리고 예수께서 (그가) 거기서 떠나서 길을 <u>가시다가</u> 한 사람을 <u>보셨다</u>.

분사의 동작을 누가 또는 무엇이 행하는지 가장 분명하게 나타낼 수 있는 대명사를 선택하자. 가능하면 진행형 정동사를 사용한다는 것을 명심해야 한다. 불가능한 것은 아니지만, 이와 같은 방식으로 한 단어 한 단어를 번역하기란 사실 어렵다. 우리는 스스로 "헬라어 본문의 모든 부분이 의미하는 바를 알고는 있는데, 이것을 어떻게 우리말로 똑같이 옮길 수 있을까?"라고 물어야 한다. 어느 정도의 자율성을 가지고 번역에 임하는 것이 좋다.

27.22　**잘 따라오고 있는가?** 분사를 번역하는 것이 어렵다면, 지금 당장은 이 심화학습에 주의를 기울이지 않아도 된다. 좀 더 익숙해질 때까지 기본 문법 사항을 충분히 숙지한 다음 대명사와 상대 시간을 추가하기 시작해도 상관없다.

주해 원리

다음 몇 가지 부사적 분사의 용례들은 지속적 분사와 부정적 분사(다음 장을 참조하라)에 모두 적용된다.
1. 부정과거분사는 정동사의 시간 이전에 일어난 동작을 묘사할 수 있다. 반면 현재분사는 본동사의 동작과 같은 시간에 일어나는 것을 묘사할 수 있다(시간). "~한 후에"(after)와 "~할 때/~하는 동안에"(when/while) 등이 대개 이 유형의 분사에 포함된다.

> <u>συναλιζόμενος</u> παρήγγειλεν αὐτοῖς(행 1:4).
>
> <u>While staying with</u> them he charged them.
>
> 그가 <u>함께 모였을 때</u> 그들에게 분부하셨다.

> <u>νηστεύσας</u> … ὕστερον ἐπείνασεν(마 4:2).
>
> <u>After fasting</u> … he was hungry.
>
> 그가 <u>금식하신 후에</u> 주리셨다.

2. 분사는 정동사의 동작이 발생하는 방식을 나타낼 수 있다(방식).

> ἀκούσας δὲ ὁ νεανίσκος τὸν λόγον ἀπῆλθεν λυπούμενος (마 19:22).
> When the young man heard this, he went away <u>sad</u>.
> 그 청년이 그 말씀을 듣고 <u>근심하면서</u> 갔다.

3. 분사는 정동사의 동작이 어떤 수단을 통해 일어나는지 나타낼 수 있다(수단).

> κοπιῶμεν ἐργαζόμενοι ταῖς ἰδίαις χερσίν (고전 4:12).
> We toil <u>by working</u> with our own hands.
> 우리는 우리 손으로 <u>일하면서</u> 고된 노동을 한다.

4. 분사는 정동사의 동작이 발생한 이유, 원인, 근거를 나타낼 수 있다(원인).

> ἠγαλλιάσατο πανοικεὶ πεπιστευκὼς τῷ θεῷ (행 16:34).
> He was filled with joy, along with his entire household, <u>because he had come to believe</u> in God.
> 그는 온 집안이 하나님을 <u>믿으므로</u> 크게 기뻐했다.

5. 분사는 정동사의 동작이 성취되기 위하여 반드시 충족되어야 할 조건을 나타낼 수 있다(조건).

> πάντα ὅσα ἂν αἰτήσητε … πιστεύοντες λήμψεσθε (마 21:22).
> And whatever you ask in prayer, you will receive, <u>if you have faith</u>.
> 너희가 기도할 때 <u>믿으면서</u> 구하는 것은 무엇이든지 다 받을 것이다.

6. 분사는 분사의 동작에도 불구하고 정동사의 동작이 사실임을 나타낼 수 있다(양보).

> Καὶ ὑμᾶς ὄντας νεκροὺς τοῖς παραπτώμασιν (엡 2:1).
> And <u>although you were</u> dead in your transgressions.
> 허물로 <u>죽었는데도</u> 불구하고 너희를.

7. 분사는 정동사의 목적을 나타낼 수 있다(목적). 영어의 경우 주로 to 부정사로 번역된다.

ἄφες ἴδωμεν εἰ ἔρχεται Ἡλίας σώσων αὐτόν(마 27:49).

Wait! Let's see if Elijah comes to <u>save</u> him.

(너희는) 가만 두라! 엘리야가 그를 <u>구원하러</u> 오는지 (우리가) 보자.

8. 분사는 정동사의 결과를 나타낼 수 있다(결과). 이 용법은 목적의 분사와 비슷한데, 차이점이 있다면 분사의 강조점이 의도와 결과 중 어디에 있는가에 있다.

ἵνα τοὺς δύο κτίσῃ ἐν αὐτῷ εἰς ἕνα καινὸν ἄνθρωπον <u>ποιῶν</u> εἰρήνην(엡 2:15).

In order to create in himself one new man out of the two, <u>thus making</u> peace.

이 둘을 자기 안에서 하나의 새 사람을 만들어서, (그 결과) 평화를 이루기 위하여

9. 분사는 종종 직설법 동사처럼 번역된다. 이 점은 주해할 때 문제가 될 수 있다. 왜냐하면 주로 직설법이면서 핵심 사상을 내포하고 있는 본 동사와, 주로 수식의 의미를 지닌 종속적인 분사를 구별할 수 없기 때문이다. 번역자들이 이렇게 하는 데는 여러 가지 이유가 있다.

<u>γνωρίσας</u> ἡμῖν τὸ μυστήριον τοῦ θελήματος αὐτοῦ(엡 1:9).

He <u>has made known</u> to us the mystery of his will.

그는 그의 뜻의 신비를 우리에게 <u>알려주셨다.</u>

10. 번역된 문장이 너무 길 때는 긴 분사 구문을 독립된 문장으로 취급하는 것이 오히려 쉬울 수 있다. 에베소서 1:3 – 14은 하나의 긴 문장이다. 분사구로 시작하는 5절은 많은 번역본에서 새로운 문장으로 번역된다. 분사를 정동사로 바꾸고 주어를 추가하여 분사구를 독립구로 바꾸었다. NET는 "그가 이것을 하였다"를 덧붙였고, NRSV는 "그가"를 덧붙였다.

<u>προορίσας</u> ἡμᾶς εἰς υἱοθεσίαν διὰ Ἰησοῦ χριστοῦ(엡 1:5).

He did this by <u>predestining</u> us to adoption as his sons through Jesus Christ(NET).

He <u>destined</u> us for adoption as his children through Jesus Christ(NRSV).

<u>하나님은</u> 예수 그리스도를 통하여 우리를 하나님의 자녀로 삼으시기로 <u>예정하셨다.</u>

11. 헬라어는 본 동사 앞에 부정과거분사가 위치하는 것을 선호한다. 하지만 영어의 경우에는 두 개의 정동사를 사용한다.

εὐθὺς ἀφέντες τὰ δίκτυα ἠκολούθησαν αὐτῷ (막 1:18).

Immediately they left their nets and followed Him.

그들은 곧 그물을 버려두고 그를 따랐다.

28 부정과거(완료적) 부사적 분사

본문 주해 맛보기

부정과거분사가 부사적으로 되었을 때 헬라어는 유연한 문장 구조를 갖는다. 이 분사는 거의 모든 종류의 부사구를 나타내는 데 사용하기 때문에 신약성경에서 가장 일반적으로 나타나는 문법 구조이다. 하지만 이 유연함이 때로는 번역가와 주석가들에게(코이네 헬라어를 시작하는 학생들에게도) 실제적으로 문제가 된다. 부정과거 부사적 분사의 의미는 항상 문맥상 본 동사와 관련해서 결정하기 때문에, 신약성경을 해석할 때 이 부정과거분사의 의미에 가장 격렬한 논쟁들이 집중되어 있다.

이와 관련해서 사도행전 19:2에 나오는 부정과거분사 πιστεύσαντες에 대한 논의보다 더 나은 예는 아마도 없을 것이다. 이 분사의 의미가 바로 바울이 한 질문의 의미를 결정하기 때문이다. Εἰ πνεῦμα ἅγιον ἐλάβετε πιστεύσαντες. KJV는 "Have ye received the Holy Ghost since ye believed?"(너희가 믿은 후에 성령을 받았느냐?)라고 번역한다. 이는 본 동사의 행동 이전에 일어난 행동을 가리키기 위한 목적으로 부정과거분사를 사용하는 일반적인 예들 가운데 하나이다. KJV는 이 부정과거분사를 이렇게 이해하여, 믿음이 성령을 받기 전에 일어나는 것임을 나타내고 있다. 오순절주의자들은 이 번역을 이용하여 성령을 받는 것은 예수님을 믿는 것과 구별되고 오히려 예수님을 믿은 다음에 일어나는 것이라고 주장한다. 하지만 전통적인 개신교 주석가들은 이 해석이 부정과거분사를 오해한 데서 비롯했다고 말한다. 코이네 헬라어에서는 종종 부정과거시제의 정동사가 가진 동작의 일부분을 표현하기 위한 목적으로 부정과거분사를 사용한다. 바울의 질문에서 이 점이 분명히 드러난다. 믿는 것과 성령을 받는 것은 모두 하나의 경험이 가진 서로 다른 부분들이다. 최근의 번역들은 대부분 이와 같은 πιστεύσαντες에 대한 해석에 동의하여 RSV의 번역을 따르고 있다. "Did you receive the Holy Spirit when you believed?"(너희가 믿을 때에 성령을 받았느냐?)

어떤 해석이 옳은 것일까? 중요한 것은, 사실 두 해석 모두 코이네 헬라어의 부정과거 부사적 분사의 용법에서 볼 때 적절한 해석이라는 점이다. 문맥으로 보더라도 한 해석을 다른 해석보다 선호하는 것이 실질적으로 불가능하다. 이런 경우에는 신학적 입장이 어떤 해석을 선택할지 주로 결정하게 된다. 그러므로 두 해석 모두 사도행전 19:2에 등장하는 바울의 질문을 바르게 이해했다고 생각할 수 있다. 이 주해를 언급함으로써 얻을 수 있는 교훈은, 부정과거분사를 다룰 때 자신의 해석과는 다른 해석의 가치를 고려하려는 유연성과 의지가 중요하다는 것이다. 이것은 복잡한 헬라어 문법을 아는 지식만큼이나 중요하다.

에버츠(J. M. Everts)

개요

이번 장에서 배울 내용은 다음과 같다.
• 부정과거(완료적) 분사는 시상 접두 모음이 없는 부정과거시제 어간으로 만든다.
• 부정과거분사는 완료된 동작을 나타낸다.
• 부정과거분사는 능동태와 수동태에서는 분사 형태소 ντ를, 중간태에서는 μεν을 사용한다.
• 당분간은 "~한 후에"로 부정과거분사를 번역한다.

들어가기

28.1   이번 장에서는 부정과거분사에 대해 배운다. 부정과거분사의 기본 문법은 현재 부사적 분사 문법과 같다. 분사의 형태와 시상만 다르다. 이번 장이 길어 보이지만 새롭게 배우는 내용은 많지 않다. 사실 대부분 이미 알고 있는 형태로 이루어진 변화표들이다.

헬라어 문법

28.2   **요약.** 부정과거분사는 부정과거시제 어간으로 만들고 부정적 동작을 나타낸다.[1]

28.3 **번역**. 부정과거분사에서 기억해야 할 가장 중요한 것은 시상이다. 부정과거분사는 시간이 정해지지 않은 동작(부정의 동작)을 나타낸다. 동작이 일어났다는 사실 외에는 동작의 시상에 관해서 아무것도 말하지 않는다.

$\underline{\text{ἀκούσας}}$ δὲ ὁ βασιλεὺς Ἡρῴδης ἐταράχθη(마 2:3).

But $\underline{\text{after}}$ king Herod $\underline{\text{heard}}$ this, he was troubled.

그러나 헤롯왕이 $\underline{\text{들은 후에}}$ 소동했다.

불가능한 것은 아니지만, 부정과거분사의 시상을 영어의 "–ing" 형태로 번역하기는 쉽지 않다. 하지만 부정과거분사의 실제 시상을 번역하기는 힘들다고 해도, 설교와 성경 공부에서는 잘 설명할 수 있다. 다시 말해 우리의 임무는 부정과거분사의 진정한 중요성을 항상 기억하는 일이다. 그리고 정확한 번역이 불가능하다면, 적어도 단어가 갖는 개념은 청중이 이해할 수 있도록 설명해야 한다.

잊지 말라. 부정과거시제 어간으로 만든 분사는 시간이 정해지지 않은 동작을 나타낸다.

28.4 **"~한 후에"**. 현재분사를 번역할 때 "~하는 동안"(while)을 사용하듯이, 부정과거분사를 번역할 때는 "~한 후에"(after)를 사용할 수 있다. 아래에 더 자세히 설명해 두었다.

οἱ δέ $\underline{\text{ἀκούσαντες}}$ τοῦ βασιλέως ἐπορεύθησαν(마 2:9).

And $\underline{\text{after hearing}}$ the king, they went on their way.

그들이 왕의 말을 $\underline{\text{들은 후에}}$ 갔다.

---

1 대부분의 문법책은 "부정과거" 분사라는 용어를 사용하는데, 이 분사가 부정과거시제 어간으로 만들어지기 때문이다. 이 용어는 분사의 형태를 익히는 데는 도움이 될 수 있지만, 심각한 부작용이 나타날 수 있다. 학생들은 부정과거분사가 과거에 일어난 동작을 묘사하는 것으로 생각하기 쉬운데, 사실은 그렇지 않기 때문이다. 부정과거분사는 단지 시간이 정해지지 않은 동작을 묘사할 뿐이며, 분사는 직설법이 아니므로 시간의 의미가 없다. 언어학적으로 "완료적 분사"라는 용어를 사용하는 것이 더 적절한데, 부정과거시제 어간으로 만들어진 분사의 실제 의미와 시상을 올바로 강조하기 때문이다.

28.5 **개관표: 제1부정과거(완료적) 분사.** 만약 동사가 제1부정과거 직설법이면, 부정과거분사는 시상 접두 모음이 없는 제1부정과거시제 어간을 사용하여 만든다.

시상 접두 모음이 없는 제1부정과거시제 어간 + 시제 형태소($\sigma\alpha$) + 분사 형태소 + 격어미

능동태: $\lambda\upsilon + \sigma\alpha + \nu\tau + \varepsilon\varsigma \rightarrow \lambda\acute{\upsilon}\sigma\alpha\nu\tau\varepsilon\varsigma$

중간태: $\lambda\upsilon + \sigma\alpha + \mu\varepsilon\nu o + \iota \rightarrow \lambda\upsilon\sigma\acute{\alpha}\mu\varepsilon\nu o\iota$

수동태: $\lambda\upsilon + \theta\varepsilon + \nu\tau + \varepsilon\varsigma \rightarrow \lambda\upsilon\theta\acute{\varepsilon}\nu\tau\varepsilon\varsigma$

28.6 **시상 접두 모음.** 시상 접두 모음은 직설법에서 과거의 시간을 나타내는 데 사용한다. 정확히 말하면 시상 접두 모음은 과거의 절대 시간을 나타낸다. 그러나 분사는 절대 시간을 나타내지 않으므로, 부정과거분사는 시상 접두 모음을 가질 수 없다. 부정과거분사는 **시상 접두 모음이 없는** 부정과거시제 어간으로 만든다.

시상 접두 모음이 그냥 ε일 경우, 시상 접두 모음을 없애는 과정은 쉽다. ἔλυσα에서 시상 접두 모음을 없애면 λυσα가 된다. 그러나 시상 접두 모음이 장모음으로 길어졌을 때는 조금 혼동할 수 있다. ἤγειρα에서 시상 접두 모음을 없애면 ἐγειρα가 되어, α를 제외하면 현재시제처럼 보인다.

$^{*}\grave{\varepsilon}\lambda\theta \rightarrow \mathring{\eta}\lambda\theta \rightarrow \mathring{\eta}\lambda\theta o\nu \rightarrow \grave{\varepsilon}\lambda\theta\omega\nu$

특히 ἐκελύσας 같은 복합동사에서는 이 모든 과정이 복잡해진다. 이 단어가 복합동사 ἐκλύω라는 사실을 잊고, 미완료과거 동사로 착각해서 오랫동안 사전을 뒤적이다가, κελύω 같은 동사형을 찾아낼 가능성이 크다. 여기서 우리가 되새길 교훈은 무엇일까? 단어를 알아야 한다! 그리고 동사의 어근을 알아야 한다!

28.7 **변화표: 제1부정과거(완료적) 능동태 분사.** 능동태 분사 형태소는 $\nu\tau$이고, 시제 형태소가 붙으면 $\sigma\alpha\nu\tau$가 된다. 여성형에서는 $\nu\tau$ 대신 $\sigma\alpha$가 온다.

	남성 (3변화)	여성 (1변화)	중성 (3변화)
주격 단수	λύσας [2]	λύσασα [3]	λῦσαν [4]
속격 단수	λύσαντος	λυσάσης	λύσαντος
여격 단수	λύσαντι	λυσάσῃ	λύσαντι
대격 단수	λύσαντα	λύσασαν	λῦσαν
주격 복수	λύσαντες	λύσασαι	λύσαντα
속격 복수	λυσάντων	λυσασῶν	λυσάντων
여격 복수	λύσασι(ν)	λυσάσαις	λύσασι(ν)
대격 복수	λύσαντας	λυσάσας	λύσαντα

	남성	여성	중성
주격 단수	σας	σασα	σαν
속격 단수	σαντος	σασης	σαντος

28.8 **시제 형태소**. 시상 접두 모음은 탈락해도, 우리에게 익숙한 시제 형태소 σα는 아직 남아 있다.

28.9 **변화표: 제1부정과거(완료적) 중간태 분사**. 중간태 분사 형태소는 μενο/μενη이고, 시제 형태소와 결합하면 σαμενο/σαμενη가 된다.

---

2   남성 3변화에서 흔히 나타나는 것처럼, 격어미 σ는 앞에 나오는 ντ를 탈락시킨다.

3   σα와 ντ는 형태론적으로 서로 연관되어 있다. 이렇게 급격한 변화가 나타나는 이유를 알고 싶으면, *MBG*, 91쪽을 참조하라.

4   중성 3변화에서 흔히 나타나는 것처럼, 주격과 대격에서는 격어미를 사용하지 않는다. 그러므로 마지막 τ는 탈락해야 한다.

	남성 (2변화)	여성 (1변화)	중성 (2변화)
주격 단수	λυσάμενος	λυσαμένη	λυσάμενον
속격 단수	λυσαμένου	λυσαμένης	λυσαμένου
여격 단수	λυσαμένῳ	λυσαμένῃ	λυσαμένῳ
대격 단수	λυσάμενον	λυσαμένην	λυσάμενον
주격 복수	λυσάμενοι	λυσάμεναι	λυσάμενα
속격 복수	λυσαμένων	λυσαμένων	λυσαμένων
여격 복수	λυσαμένοις	λυσαμέναις	λυσαμένοις
대격 복수	λυσαμένους	λυσαμένας	λυσάμενα

	남성	여성	중성
주격 단수	σαμενος	σαμενη	σαμενον
속격 단수	σαμενου	σαμενης	σαμενου

28.10 **변화표: 제1부정과거(완료적) 수동태 분사.** 수동태 분사 형태소는 ντ이다. 시제 형태소(θη) 안에 있는 η는 ε(θε)으로 짧아지고, 분사는 θεντ가 된다. 여성에서 ντ 대신 ισα가 온다.

	남성 (3변화)	여성 (1변화)	중성 (3변화)
주격 단수	λυθείς[5]	λυθεῖσα	λυθέν[6]
속격 단수	λυθέντος	λυθείσης	λυθέντος

여격 단수	λυθέντι	λυθείσῃ	λυθέντι
대격 단수	λυθέντα	λυθεῖσαν	λυθέν
주격 복수	λυθέντες	λυθεῖσαι	λυθέντα
속격 복수	λυθέντων	λυθεισῶν	λυθέντων
여격 복수	λυθεῖσι(ν)	λυθείσαις	λυθεῖσι(ν)[7]
대격 복수	λυθέντας	λυθείσας	λυθέντα

	남성	여성	중성
주격 단수	θεις	θεισα	θεν
속격 단수	θεντος	θεισης	θεντος

중간복습

- 제1부정과거(완료적) 분사는 시상 접두 모음이 없는 제1부정과거시제 어간 + 시제 형태소 + 분사 형태소 + 격어미로 만든다.
- 부정과거분사는 부정적 동작을 나타낸다. 과거의 사건을 나타내는 것이 아니다.
- 부정과거분사는 "~한 후에"를 사용하여 번역할 수 있다.
- 지금까지 세 세트의 암기 형태를 배웠다(σας, σασα, σαν, σαντος, σασης, σαντος 등).

---

5   격어미는 σ이다. σ 때문에 ντ가 탈락하고, ε은 그 손실을 보상하기 위해 길어진다(*θε + ντ + ς → θες → θεις).

6   격어미를 사용하지 않는다. τ는 단어 끝에 올 수 없으므로 탈락한다(명사 법칙 8).

7   σ 때문에 ντ가 탈락하고, ε은 그 손실을 보상하기 위해 ει로 길어진다.

제2부정과거(완료적) 분사

28.11 개관표: 제2부정과거(완료적) 능동태 분사. 만약 직설법에서 제2부정과거 형태이면, 해당 동사의 완료적 분사는 제2부정과거시제 어간을 사용하여 만든다. 제2부정과거시제 어간을 사용하므로 시제 형태소 대신 연결 모음을 붙여 사용한다.

시상 접두 모음이 없는 제2부정과거시제 어간 + 연결 모음(o/ε) + 분사 형태소 + 격어미

능동태: βαλ + o + ντ + ες → βαλόντες
중간태: γεν + o + μενο + ι → γενόμενοι
수동태: γραφ + ε + ντ + ες → γραφέντες

한 가지 강조해야 할 것이 있다. 제2부정과거시제 어간으로 만드는 능동태와 중간태 부정과거 분사는 동사의 어간과 악센트를 제외하고는 능동태와 중간태 현재분사처럼 보인다.

	현재분사	제2부정과거분사
능동태	βάλλων	βαλών
중간태/수동태	βαλλόμενος	βαλόμενος

이 유사성은 제2부정과거분사 어간에 시상 접두 모음이 붙지 않는다는 사실에서 더욱 두드러진다. 예를 들어 βαλών을 보면 이 단어를 쉽게 βάλω의 현재분사라고 생각할 수 있다. 하지만 이런 형태는 존재하지 않는다. 오히려 βαλών은 제2부정과거로 ἔβαλον을 갖는 βάλλω의 부정과거분사 형태이다. 헬라어 단어와 동사의 어근을 아는 것이 정말 중요하다는 것을 잘 보여주는 경우이다. 이 부분을 잘 알지 못한다면 사전을 뒤적이면서 엄청난 시간을 낭비하게 될 것이다.

28.12 변화표: 제2부정과거(완료적) 능동태 분사. 능동태 분사 형태소는 ντ이고, 연결 모음과 결합하면 οντ가 된다. 여성형에서는 οντ 대신 ουσα가 온다.

	남성 (3변화)	여성 (1변화)	중성 (3변화)
주격 단수	βαλών	βαλοῦσα	βαλόν
속격 단수	βαλόντος	βαλούσης	βαλόντος
여격 단수	βαλόντι	βαλούσῃ	βαλόντι
대격 단수	βαλόντα	βαλοῦσαν	βαλόν
주격 복수	βαλόντες	βαλοῦσαι	βαλόντα
속격 복수	βαλόντων	βαλουσῶν	βαλόντων
여격 복수	βαλοῦσι(ν)	βαλούσαις	βαλοῦσι(ν)
대격 복수	βαλόντας	βαλούσας	βαλόντα

	남성	여성	중성
주격 단수	ων	ουσα	ον
속격 단수	οντος	ουσης	οντος

28.13 **변화표: 제2부정과거(완료적) 중간태 분사.** 중간태 분사 형태소는 μενο/μενη이고, 연결 모음과 결합하면 oμενο/oμενη가 된다.

	남성 (2변화)	여성 (1변화)	중성 (2변화)
주격 단수	γενόμενος	γενομένη	γενόμενον
속격 단수	γενομένου	γενομένης	γενομένου

여격 단수	γενομένῳ	γενομένῃ	γενομένῳ
대격 단수	γενόμενον	γενομένην	γενόμενον
주격 복수	γενόμενοι	γενόμεναι	γενόμενα
속격 복수	γενομένων	γενομένων	γενομένων
여격 복수	γενομένοις	γενομέναις	γενομένοις
대격 복수	γενομένους	γενομένας	γενόμενα

	남성	여성	중성
주격 단수	ομενος	ομενη	ομενον
속격 단수	ομενου	ομενης	ομενου

28.14 **변화표: 제2부정과거(완료적) 수동태 분사.** 신약성경에 50번 이상 나오는 동사 중 제2부정과거 수동태 분사는 없다. 그러나 전체적인 완성을 위해 변화표를 수록했다. 수동태 분사 형태소는 ντ이다. 시제 형태소 η는 ε으로 짧아지고, 분사는 εντ가 된다. 여성에서 ντ 대신 ισα가 온다.

	남성 (3변화)	여성 (1변화)	중성 (3변화)
주격 단수	γραφείς[8]	γραφεῖσα	γραφέν[9]
속격 단수	γραφέντος	γραφείσης	γραφέντος
여격 단수	γραφέντι	γραφείσῃ	γραφέντι
대격 단수	γραφέντα	γραφεῖσαν	γραφέν
주격 복수	γραφέντες	γραφεῖσαι	γραφέντα
속격 복수	γραφέντων	γραφεισῶν	γραφέντων

여격 복수	γραφεῖσι(ν)	γρασείσαις	γραφεῖσι(ν)
대격 복수	γραφέντας	γρασείσας	γραφέντα

	남성	여성	중성
주격 단수	εις	εισα	εν
속격 단수	εντος	εισης	εντος

현재와 제2부정과거 수동태 분사를 혼동하지 않도록 주의해야 한다. 제2부정과거분사는 중간태와 수동태가 구별된 형태를 가지기 때문이다.

기타 사항

28.15 **기억 방법.** 다음의 규칙들은 현재(미완료적) 분사와 부정과거(완료적) 분사에 모두 적용된다.
- 여성형 분사는 항상 1변화 어미들을 사용한다(λύουσα, λυσαμένη).
- 남성과 중성 분사가 능동태일 때는 3변화이다(λύων, λύον).
- 남성과 중성 분사는 현재 중간태/수동태나 부정과거 중간태일 때는 2변화이고(λυόμενος, λυόμενον, λυσάμενος, λυσάμενον), 부정과거 수동태일 때는 3변화이다(λυθείς, λυθέν).

28.16 다음은 시상 접두 모음이 없는 부정과거 어간과 혼동할 수 있는 동사들을 나열한 것이다. γίνομαι(*γεν)와 γινωσκω(*γνω)의 차이점을 분명히 알아 두라.

---

8 격어미는 σ이다. σ 때문에 ντ가 탈락하고(명사 법칙 7), 그 손실을 보상하기 위해 ε이 길어진다(명사 법칙 8: *θε + ντ + ς → θες → εις).

9 격어미는 사용하지 않으며, τ는 단어 끝에 올 수 없으므로 탈락한다(명사 법칙 8).

현재(미완료적)			부정과거(완료적)		
*ἀγ (ἄγω)	→	ἄγων	*ἀγ (ἤγαγον)	→	ἀγαγών
*ἀρ (αἴρω)	→	αἴρων	*ἀρ (ἦρα)	→	ἄρας
*ὁρα (ὁράω)	→	ὁρῶν	*ῳιδ (εἶδον)	→	ἰδών
*ἐρχ (ἔρχομαι)	→	ἐρχόμενος	*ἐλευθ (ἦλθον)	→	ἐλθών
*εὑρ (εὑρίσκω)	→	εὑρίσκων	*εὑρ (εὗρον)	→	εὑρών
*σεχ (ἔχω)	→	ἔχων	*σεχ (ἔσχον)	→	(σχών)[10]
*ἐθελε (θέλω)	→	θέλων	*ἐθελε (ἠθέλησα)	→	θελήσας
*λεγ (λέγω)	→	λέγων	*ῳεπ (εἶπον)	→	εἰπών

28.17 **분해**. 부정과거 분사를 분해할 때 동사의 "-ing" 형태를 사용하고 싶다면 "~한 후에"(after)를 사용하면 된다.

요약 ··

❶ 부정과거(완료적) 분사는 시상 접두 모음이 없는 부정과거시제 어간으로 만들어지고 부정적 동작을 나타낸다. 당분간 문맥에 맞으면 "~한 후에"를 사용하여 번역한다.

❷ 분사 형태소 차트

형태소	시제/태	격어미
ντ	능동태, 부정과거 수동태	3 - 1 - 3
μενο/η	중간태, 중간태/수동태	2 - 1 - 2

10 ἔχω의 부정과거분사는 신약성경에 나타나지 않는다.

❸ 분사 마스터 차트

시제/태	어간 중복	어간	시제 형태소/ 연결 모음	형태소	여섯 가지 암기 형태	주격 복수
현재 능동		현재	ο	ντ/ουσα	ων, ουσα, ον οντος, ουσης, οντος	λέγοντες
현재 중간/수동		현재	ο	μενο/η	ομενος, ομενη, ομενον ομενου, ομενης, ομενου	λεγόμενοι
제1부정과거 능동		부정과거 능동	σα	ντ/σα	σας, σασα, σαν σαντος, σασης, σαντος	λύσαντες
제1부정과거 중간		부정과거 능동	σα	μενο/η	σαμενος…	λυσάμενοι
제1부정과거 수동		부정과거 수동	θε	ντ	θεις, θεισα, θεν θεντος, θεισης, θεντος	λυθέντες
제2부정과거 능동		부정과거 능동	ο	ντ	ων…	βαλόντες
제2부정과거 중간		부정과거 능동	ο	μενο/η	ομενος…	γενόμενοι
제2부정과거 수동		부정과거 수동	ε	ντ	εις, εισα, εν εντος, εισης, εντος	γραφέντες

단어학습

ἀσπάζομαι	인사하다/문안하다, 환영하다 (*ἀσπαδ, 59) (ἠσπαζόμην), −, ἠσπασάμην, −, −, −

γραμματεύς, – εως, ὁ	서기관 (*γραμματευ, 63)[11]
ἔφη	그가/그녀가/그것이 말하고 있었다. 그가/그녀가/그것이 말했다. φημί의 3인칭 단수로, 미완료과거 능동태와 제2부정과거 능동태가 모두 될 수 있다. 이 형태는 신약성경에 43번 등장한다. 처음 헬라어를 공부하는 학생에게는 어려운 단어이므로 단어학습 부분에 넣었다. 단어 빈도수에는 포함하지 않았다.
ἱερόν, –οῦ, τό	성전 (*ἱερο, 71)[12]
κράζω	부르짖다, 소리치다 (*κραγ, 55)[13] (ἔκραζον), κράξω, ἔκραξα, κέκραγα, –, –
οὐχί	부사: 아니다(not) (54)
παιδίον, –ον, τό	어린아이, 아기 (*παιδιο, 53)[14]
σπείρω	뿌리다 (*σπερ, 52) –, ἔσπειρα, –, ἔσπαρμαι, ἐσπάρην

신약성경의 전체 단어 수:	138,148
지금까지 배운 어휘 수:	290
이번 장에 나오는 단어의 신약성경 사용 횟수:	407
현재까지 배운 단어의 신약성경 사용 횟수:	111,170
신약성경에 사용된 총 단어에 대한 비율:	80.47%

11 문법(grammar)은 글(γράμμα)의 특징을 의미하는 헬라어 γραμματική에서 나왔다.

12 상형문자(hieroglyphics)는 이집트의 글로, 이 단어와 같은 어근에서 나온 ἱερός("성스러운", "거룩한")와 γλύφω("새기다, [판에] 적다")에서 유래했다.

13 아주 드물게 나타나는 αζω 동사로서, 실제로 이 단어의 어간은 처음으로 끝나지 않는다. *MBG*, v – 2a(2)를 참조하라.

14 아이는 배우는 존재이고 배울 필요가 있는 존재이다. 교수학(paideutics, παιδευτικός)과 교육학(pedagogy)은 가르치는 기술을 말한다. 합성어를 만드는 pedo 또한 유아세례(pedobaptism)의 경우처럼 자주 사용된다.

28.18 **상대 시간**. 현재분사는 본 동사와 같은 시간에 일어나는 동작을 나타내지만, 부정과거분사는 일반적으로 본 동사의 시간 **이전에** 일어난 동작을 나타낸다. 하지만 이 일반적인 규칙에도 많은 예외가 있다(그래서 **일반적** 규칙이라고 말하는 것이다). 예를 들면 많은 부정과거분사가 본 동사와 같은 시간에 일어나는 동작을 나타낸다.

특히 영어로 번역할 경우, "–ing" 형태를 사용하여 부정과거분사의 상대 시간을 나타내기가 어렵다. 따라서 적절하다고 판단하면, "~하는 동안"(while) 대신 "~한 후에"(after)를 사용할 수 있다. 이전 장에 나온 심화학습을 참조하면 도움이 될 것이다.

28.19 본 동사, 현재분사, 부정과거분사 사이의 관계를 다음의 표가 잘 보여준다. 영어의 시제 용어들이 어렵다면, 적합한 조동사들이 용어 아래 나와 있으니 참조하면 된다. 영어 시제에 관한 더 많은 논의를 보려면 부록을 참조하라(558쪽).

본 동사	현재(미완료적) 분사		부정과거(완료적) 분사	
미래	"~하는 동안" +	미래 진행 먹고 있을 것이다. (will be eating)	"~한 후에" +	현재 먹는다. (eating)
현재	"~하는 동안" +	현재 진행 먹고 있다. (is eating)	"~한 후에" +	단순 과거 먹었다. (eating)
미완료과거	"~하는 동안" +	과거 진행 먹고 있었다. (was eating)	"~한 후에" +	과거완료 먹었다. (had eaten)
부정과거	"~하는 동안" +	과거 진행 먹고 있었다. (was eating)	"~한 후에" +	과거완료 먹었다. (had eaten)
현재완료	"~하는 동안" +	과거 진행 먹어 오고 있었다. (have been eating)	"~한 후에" +	과거완료 먹었다. (had eaten)

28.20　**미래분사.** 미래분사는 미래에 "목적된 것, 의도된 것, 기대되는 것"을 나타내는 데 사용한다 (Smyth, §2044). 미래분사는 신약성경에 12번 나타난다. 이 분사는 형태가 분명하며, 특별한 설명이 필요 없을 것 같다. 다음은 미래분사의 용례들이다.

마 27:49	οἱ δὲ λοιποὶ ἔλεγον, Ἄφες ἴδωμεν εἰ ἔρχεται Ἠλίας <u>σώσων</u> αὐτόν.
눅 22:49	ἰδόντες δὲ οἱ περὶ αὐτὸν τὸ <u>ἐσόμενον</u> εἶπαν, Κύριε, εἰ πατάξομεν ἐν μαχαίρῃ;
요 6:64	ἀλλ᾽ εἰσὶν ἐξ ὑμῶν τινες οἳ οὐ πιστεύουσιν. ᾔδει γὰρ ἐξ ἀρχῆς ὁ Ἰησοῦς τίνες εἰσὶν οἱ μὴ πιστεύοντες καὶ τίς ἐστιν ὁ <u>παραδώσων</u> αὐτόν.
행 8:27	καὶ ἀναστὰς ἐπορεύθη· καὶ ἰδοὺ ἀνὴρ Αἰθίοψ εὐνοῦχος δυνάστης Κανδάκης βασιλίσσης Αἰθιόπων, ὃς ἦν ἐπὶ πάσης τῆς γάζης αὐτῆς, ὃς ἐληλύθει <u>προσκυνήσων</u> εἰς Ἰερουσαλήμ,
행 20:22	καὶ νῦν ἰδοὺ δεδεμένος ἐγὼ τῷ πνεύματι πορεύομαι εἰς Ἰερουσαλήμ, τὰ ἐν αὐτῇ <u>συναντήσοντά</u> μοι μὴ εἰδώς.
행 22:5	ὡς καὶ ὁ ἀρχιερεὺς μαρτυρεῖ μοι καὶ πᾶν τὸ πρεσβυτέριον· παρ᾽ ὧν καὶ ἐπιστολὰς δεξάμενος πρὸς τοὺς ἀδελφοὺς εἰς Δαμασκὸν ἐπορευόμην <u>ἄξων</u> καὶ τοὺς ἐκεῖσε ὄντας δεδεμένους εἰς Ἰερουσαλὴμ ἵνα τιμωρηθῶσιν.
행 24:11	δυναμένου σου ἐπιγνῶναι ὅτι οὐ πλείους εἰσίν μοι ἡμέραι δώδεκα ἀφ᾽ ἧς ἀνέβην <u>προσκυνήσων</u> εἰς Ἰερουσαλήμ,
행 24:17	δι᾽ ἐτῶν δὲ πλειόνων ἐλεημοσύνας <u>ποιήσων</u> εἰς τὸ ἔθνος μου παρεγενόμην καὶ προσφοράς.
고전 15:37	καὶ ὃ σπείρεις, οὐ τὸ σῶμα τὸ <u>γενησόμενον</u> σπείρεις ἀλλὰ γυμνὸν κόκκον εἰ τύχοι σίτου ἤ τινος τῶν λοιπῶν·
히 3:5	καὶ Μωϋσῆς μὲν πιστὸς ἐν ὅλῳ τῷ οἴκῳ αὐτοῦ ὡς θεράπων εἰς μαρτύριον τῶν <u>λαληθησομένων</u>.
히 13:17	Πείθεσθε τοῖς ἡγουμένοις ὑμῶν καὶ ὑπείκετε, αὐτοὶ γὰρ ἀγρυπνοῦσιν ὑπὲρ τῶν ψυχῶν ὑμῶν ὡς λόγον <u>ἀποδώσοντες</u>, ἵνα μετὰ χαρᾶς τοῦτο ποιῶσιν καὶ μὴ στενάζοντες, ἀλυσιτελὲς γὰρ ὑμῖν τοῦτο.

벧전 3:13　　　καὶ τίς ὁ κακώσων ὑμᾶς ἐὰν τοῦ ἀγαθοῦ ζηλωταὶ γένησθε;

로마서 8:34의 κατακρινῶν는 미래분사일 가능성이 있다.

롬 8:34　　　τίς ὁ κατακρινῶν, χριστὸς [Ἰησοῦς] ὁ ἀποθανών,

29 형용사적 분사

본문 주해 맛보기

로마서 1:3-4에서 두 개의 수식적 분사가(τοῦ γενομένου["나셨고"], τοῦ ὁρισθέντος["선포되셨으니"]) 3절 초반에 등장하는 단어인 "아들"(υἱοῦ)을 수식한다는 사실에 주목할 필요가 있다. 이 두 개의 분사구는 그 아들에 관하여 추가적인 사실을 알려준다. 첫째로, "육신으로는 다윗의 혈통에서 나셨다"(τοῦ γενομένου ἐκ σπέρματος Δαυὶδ κατὰ σάρκα)는 사실이다. 예수님은 다윗의 자손이었기 때문에 다윗의 계보에서 통치자가 오리라는 구약의 예언들을 성취하셨다(삼하 7:12-16; 사 11:1-5, 10; 렘 23:5-6; 33:14-17; 겔 34:23-24). 예수님이 "육신으로는" 다윗의 자손이었다는 말에는, 그가 다윗의 후손이라는 사실에 달리 이견이 없다는 것을 암시한다. 그런데도 두 번째 수식적 분사는 예수님이 육신적으로 다윗의 자손이라는 것보다 더 큰 무엇을 소개한다. 이 아들은 "성결의 영으로는 죽은 자들 가운데서 부활하사 능력으로 하나님의 아들로 선포되셨다"(τοῦ ὁρισθέντος υἱοῦ θεοῦ ἐν δυνάμει κατὰ πνεῦμα ἁγιωσύνης ἐξ ἀναστάσεως νεκρῶν)는 사실이다.

여기서 구속 역사의 두 단계가 나타나고 있다. 예수님이 보낸 이 땅의 삶에서 그는 메시아이자 다윗의 아들이셨다. 그러나 그의 부활로 그는 다스리고 통치하는 메시아로 임명되셨다. 4절에 "하나님의 아들"이라는 명칭은 예수님의 신성이 아니라 그의 메시아적 왕권을 언급한다. 지금 바울은 예수님이 부활로 말미암아 하나님의 아들로 입양되었다고 말하는 것이 아니다. 4절의 수식적 분사 τοῦ ὁρισθέντος로 시작되는 구문이 3절의 "아들"(υἱοῦ)을 수식하고 있다는 사실을 기억하라. 그 "아들"은 하나님에 의해 "하나님의 아들"로 확정되었다. 다른 말로 하면, 예수님은 하나님의 아들로 확정되기 전에 이미 그 아들이셨다! 처음 사용된 "아들"이라는 단어는(3절) 예수님이 아버지와 영원토록 함께 공유했던 선재적 신성을 언급한다. 예수님이 "하나님의 아들"로 확정된 것은(4절), 그의 부활로 그가 메시아적 왕으로 확정된 것을 나타낸다.

예수님은 얼마나 위대한 분이신가! 그는 영원한 아버지와 함께 영원토록 다스리는 하나님의 아들이다. 그는 또한 우리의 예배를 받기에 합당한 메시아적 왕이시고, 죽음에서 부활했을 때 능력으로 하나님의 아들로 확정된 신인(God-Man)이시다.

토머스 슈라이너

개요

이번 장에서 배울 내용은 다음과 같다.
- **형용사적 분사**는 명사나 대명사를 수식하거나 명사와 같은 역할을 한다.
- 형용사적 분사가 형용사로 기능하면, **수식적 용법**의 분사라고 부르며 형용사 역할을 한다.
- 형용사적 분사가 명사로 기능하면, **독립적 용법**의 분사라고 부르며 명사 역할을 한다.

영어로 개념 잡기

29.1   분사는 동사적 형용사이다. 분사는 동사적 특성과 형용사적 특성을 모두 갖는다. 즉 분사는 형용사가 하는 모든 것을 할 수 있다. 예를 들면 명사를 수식할 수 있다.

The man <u>eating</u> by the window is my Greek teacher.
창가에서 <u>먹고 있는</u> 그 남자는 나의 헬라어 선생님이다.

이 예문에서 분사 "eating"(먹고 있는)은 "man"(남자)에 관한 어떤 사실을 알려준다.

29.2   그러나 분사는 단순히 명사를 수식하는 것보다 더 많은 것을 할 수 있다. 분사의 가장 두드러진 특징 가운데 하나는 분사가 명사처럼 행동한다는 것이다. 다시 말해, 분사는 독립적 용법으로 사용된다. "The living have hope"(살아 있는 것은 희망을 갖는다)라는 예문에서, 분사 "living"(살아 있는 것)은 명사 역할을 하며 문장의 주어가 된다.

29.3 지금까지 분사에 대해 배운 모든 내용이 여기에서도 적용된다. 분사의 구조, 시상, 수식하는 단어와의 일치 같은 요소들이 모든 분사에 그대로 적용된다.

29.4 분사는 동사적 형용사이기 때문에 부사뿐 아니라(27-28장) 형용사로도 기능한다. 이를 "형용사적" 분사라고 부른다. 형용사적 분사는 수식적 용법 아니면 독립적 용법으로 사용된다.

형용사적 분사

29.5 형용사적 분사에는 두 가지 기능, 곧 **수식적 용법**(형용사로 기능할 때)과 **독립적 용법**(명사로 기능할 때)이 있다. 핵심 단어 "~하는 동안"(while), "~한 후에"(after), "왜냐하면"(because) 등은 부사적 분사에만 적용하고, 형용사적 분사에는 사용하지 않는다.

29.6 **수식적 용법**. 수식적 용법의 분사는 문장 내의 명사나 대명사를 수식하며, 형용사처럼 수식하는 단어와 격, 수, 성이 일치한다. 당분간은 영어의 경우 "-ing" 형태로 번역한다.

 ὁ ἄνθρωπος ὁ λέγων τῷ ὄχλῳ ἐστὶν ὁ διδάσκαλός μου.
 The man speaking to the crowd is my teacher.
 군중에게 말하는 그 사람은 나의 선생님이다.

이것은 일반적인 관사-명사-관사-수식어 구조라고 할 수 있다. 이 경우에 수식어는 분사이고, 이 분사의 간접 목적어는 τῷ ὄχλῳ이다.

29.7 **독립적 용법**. 형용사가 명사의 역할을 할 수 있으므로, 분사도 명사의 역할을 할 수 있다. 분사는 **동사적 형용사**라는 사실을 기억하라. 분사는 형용사의 역할을 할 수 있으며, 대개 그 이상도 할 수 있다.

 ὁ τῷ ὄχλῳ λέγων ἐστὶν ὁ διδάσκαλός μου.
 The one who is speaking[1] to the crowd is my teacher.

군중에게 말하는 사람은 나의 선생님이다.

προσεύχεσθε ὑπὲρ τῶν διωκόντων ὑμᾶς(마 5:44).

Pray for those persecuting you.

너희는 너희를 박해하는 자를 위하여 기도하라.

무엇이 독립적으로 사용한 분사의 격, 수, 성을 결정하는가?

• 격은 문장 내 분사의 기능에 따라 결정한다(독립적 용법의 형용사와 같다). 위의 예문에서 λέγων은 문장의 주어이므로 주격이다. διωκόντων은 전치사 ὑπέρ의 목적어이므로 속격이다.

• 수와 성은 분사가 나타내고 있는 사람이나 사물에 따라 결정한다. λέγων의 경우, 선생님은 한 명이고(단수) 남자이다(남성). διωκόντων은 많은 사람을 나타낸다(복수 남성).

29.8 **독립적 용법의 분사 번역.** 독립적 용법의 형용사와 마찬가지로 독립적 용법의 분사도 번역할 때 부가적인 단어들이 필요하다. 위의 예문에서는 "~하는 그 사람"(one who is)이 이런 경우이다. 이 단어들 없이 다음을 번역해 보자.

ὁ λέγων τῷ ὄχλῳ ἐστιν ὁ διδάσκαλός μου.

The speaking to the crowd is my teacher.

군중에게 말하기는 나의 선생님이다.

이것이 맞는 말인가? 앞에서 중요하게 설명한 대로 헬라어 분사는 주로 관용적 표현으로 번역한다. 헬라어 의미를 반드시 확인하고 우리말로 어떻게 똑같은 의미를 전달할지 생각해야 한다. 축자 번역은 보통 불가능하다. 독립적 용법의 형용사에서 그랬던 것처럼, 상식적으로 판단해서 단어를 추가하면 된다.

• 분사가 단수이면 "한 사람", "그", "그녀", 단수이면서 중성이면 "그것"을 사용한다.

τῷ θέλοντί σοι κριθῆναι καὶ τὸν χιτῶνά σου λαβεῖν, ἄφες αὐτῷ καὶ τὸ ἱμάτιον(마 5:40).

To the one wishing to sue you to take your tunic, let him have your cloak as well.

(너는) 너를 고발하고 너의 속옷을 가지고자 하는 자가 너의 겉옷도 가지게 하라.

---

1   번역문에 "~하는 사람"을 넣은 이유는 29.9에서 설명할 것이다.

- 분사가 복수이면 "그들", "그것들"을 사용할 수 있다.

> μακάριοι οἱ πενθοῦντες, ὅτι αὐτοὶ παρακληθήσονται(마 5:4).
>
> Blessd are they who mourn, for they will the comforted.
>
> 복되도다, 슬퍼하는 자들이여! 그들이 위로받을 것이기 때문이다.

> τεθνήκασιν γὰρ οἱ ζητοῦντες τὴν ψυχὴν τοῦ παιδίου(마 2:20).
>
> For those seeking the life of the child have died.
>
> 왜냐하면 아기의 목숨을 찾던 자들이 죽었기 때문이다.

- 분사의 의미가 중성이면 "~하는 사람"(who) 대신 "~하는 것"(which)을 사용할 수 있다.

> ταῦτά ἐστιν τὰ κοινοῦντα τὸν ἄνθρωπον(마 15:20).
>
> These are the things which defile a person.
>
> 이것들이 사람을 더럽게 하는 것들이다.

어느 정도 융통성 있게 번역할 수 있는 여지가 있다. 어떤 단어를 사용할지 결정하는 가장 좋은 방법은, 헬라어를 먼저 생각하고 그다음 우리말을 생각하는 것이다. 추가적인 법칙은 혼란만 가중한다.

만약 다음과 같은 번역이 있다면, 분사는 어떤 격, 수, 성을 가지게 될까?

	격	수	성
~하는 사람 (the ones who)			
~하는 것 (that which)			
~하는 사람들에게 (to those who)			
~하는 것의 (of that which)			

29.9 **형용사적 분사의 시상.** 현재(미완료적) 분사와 부정과거(완료적) 분사 사이에 기본적인 시상의 차이가 있다는 점은 사실이지만, 이 시상의 중요성은 수식적 용법의 분사에서 약해지고, 독립적 용법의 분사에서는 더 약해진다. 이 사실은 번역할 때 분사의 시상을 표현하기 위해 힘들게 노력할 필요가 없다는 것을 의미한다.

29.10 **수식적 용법인가, 독립적 용법인가?** 분사가 형용사나 명사 중 하나로 기능할 수 있는데, 그렇다면 어떤 용법으로 읽어야 하는지 어떻게 알 수 있을까? 다시 한번 말하지만, 형용사의 경우처럼 답은 **문맥**에 있다. 보통은 이 둘을 구분하는 명사가 존재하는가 아닌가로 판단한다.

예를 들어 ὁ λέγων τῷ ὄχλῳ ἐστιν ὁ διδάσκαλός μου의 경우를 보자. ὁ λέγων이 수식적 용법인지 독립적 용법인지 어떻게 구별할 수 있을까? 답은 간단하다. 수식적 용법으로 번역해 보면, 번역할 수 없을 것이다. 수식할 수 있는 단어가 없기 때문이다. 그러므로 이 단어는 독립적 용법일 수밖에 없다.

형용사적 분사인가, 부사적 분사인가?

29.11 **형용사적 분사인가, 부사적 분사인가?** 형용사적 분사와 부사적 분사는 형태상 차이가 없다. ἀκούοντες는 형용사적 분사일 수도 있고 부사적 분사일 수도 있다. 그렇다면 이 둘을 어떻게 구별할 수 있을까? 이 질문의 답을 찾는 데 다음 두 가지가 단서가 된다.

- 첫 번째는 분사 앞에 **관사**가 있는지를 살피는 것이다. 일반적으로 **부사적 분사는 항상 관사를 갖지 않으며, 형용사적 분사는 대개 관사를 갖는다.** 바꿔서 말하면, 관사가 있는 분사는 부사적 분사일 수 없고, 관사가 없는 분사는 대부분 부사적 분사이다. 관사는 항상 분사와 격, 수, 성이 일치한다.[2]

    ὁ ἄνθρωπος ὁ λέγων τῷ ὄχλῳ ἐστὶν ὁ διδάσκαλός μου.

- **문맥.** 관사가 없는 경우에는 문맥이 단서가 된다. 어떤 분사가 더 적절한가? 형용사적인가, 아니면 부사적인가? 순서대로 분사를 번역해 보면 답을 찾을 수 있다. 기억하자. 관사가 있으면 분사는 부사적일 수 **없다.** 관사가 **없다면** 대부분은 부사적이다.

---

2   이것은 예상할 수 있는 부분인데, 이런 일치가 형용사에서도 마찬가지이기 때문이다. 때로는 형용사의 경우처럼 한 단어나 구문을 관사와 분사 사이에 삽입하기도 한다(예: ὁ τῷ ὄχλῳ λέγων).

다음의 네 가지 용어는 매우 중요하다.

❶ **부사적**. 부사적 분사는 문장의 명사나 대명사와 일치한다. 그러나 분사로 묘사되는 동작은 동사로 향한다. 현재인지 부정과거인지에 따라 핵심 단어인 "~하는 동안"이나 "~한 후에"를 자주 사용한다.

❷ **형용사적**. 형용사적 분사는 명사나 대명사를 수식하거나 명사의 역할을 한다.

    a. **수식적 용법**. 명사나 대명사를 수식하는 형용사적 분사를 수식적 용법이라고 부른다. 당분간은 간단히 영어의 "‑ing" 형태로 번역해도 괜찮다. 분사는 수식하는 단어와 격, 수, 성이 일치한다.

    b. **독립적 용법**. 형용사적 분사가 명사의 역할을 하면 독립적 용법이라고 부른다. 일반적으로 번역할 때는 의미가 통하도록 별도의 단어들을 추가한다. 헬라어 분사의 진정한 의미가 우리말에서도 드러날 수 있도록 단어들을 사용하라. 격은 기능에 따라 결정되고 성과 수는 분사가 나타내는 단어에 따라 결정된다.

❸ 아래에 나오는 표는 분사의 번역 과정을 보여준다.

분사를 만날 때 던져야 할 7가지 질문

1. 분사 앞에 관사가 없는가(부사적 용법), 아니면 있는가(형용사적 용법)?
2. (격, 수, 성으로 알 수 있는) 분사가 수식하는 단어가 무엇인가?
3. 부사적 분사라면 "~하는 동안"을 사용할 것인가, 아니면 "~한 후에"를 사용할 것인가?
4. 분사가 수식하는 단어나 수행하는 기능은 무엇인가?
5. 분사의 시상은 무엇인가?
6. 분사의 태는 무엇인가?
7. 동사의 의미는 무엇인가?

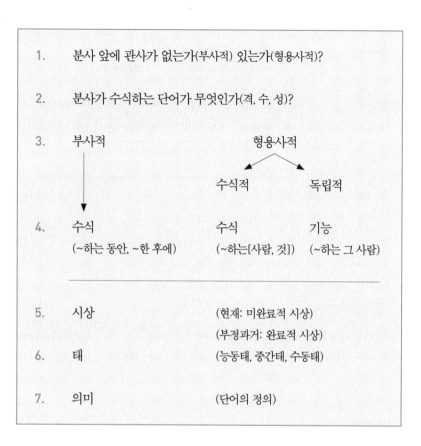

1. 분사 앞에 관사가 없는가(부사적) 있는가(형용사적)?

2. 분사가 수식하는 단어가 무엇인가(격, 수, 성)?

3. 부사적   형용사적

                                       수식적   독립적

4. 수식   수식   기능

   (~하는 동안, ~한 후에)   (~하는[사람, 것])   (~하는 그 사람)

5. 시상   (현재: 미완료적 시상)

                           (부정과거: 완료적 시상)

6. 태   (능동태, 중간태, 수동태)

7. 의미   (단어의 정의)

단어학습

δέχομαι	취하다, 받다/영접하다 (*δεχ, 56)
	δέξομαι, ἐδεξάμην, –, δέδεγμαι, ἐδέχθην
δοκέω	생각하다, ~인 것 같다 (*δοκ, 62)[3]
	(ἐδόκουν), –, ἔδοξα, –, –, –
ἐσθίω	먹다 (*ἐσθι, *φαγ, 158)[4]
	(ἤσθιον), φάγομαι, ἔφαγον, –, –, –

3   가현설(Docetism)은 초기 기독교의 이단으로, 예수님은 인간인 것처럼 나타나셨을 뿐이라고 가르쳤다. ε이 현재 시제 어간을 만들기 위해 ε을 추가했다. δοκέω의 어근은 *δοκ이지만, 현재시제 어간에 ε을 더하여 마치 현재와 미완료 과거에서 축약된 ε처럼 작용한다(*MBG*, v–1b(4)를 보라).

4   식도(esophagus)는 두 번째 어근인 *φαγ로 만들었다.

πέμπω	보내다 (*πεμπ, 79)
	πέμψω, ἔπεμψα, −, −, ἐπέμφθην
φέρω	가져오다/데려오다, 견디다, 생산하다 (*φερ, *οἰ, *ἐνεχ, 66)[5]
	(ἔφερον), οἴσω, ἤνεγκα, ἐνήνοχα, −, ἠνέχθην

신약성경의 전체 단어 수:	138,148
지금까지 배운 어휘 수:	295
이번 장에 나오는 단어의 신약성경 사용 횟수:	421
현재까지 배운 단어의 신약성경 사용 횟수:	111,591
신약성경에 사용된 총 단어에 대한 비율:	80.78%

심화학습

29.12 **시상과 상대 시간**. 현재분사와 부정과거분사는 부사적이든 형용사적이든 상관없이 상대 시간을 의미한다. 그러나 형용사적 분사를 번역할 때 그 의미가 잘 드러나도록 하려면 몇 단계의 과정이 필요하다.

29.13 **수식적 용법**. 분사의 시상과 상대 시간을 분명히 나타내기 위해서 수식적 용법의 분사를 관계절과 정동사로 번역할 수 있다. 좀 더 정확한 의미를 만드는 관계대명사를 선택하라.

ὁ ἄνθρωπος ὁ λέγων τῷ ὀχλῷ ἐστὶν ὁ διδάσκαλός μου.
The man who is speaking to the crowd is my teacher.
그 무리에게 말하고 있는 사람이 나의 선생님이다.

ὁ ἄνθρωπος ὁ εἰπὼν τῷ ὀχλῷ ἐστὶν ὁ διδάσκαλός μου.

---

5 크리스토퍼(Christopher, Χρίστοφερ)는 예수를 믿는 자를 의미한다.

The man who spoke to the crowd is my teacher.

그 무리에게 말했던 사람이 나의 선생님이다.

ὁ ἄνθρωπος ὁ λέγων τῷ ὄχλῳ ἦν ὁ διδάσκαλός μου.

The man who was speaking to the crowd was my teacher.

그 무리에게 말하고 있었던 사람이 나의 선생님이었다.

ὁ ἄνθρωπος ὁ εἰπὼν τῷ ὄχλῳ ἦν ὁ διδάσκαλός μου.

The man who had spoken to the crowd was my teacher.

그 군중에게 말했었던 사람이 나의 선생님이었다.

30 현재완료(복합적) 분사와 독립 속격

본문 주해 맛보기

성경의 저자들은 중요한 신학적 진리들을 가르치기 위해 완료시제를 자주 사용했지만, 우리에게는 그 전체 의미를 완벽하게 번역하기가 불가능할 때가 많다. τῇ γὰρ χάριτί ἐστε σεσῳσμένοι διὰ πίστεως라는 구문을, NIV는 "For it is by grace you have been saved, through faith – "(엡 2:8a)로 번역하지만, ἐστε σεσῳσμένοι의 온전한 의미를 드러내지 못하고 있다.

완료 수동태 분사 σεσῳσμένοι는 ἐστε와 나란히 자리하여 이른바 '우언적 동사 구문'을 형성하는데, 이는 지속적인 결과를 특별히 강조하기 위해 사용된다. 바울은 이 구문을 사용해 구원이 신자의 삶에 지속적으로 영향을 미친다는 점을 강조한다. 오늘날 신자들의 삶 속에서 이 구문은 과연 어떤 의미를 지니는가?

이것은 출발점과 결승점이 같지 않다는 것을 의미한다. 구원은 사실 일련의 과정이라고 할 수 있다. 구원에는 시작점, 중간점, 결승점 – 칭의, 성화, 영화 – 이 있다. 이 과정은 성장 없이 정적이지 않고 철저히 역동적이다. 여기서 구조 경험이 많은 "구명정의 비유"를 예로 들어보자. 구속받지 못한 인생은 마치 위협적인 폭풍 때문에 도저히 되돌릴 수 없을 정도로 파손된 배가 바다에 가라앉을 위험에 처한 것과 같다. 이때 구명정이 우리를 구하기 위해 도착했고, 이제 안전한 해안가까지 가야 하는 위험한 항해가 시작되었다고 생각해 보자. 배의 내부는 안전하지만, 폭풍은 여전히 몰아치고 있다. 언제 폭풍이 잠잠해질지 또는 다시 거세져 안전을 위협할지 아무도 확신할 수 없다. 우리가 한동안은 평온한 항해를 하게 되더라도, 언제고 다시 큰 위험에 직면할지 모른다. 안전한 해안가에 도착하는 것이 최종 목표이다.

가라앉는 배에서 구명정으로 옮겨탄 것은 구원의 시작, 또는 칭의라고 볼 수 있다. 구명정을 타고 가는 항해는 우리의 구원을 성취하는 것(빌 2:12을 보라), 또는 성화라고 볼 수 있다. 그리고 해안가에 도착하는 것은 우리가 천국에 이르는 것을 말한다. 이것이 구원의 완성 또는 영화이다. ἐστε σεσῳσμένοι으로 의도한 시상이 바로 이 모든 여정을 나타내고 있다. 이러한 본문 이해는 더 바람직한 번역과 적용을 할 수 있게 한다. "너희는 은혜에 의하여 믿음으로 말미암아 구원을 받아가고 있으니."

이와 더불어, 여기서 수동태로 나타난 분사는 이 구원의 과정에서 일하고 있는 외부적 요인, 곧 하나님의 은혜를 말해 준다. 바울은 한편으로 누구도 구원을 "위해" 일할 수 없다고 단호하게 말하지만, 다른 한편으로 구원을 얻은 자는 반드시 구원을 "성취"해야 한다고 말한다. 바울과 마찬가지로 우리 그리스도인들도 신자의 삶과 관련된 매일의 싸움에 대해 알고 있다. 구원은 완전히 자동으로 성취되는 것이 아니다. 다시 말해, 구원이 시작되었다면 상당한 노력이 필요하다. 회심 이후 구원의 한 과정이라고 할 수 있는 성화를 경험할 때 발생하는 이 매일의 싸움은, 예수님과 우리의 관계를 증명할 뿐 아니라, 우리가 그리스도인의 삶을 체험할 때 우리를 더욱 깊이 성장시킨다.

폴 잭슨(Paul Jackson)

개요

이번 장에서 배울 내용은 다음과 같다.

- 현재완료(복합적) 분사는 현재완료시제 어간(능동태, 중간태/수동태)으로 만들고, (독자가 아닌 화자의) 현재까지 결과가 계속되는 완료된 동작을 가리킨다.
- 독립 속격은 문법적으로 문장 안에서 다른 단어들과 연결되지 않는 속격 분사와 속격 명사/대명사로 이루어지는 분사 구문이다.
- 우언적 동사 구문은 εἰμί와 분사로 구성되는 구문이며, 정동사가 나오는 위치에서 사용된다.
- 부사적 분사를 번역하는 다른 방법들이 있다.

헬라어 문법

30.1 **요약.** 현재완료분사는 마지막으로 배우게 될 분사이다. 현재완료분사는 현재완료시제 어간(능동태와 중간태/수동태) 가운데 하나로 만들며, 현재완료시제가 직설법에서 나타내는 의미와 같

은 뜻을 갖는다. 이것은 현재까지 그 결과가 계속되는 완료된 동작을 나타낸다.

　　직설법과 마찬가지로 현재완료분사의 시간은 화자의 관점에서 현재이며 반드시 독자의 관점이라고 할 수 없다. 이 부분에서 드물지 않게 실수가 일어난다.

30.2 **번역.** 영어의 경우 "(after) having…"(~한 후에)과 동사의 과거완료 형태(곧, "after having eaten"[먹은 후에])를 사용하는 것이 좋다. "after"(~한 후에)는 문맥에 따라 선택적으로 사용한다.

30.3 **어간 중복.** 현재완료분사는 현재완료시제 어간으로 만든다. 어간 중복은 과거시간을 나타내는 시상 접두 모음이 아니므로 유지한다.

30.4 **어간.** 제1현재완료 직설법을 갖는 동사는 제1현재완료시제 어간을 사용해 완료분사를 만든다. 제2현재완료 분사는 많지 않으며 자세한 내용은 심화학습에서 다룰 것이다.

제1현재완료 분사

30.5 **개관표: 제1현재완료 능동태 분사**

어간 중복 + 현재완료시제 어간 + 시제 형태소(κ) + 분사 형태소(οτ) + 격어미

$$λε + λυ + κ + οτ + ες \rightarrow λελυκότες$$

앞에서 현재완료의 시제 형태소는 κα라고 했지만, 여기서는 분사 형태소가 모음으로 시작하기 때문에 α가 필요가 없다.

30.6 **변화표: 제1현재완료(복합적) 능동태 분사.** 남성과 중성의 능동태 분사 형태소는 οτ이고, 시제 형태소가 붙으면 κοτ가 된다. 여성형에서 οτ 대신 υια가 온다.[1]

1　자세한 사항은 *MBG*, §94을 보라.

	남성 (3변화)	여성 (1변화)	중성 (3변화)
주격 단수	λελυκώς [2]	λελυκυῖα	λελυκός [3]
속격 단수	λελυκότος	λελυκυίας	λελυκότος
여격 단수	λελυκότι	λελυκυίᾳ	λελυκότι
대격 단수	λελυκότα	λελυκυῖαν	λελυκός
주격 복수	λελυκότες	λελυκυῖαι	λελυκότα
속격 복수	λελυκότων	λελυκυιῶν	λελυκότων
여격 복수	λελυκόσι(ν)	λελυκυίαις	λελυκόσι(ν)
대격 복수	λελυκότας	λελυκυίας	λελυκότα

	남성	여성	중성
주격 단수	κως	κυια	κος
속격 단수	κοτος	κυιας	κοτος

30.7 개관표: 제1현재완료(복합적) 중간태/수동태 분사

어간 중복 + 현재완료시제 어간 + 분사 형태소(μενο/μενη) + 격어미

λε + λυ + μενο + ι → λελυμένοι

2   격어미는 σ이다. τ는 탈락하고(명사 법칙 7), 그 탈락을 보상하기 위해 ο은 ω로 길어진다(명사 법칙 5). κοτς → κος → κως.

3   격어미는 σ이다. τ는 탈락하지만(명사 법칙 7), ο은 길어지지 않는다. κοτς → κος.

변화표: 제1현재완료(복합적) 중간태/수동태 분사. 중간태/수동태 분사 형태소는 μενο/μενη이다.

	남성 (2변화)	여성 (1변화)	중성 (2변화)
주격 단수	λελυμένος	λελυμένη	λελυμένον
속격 단수	λελυμένου	λελυμένης	λελυμένου
여격 단수	λελυμένῳ	λελυμένῃ	λελυμένῳ
대격 단수	λελυμένον	λελυμένην	λελυμένον
주격 복수	λελυμένοι	λελυμέναι	λελυμένα
속격 복수	λελυμένων	λελυμένων	λελυμένων
여격 복수	λελυμένοις	λελυμέναις	λελυμένοις
대격 복수	λελυμένους	λελυμένας	λελυμένα

	남성	여성	중성
주격 단수	μένος	μένη	μένον
속격 단수	μένου	μένης	μένου

직설법의 경우처럼, 여기에도 시제 형태소와 연결 모음이 없다. 이 특징 덕분에 구별하기가 쉬워진다.[4]

---

4   악센트는 항상 마지막 음절의 앞인 페널트에 온다(μέν).

30.9 "독립" 구문을 문법적으로 정의하면, 문장 내에서 다른 요소들과 아무런 문법적 관계도 갖지 않는 구문을 말한다. 헬라어 독립 구문의 기본적인 예는 바로 독립 속격이다.[5]

　　독립 속격은 **문장의 다른 요소들과 아무런 문법적 관계가 없는 속격 명사나 대명사, 속격 분사**를 말한다.[6] 다시 말해, 문장 안에는 분사구가 수식하는 단어가 없다. 속격 단어는 분사의 주어 역할을 한다.[7]

καὶ εὐθὺς ἔτι αὐτοῦ λαλοῦντος παραγίνεται Ἰούδας(막 14:43).

And immediately, while he is still speaking, Judas comes.

그런데 예수께서 아직 말씀하고 계시는 동안 유다가 곧 왔다.

ἐγένετο δὲ τοῦ δαιμονίου ἐξελθόντος ἐλάλησεν ὁ κωφός(눅 11:14).

And it happened that, after the the demon had gone out, the mute man spoke.

그 귀신이 나간 후에 말 못하는 사람이 말을 하게 되었다.

분사가 직접 목적어나 부사 등의 수식어를 갖는 것도 가능하다.

30.10 **도움이 될 만한 힌트**

- 독립 속격은 분사의 동작을 하는 명사나 대명사가 문장의 주어와 다를 때 사용한다.
- (독립 속격의) 분사는 항상 부사적이기 때문에 관사가 없다.
- 대부분의 독립 속격은 현재분사를 사용하고, 많은 경우에서 λαλέω나 λέγω의 분사, 또는 γίνομαι의 분사가 αὐτοῦ와 함께 온다.

ταῦτα αὐτοῦ λαλοῦντος πολλοὶ ἐπίστευσαν εἰς αὐτόν(요 8:30).

While he was saying these things, many believed in him.

5　　"독립"은 "분리되었음"을 의미한다. "풀린/자유로운"이라는 의미의 라틴어 "absolutus"에서 나왔다. 영어의 경우, "독립 주격"이라는 비슷한 구조가 있다. 명사나 대명사가 분사와 함께 있는 것으로, 문법적으로 해당 문장의 그 어디에도 연결되지 않는 구문이다. "Weather permitting, we will eat soon"(날씨가 허락한다면, 우리는 곧 먹을 것이다).

6　　명사나 대명사가 없을 때도 있지만, 일반적이지 않은 경우이다. 만약 없을 때는 있는 것으로 가정하고 번역한다.

7　　엄밀히 말해 분사는 주어를 가질 수 없기 때문에 "주어"를 따옴표 안에 적었다. 하지만 속격 단어가 주어로 기능한다. 이것은 이 구문을 배우는 데 유용한 방법이다.

그가 이 말씀을 하시는 동안, 많은 이들이 그를 믿었다.

ὀψίας δὲ γενομένης προσῆλθον αὐτῷ οἱ μαθηταί (마 14:15).

Now when it was evening, the disciples came to him.

저녁이 되었을 때 제자들이 그분께 나아왔다.

30.11 **번역.** 독립 속격은 관용적으로 번역하는데, 한 단어씩 번역할 수 없기 때문이다. 헬라어가 무엇을 말하는지 확인하고, 분사의 시상을 강조하여 우리말로 번역한다. 영어의 경우, 독립 구문을 사용하면 좋지 않은 번역이 될 수도 있지만, 당분간은 괜찮다.

30.12 다음은 번역할 때 출발점이 되는 지침들이다.

❶ 신약성경에 있는 대부분의 독립 속격은 시간의 독립 속격이며, **시간절**(temporal clause)로 번역한다. 분사가 현재이면 "~하는 동안에"를 사용하고, 분사가 부정과거이면 "~한 후에"를 사용한다.

Ταῦτα αὐτοῦ λαλοῦντος αὐτοῖς, ἰδοὺ ἄρχων εἷς ἐλθὼν προσεκύνει αὐτῷ (마 9:18).

While he was saying these things to them, behold, a ruler came in and knelt before him.

그가 그들에게 이 말씀을 하실 때, 한 관리가 그에게 와서 절했다.

Εἰσελθόντος δὲ αὐτοῦ εἰς Καφαρναοὺμ προσῆλθεν αὐτῷ ἑκατόνταρχος (마 8:5).

After Jesus entered Capernaum, a centurion came to him.

그가 가버나움으로 들어가신 후에 백부장이 그에게 왔다.

❷ 속격인 "**주어**"가 있다면 그것을 사용하고, 분사는 대개 정동사로 번역한다.

ἤδη δὲ αὐτοῦ καταβαίνοντος οἱ δοῦλοι αὐτοῦ ὑπήντησαν αὐτῷ (요 4:51).

As he was going down, his servants met him.

그가 내려가고 있었을 때, 그의 종들이 그를 만나러 왔다.

30.13 다음의 예문을 보고 일반 분사와 독립 속격을 구분하고 각 분사를 분해하라.

λέγοντες ταῦτα οἱ μαθηταὶ ἀπῆλθον….

λεγόντων προφητῶν ταῦτα οἱ μαθηταὶ ἀπῆλθον….

εἰπόντες ταῦτα οἱ μαθηταὶ ἀπῆλθον….

εἰπόντων προφητῶν ταῦτα οἱ μαθηταὶ ἀπῆλθον….

διδαχθέντες ὑπὸ τοῦ κυρίου ἐξῆλθον εἰς τὴν ἔρημον οἱ δοῦλοι.

διδαχθέντων προφητῶν ὑπὸ τοῦ κυρίου ἐξῆλθον εἰς τὴν ἔρημον οἱ δοῦλοι.

중간복습

- 현재완료(복합적) 분사는 현재완료시제 어간(능동태, 중간태/수동태) 가운데 하나로 만들고, 현재까지 결과가 계속되는 완료된 동작을 가리킨다. 모음으로 구성된 어간 중복은 남아 있다.
- 현재완료 능동태 분사는 현재완료 능동태 시제 어간(어간 중복 포함)과 οτ/υια로 만든다.
- 현재완료 중간태/수동태 분사는 현재완료 중간태/수동태 시제 어간(어간 중복 포함)과 μενο/μενη로 만든다.
- 독립 속격 구문은 해당 문장의 다른 부분과 문법적으로 관련이 없는 속격 명사나 대명사, 그리고 속격 분사를 말한다. 속격 단어가 주어의 역할을 한다. 이것은 이야기 형식의 단락이 시작할 때 나타나는 경향이 있다.

우언적 구문

30.14 영어와 헬라어를 비교할 때 발견할 수 있는 기본적인 차이점은 헬라어 시제들은 조동사를 사용하지 않는다는 점이다. 영어에서는 미래를 만들기 위해 "will"을 사용하고 수동태를 만들기 위해 "be"를 사용한다. 반면 헬라어는 다른 시제 형태소를 사용한다.

하지만 특별하게 εἰμί와 분사를 사용해서 하나의 개념을 전달할 때가 있는데, 이것을 **우언적 구문**이라고 부른다.[8] 본래 우언적 구문은 분사의 진행을 강조하기 위한 것이었다(이런 이유로 부정과거분사는 우언적 구문으로 나타나지 않는다). 그런데 코이네 헬라어 시대에 와서는 이 강조가 거의 사라진다. 실제 코이네 헬라어 시대에는 일반적으로 현재완료 중간태/수동태 3인칭 복수에서 우

---

8 "우언적"(periphrastic, περί + φράσις)이라는 것은 무언가를 "에둘러" 말한다는 것이다.

언적 구문을 사용한다.[9]

30.15　우언적 구문은 일반적인 시제처럼 번역한다. 즉 지속적인 개념을 강조하긴 하지만, 동사 구조가 아닌 문맥에 따라 번역한다(본문 주해 맛보기를 참조하라).

λέγει αὐτῇ, ταλιθα κουμ ὅ ἐστιν μεθερμηνευόμενον τὸ κοράσιον, σοὶ λέγω, ἔγειρε(막 5:41).
He said to her, "Talitha koum!" which is translated, "Little girl, I say to you, arise."
그가 그녀에게 말씀하셨다. "달리다 굼!" 이는 "소녀야, 내가 네게 말하노니 일어나라"라고 번역된다.

ἦν γὰρ διδάσκων αὐτοὺς ὡς ἐξουσίαν ἔχων(마 7:29).
For he was teaching them as one who had authority.
왜냐하면 그가 권위 있는 자와 같이 그들을 가르치고 계셨기 때문이다.

30.16　다음은 우언적 구문이 취할 수 있는 형태들이다. εἰμί와 분사 사이에는 여러 단어가 들어갈 수 있다.

우언적 구문 시제	구조
현재	εἰμί의 현재 + 현재분사
미완료과거	εἰμί의 미완료과거 + 현재분사
미래	εἰμί의 미래 + 현재분사

9　현재완료 수동태 3인칭 복수는 신약성경에 9번 나타난다. 그중 6번이 ἀφέωνται(ἀφίημι에서 나온 형태)이다. 현재완료 중간태 3인칭 복수는 신약성경에 나타나지 않는다.
다음은 현재완료 중간태/수동태 3인칭 복수 동사가 우언적 구문을 사용하는 경우와 그렇지 않은 경우를 결정하는 법칙이다.
　　　우언적 구문을 사용하는 경우
　　　　• 어간이 자음으로 끝날 때(ν는 제외. 아래를 참조하라).
　　　　• 어간에 σ를 추가해 현재완료 수동태 시제 어간을 만들 때.
　　　우언적 구문을 사용하지 않는 경우
　　　　• 어간이 ν로 끝나서 ν가 탈락하고 일반적인 형태를 만들 때.
　　　　• 축약된 어간이 어간의 마지막 모음을 길게 할 때.

현재완료	εἰμί의 현재 + 현재완료 분사
과거완료	εἰμί의 미완료과거 + 현재완료 분사
미래완료	εἰμί의 미래 + 현재완료 분사

다른 번역 방법

30.17   지금까지는 부사적 분사의 번역 방식에 대해 제한적으로 배웠다. 즉 현재에서는 "~하는 동안"과 "왜냐하면"으로, 부정과거에서는 "~한 후에"로 번역했다. 그러나 분사는 이 외에도 여러 다른 방식으로 사용되며, 각각의 방식에 따라 다른 번역이 필요하다. 다음은 부사적 분사를 번역하는 세 가지 가능성을 문법적 명칭과 함께 설명한 것이다.

- **수단의 용법**. 부사적 분사는 **수단**을 나타낼 수 있으며, 바로 그 수단에 의해 동작이 발생한다. 이때는 핵심 단어로 "~함으로써"(by)를 사용한다.

    κοπιῶμεν ἐργαζόμενοι ταῖς ἰδίαις χερσίν(고전 4:12).
    We toil by working with our hands.
    우리는 우리 손으로 일하면서(일함으로써) 고된 노동을 한다.

    27장의 '본문 주해 맛보기'도 참조하라.

- **양보의 용법**. 몇몇 분사는 **양보**의 의미를 나타내며, 핵심 단어로 "~에도 불구하고"(though)를 사용한다.

    ὀφθαλμοὺς ἔχοντες οὐ βλέπετε (막 8:18).
    Even though you have eyes, you do not see.
    너희가 눈이 있는데도 보지 못한다.

- **동사적 용법**. 분사가 동사와 함께 나타나는 특별한 경우에는 분사를 정동사로 번역하는 것이 가장 바람직하다.

    ὁ δὲ ἀποκριθεὶς εἶπεν· γέγραπται· οὐκ ἐπ᾽ ἄρτῳ μόνῳ ζήσεται ὁ ἄνθρωπος(마 4:4).

But he <u>answered</u> and said, "It is written, 'Man will not live on bread alone.'"

그러나 그가 대답하여 말씀하셨다. "기록되기를, '사람이 떡으로만 살 것이 아니다.'"

몇몇 영어 성경들은 이런 구조에서 일반적으로 분사를 생략한다.

Jesus answered, "It is written: 'Man does not live on bread alone'"(NIV).

요약

❶ 현재완료(복합적) 분사는 (저자의) 현재까지 결과가 계속되는 완료된 동작을 가리킨다. 영어의 경우 일반적으로 "(after) having…"과 동사의 과거완료로 번역한다.

❷ 현재완료 능동태 분사는 현재완료 능동태 시제 어간(어간 중복 포함)과 οτ/υια로 만든다.

❸ 현재완료 중간태/수동태 분사는 현재완료 중간태/수동태 시제 어간(어간 중복 포함)과 μενο/μενη로 만든다.

❹ 독립 속격은 문장의 다른 요소들과 아무런 문법적 관계가 없는 속격 분사가 있는 분사 구문을 말한다. 일반적으로 속격 명사나 대명사를 갖게 되는데, 이는 분사의 "주어"로 기능하고 수식어도 가질 수 있다. 독립 속격은 문맥이 허락하는 한, "~하는 동안"과 "~한 후에"를 사용하여 시간 절로 번역한다.

❺ 우언적 구문은 εἰμί와 분사로 구성되며 정동사를 대신한다. 원래는 동작의 진행 시상을 강조하였으나, 코이네 헬라어에서 거의 사용되지 않은 것으로 추정된다. 일반적으로 현재완료 중간태/수동태 3인칭 복수에서 사용한다.

❻ 부사적 분사는 수단 또는 양보의 의미를 나타내며, 때로는 그냥 정동사로 번역하는 것이 가장 좋다.

헬라어 분사 정리

❶ 분사는 **동사적 형용사**이다. 분사는 부사적 또는 형용사적(수식적 용법과 독립적 용법) 역할을 할 수 있다.

❷ 분사가 **부사적**으로 사용되면, 분사의 형태는 일반적으로 분사의 주어로서 동사의 동작을 하는

명사나 대명사와 일치한다. 절대 관사는 오지 않는다.

❸ 부사적 분사는 주로 **시간절**("~하는 동안", "~한 후에)로 번역하지만, 핵심 단어 "왜냐하면", "~에 의하여", "~에도 불구하고"를 사용할 수 있고, 정동사로도 번역할 수 있다.

❹ 분사가 **수식적 형용사**로 사용되면, 일반 형용사처럼 수식하는 단어와 격, 수, 성이 일치한다. 대개 관사를 갖는다.

❺ 분사가 **명사적**으로 사용되면, 격은 문장 내 기능에 따라 결정하고, 수와 성은 독립적 용법의 형용사처럼 그것이 나타내는 단어에 따라 결정한다. 자연적 성에 따라 단어를 추가하여 번역할 수 있다.

❻ 분사는 절대 시간을 나타내지 않기 때문에 부정과거분사에는 시상 접두 모음이 없다. 현재완료분사는 어간 중복을 유지한다.

❼ 분사 형태소 차트를 이제 완성했다.

형태소	시제/태	격어미
ντ	모든 능동태(부정과거 수동태)	3 – 1 – 3
οτ	현재완료 능동태	3 – 1 – 3
μενο/μενη	모든 중간태/수동태(모든 중간태)	2 – 1 – 2

❽ 분사 마스터 차트도 이제 완성했다.

시제/태	어간 중복	어간	시제 형태소/ 연결 모음	형태소	여섯 가지 암기 형태	주격 복수
현재 능동		현재	ο	ντ/ουσα	ων, ουσα, ον οντος, ουσης, οντος	λέγοντες
현재 중간/수동		현재	ο	μενο/η	ομενος, ομενη, ομενον ομενου, ομενης, ομενου	λεγόμενοι
제1부정과거 능동		부정과거 능동	σα	ντ/σα	σας, σασα, σαν σαντος, σασης, σαντος	λύσαντες

30 현재완료(복합적) 분사와 독립 속격　453

제1부정과거 중간		부정과거 능동	σα	μενο/η	σαμενος···	λυσάμενοι
제1부정과거 수동		부정과거 수동	θε	ντ	θεις, θεισα, θεν θεντος, θεισης, θεντος	λυθέντες
제2부정과거 능동		부정과거 능동	ο	ντ	ων···	βαλόντες
제2부정과거 중간		부정과거 능동	ο	μενο/η	ομενος···	γενόμενοι
제2부정과거 수동		부정과거 수동	ε	ντ	εις, εισα, εν εντος, εισης, εντος	γραφέντες
현재완료 능동	λε	현재완료 능동	κ	οτ	κως, κυια, κος κοτος, κυιας, κοτος	λελυκότες
현재완료 중간/수동	λε	현재완료 중간/수동		μενο/η	μενος···	λελυμένοι

단어학습

μηδέ	~도 아닌, ~조차 아닌 (56)
πρεσβύτερος, −α, −ον	장로, 원로 (*πρεσβυτερο, 66)[10] πρεσβύτερος는 형용사적으로 사용되어 나이 든 사람이나, 교회의 직분자를 가리키는 명사로 사용될 수 있다.

10   Presbyterian(장로교)의 교회 정치는 장로들이 다스린다.

신약성경의 전체 단어 수:	138,148
지금까지 배운 어휘 수:	297
이번 장에 나오는 단어의 신약성경 사용 횟수:	122
현재까지 배운 단어의 신약성경 사용 횟수:	111,713
신약성경에 사용된 총 단어에 대한 비율:	80.86%

심화학습

30.18 **제2현재완료 분사.** 제2현재완료 형태를 갖는 여섯 개의 동사들(복합동사는 제외)이 있다. 변화표를 외우기보다 형태를 보고 분간할 수 있도록 학습하는 것이 더 낫다. 모든 것은 상당히 규칙적이다.

제2현재완료 분사는 형태는 제1현재완료와 같고, 시제 형태소는 κα가 아니고 α인 것만 다르다. 중간태/수동태는 시제 형태소를 사용하지 않으므로, 제2현재완료 중간태/수동태는 있을 수 없다.

아래에 제2현재완료 분사가 신약성경에 한 번이라도 나오면, 변화된 형태와 사용된 성경 구절을 기록해 두었다. 한 번 이상 나오면, 주격과 속격 단수 남성형을 나열하고, 모든 관련 형태들이 사용된 숫자를 적었다.

기본형	제2현재완료 능동태 분사	참고 구절/빈도수
ἀκούω	ἀκηκοότας	요 18:21
ἀνοίγω	ἀνεῳγότα	요 1:51
γίνομαι	γεγονώς, –ότος	14
ἔρχομαι	ἐληλυθώς, –ότος	4
λαμβάνω	εἰληφώς	마 25:24
πείθω	πεποιθώς, –ότος	9

30.19   εἰδώς는 현재의 의미를 전달하긴 하지만, οἶδα의 현재완료 분사이다. 신약성경에 51번 등장하는데, εἰδώς로 23번, εἰδότες로 23번 나온다.

5부 | 그 밖의 법과 μι 동사

개관 7 | 31-36장

31장

직설법이 무엇인가를 묘사하거나, 적어도 듣는 사람이 어떻게 사실을 이해하기 바라는지와 관련된 표현이라면, 가정법은 주로 가능성, 개연성, 권유, 명백한 격언적 개념을 나타내는 데 사용한다. 가정법은 또한 목적을 나타내는 진술에서도 사용한다.

ἐὰν γὰρ ἀγαπήσητε τοὺς ἀγαπῶντας ὑμᾶς, τίνα μισθὸν ἔχετε;(마 5:46)

For if you love those who love you, what reward do you have?

만일 너희가 너희를 사랑하는 자들을 사랑하면 무슨 상이 있겠는가?

Μὴ κρίνετε, ἵνα μὴ κριθῆτε(마 7:1).

Judge not, in order that you be not judged.

너희는 비판하지 말라. 이는 너희가 비판받지 않기 위함이다.

가정법 동사를 이해하기 위한 몇 가지 방법이 있다.

• 가정법 동사의 주요 표지는 길어진 연결 모음이다(녹색 부분).

1인칭 단수	λύω	1인칭 복수	λύωμεν
2인칭 단수	λύῃς	2인칭 복수	λύητε
3인칭 단수	λύῃ	3인칭 복수	λύωσι(ν)

- 부정과거시제에서 시상 접두 모음이 없다.
- 직설법 이외의 법에는 절대 시간의 개념이 없고 오직 시상만 있다. 즉 현재시제의 가정법 동사는 지속적인 행동을 나타내고, 부정과거시제의 가정법 동사는 부정적인 행동을 나타낸다.
- 가정법 동사 앞에 오는 특정한 단어들이 있다. ἵνα와 ἐάν 뒤에는 가정법 동사가 따라온다는 것을 기억해야 한다(ἄν과 함께 등장하는 구문도 마찬가지다).

32장

부정사는 동사의 명사 형태이며, "~하는 것, ~하기"로 번역한다.

ἀπὸ τότε ἤρξατο ὁ Ἰησοῦς κηρύσσειν καὶ λέγειν· μετανοεῖτε(마 4:17).

From that time Jesus began to preach and to say, "Repent."

그때부터 예수께서 선포하여 말씀하기 시작하셨다. "너희는 회개하라."

부정사의 형태는 그냥 외워야 한다. 대부분 -αι 어미를 가진다.

	현재	제1부정과거	제2부정과거	현재완료
능동태	λύειν	λῦσαι	λαβεῖν	λελυκέναι
중간태	λύεσθαι	λύσασθαι	λαβέσθαι	λελύσθαι
수동태	λύεσθαι	λυθῆναι	γραφῆναι	λελύσθαι

33장

명령법도 마찬가지로 그냥 외워야 한다. 헬라어도 기본적으로 영어와 같은 의미를 지닌다. 가끔 영어로 옮기기 어려울 때도 있지만, 어쨌든 가장 중요한 점은 시상이라는 것을 기억해야 한다.

μετανοεῖτε, ἤγγικεν γὰρ ἡ βασιλεία τῶν οὐρανῶν(마 3:2).

Repent, for the kingdom of heaven is at hand.

너희는 회개하라. 왜냐하면 하늘 나라가 가까이 왔기 때문이다.

ποιήσατε οὖν καρπὸν ἄξιον τῆς μετανοίας(마 3:8).

Therefore, produce fruit worthy of repentance.

그러므로 너희는 회개에 합당한 열매를 맺으라.

34장

마지막 세 장에서는 새로운 형태의 동사를 만나게 된다. 이 동사는 μι 동사라고 부르는데, 1인 칭 단수에서 ω 대신 μι를 사용하기 때문이다. 처음에는 이상하게 보일지 모르지만, μι 동사를 이해하는 열쇠는 어근과 몇 가지 규칙을 이해하는 데 있다.

가장 기본적인 규칙은 현재시제 어간을 형성하기 위해 μι 동사에서 어간 중복이 이뤄지며, 문자들 사이에 ι를 사용한다는 점이다(현재완료에서는 ε을 사용한다). 이 동사는 또한 몇몇 대체 어미를 사용한다(μι, σι, ασι).

예를 들어, 어근 *δο는 "주는 것"(to give)을 의미한다. ι와 함께 *δο를 중복하고 인칭 어미를 더하면, δίδωμι가 된다. 그러나 미래시제에서는 δώσω, δώσεις, δώσει 등과 같이 규칙적으로 변한다. 부정과거시제에서는 시제 형태소로 σα가 아닌 κα를 사용한다.

	현재	부정과거	현재완료
1인칭 단수	δίδωμι	ἔδωκα	δέδωκα
2인칭 단수	δίδως	ἔδωκας	δέδωκας
3인칭 단수	δίδωσι(ν)	ἔδωκε(ν)	δέδωκε(ν)

35장

34장에서 δίδωμι의 직설법 형태를 살펴보았다면, 35장에서는 δίδωμι의 직설법 이외의 형태를 배우게 된다. 이 형태들은 이해하기 쉽다.

36장

축약동사와 같이 μι 동사도 어간의 마지막 모음에 따라 분류한다. δίδωμι는 어근 *δο로 이루어 진 ο-유형의 μι 동사이다. ο으로 끝나는 μι 동사는 같은 방식으로 변화한다.

α 또는 ε을 어간으로 갖는 μι 동사도 있다. 좋은 점은 이 동사들이 어간의 마지막 모음이 다른 경우를 제외하면 δίδωμι와 똑같이 변화한다는 것이다.

	*στα	*θε	*δο
1인칭 단수	ἵστημι	τίθημι	δίδωμι
2인칭 단수	ἵστης	τίθης	δίδως
3인칭 단수	ἵστησι(ν)	τίθησι(ν)	δίδωσι(ν)

위의 표에서 ἵστημι는 어간 중복의 σ를 잃는다(στα → σιστα → ἰστα → ἵστημι). 어간 중복된 θ
는 τίθημι에서 τ로 변한다(θε → θιθε → τιθε → τίθημι). 또한, 어근의 모음이 단음에서 장음으로
변할 수 있다(α → η, ε → η, ο → ω).

31 가정법

본문 주해 맛보기

우리는 관심이 있거나 마음속 깊이 존경하는 사람의 말을 들을 때, 표면적인 내용을 넘어선 그 속뜻을 들으려고 한다. 물론 내용도 중요하겠지만, 말하는 사람의 태도가 어떤지, 그 사람의 말이 그 사람과 우리의 관계에 대해 무엇을 암시하는지, 그에게 가장 중요한 것이 무엇인지, 말할 때 강조하는 바가 무엇인지 등에 상당한 주의를 기울인다. 우리가 신약성경을 연구할 때도 이런 의미의 요소들을 찾아낼 수 있다.

이번 장에서는 헬라어에서 강조를 위해 사용하는 상당히 흥미로운 조합들을 설명하게 된다. 그것은 이중부정 οὐ μή와 가정법 동사의 결합인데, 이는 미래에 대한 매우 강한 부정을 나타내기 위해 사용한다. 화자는 가정법 동사를 사용하여 미래의 가능성을 제시하지만, 같은 구문에서 (이중부정을 사용하여) 그런 일이 일어날 수 있다는 것을 강하게 부정한다. 이 언어의 조합은 신약성경에서 85번 나타나는데, 주로 중요한 약속이나 미래에 대한 확신을 표현할 때 등장한다.

요한복음 10장에서 예수님은 자신을 선한 목자로 묘사하며, 상당히 중요한 약속을 말씀하신다. "내 양은 내 음성을 들으며 나는 그들을 알며 그들은 나를 따르느니라. 내가 그들에게 영생을 주노니 영원히 **멸망하지 아니할 것이요**(οὐ μὴ ἀπόλωνται)"(10:27–28a). οὐ와 미래 직설법 동사를 사용하는 것으로 충분할 수 있지만, 예수님은 이 부분을 좀 더 강조하길 원하셨다. 이 가정법 구문은 자신의 양이 죽을 조그만 가능성마저 강하게 부정한다. "그들은 분명히 죽지 않을 것이요", "그들은 절대 죽지 않을 것이요"와 같은 문장이 예수님의 확실한 말씀이다. 이것은 추가한 εἰς τὸν αἰῶνα("영원히")라는 구문을 통해 더욱 강조되고 있다. 예수님이 이 약속을 강조한 것이 결국 그의 모든 양이 확신을 가질 수 있는 기반이 되고, 경건하게 살아갈 동기부여가 된다.

부이스트 패닝(Buist M. Fanning)

이번 장에서 배울 내용은 다음과 같다.

- 가정법은 동사가 가능성, 개연성, 권유, 격언적 개념을 나타낼 때 사용한다.
- 가정법 동사는 시간의 의미가 없으며, 오직 시상의 의미만 있다.
- 현재(미완료적) 가정법은 현재시제 어간으로 만들고 지속적인 행동을 나타낸다.
- 부정과거(완료적) 가정법은 시상 접두 모음이 없는 부정과거시제 어간으로 만들고 부정적인 행동을 나타낸다.
- 가정법의 주요 표지는 길어진 연결 모음이다(예: λύωμεν). 가정법의 어미는 부정과거와 현재에서 정확히 일치한다.

‥‥

영어로 개념 잡기

31.1   지금까지는 직설법만 공부했다.[1] 만약 어떤 동사가 (사실에 대한) 진술을 한다거나 사실에 입각한 질문을 했다면, 그 동사는 직설법이라고 할 수 있다.[2] 일반적으로 직설법이란 **실재**(reality)에 관한 법(mood)이며 그것이 무엇인가를 진술한다.

> The book is red.
> 이 책은 붉은 색이다.

> I want to learn Greek.
> 나는 헬라어를 배우고 싶다.

> Why was Hebrew so hard?
> 왜 히브리어는 그렇게 어려웠는가?

---

1   분사는 엄밀히 말해서 법(mood)은 아니라는 사실을 기억해야 한다.
2   엄밀히 말하면 직설법 동사는 한 사람이 견지하고 있는 실재에 대한 인식을 전달하거나, 누군가가 여러분이 실재를 어떻게 인식하길 원하는지에 대해 알려주는 동사이다. 그렇지 않다면 아무도 거짓말을 할 수 없고 실수도 할 수 없었을 것이다.

31.2 가정법은 무엇을 설명하는 것이 아니라 무엇이 가능한가를 설명한다. 다시 말해, 가정법은 실재가 아닌 **가능성**(또는 **개연성**)에 관한 법이다. 물론 "may"와 "might"에는 미묘한 차이가 있을 수 있지만, 이 책의 목적상 이 둘이 같은 의미를 지니는 것으로 볼 것이다.[3]

> I may learn Hebrew.
> 나는 히브리어를 배울 수 있을 것이다.

> I might have learned Greek if I had studied regularly.
> 규칙적으로 공부했다면 나는 헬라어를 배울 수 있었을 것이다.

31.3 영어에서 일반적으로 말하는 가정법은 "if"절이다.

> If I were a rich man, I would hire a Greek tutor.
> 만일 내가 부자였다면, 헬라어 가정교사를 두었을 텐데.

사실 말하는 사람이 실제로 부자라면, 가정법("were")을 사용하지 않고, 다음과 같이 직설법을 사용했을 것이다. "I am rich and therefore I will hire a tutor"(나는 부자이므로 가정교사를 둘 것이다). 이 문장은 사실에 대한 진술이며, 이 법은 하나의 실재를 언급한다. 하지만 그가 부자가 아니라면, 말하는 사람은 가정법 "were"를 사용한다("If I were rich…"[4]).

31.4 가정법 동사로 묘사하는 행동은 실현되지 않았으므로 대개는 미래의 사건을 가리킨다.

헬라어 문법

31.5 헬라어에서 가정법과 직설법의 기본적 정의는 영어와 비슷하다. 그러나 몇 가지 중요한 차이점이 있다.

3 두 단어를 엄밀히 구분하면, 주동사가 현재시제나 미래시제이면 "may"를 사용하고 과거시제이면 "might"를 사용한다.
4 "were"는 가장 좋은 예가 아닐 수 있다. 이 동사는 직설법과 가정법에서 모두 사용하기 때문이다. 하지만 이 단어는 영어에서 가장 일반적인 가정법 동사이다. "If I were rich"는 현재 사용되는 어법과 상관없이 일단 문법적으로 정확한 영어이다.

31.6 **시상**. 헬라어 동사는 직설법에서만 절대 시간의 의미를 지닌다. 가정법에서 동사가 갖는 유일한 의미는 시상이다. 이 부분에서 분사와 동일하다.

- 현재(미완료적) 가정법은 현재시제 어간으로 만들며 지속적인 행동을 나타낸다.
- 부정과거(완료적) 가정법은 시상 접두 모음이 없는 부정과거시제 어간으로 만들며 부정적인 행동을 나타낸다.

과거든 현재든 가정법에는 절대 시간의 개념이 없다.[5]

> κύριε, ἐὰν θέλῃς δύνασαί με καθαρίσαι (마 8:2).
> Lord, if you are willing, you are able to make me clean.
> 주여, 만일 당신께서 원하시면 저를 깨끗하게 하실 수 있습니다.

> ἐπὰν δὲ εὕρητε, ἀπαγγείλατέ μοι (마 2:8).
> When you have found him, report to me.
> 너희가 그를 찾거든 내게 알려 달라.

가정법 동사의 시상을 번역하기는 쉽지 않다. 한 가지 방법은 핵심 단어인 "계속하다"(continue)를 현재 가정법을 번역할 때 사용하는 것이다. 그러나 이렇게 번역할 수 없는 경우라면, 가르치거나 설교할 때 시상을 강조해야 한다.

> ὃς γὰρ ἐὰν θέλῃ τὴν ψυχὴν αὐτοῦ σῶσαι ἀπολέσει αὐτήν (마 8:35).
> For whoever continually wishes to his life will lose it.
> 왜냐하면 누구든지 계속해서 자신의 목숨을 구원하고자 하면 그것을 잃을 것이기 때문이다.

가정법에는 현재와 부정과거 두 가지 시제만 있고,[6] 미래 가정법은 없다. 부정과거 가정법은 시상 접두 모음이 없는 부정과거시제 어간으로 만들기 때문에, 제1부정과거 가정법은 미래형처럼 보인다(예: ἀγαπήσω). 그러나 미래 가정법은 없다는 사실을 기억하라.

---

5 문법학자들은 대부분 현재시제 어간에서 형성된 가정법 동사를 "현재 가정법"이라 부르고, 부정과거시제 어간에서 형성된 가정법 동사를 "부정과거 가정법"이라고 부른다. 이 책에서는 분사와 마찬가지로 "미완료적(현재) 가정법"과 "완료적(부정과거) 가정법"이라는 용어를 사용하는데, 이는 가정법에서 진정한 의미는 시간이 아니라 시상에 있기 때문이다.

6 사실 현재완료 가정법에 대한 몇 가지 예들이 있다. 이 부분은 심화학습을 참조하라.

31.7 **형태**. 가정법 동사가 직설법과 같은 어미를 사용한다는 것은 좋은 소식이다. 모든 형태의 가정법 동사는 제1시제 인칭 어미를 사용한다. 가정법은 주로 연결 모음이 길어지는 것으로 그 동사가 가정법임을 나타낸다. ο은 ω로 길어지고(예: λύωμεν), ε은 η로 길어진다(예: λύητε).[7]

31.8 **개관표: 현재(미완료적) 가정법**. 현재 가정법은 동사의 현재시제 어간을 사용하지만, 연결 모음이 길어진다. 직설법의 λύομεν은 가정법의 λύωμεν이 된다.

현재시제 어간 + 길어진 연결 모음(ω/η) + 제1시제 인칭 어미

능동태: λυ + ω + μεν → λύωμεν

중간태/수동태: λυ + ω + μεθα → λυώμεθα

31.9 **변화표: 현재(미완료적) 가정법**. 다음은 εἰμί 동사의 가정법 능동태 변화표이다. εἰμί 동사는 가정법에서 수동태형을 갖지 않는다. 축약동사의 가정법 형태를 보려면 부록을 참조하라(576쪽).

	가정법	(εἰμί)	직설법
능동태			
1인칭 단수	λύω	ὦ	λύω
2인칭 단수	λύῃς	ἦς	λύεις
3인칭 단수	λύῃ	ἦ [8]	λύει
1인칭 복수	λύωμεν	ὦμεν	λύομεν
2인칭 복수	λύητε	ἦτε	λύετε
3인칭 복수	λύωσι(ν)	ὦσι(ν)	λύουσι(ν)

---

7 ουσι(ν)는 ωσι(ν)로 변하고, η는 η 그대로 남는다.

8 이 형태를 다른 비슷한 단어들과 혼동하지 말라. 부록을 참조하라.

중간태/수동태

1인칭 단수	λύωμαι	λύομαι
2인칭 단수	λύῃ	λύῃ
3인칭 단수	λύηται	λύεται
1인칭 복수	λυώμεθα	λυόμεθα
2인칭 복수	λύησθε	λύεσθε
3인칭 복수	λύωνται	λύονται

어미들이 모두 규칙적이고 현재와 부정과거가 같은 어미를 사용한다는 점에 주목하라. 새로운 어미를 외울 필요는 없고 이 한 가지 규칙만 주의하면 된다. 또한, 어미 η가 능동태 3인칭 단수와 중간태/수동태 2인칭 단수에서 나타난다는 것도 주목하라.

31.10 개관표: 부정과거(완료적) 가정법

시상 접두 모음이 없는 부정과거시제 어간 + (시제 형태소)
+ 길어진 연결 모음(ω/η) + 제1시제 인칭 어미

제1부정과거: λυ + σ + ω + μεν → λύσωμεν
제2부정과거: λαβ + ω + μεν → λάβωμεν

가정법은 과거라는 절대 시간을 표현하는 것이 아니므로, 시상 접두 모음이 없어야 한다. 이 부분은 부정과거분사와 같다.

가정법의 부정과거는 동사의 부정과거시제 어간을 사용한다. 만약 제1부정과거시제 어간이면 시제 형태소가 등장하고, 제2부정과거시제 어간이면 현재시제 어간과 다를 것이다. 바로 이 점이 가정법을 구별하는 중요한 단서 중 하나이다.

부정과거 수동태 직설법 동사가 능동태 어미를 사용하는 것처럼, 부정과거 수동태 가정법 동사도 능동태 어미를 사용한다. 가정법 부정과거는 가정법 현재와 정확히 같은 인칭 어미를 사용한다.

	가정법		직설법	
	제1부정과거	제2부정과거	제1부정과거	제2부정과거
능동태				
1인칭 단수	λύσω	λάβω	ἔλυσα	ἔλαβον
2인칭 단수	λύσῃς	λάβῃς	ἔλυσας	ἔλαβες
3인칭 단수	λύσῃ	λάβῃ	ἔλυσε(ν)	ἔλαβε(ν)
1인칭 복수	λύσωμεν	λάβωμεν	ἐλύσαμεν	ἐλάβομεν
2인칭 복수	λύσητε	λάβητε	ἐλύσατε	ἐλάβετε
3인칭 복수	λύσωσι(ν)	λάβωσι(ν)	ἔλυσαν	ἔλαβον
중간태				
1인칭 단수	λύσωμαι	γένωμαι	ἐλυσάμην	ἐγενόμην
2인칭 단수	λύσῃ	γένῃ	ἐλύσω	ἐγένου
3인칭 단수	λύσηται	γένηται	ἐλύσατο	ἐγένετο
1인칭 복수	λυσώμεθα	γενώμεθα	ἐλυσάμεθα	ἐγενόμεθα
2인칭 복수	λύσησθε	γένησθε	ἐλύσασθε	ἐγένεσθε
3인칭 복수	λύσωνται	γένωνται	ἐλύσαντο	ἐγένοντο
수동태				
1인칭 단수	λυθῶ	γραφῶ	ἐλύθην	ἐγράφην
2인칭 단수	λυθῇς	γραφῇς	ἐλύθης	ἐγράφης
3인칭 단수	λυθῇ	γραφῇ	ἐλύθη	ἐγράφη

1인칭 복수	λυθῶμεν	γραφῶμεν	ἐλύθημεν	ἐγράφημεν
2인칭 복수	λυθῆτε	γραφῆτε	ἐλύθητε	ἐγράφητε
3인칭 복수	λυθῶσι(ν)	γραφῶσι(ν)	ἐλύθησαν	ἐγράφησαν

기억하라! 미래시제 가정법은 없다. 가정법 부정과거를 보고 미래 직설법이나 미래 가정법이라고 생각하기 쉽다. 또한, 가정법에서 길어진 연결 모음을 장음화된 직설법 축약모음과 혼동해서도 안 된다.

31.12 **축약동사**. 가정법의 축약동사는 규칙적이다. 그러나 변화표를 충분히 숙지해야 한다. 특징적으로 생기는 η 또는 ω가 축약 때문에 항상 나타나지는 않는다.

	-άω	-έω	-όω
현재 능동태			
1인칭 단수	γεννῶ	ποιῶ	φανερῶ
2인칭 단수	γεννᾷς	ποιῇς	φανεροῖς
3인칭 단수	γεννᾷ	ποιῇ	φανεροῖ
1인칭 복수	γεννῶμεν	ποιῶμεν	φανερῶμεν
2인칭 복수	γεννᾶτε	ποιῆτε	φανερῶτε
3인칭 복수	γεννῶσι(ν)	ποιῶσι(ν)	φανερῶσι(ν)
현재 중간태/수동태			
1인칭 단수	γεννῶμαι	ποιῶμαι	φανερῶμαι
2인칭 단수	γεννᾷ	ποιῇ	φανεροῖ
3인칭 단수	γεννᾶται	ποιῆται	φανερῶται

1인칭 복수	γεννώμεθα	ποιώμεθα	φανερώμεθα
2인칭 복수	γεννᾶσθε	ποιῆσθε	φανερῶσθε
3인칭 복수	γεννῶνται	ποιῶνται	φανερῶνται

중간복습

- 직설법이 실재성을 보여주는 법이라면, 가정법은 가능성과 개연성을 나타내는 법이다.
- 현재시제 어간으로 만든 가정법은 지속적 행동을 가리킨다. 부정과거시제 어간으로 만든 가정법은 부정적 행동을 가리킨다. 가정법에는 절대 시간의 개념이 없다.
- 미래 가정법은 없다.
- 현재(미완료적) 가정법과 부정과거(완료적) 가정법은 모두 제1시제 인칭 어미를 사용한다.
- 가정법을 알려주는 표지는 길어진 연결 모음이다.

가정법의 용법

31.13 **다양한 용법.** 가정법은 영어보다 헬라어에서 더 다양하게 사용된다. "개연성"이라는 개념은 이 다양한 용법 가운데 하나일 뿐이다. 첫 두 가지 용법은 종속절에서 나타나며, 나머지 두 가지 용법은 독립절에서 나타난다.

　이 책에서 가정법을 번역할 때 "~일지도 모른다"(may/might)를 거의 사용하지 않는 것에 주목하라. 이 핵심 단어는 단지 가정법을 쉽게 이해하도록 돕기 위해 사용하는 것이지 필수적인 것은 아니다.

종속절

31.14 1. ἵνα + **가정법.** ἵνα절은 거의 항상 가정법과 함께 나오며, 목적을 나타낸다.

　τίς σοι ἔδωκεν τὴν ἐξουσίαν ταύτην ἵνα ταῦτα <u>ποιῇς</u>;(막 11:28)
　Who gave you this authority that <u>you do</u> these things?

누가 당신에게 당신이 이런 일을 할 수 있도록 권위를 주었는가?

ἐπηρώτησαν αὐτὸν ··· ἵνα κατηγορήσωσιν αὐτοῦ(마 12:10).
They asked him ··· so that they could accuse him.
그들은 그분을 고발하기 위하여 ··· 그분께 물었다.

ἵνα μή 구문은 "~하지 않기 위하여"(lest)로 번역하거나, 이에 준하는 뜻으로 번역할 수 있다. 일종의 관용구이다.

οἱ πατέρες, μὴ ἐρεθίζετε τὰ τέκνα ὑμῶν, ἵνα μὴ ἀθυμῶσιν(골 3:21).
Fathers, do not provoke your children, lest they become discouraged.
아비들아, 너희는 너희 자녀를 노엽게 하지 말라. 그들이 낙심할까 함이라(그들이 낙심하지 않게 하기 위함이다).

ἵνα절은 앞선 동사의 내용도 받을 수 있다.

ἐκήρυξαν ἵνα μετανοῶσιν(막 6:12).
They preached that they should repent.
그들은(제자들은) 그들이 회개해야 한다고 선포하였다.

31.15   2. ἐάν + 가정법. 이 조합은 **조건적 진술**에서 나타난다. 조건적 진술은 "만약 ~한다면"(If… then…)이라는 문장이다. "만일 내가 똑똑하다면, 나는 히브리어를 배울 것이다"(If I am smart, I will take Hebrew)라는 예문처럼 말이다. "만일"(if) 이후의 절을 "조건절"이라 부르고, "~한다면"(then) 이후의 절을 "결과절"이라고 부른다.
　　　결과절에는 조건의 요소가 없다. 만약 조건절이 사실이면, "~한다면"이 있는 결과절은 실현 가능성이 매우 높은 확실한 사실이 된다.

ἐὰν ὁμολογῶμεν τὰς ἁμαρτίας ἡμῶν, πιστός ἐστιν καὶ δίκαιος, ἵνα ἀφῇ ἡμῖν τὰς ἁμαρτίας καὶ καθαρίσῃ ἡμᾶς ἀπὸ πάσης ἀδικίας(요일 1:9).
만일 우리가 우리의 죄들을 고백하면, 그분은 신실하시고 의로우셔서, (그 결과) 우리의 죄들을 용서하시고 우리를 모든 불의에서 깨끗하게 하실 것이다.

여기서 단 하나의 질문은 우리가 죄를 고백할 것인가 아닌가 하는 것이다. 만약 우리가 죄를 자백하면, 예수님이 우리의 죄를 사하시고 깨끗하게 하실 것이라는 사실에는 의심의 여지가 없다.

조건절의 문장에는 네 가지 형태가 있다. "제1형", "제2형", "제3형", "제4형". 제3형 조건문은 다음과 같다.

- 조건절은 항상 ἐάν으로 시작한다.
- 조건절의 동사는 항상 가정법이다.
- 결과절의 동사는 어떤 시제나 어떤 법이 오든 상관없다.

이 제3형 조건문은 두 개의 하위 범주가 있다.

- **실현 가능성이 높은 미래**. 미래의 조건절은 어떤 일이 일어나면, 다른 어떤 일이 반드시 일어날 것이라는 의미를 전달한다. 화자는 미래에 일어날 특정한 사건을 염두에 두고 있다.

  ταῦτά σοι πάντα δώσω, ἐὰν πεσὼν προσκυνήσῃς μοι(마 4:9).
  네가 만일 내게 엎드려 경배하면 이 모든 것을 네게 줄 것이다.

  ἐὰν γὰρ ἀγαπήσητε τοὺς ἀγαπῶντας ὑμᾶς, τίνα μισθὸν ἔχετε;(마 5:46)
  만일 너희가 너희를 사랑하는 자들을 사랑하면 무슨 상이 있겠는가?

- **일반적인 현재**. 현재의 조건절은 실현 가능성이 높은 미래의 조건절과 형태가 같다. 결과절의 동사가 반드시 현재시제여야 한다는 점만 다르다.

  의미는 실현 가능성이 높은 미래와 다소 차이가 있다. 현재의 조건절은 앞으로 일어날 특정한 사건보다는, 일반적인 사실이나 자명한(격언적) 진리를 진술한다. 여기서 가정법이 적절한 이유는 사실적 진술이 시간을 초월하기 때문이다.

  ἐάν τις περιπατῇ ἐν τῇ ἡμέρᾳ, οὐ προσκόπτει(요 11:9).
  사람이 낮에 걸어다니면, 실족하지 않는다.

  ἐὰν θέλῃς δύνασαί με καθαρίσαι(마 8:2).
  당신께서 원하시면 저를 깨끗하게 하실 수 있습니다.

결과절에 있는 동사의 시제를 제외하면, 오직 문맥만이 화자가 특정한 상황을 진술하는지 일반적인 사실을 진술하는지 결정할 수 있다.

31.16 **3. 권고의 가정법**(Hortatory Subjunctive). 1인칭 가정법의 단수나 복수를 사용하여 권고를 표현할 수 있다. 대개 복수 형태로 나오며 문장 첫 부분에 나타난다. "내가 ~하게 하라"(let me)나 "우리 ~하자"(let us)로 번역한다.

προσευχώμεθα.
<u>우리가 기도하자</u>.

<u>ἐκβάλω</u> τὸ κάρφος ἐκ τοῦ ὀφθαλμοῦ σοῦ(마 7:4).
<u>내가</u> 네 눈에서(네 눈으로부터) 그 티를 <u>빼게 하라</u>.

<u>διέλθωμεν</u> εἰς τὸ πέραν(막 4:35).
<u>우리</u> 맞은편(건너편)으로 <u>건너가자</u>.

동사가 1인칭 가정법이라고 해서 반드시 권고의 의미가 있는 것은 아니므로, 문맥을 보고 결정해야 한다.

31.17 **4. 숙고의 가정법**(Dliberative Subjunctive). 어떤 사람이 해답을 알기 어려운 일에 대해 질문할 때, 그 질문의 동사는 가정법으로 표현한다.

μὴ οὖν μεριμνήσητε λέγοντες, τί <u>φάγωμεν</u>; ἤ· τί <u>πίωμεν</u>; ἤ· τί <u>περιβαλώμεθα</u>;(마 6:31).
Therefore do not worry saying, "What <u>should we eat</u>?" or, "What <u>should we drink</u>?" or, "What <u>should we wear</u>?"
그러므로 너희는 염려하여 말하기를, 우리가 무엇을 <u>먹을까</u> (또는) 우리가 무엇을 <u>마실까</u> (또는) 우리가 무엇을 <u>입을까</u> 하지 말라.

단서 찾기

31.18 이제 단어에서 가정법을 찾기 위한 단서들을 알아보자.
- ἵνα 또는 ἐάν이 나오면, 뒤에 오는 동사는 가정법이 된다. 다음의 단어들은 대부분 ἄν과 결합한 형태로 뒤에 가정법이 따라온다.
  - ὅταν(ὅτε + ἄν)   언제든지
  - ἐάν(εἰ + ἄν)   만약

- ὃς ἄν   누구든지
- ὅπου ἄν   어디든지
- ἕως   ~까지
- ἕως ἄν   ~까지

- ἄν(단독으로 나오거나 다른 단어와 결합한 형태로) 다음에 일반적인 진술이 나오면, 그 동사는 가정법이 된다.

> ὃς δ' ἄν βλασφημήσῃ εἰς τὸ πνεῦμα τὸ ἅγιον οὐκ ἔχει ἄφεσιν εἰς τὸν αἰῶνα(막 3:29).
> 그러나 성령을 모독하는 자는 누구든지 영원히 용서받지 못할 것이다.

- 길어진 연결 모음(ω/η)이 있다.
- 부정과거시제에서 시상 접두 모음이 없다.

기타 사항

31.19 **부정**(Negation). 부정문을 만드는 기본 법칙은 다음과 같다. 우선 직설법 동사를 부정하는 데는 οὐ를 사용하며, 직설법을 제외한 모든 동사(가정법 포함)를 부정하는 데는 μή를 사용한다.

강조하여 짚고 넘어갈 가정법 구문이 있다. 부정과거 가정법이 뒤따르는 οὐ μή 구문은 미래의 상황에 관한 강한 부정이 되는데, 이 구문은 단순히 οὐ만 쓰는 것보다 더 강한 부정을 의미한다. 이 두 개의 부정어는 서로를 부정하는 것이 아니라, 부정 구문을 더 강화하여 "아니다!"를 강조한다. 본문 주해 맛보기에 이것을 설명하는 예문이 있다.

31.20 **질문**(Questions). 의문문을 만드는 방법은 다음의 세 가지로 나눌 수 있다.
- 화자가 기대하는 답이 무엇인지 그 어떤 암시도 없는 경우.

> σὺ εἶ ὁ βασιλεὺς τῶν Ἰουδαίων;(마 27:11)
> 당신이 유대인들의 왕인가?

- οὐ로 시작하는 의문문이면, 화자는 긍정의 대답을 기대한다.[9]

---

9   질문에 단순히 οὐ가 들어 있다고 해서 긍정적인 대답을 예상하는 것은 아니다. καὶ ἔρχονται καὶ λέγουσιν αὐτῷ,

Διδάσκαλε, <u>οὐ</u> μέλει σοι ὅτι ἀπολλύμεθα;(막 4:38)

선생님이여, 당신께서는 우리가 죽게된 것을 돌보지 <u>않으</u>십니까?

제자들은 예수님께 "그래, 내가 돌보고 있다"는 대답을 기대했다.

• μὴ로 시작하는 의문문이면, 화자는 부정의 대답을 기대한다.

μὴ πάντες γλώσσαις λαλοῦσιν;(고전 12:30)

모두가 방언으로 말하는 사람일 수는 <u>없지 않겠는가?</u>

두 번째와 세 번째 방식의 의문문을 어떻게 번역해야 할지는 선생님께 물어보라. 대부분의 번역에는 예상되는 대답을 나타내지 않는다. 약간 이상하게 들릴 수는 있겠지만, 영어에서도 헬라어와 같은 방식으로 의문문을 표현할 수 있다.

Teacher, it is a concern to you that we are perishing, <u>isn't it</u>?

선생님, 선생님은 우리가 죽게 된 것에 관심을 가지고 계십니다. <u>그렇지 않습니까?</u>

All are <u>not</u> apostle, <u>are they</u>?

모두가 사도는 아닙니다. 그렇지요?

31.21 **분해.** 가정법을 분해할 때, 변화형은 "may" 또는 "might"를 넣어 번역하라.

31.22 **디포넌트 동사.** 디포넌트에 대해 배웠다면 어떤 동사가 특정 시제에서 디포넌트이면, 직설법이든 가정법이든 다른 모든 법에서도 모두 디포넌트가 된다는 사실을 기억하라.

직설법 이외의 동사 마스터 차트

31.23 직설법 동사의 경우와 마찬가지로, 다음의 표를 학습하되 헬라어에서 서로 다른 형태들이 어떻

διὰ τί οἱ μαθηταὶ Ἰωάννου καὶ οἱ μαθηταὶ τῶν Φαρισαίων νηστεύουσιν, οἱ δὲ σοὶ μαθηταὶ οὐ νηστεύουσιν;(사람들이 예수께 와서 말하되 요한의 제자들과 바리새인의 제자들은 금식하는데 어찌하여 당신의 제자들은 금식하지 아니하나이까[막 2:18]). 여기서 οὐ는 동사 바로 앞에 나와 동사를 부정하는 역할을 한다. 그러나 οὐ가 만약 긍정적인 대답을 예상하는 것이라면, 그 대답은 "그렇다"가 된다. 대부분 οὐ는 질문의 시작 부분에 위치한다.

게 함께 결합하는지를 집중해서 보라.

직설법 이외의 동사 마스터 차트

가정법

시제	시상접두/ 어간 중복	시제 어간	시제 형태소	연결 모음	인칭 어미	1인칭 단수 변화형
현재 능동		현재		ω/η	제1능동	$\lambda\acute{u}\omega$
현재 중간/수동		현재		ω/η	제1중간/수동	$\lambda\acute{u}\omega\mu\alpha\iota$
제1부정과거 능동		부정과거 능동	σ[10]	ω/η	제1능동	$\lambda\acute{u}\sigma\omega$
제1부정과거 중간		부정과거 능동	σ[10]	ω/η	제1중간/수동	$\lambda\acute{u}\sigma\omega\mu\alpha\iota$
제1부정과거 수동		부정과거 수동	θ	ω/η	제1능동	$\lambda u\theta\tilde{\omega}$
제2부정과거 능동		부정과거 능동		ω/η	제1능동	$\lambda\acute{\alpha}\beta\omega$
제2부정과거 중간		부정과거 능동		ω/η	제1중간/수동	$\gamma\acute{\epsilon}\nu\omega\mu\alpha\iota$
제2부정과거 수동		부정과거 수동		ω/η	제1능동	$\gamma\rho\acute{\alpha}\phi\omega$

요약

❶ 가정법은 동사가 가능성, 개연성, 권유적, 격언적 개념을 나타낼 때 사용한다.

❷ 가정법 동사에는 시간의 의미가 없으며, 시상의 의미만 있다. 현재시제 어간으로 만든 가정법 동사는 지속적 행동을 나타내며, 시상 접두 모음이 없는 부정과거시제 어간으로 만든 가정법 동사는 부정적 행동을 나타낸다.

❸ 가정법을 알려주는 주요 표지는 길어진 연결 모음이다. 어미는 현재와 마찬가지로 부정과거에서도 정확히 같다(제1시제 인칭 어미).

❹ 가정법은 권고의 내용이나("우리 ~하자"를 넣어서), 심의적 질문에도 사용한다.

10   유음동사 미래는 여기서 제외된다. 유음 미래에서는 $\epsilon\sigma$가 사용된다.

단어학습

λίθος, −ου, ὁ	돌 (*λιθο, 59) [11]
τοιοῦτος, −αύτη, −οῦτον	그러한, 그와 같은 (*τοιουτο, 57)

신약성경의 전체 단어 수:	138,148
지금까지 배운 어휘 수:	299
이번 장에 나오는 단어의 신약성경 사용 횟수:	116
현재까지 배운 단어의 신약성경 사용 횟수:	111,829
신약성경에 사용된 총 단어에 대한 비율:	80.95%

심화학습

31.24   **현재완료 가정법**. 현재완료 가정법은 신약성경에 10번밖에 나오지 않으며, 이 단어들은 모두 οἶδα의 변화형이다. 현재완료 가정법의 다른 예들이 존재하지만 모두 우언적 구문으로 나타난다.[12] 어떤 행동이 완결되어 그 결과가 화자의 시점까지 영향을 미치는 것을 나타낸다.

---

11   석판 인쇄(lithography)는 평평한 돌을 사용하여 인쇄했던 방식이다. 현재는 금속을 사용한다.

12   Fanning, 396–397을 참조하라.

1인칭 단수	εἰδῶ	고전 13:2; 14:11
2인칭 단수	εἰδῇς	딤전 3:15
3인칭 단수	–	
1인칭 복수	εἰδῶμεν	고전 2:12
2인칭 복수	εἰδῆτε	마 9:6; 막 2:10; 눅 5:24; 엡 6:21; 요일 2:29; 5:13
3인칭 복수	–	

32 부정사

부정사는 종종 어떤 중요한 개념을 완성하는 역할을 한다. 사실 바울이 고린도전서 15:25에서 말한 것보다 더 중요한 개념은 없다. 여기서 바울은 "그(하나님)가 모든 원수를 그 (예수님) 발 아래에 둘 때까지 그(예수님)가 왕 노릇 하시리니"라고 말한다. 여기에서 헬라어 부정사는 시제를 가지고 있는데, 이점이 영어 부정사에서는 명확히 나타나지 않는다. 이 구절에 나오는 현재 시제는 지속적인 행동을 묘사한다. 현재 부정사는 하나님이 예수님을 통해 지속적으로 하는 일이 무엇인가를 설명한다(시제가 행동의 종류를 강조한다는 사실을 기억하라). 따라서 바울은 모든 만물이 그의 발 아래 복종케 하는 일이 완성될 때까지 예수님이 계속해서 다스리신다는 점을 강조한다. 이 복종에 관한 언급은 신약이 자주 인용하는 구약의 시편 110:1을 암시하고 있다.

이 개념이 중요한 이유는 어떤 이들은 예수님의 통치가 미래에 일어날 일이라고 생각하기 때문이다. 고린도전서 15장의 나머지 부분에서 명확히 말하고 있는 대로, 그의 주권이 완전히 드러나는 시기는 물론 미래가 되겠지만, 그 과정은 둘째 아담 안에서 이미 시작되었다. 이 둘째 아담은 세상 속에서 죄악의 실재를 전복하는 분이시며, 그럼으로써 우리 각자가 매일의 삶에서 우리를 죄의 저주로부터 구원한 그의 권위를 인정하게 하신다. 우리 안에서 예수님의 통치하심이 드러나기를 소망한다!

대럴 복(Darrell L. Bock)

이번 장에서 배울 내용은 다음과 같다.
- 헬라어 부정사는 동사적 명사이다. 격변화는 없다.
- 현재 능동태와 제2부정과거 능동태를 제외한 모든 부정사 형태소는 αι로 끝난다.
- 부정사에는 시간적 의미가 없고 세 가지 시상만 있다. 미완료적, 완료적, 복합적.
- 부정사는 주어가 없으며, 주어 역할을 하는 대격 단어가 종종 나온다.
- 부정사는 주로 여섯 가지 용법으로 사용된다.

영어로 개념 잡기

32.1   분사가 동사적 형용사인 것처럼 부정사는 동사적 명사이다. 부정사를 알 수 있는 가장 간단한 방법은 동사 앞에 "to"가 나오는지 보는 것이다.
- To study is my highest aspiration"(공부하는 것은 나의 강렬한 소망이다). 여기에서 부정사 "to study"(공부하는 것)는 동사 "is"의 주어이다.
- I started to sweat when I realized finals were three weeks away"(기말고사가 3주 남았다는 사실을 깨닫고 나는 걱정하기를 시작했다). 여기에서 부정사 "to sweat"(걱정하기를)는 동사 "started"의 직접 목적어이다.

헬라어 문법

32.2   헬라어 부정사는 영어와 같지만, 좀 더 폭넓게 사용할 수 있다.
- 부정사는 동사적 명사이다.
- 부정사는 어형변화가 일어나지 않지만(불변화사), 중성 단수로 간주한다.
- 관사가 앞에 오면 그 관사는 항상 중성 단수이고, 격은 부정사의 기능에 따라 결정한다. 예를 들어 부정사가 주어이면 관사는 주격이 된다(τὸ βάλλειν). 부정사가 여격을 지배하는 전치사의 목적어이면, 관사는 여격이 된다(τῷ βάλλειν).
- 부정사는 목적어와 부사 수식어를 가질 수 있다. "To study for a long time brings one into a state of ecstasy"(오랜 기간 공부하는 것은 한 사람을 몰입의 경지로 이끈다)라는 문장에서, 전치

사구 "for a long time"(오랜 기간)은 부정사 "to study"(공부하는 것)를 수식한다.

부정사에는 시제와 태가 있는데, 이 부분은 아래에서 다룰 것이다. 부정사에는 인칭과 수가 없다.

32.3 **요약.** 부정사에는 세 가지 시제가 있는데, 현재, 부정과거, 현재완료이다. 예상할 수 있듯이, 부정사는 직설법에 속하지 않으므로 이 세 가지 형태는 시간을 나타내는 것이 아니라 시상을 나타낸다. 이 뉘앙스를 영어로 옮기기는 쉽지 않다.

부정사	시제	시상	번역
현재(미완료적)	현재	지속적	"계속해서 공부하는 것"
부정과거(완료적)	부정과거	부정적	"공부하는 것"
현재완료(복합적)	현재완료	완료적	"공부해 온 것"

32.4 **부정사 형태소 차트**

	현재	제1부정과거	제2부정과거	현재완료
능동태	ειν	σαι	ειν	κεναι
중간태	εσθαι	σασθαι	εσθαι	σθαι
수동태	εσθαι	θηναι	ηναι	σθαι

32.5 **변화표: 부정사**

	현재	제1부정과거	제2부정과거	현재완료
능동태	λύειν	λῦσαι	λαβεῖν	λελυκέναι
중간태	λύεσθαι	λύσασθαι	λαβέσθαι	λελύσθαι
수동태	λύεσθαι	λυθῆναι	γραφῆναι	λελύσθαι

- 현재(미완료적) 부정사는 현재시제 어간으로 만든다.
- **부정과거(완료적) 능동태/중간태** 부정사는 부정과거 능동태/중간태 시제 어간(시상 접두 모음 없이)으로 만든다. **부정과거 수동태** 부정사는 부정과거 수동태 시제 어간(시상 접두 모음 없이)으로 만든다.
- **현재완료(복합적) 능동태** 직설법은 현재완료 능동태 시제 어간으로 만든다. **현재완료 중간태/수동태** 부정사는 현재완료 중간태/수동태 시제 어간으로 만든다.
- εἰμί의 현재(미완료적) 부정사는 εἶναι(to be)이다. 부정과거 부정사 형태는 없다.

32.6 **힌트**

- 모든 부정사는 현재와 제2부정과거 능동태를 제외하고 αι로 끝난다.
- 제2부정과거시제 어간(λαβεῖν)으로 만드는 부정과거 부정사(λαμβάνειν)는 어간의 변화와 악센트를 제외하면 현재처럼 보인다.
- 축약동사는 현재 능동태 부정사에서 불규칙한 축약이 일어난다는 것을 잊지 말아야 한다. α 축약은 −αν 대신 −ᾶν을 사용하며(νικαειν → νικαιν → νικᾶν), ο 축약동사는 οῖν 대신 οῦν 을 사용한다(πληροειν → πληρουν → πληροῦν).[1]

32.7 **정의.** 아래에 제시한 정의에서 볼 수 있듯이, 현재(미완료적) 부정사를 영어로 이해하기는 쉽지 않다. "계속해서 푸는 것"(to continue to loose)이라고 해석할 수 있겠지만, 이는 사실 정확한 영어는 아니다.

	현재	제1부정과거	제2부정과거	현재완료
능동태	푸는 것	푸는 것	받는 것	풀어 온 것
중간태	푸는 것	푸는 것	받는 것	풀어 온 것
수동태	풀리는 것	풀리는 것	기록되는 것	풀어 온 것

만약 중간태의 의미를 능동태와 다르게 하고 싶다면, "스스로 푸는 것"(to loose for yourself)이라고 번역할 수 있다.

---

1   그 이유는 ειν이 사실 εεν의 축약형이기 때문이다. αεεν과 οεεν이 축약될 때, 일반 법칙에 따라 αν과 ουν으로 축약된다.

32.8 **시상.** 분사와 가정법의 경우처럼, 부정사도 시간적 의미를 갖지 않는다. 다른 어간으로 만든 부정사 간의 유일한 차이는 시상이다.

- **현재(미완료적) 부정사**는 현재시제 어미로 만들며 **지속적** 행동을 나타낸다.

  Οὐδεὶς δύναται δυσὶ κυρίοις δουλεύειν (마 6:24).

  No one is able to serve two masters.

  아무도 두 주인을 섬기지 못한다.

- **부정과거(완료적) 부정사**는 부정과거시제 어미로 만들며 **부정적** 행동을 나타낸다.

  μὴ φοβηθῇς παραλαβεῖν Μαρίαν τὴν γυναῖκά σου (마 1:20).

  Do not be afraid to take Mary as your wife.

  너는 네 아내 마리아 데려오기를 무서워하지 말라.

- **현재완료(복합적) 부정사**는 현재완료시제로 만들며 현재 시점까지 영향을 미치는 **완료적** 행동을 나타낸다.

  ἤκουσαν τοῦτο αὐτὸν πεποιηκέναι τὸ σημεῖον (요 12:18).

  They heard he had done this sign.

  그들은 그가 이 표적을 행하셨다는 것을 들었다.

현재 부정사를 번역할 때 시상의 의미를 강조하기 위해서 처음에는 "계속해서"(continue)라는 단어를 사용할 수도 있다. βλέψαι가 단순히 "보는 것"을 의미한다면, βλέπειν은 "계속해서 보는 것"이라는 뜻이다. 비록 최종적으로 번역할 때는 이 방식을 쓰지 않을 수 있겠지만, 지금은 이 방식을 사용하는 것도 좋은 선택일 수 있다. 어쨌든 가장 중요한 점은 우리가 학습하고 가르칠 때 이 시상의 중요성을 항상 생각할 수 있어야 한다는 사실이다. 우리는 일단 모든 부정사를 동사의 현재 형태를 사용하여 번역할 것이다(예: "to see"[보는 것], "to eat"[먹는 것]).

32.9 **주어.** 부정사는 정동사(finite verb)[2]가 아니므로, 엄밀히 말하면 주어를 가질 수 없다. 그러나 **대격** 명사가 부정사의 주어로 사용되는 경우가 자주 있다. 이것은 속격 독립 구문에서 속격 명사

나 대명사가 분사의 주어로 사용되는 것과 비슷하다고 할 수 있다.[3]

> οὐκ ἤφιεν λαλεῖν τὰ δαιμόνια (막 1:34).
> 그분은 그 귀신들이 말하는 것을 허락하지 않으셨다.

부정사가 직접 목적어를 가질 때, 가끔 어떤 대격 단어가 "주어"이고 어떤 대격 단어가 직접 목적어인지를 결정해야 한다. 대개는 문맥을 통해 분명히 구별할 수 있다. 일반적으로는 처음 나오는 대격이 주어가 되고, 그다음에 나오는 대격이 목적어가 된다. βλέπειν αὐτὸν αὐτήν은 대체로 "그(αὐτόν)가 그녀(αὐτήν)를 본다"를 의미한다(βλέπειν은 부정사이다).

> ἐν τῷ εἰσαγαγεῖν τοὺς γονεῖς τὸ παιδίον Ἰησοῦν (눅 2:27).
> 마침 부모가 그 아기 예수를 데리고 왔다.

두 가지 예외가 있는데, 그것은 두 동사 ἔξεστιν("합당하다")과 παραγγέλλω("명령하다")이다.[4] 이 동사들은 여격을 "주어"로 취한다. 여격을 직접 목적어로 취하는 동사들은 부정사의 "주어"도 여격이 된다.

기타 사항

32.10 **부정**(Negation). 부정사는 직설법이 아니므로 οὐ가 아니라 μή를 사용한다.

32.11 **분해**. 부정사를 분해할 때, 시제, 태, "부정사", 기본형, 번역 순으로 나열한다.

> βλέψαι. 부정과거, 능동태, 부정사, βλέπω, "보는 것"

---

2   "정동사"(finite verb)는 특별히 주어에 의해 제한을 받는다. "톰이 책을 읽는다"는 문장에서 동사 "읽는다"는 한정적이고 제한적이다. 모든 사람에게 적용되는 것이 아니라 단지 문장의 주어인 톰에게 적용되기 때문이다. 이와 유사하게 "부정사"(infinitive, 여기서 in은 뒤따르는 finite를 부정하는 의미이다)는 주어에 의해 제한받지 않는다. 그것은 한정적이지 않기 때문에(infinite) 부정사(infinitive)인 것이다.

3   전문용어로 이러한 대격을 "지시의 대격"(accusative of reference)이라고 부른다. βλέπειν αὐτόν이라는 문장은 "그가 본다"라고 번역할 수 있다. 여기서 αὐτόν은 부정사의 주어로 사용된다.

4   전문용어로 이 여격을 "참조의 여격"(dative of reference)이라고 부른다.

"완료적" 부정사로 분해할지 "부정과거" 부정사로 분해할지는 선생님께 물어보라.

중간복습 ....

- 부정사는 동사적 명사이다.
- 부정사는 어형변화를 하지 않지만, 중성 단수로 본다(이것은 연관된 관사의 형태를 지배한다).
- 부정사에는 시간적 의미가 없고 오직 시상만 있다. 현재(미완료적) 부정사는 지속적, 부정과거(완료적) 부정사는 부정적, 현재완료(복합적) 부정사는 완료적 의미를 표현한다. 이 시상적 의미를 영어로 옮기기는 어렵다.
- 부정사의 열두 가지 형태를 암기할 필요가 있다.
- 가끔 대격 단어가 부정사의 "주어" 역할을 한다.

부정사의 여섯 가지 용법

32.12 **용법 1: 명사.** 부정사는 동사적 명사이기 때문에, 명사가 하는 역할은 무엇이든 할 수 있다. 명사로 사용할 경우, 항상 그런 것은 아니지만 대체로 관사가 앞에 나온다. 이것을 **관착 부정사**(관사가 붙은 부정사)라고 한다. 이 구문은 동사에 "~하는 것, ~하기"(to)를 넣어서 번역한다. 물론 이것이 일반적이기는 하지만, 번역은 매우 관용적으로 표현할 수 있으므로 "단어 대 단어"로 번역해야 한다고 생각할 필요는 없다.

> ἐμοὶ τὸ ζῆν Χριστὸς καὶ τὸ ἀποθανεῖν κέρδος(빌 1:21).
> For to me, to live is Christ and to die is gain.
> 내게 사는 것이 그리스도니 죽는 것도 유익하다.

> τὸ ἀγαπᾶν τὸν πλησίον ὡς ἑαυτὸν(막 12:33).
> to love one's neighbor as oneself.
> 이웃을 자기 자신과 같이 사랑하는 것.

32.13 **용법 2: 보족 부정사.** 어떤 정동사는 다른 부가적인 정보가 없으면 미완성으로 남아 있다. 이 의

미를 완성하는 데 종종 부정사를 사용한다. 동사에 "~하는 것, ~하기"(to)를 넣어서 번역하라.

ἤρξαντο λαλεῖν ἑτέραις γλώσσαις (행 2:4).

They began to speak in other tongues.

그들이 다른 언어들로 말하기 시작했다.

ταῦτα δὲ ἔδει ποιῆσαι κἀκεῖνα μὴ ἀφιέναι (마 23:23).

These you ought to have done without neglecting the former.

그러나 너희는 그것들도 소홀히 하지 않아야 했지만, 이것들도 행해야 했다.

부정사가 이런 방식으로 사용되었을 때, 그것을 보족 부정사라고 부른다. 부정사의 의미가 동사의 의미를 보충하기 때문이다.

다음의 다섯 가지 동사에는 항상 보족 부정사가 따라온다.

δεῖ αὐτὴν ἐσθίειν.

그녀는 먹어야 한다.

ἔξεστιν ἐσθίειν αὐτῷ.

그가 먹는 것은 옳다.

μέλλω ἐσθίειν.

나는 먹을 것이다.

δύναμαι ἐσθίειν.

나는 먹을 수 있다.

ἄρχομαι ἐσθίειν.

나는 먹기 시작한다.

보족 부정사는 다른 동사와도 함께 사용할 수 있지만, 그런 일이 자주 일어나지는 않는다(예: θέλω[원한다], κελεύω[명령한다], ὀφείλω[해야 한다]).

32.14 **용법 3: 전치사 + 관착 부정사.** 관착 부정사 앞에 전치사가 나오면 번역에 특정한 규칙이 생긴다. 이 부분을 숙지해야 하는데, 이 형태가 자주 등장하기 때문이다. 전치사는 항상 관착 부정사 앞에 나타난다. 여기서 관사의 격은 전치사가 결정한다.

아마도 이 부분이 부정사의 용법 중 가장 어렵다고 할 수 있다. 부정사가 매우 관용적으로 사용되기 때문이다. 이때 단어 대 단어로(문자적으로) 번역하면 안 된다. 헬라어 어구를 살피고 헬라어에서 의미를 찾은 다음, 우리말과 같은 표현으로 바꾸어야 한다. 아래 예문들은 따로 단어 카드를 만들어야 한다.

아래는 여섯 가지 일반적인 형태들이다. 이 가운데 가장 일반적으로 사용되는 두 단어는 εἰς와 μετά이다. 여기에서는 전치사와 관사의 격, 그리고 전치사가 병행될 때 사용해야 하는 핵심 단어를 나열했다.

이유/목적

❶ διά(대격): **~때문에**(이유를 나타낸다)

διὰ τὸ βλέπειν αὐτόν.
그가 보기 때문에.

ὁ Ἰησοῦς χαρήσεται διὰ τὸ βλέπειν αὐτὸν ὅτι ἡμεῖς ἀγαπῶμεν αὐτόν.
예수께서는 우리가 그를 사랑한다는 것을 보기 때문에 기뻐하실 것이다.

αὐτὸς δὲ Ἰησοῦς οὐκ ἐπίστευεν αὐτὸν αὐτοῖς διὰ τὸ αὐτὸν γινώσκειν πάντας(요 2:24).
그러나 예수께서는 그의 몸을 그들에게 의탁하지 않으셨다. 이는 그가 친히 모든 사람을 아셨기 때문이다.

❷ εἰς(대격): **~하기 위하여**(목적을 나타낸다)

εἰς τὸ βλέπειν αὐτόν.
그가 보기 위하여.

καθίζω ἐν ἐκκλησίᾳ εἰς τὸ ἀκούειν με τὸν λόγον τοῦ θεοῦ.
하나님의 말씀을 듣기 위하여 나는 교회에 앉아 있다.

παραδώσουσιν αὐτὸν τοῖς ἔθνεσιν <u>εἰς τὸ ἐμπαῖξαι</u> καὶ <u>μαστιγῶσαι</u> καὶ <u>σταυρῶσαι</u>(마 20:19).
그들은 그를 넘겨주어 <u>조롱하며</u> <u>채찍질하며</u> <u>십자가에 못 박게</u> 할 것이다.

❸ πρός(대격): **~하기 위하여**(목적을 나타낸다)

πρὸς τὸ βλέπειν αὐτόν.
그가 보기 위하여.

κηρύσσομεν τὸν εὐαγγέλιον <u>πρὸς τὸ βλέψαι ὑμᾶς</u> τὴν ἀλήθειαν.
<u>너희가 진리를 보게 하기 위하여</u> 우리는 복음을 선포한다.

πάντα δὲ τὰ ἔργα αὐτῶν ποιοῦσιν <u>πρὸς τὸ θεαθῆναι</u> τοῖς ἀνθρώποις(마 23:5).
그들은 그들의 모든 행위를 사람들에게 <u>보이기 위하여</u> 행한다.

시간

❹ πρό(속격): **~전에**(시간을 나타낸다)

πρὸ τοῦ βλέπειν αὐτόν.
그가 보기 전에.

ὁ Ἰησοῦς ἠγάπησεν ἡμᾶς <u>πρὸ τοῦ γνῶναι ἡμᾶς</u> αὐτόν.
<u>우리가</u> 그분을 <u>알기 전에</u> 예수께서 우리를 사랑하셨다.

οἶδεν γὰρ ὁ πατὴρ ὑμῶν ὧν χρείαν ἔχετε <u>πρὸ τοῦ ὑμᾶς αἰτῆσαι</u> αὐτόν(마 6:8).
왜냐하면 너희 아버지께서는 <u>너희가</u> 그분께 <u>구하기 전에</u> 너희에게 필요한 것을 알고 계시기 때문이다.

❺ ἐν(여격): **~할 때**(시간을 나타낸다)

ἐν τῷ βλέπειν αὐτόν.
그가 볼 때.

ὁ κύριος κρινεῖ ἡμᾶς ἐν τῷ ἔρχεσθαι αὐτὸν πάλιν.

그가 다시 오실 때, 주께서 우리를 심판하실 것이다.

ἐν τῷ σπείρειν αὐτὸν ἃ μὲν ἔπεσεν παρὰ τὴν ὁδόν(마 13:4).

그가 씨를 뿌릴 때 어떤 것들은 길 가에 떨어졌다.

❻ μετά(대격): ~후에(시간을 나타낸다)

μετὰ τὸ βλέπειν αὐτόν.

그가 본 후에.

μετὰ τὸ βλέψαι τὸν Ἰησοῦν τοὺς ἁμαρτωλούς, ἔκλαυσε.

예수께서 죄인들을 보신 후에, 그는 우셨다.

μετὰ δὲ τὸ ἐγερθῆναί με προάξω ὑμᾶς εἰς τὴν Γαλιλαίαν(마 26:32).

그러나 내가 살아난 후에 너희보다 먼저 갈릴리로 갈 것이다.

다음은 관착 부정사를 번역할 때 도움이 될 만한 두 가지 방법이다.

• 첫째, 관착 부정사가 나오면 각 전치사와 함께 사용되는 핵심 단어를 기억한다.
• 둘째, "~의 행동"이라는 문장을 사용한다. 예를 들어 διά와 연결된 핵심 단어는 "~때문에"이다. 그렇다면 διὰ τὸ βλέπειν αὐτόν은 어떤 의미일까? "그와 관련하여 보는 행동 때문에"라고 할 수 있다. 때로는 그 의미를 더 정확히 이해하기 위해서 이렇게 약간 과장된 방식으로 번역할 필요가 있다. 그런 다음 매끄럽게 번역하면 된다. "그가 보기 때문에."

32.15 **용법 4: 목적.** 부정사의 다른 기능은 목적을 나타내는 것이다("~하기 위하여").

❶ εἰς/πρός가 붙은 관착 부정사는 목적을 나타낼 수 있다(앞의 내용을 참조하라).
❷ 속격 관사가 붙은 관착 부정사(전치사 없이)도 목적을 나타낼 수 있다.

Ἡρῴδης ζητεῖν τὸ παιδίον τοῦ ἀπολέσαι αὐτό(마 2:13).

헤롯이 아기를 찾아 그를 죽이려 하니.

❸ 부정사는 그 자체로(전치사나 관사 없이) 목적을 나타낼 수 있다.

Μὴ νομίσητε ὅτι ἦλθον καταλῦσαι τὸν νόμον(마 5:17).

너희는 내가 율법이나 선지자를 폐지하기 위하여 왔다고 생각하지 말라.

32.16　**용법 5: 결과.** 부정사가 ὥστε와 함께 사용되면 어떤 행동의 결과를 나타낼 수 있다. 영어 부정사에는 비슷한 용법이 없으므로, 이 부정사는 정동사로 번역한다.

ἔπλησαν ἀμφότερα τὰ πλοῖα ὥστε βυθίζεσθαι αὐτά(눅 5:7).

그들이 와서 두 배에 채우니 (그 결과) 그것이 잠기게 되었다.

"목적"과 "결과"를 구별해서 번역하기가 어려울 수 있지만, 가르치고 설교할 때는 이러한 의미를 전달할 수 있다. 의도가 있으면 목적이고, 의도가 없으면 결과이다.

32.17　**용법 6: 간접화법.** 직접화법은 다른 사람이 한 말을 옮겨 놓는 것이다. 다른 사람의 말을 그대로 옮기려면 인용부호(따옴표)를 사용하면 된다.

선생님이 말씀하셨다. "시험지 제출하세요!"

다른 사람의 말을 고쳐서 옮기려면 **간접화법**을 사용한다. 이때는 인용부호(따옴표) 대신 연결 단어인 "~라고"(that)를 사용한다.

그는 공부를 더 하기 원했다고 말했다.

헬라어에서 간접화법은 주로 직설법 동사 뒤에 ὅτι를 사용하여 표현한다. 하지만 간접화법은 부정사로도 표현할 수 있다.

Σαδδουκαῖοι ··· οἵτινες λέγουσιν ἀνάστασιν μὴ εἶναι(막 12:18)

부활이 없다고 말하는 사두개인들

사두개인들은 "부활이 없다"라고 말한다. 영어의 간접화법에 대한 더 자세한 설명은 32.18을 참조하라.

❶ 헬라어 부정사는 동사적 명사이다. 비록 중성 단수로 간주하고 연계된 관사가 어형변화를 하지만, 부정사는 변화하지 않는다.

❷ 부정사 형태소 차트

	현재	제1부정과거	제2부정과거	현재완료
능동태	ειν	σαι	ειν	κεναι
중간태	εσθαι	σασθαι	εσθαι	σθαι
수동태	εσθαι	θηναι	ηναι	σθαι

❸ 직설법 이외의 동사 마스터 차트: 부정사

	현재	제1부정과거	제2부정과거	현재완료
능동태	λύειν	λῦσαι	λαβεῖν	λελυκέναι
중간태	λύεσθαι	λύσασθαι	λαβέσθαι	λελύσθαι
수동태	λύεσθαι	λυθῆναι	γραφῆναι	λελύσθαι
능동태	푸는 것	푸는 것	받는 것	풀어 온 것
중간태	푸는 것	푸는 것	받는 것	풀어 온 것
수동태	풀리는 것	풀리는 것	기록되는 것	풀려 온 것

❹ 부정사에는 시간적 의미가 없고 오직 시상만 있다. 현재(미완료적) 부정사는 현재시제 어간으로 만들고 지속적 행동을 나타낸다. 부정과거(완료적) 부정사는 시상 접두 모음이 없는 부정과 거시제 어간으로 만들고 부정적 행동을 나타낸다. 현재완료(복합적) 부정사는 현재완료시제 어간으로 만들고 현재 시점까지 영향을 미치는 완료적 행동을 나타낸다.

❺ 엄밀히 말해서 부정사는 주어를 갖지 않지만, 부정사의 주어 역할을 하는 대격 단어가 종종

등장한다.

❻ 부정사의 여섯 가지 용법

  ① 명사

  ② 보족 부정사

  ③ 전치사 + 관착 부정사

    • διά   ~때문에   • πρό   ~전에

    • εἰς   ~하기 위하여   • ἐν   ~할 때

    • πρός ~하기 위하여   • μετά ~후에

  ④ 목적

    • εἰς/πρός + 관착 부정사

    • 속격 관사(τοῦ) + 관착 부정사

    • 단독으로 나오는 부정사

  ⑤ 결과. 부정사가 ὥστε와 함께 나오면 결과를 나타낸다. 이때 부정사는 정동사로 번역한다.

  ⑥ 간접화법

단어학습

δίκαιος, −αία, −αιον	옳은, 정의로운, 의로운 (*δικαιο, 79)
μέλλω	~하려고 하다(I am about to) (*μελλε, 109)[5] (ἔμελλον 또는 ἤμελλον), μελλήσω, −, −, −, −

신약성경의 전체 단어 수:	138,148
지금까지 배운 어휘 수:	301
이번 장에 나오는 단어의 신약성경 사용 횟수:	188
현재까지 배운 단어의 신약성경 사용 횟수:	112,017
신약성경에 사용된 총 단어에 대한 비율:	81.08%

32.18 영어의 간접화법에 등장하는 동사 시제에서 약간 독특한 일이 나타나는데, 우리는 대개 이것을 인식하지 못할 것이다. 다음에 나오는 모든 예문은 영어 문법과 관련된 것이다. 이 부분을 설명하고 나면, 헬라어의 간접화법 방식이 영어와 다르다는 것을 알게 될 것이다.

John이 "I want to eat"라고 말한다. John이 말한 것을 간접화법으로 다른 사람에게 말할 때, 문장의 주동사가 현재라면("says"), 간접화법의 동사는 원래 존이 말한 것과 같은 현재시제이다. "John says that he wants to eat"(John은 자기가 먹고 싶어 한다고 말한다). 만약 John이 "I wanted to eat"라고 말했다면, "John says that he wanted to eat"(John은 자기가 먹고 싶어 했다고 말한다)라고 할 수 있다.

그러나 주동사가 과거시제라면(즉 "said"[말했다]라면), 간접화법에서는 동사의 시제를 한 단계 앞으로 바꾼다.

예를 들어 원래 말한 동사의 시제가 현재라면 간접화법에서는 과거가 된다.

원래 시제(현재)	"I want to eat."
	"나는 먹고 싶다."
간접화법	John said that he wanted to eat.
	"존은 그가 먹고 싶다고 말했다."

원래 말한 동사의 시제가 과거라면, 간접화법에서는 과거완료가 된다.

원래 시제(과거)	"I wanted to eat."
	"나는 먹고 싶다."
간접화법	John said that he had wanted to eat.
	"존은 그가 먹고 싶었었다고 말했다."

원래 말한 동사의 시제가 미래라면, 간접화법에서는 "would"를 사용한다.

원래 시제(미래)	"I will want to eat."
	"나는 먹고 싶을 것이다."
간접화법	John said that he would want to eat.
	"존은 먹고 싶을 것이라고 말했다."

---

5   두 번째 ε은 현재와 미완료에서 사라지지만, 미래에서는 남아 있다.

원래 말한 동사의 시제가 과거완료라면, 영어에서는 그보다 이전의 시제가 없으므로, 과거완료를 그대로 사용한다.

원래 시제(과거완료) "I had wanted to eat."
          "나는 먹고 싶었었다."
간접화법   John said that he had wanted to eat.
          "존은 그가 먹고 싶었었다고 말했다."

32.19 앞에서 말한 내용의 요점은, 영어는 **간접화법에서 동사의 시제가 변하는 대신, 헬라어는 그렇지 않다는 것이다.** 헬라어에서 간접화법의 시제와 법은 항상 원래 말한 동사의 시제와 법을 똑같이 사용한다. 물론, 좋은 번역을 위해서는 우리말로 번역할 때 시제와 법을 바꿀 수 있다.

οὐκ ᾔδει ὅτι ἀληθές ἐστιν τὸ γινόμενον διὰ τοῦ ἀγγέλου· ἐδόκει δὲ ὅραμα βλέπειν (행 12:9).

He did not know that what was happening through the angel was really true, and he kept thinking that he was seeing a vision.

그는 천사를 통하여 한 일이 참인 줄 모르고, 자기가 환상을 보고 있는 것이라고(보고 있었던 것이라고) 계속해서 생각했다.

여기서 직접화법은 "천사가 지금 하는 것이 진짜인가?"와 "나는 지금 환상을 보고 있다"이었을 것이다. 따라서 헬라어에서는 현재 동사 ἐστιν와 βλέπειν을 사용한다. 영어는 "is"를 "was"로, "am seeing"를 "was seeing"로 바꾸었다.

33 명령법

본문 주해 맛보기

헬라어에서 누군가에게 말할 때 단순 명령법, 특별히 2인칭 명령법보다 더 강하게 말하는 방식은 없다. 더구나 이 명령법을 특정한 상황에서 사용하면, 명령을 내리는 사람은 자신을 권위 있는 사람으로 여기는 것이다. 그리고 그는 자신의 명령대로 상대방이 행동하기를 기대한다.

사도 바울은 세 번째 전도여행에서 그가 세운 교회들이 "예루살렘 성도 중 가난한 자들을 위하여"(롬 15:26) 연보에 참여하도록 많은 노력을 쏟았다. 고린도전서 16:1 – 4에서 이 문제를 언급할 때는, 고린도 교인들에게 단순히 정기적으로 모여 이 일을 위해 연보를 하라고 했다. 여기서 바울은 2인칭 명령법 $ποιήσατε$(1절)를 사용하고, 이어서 3인칭 명령법 $τιθέτω$(2절)를 사용한다. 그는 갈라디아 교인들에게도 이 사실을 "말했다는 것"($διέταξα$) 외에는 다른 이유를 제시하지 않는다.

바울은 같은 문제를 고린도후서 8장과 9장에서도 다룬다. 그런데 놀랍게도 여기서 바울은 고린도 교인들이 모금에 참여하도록 동기를 부여하기 위해 다양한 방식을 사용한다. 가장 놀라운 점은 서른아홉 구절이나 되는 내용에서 단 한 번의 명령법만 사용하고 있다는 사실이다($ἐπιτελέσατε$, 고후 8:11). NIV에서 명령법을 사용하고 있는 다른 구절들(8:7, 24; 9:7)은 사실 명령의 개념만 나타내는 상당히 약한 명령형이라고 할 수 있다. 이와 같은 바울의 극적인 변화는 바울이 반대자들로 인해 고린도 교회에서 권위를 잃어버렸다는 사실을 강하게 암시한다. 이 편지의 다른 요소들도 이런 사실을 잘 보여주고 있다.

의심의 여지없이, 바울이 고린도 교회에 대한 영향력을 잃어버린 주된 이유는 멀리서(곧, 에베소에서) 교회를 운영하려고 했기 때문이다. 이는 불가능한 일이다. 목회자들이 계속해서 교구 성도들을 양육할 시간을 갖지 않고, 건강한 관계를 맺지 못한다면, 그들은 교회가 하나님의 말씀에 관심을 기울이고 그리스도인으로서 살아가도록 동기를 부여하는 능력을 잃어버릴 위험에 처하게 된다.

벌린 버브루그

개요

이번 장에서 배울 내용은 다음과 같다.
- 명령법은 명령할 때 사용한다(예: "먹어라!").
- 명령법에는 현재시제와 과거시제가 있으며, 여기에는 시상의 의미만 있다.
- 금지와 부정을 나타내는 몇 가지 방식이 있다.

영어로 개념 잡기

33.1 명령을 위해 동사를 사용할 때, 그 동사는 명령법이다. 영어에서는 주어로 간주하는 "you"와 함께 직설법 2인칭으로 표현한다. 즉 "Study!"(공부하라!)는 "You study!"(너는 공부하라!)를 의미한다. 느낌표는 때로 문장의 구두점으로 나온다.

영어 명령법은 대체로 어형변화를 하지 않는다. 명령의 의도를 강조하기 위해, 또는 더 정확히 전달하기 위해 다른 단어들을 첨가할 수 있다. "Go quickly!"(빨리 가라!)

헬라어 문법

33.2 헬라어 명령법은 기본적으로 영어와 같고, 명령을 나타내는 법이다. 그러나 분사와 부정사의 경우처럼 헬라어 명령법에도 폭넓은 의미가 있다. 명령법은 2인칭과 3인칭 형태를 가지고 있으며, 시상이 중요하다. 시간을 나타내지는 않는다.

33.3 **인칭**. 헬라어에는 2인칭과 3인칭 명령법이 있다. 영어에는 3인칭 명령법에 상응하는 문법이 없으므로, 다소 관용적으로 번역해야 한다.

- βλέπε(2인칭 단수)는 "(너는) 보라!"라는 의미이다.
- βλεπέτω(3인칭 단수)는 "그가 보게 하라", "그가 봐야 한다", "그가 보도록 만들라"는 의미이다. 여기서 핵심 단어는 "~하게 하라"(let), 또는 "반드시 ~해야 한다"(must)이다. 그리고 구문에 맞게 동사의 인칭으로 유추할 수 있는 대명사를 붙일 수 있다.

33.4 **시상.** 현재시제의 명령법은 **현재** 명령법이라 부르며 지속적인 행동을 나타낸다. 부정과거시제의 명령법(시상 접두 모음이 없는)은 **부정과거** 명령법이라 부르며 부정적 행동을 나타낸다.[1]

명령법에는 시간의 의미가 없다. 따라서 현재 명령법이 반드시 현재 시점에서 말하는 명령을 나타내는 것은 아니다.

때로 시상의 의미를 살리기 위해 다소 어색하더라도 핵심 단어인 "계속해서"(continually)를 사용하여 현재 명령법을 번역할 수 있다.

형태

33.5 **개관표: 명령법.** 2인칭 단수 형태는 반드시 암기해야 한다. 그 외의 형태들은 규칙적이다. 두 명령법의 번역은 같다.

현재시제 어간 + 연결 모음 + 명령법 형태소

$$\lambda\upsilon + \varepsilon + \tau\omega \rightarrow \lambda\upsilon\acute{\varepsilon}\tau\omega$$

시상 접두 모음이 없는 부정과거시제 어간 + 시제 형태소 + 명령법 형태소

$$\lambda\upsilon + \sigma\alpha + \tau\omega \rightarrow \lambda\upsilon\sigma\acute{\alpha}\tau\omega$$

---

1   현재완료 명령법은 신약성경에 네 번만 등장한다. 심화학습을 참조하라.

33.6 **명령법 형태소 차트.** 2인칭 단수 명령법은 불규칙적으로 보인다.[2] 이 부분은 그냥 암기해야 한다. 다른 형태들은 다행히 규칙적이다. 중간태/수동태(곧, σθε)의 σθ가 능동태에서는 τ로 바뀐다는 사실을 기억해야 한다(τε).

	능동태와 부정과거 수동태	중간태/수동태
2인칭 단수	?	?
3인칭 단수	τω	σθω
2인칭 복수	τε	σθε
3인칭 복수	τωσαν	σθωσαν

33.7 현재 중간태와 부정과거 중간태의 명령법 형태소가 같은 것처럼, 현재 능동태와 부정과거 능동태의 명령법 형태소도 같다. 부정과거 수동태 형태소는 부정과거 능동태와 같다.

33.8 **변화표: 명령법**

	현재	제1부정과거	번역
능동태			
2인칭 단수	λῦε	λῦσον	(너는) 풀어라!
3인칭 단수	λυέτω	λυσάτω	그가 풀게 하라!
2인칭 복수	λύετε	λύσατε	(너희는) 풀어라!
3인칭 복수	λυέτωσαν	λυσάτωσαν	그들이 풀게 하라!

2   물론 불규칙적이지 않다. *MBG*, §70을 참조하라.

중간태

2인칭 단수	λύου	λῦσαι	(너는) 스스로 풀어라!
3인칭 단수	λυέσθω	λυσάσθω	그가 스스로 풀게 하라!
2인칭 복수	λύεσθε	λύσασθε	(너희는) 스스로 풀어라!
3인칭 복수	λυέσθωσαν	λυσάσθωσαν	그들이 스스로 풀게 하라!

수동태

2인칭 단수	λύου	λύθητι	(너는) 풀리도록 하라!
3인칭 단수	λυέσθω	λυθήτω	그가 풀리도록 하라!
2인칭 복수	λύεσθε	λύθητε	(너희는) 풀리도록 하라!
3인칭 복수	λυέσθωσαν	λυθήτωσαν	그들이 풀리도록 하라!

특별히 2인칭 단수 형태를 암기해야 한다는 사실을 명심하라. 현재형에는 연결 모음 ε이 온다. 제1부정과거에서 시상 접두 모음은 탈락하지만, 시제 형태소 σα와 θη는 남아 있다.

33.9 혼동하기 쉬운 형태

- 명령법(능동태와 중간태) 2인칭 복수 어미(ετε, εσθε; σατε, σασθε)에 속아서는 안 된다. 이 어미들은 직설법과 형태가 같기 때문이다. 현재시제에서는 문맥으로 특정한 형태가 서술인지 명령인지 결정한다. 부정과거에서는 시상 접두 모음이 없을 것이다.

  예를 들어 예수님이 제자들에게 ἔχετε πίστιν θεοῦ(막 11:22)라고 말씀하신다고 하면, ἔχετε는 예수님이 진술하고 있는 직설법일까, 아니면 믿음을 가지라고 하는 명령법일까? 흥미롭게도 이 본문에는 이문(textual variant)이 존재한다. 어떤 사본은 ἔχετε πίστιν θεοῦ 앞에 εἰ가 붙어서 "만일 네가 하나님을 믿는다면…"으로 직설법을 만든다.[3]

- λύου의 어미(현재 명령법 중간태/수동태 2인칭 단수)는 미완료과거 능동태 직설법 2인칭 단수 중간태/수동태의 어미처럼 보인다(시상 접두 모음 없이, ἐλύου).

- λῦσαι의 어미는 부정과거 능동태 부정사처럼 보인다.

---

3 번역하기 쉽지 않은 요한복음 14:1–2도 참조하라.

33.10 **제2부정과거**. 제2부정과거시제 어간으로 만든 부정과거 명령법의 어미는 현재 명령법의 어미와 같다. 다른 점은 시제 어간 뿐이다. 제2부정과거 수동태 명령법은 θ가 없다는 사실을 제외하면 마치 제1부정과거처럼 보인다.

	능동태	중간태	수동태
2인칭 단수	λάβε	γενοῦ	γράφητι
3인칭 단수	λαβέτω	γενέσθω	γραφήτω
2인칭 복수	λάβετε	γένεσθε	γράφητε
3인칭 복수	λαβέτωσαν	γενέσθωσαν	γραφήτωσαν

33.11 **축약동사**. 명령법에서 축약동사는 모두 규칙적이다. 물론 현재에서만 축약이 일어난다. 다음은 현재 능동태 변화이다. 중간태/수동태 변화표는 부록을 참조하라(576쪽).

	α 축약	ε 축약	ο 축약
2인칭 단수	ἀγάπα	ποίει	πλήρου
3인칭 단수	ἀγαπάτω	ποιείτω	πληρούτω
2인칭 복수	ἀγαπᾶτε	ποιεῖτε	πληροῦτε
3인칭 복수	ἀγαπάτωσαν	ποιείτωσαν	πληρούτωσαν

33.12 **εἰμί**. εἰμί의 명령법은 일반적인 명령법 형태소를 어근 *εσ에 붙여 만든다. εἰμί에는 부정과거 명령법이 없다.

2인칭 단수	ἴσθι
3인칭 단수	ἔστω

2인칭 복수	ἔστε
3인칭 복수	ἔστωσαν

33.13 **분해.** 명령법을 분해할 때, 시제, 태, "명령법", 인칭, 수, 기본형, 번역 순으로 나열한다.

ποιείτω. 현재, 능동태, 명령법, 3인칭, 단수, ποιέω, "그/그녀/그것이 하게 하라!"

의미

33.14 **시상.** 직설법 이외의 다른 모든 법과 마찬가지로, 명령법은 시상의 의미만 있고 시간의 의미는 없다. 헬라어와 영어의 차이 때문에 헬라어를 영어로 옮기기가 불가능할 때가 있다. 그래서 처음에는 현재 명령법을 번역할 때 "지속하다"(continue)와 "계속하다"(keep on)를 사용해도 괜찮다. 예를 들어 βλέψον(부정과거)의 의미가 "보라!"이면, βλέπε(현재)는 "계속해서 보라"(Keep on looking!)로 번역한다.

33.15 **명령.** 명령법은 동사가 명령을 표현할 때 사용된다.

> ἀκολούθει μοι(막 2:14).
> 너는 나를 따르라!

> δότε αὐτοῖς ὑμεῖς φαγεῖν(막 6:37).
> 너희가 그들에게 먹을 것을 주라!

33.16 명령법은 어떤 사람에게 무엇인가를 하도록 격려하거나 요구할 때도 사용한다. 이것을 **간청의 명령법**이라고 부른다. 우리는 하나님께 무엇을 하도록 "명령"하지 않는다. 영어와 헬라어 모두에서 하나님께 "간청"한다(예: "우리에게 일용할 양식을 주시옵소서").

> κύριε, δίδαξον ἡμᾶς προσεύχεσθαι(눅 11:1).
> 주여, 우리에게 기도하는 것을 가르쳐 주소서!

ἐλθέτω ἡ βασιλεία σου, γενηθήτω τὸ θέλημά σου (마 6:10).
당신의 나라가 오게 하시고, 당신의 뜻이 이루어지게 하소서!

금지와 부정

33.17 **금지.** 헬라어에서 "안 돼!"라고 말하거나 명령하는 몇 가지 방식이 있다. 놀라운 점은 이 모든 구문에는 저마다 자기만의 뉘앙스가 있다는 것인데, 헬라어를 이해해야 알 수 있는 내용이다. 불행하게도 번역만으로는 이 미묘한 의미의 차이는 전달하기가 쉽지 않다.

❶ **οὐ + 미래 직설법.** 단순 부정을 나타낸다.

οὐ μοιχεύσεις, οὐ φονεύσεις, οὐ κλέψεις, οὐκ ἐπιθυμήσεις (롬 13:9).
너는 간음하지 말라, 살인하지 말라, 도둑질하지 말라, 탐내지 말라!

❷ **μή + 현재 명령법.** 현재 명령이므로 화자는 지속적인 행동을 금지하고 있다.

μὴ μεριμνᾶτε τῇ ψυχῇ ὑμῶν (마 6:25).
너희는 너희 목숨에 대하여 염려하지 말라!

❸ **μή + 부정과거 명령법.** 부정과거 명령이므로 화자는 일시적인 행동을 금지하고 있다.

μὴ γνώτω ἡ ἀριστερά σου τί ποιεῖ ἡ δεξιά σου (마 6:3).
너의 오른손이 하는 일을 너의 왼손이 모르게 하라!

33.18 **강한 부정.** 가정법으로 강한 부정을 표현하는 데는 두 가지 방법이 있다.

❶ **μή + 부정과거 가정법.** 이 구문은 한 번 더 강하게 "안 돼!"라고 말하는 것이다.

μὴ νομίσητε ὅτι ἦλθον καταλῦσαι τὸν νόμον ἢ τοὺς προφήτας (마 5:17).
너희는 내가 율법이나 선지자를 폐지하러 왔다고 생각하지 말라!

μὴ φοβηθῇς παραλαβεῖν Μαριὰμ τὴν γυναῖκά σου (마 1:20).
너는 네 아내 마리아 데려오기를 무서워하지 말라!

❷ οὐ μή + 부정과거 가정법. 헬라어의 이중부정은 영어처럼 하나가 다른 하나를 부정하는 것이 아니다. οὐ와 μή의 결합은 매우 강한 의미를 내포하여, "이 일은 확실히 일어나지 않는다!"를 뜻한다. 위 4번 문구보다 더 강한 부정 명령으로, 미래의 상황을 가리킨다.

οἱ λόγοι μου *οὐ μὴ παρέλθωσιν*(마 24:35).
내 말은 없어지지 않을 것이다.

때로는 번역자가 "절대"(never)와 같은 단어를 넣어 금지의 의미를 더 강조하곤 하는데, 이에 대해서는 주의가 필요하다. 이 구문은 단 한 번의 부정을 강조하는 것이지, "영원한" 부정을 강조하는 것이 아니기 때문이다. 그러나 영어에 이런 강한 부정을 강조하는 비슷한 구문이 없으므로, "절대"를 사용하는 것이 아마도 가장 헬라어에 근접한 번역일 것이다.

심화학습에서 금지의 용법으로 사용하는 현재와 부정과거 명령법의 의미에 대해 좀 더 자세하게 살펴볼 것이다.

요약

❶ 명령법은 명령과 기원을 나타내는 동사 형태이다.
❷ 2인칭(영어와 같음)과 3인칭("let"과 대명사를 사용하여 번역하는) 명령법이 있다.
❸ 현재시제 어간으로 만든 현재(미완료적) 명령법은 지속적 행동을 나타낸다. 부정과거시제 어간으로 만든 부정과거(완료적) 명령법(시상 접두 모음이 없는)은 부정적 행동을 나타낸다. 명령법에는 시간적 의미가 없다.
❹ 명령법 형태소 차트. 2인칭 단수 형태는 암기해야 한다.

	능동태와 부정과거 수동태	중간태/수동태
2인칭 단수	?	?
3인칭 단수	τω	σθω
2인칭 복수	τε	σθε
3인칭 복수	τωσαν	σθωσαν

❺ 명령법

		능동태	중간태/수동태	수동태
현재	2인칭 단수	λῦε	λύου	λύου
	3인칭 단수	λυέτω	λυέσθω	λυέσθω
제1부정과거	2인칭 단수	λῦσον	λῦσαι	λύθητι
	3인칭 단수	λυσάτω	λυσάσθω	λυθήτω
제2부정과거	2인칭 단수	λάβε	γενοῦ	γράφητι
	3인칭 단수	λαβέτω	γενέσθω	γραφήτω

❻ 시상의 차이는 영어로 번역하기가 쉽지 않다. 일단은 현재시제 명령법을 번역할 때 "계속해서"라는 단어를 사용할 수 있다.

❼ 직설법, 명령법, 가정법을 사용하여 금지와 부정을 표현하는 데는 다섯 가지 방식이 있다.
- οὐ + 미래 직설법.
- μή + 현재 명령법. 지속적인 행동을 금지한다.
- μή + 부정과거 명령법. 부정적인 행동을 금지한다.
- μή + 부정과거 가정법. "안 돼!"
- οὐ μή + 부정과거 가정법. "이 일은 분명히 일어나지 않을 것이다!"

ἀπόλλυμι[4]	(ἀπό + *ὄλ, 90)[5]
	능동태: 멸망시키다, 죽이다
	중간태: 죽다, 멸망하다
	(ἀπώλλυον), ἀπολέσω 또는 ἀπολῶ, ἀπώλεσα, ἀπόλωλα, −, −
	ἀπόλλυμι는 복합동사이므로 시상 접두 모음은 α가 아니라 o이다. 현재시제에서 이 동사는 어간 형성 모음이 없이 변화한다(34장). 다른 시제에서는 지금까지 배운 대로 어간 형성 모음이 변화한다. 따라서 이 동사가 어떻게 다른 시제들을 형성하는지 볼 수 있다.
ἀπολύω	풀어 주다, 해방하다 (ἀπό + *λυ, 66)
	(ἀπέλυον), ἀπολύσω, ἀπέλυσα, −, ἀπολέλυμαι, ἀπελύθην
εἴτε	만약 ~라면(if), ~인지 아닌지(whether) (65)

신약성경의 전체 단어 수:	138,148
지금까지 배운 어휘 수:	304
이번 장에 나오는 단어의 신약성경 사용 횟수:	221
현재까지 배운 단어의 신약성경 사용 횟수:	112,238
신약성경에 사용된 총 단어에 대한 비율:	81.24%

심화학습

33.19 **금지에 관한 최근 연구.** 지난 수년간, 부정과거(완료적) 명령법은 "시작하지 말라!"를 의미하지만, 현재(미완료적) 명령법은 기본적으로 "현재 계속하고 있는 일을 멈추라!"를 의미한다고 알

---

4   이 동사의 어간은 *ολ이다. 현재시제 어간을 만들 때 어근에 νυ를 붙이는 동사에 속한다. 그러나 ν는 λ에 동화된다(*MBG*, §13과 309쪽을 참조하라). *ολ + νυ → ολλυ → ὄλλυμι. 이것이 다른 시제에서는 λ가 하나만 있는 이유이다.

5   무저갱의 사자(Apollyon)는 Ἀπολλύων에서 나왔고, 요한계시록 9:11에서 멸망시키는 천사를 가리킨다.

려져 왔다. 몰턴(Moulton)[6]은 현대 헬라어를 공부했던 데이비드슨(Davidson)과의 논의를 들려준다. 이 논의에서 데이비드슨은 금지를 의미하는 지속적 명령법과 부정적 명령법 간의 차이를 발견했다. 어느 날 현대 헬라어를 구사하는 그의 친구가 개에게 그만 짖으라고 소리를 지르면서, "짖지 마!"라는 지속적 명령법을 사용했다. 그는 플라톤의 『소크라테스의 변론』(Apology)을 찾아보고, 현대 헬라어에서 적용되는 이 의미가 고전 헬라어에서도 똑같이 적용되었다고 판단했다. 그는 현재시제로 된 금지는 이미 진행 중인 행동을 금지하는 데 사용되었고, 이것이 코이네 헬라어로 전달되었다고 생각했다.

그런데도 이런 이해가 과연 정확한지에 대한 질문은 계속 이어지고 있다.[7] 필자는 부정과거가 부정적 행동을 금지하며, 현재는 지속적인 행동을 금지한다고 생각한다. 데이비드슨의 이웃은 계속해서 짖고 있는 개에게 말한 것이다.

그와 동시에 필자는 부정과거의 금지 명령은 "특정한 경우"("특정한 명령")에 사용되는 경향이 있고, 현재의 금지 명령은 "태도와 행동"("일반적 가르침")에 사용되는 경향이 있다는 패닝의 의견도 지지한다.[8]

이는 주해에서 중요한 부분이라고 할 수 있다. 예를 들어 바울은 디모데에게 허탄한 신화들을 버리라고 말하면서 현재 명령법을 사용한다(παραιτοῦ, 딤전 4:7). 만약 현재 명령법이 지금 계속되고 있는 행동을 금지하는 것이라면, 이것은 디모데가 신화들에 실제로 연관했다는 말이 된다. 그러나 이는 에베소와 다른 곳에서 사역했던 디모데에 대한 우리의 생각과는 잘 맞지 않는다. 그런데 만약 현재 명령법이 이 의미를 전하는 것이 아니라, 바울이 "일반적인 교훈"(지속해야 하는 성격을 가진)과 관련해서 이 명령을 하는 것이라면, 의미는 어떻게 달라질까? 다시 말해, 바울이 디모데에게 했던 현재 명령이 계속해서 신화를 멀리하라는 의미였다면, 이 본문은 지금 디모데가 에베소의 신화들과 연관했는지의 여부를 말하는 것이 아니라고 볼 수 있다.

33.20 **현재완료 명령.** 신약에서는 현재완료(복합적) 명령이 네 번 등장한다.

- πεφίμωσο(φιμόω, 막 4:39)
- ἔρρωσθε(ῥώννυμι, 행 15:29)
- ἴστε(οἶδα, 엡 5:5; 약 1:19)

---

6   *A Grammar of New Testament Greek*, 3rd edition(London: T & T Clark, 1985), 1:122.

7   패닝(325-388쪽)과 월리스(485, 714-717쪽)의 논의를 살펴보라.

8   Fanning, 327과 *BDF*, 335에서 인용했다. 패닝은 "현재는 발생하는 사건을 내부적인 관점에서 묘사한다. 발생하는 사건의 진행과정이나 내부적인 세부 사항에 초점을 맞춘다. 이에 반해 부정과거는 외부적인 관점에서 본다. 내부적인 세부 사항에 초점을 맞추지 않고, 처음과 끝의 전체적인 측면에서 일어나는 사건을 본다"(그의 책 388쪽)라고 덧붙인다.

34 δίδωμι의 직설법

본문 주해 맛보기

십자가는 십자가에 못 박혀 돌아가신 그리스도로 확대되면서 항상 기독교 신앙에서 핵심적인 중요성을 지녀왔다. 특별히 바울이 십자가를 중요하게 여겼는데, 복음서 저자들을 제외하면, 그는 십자가(σταυρός)에 관해 말했던 가장 중요한 저자라고 할 수 있다. 이와 마찬가지로 "십자가에 못 박다"라는 뜻을 가진 동사 σταυρόω는 복음서 외에 바울서신에서 가장 자주 등장한다.

갈라디아서 6:14-15은 바울 자신의 권위로 직접 기록한(6:11) 이 서신에서 해석학적 열쇠가 되는 부분(6:11-18)에 속해 있는 구절이다. 14절에서 바울은 명사형과 동사형을 모두 사용하여, 우리 주 예수 그리스도의 십자가(ἐν τῷ σταυρῷ τοῦ κυρίου ἡμῶν Ἰησοῦ Χριστοῦ) 그의 유일한 자랑이라고 말하며, 그 방법(예수 그리스도의 십자가)을 통해서(δι' οὗ), 그의 편에서 보면 세상이 십자가에 못 박혔다(κόσμος ἐσταύρωται)고 말한다. 계속해서 그는 본질적으로 중요한 유일한 것은 새롭게 창조되는 것이라고 말한다(갈 5:6, 비슷한 내용이 담긴 고전 7:19과 비교해 보라). 구속 역사에서 십자가는 바울에게 새로운 창조를 가져오는 핵심이었기 때문이다(고후 5:17을 보라).

십자가의 중요성에 대한 강조는 초기 신약성경의 사본들에 잘 나타나 있다. 가장 초기의 사본들이 만들어질 때, 필사자들은 지금은 "노미나 사크라"(nomina sacra)라고 불리는(라틴어로 "신성한 이름들"이라는 뜻) 하나님, 예수님, 그리스도, 주와 같은 이름들을 문자 위에 선을 그어 약명(略名, 축약된 명칭)으로 기록하기 시작했다. 그리고 시간이 지날수록 이런 방식으로 표현하는 단어들이 추가되었다. 이미 기원후 200년에는 σταυρός와 σταυρόω가 "노미나 사크라"로 기록되었다. 게다가, 이 단어들을 위해 타우(T)와 로(P)가 결합한 독특한 형태(₱)가 생겨났다. 이 특별한 형태는 오늘날 스타우로그램이라 부르는데, 이것은 십자가와 그 위에 못 박히신 그리스도를 상징하는 가장 초기의 시각적인 상징들 가운데 하나였다.

우리의 문화에서 십자가는 종종 캐주얼 패션의 액세서리로 사용된다. 그러나 그리스도인들에게 십자가는 매우 중요하다. 십자가는 하나님의 은혜와 공의가 만나는 역사의 한 시점을 상징한다. 십자가는 세상의 거짓된 이데올로기들이 우리에게서 죽고, 십자가로 우리가 새롭게 창조되었다는 것을 의미한다. "십자가의 도가 멸망하는 자들에게는 미련한 것이요 구원을 받는 우리에게는 하나님의 능력이라"(고전 1:18).

릭 베넷(Rick D. Bennett, Jr.)

개요

이번 장에서 배울 내용은 다음과 같다.
- 다른 범주에 속하는 동사를 배우는데, 이 동사들은 특히 현재시제에서 다르게 변한다.
- 그 변화를 지배하는 다섯 가지 법칙을 배운다.

영어로 개념 잡기

34.1   영어에는 μι 동사와 조금도 비슷한 동사가 없다.

헬라어 문법

34.2   지금까지는 동사들의 어미가 모두 기본적으로 같은 형태였다. 축약과 자음의 변화 때문에, 어미가 약간 다른 형태를 가지는 것처럼 보이긴 했지만, 동사의 형태는 대부분 같았다. 능동태 1인칭 단수에는 오메가가 어미로 오며, 시제들에는 대부분 연결 모음이나 모음으로 끝나는 시제 형태소가 온다. 우리가 지금까지 배운 모든 형태는 **어간 형성 모음 변화**에 속한다. 어간 형성 모음 또는 이 책에서 "연결 모음"이라고 부르는 것을 사용하기 때문이다.

사실 εἰμί는 μι 동사이다. 그러나 다른 μι 동사와는 차이가 있으므로, 이 둘을 비교하는 것이 항상 유익하지는 않다.

34.3 실제로 몇 가지 다른 이름으로 부르는 동사 변화가 있다. 이 동사 변화는 때로 **어간 형성 모음이 없는**[1] **변화**라고 부르는데, 이유는 동사가 변화할 때 어간 형성 모음이 없기 때문이다. 때로 이 변화를 **μι 동사 변화**, 또는 그냥 **μι 동사**로 부르기도 하는데, 사전적 어미 형태가 ω(λύω)가 아니라 μι(δίδωμι, "주다")이기 때문이다.

여기서 좋은 소식과 나쁜 소식이 있다. 우선 나쁜 소식은 이 동사 형태가 너무 심하게 변해서 거의 파악하지 못할 수 있다는 점이다. 하지만 좋은 소식은 이 동사들이 아주 극소수라는 점이다. 또 나쁜 소식이 있는데, 이 소수의 μι 동사들이 자주 등장한다는 점이다. 하지만 또 좋은 소식은 이 변화가 대부분 현재시제에서만 일어난다는 점이다.

어형변화처럼, 이 차이점은 단어의 의미에는 영향을 미치지 않고 오직 형태에만 영향을 준다. δίδωμι가 μι 동사에서 형성되었든, 어간 형성 모음 변화(δίδω는 실제로 존재하는 단어가 아니다) 동사에서 형성되었든, 그것은 중요하지 않다. 형태가 어쨌든 이 동사는 "나는 준다"(I give)를 의미한다.

34.4 μι 동사의 형태를 익히는 데는 두 가지 방법이 있다. 첫 번째 방법은 330개의 형태를 다 외우는 것이다. 하지만 이 방식은 거의 불가능한데, 이유는 이 형태들이 매우 다양하면서도 자주 등장하는 것이 아니기 때문이다. 두 번째 방법은 좀 더 바람직한 접근 방식이라고 할 수 있는데, 이 책에서 제시하는 다섯 가지 기본 법칙을 외우고 실제로 이 동사들을 만났을 때 그 변화된 형태의 의미를 파악하는 것이다. 이 두 번째 방식을 배워보도록 하자.

이 방법으로 μι 동사를 배울 때 한 가지 단점이 있는데, 그것은 우리가 모든 변화표를 익힌다는 보장이 없다는 사실이다. 그러나 헬라어를 꾸준히 사용하는 사람들조차 기계적인 암기로 μι 동사 변화표를 기억해 내기는 쉽지 않다. 따라서 기계적인 암기가 필수적이라고 할 수는 없다. 오히려 다섯 가지 법칙을 익히고 그 변화를 파악하는 데 집중하는 것이 훨씬 낫다. (만일 정말로 암기하기를 원한다면, 부록을 확인해 보라. 변화형의 대부분이 거기에 있다.)

μι 동사를 익히는 데 도움이 되는 특별한 방법이 있다. μι 동사는 자주 나타나지만, 많은 형태로 나타나는 것은 아니다. 모든 변화표를 외우면, 신약에 나타나지 않는 수백 개의 형태까지 다 외우는 셈이다. 왜 그래야 하겠는가?

34.5 **네 가지 종류.** μι 동사는 어간의 모음에 따라 분류한다. δίδωμι는 어간의 모음으로 ο 모음을 갖

---

1   영어 "athematic"은 헬라어에서 부정을 만드는 α(영어에서 접두사 "un – "["unlikely"]이나 "ir – "["irregular"]와 유사하다)와 어간 형성 모음의 사용을 뜻하는 명사 "thematic"(어간 형성 모음)의 복합어이다. 그러므로 "athematic"는 "어간 형성 모음이 없다"는 의미이다.

는다(*δο). ο 모음을 어간의 모음으로 가지는 모든 동사는 δίδωμι와 같은 패턴을 따른다. α 축약동사가 ἀγαπάω와 같은 패턴을 따르는 것과 같다. 이번 장에서는 δίδωμι의 변화 패턴에 대해 배울 것이다.

나머지 세 종류는 어간이 α(*στα → ἵστημι), ε(*θε → τίθημι), υ(*δεικνυ → δείκνυμι)으로 끝나는 동사들이다. 다음 장에서 이 세 종류를 살펴보려고 한다. μι 동사를 배울 때 좋은 점은 하나의 패턴을 알면 다른 모든 패턴을 알 수 있다는 것이다. 즉 δίδωμι 동사가 미래에서 어떻게 변하든, τίθημι도 미래에서 같은 패턴으로 변한다. 어간의 모음이 ω가 아닌 η이기는 하지만 말이다.

μι 동사 법칙

34.6   **법칙 1:** μι 동사는 현재시제에서 어간의 첫 글자를 중복하고, 반복된 자음 사이에 ι를 넣어 두 자음을 분리한다. δίδωμι 동사의 어근은 *δο이다. 현재시제 어간을 만들기 위해서는 첫 δ를 중복하고 ι로 그 둘을 분리한다. 거기에 인칭 어미 μι가 붙는다(법칙 3).현재 단수에서 ο은 ω로 길어진다(법칙 4).

δο → διδο → διδω → δίδωμι

그러므로 항상 μι 동사의 어간을 기본형과 함께 암기해야 한다. 늘 그렇듯, 이것은 단어학습에 잘 나와 있다. ι와 함께 중복되는 자음은 현재와 미완료과거에서만 나타난다. 다른 시제에서는 어근을 파악할 수 있어야 한다. 다른 시제에서는 어간 중복이 없어서 명확히 알 수 있을 것이다.

예를 들어 δώσω를 현재시제 어간으로 분해할 수는 없을 것이다. 하지만 동사의 어근이 *δο라는 것을 알면, 이 단어가 미래 1인칭 단수이고 규칙적으로(길어진 어간 모음과 함께, 법칙 4) 변한 것이 분명해진다.

δο → δω + σ + ω → δώσω

동사 어근을 중복하여 현재시제 어간을 만든다면, 현재와 현재완료를 어떻게 구분할 수 있을까? 이 부분을 잠시 생각해 보자. 맞다. 현재완료도 어간 중복이 일어나지만, 어간 형성 모음 변화처럼 그 중복된 자음을 분리하는 모음은 ε이 된다.

*δο → δεδο → δέδωκα.

	현재	부정과거	현재완료	εἰμί
1인칭 단수	δίδωμι	ἔδωκα	δέδωκα	εἰμί
2인칭 단수	δίδως	ἔδωκας	δέδωκας	εἶ
3인칭 단수	δίδωσι(ν)	ἔδωκε(ν)	δέδωκε(ν)	ἐστί(ν)
1인칭 복수	δίδομεν	ἐδώκαμεν	δεδώκαμεν	ἐσμέν
2인칭 복수	δίδοτε	ἐδώκατε	δεδώκατε	ἐστέ
3인칭 복수	διδόασι(ν)	ἔδωκαν	δέδωκαν	εἰσίν

34.7 **법칙 2:** μι 동사에는 현재 직설법에서 대체로 연결 모음(곧, "어간 형성 모음")이 오지 않는다. 인칭 어미가 어간에 직접 붙는다.

δι + δο + μεν → δίδομεν.

연결 모음은 미완료과거 단수와 미래에서 사용한다(아래 34.11에 나오는 표를 보라).

34.8 **법칙 3:** μι 동사는 현재 능동태 직설법에서 세 개의 다른 인칭 어미를 사용한다(μι, σι, ασι).

	μι 동사		어간 형성 모음 변화	
1인칭 단수	δίδωμι	μι	λύω	–
2인칭 단수	δίδως	ς	λύεις	ς
3인칭 단수	δίδωσι(ν)	σι	λύει	ι
1인칭 복수	δίδομεν	μεν	λύομεν	μεν
2인칭 복수	δίδοτε	τε	λύετε	τε
3인칭 복수	διδόασι(ν)	ασι	λύουσι(ν)	νσι

위에서 볼 수 있듯이, μι 동사는 세 곳(δίδως, δίδομεν, δίδοτε)에서 어간 형성 모음 변화 동사와 같은 어미를 사용한다. 그러나 다른 세 곳에서는 어미가 달라진다(δίδωμι, δίδωσι[ν], διδόασι[ν]). 이 부분은 암기해야 한다.

그러나 μι 동사가 다른 어미를 사용하는 유일한 곳은 현재 능동태뿐이다. 그 외의 다른 모든 시제에서는 어간 형성 모음 변화 동사와 같은 어미를 사용한다. 그렇다고 해서 두 변화가 완전히 같다는 말은 아니다(대부분 같다). 이 사실은 우리가 정확한 인칭 어미를 익혔다면 더는 배울 것이 없음을 의미한다. 예를 들면 현재 중간태/수동태의 변화표는 다음과 같다.

	μι 동사		어간 형성 모음 변화	
1인칭 단수	δίδομαι	μαι	λύομαι	μαι
2인칭 단수	δίδοσαι	σαι	λύῃ	σαι
3인칭 단수	δίδοται	ται	λύεται	ται
1인칭 복수	διδόμεθα	μεθα	λυόμεθα	μεθα
2인칭 복수	δίδοσθε	σθε	λύεσθε	σθε
3인칭 복수	δίδονται	νται	λύονται	νται

2인칭 단수 어미(σαι)는 이미 배운 λύω의 변화형과 약간 다른 형태를 보이지만, 현재완료 중간태/수동태(예: λέλυσαι)에서 본 것처럼, 이것은 정확한 형태의 인칭 어미이다. 어간 형성 모음 변화의 동사는 대부분 σ가 없어지면서 축약이 일어난다.[2]

34.9 **법칙 4:** μι 동사의 어간 모음은 길어지거나, 짧아지거나, 탈락한다(모음 전환). 어간의 모음이 길어지거나, 짧아지거나, 탈락하는 경우를 지배하는 규칙들이 있긴 하지만, 사실 그런 규칙을 다 알아야 할 필요는 없고, 그렇게 변한다는 것을 알고 있으면 된다. 어간의 모음이 짧아진 이유를 다 알아야 할 필요는 없다. 단지 어간의 모음이 짧아진 것을 파악할 수 있으면 된다.[3]

예를 들어 현재 직설법 변화표에서 단수는 모음이 길다(δίδωμι). 그러나 복수는 모음이 짧

2   어간 형성 모음이 없는 변화에서는 탈락하지 않는데, 그 이유는 연결 모음이 앞에 없기 때문이다.
3   선생님마다 선호하는 방식이 다를 수 있으니 반드시 물어봐야 한다.

다(δίδομεν). 중간태와 수동태에서는 항상 짧다.

δώσω의 형태를 보자. 여기서 δώσω 형태가 맞는지, δόσω 형태가 맞는지를 아는 것은 사실 중요하지 않다. 동사 어근이 *δο라는 것을 일단 파악하면, δώσω는 미래형일 수밖에 없다는 것을 알 수 있다.

어간 모음의 길이에 관해 궁금하다면, 34.11에 있는 변화표를 보라.

34.10 **법칙 5:** 대부분의 μι 동사에는 부정과거의 시제 형태소로 κα가 나온다. 이것을 "카파 부정과거"라고 부른다. 제1부정과거와 현재완료 변화표를 비교해 보라.

	μι 동사	어간 형성 모음 변화	
1인칭 단수	ἔδωκα	ἔλυσα	λέλυκα
2인칭 단수	ἔδωκας	ἔλυσας	λέλυκας
3인칭 단수	ἔδωκε(ν)	ἔλυσε(ν)	λέλυκε(ν)
1인칭 복수	ἐδώκαμεν	ἐλύσαμεν	λελύκαμεν
2인칭 복수	ἐδώκατε	ἐλύσατε	λελύκατε
3인칭 복수	ἔδωκαν	ἔλυσαν	λελύκαν

μι 동사의 부정과거형과 어간 형성 모음 변화 동사의 현재완료형은 똑같은 시제 형태소로 κα를 사용하는데, 이 둘의 차이는 무엇일까? 그렇다! 현재완료는 어간 중복을 한다는 것이다(중복된 자음을 분리하는 ε과 함께). ἔδωκα와 λέλυκα를 비교하라.

34.11 **δίδωμι의 직설법(능동태)**

	현재	미완료과거	미래	부정과거	현재완료
1인칭 단수	δίδωμι	ἐδίδουν	δώσω	ἔδωκα	δέδωκα
2인칭 단수	δίδως	ἐδίδους	δώσεις	ἔδωκας	δέδωκας
3인칭 단수	δίδωσι(ν)	ἐδίδου	δώσει	ἔδωκε(ν)	δέδωκε(ν)

1인칭 복수	δίδομεν	ἐδίδομεν	δώσομεν	ἐδώκαμεν	δεδώκαμεν
2인칭 복수	δίδοτε	ἐδίδοτε	δώσετε	ἐδώκατε	δεδώκατε
3인칭 복수	διδόασι(ν)	ἐδίδουν	δώσουσι(ν)	ἔδωκαν	δεδώκαν

미완료과거 단수에서 어미는 연결 모음으로 만든다. 미래형은 어간 형성 모음 변화의 형태와 같다. 직설법 이외의 다른 형태는 다음 장에서 살펴볼 것이다.

　　중간태/수동태 변화표는 나오지 않았다. 부록에서 전체 변화표를 확인하라.

실습하기

몇 가지 변화 형태를 살피고, 이 법칙들을 적용하기가 얼마나 쉬운지 확인해 보자.

δώσετε　　시상 접두 모음, 어간 중복, κα가 없이 원래의 동사 어근(*δο)만 있다. 그러나 σ가 있으므로 미래일 수밖에 없다. 2인칭 복수형이다.

ἐδίδους　　ι와 함께 어간 중복이 나타나기 때문에 현재시제 어간이다. 시상 접두 모음은 미완료라는 사실을 알려준다. 2인칭 단수형이다.

ἔδωκα　　단순한 동사의 어근에 시상 접두 모음, 시제 형태소 κα가 붙었다. 부정과거일 수밖에 없다. 1인칭 단수형이다.

δίδωσιν　　ι와 함께 어간이 중복되지만 시상 접두 모음이 없으므로, 이것은 현재이다. 3인칭 단수형이다.[4]

δέδωκε　　어간 중복은 현재일 수 있지만, ε이 있다는 사실에 주의해야 한다. 이 동사는 현재 완료일 수밖에 없다. 3인칭 단수형이다.

4　　가정법일 수도 있다. 다음 장에서 다룰 것이다.

요약

❶ μι 동사는 첫 번째 어간의 문자를 중복해서 현재형을 만들며, 중복된 자음을 ι로 분리한다. μι 동사의 어근과 사전적 형태를 암기해야 한다.

❷ μι 동사는 보통 현재 직설법에서 연결 모음을 사용하지 않는다("어간 형성 모음 없음").

❸ μι 동사는 현재 능동태 직설법에서 세 개의 다른 인칭 어미를 사용한다.(예: δίδωμι, δίδωσι[ν], διδόασι[ν]).

❹ μι 동사의 어간 모음은 길어지거나, 짧아지거나, 탈락한다. 이 변화가 일어나는 이유는 중요하지 않고, 그것을 파악할 수 있으면 된다.

❺ 대부분 μι 동사는 부정과거에서 시제 형태소로 κα를 사용한다.

단어학습

δίδωμι	주다, 맡기다 (*δο, 415)[5]
	(ἐδίδουν) δώσω, ἔδωκα, δέδωκα, δέδομαι, ἐδόθην
	δίδωμι 동사가 직설법 외에 사용될 때는, δῷ(가정법), δός(명령법), δοῦναι(부정사), δούς(분사)와 같은 제2부정과거 형태들을 볼 수 있다.
ἔθνος, −ους, τό	(*ἔθνες, 162)
	단수: 국가
	복수: 이방인(들)
λοιπός, −ή, −όν	(*λοιπο, 55)
	형용사: 남은
	명사: 남은 자(들)
	부사: 그 외에는, 지금부터는
Μωϋσῆς, −έως, ὁ	모세 (*μωϋση, 80)
	Μωϋσῆς는 그 어미가 불규칙하게 변화한다.
	Μωϋσῆς, Μωϋσέως, Μωϋσεῖ, Μωϋσῆν.

5   방어 수단(antidote[ἀντί + δοτος])은 어떤 것에 대한 대항의 수단으로 주어진 것을 말하는데, 예를 들면 독과 같은 것에 대항하는 해독제가 여기에 해당한다.

παραδίδωμι	전하다, 맡기다, 넘겨주다 (παρά + *δο, 119)
	(παρεδίδουν), παραδώσω, παρέδωκα, παραδέδωκα, παραδέδομαι,
	παρεδόθην
πίπτω	떨어지다, 넘어지다 (*πετ, 90)[6]
	(ἔπιπτον), πεσοῦμαι, ἔπεσον or ἔπεσα, πέπτωκα, −, −
	πίπτω는 제2부정과거(ἔπεσον)와 제1부정과거(ἔπεσα)를 모두 가진다.
ὑπάρχω	~이다, 존재하다 (ὑπό + *ἀρχ, 60)
	(ὑπῆρχον), −, −, −, −, −
	τά ὑπάρχοντα는 "누군가의 소유물들"을 의미한다. ὑπάρχω는 εἰμί와
	γίνομαι처럼 술어적 주격을 취할 수 있다.

신약성경의 전체 단어 수:	138,148
지금까지 배운 어휘 수:	311
이번 장에 나오는 단어의 신약성경 사용 횟수:	981
현재까지 배운 단어의 신약성경 사용 횟수:	113,219
신약성경에 사용된 총 단어에 대한 비율:	81.96%

6   동사 어근은 현재시제에서 어간 모음 ε을 잃는다. 그리고 μι 동사가 아니긴 하지만, 어간이 중복된다(*πετ → πτ → πιπτ + ω → πίπτω). 미래와 부정과거에서 τ는 σ 앞에서 없어지고, 현재완료 능동태에서는 남아 있다.

35 δίδωμι의 직설법 이외의 법과 조건문

본문 주해 맛보기

성경의 저자들은 우리와 우리의 구원을 위한 하나님의 행동에 대해 매우 솔직하고 단도직입적이었다. 그래서 하나님의 이름이 전혀 포함되지 않은 표현들 속에 하나님의 주권적인 은혜가 숨겨져 있다는 사실은 신약성경 헬라어를 배우는 학생들에게 놀라움으로 다가올 수도 있다. 막스 제르빅(Max Zerwick)이 "신학적 수동태"라고 불렀던 구문도 이런 경우라고 할 수 있다. 하나님을 직접 언급하기를 꺼리는 유대인의 태도는 예수님이 미래 수동태 직설법을 사용할 때도 자주 나타난다. 아마도 수사학적 효과를 위해 사용한 절제된 표현(understatement) 중 하나일 것이다.

팔복에는 네 가지 대표적인 예가 등장하는데, 여기서 예수님은 당신이 "복되다"라고 선언하신 자들에 대해 말씀하신다. 이 복된 자들은 "위로를 받을 것"(마 5:4)이고, "배부를 것"(5:6)이고, "긍휼히 여김을 받을 것"(5:7)이고, "하나님의 아들이라 일컬음을 받을 것"(5:9)이다. 이는 하나님이 그들을 위로하시고, 채우시고, 긍휼히 여기시며, 그의 자녀라고 불러주실 것이라는 의미이다. 응답받는 기도에 관한 약속에서도 예수님은 "구하라 그러면 너희에게 주실 것이요 … 두드리라 그러면 열릴 것이라"(눅 11:9)라고 말씀하신다. 분명히 하나님은 주는 분이시고 문을 열어주는 분이시다.

부정과거 수동태는 신학적 수동태로 자주 사용되지는 않지만, 그런데도 베드로는 선지자들에 대해 말하면서, 그들은 그들의 예언이 바로 우리를 위한 것임을 "계시로 알게 된"(즉 하나님이 그들에게 계시한 것이다) 자들이라고 언급한다(벧전 1:12). 하나님의 통치는 요한계시록에 나타난 무서운 심판까지 포함하는데, 여기서는 네 말을 탄 자들에게 칼과 기근과 질병으로 멸하는 권세가 "주어졌다"(ἐδόθη, 계 6:8). 요한 자신에게는 심판을 위해 성전과 제단을 측량하는 갈대가 "주어졌다"(ἐδόθη, 11:1). 여기서도 하나님은 표현되지 않지만, 권세와 갈대를 주는 분으로 나타나신다.

영어에서는 수동태를 대개 문장력이 약하다는 신호로 간주하지만, 헬라어에서는 하나님이 역사하고 계신다는 분명한 신호가 될 수 있다.

J. 램지 마이클스(J. Ramsey Michaels)

개요

이번 장에서 배울 내용은 다음과 같다.
- δίδωμι의 직설법 이외의 형태.
- 제1형과 제2형 조건문.

δίδωμι의 가정법

35.1   **가정법.** 직설법을 제외한 나머지 법에서 μι 동사의 형태는 오히려 파악하기가 쉽다. 가정법과 현재 및 부정과거의 유일한 차이는 어간 중복이다.

중요한 점: δίδωμι는 직설법에서 제1부정과거형이 사용되고, 직설법 이외에서는 제2부정과거형이 사용된다.

다음은 δίδωμι의 가정법 형태이다. 현재시제 가정법은 신약성경에 나타나지 않는다.[1] 그러나 다른 μι 동사를 배우는 데 기초가 되기 때문에(36장), 이 형태를 알아야 할 필요가 있다.[2]

---

1   복합동사 παραδίδωμι는 고린도전서 15:24에서 현재 능동태 가정법 형태(παραδιδῷ)로 한 번 나타난다. δίδωμι의 복합동사는 신약성경에서 현재 중간태나 수동태로 나타나지 않는다.
2   δίδωμι와 δίδωμι에서 만든 복합동사의 부정과거 능동태 가정법은 36번 등장한다. 중간태는 없고 수동태는 4번 나온다(δοθῇ, παραδοθῶ).

	현재	제2부정과거
능동태		
1인칭 단수	διδῶ	δῶ
2인칭 단수	διδῷς	δῷς
3인칭 단수	διδῷ	δῷ [3]
1인칭 복수	διδῶμεν	δῶμεν
2인칭 복수	διδῶτε	δῶτε
3인칭 복수	διδῶσι(ν)	δῶσι(ν)
중간태		
1인칭 단수	διδῶμαι	δῶμαι
2인칭 단수	διδῷ	δῷ
3인칭 단수	διδῶται	δῶται
1인칭 복수	διδώμεθα	δώμεθα
2인칭 복수	διδῶσθε	δῶσθε
3인칭 복수	διδῶνται	δῶνται
수동태		
1인칭 단수	διδῶμαι	δοθῶ
2인칭 단수	διδῷ	δοθῇς
3인칭 단수	διδῶται	δοθῇ
1인칭 복수	διδώμεθα	δοθῶμεν
2인칭 복수	διδῶσθε	δοθῆτε
3인칭 복수	διδῶνται	δοθῶσι(ν)

3   막 8:37에는 δῷ가 δοῖ로 쓰여 있다. 연습문제에서 확인할 수 있다.

35.2 **명령법.** 명령법도 분간하기 쉽다. μι 동사에는 어간 형성 모음이 없으므로 명령법 형태소가 동사 어근에 직접 붙는다는 사실을 기억하라.[4]

	현재	제2부정과거
능동태		
2인칭 단수	δίδου	δός
3인칭 단수	διδότω	δότω
2인칭 복수	δίδοτε	δότε
3인칭 복수	διδότωσαν	δότωσαν
중간태		
2인칭 단수	δίδοσο	δοῦ
3인칭 단수	διδόσθω	δόσθω
2인칭 복수	δίδοσθε	δόσθε
3인칭 복수	διδόσθωσαν	δόσθωσαν
수동태		
2인칭 단수	δίδοσο	δόθητι
3인칭 단수	διδόσθω	δοθήτω
2인칭 복수	δίδοσθε	δόθητε
3인칭 복수	διδόσθωσαν	δοθήτωσαν

4   신약성경에는 2인칭 형태만 나타난다. δίδωμι(그리고 이 단어로 만든 복합동사)는 중간태나 수동태 명령형으로 나타나지 않는다. 하지만 이것이 어떻게 형성되는지 알 수 있도록 그 형태들을 함께 나열했다.

δίδωμι의 부정사

35.3 **부정사.** 이 부분은 별로 새로울 것이 없다.

	현재	제2부정과거
능동태	διδόναι	δοῦναι
중간태	δίδοσθαι	δόσθαι[5]
수동태	δίδοσθαι[6]	δοθῆναι

δίδωμι의 분사

35.4 **분사.** 이 부분도 별로 새로울 것이 없다.

	현재	제2부정과거
능동태	διδούς, διδοῦσα, διδόν διδόντος, διδούσης, διδόντος	δούς, δοῦσα, δόν δόντος, δούσης, δόντος
중간태	διδόμενος, η, ον διδομένου, ης, ου	δόμενος, η, ον[7] δομένου, ης, ου
수동태	διδόμενος, η, ον[8] διδομένου, ης, ου	δοθείς, δοθεῖσα, δοθέν δοθέντος, δοθείσης, δοθέντος

---

5   신약성경에는 등장하지 않는다.

6   중간태/수동태인 παραδίδοσθαι로 두 번 나타난다(마 17:22; 눅 9:44).

7   신약성경에는 등장하지 않는다.

8   중간태/수동태는 διδόμενον로 한 번 나타난다(눅 22:19).

35.5 우리는 31장에서 제3형 조건문의 두 가지 방식을 배웠다. 둘 다 조건절이 ἐάν으로 시작하고 동사는 가정법이다. 때로 조건절은 가정의 의미를 지닌다.

- **실현 가능성이 높은 미래**는 미래에서 사실일 수 있는 상태를 묘사한다.
- **일반적인 현재**는 일반적으로 언제나 진리인 상태를 묘사한다. 조건절에서 동사는 항상 현재 시제이다.

조건문에는 네 가지 형태가 있다. 신약성경에는 제4형 조건문과 딱 들어맞는 예가 없다. 조건문에 대한 월리스의 설명을 보라(GGBB, 679-712). 이 논의는 탁월할 뿐 아니라 더 자세한 내용을 다루고 있다.

35.6 **제1형 조건문.** "사실의 조건문"이라고 부른다. 이 조건문은 어떤 것이 진실이라면, 그리고 그 주장을 위해 그것이 사실이라고 가정한다면, 그 일이 일어날 것이라고 말한다.

조건절은 εἰ로 시작하고, 해당 동사는 직설법이다.[9]

- 대부분 εἰ를 "만약"(if)으로 번역한다. 여기서 조건절은 어떤 주장을 위해 그것이 사실이라고 가정하지만, 그것이 실제로 정확히 사실인지는 독자가 알 수 없다. 이 부분이 분명하지 않을 때가 있다.

> εἰ ἡ δεξιά σου χεὶρ σκανδαλίζει σε, ἔκκοψον αὐτήν(마 5:30).
> 만일 네 오른손이 너를 실족하게 하면 너는 그것을 찍어 버리라!

> εἰ δὲ ἀνάστασις νεκρῶν οὐκ ἔστιν, οὐδὲ Χριστὸς ἐγήγερται(고전 15:13).
> 만일 죽은 자의 부활이 없으면 그리스도도 다시 살아나지 못하셨을 것이다.

- 때로 결과절이 사실이면, εἰ를 "~때문에"(since)로 번역할 수 있다.[10]

---

9   월리스는 신약성경에 제1형 조건문이 300개 정도 된다고 말한다(GGBB, 690).

10   월리스는 신약성경에 나타나는 제1형 조건문의 37%가 여기에 속한다고 말한다(GGBB, 690). 그는 "~때문에"(since)를 사용하는 것은 과도한 번역이라고 경고한다.

εἰ γὰρ πιστεύομεν ὅτι Ἰησοῦς ἀπέθανεν καὶ ἀνέστη, οὕτως καὶ ὁ θεὸς τοὺς κοιμηθέντας διὰ τοῦ Ἰησοῦ ἄξει σὺν αὐτῷ (살전 4:14).

우리가 예수께서 죽으셨다가 살아나신 것을 믿기 때문에 이와 같이 하나님께서 예수 안에서 자는 자들도 그와 함께 데려오실 것이다.

이 번역은 문장의 실제 의미보다 약간 과장된 의미를 부여할 수도 있다. 그러나 "만약"을 사용하면 그 구절에 적합하지 않은 불확실한 요소가 생긴다.

35.7   **제2형 조건문.** "사실과 반대되는 조건문"이라고 불린다. 이 구문은 만약 어떤 것이 사실이라면 (그것이 사실은 아니지만), 그 일이 일어날 것이라고 말하는 것이다. 조건절의 주장이 거짓임을 가정한다.

조건절은 εἰ와 직설법 동사로 시작하며, 결과절은 일반적으로 ἄν과 직설법의 제2시제를 가지고 있다.[11]

εἰ γὰρ ἔγνωσαν, οὐκ ἂν τὸν κύριον τῆς δόξης ἐσταύρωσαν (고전 2:8).

만일 그들이 알았더라면 영광의 주를 십자가에 못 박지 않았을 것이다.

35.8   **요약**

종류	조건절	결과절
제1형	εἰ + 직설법(모든 시제), οὐ로 부정	모든 법, 모든 시제
제2형	εἰ + 직설법 부정과거, μή로 부정	ἄν + 조건절과 같은 시제의 직설법 동사
제3형	ἐάν + 가정법. μή로 부정	모든 법, 모든 시제
제4형	εἰ + 기원법	ἄν + 기원법

---

11   월리스는 신약성경에서 이 구조가 50번 나온다고 말한다(*GGBB*, 694). 미완료과거는 현재의 시간을 묘사하기 위해 조건절과 결과절 모두에 사용된다.

요약

- 직설법 이외의 법에서 δίδωμι의 변화는 매우 간단하다. 어근에 주의하기만 하면 된다.
- 제1형 조건문은 어떤 것이 사실이라면(때로 문맥상 분명한 사실로 나타난다), 이와 같은 일이 발생할 것이라고 말한다. 조건절은 εἰ로 시작하고 동사는 직설법이다.
- 제2형 조건문은 어떤 것이 사실이라면(문맥상 사실이 아닌 것으로 나타난다), 이와 같은 일이 발생할 것이라고 말한다. 조건절은 εἰ로 시작하고 동사는 직설법이다. 결과절은 일반적으로 ἄν 과 제2시제의 직설법 동사를 갖는다.

단어학습

이번 장에는 새로 배워야 할 단어가 없다. 개인적으로 모든 단어를 복습할 수 있는 시간을 갖고 싶을 수도 있다. 아마도 기말시험이 기다리고 있지 않을까 예상해 본다. 하지만 우리가 배워야 할 몇몇 중요 단어들이 있다.

ἁγιάζω	거룩하게 하다, 성화시키다 (*ἁγιαδ, 28) –, ἡγίασα, –, ἡγίασμαι, ἡγιάσθην
ἁμαρτάνω	죄를 짓다 (*ἁμαρτ, 43) ἁμαρτήσω, ἥμαρτον 또는 ἡμάρτησα, ἡμάρτηκα, –, –
ἁμαρτωλός, –όν	(*ἁμαρτωλο, 47) 형용사: 죄 있는, 죄인의 명사: 죄인
ἀνάστασις, –εως, ἡ	부활 (*ἀναστασι, 42)
ἀπαγγέλλω	보고하다, 말하다 (ἀπό + *ἀγγελ, 45) (ἀπήγγελλον), ἀπαγγελῶ, ἀπήγγειλα, –, –, ἀπήγγελην
διακονέω	섬기다 (*διακονε, 37) (διηκόνουν), διακονήσω, διηκόνησα, –, –, διηκονήθην
διακονία, –ας, ἡ	섬김 (*διακονια, 34)

δικαιόω	의롭다고 선언하다, 옳다고 하다 (*δικαιο, 39)
	δικαιώσω, ἐδικαίωσα, –, δεδικαίωμαι, ἐδικαιώθην
θλῖψις, –εως, ἡ	고난, 환난 (*θλιψι, 45)
ἱλαστήριον, –ου, τό	화해, 속죄, 화해의 장소 (*ἱλαστηριο, 2)
σταυρόω	십자가에 못 박다 (*σταυρο, 46)
	σταυρώσω, ἐσταύρωσα, –, ἐσταύρωμαι, ἐσταυρώθην
σωτήρ, –ῆρος, ὁ	구원자 (*σωτηρ, 24)
σωτηρία, –ας, ἡ	구원 (*σωτηρια, 46)
φανερόω	드러내다, 밝히다 (*φανερο, 49))
	φανερώσω, ἐφανέρωσα, –, πεφανέρωμαι, ἐφανερώθην
φόβος, –ου, ὁ	두려움, 숭배 (*φοβο, 47)

신약성경의 전체 단어 수:	138,148
지금까지 배운 어휘 수:	326
이번 장에 나오는 단어의 신약성경 사용 횟수:	574
현재까지 배운 단어의 신약성경 사용 횟수:	113,793
신약성경에 사용된 총 단어에 대한 비율:	82.37%

심화학습

35.9　**기원법.** 코이네 헬라어에는 하나의 법(mood)이 더 있다. 바로 기원법이다. 가정법이 가능성이나 개연성을 나타낸다면, 기원법은 "희망"이나 "기원"을 나타낸다. 가정법이 실재에서 한 걸음 떨어져 있다면, 기원법은 두 걸음 떨어져 있다.

　　신약성경에서 이 법은 68번 등장한다. 현재(미완료적 시상, 23번)와 부정과거(완료적 시상,

45번)로만 나타난다. 누가복음 – 사도행전에서 28번, 바울서신에서 31번 나온다. εἴη는 12번, γένοιτο는 17번 등장하는데, 여기서 15번이 바울이 사용하는 μὴ γένοιτο("결코 그렇지 아니하니라!") 구문이다.

- 기원법에는 시간적 의미가 없으므로, 시상 접두 모음이 없다.
- 연결 모음은 ο이다.
- 부정과거 능동태/중간태 시제 형태소는 σα이며, 법을 만드는 형태소와 축약하여 모든 형태에서 σαι가 된다. 부정과거 수동태의 시제 형태소는 θε이며, 법을 만드는 형태소는 η이다. 그 결과 모든 형태에서 θειη가 된다.
- 기원법을 만드는 어간 형성 모음의 형태소는 ι(부정과거 수동태[η]에서는 예외이다)이며, 어간 형성 모음이 없는 변화에서는 ιη가 된다. 현재시제 기원법의 모든 형태는 οι를 갖는다.
- 기원법은 μι를 사용하는 능동태 1인칭 단수를 제외하고, 제2시제 인칭 어미를 사용한다.

전체 변화표를 보려면 *MBG*, §60-66을 참조하라.

	현재	미래	제1부정과거	제2부정과거
능동태				
1인칭 단수	λύοιμι	λύσοιμι	λύσαιμι	βάλοιμι
2인칭 단수	λύοις	λύσοις	λύσαις	βάλοις
3인칭 단수	λύοι	λύσοι	λύσαι	βάλοι
1인칭 복수	λύοιμεν	λύσοιμεν	λύσαιμεν	βάλοιμεν
2인칭 복수	λύοιτε	λύσοιτε	λύσαιτε	βάλοιτε
3인칭 복수	λύοιεν	λύσοιεν	λύσαιεν	βάλοιεν
중간태				
1인칭 단수	λυοίμην	λυσοίμην	λυσαίμην	βαλοίμην
2인칭 단수	λύοιο	λύσοιο	λύσαιο	βάλοιο
3인칭 단수	λύοιτο	λύσοιτο	λύσαιτο	βάλοιτο

1인칭 복수	λυοίμεθα	λυσοίμεθα	λυσαίμεθα	βαλοίμεθα
2인칭 복수	λύοισθε	λύσοισθε	λύσαισθε	βάλοισθε
3인칭 복수	λύοιντο	λύσοιντο	λύσαιντο	βάλοιντο

수동태

1인칭 단수	λυοίμην	λυθησοίμην	λυθείην	γραφείην
2인칭 단수	λύοιο	λυθήσοιο	λυθείης	γραφείης
3인칭 단수	λύοιτο	λυθήσοιτο	λυθείη	γραφείη
1인칭 복수	λυοίμεθα	λυθησοίμεθα	λυθείημεν	γραφείημεν
2인칭 복수	λύοισθε	λυθήσοισθε	λυθείητε	γραφείητε
3인칭 복수	λύοιντο	λυθήσοιντο	λυθείησαν	γραφείησαν

36 ἵστημι, τίθημι, δείκνυμι와 기타 사항

본문 주해 맛보기

이 책에서 마지막으로 배울 내용은 μι 동사이다. 마지막 부분이기도 하고 내용도 많지 않아서 중요하지 않다고 생각할 수 있다. 하지만 잘못된 생각이다. 이 동사는 헬라어 신약성경 전체에서 신학적으로 가장 풍성한 의미를 담고 있으므로, 이 단어들을 완전히 이해해야 한다. 성경에서 우리의 마음을 위로하고 격려하는 가장 은혜로운 개념들이 일반적으로 μι 동사를 통해, 또이 동사에서 파생된 동사를 통해 나타난다. 다음의 구절들을 살펴보자.

- δίδωμι—"하나님이 세상을 이처럼 사랑하사 독생자를 **주셨으니** 이는 그를 믿는 자마다 멸망하지 않고 영생을 얻게 하려 하심이라"(요 3:16).
- παραδίδωμι—"자기 아들을 아끼지 아니하시고 우리 모든 사람을 위하여 **내주신**"(롬 8:32), "내가 받은 것을 먼저 너희에게 **전하였노니** 이는 성경대로 그리스도께서 우리 죄를 위하여 죽으시고"(고전 15:3).
- ἵστημι—"이는 너희가 믿음에 **섰음이라**"(고후 1:24).
- παρίστημι—"너희 몸을 하나님이 기뻐하시는 거룩한 산 제물로 **드리라**"(롬 12:1).
- ἀνίστημι—"이 예수를 하나님이 **살리신지라** 우리가 다 이 일에 증인이로다"(행 2:32).
- τίθημι—"하나님이 우리를 **세우심은** 노하심에 이르게 하심이 아니요 오직 우리 주 예수 그리스도로 말미암아 구원을 받게 하심이라"(살전 5:9).
- προστίθημι—"주께서 구원 받는 사람을 날마다 **더하게**"(행 2:47).
- δείκνυμι—"이 말씀을 하시고 손과 옆구리를 **보이시니**"(요 20:20).
- ἀφίημι—"만일 우리가 우리 죄를 자백하면 그는 미쁘시고 의로우사 우리 죄를 **사하시며**"(요일 1:9), "우리가 우리에게 죄 지은 자를 **사하여 준 것** 같이 우리 죄를 **사하여 주시옵고**"(마 6:12).

위 구절들은 극히 일부에 불과하다. 그리스도인의 삶에 대한 중요한 신학, 많은 위로와 권면이 μι 동사로 표현되어 있다. 그러므로 이 단어들을 충분히 공부하고 암기하는 것이 좋다.

벌린 버브루그

개요

이번 장에서 배울 내용은 다음과 같다.

- δίδωμι에 적용되는 것은 다른 μι 동사에서도 그대로 적용된다.
- δίδωμι 동사의 어근에 일어나는 특징을 살피는 것이 비결이다. 그리고 나서 다른 μι 동사의 어근에 일어나는 같은 유형의 변화들을 살펴보는 것이다.
- ὁ가 있으면, 수식하는 단어나 어구를 강조한다.
- ὁ가 없으면, 명사의 특성이 강조된다. ὁ는 또한 문법적 표지로 기능할 수 있다.

다른 μι 동사들

36.1 우리는 앞의 두 장(34, 35장)에서 μι 동사의 필수 요소를 배웠다. 그리고 능동태 직설법에서 어떻게 μι 동사에 어간 모음(δίδωμι 동사의 ο)을 적용하는지도 알게 되었다. 이제 남은 부분은 δίδωμι 동사에 적용된 사항이, 어간 모음이 α(ἵστημι), ε(τίθημι), υ(δείκνυμι)인 다른 μι 동사에도 적용된다는 것을 이해하는 것이다.

36.2 현재 능동태 직설법을 보여주는 다음의 표에서 서로 다른 μι 동사 사이의 유사점을 볼 수 있다.

- 이 동사들에는 같은 어미가 온다.
- 이 동사들은 현재시제 어간을 만들기 위해 어간을 중복한다(어간 중복은 ἵστημι에서 숨겨지고, δείκνυμι에서는 사라진다).
- δίδωμι의 어간 모음에 일어난 변화는 다른 어간 모음을 가진 동사에도 적용된다(δείκνυμι는 예외인데, 이 동사의 어간 모음은 그대로 유지된다). α와 ε은 η로 길어진다.

	*στα	*θε	*δο	*δεικνυ
1인칭 단수	ἵστημι	τίθημι	δίδωμι	δείκνυμι
2인칭 단수	ἵστης	τίθης	δίδως	δεικνύεις
3인칭 단수	ἵστησι(ν)	τίθησι(ν)	δίδωσι(ν)	δείκνυσι(ν)
1인칭 복수	ἵσταμεν	τίθεμεν	δίδομεν	δείκνυμεν
2인칭 복수	ἵστατε	τίθετε	δίδοτε	δείκνυτε
3인칭 복수	ἰστᾶσι(ν)	τιθέασι(ν)	διδόασι(ν)	δεικνύασι(ν)

ἵστημι의 어간은 *στα이다. 어간이 중복될 때, 중복된 σ가 사라지고, 거친 숨표가 없어진 σ를 대체한다.

στα → σιστα → ἵστημι

τίθημι의 어간은 *θε이다. 어간이 중복될 때, 중복된 θ는 τ로 변한다.[1]

θε → θιθε → τίθημι

δείκνυμι는 인칭 어미를 제외하고는 어간 형성 모음의 변화와 똑같이 변한다.

36.3   다음은 μι 동사의 제1부정과거 능동태와 ἵστημι의 제2부정과거 능동태의 변화표이다. 부록에 더 많은 변화표가 있다.

1인칭 단수	ἔστησα	ἔθηκα	ἔδωκα	ἔστην
2인칭 단수	ἔστησας	ἔθηκας	ἔδωκας	ἔστης
3인칭 단수	ἔστησε(ν)	ἔθηκε(ν)	ἔδωκε(ν)	ἔστη

1인칭 복수	ἐστήσαμεν	ἐθήκαμεν	ἐδώκαμεν	ἔστημεν
2인칭 복수	ἐστήσατε	ἐθήκατε	ἐδώκατε	ἔστητε
3인칭 복수	ἔστησεν	ἔθηκαν	ἔδωκαν	ἔστησαν

36.4 코이네 헬라어에서 μι 동사는 어간 형성 모음 변화로 천천히 대체되고 있었다. 그 결과 μι 동사는 어떤 곳에서는 어간 형성 모음이 없는 형태로 나타나기도 하고, 다른 곳에서는 의미의 변화 없이 "규칙적인" 어간 형성 모음 변화의 형태로 나타나기도 한다. 예를 들면 ἵστημι와 ἱστάνω가 모두 나타나는 경우가 있다.[2] 이 부분은 2인칭 단수 형태에서 δεικνύες 대신 δεικνύεις가 나타나는 경우도 설명한다.

관사

36.5 이제 헬라어라는 벽돌 쌓기의 막바지에 도달하게 되었는데, 여기서 다뤄야 할 몇 가지 기타 사항이 있다.

지금까지는 관사가 있으면 관사를 번역하고(고유명사와 추상명사를 제외하고), 관사가 없으면 번역하지 않았다(전치사구를 제외하고). 이제 좀 더 정확하게 관사와 관련된 문법을 살펴보겠다. 이 부분에 관해서는 월리스가 탁월하면서도 자세하게 설명하고 있으므로, 그가 설명하는 부분을 읽어보길 바란다(GGBB, 206 – 290). 필자는 월리스가 설명하는 체계에 동의한다.[3]

36.6 관사의 주요 기능은 단어를 한정하는 것이 **아니다**. 예를 들어 고유명사는 관사가 없이도 한정되어 있다. 이 점은 여호와의 증인이 요한복음 1:1을 이해하는 방식이 잘못된 이유를 잘 보여준다. θεὸς ἦν ὁ λόγος는, θεός 앞에 관사가 나타나지 않더라도, "그 말씀은 하나님이시다"(the Word was God)라는 의미이지, "하나의 신"(a god)이라는 의미가 아니다.[4]

---

1 이 현상을 "탈기식음화"(deaspiration)라고 부른다(MBG, §15 참조). "thi-thi"를 발음해 보면 "ti-the"가 좀 더 부드럽게 발음된다는 것을 알 수 있다..

2 ν가 현재시제 어간을 만들기 위해 동사 어근에 붙는다. 제3형 동사이다. MBG, v – 3를 참조하라(그의 책 304 – 305쪽).

3 월리스는 문법학자 가운데 유일하게 애정을 가지고 관사에 대한 그의 논의를 시작한다. "헬라어가 서구 문명에 물려준 가장 위대한 선물 중 하나는 관사이다. 유럽의 지적인 환경은 이 분명한 선물로 중대한 영향을 받았다…. 요약하면 신약성경 기자의 사상과 신학을 이해하는 데 헬라어 문법에서 관사보다 더 중요한 것은 없다."

관사의 의미에 관한 논의는 관사가 존재하는가 아닌가에 따라 나뉜다.

36.7   관사가 있을 때, 관사는 **정체성**을 강조한다.

- ὁ는 정관사 역할을 할 수 있다.

  οἱ μαθηταὶ Ἰωάννου νηστεύουσιν πυκνά(눅 5:33).
  그 요한의 제자들은 자주 금식한다.

- 전방조응적 관사는 앞에서 언급한 것을 지칭하기 위해 사용한다.

  κήρυξον τὸν λόγον(딤후 4:2).
  너는 그 말씀을 전파하라(딤후 3장의 논의를 다시 언급하고 있다).

- 지시적 관사는 존재하는 어떤 사람/사물을 지시하며, 종종 지시사(this, that)로 번역한다.

  προσῆλθον αὐτῷ οἱ μαθηταὶ λέγοντες· ἔρημός ἐστιν ὁ τόπος(마 14:15).
  제자들이 그에게 나아와서 말했다. "이 곳은 빈 들(광야)입니다."

- 한 범주에서 가장 뛰어난 것을 지시하는(par excellence) 관사는 해당 명사를 "단연 뛰어난" 것으로 구별한다.

  ὁ προφήτης εἶ σύ, καὶ ἀπεκρίθη· οὔ(요 1:21).
  "네가 그 선지자냐?" 그리고 그가 대답하셨다. "아니다."

- 유일 관사는 명사 상당 어구를 유일하고 독특한 것으로 구별한다.

  ἴδε ὁ ἀμνὸς τοῦ θεοῦ ὁ αἴρων τὴν ἁμαρτίαν τοῦ κόσμου(요 1:29).
  보라, 세상의 죄를 지고 가는 하나님의 그 어린 양이다.

- 종종 ὁ는 분사, 형용사와 함께 명사를 만드는 데 사용한다.

---

4   6장에 나온 월리스의 본문 주해 맛보기와 *GGBB*(그의 책 266-269쪽)를 참조하라.

Πᾶς ὁ γεγεννημένος ἐκ τοῦ θεοῦ ἁμαρτίαν οὐ ποιεῖ(요일 3:9).
하나님께로부터 난 사람은 누구든지 죄를 짓지 않는다.

- ὁ 는 인칭대명사, 소유대명사, 관계대명사로 기능할 수 있다.

Οἱ δὲ εἶπαν πρὸς αὐτόν(눅 5:33).
그러자(and) 그들이 예수께 말했다.

Οἱ ἄνδρες, ἀγαπᾶτε τὰς γυναῖκας(엡 5:25).
남편들아, 너희는 너희의 아내를 사랑하라!

ὅμοιοί εἰσιν παιδίοις τοῖς ἐν ἀγορᾷ καθημένοις καὶ προσφωνοῦσιν ἀλλήλοις(눅 7:32).
They are like children who sit in the marketplace and call to one another.
그들은 마치 어린이들이 장터에 앉아 서로를 부르는 것과 같다.

36.8   또한 ὁ는 단순히 문법적 표지의 역할을 할 수도 있다. 예를 들면, 관사 뒤의 단어는 앞의 단어를 수식한다. 우리는 이 부분을 9장 이후로 줄곧 살펴보았다.

μετὰ τῶν ἀγγέλων τῶν ἁγίων(막 8:38).
(그) 거룩한 천사들과 함께

36.9   관사가 없을 때, 일반적인 경우에는 명사의 특성이 강조된다. 이 개념은 이해하기 쉽지 않기 때문에 시간이 좀 걸릴 수 있다.

ὁ θεὸς ἀγάπη ἐστίν(요일 4:8).
하나님은 사랑이시다(이것은 하나님이 사랑하신다는 의미라기보다 하나님이 본질상 사랑이시라는 뜻이다).

하지만 다른 경우에는 관사가 단순하게 사용되지 않는다. 단어가 구체적이지 않기 때문이다.

ἔρχεται γυνὴ ἐκ τῆς Σαμαρείας ἀντλῆσαι ὕδωρ(요 4:7).

A woman of Samaria came to draw water.

사마리아 출신의 한 여인이 물을 길으러 왔다(이 이야기의 핵심은 이 여자는 단순한 한 명의 여자를 지칭하는 것이지 특정한 여자를 지칭하는 것은 아니라는 데 있다).

문장 구조

36.10   헬라어 문장이 다양한 구조를 이룰 수 있다는 사실을 배웠지만, 실제로 헬라어 문장에는 "일반적인" 순서가 있다. 그것은 동사, 주어, 목적어이다.

화자가 어떤 단어를 강조하기 원할 때, 그 단어는 "일반적인" 위치를 벗어나 이동한다. 이 말은 대부분 중요한 단어들이 앞으로 나온다는 뜻이다. 이 경우, 문장의 뉘앙스가 달라지는 것이지 기본적인 의미가 변하는 것은 아니다.

τῇ γὰρ χάριτί ἐστε σεσῳσμένοι διὰ πίστεως(엡 2:8).

For by grace you have been saved through faith.

왜냐하면 너희는 그 은혜에 의하여 믿음을 통하여 구원을 받았기 때문이다.

요약

- 어간 모음이 α(ἵστημι)와 ε(τίθημι)인 μι 동사는 어간 모음이 ο(δίδωμι)인 μι 동사와 똑같이 변화한다. 그러나 δείκνυμι는 다소 다르게 변화하는데, 여러 면에서 어간 형성 모음 변화와 더 유사하다.
- 어간 형성 모음이 없는 변화는 코이네 헬라어에서 점점 사라지게 되었고, 그 결과 몇몇 μι 동사가 어간 형성 모음의 형태를 보이게 되었다.
- 관사 ὁ가 있으면, 수식하는 단어와 어구의 정체성을 강조한다.
- 관사 ὁ가 없으면, 명사의 특성이 강조된다.
- 관사 ὁ는 문법적 표지로 기능할 수 있다.
- 헬라어 문장의 "일반적인" 어순은 동사, 주어, 목적어이다.

단어학습

33장에서는 ἀπόλλυμι를 배웠고, 34장에서는 δίδωμι와 παραδίδωμι를 배웠다. 신약성경에서 50번 이상 나오는 아홉 개의 μι 동사 가운데 세 개를 배운 것이다. 나머지 여섯 개의 동사가 여기에 들어 있다. 이번 장의 연습문제에 이 여섯 개의 동사가 모두 등장하지는 않지만, 이 동사들은 익혀 두어야 한다.

ἀνίστημι	(ἀνά + *στα, 108) 자동사: 일어나다 타동사: 일으키다 ἀναστήσω, ἀνέστησα, −, −, −
ἀνοίγω	열다 (ἀνά + *οἰγ, 77) ἀνοίξω, ἠνέῳξα 또는 ἀνέῳξα, ἀνέῳγα, ἀνέῳγμαι 또는 ἠνέῳγμαι, ἠνεῴχθην 또는 ἠνοίχθην 또는 ἀνεῴχθην 또는 ἠνοίγην (제2부정과거) ἀνοίγω는 원래 복합동사였다. 가끔 시상 접두 모음과 함께 복합동사 형태로 나타나기도 하고, 그냥 일반동사로 나타나기도 한다. 심지어 두 가지 시상 접두 모음이 붙은 형태도 볼 수 있다.
ἀφίημι	보내다, 허락하다, 용서하다 (ἀπό + *σε, 143)[5] (ἤφιον), ἀφήσω, ἀφῆκα, −, ἀφέωμαι, ἀφέθην 이 동사의 어근은 *σε이다. ἵστημι와 같이, 중복된 σ는 생략되고 거친 숨표로 대체되었다. 모음 사이에 있으므로 어간의 σ도 탈락했다. σε → σισε→ ἱσε→ ἵημι. 이 동사는 ἀπό와 복합동사를 이루며, 보이지는 않아도 실제로 존재하는 거친 숨표 때문에 π가 φ로 기식화한다. ἵημι는 신약성경에서 복합동사로만 나타난다.
δείκνυμι	보여주다, 설명하다 (*δεικνυ, 30)[6] δείξω, ἔδειξα, δέδειχα, −, ἐδείχθην δείκνυμι는 50번 이하로 등장하지만, 변화표를 완성하기 위해 넣었다. 현재와 미완료과거를 제외하고는, 이 단어는 어근 *δεικ에서 시제 어간을 형성하며, μι 동사가 아니다.

---

5   Aphesis(어두 모음 소실)는 강세가 없는 첫 모음이 점진적으로 없어지는 것을 말한다. 영어의 esquire가 점차 squire로 바뀌는 것과 같다(*MBG*, §7.10 참조).

6   문법에서 deictic(지시적인)이란 지시사, 즉 지시대명사처럼 가리키는 단어를 말한다.

ἴδιος, -ία, -ον	그 자신의 (*ἰδιο, 114)[7]

ἴδιος는 자기 "사람들"이나 "땅"을 의미할 수 있다. 또는 부사로서 "개별적으로"라는 의미를 나타낼 수도 있다.

ἵστημι	(*στα, 154)

자동사: 일어나다

타동사: 일으키다

(ἵστην), στήσω, ἔστησα 또는 ἔστην, ἔστηκα, –, ἐστάθην

ἵστημι는 현재, 미래, 제1부정과거에서 타동사가 되고, 제2부정과거에서 자동사가 된다. 이 동사는 카파 부정과거를 사용하지 않는 μι 동사이다. 제2부정과거는 ἔστην이다. 현재완료 능동태에서 거친 숨표로 변하는 부분에 주목하라.

μέσος, -η, -ον	중앙/중간/가운데, 가운데의 (*μεσο, 58)[8]

τίθημι	놓다, 두다 (*θε, 100)[9]

(ἐτίθην), θήσω, ἔθηκα, τέθεικα, τέθειμαι, ἐτέθην

φημί	말하다, 단언하다 (*φε, 66)

(ἔφη), –, ἔφη, –, –, –

ἔφη는 미완료과거와 부정과거 중 하나일 수 있고, 3인칭 단수이다. 이 단어는 단어학습을 통해 이미 배웠다.

신약성경의 전체 단어 수:	138,148
지금까지 배운 어휘 수:	320
이번 장에 나오는 단어의 신약성경 사용 횟수:	850
현재까지 배운 단어의 신약성경 사용 횟수:	114,643
신약성경에 사용된 총 단어에 대한 비율:	82.99%

7   Idiosyncrasy(특이한 성격, συγκρᾶσις[함께 혼합된])는 한 개인이나 그룹의 특별한 기질 또는 행동을 일컫는다.

8   Meso는 "mesomorphic"(중간 상태의, 액체와 결정 사이의 상태), "mesoplast"(메소플라스트, 세포핵), "Mesozoic"(중생대, 고생대와 신생대 사이의 시대)와 같이, 다른 단어에 붙어서 "중간의"라는 의미를 전달하는 복합어를 구성한다.

9   같은 어근에서 나온 θέσις는 "위치" 또는 "제안"이라는 뜻이다. 논리학에서 "thesis"(명제)는 사실이라고 가정된 증명되지 않은 진술, 제안이다.

축하한다! 우리는 신약성경에 가장 자주 등장하는 320개의 단어를 모두 배웠다.

추신 | 이제부터 무엇을 공부해야 할까?

축하한다. 우리는 성경 헬라어에 필요한 기본 학습을 마쳤다. 이제부터 진정한 즐거움이 시작된다. 그렇다면 이제 우리는 어디로 가야 할까?

❶ 이 시점에서는 성경 본문을 최대한 많이 읽는 것보다 더 좋은 것이 없다. 특별한 이유가 없다면, 즐겁게 좀 더 많은 분량의 성경 본문을 읽을 필요가 있다.

❷ BillMounce.com의 온라인 강의에는 두 개의 장이 추가로 들어 있다. 하나는 요한이서를 다루고 있고, 다른 하나는 마가복음 2:1 – 3:6을 다루고 있다. 이 부분에서 새롭게 배워야 것은 없으므로, 그냥 즐기면서 용기를 얻도록 하라.

❸ 이 시리즈의 세 번째 책인 『성경 헬라어 수준별 독본』(A Graded Reader of Biblical Greek)이 있다. 이 책은 쉬운 문장들로 시작해서, 그다음 좀 더 어려운 헬라어를 조금씩 다루어 나간다. 이 책은 마가복음과 요한복음으로 시작하는데, 우리가 이 성경에 익숙하기 때문이다. 연습 문제들은 대부분 마가복음의 앞부분을 다룬다. 본문에 나오는 각주에 주의를 기울여야 한다. 이 각주들에서 우리는 중급 헬라어를 접할 수 있으므로, 우리가 다음 단계로 나아가도록 유도하는 역할을 한다.

❹ 『성경 헬라어 수준별 독본』에는 대니얼 월리스의 중급 헬라어 문법(아래를 보라)을 40쪽 분량으로 요약한 내용이 들어 있다. 이 부분은 충분히 읽을 가치가 있다.

❺ 『성경 헬라어 수준별 독본』은 대니얼 월리스의 『중급 헬라어: 신약성경의 해석학적 구문론』(Greek Grammar Beyond the Basics: An Exegetical Syntax of the New Testament, 이 시리즈의 네 번째 책)과 연결되어 있다. 『성경 헬라어 수준별 독본』에는 월리스의 문법책을 서로 참조할 수 있도록 정리해 두었다. 가끔은 자리에 앉아 전체 문법을 훑어보는 것이 중요하다. 그러나 『성경 헬라어 수준별 독본』을 더 자세히 읽으면 읽을수록, 월리스의 문법적 논의들에 더 익숙해질 것이다. 월리스 문법책의 요약본인 『기초 신약성경 구문론』(The Basics of New Testament Syntax)으로 공부해도 된다.

❻ 『성경 헬라어 형태론』(*The Morphology of Biblical Greek*, 이 시리즈의 다섯 번째 책)은 신약성경을 읽을 때 만나게 되는 헬라어 단어들의 형태가 어떻게 만들어지는지를 설명하기 위해 계획된 책이다. 서론을 읽으면 어떻게 이 책을 사용해야 하는지 알 수 있다. 이해되지 않는 헬라어 단어들을 보면, 색인 부분에서 그 단어를 찾고 관련된 설명이 있는 곳을 살펴보면 된다. 그러나 이 과정에서 너무 깊게 들어가는 것은 금물이다. 즐겁게 헬라어를 많이 읽는 것이 더 좋은 방법이다.

❼ 필자의 책인 『신약 헬라어 분석 사전』(*The Analytical Lexicon to the Greek New Testament*)은 까다로운 분해에 유익한 책이다. 이 책을 잘못 사용하지 않도록 설명하는 서론을 꼭 읽어야 한다.

❽ 복습하는 것을 잊지 말라. 이 점은 정말 중요하다. 모든 동사를 단지 분해하기 위해 본다면, 언어에 대한 흥미를 잃어버릴 것이다. 워런 트렌처드(Warren Trenchard)의 『성경 헬라어 어휘 완성』(*Complete Vocabulary Guide to the Greek New Testament*)과 브루스 메츠거(Bruce Metzger)의 『신약성경 헬라어 단어집』(*Lexical Aids for Students of New Testament Greek*, 크리스찬출판사)을 구매하라. 이 책들은 단어를 복습하고, 단어의 의미를 찾고, 원한다면 더 많은 단어를 쉽게 외울 수 있도록 도와줄 것이다. 적어도 20번 이상 등장하는 단어들은 외워야 한다. 2년 차에 만나는 선생님들은 대부분 10번 이상 나오는 단어들을 외우게 할 것이다.

❾ 그러나 무엇보다 중요한 점이 있다면, 우리가 왜 하나님의 말씀을 기록한 언어를 배우는지 그 이유를 잊지 않는 것이다. 헬라어 학습은 사역을 위한 도구이다. 즉 성경의 기자들을 통해 하나님의 말씀에 더 가까이 갈 수 있도록 돕는 것이다. 결국, 헬라어는 훌륭한 주석들 같은 도구를 사용할 수 있게 해주는 또 다른 도구인 셈이다.

필자는 언젠가 실화는 아닌 것 같은 한 이야기를 들은 적이 있다. 그 이야기는 다른 나라에서 온 여인을 사랑했던 한 뱃사람에 관한 내용을 담고 있었다. 뱃사람은 그 여인과 결혼하기 원했고, 그 여인의 나라에 익숙해지려고 노력했다. 그래서 그는 그 나라의 문화와 역사 등을 공부했다. 하지만 결국 그가 깨달은 바는, 그녀를 정말 이해하기 원한다면 그녀가 사용하는 언어를 배워야만 한다는 것이었다. 필자는 헬라어를 배우는 것은 다른 것이 아니라, 바로 예수 그리스도와 우리가 가진 사랑의 관계를 자연스럽게 확장하는 것이라고 믿는다. 다양한 좋은 번역들이 있긴 하지만, 그 번역들은 사실 예수님이 말했던 것과는 한 단계 떨어져 있는 것이라고 할 수 있다. 궁극적으로 우리는 가능한 한 예수 그리스도와 그의 메시지를 더 잘 알기 원한다. 헬라어에 관한 지식은 이 목적을 이루는 데 꼭 필요하다.

우리가 주변 사람들과 예수 그리스도의 사랑과 지식을 나눌 수 있도록 간구할 때마다, 우리의 삶이 은혜로 가득하고 우리의 사역이 더욱 풍성하기를 기도한다.

윌리엄 D. 마운스

Πιστεύω εἰς Θεὸν Πατέρα,

    παντοκράτορα, ποιητὴν οὐρανοῦ καὶ γῆς.

Καὶ εἰς Ἰησοῦν Χριστον, υἱὸν αὐτοῦ τὸν μονογενῆ, τὸν κύριον ἡμῶν,

    τὸν συλληφθέντα ἐκ πνεύματος ἁγίου,

    γεννηθέντα ἐκ Μαρίας τῆς παρθένου,

    παθόντα ἐπὶ Ποντίου Πιλάτου,

    σταυρωθέντα, θανόντα, καὶ ταφέντα,

    [κατελθόντα εἰς τὰ κατώτατα,]

    τῇ τρίτῃ ἡμέρᾳ ἀναστάντα ἀπὸ τῶν νεκρῶν,

    ἀνελθόντα εἰς τοὺς οὐρανούς,

    καθεζόμενον ἐν δεξιᾷ θεοῦ πατρὸς παντοδυνάμου,

    ἐκεῖθεν ἐρχόμενον κρῖναι ζῶντας καὶ νεκρούς.

Πιστεύω εἰς τὸ Πνεῦμα τὸ Ἅγιον,

    ἁγίαν καθολικὴν ἐκκλησίαν,

    ἁγίων κοινωνίαν,

    ἄφεσιν ἁμαρτιῶν,

    σαρκὸς ἀνάστασιν,

    ζωὴν αἰώνιον.

Ἀμήν.

부록

일반

신약성경에서 나타나는 모음 축합

καὶ ἐγώ   →   κἀγώ

καὶ ἐμοί   →   κἀμοί

καὶ ἐκεῖ   →   κἀκεῖ

καὶ ἐκεῖθεν   →   κἀκεῖθεν

καὶ ἐκεῖνος   →   κἀκεῖνος

καὶ ἐάν 또는 ἄν   →   κἄν

악센트와 숨표가 특별히 중요한 경우

1. τις, τι; τίς, τί

2. ἡ, ἤ, ἥ, ᾖ, ᾗ

3. οἱ, αἱ; οἵ, αἵ

4. ὁ, ὅ; ὄν, ὅν

5. ὤν, ὦν

6. ἧς, ᾗς; ἤν, ἥν

7. ὤ (감탄사), ὦ (εἰμί의 가정법), ᾧ (관계대명사)

8. αὐτή, αὕτη

9. αὐταί, αὗται

10. οὐ, οὗ

11. ἔξω, ἔξω

12. ἐν, ἕν

13. 유음동사 미래

14. ἀλλά, ἄλλα

15. εἰ, εἶ

16. εἰς, εἷς

17. ποτέ, πότε

18. ἄρα, ἆρα

폐쇄음의 사각형

순음	π	β	φ	→	ψ
연구개음	κ	γ	χ	→	ξ
치음	τ	δ	θ	→	σ

모음의 축약형

	α	ε	η	ι	υ	ο	ω
α	α	α	α	αι	αυ	ω	ω
ε	η	ει	η	ει	ευ	ου	ω
η	η	η	η	ῃ	ηυ	ω	ω
ο	ω	ου	ω	οι	ου	ου	ω
ω	ω	ω	ω	ῳ	ωυ	ω	ω

	α/αι	ει[1]	ει[2]	η	οι	ου[3]	ῳ
α	ᾳ	ᾳ	α	ᾳ	ῳ	ω	ῳ
ε	η	ει	ει	η	οι	ου	ῳ
η	ῃ	η	η	ῃ	ῳ		ῳ
ο	ῳ	οι	ου	οι	οι	ου	ῳ

1   진이중모음(Genuine diphthong, 축약으로 형성되지 않은 모음).

2   가이중모음(Spurious diphthong, 축약으로 형성된 모음).

3   가이중모음

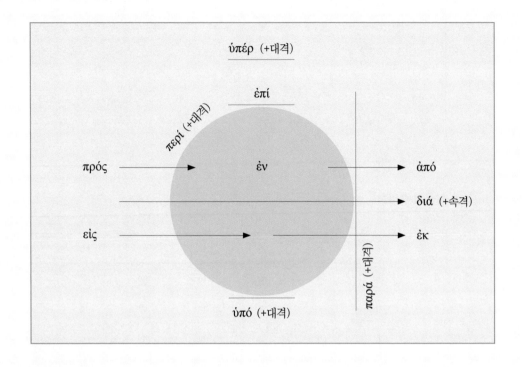

격에 따른 기본 지침

속격: 한곳에서 벗어나는 움직임을 가리킨다("분리", ἀπό).

여격: 머무는 상태를 가리킨다(ἐν).

대격: 움직이는 상태를 가리킨다(εἰς).

공간 묘사에 포함되지 않은 전치사

ἀντί	+속격:	~대신에, ~을 위하여
	+여격:	~옆에, ~앞에서
διά	+대격:	~때문에
ἐπί	+속격:	~위에(on), ~위에(over), ~할 때(when)
	+여격:	~에 근거하여, ~에서
κατά	+속격:	~에 대항하여
	+대격:	~을 따라

μετά   +속격: ~와 함께

        +대격: ~후에

παρά   +속격: ~로부터

περί   +속격: ~에 대하여, ~에 관하여

ὑπέρ   +속격: ~을 위하여

ὑπό   +속격: ~에 의하여

영어와 헬라어의 격

영어의 격	헬라어의 격과 사용법	질문	핵심 단어
1. 주어격(그가)	**1. 주어격**	누구? 무엇?	
	a. 동사의 주어		
	b. "~이다"의 술부		
	호격(직접 호칭)		"-여"
2. 소유격(그의)	**2. 속격**	누구의?	
	a. 소유		"~의"
	b. 전치사의 목적어		
	c. 특정 동사의 직접 목적어		
	d. 탈격(분리)		"~로부터"
3. 목적격(그에게)	**3. 여격**		
	a. 간접 목적어	누구에게?	"~에게"
		무엇에게?	
	b. 전치사의 목적어		
	c. 특정 동사의 직접 목적어		
	d. 도구격(수단)	무엇으로?	"~에 의하여"
			"~와 함께"
	e. 처소격(장소)	어디에?	"~안에"

4. 목적격(그를)	4. 대격		
	a. 대부분 동사의 직접 목적어	누구를?	
		무엇을?	
	b. 전치사의 목적어		

명사 체계

격어미 마스터 차트

	제1, 2변화			3변화	
	남성	여성	중성	남성/여성	중성
주격 단수	ς	–	ν	ς	$-^1$
속격 단수	$υ^2$	ς	υ	ος	ος
여격 단수	$ι^3$	ι	ι	$ι^4$	ι
대격 단수	ν	ν	ν	$α/ν^5$	–

	남성	여성	중성	남성/여성	중성
주격 복수	ι	ι	α	ες	$α^6$
속격 복수	ων	ων	ων	ων	ων
여격 복수	ις	ις	ις	$σι(ν)^7$	σι(ν)
대격 복수	$υς^8$	ς	α	$ας^9$	α

1   마지막 어간의 문자가 변한다는 사실을 미리 알고 있어야 한다(명사 법칙 8).

2   어미는 실제로 ο인데, 마지막 어간 모음과 축약되어 ου를 만든다(명사 법칙 5).

3   모음은 길어지고(명사 법칙 5), ι를 하기한다(명사 법칙 4).

4   3변화 어간은 자음으로 끝나기 때문에, 1, 2변화처럼 ι를 하기하지 못한다.

5   몇몇 단어에서 격어미는 α와 ν 사이에서 번갈아 나타난다(11.12를 보라).

여덟 가지 명사 법칙

1. α/η로 끝나는 어간은 1변화, ο으로 끝나는 어간은 2변화, 자음 어간은 3변화이다.

2. 모든 중성 단어는 주격과 대격이 같다.

3. 거의 모든 중성 단어는 주격과 대격 복수형이 α로 끝난다.
   - 2변화에서 α는 어간 모음이 변화된 것이다. 3변화에서 α는 격어미이다.

4. 여격 단수에서 ι는 가능한 한 마지막 문자 아래에 붙는다(이오타 하기).
   - ι는 오직 장모음 아래에서만 하기할 수 있으므로, 1, 2변화에서만 가능하다.

5. 모음은 자주 길이가 변한다("모음 전환").
   - "축약"은 두 개의 모음이 만나서 다른 모음이나 이중모음이 될 때 나타난다.

     $$\lambda o\gamma o + \iota \rightarrow \lambda \acute{o}\gamma \omega.\ \lambda o\gamma o + o \rightarrow \lambda \acute{o}\gamma o\upsilon.\ \gamma \rho \alpha \phi \eta + \omega \nu \rightarrow \gamma \rho \alpha \phi \tilde{\omega} \nu\,{}^{10}$$

   - "보상 연장"은 다른 문자의 손실을 보상하기 위해 모음이 길어질 때 나타난다.

     $$\lambda o\gamma o + \nu \varsigma \rightarrow \lambda \acute{o}\gamma o\varsigma \rightarrow \lambda \acute{o}\gamma o\upsilon \varsigma$$

6. 속격과 여격에서 남성과 중성은 항상 같다.

7. 폐쇄음의 사각형
   - 순음 + σ는 ψ가 되고, 연구개음 + σ는 χ가 되며, 치음 + σ는 σ가 된다.
   - ντ 조합은 σ가 따라오면 탈락한다($\pi \alpha \nu \tau + \varsigma \rightarrow \pi \tilde{\alpha} \varsigma$).
   - 제3변화 주격 단수에서 발생한 것은 여격 복수에서도 그대로 일어난다.

     $$\sigma \alpha \rho \kappa + \sigma \rightarrow \sigma \acute{\alpha} \rho \xi.\ \sigma \alpha \rho \kappa + \sigma \iota \rightarrow \sigma \alpha \rho \xi \acute{\iota}.$$

---

6   1, 2변화와는 대조적으로, 이 α는 실제로 격어미이며 변화된 어간 모음이 아니다. 이 사실은 대격 복수에도 똑같이 적용된다.

7   이 ν는 이동하는 ν이다. 어미 σι는 1, 2변화에 나오는 ις가 뒤바뀐 형태이다.

8   1, 2변화의 실제 격어미는 νς이다. 그러나 뒤따르는 σ로 인해 ν가 탈락한다. 1변화에서 α는 σ와 합쳐지지만($^*\tilde{\omega}\rho \alpha$ + νς → $\tilde{\omega}\rho \alpha \varsigma$), 2변화에서 마지막 어간 ο은 ου로 길어진다(법칙 5, $\lambda o\gamma o\nu \varsigma \rightarrow \lambda o\gamma o\varsigma \rightarrow \lambda \acute{o}\gamma o\upsilon \varsigma$).

9   이 α는 1변화와는 반대로(예: $\tilde{\omega}\rho \alpha$) 격어미의 한 부분이다.

10   속격 복수의 ω는 앞에 어떤 모음이 있든 흡수한다.

8. τ는 단어 끝에 올 수 없으므로 탈락한다.

- -ματ로 끝나는 어간에 격어미가 사용되지 않을 때, τ는 탈락한다.

ὀνοματ + - → ὀνοματ → ὄνομα.

제1변화 명사

	n–1a	n–1b	n–1c	n–1d	관사		
주격 단수	ὥρα	γραφή	δόξα	νεανίας	ὁ	ἡ	τό
속격 단수	ὥρας	γραφῆς	δόξης	νεανίου	τοῦ	τῆς	τοῦ
여격 단수	ὥρᾳ	γραφῇ	δόξῃ	νεανίᾳ	τῷ	τῇ	τῷ
대격 단수	ὥραν	γραφήν	δόξαν	νεανίαν	τόν	τήν	τό
호격 단수	ὥρα	γραφή	δόξα	νεανία			
주격/호격 복수	ὥραι	γραφαί	δόξαι	νεανίαι	οἱ	αἱ	τά
속격 복수	ὡρῶν	γραφῶν	δοξῶν	νεανιῶν	τῶν	τῶν	τῶν
여격 복수	ὥραις	γραφαῖς	δόξαις	νεανίαις	τοῖς	ταῖς	τοῖς
대격 복수	ὥρας	γραφάς	δόξας	νεανίας	τούς	τάς	τά

	n–1e	n–1f	n–1g	n–1h	관계대명사		
주격 단수	σατανᾶς	προφήτης	Μανασσῆς	μνᾶ	ὅς	ἥ	ὅ
속격 단수	σατανᾶ	προφήτου	Μανασσῆ	μνᾶς	οὗ	ἧς	οὗ
여격 단수	σατανᾷ	προφήτῃ	–	μνᾷ	ᾧ	ᾗ	ᾧ
대격 단수	σατανᾶν	προφήτην	Μανασσῆ	μνᾶν	ὅν	ἥν	ὅ
호격 단수	σατανᾶ	προφῆτα	–	μνᾶ			
주격/호격 복수	–	προφῆται	–	μναῖ	οἵ	αἵ	ἅ
속격 복수	–	προφητῶν	–	μνῶν	ὧν	ὧν	ὧν
여격 복수	–	προφήταις	–	μναῖς	οἷς	αἷς	οἷς
대격 복수	–	προφήτας	–	μνᾶς	οὕς	ἅς	ἅ

제2변화 명사

	n–2a	n–2b	n–2c	n–2d(1)	n–2d(2)	n–2e
주격 단수	λόγος	ὁδός	ἔργον	χειμάρρους	ὀστοῦν	κῶς
속격 단수	λόγου	ὁδοῦ	ἔργου	χειμάρρου	ὀστοῦ	κῶ
여격 단수	λόγῳ	ὁδῷ	ἔργῳ	χειμάρρῳ	ὀστῷ	κῷ
대격 단수	λόγον	ὁδόν	ἔργον	χειμάρρουν	ὀστοῦν	–
호격 단수	λόγε	ὁδέ	ἔργον	χειμάρρους	ὀστοῦν	κῶς
주격/호격 복수	λόγοι	ὁδοί	ἔργα	χείμαρροι	ὀστᾶ	–
속격 복수	λόγων	ὁδῶν	ἔργων	χειμάρρων	ὀστῶν	–
여격 복수	λόγοις	ὁδοῖς	ἔργοις	χειμάρροις	ὀστοῖς	–
대격 복수	λόγους	ὁδούς	ἔργα	χειμάρρους	ὀστᾶ	–

제3변화 명사

	n–3b(1)	n–3b(1)	n–3b(3)	n–3c(1)	n–3c(2)	n–3c(4)
주격 단수	σάρξ	γυνή	θρίξ [11]	χάρις	ἐλπίς	ὄνομα
속격 단수	σαρκός	γυναικός	τριχός	χάριτος	ἐλπίδος	ὀνόματος
여격 단수	σαρκί	γυναικί	τριχί	χάριτι	ἐλπίδι	ὀνόματι
대격 단수	σάρκα	γυναῖκα	τρίχα	χάριν	ἐλπίδα	ὄνομα
호격 단수	σάρξ	γύναι	θρίξ	–	–	–
주격/호격 복수	σάρκες	γυναῖκες	τρίχες	χάριτες	ἐλπίδες	ὀνόματα
속격 복수	σαρκῶν	γυναικῶν	τριχῶν	χαρίτων	ἐλπίδων	ὀνομάτων
여격 복수	σαρξί(ν)	γυναιξί(ν)	θριξί(ν)	χάρισι(ν)	ἐλπίσι(ν)	ὀνόμασι(ν)
대격 복수	σάρκας	γυναῖκας	τρίχας	χάριτας	ἐλπίδας	ὀνόματα

11   이 단어에서 첫 문자는 주격 단수와 여격 복수에서 마지막 자음이 ς인지 아니면 χ인지에 따라 θ가 되기도 하고 τ 가 되기도 한다. 이에 대한 설명은 *MBG*를 참조하라.

	n–3c(5b)	n–3c(6a)	n–3c(6b)	n–3c(6c)	n–3d(2a)	n–3d(2b)
주격/호격 단수	ἄρχων	τέρας	ὕδωρ	φῶς	σωσθένης	γένος
속격 단수	ἄρχοντος	τέρατος	ὕδατος	φωτός	σωσθένους	γένους
여격 단수	ἄρχοντι	τέρατι	ὕδατι	φωτί	–	γένει
대격 단수	ἄρχοντα	τέρας	ὕδωρ	φῶς	σωσθένην	γένος
주격/호격 복수	ἄρχοντες	τέρατα	ὕδατα	φῶτα	–	γένη
속격 복수	ἀρχόντων	τεράτων	ὑδάτων	φώτων	–	γενῶν
여격 복수	ἄρχουσι(ν)	τέρασι(ν)	ὕδασι(ν)	–	–	γένεσι(ν)
대격 복수	ἄρχοντας	τέρατα	ὕδατα	φῶτα	–	γένη

	n–3e(1)	n–3e(3)	n–3e(4)	n–3e(5b)	n–3f(1a)	n–3f(1b)
주격 단수	ἰχθύς	βασιλεύς	νοῦς	πόλις	αἰών	ἡγεμών
속격 단수	ἰχθύος	βασιλέως	νοός	πόλεως	αἰῶνος	ἡγεμόνος
여격 단수	ἰχθύι	βασιλεῖ	νοΐ	πόλει	αἰῶνι	ἡγεμόνι
대격 단수	ἰχθύν	βασιλέα	νοῦν	πόλιν	αἰῶνα	ἡγεμόνα
호격 단수	ἰχθύ	βασιλεῦ	νοῦ	πόλι	αἰών	ἡγεμών
주격/호격 복수	ἰχθύες	βασιλεῖς	νόες	πόλεις	αἰῶνες	ἡγεμόνες
속격 복수	ἰχθύων	βασιλέων	νοῶν	πόλεων	αἰώνων	ἡγεμόνων
여격 복수	ἰχθύσι(ν)	βασιλεῦσι(ν)	νουσί(ν)	πόλεσι(ν)	αἰῶσι(ν)	ἡγεμόσι(ν)
대격 복수	ἰχθύας	βασιλεῖς	νόας	πόλεις	αἰῶνας	ἡγεμόνας

	n–3f(2a)	n–3f(2b)	n–3f(2c)	n–3f(2c)	n–3f(2c)	n–3f(2c)
주격 단수	σωτήρ	ῥήτωρ	ἀνήρ	θυγάτηρ	πατήρ	μήτηρ
속격 단수	σωτῆρος	ῥήτορος	ἀνδρός	θυγατρός	πατρός	μητρός
여격 단수	σωτῆρι	ῥήτορι	ἀνδρί	θυγατρί	πατρί	μητρί
대격 단수	σωτῆρα	ῥήτορα	ἄνδρα	θυγατέρα	πατέρα	μητέρα
호격 단수	–	ῥῆτορ	ἄνερ	θύγατερ	πάτερ	μῆτερ

주격/호격 복수	σωτῆρες	ῥήτορες	ἄνδρες	θυγατέρες	πατέρες	–
속격 복수	σωτήρων	ῥητόρων	ἀνδρῶν	θυγατέρων	πατέρων	–
여격 복수	σωτῆρσι(ν)	ῥήτορσι(ν)	ἀνδράσι(ν)	–	πατράσι(ν)	–
대격 복수	σωτῆρας	ῥήτορας	ἄνδρας	θυγατέρας	πατέρας	μητέρας

형용사

	남성	여성	중성	남성	여성	중성
a–1a (2–1–2)						
주격 단수	ἅγιος	ἁγία	ἅγιον	ἀγαθός	ἀγαθή	ἀγαθόν
속격 단수	ἁγίου	ἁγίας	ἁγίου	ἀγαθοῦ	ἀγαθῆς	ἀγαθοῦ
여격 단수	ἁγίῳ	ἁγίᾳ	ἁγίῳ	ἀγαθῷ	ἀγαθῇ	ἀγαθῷ
대격 단수	ἅγιον	ἁγίαν	ἅγιον	ἀγαθόν	ἀγαθήν	ἀγαθόν
호격 단수	ἅγιε	ἁγία	ἅγιον	ἀγαθέ	ἀγαθή	ἀγαθόν
주격 복수	ἅγιοι	ἅγιαι	ἅγια	ἀγαθοί	ἀγαθαί	ἀγαθά
속격 복수	ἁγίων	ἁγίων	ἁγίων	ἀγαθῶν	ἀγαθῶν	ἀγαθῶν
여격 복수	ἁγίοις	ἁγίαις	ἁγίοις	ἀγαθοῖς	ἀγαθαῖς	ἀγαθοῖς
대격 복수	ἁγίους	ἁγίας	ἅγια	ἀγαθούς	ἀγαθάς	ἀγαθά
a–1a(2b) (2–1–2)						
주격 단수	οὗτος	αὕτη	τοῦτο	μέγας	μεγάλη	μέγα
속격 단수	τούτου	ταύτης	τούτου	μεγάλου	μεγάλης	μεγάλου
여격 단수	τούτῳ	ταύτῃ	τούτῳ	μεγάλῳ	μεγάλῃ	μεγάλῳ
대격 단수	τοῦτον	ταύτην	τοῦτο	μέγαν	μεγάλην	μέγα
주격 복수	οὗτοι	αὗται	ταῦτα	μεγάλοι	μεγάλαι	μεγάλα
속격 복수	τούτων	τούτων	τούτων	μεγάλων	μεγάλων	μεγάλων
여격 복수	τούτοις	ταύταις	τούτοις	μεγάλοις	μεγάλαις	μεγάλοις
대격 복수	τούτους	ταύτας	ταῦτα	μεγάλους	μεγάλας	μεγάλα

a–1a(2a) (2–1–2)

주격 단수	πολύς	πολλή	πολύ
속격 단수	πολλοῦ	πολλῆς	πολλοῦ
여격 단수	πολλῷ	πολλῇ	πολλῷ
대격 단수	πολύν	πολλήν	πολύ
주격 복수	πολλοί	πολλαί	πολλά
속격 복수	πολλῶν	πολλῶν	πολλῶν
여격 복수	πολλοῖς	πολλαῖς	πολλοῖς
대격 복수	πολλούς	πολλάς	πολλά

a–1a(2b) (3–3–3)

주격 단수	ὅστις	ἥτις	ὅτι
속격 단수	οὗτινος	ἧστινος	οὗτινος
여격 단수	ᾧτινι	ᾗτινι	ᾧτινι
대격 단수	ὅντινα	ἥντινα	ὅτι
주격 복수	οἵτινες	αἵτινες	ἅτινα
속격 복수	ὧντινων	ὧντινων	ὧντινων
여격 복수	οἷστισι(ν)	αἷστισι(ν)	οἷστισι(ν)
대격 복수	οὕστινας	ἅστινας	ἅτινα

a–2a (3–1–3)

주격 단수	πᾶς	πᾶσα	πᾶν
속격 단수	παντός	πάσης	παντός
여격 단수	παντί	πάσῃ	παντί
대격 단수	πάντα	πᾶσαν	πᾶν
주격 복수	πάντες	πᾶσαι	πάντα
속격 복수	πάντων	πασῶν	πάντων
여격 복수	πᾶσι	πάσαις	πᾶσι
대격 복수	πάντας	πάσας	πάντα

a–2b (3–1–3)

주격 단수	ταχύς	ταχεῖα	ταχύ
속격 단수	ταχέως	ταχείας	ταχέως
여격 단수	ταχεῖ	ταχείᾳ	ταχεῖ
대격 단수	ταχύν	ταχεῖαν	ταχύ
주격 복수	ταχεῖς	ταχεῖαι	ταχέα
속격 복수	ταχέων	ταχειῶν	ταχέων
여격 복수	ταχέσι	ταχείαις	ταχέσι
대격 복수	ταχεῖς	ταχείας	ταχέα

	남성&여성	중성	남성&여성	중성	남성	여성	중성
a–3a (2–2)			**a–4a (3–3)**		**a–1a(2b) (2–1–2)**		
주격 단수	ἁμαρτωλός	ἁμαρτωλόν	ἀληθής	ἀληθές	αὐτός	αὐτή	αὐτό
속격 단수	ἁμαρτωλοῦ	ἁμαρτωλοῦ	ἀληθοῦς	ἀληθοῦς	αὐτοῦ	αὐτῆς	αὐτοῦ
여격 단수	ἁμαρτωλῷ	ἁμαρτωλῷ	ἀληθεῖ	ἀληθεῖ	αὐτῷ	αὐτῇ	αὐτῷ
대격 단수	ἁμαρτωλόν	ἁμαρτωλόν	ἀληθῆ	ἀληθές	αὐτόν	αὐτήν	αὐτό
호격 단수	ἁμαρτωλέ	ἁμαρτωλόν	–	–	–	–	–
주격 복수	ἁμαρτωλοί	ἁμαρτωλά	ἀληθεῖς	ἀληθῆ	αὐτοί	αὐταί	αὐτά
속격 복수	ἁμαρτωλῶν	ἁμαρτωλῶν	ἀληθῶν	ἀληθῶν	αὐτῶν	αὐτῶν	αὐτῶν
여격 복수	ἁμαρτωλοῖς	ἁμαρτωλοῖς	ἀληθέσι(ν)	ἀληθέσι(ν)	αὐτοῖς	αὐταῖς	αὐτοῖς
대격 복수	ἁμαρτωλούς	ἁμαρτωλά	ἀληθεῖς	ἀληθῆ	αὐτούς	αὐτάς	αὐτά
a–4b(1) (3–3)							
주격 단수	πλείων	πλεῖον	μείζων	μεῖζον			
속격 단수	πλείονος	πλείονος	μείζονος	μείζονος			
여격 단수	πλείονι	πλείονι	μείζονι	μείζονι			
대격 단수	πλείονα	πλεῖον	μείζονα	μεῖζον			
주격 복수	πλείονες	πλείονα	μείζονες	μείζονα			
속격 복수	πλειόνων	πλειόνων	μειζόνων	μειζόνων			
여격 복수	πλείοσι(ν)	πλείοσι(ν)	μείζοσι(ν)	μείζοσι(ν)			
대격 복수	πλείονας	πλείονα	μείζονας	μείζονα			
a–4b(2) (3–3, 의문형, 부정형)			**a–4b(2) (3–1–3)**				
주격 단수	τίς	τί	τις	τι	εἷς	μία	ἕν
속격 단수	τίνος	τίνος	τινός	τινός	ἑνός	μιᾶς	ἑνός
여격 단수	τίνι	τίνι	τινί	τινί	ἑνί	μιᾷ	ἑνί
대격 단수	τίνα	τί	τινά	τι	ἕνα	μίαν	ἕν

주격 복수	τίνες	τίνα	τινές	τινά	
속격 복수	τίνων	τίνων	τινῶν		
여격 복수	τίσι(ν)	τίσι(ν)	τισί(ν)		
대격 복수	τίνας	τίνα	τινά		

a–5

	1인칭	2인칭		1인칭	2인칭
주격 단수	ἐγώ	σύ	주격 복수	ἡμεῖς	ὑμεῖς
속격 단수	ἐμοῦ(μου)	σοῦ(σου)	속격 복수	ἡμῶν	ὑμῶν
여격 단수	ἐμοί(μοι)	σοί(σοι)	여격 복수	ἡμῖν	ὑμῖν
대격 단수	ἐμέ(με)	σέ(σε)	대격 복수	ἡμᾶς	ὑμᾶς

동사 체계

영어의 동사 시제

	단순 과거형	과거 진행형	과거 완료형
규칙 능동태	I studied	I was studying	I had studied
불규칙 능동태	I ate	I was eating	I had eaten
규칙 수동태	I was studied	I was being studied	I had been studied
불규칙 수동태	I was eaten	I was being eaten	I had been eaten
	단순 현재형	현재 진행형	현재 완료형
규칙 능동태	I study	I am studying	I have studied
불규칙 능동태	I eat	I am eating	I have eaten
규칙 수동태	I am studied	I am being studied	I have been studied
불규칙 수동태	I am eaten	I am being eaten	I have been eaten
	단순 미래형	미래 진행형	미래 완료형
규칙 능동태	I will study	I will be studying	I will have studied
불규칙 능동태	I will eat	I will be eating	I will have eaten
규칙 수동태	I will be studied	I will be being studied	I will have been studied
불규칙 수동태	I will be eaten	I will be being eaten	I will have been eaten

헬라어의 시제와 시상

헬라어 시제	문법적 의미	번역
현재 βαπτίζω	**1. 현재 진행** (현재의 특정한 때에 일어나고 있는 것처럼 보이는 사건)	나는 세례를 주고 있다. (I am baptizing)
	2. 습관적-일반적 현재 (규칙적으로 일어나는 행동이나, 더 넓은 시간 범주 안에서 여전히 현재처럼 보이는 다양한 행동)	나는 세례를 준다. (I baptize)
미래 βαπτίσω	**미래에 일어날 행동**	나는 세례를 줄 것이다. (I will baptize)
미완료과거 ἐβάπτιζον	**1. 과거 진행** (과거의 특정한 때에 일어나고 있던 것처럼 보이는 사건)	나는 세례를 주고 있었다. (I was baptizing)
	2. 습관적-일반적 과거 (과거에 규칙적으로 일어난 행동이나, 과거에 일어난 다양한 행동)	나는 세례를 주었다/주곤 했다. (I baptized)
부정과거 ἐβάπτισα	**과거에 대한 요약** (전체적으로 하나로 보이는 과거에 일어난 모든 종류의 사건)	나는 세례를 주었다. (I baptized)

제1시제와 제2시제 어미

	제1시제				제2시제			
	규칙			대체어미1	규칙			대체어미
능동태								
1인칭 단수	λύω	ο	– 2	μι	ἔλυον	ο	ν	
2인칭 단수	λύεις	ε	ς		ἔλυες	ε	ς	
3인칭 단수	λύει	ε	ι	σι(ν)	ἔλυε(ν)	ε	–	
1인칭 복수	λύομεν	ο	μεν		ἐλύομεν	ο	μεν	
2인칭 복수	λύετε	ε	τε		ἐλύετε	ε	τε	
3인칭 복수	λύουσι(ν)	ο	νσι(ν)3	ασι(ν)	ἔλυον	ο	ν	σαν

1인칭 단수	λύομαι	ο	μαι		ἐλυόμην	ο	μην
2인칭 단수	λύη	ε	σαι⁴		ἐλύου	ε	σο⁵
3인칭 단수	λύεται	ε	ται		ἐλύετο	ε	το
1인칭 복수	λυόμεθα	ο	μεθα		ἐλυόμεθα	ο	μεθα
2인칭 복수	λύεσθε	ε	σθε		ἐλύεσθε	ε	σθε
3인칭 복수	λύονται	ο	νται		ἐλύοντο	ο	ντο

직설법 동사 마스터 차트

시제	시상 접두 모음 /어간 중복	시제 어간	시제 형태소	연결 모음	인칭 어미	1인칭 단수 변화형
현재 능동		현재		ο/ε	제1능동	λύω
현재 중간/수동		현재		ο/ε	제1중간/수동	λύομαι
미완료과거 능동	ε	현재		ο/ε	제2능동	ἔλυον
미완료과거 중간/수동	ε	현재		ο/ε	제2중간/수동	ἐλυόμην
미래 능동		미래 능동	σ	ο/ε	제1능동	λύσω
유음 미래 능동		미래 능동	εσ	ο/ε	제1능동	μενῶ
미래 중간		미래 능동	σ	ο/ε	제1중간/수동	πορεύσομαι
유음 미래 중간		미래 능동	εσ	ο/ε	제1중간/수동	μενοῦμαι
제1미래 수동		부정과거 수동	θησ	ο/ε	제1중간/수동	λυθήσομαι
제2미래 수동		부정과거 수동	ησ	ο/ε	제1중간/수동	ἀποσταλήσομαι

1   대체어미는 μι 동사와 몇몇 어간 형성 모음 변화 형태에서 사용된다.

2   어미를 사용하지 않는다. 어간 형성 모음 변화를 하는 동사들에서 1인칭 단수 인칭 어미의 ω는 연결 모음인 ο이 길어진 것이다.

3   모든 경우에 이 ν는 뒤따라오는 σ 때문에 탈락한다. 이로 인해 앞에 있는 모음에 다양한 변화가 일어난다.

4   거의 모든 경우에(현재완료 수동태를 제외하고) σ는 탈락하고 모음들은 축약한다. 이것이 시제마다 이 어미가 변화하는 이유이다.

5   거의 모든 경우에 σ는 모음 사이에서 탈락하고 모음들은 축약한다. 이것이 시제마다 이 어미가 변화하는 이유이다.

제1부정과거 능동	ε	부정과거 능동	σα		제2능동	ἔλυσα
유음 부정과거 능동	ε	부정과거 능동	α		제2능동	ἔμεινα
제2부정과거 능동	ε	부정과거 능동		ο/ε	제2능동	ἔλαβον
제1부정과거 중간	ε	부정과거 능동	σα		제2중간/수동	ἐλυσάμην
제2부정과거 중간	ε	부정과거 능동		ο/ε	제2중간/수동	ἐγενόμην
제1부정과거 수동	ε	부정과거 수동	θη		제2능동	ἐλύθην
제2부정과거 수동	ε	부정과거 수동	η		제2능동	ἐγράφην
제1현재완료 능동	λε	현재완료 능동	κα		제1능동	λέλυκα
제2현재완료 능동	λε	현재완료 능동	α		제1능동	γέγονα
현재완료 중간/수동	λε	현재완료 수동			제1중간/수동	λέλυμαι

분사 형태소 차트

형태소	시제/태	격어미
ντ	능동태, 부정과거 수동태	3 – 1 – 3
οτ	현재완료 능동태	3 – 1 – 3
μενο / η	부정과거 중간태, 중간태/수동태	2 – 1 – 2

분사 마스터 차트

시제/태	어간 중복	어간	연결 모음	형태소	여섯 가지 암기 형태	주격 복수
현재 능동		현재	ο	ντ/ουσα	ων, ουσα, ον οντος, ουσης, οντος	λέγοντες
현재 중간/수동		현재	ο	μενο/η	ομενος, ομενη, ομενον ομενου, ομενης, ομενου	λεγόμενοι

제1부정과거 능동		부정과거 능동	σα	ντ/σα	σας, σασα, σαν σαντος, σασης, σαντος	λύσαντες
제1부정과거 중간		부정과거 능동	σα	μενο/η	σαμενος …	λυσάμενοι
제1부정과거 수동		부정과거 수동	θε	ντ	θεις, θεισα, θεν θεντος, θεισης, θεντος	λυθέντες
제2부정과거 능동		부정과거 능동	ο	ντ	ων…	βαλόντες
제2부정과거 중간		부정과거 능동	ο	μενο/η	ομενος…	γενόμενοι
제2부정과거 수동		부정과거 수동	ε	ντ	εις, εισα, εν εντος, εισης, εντος	γραφέντες
현재완료 능동	λε	현재완료 능동	κ	οτ	κως, κυια, κος κοτος, κυιας, κοτος	λελυκότες
현재완료 중간/수동	λε	현재완료 중간/수동		μενο/η	μενος…	λελυμένοι

직설법 이외의 동사 마스터 차트

가정법

시제	시제 어간	시제 형태소	연결 모음	인칭 어미	1인칭 단수 변화형
현재 능동	현재		ω/η	제1능동	λύω
현재 중간/수동	현재		ω/η	제1중간/수동	λύωμα
제1부정과거 능동	부정과거 능동	σ	ω/η	제1능동	λύσω
제1부정과거 중간	부정과거 능동	σ	ω/η	제1중간/수동	λύσωμαι
제1부정과거 수동	부정과거 수동	θ	ω/η	제1능동	λυθῶ

제2부정과거 능동	부정과거 능동	ω/η	제1능동	λάβω
제2부정과거 중간	부정과거 능동	ω/η	제1중간/수동	γένωμαι
제2부정과거 수동	부정과거 수동	ω/η	제1능동	γραφῶ

부정사

	현재	제1부정과거	제2부정과거	현재완료
능동태	ειν	σαι	ειν	κεναι
중간태	εσθαι	σασθαι	εσθαι	σθαι
수동태	εσθαι	θηναι	ηναι	σθαι

	현재	제1부정과거	제2부정과거	현재완료
능동태	λύειν	λῦσαι	λαβεῖν	λελυκέναι
중간태	λύεσθαι	λύσασθαι	λαβέσθαι	λελύσθαι
수동태	λύεσθαι	λυθῆναι	γραφῆναι	λελύσθαι

명령법

	능동태	중간태/수동태
2인칭 단수	?	?
3인칭 단수	τω	σθω
2인칭 복수	τε	σθε
3인칭 복수	τωσαν	σθωσαν

		능동태	중간태/수동태	수동태
현재	2인칭 단수	λῦε	λύου	λύου
	3인칭 단수	λυέτω	λυέσθω	λυέσθω

제1부정과거	2인칭 단수	λῦσον	λῦσαι	λύθητι
	3인칭 단수	λυσάτω	λυσάσθω	λυθήτω
제2부정과거	2인칭 단수	λάβε	γενοῦ	γράφητι
	3인칭 단수	λαβέτω	γενέσθω	γραφήτω

동사 변화표

직설법 개요

	현재	미완료과거	미래	제1부정과거	제2부정과거	현재완료
능동태 직설법						
1인칭 단수	λύω	ἔλυον	λύσω	ἔλυσα	ἔλαβον	λέλυκα
2인칭 단수	λύεις	ἔλυες	λύσεις	ἔλυσας	ἔλαβες	λέλυκας
3인칭 단수	λύει	ἔλυε(ν)	λύσει	ἔλυσε(ν)	ἔλαβε(ν)	λέλυκε(ν)
1인칭 복수	λύομεν	ἐλύομεν	λύσομεν	ἐλύσαμεν	ἐλάβομεν	λελύκαμεν
2인칭 복수	λύετε	ἐλύετε	λύσετε	ἐλύσατε	ἐλάβετε	λελύκατε
3인칭 복수	λύουσι(ν)	ἔλυον	λύσουσι(ν)	ἔλυσαν	ἔλαβον	λελύκασι(ν)
중간태 직설법						
1인칭 단수	λύομαι	ἐλυόμην	λύσομαι	ἐλυσάμην	ἐγενόμην	λέλυμαι
2인칭 단수	λύῃ	ἐλύου	λύσῃ	ἐλύσω	ἐγένου	λέλυσαι
3인칭 단수	λύεται	ἐλύετο	λύσεται	ἐλύσατο	ἐγένετο	λέλυται
1인칭 복수	λυόμεθα	ἐλυόμεθα	λυσόμεθα	ἐλυσάμεθα	ἐγενόμεθα	λελύμεθα
2인칭 복수	λύεσθε	ἐλύεσθε	λύσεσθε	ἐλύσασθε	ἐγένεσθε	λέλυσθε
3인칭 복수	λύονται	ἐλύοντο	λύσονται	ἐλύσαντο	ἐγένοντο	λέλυνται

수동태 직설법

1인칭 단수	λύομαι	ἐλυόμην	λυθήσομαι	ἐλύθην	ἐγράφην	λέλυμαι
2인칭 단수	λύῃ	ἐλύου	λυθήσῃ	ἐλύθης	ἐγράφης	λέλυσαι
3인칭 단수	λύεται	ἐλύετο	λυθήσεται	ἐλύθη	ἐγράφη	λέλυται
1인칭 복수	λυόμεθα	ἐλυόμεθα	λυθησόμεθα	ἐλύθημεν	ἐγράφημεν	λελύμεθα
2인칭 복수	λύεσθε	ἐλύεσθε	λυθήσεσθε	ἐλύθητε	ἐγράφητε	λέλυσθε
3인칭 복수	λύονται	ἐλύοντο	λυθήσονται	ἐλύθησαν	ἐγράφησαν	λέλυνται

가정법 개요

	현재	제1부정과거	제2부정과거
능동태 가정법			
1인칭 단수	λύω	λύσω	λάβω
2인칭 단수	λύῃς	λύσῃς	λάβῃς
3인칭 단수	λύῃ	λύσῃ	λάβῃ
1인칭 복수	λύωμεν	λύσωμεν	λάβωμεν
2인칭 복수	λύητε	λύσητε	λάβητε
3인칭 복수	λύωσι(ν)	λύσωσι(ν)	λάβωσι(ν)
중간태 가정법			
1인칭 단수	λύωμαι	λύσωμαι	γένωμαι
2인칭 단수	λύῃ	λύσῃ	γένῃ
3인칭 단수	λύηται	λύσηται	γένηται
1인칭 복수	λυώμεθα	λυσώμεθα	γενώμεθα
2인칭 복수	λύησθε	λύσησθε	γένησθε
3인칭 복수	λύωνται	λύσωνται	γένωνται

수동태 가정법

1인칭 단수	λύωμαι	λυθῶ	γραφῶ
2인칭 단수	λύῃ	λυθῇς	γραφῇς
3인칭 단수	λύηται	λυθῇ	γραφῇ
1인칭 복수	λυώμεθα	λυθῶμεν	γραφῶμεν
2인칭 복수	λύησθε	λυθῆτε	γραφῆτε
3인칭 복수	λύωνται	λυθῶσι(ν)	γραφῶσι(ν)

명령법 개요

	현재	제1부정과거	제2부정과거
능동태 명령법			
2인칭 단수	λῦε	λῦσον	λάβε
3인칭 단수	λυέτω	λυσάτω	λαβέτω
2인칭 복수	λύετε	λύσατε	λάβετε
3인칭 복수	λυέτωσαν	λυσάτωσαν	λαβέτωσαν
중간태 명령법			
2인칭 단수	λύου	λῦσαι	γένου
3인칭 단수	λυέσθω	λυσάσθω	γενέσθω
2인칭 복수	λύεσθε	λύσασθε	γένεσθε
3인칭 복수	λυέσθωσαν	λυσάσθωσαν	γενέσθωσαν
수동태 명령법			
2인칭 단수	λύου	λύθητι	γράφητι
3인칭 단수	λυέσθω	λυθήτω	γραφήτω

| 2인칭 복수 | λύεσθε | λύθητε | γράφητε |
| 3인칭 복수 | λυέσθωσαν | λυθήτωσαν | γραφήτωσαν |

부정사 개요

	현재	제1부정과거	제2부정과거	현재완료
능동태	λύειν	λῦσαι	λαβεῖν	λελυκέναι
중간태	λύεσθαι	λύσασθαι	λαβέσθαι	λέλυσθαι
수동태	λύεσθαι	λυθῆναι	γραφῆναι	λέλυσθαι

εἰμί

직설법

	현재	미완료과거	미래
1인칭 단수	εἰμί	ἤμην	ἔσομαι
2인칭 단수	εἶ	ἦς	ἔσῃ
3인칭 단수	ἐστί(ν)	ἦν	ἔσται
1인칭 복수	ἐσμέν	ἦμεν, ἤμεθα	ἐσόμεθα
2인칭 복수	ἐστέ	ἦτε	ἔσεσθε
3인칭 복수	εἰσί(ν)	ἦσαν	ἔσονται

직설법 비직설법

	가정법	명령법	능동태 부정사
1인칭 단수	ὦ		εἶναι
2인칭 단수	ᾖς	ἴσθι	
3인칭 단수	ᾖ	ἔστω	

1인칭 복수	ὦμεν					
2인칭 복수	ἦτε		ἔστε			
3인칭 복수	ὦσι(ν)		ἔστωσαν			

분사

	남성	여성	중성		남성	여성	중성
주격 단수	ὤν	οὖσα	ὄν	주격 복수	ὄντες	οὖσαι	ὄντα
속격 단수	ὄντος	οὔσης	ὄντος	속격 복수	ὄντων	οὐσῶν	ὄντων
여격 단수	ὄντι	οὔσῃ	ὄντι	여격 복수	οὖσι(ν)	οὔσαις	οὖσι(ν)
대격 단수	ὄντα	οὖσαν	ὄν	대격 복수	ὄντας	οὔσας	ὄντα

직설법(MBG, §40)

현재 직설법(MBG, §41)

어간 형성 모음이 축약되지 않은 경우		어간 형성 모음이 축약된 경우		
능동태		$-άω$	$-έω$	$-όω$
1인칭 단수	λύω	γεννῶ	ποιῶ	φανερῶ
2인칭 단수	λύεις	γεννᾷς	ποιεῖς	φανεροῖς
3인칭 단수	λύει	γεννᾷ	ποιεῖ	φανεροῖ
1인칭 복수	λύομεν	γεννῶμεν	ποιοῦμεν	φανεροῦμεν
2인칭 복수	λύετε	γεννᾶτε	ποιεῖτε	φανεροῦτε
3인칭 복수	λύουσι(ν)	γεννῶσι(ν)	ποιοῦσι(ν)	φανεροῦσι(ν)
중간태/수동태				
1인칭 단수	λύομαι	γεννῶμαι	ποιοῦμαι	φανεροῦμαι
2인칭 단수	λύῃ	γεννᾷ	ποιῇ	φανεροῖ
3인칭 단수	λύεται	γεννᾶται	ποιεῖται	φανεροῦται

1인칭 복수	λυόμεθα	γεννώμεθα	ποιούμεθα	φανερούμεθα
2인칭 복수	λύεσθε	γεννᾶσθε	ποιεῖσθε	φανεροῦσθε
3인칭 복수	λύονται	γεννῶνται	ποιοῦνται	φανεροῦντα

어간 형성 모음이 없는 경우

	*στα	*θε	*δο	*δεικνυ
능동태				
1인칭 단수	ἵστημι	τίθημι	δίδωμι	δείκνυμι
2인칭 단수	ἵστης	τίθης	δίδως	δεικνύεις
3인칭 단수	ἵστησι(ν)	τίθησι(ν)	δίδωσι(ν)	δείκνυσι(ν)
1인칭 복수	ἵσταμεν	τίθεμεν	δίδομεν	δείκνυμεν
2인칭 복수	ἵστατε	τίθετε	δίδοτε	δείκνυτε
3인칭 복수	ἱστᾶσι(ν)	τιθέασι(ν)	διδόασι(ν)	δεικνύασι(ν)
중간태/수동태				
1인칭 단수	ἵσταμαι	τίθεμαι	δίδομαι	δείκνυμαι
2인칭 단수	ἵστασαι	τίθεσαι	δίδοσαι	δείκνυσαι
3인칭 단수	ἵσταται	τίθεται	δίδοται	δείκνυται
1인칭 복수	ἱστάμεθα	τιθέμεθα	διδόμεθα	δεικνύμεθα
2인칭 복수	ἵστασθε	τίθεσθε	δίδοσθε	δείκνυσθε
3인칭 복수	ἵστανται	τίθενται	δίδονται	δείκνυνται

미완료과거 직설법(MBG, §42)

어간 형성 모음이 축약되지 않은 경우		어간 형성 모음이 축약된 경우		
능동태		−άω	−έω	−όω
1인칭 단수	ἔλυον	ἐγέννων	ἐποίουν	ἐφανέρουν
2인칭 단수	ἔλυες	ἐγέννας	ἐποίεις	ἐφανέρους
3인칭 단수	ἔλυε(ν)	ἐγέννα	ἐποίει	ἐφανέρου

1인칭 복수	ἐλύομεν	ἐγεννῶμεν	ἐποιοῦμεν	ἐφανεροῦμεν
2인칭 복수	ἐλύετε	ἐγεννᾶτε	ἐποιεῖτε	ἐφανεροῦτε
3인칭 복수	ἔλυον	ἐγέννων	ἐποίουν	ἐφανέρουν

중간태/수동태

1인칭 단수	ἐλυόμην	ἐγεννώμην	ἐποιούμην	ἐφανερούμην
2인칭 단수	ἐλύου	ἐγεννῶ	ἐποιοῦ	ἐφανεροῦ
3인칭 단수	ἐλύετο	ἐγεννᾶτο	ἐποιεῖτο	ἐφανεροῦτο
1인칭 복수	ἐλυόμεθα	ἐγεννώμεθα	ἐποιούμεθα	ἐφανερούμεθα
2인칭 복수	ἐλύεσθε	ἐγεννᾶσθε	ἐποιεῖσθε	ἐφανεροῦσθε
3인칭 복수	ἐλύοντο	ἐγεννῶντο	ἐποιοῦντο	ἐφανεροῦντο

어간 형성 모음이 없는 경우

	*στα	*θε	*δο	*δεικνυ

능동태

1인칭 단수	ἵστην	ἐτίθην	ἐδίδουν	ἐδείκνυν
2인칭 단수	ἵστης	ἐτίθεις	ἐδίδους	ἐδείκνυς
3인칭 단수	ἵστη	ἐτίθει	ἐδίδου	ἐδείκνυ
1인칭 복수	ἵσταμεν	ἐτίθεμεν	ἐδίδομεν	ἐδείκνυμεν
2인칭 복수	ἵστατε	ἐτίθετε	ἐδίδοτε	ἐδείκνυτε
3인칭 복수	ἵστασαν	ἐτίθεσαν	ἐδίδοσαν	ἐδείκνυσαν

중간태/수동태

1인칭 단수	ἱστάμην	ἐτιθέμην	ἐδιδόμην	ἐδεικνύμην
2인칭 단수	ἵστασο	ἐτίθεσο	ἐδίδοσο	ἐδείκνυσο
3인칭 단수	ἵστατο	ἐτίθετο	ἐδίδοτο	ἐδείκνυτο
1인칭 복수	ἱστάμεθα	ἐτιθέμεθα	ἐδιδόμεθα	ἐδεικνύμεθα
2인칭 복수	ἵστασθε	ἐτίθεσθε	ἐδίδοσθε	ἐδείκνυσθε
3인칭 복수	ἵσταντο	ἐτίθεντο	ἐδίδοντο	ἐδείκνυντο

미래 직설법(MBG, §43)

어간 형성 모음이 축약되지 않은 경우	유음동사	어간 형성 모음이 없는 경우		
능동태				
1인칭 단수	λύσω	μενῶ	στήσω	θήσω	δώσω
2인칭 단수	λύσεις	μενεῖς	στήσεις	θήσεις	δώσεις
3인칭 단수	λύσει	μενεῖ	στήσει	σήσει	δώσει
1인칭 복수	λύσομεν	μενοῦμεν	στήσομεν	θήσομεν	δώσομεν
2인칭 복수	λύσετε	μενεῖτε	στήσετε	θήσετε	δώσετε
3인칭 복수	λύσουσι(ν)	μενοῦσι(ν)	στήσουσι(ν)	θήσουσι(ν)	δώσουσι(ν)
중간태				
1인칭 단수	πορεύσομαι	μενοῦμαι	στήσομαι	θήσομαι	δώσομαι
2인칭 단수	πορεύσῃ	μενῇ	στήσῃ	θήσῃ	δώσῃ
3인칭 단수	πορεύσεται	μενεῖται	στήσεται	θήσεται	δώσεται
1인칭 복수	πορευσόμεθα	μενούμεθα	στησόμεθα	θησόμεθα	δωσόμεθα
2인칭 복수	πορεύσεσθε	μενεῖσθε	στήσεσθε	θήσεσθε	δώσεσθε
3인칭 복수	πορεύσονται	μενοῦνται	στήσονται	θήσονται	δώσονται

부정과거 능동태 / 중간태 직설법(MBG, §44)

어간 형성 모음이 있는 부정과거 능동태와 중간태

	제1부정과거	유음동사 부정과거	제2부정과거	어간 형성 모음이 없는 제1부정과거		
능동태						
1인칭 단수	ἔλυσα	ἔμεινα	ἔβαλον	ἔστησα	ἔθηκα	ἔδωκα
2인칭 단수	ἔλυσας	ἔμεινας	ἔβαλες	ἔστησας	ἔθηκας	ἔδωκας
3인칭 단수	ἔλυσε	ἔμεινε	ἔβαλε(ν)	ἔστησε(ν)	ἔθηκε(ν)	ἔδωκε(ν)
1인칭 복수	ἐλύσαμεν	ἐμείναμεν	ἐβάλομεν	ἐστήσαμεν	ἐθήκαμεν	ἐδώκαμεν
2인칭 복수	ἐλύσατε	ἐμείνατε	ἐβάλετε	ἐστήσατε	ἐθήκατε	ἐδώκατε
3인칭 복수	ἔλυσαν	ἔμειναν	ἔβαλον	ἔστησεν	ἔθηκαν	ἔδωκαν

중간태

1인칭 단수	ἐλυσάμην	ἐμεινάμην	ἐγενόμην	–
2인칭 단수	ἐλύσω	ἐμείνω	ἐγένου	ἔθου
3인칭 단수	ἐλύσατο	ἐμείνατο	ἐγένετο	ἔθετο
1인칭 복수	ἐλυσάμεθα	ἐμεινάμεθα	ἐγενόμεθα	–
2인칭 복수	ἐλύσασθε	ἐμείνασθε	ἐγένεσθε	ἔθεσθε
3인칭 복수	ἐλύσαντο	ἐμείναντο	ἐγένοντο	ἔθεντο

현재완료 직설법(MBG, §45–§46)

	제1현재완료	제2현재완료	어간 형성 모음이 없는 경우	제1현재완료	어간 형성 모음이 없는 경우

능동태

1인칭 단수	λέλυκα	γέγονα	ἕστηκα
2인칭 단수	λέλυκας	γέγονας	ἕστηκας
3인칭 단수	λέλυκε(ν)	γέγονε(ν)	ἕστηκε(ν)
1인칭 복수	λελύκαμεν	γεγόναμεν	ἕσταμεν
2인칭 복수	λελύκατε	γεγόνατε	ἕστατε
3인칭 복수	λελύκασι(ν)	γεγόνασι(ν)	ἑστᾶσι(ν)

중간태/수동태

1인칭 단수	λέλυμαι	τέθειμαι	δέδομαι
2인칭 단수	λέλυσαι	τέθεισαι	δέδοσαι
3인칭 단수	λέλυται	τέθειται	δέδοται
1인칭 복수	λελύμεθα	τεθείμεθα	δεδόμεθα
2인칭 복수	λέλυσθε	τέθεισθε	δέδοσθε
3인칭 복수	λέλυνται	τέθεινται	δέδονται

부정과거 / 미래 수동태 직설법(MBG, §47)

어간 형성 모음이 있는 부정과거 수동태			어간 형성 모음이 없는 미래 수동태		
	제1부정과거	제2부정과거		제1미래	제2미래
1인칭 단수	ἐλύθην	ἐγράφην		λυθήσομαι	γραφήσομαι
2인칭 단수	ἐλύθης	ἐγράφης		λυθήσῃ	γραφήσῃ
3인칭 단수	ἐλύθη	ἐγράφη		λυθήσεται	γραφήσεται

1인칭 복수	ἐλύθημεν	ἐγράφημεν	λυθησόμεθα	γραφησόμεθα
2인칭 복수	ἐλύθητε	ἐγράφητε	λυθήσεσθε	γραφήσεσθε
3인칭 복수	ἐλύθησαν	ἐγράφησαν	λυθήσονται	γραφήσονται

어간 형성 모음이 없는 부정과거 수동태

1인칭 단수	ἐστάθην	ἐτέθην	ἐδόθην
2인칭 단수	ἐστάθης	ἐτέθης	ἐδόθης
3인칭 단수	ἐστάθην	ἐτέθη	ἐδόθη
1인칭 복수	ἐστάθημεν	ἐτέθημεν	ἐδόθημεν
2인칭 복수	ἐστάθητε	ἐτέθητε	ἐδόθητε
3인칭 복수	ἐστάθησαν	ἐτέθησαν	ἐδόθησαν

어간 형성 모음이 없는 미래 수동태

1인칭 단수	σταθήσομαι	τεθήσομαι	δοθήσομαι
2인칭 단수	σταθήσῃ	τεθήσῃ	δοθήσῃ
3인칭 단수	σταθήσεται	τεθήσεται	δοθήσεται
1인칭 복수	σταθησόμεθα	τεθησόμεθα	δοθησόμεθα
2인칭 복수	σταθήσεσθε	τεθήσεσθε	δοθήσεσθε
3인칭 복수	σταθήσονται	τεθήσονται	δοθήσονται

가정법(MBG, §50)

어간 형성 모음이 있는 경우

현재 능동태 가정법

1인칭 단수	λύω	γεννῶ	ποιῶ	φανερῶ
2인칭 단수	λύῃς	γεννᾷς	ποιῇς	φανεροῖς
3인칭 단수	λύῃ	γεννᾷ	ποιῇ	φανεροῖ
1인칭 복수	λύωμεν	γεννῶμεν	ποιῶμεν	φανερῶμεν
2인칭 복수	λύητε	γεννᾶτε	ποιῆτε	φανερῶτε
3인칭 복수	λύωσι(ν)	γεννῶσι(ν)	ποιῶσι(ν)	φανερῶσι(ν)

현재 중간태/수동태 가정법

1인칭 단수	λύωμαι	γεννῶμαι	ποιῶμαι	φανερῶμαι
2인칭 단수	λύῃ	γεννᾷ	ποιῇ	φανεροῖ
3인칭 단수	λύηται	γεννᾶται	ποιῆται	φανερῶται

1인칭 복수	λυώμεθα	γεννώμεθα	ποιώμεθα	φανερώμεθα
2인칭 복수	λύησθε	γεννᾶσθε	ποιῆσθε	φανερῶσθε
3인칭 복수	λύωνται	γεννῶνται	ποιῶνται	φανερῶνται

부정과거 능동태 가정법

1인칭 단수	λύσω
2인칭 단수	λύσῃς
3인칭 단수	λύσῃ
1인칭 복수	λύσωμεν
2인칭 복수	λύσητε
3인칭 복수	λύσωσι(ν)

부정과거 중간태 가정법

1인칭 단수	λύσωμαι
2인칭 단수	λύσῃ
3인칭 단수	λύσηται
1인칭 복수	λυσώμεθα
2인칭 복수	λύσησθε
3인칭 복수	λύσωνται

부정과거 수동태 가정법

1인칭 단수	λυθῶ
2인칭 단수	λυθῇς
3인칭 단수	λυθῇ
1인칭 복수	λυθῶμεν
2인칭 복수	λυθῆτε
3인칭 복수	λυθῶσι(ν)

가정법(MBG, §50)

어간 형성 모음이 없는 경우

현재 능동태 가정법

1인칭 단수	ἱστῶ	τιθῶ	διδῶ
2인칭 단수	ἱστῇς	τιθῇς	διδῷς
3인칭 단수	ἱστῇ	τιθῇ	διδῷ
1인칭 복수	ἱστῶμεν	τιθῶμεν	διδῶμεν
2인칭 복수	ἱστῆτε	τιθῆτε	διδῶτε
3인칭 복수	ἱστῶσι(ν)	τιθῶσι(ν)	διδῶσι(ν)

현재 중간태/수동태 가정법

1인칭 단수	ἱστῶμαι	τιθῶμαι	διδῶμαι
2인칭 단수	ἱστῇ	τιθῇ	διδῷ
3인칭 단수	ἱστῆται	τιθῆται	διδῶται
1인칭 복수	ἱστώμεθα	τιθώμεθα	διδώμεθα 2
2인칭 복수	ἱστῆσθε	τιθῆσθε	διδῶσθε 3
3인칭 복수	ἱστῶνται	τιθῶνται	διδῶνται

부정과거 능동태 가정법

1인칭 단수	στῶ	θῶ	δῶ
2인칭 단수	στῇς	θῇς	δῷς
3인칭 단수	στῇ	θῇ	δῷ
1인칭 복수	στῶμεν	θῶμεν	δῶμεν
2인칭 복수	ἱστῆτε	θῆτε	δῶτε
3인칭 복수	στῶσι(ν)	θῶσι(ν)	δῶσι(ν)

부정과거 중간태 가정법

1인칭 단수	στῶμαι	θῶμαι	δῶμαι
2인칭 단수	στῇ	θῇ	δῷ
3인칭 단수	στῆται	θῆται	δῶται
1인칭 복수	στώμεθα	θώμεθα	δώμεθα
2인칭 복수	στῆσθε	θῆσθε	δῶσθε
3인칭 복수	στῶνται	θῶνται	δῶνται

명령법(MBG, §70)

어간 형성 모음이 있는 경우

현재 능동태 명령법

2인칭 단수	λῦε	γέννα	ποίει	φανέρου
3인칭 단수	λυέτω	γεννάτω	ποιείτω	φανερούτω
2인칭 복수	λύετε	γεννᾶτε	ποιεῖτε	φανεροῦτε
3인칭 복수	λυέτωσαν	γεννάτωσαν	ποιείτωσαν	φανερούτωσαν

현재 중간태/수동태 명령법

2인칭 단수	λύου	γεννῶ	ποιοῦ	φανεροῦ
3인칭 단수	λυέσθω	γεννάσθω	ποιείσθω	φανερούσθω
2인칭 복수	λύεσθε	γεννᾶσθε	ποιεῖσθε	φανεροῦσθε
3인칭 복수	λυέσθωσαν	γεννάσθωσαν	ποιείσθωσαν	φανερούσθωσαν

부정과거 능동태 명령법

2인칭 단수	λῦσον	βάλε
3인칭 단수	λυσάτω	βαλέτω
2인칭 복수	λύσατε	βάλετε
3인칭 복수	λυσάτωσαν	βαλέτωσαν

부정과거 중간태 명령법

2인칭 단수	λῦσαι	γενοῦ
3인칭 단수	λυσάσθω	γενέσθω
2인칭 복수	λύσασθε	γένεσθε
3인칭 복수	λυσάσθωσαν	γενέσθωσαν

부정과거 수동태 명령법

2인칭 단수	λύθητι	γεννήθητι	ποιήθητι	φανερώθητι
3인칭 단수	λυθήτω	γεννηθήτω	ποιηθήτω	φανερωθήτω
2인칭 복수	λύθητε	γεννήθητε	ποιήθητε	φανερώθητε
3인칭 복수	λυθήτωσαν	γεννηθήτωσαν	ποιηθήτωσαν	φανερωθήτωσαν

현재완료 능동태 명령법

2인칭 단수	λέλυκε
3인칭 단수	λελυκέτω
2인칭 복수	λελύκετε
3인칭 복수	λελυκέτωσαν

현재완료 중간태/수동태 명령법

2인칭 단수	λέλυσο
3인칭 단수	λελύσθω
2인칭 복수	λέλυσθε
3인칭 복수	λελύσθωσαν

명령법(MBG, §70)

어간 형성 모음이 없는 경우

현재 능동태 명령법

2인칭 단수	ἵστη	τίθει	δίδου	δείκνυ
3인칭 단수	ἱστάτω	τιθέτω	διδότω	δεικνύτω
2인칭 복수	ἵστατε	τίθετε	δίδοτε	δείκνυτε
3인칭 복수	ἱστάτωσαν	τιθέτωσαν	διδότωσαν	δεικνύτωσαν

현재 중간태/수동태 명령법

2인칭 단수	ἵστασο	τίθεσο	δίδοσο	δείκνυσο
3인칭 단수	ἱστάσθω	τιθέσθω	διδόσθω	δεικνύσθω
2인칭 복수	ἵστασθε	τίθεσθε	δίδοσθε	δείκνυσθε
3인칭 복수	ἱστάσθωσαν	τιθέσθωσαν	διδόσθωσαν	δεικνύσθωσαν

부정과거 능동태 명령법

2인칭 단수	στῆθι	θές	δός
3인칭 단수	στήτω	θέτω	δότω
2인칭 복수	στῆτε	θέτε	δότε
3인칭 복수	στήτωσαν	θέτωσαν	δότωσαν

부정과거 중간태 명령법

2인칭 단수	στῶ	θοῦ	δοῦ
3인칭 단수	στάσθω	θέσθω	δόσθω
2인칭 복수	στάσθε	θέσθε	δόσθε
3인칭 복수	στάσθωσαν	θέσθωσαν	δόσθωσαν

부정사(MBG, §80)

어간 형성 모음이 있는 경우

현재 능동태 부정사

λύειν		μένειν	γεννᾶν	ποιεῖν	φανεροῦν

현재 중간태/수동태 부정사

λύεσθαι		μένεσθαι	γεννᾶσθαι	ποιεῖσθαι	φανεροῦσθαι

부정과거 능동태 부정사

λῦσαι	βαλεῖν	μεῖναι	γεννῆσαι	ποιῆσαι	φανερῶσαι

부정과거 중간태 부정사

λύσασθαι		μενεῖσθαι	γεννήσασθαι	ποιήσασθαι	φανερώσασθαι

부정과거 수동태 부정사

λυθῆναι	γραφῆναι		γεννηθῆναι	ποιηθῆναι	φανερωθῆναι

현재완료 능동태 부정사

λελυκέναι	γεγονέναι		γεγεννηκέναι	πεποιηκέναι	πεφανερωκέναι

현재완료 중간태/수동태 부정사

λελύσθαι			γεγεννῆσθαι	πεποιῆσθαι	πεφανερῶσθαι

부정사 형태소 차트

	현재	제1부정과거	제2부정과거	현재완료
능동태	ειν	σαι	ειν	κεναι
중간태	εσθαι	σασθαι	εσθαι	σθαι
수동태	εσθαι	θηναι	ηναι	σθαι

부정사(MBG, §80)

어간 형성 모음이 없는 경우

현재 능동태 부정사

ἱστάναι		τιθέναι	διδόναι	δεικνύναι	εἶναι

현재 중간태/수동태 부정사

ἵστασθαι		τίθεσθαι	δίδοσθαι		

부정과거 능동태 부정사

στῆσαι	στῆναι	θεῖναι	δοῦναι

부정과거 중간태 부정사

στήσασθαι	στάσθαι	θέσθαι	δόσθαι

부정과거 수동태 부정사

σταθῆναι		τεθῆναι	δοθῆναι

현재완료 능동태 부정사

ἑστηκέναι		τεθεικέναι	δεδωκέναι	

현재완료 중간태/수동태 부정사

ἑστάναι

분사(MBG, §90)

어간 형성 모음이 있는 경우

현재 능동태 분사

주격 단수	λύων	λύουσα	λῦον	
속격 단수	λύοντος	λυούσης	λύοντος	
여격 단수	λύοντι	λυούσῃ	λύοντι	
대격 단수	λύοντα	λύουσαν	λῦον	

주격 복수	λύοντες	λύουσαι	λύοντα			
속격 복수	λυόντων	λυουσῶν	λυόντων			
여격 복수	λύουσι(ν)	λυούσαις	λύουσι(ν)			
대격 복수	λύοντας	λυούσας	λύοντα			

현재 중간태/수동태 분사

주격 단수	λυόμενος	λυομένη	λυόμενον			
속격 단수	λυομένου	λυομένης	λυομένου			
여격 단수	λυομένῳ	λυομένη	λυομένῳ			
대격 단수	λυόμενον	λυομένην	λυόμενον			
주격 복수	λυόμενοι	λυόμεναι	λυόμενα			
속격 복수	λυομένων	λυομένων	λυομένων			
여격 복수	λυομένοις	λυομέναις	λυομένοις			
대격 복수	λυομένους	λυομένας	λυόμενα			

제1부정과거 능동태 분사 / 제2부정과거 능동태 분사

주격 단수	λύσας	λύσασα	λῦσαν	βαλών	βαλοῦσα	βαλόν
속격 단수	λύσαντος	λυσάσης	λύσαντος	βαλόντος	βαλούσης	βαλόντος
여격 단수	λύσαντι	λυσάσῃ	λύσαντι	βαλόντι	βαλούσῃ	βαλόντι
대격 단수	λύσαντα	λύσασαν	λῦσαν	βαλόντα	βαλοῦσαν	βαλόν
주격 복수	λύσαντες	λύσασαι	λύσαντα	βαλόντες	βαλοῦσαι	βαλόντα
속격 복수	λυσάντων	λυσασῶν	λυσάντων	βαλόντων	βαλουσῶν	βαλόντων
여격 복수	λύσασι(ν)	λυσάσαις	λύσασι(ν)	βαλοῦσι(ν)	βαλούσαις	βαλοῦσι(ν)
대격 복수	λύσαντας	λυσάσας	λύσαντα	βαλόντας	βαλούσας	βαλόντα

제1부정과거 중간태 분사 / 제2부정과거 중간태 분사

주격 단수	λυσάμενος	λυσαμένη	λυσάμενον	βαλόμενος	βαλομένη	βαλόμενον
속격 단수	λυσαμένου	λυσαμένης	λυσαμένου	βαλομένου	βαλομένης	βαλομένου
여격 단수	λυσαμένῳ	λυσαμένῃ	λυσαμένῳ	βαλομένῳ	βαλομένῃ	βαλομένῳ
대격 단수	λυσάμενον	λυσαμένην	λυσάμενον	βαλόμενον	βαλομένην	βαλόμενον

주격 복수	λυσάμενοι	λυσάμεναι	λυσάμενα	βαλόμενοι	βαλόμεναι	βαλόμενα
속격 복수	λυσαμένων	λυσαμένων	λυσαμένων	βαλομένων	βαλομένων	βαλομένων
여격 복수	λυσαμένοις	λυσαμέναις	λυσαμένοις	βαλομένοις	βαλομέναις	βαλομένοις
대격 복수	λυσαμένους	λυσαμένας	λυσάμενα	βαλομένους	βαλομένας	βαλόμενα

제1부정과거 수동태 분사   제2부정과거 수동태 분사

주격 단수	λυθείς	λυθεῖσα	λυθέν	γραφείς	γραφεῖσα	γραφέν
속격 단수	λυθέντος	λυθείσης	λυθέντος	γραφέντος	γραφείσης	γραφέντος
여격 단수	λυθέντι	λυθείσῃ	λυθέντι	γραφέντι	γραφείσῃ	γραφέντι
대격 단수	λυθέντα	λυθεῖσαν	λυθέν	γραφέντα	γραφεῖσαν	γραφέν
주격 복수	λυθέντες	λυθεῖσαι	λυθέντα	γραφέντες	γραφεῖσαι	γραφέντα
속격 복수	λυθέντων	λυθεισῶν	λυθέντων	γραφέντων	γραφεισῶν	γραφέντων
여격 복수	λυθεῖσι(ν)	λυθείσαις	λυθεῖσι(ν)	γραφεῖσι(ν)	γραφείσαις	γραφεῖσι(ν)
대격 복수	λυθέντας	λυθείσας	λυθέντα	γραφέντας	γραφείσας	γραφέντα

현재완료 능동태 분사

주격 단수	λελυκώς	λελυκυῖα	λελυκός	
속격 단수	λελυκότος	λελυκυίας	λελυκότος	
여격 단수	λελυκότι	λελυκυίᾳ	λελυκότι	
대격 단수	λελυκότα	λελυκυῖαν	λελυκός	
주격 복수	λελυκότες	λελυκυῖαι	λελυκότα	
속격 복수	λελυκότων	λελυκυιῶν	λελυκότων	
여격 복수	λελυκόσι(ν)	λελυκυίαις	λελυκόσι(ν)	
대격 복수	λελυκότας	λελυκυίας	λελυκότα	

현재완료 중간태/수동태 분사

주격 단수	λελυμένος	λελυμένη	λελυμένον
속격 단수	λελυμένου	λελυμένης	λελυμένου

분사(MBG, §90)

어간 형성 모음이 없는 경우

현재 능동태 분사

주격 단수	ἱστάς	ἱστᾶσα	ἱστάν			
속격 단수	ἱστάντος	ἱστάσης	ἱστάντος			
주격 단수	τιθείς	τιθεῖσα	τιθέν			
속격 단수	τιθέντος	τιθείσης	τιθέντος			
주격 단수	διδούς	διδοῦσα	διδόν			
속격 단수	διδόντος	διδούσης	διδόντος			
주격 단수	δεικνύς	δεικνῦσα	δεικνύν			
속격 단수	δεικνύντος	δεικνύσης	δεικνύντος			

현재 중간태/수동태 분사

주격 단수	ἱστάμενος	ἱσταμένη	ἱστάμενον			
속격 단수	ἱσταμένου	ἱσταμένης	ἱσταμένου			
주격 단수	τιθέμενος	τιθεμένη	τιθέμενον			
속격 단수	τιθεμένου	τιθεμένης	τιθεμένου			
주격 단수	διδόμενος	διδομένη	διδόμενον			
속격 단수	διδομένου	διδομένης	διδομένου			
주격 단수	δεικνύμενος	δεικνυμένη	δεικνύμενον			
속격 단수	δεικνυμένου	δεικνυμένης	δεικνυμένου			

제1부정과거 능동태 분사 / 제2부정과거 능동태 분사

	제1부정과거 능동태 분사			제2부정과거 능동태 분사		
주격 단수	στήσας	στήσασα	στῆσαν	στάς	στᾶσα	στάν
속격 단수	στήσαντος	στησάσης	στήσαντος	στάντος	στάσης	στάντος
주격 단수	θήκας	θήκασα	θήκαν	θείς	θεῖσα	θέν
속격 단수	θήκαντος	θηκάσης	θήκαντος	θέντος	θείσης	θέντος

| 주격 단수 | - | - | - | δούς | δοῦσα | δόν |
| 속격 단수 | - | - | - | δόντος | δούσης | δόντος |

제1부정과거 중간태 분사				제2부정과거 중간태 분사		
주격 단수	στησάμενος	στησαμένη	στησάμενον	στάμενος	σταμένη	στάμενον
속격 단수	στησαμένου	στησαμένης	στησαμένου	σταμένου	σταμένης	σταμένου
주격 단수	θηκάμενος	θηκαμένη	θηκάμενον	θέμενος	θεμένη	θέμενον
속격 단수	θηκαμένου	θηκαμένης	θηκαμένου	θεμένου	θεμένης	θεμένου
주격 단수				δόμενος	δομένη	δόμενον
속격 단수				δομένου	δομένης	δομένου

제1부정과거 수동태 분사			
주격 단수	σταθείς	σταθεῖσα	σταθέν
속격 단수	σταθέντος	σταθείσης	σταθέντος
주격 단수	τεθείς	τεθεῖσα	τεθέν
속격 단수	τεθέντος	τεθείσης	τεθέντος
주격 단수	δοθείς	δοθεῖσα	δοθέν
속격 단수	δοθέντος	δοθείσης	δοθέντος

현재완료 능동태 분사			제2현재완료 능동태 분사		
주격 단수	ἑστηκώς		ἑστώς	ἑστῶσα	ἑστός
속격 단수	ἑστηκότος		ἑστότος	ἑστώσης	ἑστότος
주격 단수	τεθεικώς				
속격 단수	τεθεικότος				
주격 단수	δεδωκώς				
속격 단수	δεδωκότος				

현재완료 중간태/수동태 분사			
주격 단수	ἑστημένος	ἑστημένη	ἑστημένον
속격 단수	ἑστημένου	ἑστημένης	ἑστημένου

주격 단수	τεθειμένος	τεθειμένη	τεθειμένον
속격 단수	τεθειμένου	τεθειμένης	τεθειμένου
주격 단수	δεδομένος	δεδομένη	δεδομένον
속격 단수	δεδομένου	δεδομένης	δεδομένου

ἀγαπάω [1]	ἀγαπήσω	ἠγάπησα	ἠγάπηκα	ἠγάπημαι	ἠγαπήθην
ἄγω [2]	ἄξω	ἤγαγον [3]	–	ἦγμαι	ἤχθην [4]
αἴρω [5]	ἀρῶ	ἦρα	ἦρκα	ἦρμαι	ἤρθην
αἰτέω [6]	αἰτήσω	ᾔτησα	ᾔτηκα	ᾔτημαι	–
ἀκολουθέω [7]	ἀκολουθήσω	ἠκολούθησα	ἠκολούθηκα	–	–
ἀκούω [8]	ἀκούσω	ἤκουσα	ἀκήκοα [9]	–	ἠκούσθην [10]
ἀναβαίνω [11]	ἀναβήσομαι [12]	ἀνέβην [13]	ἀναβέβηκα	–	–

1   *αγαπα

2   *αγ

3   *αγ. 예외적인 제2부정과거. 실제 어간 중복과 시상 접두 모음이 있는 형태이다. 어간이 중복되고(*αγ → αγαγ), 중복된 모음이 길어진다(αγαγ → ηγαγ → ἤγαγον).

4   어간의 마지막 γ는 θ 때문에 χ로 변했다.

5   *αρ. ι가 현재시제 어간을 만들기 위해 어근에 추가되었다. 따라서 다른 시제에서는 나타나지 않는다. αἴρω는 유음동사이며, εσ와 α를 미래와 부정과거 능동태 시제에서 시제 형태소로 사용한다.

6   *αιτε

7   *ακολουθε. 다른 시제 형태에서 θη를 부정과거 수동태 시제 형태소로 잘못 보기가 쉽다. 그러나 이것은 θε로 끝나는 유일한 헬라어 동사이므로 자주 실수하는 부분은 아니다.

8   *ακου

9   예외적인 형태의 현재완료. 이 단어는 제2현재완료이므로 시제 형태소는 κα가 아니라 α이다.

10   시제 형태소의 θ 앞에 σ가 들어갔다.

11   *αναβα. ἀνα와 *βαίνω의 복합어. βαίνω의 어간은 *βα인데, 현재시제 어간을 만들기 위해 ιν을 붙였다. 따라서 ιν은 다른 시제에서 나타나지 않는다. 다른 시제 어간에서 α는 η로 길어진다.

ἀνίστημι [12][13][14]	ἀναστήσω	ἀνέστησα	ἀνέστηκα	ἀνέστημαι	ἀνεστάθην
ἀνοίγω [15]	–	ἀνέῳξα [16]	–	–	ἀνεῴχθην [17]
ἀπέρχομαι [18]	ἀπελεύσομαι	ἀπῆλθον	ἀπελήλυθα	–	–
ἀποθνῄσκω [19]	ἀποθανοῦμαι [20]	ἀπέθανον [21]	–	–	–
ἀποκρίνομαι [22]	–	ἀπεκρινάμην [23]	–	–	ἀπεκρίθην [24]
ἀποκτείνω [25]	ἀποκτενῶ [26]	ἀπέκτεινα [27]	–	–	ἀπεκτάνθην [28]
ἀπόλλυμι [29]	ἀπολέσω	ἀπώλεσα	ἀπόλωλα [30]		

12 미래 중간태 디포넌트.

13 제2부정과거.

14 *ανιστα. ἀνα와 *στα의 결합으로 만들어진 복합동사. ἵστημι를 보라.

15 *ανοιγ. 이 단어는 조금 이상한데, 시상 접두 모음과 관련해서 가장 곤란한 단어 중 하나이다. 원래는 복합동사 (ἀν[α] + οἴγω)였는데, 코이네 시대에 복합형이었다는 사실이 "잊히기" 시작했고, 시상 접두 모음이 때로는 전치사의 시작 부분에 나타나기도 하고 때로는 두 곳에 모두 나타나기도 한다.

16 이오타 하기와 함께 이중시상 접두 모음을 보여준다(ανοιγ + σα → ανεοιξα → ανεωιξα → ἀνέῳξα). 또한, 첫 번째 모음을 길게 해서 만드는 제3의 시상 접두 모음을 붙여 ἠνέῳξα가 될 수도 있다.

17 부정과거 능동태와 똑같은 시상 접두 모음 패턴을 보여준다. 여기서 마지막 어간의 γ는 시제 형태소에서 θ 때문에 χ로 변했다. ἠνεῴχθην이 될 수도 있다.

18 *αποερχ. ἀπό와 *ἐρχ가 결합한 복합동사. ἔρχομαι를 보라.

19 *αποθαν. ἀποθνῄσκω는 복합동사로 ἀπό와 *θαν이 결합한 것인데, 보는 바와 같이 부정과거 능동태 시상 접두 모음으로 만들어진다(ἀπέθανον). 만일 어근이 *ἀποθαν이라는 것을 알면, 현재시제에서 일어나는 변화를 반드시 알아야 할 필요는 없다. 그러나 알고 싶은 사람을 위해 간단히 설명하면, 현재시제를 형성할 때 α는 탈락하고(모음 전환), η와 ισκ가 더해진 후, ι를 하기한다(αποθαν → αποθν → αποθνη → αποθνησκ → ἀποθνῄσκω).

20 미래 중간태 디포넌트.

21 제2부정과거.

22 *αποκριν. 이 유음동사의 모든 형태는 디포넌트이다.

23 유음동사 부정과거(απεκριν + α + μην → ἀπεκρινάμην).

24 부정과거 수동태 디포넌트. θ 앞에서 어간인 ν가 탈락한다. 이런 경우는 일반적이지 않다.

25 ἀπο + *κτεν. 유음동사. 마지막 어간 모음/이중모음의 모음 전환에 유의하라.

26 유음동사 미래시제(αποκτεν + εσ + ω → ἀποκτενῶ).

27 모음 전환으로 어간 모음이 ε에서 ει로 변했다. 유음 부정과거이기 때문에 시제 형태소는 알파이다.

28 모음 전환 때문에 어간 모음이 ε에서 α로 변한다.

29 *απ + λο. 복합동사인데 이는 부정과거 능동태의 시상 접두 모음으로 알 수 있다(ἀπώλεσα). 이 차트에서는 현재시제에 녹색 표시를 했는데, 현재시제 형태에서 어근이 어떻게 변했는지를 기억하기가 어렵기 때문이다.

30 제2현재완료.

ἀπολύω [31]	ἀπολύσω	ἀπέλυσα	–	ἀπολέλυμαι	ἀπελύθην
ἀποστέλλω [32]	ἀποστελῶ [33]	ἀπέστειλα [34]	ἀπέσταλκα [35]	ἀπέσταλμαι [36]	ἀπεστάλην [37]
ἄρχομαι [38]	ἄρξομαι [39]	ἠρξάμην [40]	–	–	–
ἀσπάζομαι [41]	–	ἠσπασάμην [42]	–	–	–
ἀφίημι [43]	ἀφήσω	ἀφῆκα [44]	–	ἀφέωμαι [45]	ἀφέθην [46]
βάλλω [47]	βαλῶ [48]	ἔβαλον [49]	βέβληκα [50]	βέβλημαι [51]	ἐβλήθην [52]
βαπτίζω [53]	βαπτίσω	ἐβάπτισα	–	βεβάπτισμαι [54]	ἐβαπτίσθην

31 *απολυ

32 *αποστελ. λ가 현재시제 어간을 만들기 위해 중복되었다. 다른 시제들에서는 모두 λ가 하나만 붙는다. 이 단어는 유음동사로서 미래와 부정과거 능동태에서 εσ와 α를 시제 형태소로 사용한다. 마지막 어간 모음/이중모음에서 모음 전환이 일어나는 것에 유의하라. 이러한 변화는 모두 일반적인 현상이므로 이런 시제 형태는 굳이 암기할 필요가 없다.

33 유음 미래.

34 유음 부정과거. 어간 모음은 모음 전환 때문에 변한다.

35 어간 모음은 모음 전환 때문에 변한다.

36 어간 모음은 모음 전환 때문에 변한다.

37 제2부정과거. 어간 모음은 모음 전환 때문에 변한다.

38 *αρχ. 능동형 의미인 "다스리다"(막 10:42; 롬 15:12)는 신약성경에서 두 번 등장한다.

39 미래 중간태 디포넌트.

40 부정과거 중간태 디포넌트.

41 *ασπαδ

42 중간태 디포넌트.

43 이것은 ἀφ(ἀπό)와 ἵημι로 구성된 복합동사이다. ἵημι의 어근은 *σε이다. σ가 어간 중복되고, 그 중복된 σ는 거친 숨표로 대체되며, 어간의 σ는 탈락한다. 중복된 σ 사이에 모음 ι가 들어간다. σε → σισε → ίσε → ἵημι.

44 κα 부정과거.

45 인칭 어미 앞에 ω가 붙는다.

46 어간 모음이 모음 전환 때문에 η에서 ε로 짧아진다.

47 *βαλ. λ가 현재시제 어간을 형성할 때 중복된다. 유음동사이다.

48 유음동사 미래(*βαλ + εσ + ω → βαλῶ).

49 보통 유음동사 부정과거는 제1부정과거이며 시제 형태소로 α를 사용한다. βάλλω는 일반적인 제2부정과거 패턴을 따른다.

50 모음 전환 때문에 어간 모음이 탈락하고, η가 시제 형태소 앞에 들어갔다. 이 형태는 일반 법칙을 따르고 있지만, 많은 학생이 여기서 어려움을 겪기 때문에 그냥 외우는 게 나을 수도 있다.

51 현재완료 능동태 시제 형태에 대한 설명을 보라.

52 현재완료 능동태 시제 형태에 대한 설명을 보라.

53 *βαπτιδ

βλέπω [55]	βλέψω	ἔβλεψα	–	–	–
γεννάω [56]	γεννήσω	ἐγέννησα	γεγέννηκα	γεγέννημαι	ἐγεννήθην
γίνομαι [57]	γενήσομαι [58]	ἐγενόμην [59]	γέγονα [60]	γεγένημαι [61]	ἐγενήθην [62]
γινώσκω [63]	γνώσομαι [64]	ἔγνων [65]	ἔγνωκα	ἔγνωσμαι [66]	ἐγνώσθην [67]
γράφω [68]	γράψω	ἔγραψα	γέγραφα [69]	γέγραμμαι [70]	ἐγράφην [71]
δεῖ [72]	–	–	–	–	–
δέχομαι [73]	δέξομαι [74]	ἐδεξάμην [75]	–	δέδεγμαι [76]	ἐδέχθην

54 치음 + μ 결합이 σμ을 만든다.

55 *βλεπ

56 *γεννα

57 γίνομαι의 어근은 *γεν이다. γεννάω(*γεννα)와 γινώσκω(*γνο)를 이 단어와 구분하는 것이 중요하다. 이 세 단어를 구분하는 데 도움이 될 만한 몇 가지 힌트를 소개한다.

 • γίνομαι는 γ와 ν 사이에 항상 모음을 갖는다. 보통은 ε이 온다.
 • γεννάω는 항상 두 개의 ν를 가지고 있으며 철저히 규칙적이다.
 • γινώσκω는 현재시제를 제외하고는 γ와 ν 사이에 모음을 갖지 않는다.

58 미래 중간태 디포넌트.

59 제2부정과거 중간태 디포넌트.

60 어간 모음은 모음 전환 때문에 ε에서 o으로 변한다. 이것은 제2현재완료이며, 시제 형태소 α를 사용한다.

61 인칭 어미 앞에 η가 들어간다.

62 인칭 어미 앞에 η가 들어간다.

63 *γνω. 앞에 나온 γίνομαι에 대한 설명을 보라. 어간은 *γνω인데, 여기에 현재시제 어간을 만들기 위해 ισκ가 붙는다. 실제로 현재시제 어간에서 ι는 중복의 결과로, 원래의 γ는 탈락했고 어간의 모음은 길어졌다(γνω → γιγνω → γινω + σκω → γινώσκω).

64 미래 중간태 디포넌트.

65 제2부정과거.

66 시제 형태소 앞에 σ가 들어간다.

67 시제 형태소 앞에 σ가 들어간다.

68 *γραφ

69 제2현재완료.

70 φμ가 결합하여 μμ를 만든다.

71 제2부정과거.

72 이 단어는 3인칭 단수 형태의 비인칭 동사로, 그 형태가 절대 변하지 않는다.

73 *δεχ

74 미래 중간태 디포넌트.

75 부정과거 중간태 디포넌트.

διδάσκω⁷⁷	διδάξω	ἐδίδαξα	–	–	ἐδιδάχθην⁷⁸
δίδωμι⁷⁹	δώσω	ἔδωκα	δέδωκα	δέδομαι	ἐδόθην
δοκέω⁸⁰	–	ἔδοξα	–	–	–
δοξάζω⁸¹	δοξάσω	ἐδόξασα	–	δεδόξασμαι⁸²	ἐδοξάσθην⁸³
δύναμαι⁸⁴	δυνήσομαι⁸⁵	–	–	–	ἠδυνήθην⁸⁶
ἐγείρω⁸⁷	ἐγερῶ	ἤγειρα⁸⁸	–	ἐγήγερμαι⁸⁹	ἠγέρθην
εἰμί⁹⁰	ἔσομαι	ἤμην⁹¹	–	–	–
εἰσέρχομαι⁹²	εἰσελεύσομαι	εἰσῆλθον	εἰσελήλυθα		
ἐκβάλλω⁹³	ἐκβαλῶ	ἐξέβαλον	ἐκβέβληκα	ἐκβέβλημαι	ἐξεβλήθην
ἐξέρχομαι⁹⁴	ἐξελεύσομαι	ἐξῆλθον	ἐξελήλυθα		
ἐπερωτάω⁹⁵	ἐπερωτήσω	ἐπηρώτησα	–	–	ἐπηρωτήθην

76 χμ가 결합하여 γμ를 만든다.

77 *δακ. 현재시제 어간을 형성하기 위해 σκ가 추가된 예외적인 어근이다(어근의 κ는 탈락한다). 분명히 이것은 모든 시제 형태 전반에서 διδακ으로 어간 중복을 한다. *MBG*, v-5a, 312쪽을 보라.

78 κθ가 조합하여 χθ를 형성할 때 σ가 완전히 사라진다.

79 *δο. μι 동사 형성에 관한 법칙을 알면 δίδωμι는 규칙적이다.

80 *δοκ. 현재시제 어간을 형성하기 위해 어근에 ε을 붙인다.

81 *δοξαδ

82 δμ가 결합하여 σμ를 만든다.

83 δθ가 결합하여 σθ를 만든다.

84 *δυν. 현재시제에서 연결 모음으로 α를 사용한다.

85 미래 중간태 디포넌트.

86 마치 어근이 모음으로 시작한 것처럼, 이 동사는 부정과거 수동태에서 시상 접두 모음을 붙인다.

87 *εγερ. 현재시제 어간을 형성할 때 ι가 들어간다. 유음동사이다. 다른 시제 어간 전반에 걸쳐 일어나는 모음 전환에 유의하라.

88 모음 전환으로 어간이 변한다.

89 어간 중복이 일어나 모음 중복을 겪는다(εγερ → εγεγερ → εγηγερ → ἐγήγερμαι).

90 이 동사는 그냥 외우라.

91 실제로 미완료과거이지만, 여기서 미완료과거에 대한 설명은 생략한다.

92 ἔρχομαι를 보라.

93 βάλλω를 보라.

94 ἔρχομαι를 보라.

95 ἐρωτάω를 보라.

ἔρχομαι [96]	ἐλεύσομαι [97]	ἦλθον [98]	ἐλήλυθα [99]	–	–
ἐρωτάω [100]	ἐρωτήσω	ἠρώτησα	–	–	ἠρωτήθην
ἐσθίω [101]	φάγομαι [102]	ἔφαγον [103]	–	–	–
εὐαγγελίζω [104]	–	εὐηγγέλισα	–	εὐηγγέλισμαι [105]	εὐηγγελίσθην [106]
εὑρίσκω [107]	εὑρήσω [108]	εὗρον [109]	εὕρηκα [110]	–	εὑρέθην [111]
ἔχω [112]	ἕξω	ἔσχον	ἔσχηκα	–	–

96   *ερχ. 이 동사의 다른 시제 어간은 실제로 꽤 규칙적이다. 보기에는 많이 달라 보이는데, 이는 서로 다른 동사 어근에 기초하기 때문이다. 사람들은 대부분 그냥 암기하는 게 쉽다고 말한다.

97   *ελευθ. 미래 중간태 디포넌트.

98   미래시제와 똑같이 *ελευθ이다. ευ는 모음 전환으로 탈락한다(*ελευθ → ελθ → ἦλθον). 제2부정과거.

99   미래시제와 똑같이 *ελευθ이다. 이 형태는 어간 중복과 모음 중복이 함께 일어나고, ε은 탈락한다. 제2현재완료이다(*ελευθ → ελελευθ → εληλυθ → ἐλήλυθα).

100   *ερωτα

101   두 개의 다른 어간인 *εσθι(현재시제에서 사용)와 *φαγ(미래와 부정과거시제에서 사용)에서 만들어졌다.

102   *φαγ. 미래 중간태 디포넌트.

103   *φαγ. 제2부정과거.

104   *ευαγγελιδ. 시상 접두 모음을 통해 알 수 있는 것처럼 복합동사이다.

105   δμ가 결합하여 σμ를 만든다.

106   δθ가 결합하여 σθ를 만든다.

107   어간은 *εὑρ이다. 현재시제 어간을 만들기 위해 ισκ가 추가되었다.

108   시제 형태소 앞에서 η가 붙었다.

109   제2부정과거. 시상 접두 모음이 붙지 않는다.

110   시제 형태소 앞에 η가 붙었다.

111   시제 형태소 앞에 ε이 붙었다.

112   ἔχω에 일어나는 변화는 정말 흥미진진하다. 그러나 처음에는 시제 어간을 그냥 암기하고 싶을 것이다. 이 단어에 정말 어떤 변화가 일어나는지 알고 싶다면 아래를 보라.

- 일단 어근은 *σεχ이다. 현재시제에서 σ는 거친 숨표로 대체되어 그냥 ἔχω의 형태가 된다. 그러나 헬라어는 거친 숨표와 χ가 연속으로 나오는 두 개의 "기식"음을 싫어하기 때문에, 거친 숨표가 연한 숨표로 "비기식화" 된다(σεχ → ἑχ → ἐχ → ἔχω).
- 그러므로 미완료과거를 형성할 때, 동사 어근이 실제 자음으로 시작하기 때문에 시상 접두 모음은 ε이 된다. 그러나 그다음 σ가 두 개의 모음 사이에 오면서 탈락하고 εε는 ει로 축약한다(ε + σεχ → εεχ → εἶχον).
- 미래시제에서 시제 형태소 σ는 χ와 결합해서 ξ를 만들지만, 그다음에 두 개의 기식음이 연달아 오지 않기 때문에, 거친 숨표는 그대로 남는다.
- 부정과거와 현재완료 능동태에서 σ와 χ 사이에 있는 ε는 탈락한다. 현재완료에서 η는 시제 형태소 앞에 추가된다.

ζάω [113]	ζήσω [114]	ἔζησα	–	–	–
ζητέω [115]	ζητήσω	ἐζήτησα	–	–	ἐζητήθην
θέλω [116]	–	ἠθέλησα	–	–	–
θεωρέω [117]	θεωρήσω	ἐθεώρησα	–	–	–
ἵστημι [118]	στήσω	ἔστησα [119]	ἔστηκα [120]	–	ἐστάθην
κάθημαι [121]	καθήσομαι	–	–	–	–
καλέω [122]	καλέσω	ἐκάλεσα	κέκληκα	κέκλημαι	ἐκλήθην
καταβαίνω [123]	καταβήσομαι	κατέβην	–	–	–
κηρύσσω [124]	–	ἐκήρυξα	–	κεκήρυγμαι	ἐκηρύχθην [125]
κράζω [126]	κράξω	ἔκραξα	κέκραγα [127]	–	–
κρατέω [128]	κρατήσω	ἐκράτησα	κεκράτηκα	κεκράτημαι	–
κρίνω [129]	κρινῶ	ἔκρινα	κέκρικα	κέκριμαι	ἐκρίθην

113 *ζα

114 어떤 어휘집에서는 ζήσομαι와 같이 디포넌트로 기록되어 있다.

115 *ζητε

116 θέλω의 어간은 원래 *εθελε였다. 이것은 부정과거 능동태에 나타나는 시상 접두 모음을 설명한다. 만약 부정과거 수동태가 신약성경에 등장한다면, 그것은 ἠθελήθην일 것이다.

117 *θεωρε

118 *στα. 첫 σ가 현재시제 어간을 형성하며 어간 중복이 되었을 때, σ는 법칙에 따라 탈락하고 거친 숨표로 대체되었다. 똑같은 현상이 현재완료 능동태에서도 발생한다.

119 제2부정과거 형태인 ἔστην도 있다.

120 거친 숨표에 대한 설명은 현재시제 어간의 각주를 참조하라.

121 κατα + *εμ. 현재시제 어간인 *καθη에서 만들어졌다.

122 이 단어의 ε 다음에(καλεν) 디감마를 가졌었다(ν, 17.13를 보라). 따라서 ε이 항상 길어지지 않는 것을 예상할 수 있다. 마지막 세 가지 시제 어간에서 α는 탈락하고(모음 전환) ε은 길어진다. 이런 형태는 암기하는 편이 더 나을 수 있다.

123 ἀναβαίνω를 보라.

124 *κηρυγ

125 γθ가 결합하여 χθ로 변한다.

126 *κραγ

127 제2현재완료.

128 *κρατε

129 *κριν. 유음동사. ν는 마지막 세 가지 시제에서 사라진다.

λαλέω [130]	λαλήσω	ἐλάλησα	λελάληκα	λελάλημαι	ἐλαλήθην
λαμβάνω [131]	λήμψομαι [132]	ἔλαβον [133]	εἴληφα [134]	εἴλημμαι [135]	ἐλήμφθην [136]
λέγω [137]	ἐρῶ [138]	εἶπον [139]	εἴρηκα [140]	εἴρημαι [141]	ἐρρέθην [142]
μαρτυρέω [143]	μαρτυρήσω	ἐμαρτύρησα	μεμαρτύρηκα	μεμαρτύρημαι	ἐμαρτυρήθην
μέλλω [144]	μελλήσω [145]	–			
μένω [146]	μενῶ [147]	ἔμεινα [148]	μεμένηκα [149]	–	–

130 *λαλε

131 *λαβ. 실제로 모든 시제 어간을 만들기 위해 똑같은 어근이 사용된다. 이 변화가 상당히 간단한데도, 우리는 각각 다른 시제 어간을 가진 것으로 그냥 암기하고 싶을 수 있다. 하지만 이렇게 각각 다른 시제를 기억할 수 있는 핵심은, 어근이 *λαβ이고 이 세 문자가 몇몇 형태에 항상 나온다는 사실이다. α는 모음 전환을 겪고, β는 뒤따르는 문자에 의해 바뀌지만, 세 문자는 항상 존재한다. μ는 현재, 미래, 부정과거 수동태 어간에서 추가된다.

132 *λαβ. α는 η로 길어지고, μ가 들어가며, β는 시제 형태소의 σ와 합쳐져 ψ를 만든다. 미래 중간태 디포넌트이다 (*λαβ → ληβ → λημβ + σομαι → λήμψομαι).

133 *λαβ. 제2부정과거.

134 *λαβ. 모음 중복은 일반적으로 ε이지만, 여기서는 ει가 나타난다 (자세한 설명은 MBG를 보라). 어간 모음 α가 η로 길어지고 (모음 전환), β는 φ로 기식화된다. 이 형태는 제2현재완료형이므로 시제 형태소는 κα가 아니라 α가 된다 (*λαβ → ειλαβ → ειληβ → ειληφ → εἴληφα).

135 현재완료 능동태에서 일어나는 변화가 여기서도 똑같이 일어난다. β는 뒤에 오는 μ 때문에 μ로 변했다.

136 현재완료 능동태에서 일어나는 변화가 시상 접두 모음이 단수 ε인 것만 제외하고는 여기서도 똑같이 일어난다. β는 뒤에 오는 θ 때문에 φ로 변했다.

137 세 개의 다른 어근이 이 동사를 형성하기 위해 사용되었다. *λεγ (현재), *ερ (미래, 현재완료, 부정과거 수동태), *ιπ (부정과거 능동태). 이 형태를 암기하라.

138 *ϝερ. 유음 미래. 디감마는 탈락했다.

139 *ϝιπ. 제2부정과거. 이 단어는 음절로 이뤄진 시상 접두 모음을 받는데, 디감마가 모음 사이에 있어서 탈락했고, 축약이 일어났다 (ε + ϝιπ + ο + ν → εἶπον).

140 *ϝερ. 이 단어는 음절로 이뤄진 시상 접두 모음을 받는데, 디감마가 모음 사이에 있어서 탈락했다. 시제 형태소 앞에 η가 들어간다 (ε + ϝερ + η + κα → εερηκα → εἴρηκα).

141 현재완료 능동태와 변화 패턴이 같다.

142 *ϝερ. 디감마가 사라졌을 때, 분명히 ρ는 두 개가 되었다. ε이 시제 형태소 앞에 들어갔는데, η가 들어갈 수 있는 경우와 상당히 비슷하다.

143 *μαρτυρε

144 *μελλ

145 두 번째 λ 다음 어근에 ε이 사용되었다. 이것은 미래시제에서만 보인다.

146 *μεν. 유음동사이며, 어간 모음이 모음 전환 때문에 변한다.

147 유음동사 미래.

οἶδα [150]	εἰδήσω	ᾔδειν	–	–	–
ὁράω [151]	ὄψομαι [152]	εἶδον [153]	ἑώρακα [154]	–	ὤφθην [155]
ὀφείλω [156]	–	–	–	–	–
παραδίδωμι [157]	παραδώσω	παρέδωκα	παραδέδωκα	παραδέδομαι	παρεδόθην
παρακαλέω [158]	παρακαλέσω	παρεκάλεσα	παρακέκληκα	παρακέκλημαι	παρεκλήθην
πείθω [159]	πείσω	ἔπεισα	πέποιθα [160]	πέπειομαι [161]	ἐπείσθην [162]
πέμπω [163]	πέμψω	ἔπεμψα		–	ἐπέμφθην
περιπατέω [164]	περιπατήσω	περιεπάτησα		–	
πίνω [165]	πίομαι [166]	ἔπιον [167]	πέπωκα [168]	–	ἐπόθην [169]

148 유음동사 부정과거. 어간 모음이 변한다(모음 전환).

149 η가 시제 형태소 앞에 들어간다.

150 특이한 동사이다. οἶδα는 사실 현재시제의 기능을 하는 제2현재완료형이다. 그리고 ᾔδειν은 실제 부정과거의 기능을 하는 과거완료형이다. 자세한 설명은 *MBG*를 참조하라.

151 어간 *ορα는 현재와 현재완료 능동태를 형성하기 위해 사용된다. 부정과거에서 어근은 *ϝιδ이다. 다른 시제 어간은 어간 *οπ를 사용하는데, 이것은 일반규칙에 따라 변경된 것이다.

152 *οπ. 미래 중간태 디포넌트.

153 제2부정과거 중간태 디포넌트 형태인 ὠψάμην이 있는데, 이것은 미래 능동태 및 부정과거 수동태와 똑같은 어근에서 형성되었다(*οπ). 이 단어는 누가복음 13:28에서만 등장한다. 대부분의 사람들이 εἶδον(*ϝιδ)을 ὁράω의 부정과거로 본다.

154 장음화와 시상 접두 모음이 모두 존재한다(ορα → ωρα → εωρα → ἑώρακα).

155 *οπ. πθ가 결합하여 φθ를 만든다.

156 *οφειλ

157 παρα + *δο. δίδωμι를 보라.

158 παρα + *καλεϝ. καλέω를 보라.

159 *πειθ

160 어간 모음이 모음 전환으로 ει에서 οι로 변한다. 제2현재완료.

161 θμ가 결합하여 σμ를 만든다.

162 치음 + θ의 결합은 보통 σθ를 만든다.

163 *πεμπ

164 *περιπατε. 복합동사이지만 단순히 πατέω로는 나타나지 않는다. 대부분의 복합동사와 대조적으로, περί는 시상 접두 모음이 붙을 때도 ι(ε)를 잃지 않는다.

165 *πι. 현재시제 어간을 형성하기 위해 어근에 ν가 붙는다.

166 미래 중간태 디포넌트.

πίπτω [170]	πεσοῦμαι [171]	ἔπεσον [172]	πέπτωκα [173]	–	–
πιστεύω [174]	πιστεύσω	ἐπίστευσα	πεπίστευκα	πεπίστευμαι	ἐπιστεύθην
πληρόω [175]	πληρώσω	ἐπλήρωσα	πεπλήρωκα	πεπλήρωμαι	ἐπληρώθην
ποιέω [176]	ποιήσω	ἐποίησα	πεποίηκα	πεποίημαι	ἐποιήθην
πορεύομα [177]	πορεύσομαι [178]	–	–	πεπόρευμαι	ἐπορεύθην [179]
προσέρχομαι [180]	προσελεύσομαι	προσῆλθον	προσελήλυθα		
προσεύχομαι [181]	προσεύξομαι [182]	προσηυξάμην [183]			
προσκυνέω [184]	προσκυνήσω	προσεκύνησα			
συνάγω [185]	συνάξω	συνήγαγον	–	συνῆγμαι	συνήχθην
σῴζω [186]	σώσω [187]	ἔσωσα [188]	σέσωκα [189]	σέσῳσμαι [190]	ἐσώθην [191]

167 제2부정과거.

168 어간 모음 ι는 모음 전환 때문에 ω로 변한다.

169 어간 모음 ι는 모음 전환 때문에 ο으로 변한다.

170 다른 형태들도 암기하라. 실제 어간은 *πετ이다. 현재시제를 형성하는 과정에서 φ는 중복되고 ε은 탈락한다(*πετ → πτ → πιπτ → πίπτω).

171 시제 형태소 σ 때문에 τ가 탈락하고, 몇 가지 이유로 축약이 일어난다(*πετ + σ + ο + μαι → πεσομαι → πεσοῦμαι).

172 제2부정과거. τ는 σ 때문에 탈락하는데, 이것은 πίπτω가 제1부정과거일 수도 있음을 암시한다. 그러나 실제로는 제2부정과거이다.

173 ε은 탈락하고, ω가 시제 형태소 앞에 들어갔다.

174 *πιστευ

175 *πληρο

176 *ποιε

177 *πορευ

178 미래 중간태 디포넌트.

179 부정과거 수동태 디포넌트.

180 *προσερχ. ἔρχομαι를 보라.

181 *προσευχ

182 미래 중간태 디포넌트.

183 부정과거 중간태 디포넌트.

184 *προσκυνε

185 *συναγ. ἄγω를 보라.

186 *σωδ.

187 치음이 σ 앞에서 탈락한다.

τηρέω [192]	τηρήσω	ἐτήρησα	τετήρηκα	τετήρημαι	ἐτηρήθην
τίθημι [193]	θήσω	ἔθηκα [194]	τέθεικα [195]	τέθειμαι [196]	ἐτέθην [197]
ὑπάγω [198]	ὑπάξω	ὑπήγαγον	–	ὑπῆγμαι	ὑπήχθην
ὑπάρχω [199]	ὑπάρξομαι [200]	ὑπηρξάμην [201]	–	–	–
φέρω [202]	οἴσω	ἤνεγκα	ἐνήνοχα [203]	–	ἠνέχθην
φημί [204]	–	ἔφη			
φοβέομαι [205]					ἐφοβήθην [206]
χαίρω [207]	–	–	–	–	ἐχάρην [208]

188 치음이 σ 앞에서 탈락한다.

189 δ는 탈락한다.

190 δμ가 결합하여 σμ를 만든다. σῴζω는 신약성경에서 직설법으로 단 한 번 등장하는데, σ가 들어가지 않는다 (σέσωται, 행 4:9). 분사로는 두 번 나타나는데, 이때는 σ가 들어간다(σεσῳσμένοι, 엡 2:5, 8).

191 여기서는 σ가 탈락하기는 하지만, 보통 δθ는 결합하여 σθ를 만든다. 마지막 σ가 부정과거 수동태 단어에서 탈락하는 것은 예외적인 경우가 아니다.

192 *τηρε

193 *θε. τίθημι는 μι 동사로, 규칙적으로 어간을 형성한다. 그러나 현재완료에서 모음 전환이 일어나고 부정과거 수동태에서 비기식화가 되는 경우는 예외이다(θ → τ).

194 μι 동사는 부정과거 능동태의 시제 형태소에 κα를 사용한다.

195 어간 모음은 모음 전환 때문에 ει로 변했다.

196 어간 모음은 모음 전환 때문에 ει로 변했다.

197 믿거나 말거나, 이 형태는 규칙적이다. θη가 부정과거 수동태를 위해 들어갈 때, θεθ의 조합이 된다. 헬라어는 두 개의 기식음(θ는 기식음이다)이 연속으로 나오는 것을 피하기 때문에, 첫 번째 것을 비기식화하여 τ로 바꾼다(ε + *θε + θη + ν → εθεθην → ἐτέθην).

198 *ὑπαγ. ἄγω를 보라.

199 *ὑπαρχ

200 미래 중간태 디포넌트.

201 부정과거 중간태 디포넌트.

202 다른 형태는 그냥 암기하라. 여기서는 세 개의 다른 어간이 있다. 자세한 설명은 *MBG*를 참조하라.

203 제2현재완료.

204 *φη. 자세한 설명은 *MBG*를 참조하라.

205 *φοβε

206 부정과거 수동태 디포넌트.

207 *χαρ. ι는 현재시제 어간을 형성하기 위해 추가되었으므로, 다른 시제 어간에서는 나타나지 않는다.

208 제2부정과거 수동태

유음동사

: 신약성경에서 50번 이상 나오는 동사

αἴρω	일으키다, 들어 올리다, 치우다/제거하다
	ἀρῶ, ἦρα, ἦρκα, ἦρμαι, ἤρθην
ἀποθνῄσκω	죽다
	(ἀπέθνῃσκον), ἀποθανοῦμαι, ἀπέθανον, –, –, –
ἀποκρίνομαι	대답하다
	–, ἀπεκρινάμην, –, –, ἀπεκρίθην
ἀποκτείνω	죽이다
	ἀποκτενῶ, ἀπέκτεινα, –, –, ἀπεκτάνθην
ἀποστέλλω	보내다
	ἀποστελῶ, ἀπέστειλα, ἀπέσταλκα, ἀπέσταλμαι, ἀπεστάλην
βάλλω	던지다
	(ἔβαλλον), βαλῶ, ἔβαλον, βέβληκα, βέβλημαι, ἐβλήθην
ἐγείρω	일으키다
	ἐγερῶ, ἤγειρα, –, ἐγήγερμαι, ἠγέρθην
εἰμί	나는 ~이다
	(ἤμην), ἔσομαι, –, –, –, –
ἐκβάλλω	던지다
	(ἐξέβαλλον), ἐκβαλῶ, ἐξέβαλον, ἐκβέβληκα, ἐκβέβλημαι, ἐξεβλήθην
κρίνω	판단하다, 결정하다
	(ἔκρινον), κρινῶ, ἔκρινα, κέκρικα, κέκριμαι, ἐκρίθην
λέγω	말하다
	(ἔλεγον), ἐρῶ, εἶπον, εἴρηκα, εἴρημαι, ἐρρέθην

μέλλω	~하려고 하다 (ἔμελλον 또는 ἤμελλον), μελλήσω, –, –, –, –,
μένω	남다 (ἔμενον), μενῶ, ἔμεινα, μεμένηκα, –, –,
πίνω	마시다 (ἔπινον), πίομαι, ἔπιον, πέπωκα, –, ἐπόθην
φέρω	가져오다 (ἔφερον), οἴσω, ἤνεγκα, ἐνήνοχα, –, ἠνέχθην
χαίρω	즐거워하다 (ἔχαιρον), –, –, –, –, ἐχάρην

제2부정과거

: 신약성경에서 50번 이상 나오는 동사

ἄγω	인도하다
	(ἦγον), ἄξω, ἤγαγον, –, ἦγμαι, ἤχθην
ἀναβαίνω	올라가다
	(ἀνέβαινον), ἀναβήσομαι, ἀνέβην, –, –, –
ἀπέρχομαι	떠나다/출발하다
	ἀπελεύσομαι, ἀπῆλθον, ἀπελήλυθα, –, –
ἀποθνῄσκω	죽다
	(ἀπέθνησκον), ἀποθανοῦμαι, ἀπέθανον, –, –, –
ἀποστέλλω	보내다
	ἀποστελῶ, ἀπέστειλα,[1] ἀπέσταλκα, ἀπέσταλμαι, ἀπεστάλην
βάλλω	던지다
	(ἔβαλλον), βαλῶ, ἔβαλον, βέβληκα, βέβλημαι, ἐβλήθην
γίνομαι	되다, 발생하다, 존재하다, 태어나다, 창조되다
	(ἐγινόμην), γενήσομαι, ἐγενόμην, γέγονα, γεγένημαι, ἐγενήθην
γινώσκω	알다
	(ἐγίνωσκον), γνώσομαι, ἔγνων, ἔγνωκα, ἔγνωσμαι, ἐγνώσθην
γράφω	쓰다
	(ἔγραφον), γράψω, ἔγραψα,[2] γέγραφα, γέγραπμαι 또는 γέγραμμαι, ἐγράφην
εἰσέρχομαι	~로 들어오다, ~로 들어가다
	εἰσελεύσομαι, εἰσῆλθον, εἰσελήλυθα, –, –
ἐκβάλλω	추방하다/던지다
	(ἐξέβαλλον), ἐκβαλῶ, ἐξέβαλον, ἐκβέβληκα, ἐκβέβλημαι, ἐξεβλήθην

ἐξέρχομαι	밖으로 나가다 (ἐξηρχόμην), ἐξελεύσομαι, ἐξῆλθον, ἐξελήλυθα, –, –
ἔρχομαι	오다, 가다 (ἠρχόμην), ἐλεύσομαι, ἦλθον, ἐλήλυθα, –, –
ἐσθίω	먹다 (ἤσθιον), φάγομαι, ἔφαγον, –, –, –
εὑρίσκω	찾다 (εὕρισκον 또는 ηὕρισκον), εὑρήσω, εὗρον, εὕρηκα, –, εὑρέθην
ἔχω	가지다 (εἶχον), ἕξω, ἔσχον, ἔσχηκα, –, –
καταβαίνω	내려가다 (κατέβαινον), καταβήσομαι, κατέβην, –, –, –
λαμβάνω	취하다, 받다/받아들이다 (ἐλάμβανον), λήμψομαι, ἔλαβον, εἴληφα, εἴλημμαι, ἐλήμφθην
λέγω	말하다 (ἔλεγον), ἐρῶ, εἶπον, εἴρηκα, εἴρημαι, ἐρρέθην
ὁράω	보다 ὄψομαι, εἶδον, ἑώρακα, –, ὤφθην
πίνω	마시다 (ἔπινον), πίομαι, ἔπιον, πέπωκα, –, ἐπόθην
πίπτω	떨어지다 (ἔπιπτον), πεσοῦμαι, ἔπεσον, πέπτωκα, –, –
προσέρχομαι	~로 오다/가다 (προσηρχόμην), προσελεύσομαι, προσῆλθον, προσελήλυθα, –, –
συνάγω	모으다, 초대하다 συνάξω, συνήγαγον, –, συνῆγμαι, συνήχθην
φημί	말하다, 단언하다 (ἔφη), –, ἔφη, –, –, –
χαίρω	기뻐하다 (ἔχαιρον), –, –, –, –, ἐχάρην

1   능동태는 제1부정과거(유음동사)이지만, 수동태는 제2부정과거이다.
2   능동태는 제1부정과거이지만, 수동태는 제2부정과거이다.

신약성경에서 50번 이상 나오는 단어(빈도수)

문법 학습을 마무리하면, 이 표가 단어복습을 하는 데 도움이 될 것이다. 가장 자주 사용되는 단어들부터 공부하기 시작하라. 여기서 "장"은 해당 단어가 이 책의 어느 장에 나오는지 알려준다. 이 단어들은 온라인 학습 홈페이지에서 스프레드시트 형식으로 이용할 수 있다.

빈도수	장	단어	의미
19,865	6	ὁ, ἡ, τό	그(정관사)
9,162	4	καί	그리고, ~조차, 또한, 즉
5,597	6	αὐτός, −ή, −ό	인칭대명사: 그, 그녀, 그것(그를, 그녀를), 그들(그들을) 재귀대명사: 그 자신, 그녀 자신, 그것 자체 동일대명사: 바로 그
2,791	6	δέ(δ')	그러나, 그리고
2,752	6	ἐν	+여격: ~안에, ~위에, ~사이에
2,460	8	εἰμί	나는 ~이다, 존재하다, 살다, 있다 (ἤμην), ἔσομαι, −, −, −, −
2,353	8	λέγω	말하다 (ἔλεγον), ἐρῶ, εἶπον, εἴρηκα, εἴρημαι, ἐρρέθην
1,840	11	ὑμεῖς	너희(복수)
1,767	7	εἰς	+대격: ~안으로, ~안에, ~사이에
1,718	4	ἐγώ	나(1인칭 대명사)
1,624	6	οὐ(οὐκ, οὐχ)	아니다(not)

1,387	7	οὗτος, αὕτη, τοῦτο	단수: 이것, 그, 그녀, 그것 복수: 이것들
1,365	14	ὅς, ἥ, ὅ	~하는 사람(~하는 사람을), ~하는 것
1,317	4	θεός –οῦ, ὁ	하나님, 신
1,296	6	ὅτι	~하는 것(that), ~때문에, 왜냐하면, 직접 인용
1,243	10	πᾶς, πᾶσα, πᾶν	단수: 각각의, 모든(every) 복수: 전부(all)
1,067	7	σύ	너, 2인칭 대명사
1,042	7	μή	아니다, ~하지 않도록/~할까 봐
1,041	7	γάρ	왜냐하면, 그렇다면
917	7	Ἰησοῦς, –οῦ, ὁ	예수, 여호수아
914	8	ἐκ(ἐξ)	+속격: ~로부터, ~밖으로
890	11	ἐπί(ἐπ᾿, ἐφ᾿)	+속격: ~위에, ~넘어, ~할 때 +여격: ~에 근거하여, ~에 +대격: ~위에, ~에게, ~에 대항하여
863	11	ἡμεῖς	우리
716	7	κύριος –ου, ὁ	주, 주인
708	16	ἔχω	가지다, 붙들다, 소유하다 (εἶχον), ἕξω, ἔσχον, ἔσχηκα, –, –
700	8	πρός	+대격: ~로, ~를 향하여, ~와 함께
669	22	γίνομαι	되다, 존재하다, 발생하다, 태어나다, 창조되다 (ἐγινόμην), γενήσομαι, ἐγενόμην, γέγονα, γεγένημαι, ἐγενήθην
667	8	διά(δι᾿)	+속격: ~을 통하여 +대격: ~때문에
663	0	ἵνα	~하기 위하여, ~하는 것
646	8	ἀπό(ἀπ᾿, ἀφ᾿)	+속격: ~로부터 (떨어진)
638	8	ἀλλά(ἀλλ᾿)	그러나, 아직, 제외하고
632	18	ἔρχομαι	가다, 오다 (ἠρχόμην), ἐλεύσομαι, ἦλθον 또는 ἦλθα, ἐλήλυθα, –, –

568	17	ποιέω	행하다, 만들다
			(ἐποίουν), ποιήσω, ἐποίησα, πεποίηκα, πεποίημαι, –
555	10	τίς, τί	누구? 무엇? 어느 것? 왜?
550	4	ἄνθρωπος, –ου, ὁ	사람, 인류, 인간
529	4	Χριστός, –οῦ, ὁ	그리스도, 메시아, 기름 부음 받은 자
525	10	τις, τι	어떤 사람/것이, 누군가/무언가
504	18	ὡς	~처럼, ~같이, ~할 때, 어떻게, ~에 대하여
502	10	εἰ	만약 ~라면
498	12	οὖν	그러므로, 그러면, 따라서
473	14	κατά(κατ᾽, καθ᾽)	+속격: ~에서 아래로, ~에 대항하여
			+대격: ~에 따라서, ~전체에, ~동안 내내
469	8	μετά(μετ᾽, μεθ᾽)	+속격: ~와 함께
			+대격: ~후에
454	20	ὁράω	보다, 알아차리다, 경험하다
			ὄψομαι, εἶδον, ἑώρακα, –, ὤφθην
428	16	ἀκούω	듣다, 배우다, 복종하다, 이해하다
			(ἤκουον), ἀκούσω, ἤκουσα, ἀκήκοα, –, ἠκούσθην
416	13	πολύς, πολλή, πολύ	단수: 많은(much)
			복수: 많은(many)
			부사: 종종
415	34	δίδωμι	주다, 맡기다, 돌려주다, 놓다
			(ἐδίδουν), δώσω, ἔδωκα, δέδωκα, δέδομαι, ἐδόθην
413	11	πατήρ, πατρός, ὁ	아버지
389	8	ἡμέρα, –ας, ἡ	날
379	4	πνεῦμα, –ατος, τό	영, 성령, 바람, 숨, 내적 생명
377	7	υἱός, –οῦ, ὁ	아들, 자손
349	9	ἐάν	만약 ~라면, ~할 때
345	10	εἷς, μία, ἕν	하나
343	11	ἀδελφός, –οῦ, ὁ	형제

343	13	ἤ	또는, ~보다
333	10	περί	+속격: ~에 관하여, ~에 대하여 +대격: ~주위에
330	4	λόγος, -ου, ὁ	말, 말씀, 진술, 메시지
319	13	ἑαυτοῦ, -ῆς, -οῦ	단수: 그 자신/그녀 자신/그것 자체 복수: 그들 자신/그녀들 자신/그것들 자체
318	17	οἶδα	알다, 이해하다 εἰδήσω, ἤδειν, -, -, -
296	17	λαλέω	말하다 (ἐλάλουν), λαλήσω, ἐλάλησα, λελάληκα, λελάλημαι, ἐλαλήθην
273	7	οὐρανός, -οῦ, ὁ	하늘
265	13	ἐκεῖνος, -η, -ο	단수: 저(남자/여자/것) 복수: 저(남자들/여자들/것들)
261	12	μαθητής, -οῦ, ὁ	제자
258	22	λαμβάνω	취하다, 받다/받아들이다 (ἐλάμβανον), λήμψομαι, ἔλαβον, εἴληφα, -, ἐλήμφθην
250	22	γῆ, γῆς, ἡ	지구, 땅, 지역, 인류
243	13	μέγας, μεγάλη, μέγα	큰, 위대한
243	11	πίστις, -εως, ἡ	믿음, 신념
241	16	πιστεύω	믿다, 믿음을 갖다, 신뢰하다 (ἐπίστευον), πιστεύσω, ἐπίστευσα, πεπίστευκα, πεπίστευμαι, ἐπιστεύθην
227	10	οὐδείς, οὐδεμία, οὐδέν	아무도 ~아니, 아무것도 ~아니, 아무도 ~없는
233	9	ἅγιος, -ία, -ιον	형용사: 거룩한 복수 명사: 성도들
231	18	ἀποκρίνομαι	대답하다 -, ἀπεκρινάμην, -, -, ἀπεκρίθην
230	10	ὄνομα, -ατος, τό	이름, 명성
222	20	γινώσκω	알다, 알게 되다, 깨닫다, 배우다 (ἐγίνωσκον), γνώσομαι, ἔγνων, ἔγνωκα, ἔγνωσμαι, ἐγνώσθην

220	8	ὑπό(ὑπ’, ὑφ’)	+속격: ~에 의하여(전치사)
			+대격: ~아래에
218	22	ἐξέρχομαι	밖으로 나가다
			(ἐξηρχόμην), ἐξελεύσομαι, ἐξῆλθον, ἐξελήλυθα, –, –
216	11	ἀνήρ, ἀνδρός, ὁ	남자, 남성, 남편
215	13	γυνή, γυναικός, ἡ	여자, 아내
215	14	τε	그리고, 그래서
210	18	δύναμαι	~할 수 있다, ~할 능력이 있다
			(ἐδυνάμην 또는 ἠδυνάμην), δυνήσομαι, –, –, –, ἠδυνήθην
208	21	θέλω	~할 것이다, 소원하다, 갈망하다, 즐기다
			(ἤθελον), –, ἠθέλησα, –, –, –
208	14	οὕτως	따라서, 그래서, 이런 식으로
200	11	ἰδού	보라! 주목하라!
195	19	Ἰουδαῖος, –αία, –αῖον	형용사: 유대인의
			명사: 유대인
194	22	εἰσέρχομαι	들어오다, 들어가다
			εἰσελεύσομαι, εἰσῆλθον, εἰσελήλυθα, –, –
194	16	νόμος, –ου, ὁ	법, 율법, 원리
194	8	παρά(παρ’)	+속격: ~로부터
			+여격: 게다가, ~앞에서
			+대격: ~와 나란히
191	23	γράφω	쓰다
			(ἔγραφον), γράψω, ἔγραψα, γέγραφα, γέγραπμαι 또는 γέγραμμαι, ἐγράφην
186	4	κόσμος, ου, ὁ	세상, 우주, 인류
182	9	καθώς	~처럼/~대로, 심지어 ~같이
179	12	μέν	한편으로는, 실로
177	14	χείρ, χειρός, ἡ	손, 팔, 손가락
176	22	εὑρίσκω	찾다
			(εὕρισκον or ηὕρισκον), εὑρήσω, εὗρον, εὕρηκα, –, εὑρέθην

175	4	ἄγγελος, -ου, ὁ	천사, 메신저
175	8	ὄχλος, -ου, ὁ	군중, 대중
173	7	ἁμαρτία, -ας, ἡ	죄
169	6	ἔργον, -ου, τό	일, 행위, 행동
167	11	ἄν	번역도 되지 않고 어미 변화도 없는 단어인데, 어떤 것을 조건으로 하는 명확한 진술을 할 때 쓴다.
166	4	δόξα, -ης, ἡ	영광, 위엄, 명성
162	6	βασιλεία, -ας, ἡ	왕국
162	34	ἔθνος, -ους, τό	단수: 나라 복수: 이방인들
162	13	πόλις, -εως, ἡ	도시
160	16	τότε	그때, 그때부터
158	29	ἐσθίω	먹다 (ἤσθιον), φάγομαι, ἔφαγον, -, -, -
158	4	Παῦλος, -ου, ὁ	바울
156	4	καρδία, -ας, ἡ	마음, 내적 자아
156	4	Πέτρος, -ου, ὁ	베드로
155	6	ἄλλος, -η, -ο	다른, 또 다른
155	9	πρῶτος, -η, -ον	첫째, 먼저의
155	11	χάρις, -ιτος, ἡ	은혜, 호의, 친절
154	36	ἵστημι	자동사: 일어나다 타동사: 일으키다 (ἵστην), στήσω, ἔστησα 또는 ἔστην, ἔστηκα, -, ἐστάθην
153	18	πορεύομαι	가다, 나아가다, 살다 (ἐπορευόμην), πορεύσομαι, -, -, πεπόρευμαι, ἐπορεύθην
152	18	ὅστις, ἥτις, ὅτι	누구든지, 어느 것이든지, 무엇이든지
150	12	ὑπέρ	+속격: ~대신에 +대격: ~위에
148	17	καλέω	부르다, 이름을 부르다, 요청하다/초대하다 (ἐκάλουν), καλέσω, ἐκάλεσα, κέκληκα, κέκλημαι, ἐκλήθην

147	6	νῦν	지금, 현재
147	10	σάρξ, σαρκός, ἡ	육체, 몸
146	12	ἕως	접속사: ~까지 전치사+속격: ~에 까지
144	20	ἐγείρω	일으키다, 깨우다 ἐγερῶ, ἤγειρα, −, ἐγήγερμαι, ἠγέρθην
144	4	προφήτης, −ου, ὁ	선지자
143	17	ἀγαπάω	사랑하다, 소중히 하다 (ἠγάπων), ἀγαπήσω, ἠγάπησα, ἠγάπηκα, ἠγάπημαι, ἠγαπήθην
143	36	ἀφίημι	보내다, 떠나다, 허용하다 (ἤφιον), ἀφήσω, ἀφῆκα, −, ἀφέωμαι, ἀφέθην
143	11	οὐδέ	~도 아닌, 심지어 ~도 아닌, ~도 아니고 ~도 아닌
142	20	λαός, −οῦ, ὁ	백성, 무리
142	10	σῶμα, −ατος, τό	몸
141	12	πάλιν	다시
140	19	ζάω	살다 (ἔζων), ζήσω, ἔζησα, −, −, −
139	4	φωνή, −ῆς, ἡ	소리, 소음, 목소리
135	27	δύο	둘, 2
135	4	ζωή, −ῆς, ἡ	생명
135	8	Ἰωάννης, −ου, ὁ	요한
132	16	βλέπω	보다, 관찰하다 (ἔβλεπον), βλέψω, ἔβλεψα, −, −, −
132	20	ἀποστέλλω	보내다 ἀποστελῶ, ἀπέστειλα, ἀπέσταλκα, ἀπέσταλμαι, ἀπεστάλην
129	4	ἀμήν	진실로, 참으로, 아멘, 그렇게 되기를
128	9	νεκρός, −ά, −όν	형용사: 죽은 명사: 죽은 몸, 시체
128	10	σύν	+여격: ~와 함께

124	9	δοῦλος, −ου, ὁ	노예, 종
123	17	ὅταν	언제든지
122	12	αἰών, −ῶνος, ὁ	세대, 영원
122	27	ἀρχιερεύς, −έως, ὁ	대제사장
122	22	βάλλω	던지다 (ἔβαλλον), βαλῶ, ἔβαλον, βέβληκα, βέβλημαι, ἐβλήθην
120	8	θάνατος, −ου, ὁ	죽음
119	23	δύναμις, −εως, ἡ	능력, 기적
119	34	παραδίδωμι	맡기다, 넘겨주다, 배신하다 (παρεδίδουν), παραδώσω, παρέδωκα 또는 παρέδοσα, παραδέδωκα, παραδέδομαι, παρεδόθην
118	20	μένω	머무르다, 살다 (ἔμενον), μενῶ, ἔμεινα, μεμένηκα, −, −
118	13	πῶς	어떻게?
117	23	ἀπέρχομαι	떠나다 ἀπελεύσομαι, ἀπῆλθον, ἀπελήλυθα, −, −
117	17	ζητέω	찾다, 갈망하다, 얻으려고 노력하다 (ἐζήτουν), ζητήσω, ἐζήτησα, −, −, ἐζητήθην
116	6	ἀγάπη, −ης, ἡ	사랑
115	19	βασιλεύς, −έως, ὁ	왕
114	11	ἐκκλησία, −ας, ἡ	교회, 회중, 집회
114	36	ἴδιος, −ία, −ιον	그 자신의 (예: 사람, 집)
114	20	κρίνω	판단하다/심판하다, 결정하다, 선호하다 (ἐκρινόμην), κρινῶ, ἔκρινα, κέκρικα, κέκριμαι, ἐκρίθην
114	12	μόνος, −η, −ον	홀로, 오직
114	8	οἶκος, −ου, ὁ	집, 가족
111	22	ἀποθνήσκω	죽다, 죽으려고 하다, ~로부터 자유하다 (ἀπέθνησκον), ἀποθανοῦμαι, ἀπέθανον, −, −, −
110	12	ὅσος, −η, −ον	~만큼 많은, ~만큼 대단한

신약성경에서 50번 이상 나오는 단어(빈도수)   609

109	14	ἀλήθεια, -ας, ἡ	진리
109	32	μέλλω	~하려고 하다 (ἔμελλον 또는 ἤμελλον), μελλήσω, –, –, –, –
109	19	ὅλος, -η, -ον	형용사: 전부, 완전한 부사: 전적으로
109	27	παρακαλέω	(~옆으로) 부르다, 권고하다/요청하다, 격려하다, 위로하다 (παρεκάλουν), –, παρεκάλεσα, –, παρακέκλημαι, παρεκλήθην
108	36	ἀνίστημι	자동사: 일어나다 타동사: 일으키다 ἀναστήσω, ἀνέστησα, –, –, –
106	20	σῴζω	구원하다, 해방시키다, 구하다 (ἔσῳζον), σώσω, ἔσωσα, σέσωκα, σέσῳσμαι, ἐσώθην
106	6	ὥρα, -ας, ἡ	시간, 때, 순간
105	20	ἐκεῖ	거기에, 그 장소에
103	14	ὅτε	~할 때
103	14	ψυχή, -ῆς, ἡ	영혼, 삶, 자아
102	9	ἀγαθός, -ή, -όν	선한, 유용한
102	7	ἐξουσία, -ας, ἡ	권위/권한, 능력/힘/권세
101	20	αἴρω	일으켜 세우다, 가져가다 ἀρῶ, ἦρα, ἦρκα, ἦρμαι, ἤρθην
101	18	δεῖ	~하는 것이 필요하다.
101	14	ὁδός, -οῦ, ἡ	길, 도로, 여행, 행위
100	9	ἀλλήλων	서로
100	12	ὀφθαλμός, -οῦ, ὁ	눈, 시야
100	11	καλός, -ή, -όν	아름다운, 선한
100	36	τίθημι	놓다, 두다 (ἐτίθουν), θήσω, ἔθηκα, τέθεικα, τέθειμαι, ἐτέθην
99	27	ἕτερος, -α, -ον	다른, 또 다른
99	10	τέκνον, -ου, τό	자녀, 자손

98	21	Φαρισαῖος, −ου, ὁ	바리새인
97	24	αἷμα, −ατος, τό	피
97	22	ἄρτος, −ου, ὁ	빵, 한 덩어리, 음식
97	19	γεννάω	자식을 낳다, 생산하다 γεννήσω, ἐγέννησα, γεγέννηκα, γεγέννημαι, ἐγεννήθην
97	21	διδάσκω	가르치다 (ἐδίδασκον), διδάξω, ἐδίδαξα, −, −, ἐδιδάχθην
95	21	περιπατέω	걷다, 살다 (περιεπάτουν) περιπατήσω περιεπάτησα, −, −, −
95	24	φοβέομαι	두려워하다 (ἐφοβούμην), −, −, −, −, ἐφοβήθην
94	14	ἐνώπιον	+속격: ~전에
94	18	τόπος, −ου, ὁ	위치, 장소
93	22	ἔτι	아직, ~까지
93	8	οἰκία, −ας, ἡ	집, 가정
93	12	πούς, ποδός, ὁ	발
92	13	δικαιοσύνη, −ης, ἡ	의, 의로움
92	14	εἰρήνη, −ης, ἡ	평화
91	8	θάλασσα, −ης, ἡ	바다, 호수
91	27	κάθημαι	앉다, 살다 (ἐκαθήμην), καθήσομαι, −, −, −, −
90	21	ἀκολουθέω	따르다, 동행하다 (ἠκολούθουν), ἀκολουθήσω, ἠκολούθησα, ἠκολούθηκα, −, −
90	33	ἀπόλλυμι	능동태: 멸망시키다, 죽이다 중간태: 멸망하다, 죽다 (ἀπώλλυον), ἀπολέσω 또는 ἀπολῶ, ἀπώλεσα, ἀπόλωλα, −, −
90	12	μηδείς, μηδεμία, μηδέν	아무도/아무것도
90	34	πίπτω	떨어지다 (ἔπιπτον), πεσοῦμαι, ἔπεσον 또는 ἔπεσα, πέπτωκα, −, −
88	14	ἑπτά	일곱, 7

87	22	οὔτε	그리고 ~이 아닌, (둘 중) 어느 것도 ~아닌, 또한 ~이 아닌
86	23	ἄρχομαι	시작하다 ἄρξομαι, ἠρξάμην, –, –, –
86	17	πληρόω	채우다, 완성하다, 성취하다 (ἐπλήρουν), πληρώσω, ἐπλήρωσα, πεπλήρωκα, πεπλήρωμαι, ἐπληρώθην
86	22	προσέρχομαι	~로 오다/가다 (προσηρχόμην), –, προσῆλθον, προσελήλυθα, –, –
85	6	καιρός, –οῦ, ὁ	(약속된) 시간, 시기
85	22	προσεύχομαι	기도하다 (προσηυχόμην), προσεύξομαι, προσηυξάμην, –, –, –
83	11	μήτηρ, μητρός, ἡ	어머니
83	7	ὥστε	그러므로, 그래서
82	27	ἀναβαίνω	올라가다, 올라오다 (ἀνέβαινον), ἀναβήσομαι, ἀνέβην, ἀναβέβηκα, –, –
82	24	ἕκαστος, –η, –ον	각각, 모든
82	16	ὅπου	어디서
81	20	ἐκβάλλω	던지다, 보내다 (ἐξέβαλλον), –, ἐξέβαλον, –, –, ἐξεβλήθην
81	27	καταβαίνω	내려가다, 내려오다 (κατέβαινον), καταβήσομαι, κατέβην, καταβέβηκα, –, –
81	25	μᾶλλον	더, 오히려
81	4	ἀπόστολος, –ου, ὁ	사도, 사절, 메신저
80	34	Μωϋσῆς, –έως, ὁ	모세
79	32	δίκαιος, –ία, –ιον	옳은, 정의로운, 의로운
79	29	πέμπω	보내다 πέμψω, ἔπεμψα, –, –, ἐπέμφθην
79	24	ὑπάγω	떠나다 (ὑπῆγον), –, –, –, –, –
78	9	πονηρός, –ά, –όν	악한, 나쁜

78	20	στόμα, -ατος, τό	입
77	36	ἀνοίγω	열다 ἀνοίξω, ἠνέῳξα 또는 ἀνέῳξα, ἀνέῳγα, ἀνέῳγμαι 또는 ἠνέῳγμαι, ἠνεῴχθην 또는 ἠνοίχθην
77	20	βαπτίζω	세례를 주다, 담그다, 빠지게 하다 (ἐβάπτιζον), βαπτίσω, ἐβάπτισα, −, βεβάπτισμαι, ἐβαπτίσθην
77	14	Ἱερουσαλήμ, ἡ	예루살렘
77	13	σημεῖον, -ου, τό	이적, 기적
76	9	ἐμός, ἐμή, ἐμόν	나의, 나의 것
76	7	εὐαγγέλιον, -ου, τό	좋은 소식, 복음
76	13	κἀγώ	그리고 내가, 그러나 내가
76	25	μαρτυρέω	증언하다, 증거하다 (ἐμαρτύρουν), μαρτυρήσω, ἐμαρτύρησα, μεμαρτύρηκα, μεμαρτύρημαι, ἐμαρτυρήθην
76	16	πρόσωπον, -ου, τό	얼굴, 겉모습/외모
76	11	ὕδωρ, ὕδατος, τό	물
75	13	δώδεκα	열둘, 12
75	14	κεφαλή, -ῆς, ἡ	머리
75	4	Σίμων, -ωνος, ὁ	시몬
74	20	ἀποκτείνω	죽이다 ἀποκτενῶ, ἀπέκτεινα, −, −, ἀπεκτάνθην
74	24	χαίρω	기뻐하다 (ἔχαιρον), −, −, −, −, ἐχάρην
73	4	Ἀβραάμ, ὁ	아브라함
73	23	πίνω	마시다 (ἔπινον), πίομαι, ἔπιον, πέπωκα, −, ἐπόθην
73	22	πῦρ, πυρός, τό	불
73	11	φῶς, φωτός, τό	빛
71	9	αἰώνιος, -ον	영원한

71	28	ἱερόν, −οῦ, τό	성전
70	25	αἰτέω	묻다, 요구하다 (ᾔτουν), αἰτήσω, ᾔτησα, ᾔτηκα, −, −
70	17	τηρέω	유지하다, 지키다, 준수하다 (ἐτήρουν), τηρήσω, ἐτήρησα, τετήρηκα, τετήρημαι, ἐτηρήθην
68	19	Ἰσραήλ, ὁ	이스라엘
68	14	πλοῖον, −ου, τό	배, 보트
68	14	ῥῆμα, −ατος, τό	말, 말씀
68	4	σάββατον, −ου, τό	안식일, 주(일주일)
68	27	τρεῖς, τρία	셋, 3
67	24	ἄγω	인도하다, 데려가다, 붙잡다 (ἦγον), ἄξω, ἤγαγον, −, −, ἤχθην
67	9	ἐντολή, −ῆς, ἡ	명령
67	9	πιστός, −ή, −όν	신실한, 믿음을 가진
66	33	ἀπολύω	풀다, 해방하다 (ἀπέλυον), ἀπολύσω, ἀπέλυσα, −, ἀπολέλυμαι, ἀπελύθην
66	19	καρπός, −οῦ, ὁ	열매, 작물, 결실
66	30	πρεσβύτερος, −α, −ον	장로, 원로
66	29	φέρω	지고 가다, 낳다, 생산하다 (ἔφερον), οἴσω, ἤνεγκα, ἐνήνοχα, −, ἠνέχθην
66	36	φημί	말하다, 단언하다 ἔφη, −, ἔφη, −, −, −
65	33	εἴτε	만약 ~라면, ~인지 아닌지
63	28	γραμματεύς, −έως, ὁ	서기관
63	17	δαιμόνιον, −ου, τό	마귀
63	21	ἐρωτάω	묻다, 요청하다, 간청하다 (ἠρώτων), ἐρωτήσω, ἠρώτησα, −, −, ἠρωτήθην
63	11	ἔξω	부사: ~없이 전치사+속격: ~밖에

63	24	ὄρος, ὄρους, τό	산, 언덕
62	29	δοκέω	생각하다, ~인 것 같다 (ἐδόκουν), –, ἔδοξα, –, –, –
62	11	θέλημα, –ατος, τό	뜻, 욕망, 의지
62	14	θρόνος, –ου, ὁ	왕권, 왕좌
62	27	Ἱεροσόλυμα, τά	예루살렘
61	9	ἀγαπητός, –ή, –όν	사랑하는
61	4	Γαλιλαία, –ας, ἡ	갈릴리
61	23	δοξάζω	찬양하다, 존경하다, 영화롭게 하다 (ἐδόξαζον), δοξάσω, ἐδόξασα, –, δεδόξασμαι, ἐδοξάσθην
61	10	ἤδη	지금, 이미
61	23	κηρύσσω	선포하다, 설교하다/전하다 (ἐκήρυσσον), –, ἐκήρυξα, –, –, ἐκηρύχθην
61	18	νύξ, νυκτός, ἡ	밤
61	11	ὧδε	여기
60	24	ἱμάτιον, –ου, τό	옷, 외투
60	19	προσκυνέω	예배하다, 경배하다 (προσεκύνουν), προσκυνήσω, προσεκύνησα, –, –, –
60	34	ὑπάρχω	~이다, 존재하다 (ὑπῆρχον), –, –, –, –, – τά ὑπάρχοντα: 한 사람의 소유물
59	28	ἀσπάζομαι	인사하다, 환영하다 (ἠσπαζόμην), –, ἠσπασάμην, –, –, –
59	4	Δαυίδ, ὁ	다윗
59	12	διδάσκαλος, –ου, ὁ	선생
59	31	λίθος, –ου, ὁ	돌
59	18	συνάγω	모으다, 초대하다 συνάξω, συνήγαγον, –, συνῆγμαι, συνήχθην
59	16	χαρά, –ᾶς, ἡ	기쁨, 즐거움

58	27	θεωρέω	보다, 관찰하다, 보라! θεωρήσω, ἐθεώρησα, –, –, –
58	36	μέσος, –η, –ον	중간, ~가운데
57	31	τοιοῦτος, –αύτη, –οῦτον	그러한, 그와 같은
56	29	δέχομαι	가지다, 받다 δέξομαι, ἐδεξάμην, –, δέδεγμαι, ἐδέχθην
56	21	ἐπερωτάω	질문하다, 찾다, 요구하다 (ἐπηρώτων), ἐπερωτήσω, ἐπηρώτησα, –, –, ἐπηρωτήθην
56	30	μηδέ	~도 아닌, 심지어 ~도 아닌
56	21	συναγωγή, –ῆς, ἡ	회당, 모임
56	9	τρίτος, –η, –ον	셋째
55	7	ἀρχή, –ῆς, ἡ	시작, 통치자
55	34	λοιπός, –ή, –όν	형용사: 남은 명사: 남은 자(들) 부사: 그 외에, 지금부터
55	4	Πιλᾶτος, –ου, ὁ	빌라도
55	28	κράζω	부르짖다, 소리치다
54	27	δεξιός, –ά, –όν	오른(쪽)
54	27	εὐαγγελίζω	좋은 소식(복음)을 전하다, 설교하다 (εὐηγγέλιζον), –, εὐηγγέλισα, –, εὐηγγέλισμαι, εὐηγγελίσθην
54	27	οὗ	어디, 곳, 장소(where)
54	28	οὐχί	아니다(not)
54	17	πλείων, πλεῖον	더 큰, 더 많은
54	21	χρόνος, –ου, ὁ	시간
53	23	διό	그러므로, 이런 이유로
53	11	ἐλπίς, –ίδος, ἡ	소망, 기대
53	12	ὅπως	어떻게, ~하기 위하여
53	28	παιδίον, –ου, τό	어린아이, 아기
52	14	ἐπαγγελία, –ας, ἡ	약속

52	4	ἔσχατος, −η, −ον	마지막
52	27	πείθω	설득하다 (ἔπειθον), πείσω, ἔπεισα, πέποιθα, πέπεισμαι, ἐπείσθην
52	28	σπείρω	(씨를) 뿌리다 −, ἔσπειρα, −, ἔσπαρμαι, ἐσπάρην
51	12	εὐθύς	즉시, 곧 바로
51	20	σοφία, −ας, ἡ	지혜
50	20	γλῶσσα, −ης, ἡ	혀, 언어
50	4	γραφή, −ῆς, ἡ	글, 성경, 문서
50	9	κακός, −ή, −όν	나쁜, 악한
50	13	μακάριος, −ία, −ιον	행복한, 축복받은
50	8	παραβολή, −ῆς, ἡ	비유
50	16	τυφλός, −ή, −όν	맹인, 눈이 먼
46	19	μείζων, −ον	더 큰(비교급)
43	19	Ἰουδαία, −ας, ἡ	유다
42	16	λύω	풀다, 놓다, 멸망하다 (ἔλυον), λύσω, ἔλυσα, −, λέλυμαι, ἐλύθην
34	11	ἴδε	보라!
30	36	δείκνυμι	보여주다, 설명하다 δείξω, ἔδειξα, δέδειχα, −, ἐδείχθην

이 사전에 포함된 단어 정의는 브루스 메츠거 교수의 『신약성경 헬라어 단어집』과 워런 트렌처드의 『신약성경 헬라어 어휘 완성』(두 책은 사용허가를 받았다)에서 가져온 것이다. 해당 단어의 의미 다음에는 신약에서 사용된 빈도수와 이 책의 해당 장 번호, *MBG*에서 사용된 카테고리 분류 순서로 나열되었다. 그다음으로 *MBG*에서 사용하는 명명법을 요약한 부분이 나온다.

"n-"은 해당 단어가 명사라는 의미이다.
- n-1은 1변화 명사
- n-2는 2변화 명사
- n-3은 3변화 명사

"a-"는 해당 단어가 형용사라는 의미이다.
- a-1은 남성과 중성은 2변화, 여성은 1변화로 총 세 개의 어미형을 가진 형용사를 말한다 (ἅγιος, -ία, -ιον).
- a-2는 남성과 중성은 3변화, 여성은 1변화로 총 세 개의 어미형을 가진 형용사를 말한다 (πᾶς, πᾶσα, πᾶν).
- a-3은 남성과 여성이 같은 어미(2변화)로 총 두 개의 어미형을 가지면서, 중성은 별개의 어미(2변화, ἁμαρτωλός, όν)를 가진 형용사를 말한다.
- a-4는 남성과 여성이 같은 어미(3변화)로 총 두 개의 어미형을 가지면서, 중성은 별개의 어미(3변화, ἀληθής, ές)를 가진 형용사를 말한다.
- a-5는 불규칙 형용사이다.

"v-"는 해당 단어가 동사라는 의미이다.
이 사전에서 동사는 v-1부터 v-8로 나눴다. 이 분류 방식은 다소 복잡하기에 이 책에서는 자세한 설명을 하지 않겠다. 이 분류에 대해서는 *MBG*에서 설명하고 있으니 참조하라. 아래는 동사를 간단히 분류한 것이다.

- v-1는 확실히 규칙적인 동사를 말한다(λύω, ἀγαπάω).
- v-2는 현재시제가 다른 시제에서는 사용되지 않는 자음 이오타를 갖는다(*βαπτιδ + ι → βαπτίζω → βαπτίσω).
- v-3은 현재시제가 다른 시제에서는 탈락하는 ν를 갖는다(*πι → πίνω → ἔπιον).
- v-4는 현재시제가 다른 시제에서는 탈락하는 τ를 갖는다(*κρυπ → κρύπτω → ἔκρυψα).
- v-5는 현재시제가 다른 시제에서는 탈락하는 (ι)σκ를 갖는다(*αρε → ἀρέσκω → ἤρεσα).

아래의 세 분류는 위의 다섯 분류 방식에 포함되면서 동시에 이 세 분류 방식에도 포함된다.

- v-6 μι 동사(δίδωμι).
- v-7 모음 전환이 이뤄진 동사(ἀκούω → ἀκήκοα).
- v-8 시제 어간을 형성할 때 다른 동사 어근을 사용하는 동사(λέγω, ἐρῶ, εἶπον).

"cv-"는 복합동사를 가리킨다. 동사의 시제 형태는 전통적인 순서로 기록하였다. 현재, (미완료), 미래 능동태, 부정과거 능동태, 완료 능동태, 완료 중간태/수동태, 부정과거 수동태. 해당 단어의 미완료과거형이 신약성경에 등장하면 괄호로 표시했고, 시제 형태가 신약성경에 등장하지 않으면 줄표로 표시했다.

Ἀβραάμ, ὁ 아브라함(73, 4장, n-3g[2])

ἀγαθός, -ή, -όν 선한, 유용한(102, 9장, a-1a[2a])

ἀγαλλιάω 기뻐 날뛰다(11, v-1d[1b])

　-, ἠγαλλίασα, -, -, ἠγαλλιάθην

ἀγαπάω 사랑하다, 소중히 여기다(143, 17장, v-1d[1a])

　(ἠγάπων), ἀγαπήσω, ἠγάπησα, ἠγάπηκα, ἠγάπημαι, ἠγαπήθην

ἀγάπη, -ης, ἡ 사랑(116, 6장, n-1b)

ἀγαπητός, -ή, -όν 사랑하는(61, 9장, a-1a[2a])

ἄγγελος, -ου, ὁ 천사, 메신저(175, 4장, n-2a)

ἁγιάζω 거룩하게 하다. 성화시키다(28, v-2a[1])

　-, ἡγίασα, -, ἡγίασμαι, ἡγιάσθην

ἁγιασμός, -οῦ, ὁ 거룩, 성별(10, n-2a)

ἅγιος, -ία, -ιον 거룩한, 복수 명사: 성도들(233, 9장, a-1a[1])

ἀγνοέω 알지 못하다(22, v-1d[2a])

　(ἠγνόουν), -, ἠγνόησα, -, -, -

ἀγορά, -ᾶς, ἡ 시장, 장터(11, n-1a)

ἀγοράζω 사다(30, v-2a[1])

　(ἠγόραζον), -, ἠγόρασα, -, ἠγόρασμαι, ἠγοράσθην

Ἀγρίππας, -α, ὁ 아그립바(11, n-1e)

ἀγρός, -οῦ, ὁ 땅, 육지(36, n-2a)

ἄγω 인도하다, 데려가다, 붙잡다(69, 24장, v-1b[2])

　(ἦγον), ἄξω, ἤγαγον, -, -, ἤχθην

ἀδελφή, -ῆς, ἡ 자매(26, n-1b)

ἀδελφός, -οῦ, ὁ 형제(343, 11장, n-2a)

ᾅδης, -ου, ὁ 음부, 하데스(10, n-1f)

ἀδικέω 잘못하다, 해치다(28, v-1d[2a])

　ἀδικήσω, ἠδίκησα, -, -, ἠδικήθην

ἀδικία, -ας, ἡ 불의(25, n-1a)

ἄδικος, -ον 부정한, 부당한(12, a-3a)

ἀδύνατος, -ον 불가능한(10, a-3a)

ἀθετέω 무효로 하다, 거절하다(16, v-1d[2a])

　ἀθετήσω, ἠθέτησα, -, -, -

Αἴγυπτος, -ου, ἡ 이집트(25, n-2b)

αἷμα, -ατος, τό 피(97, 24장, n-3c[4])

αἴρω 일으키다, 들어 올리다, 치우다/제거하다(101, 20장, v-2d[2])

　ἀρῶ, ἦρα, ἦρκα, ἦρμαι, ἤρθην

αἰτέω 묻다, 요구하다(70, 25장, v-1d[2a])

(ᾔτουν), αἰτήσω, ᾔτησα, ᾔτηκα, -, -

αἰτία, -ας, ἡ 탓, 고발, 고소(20, n-1a)

αἰών, -ῶνος, ὁ 세대, 영원(122, 12장, n-3f[1a])

αἰώνιος, -ον 영원한(71, 9장, a-3b[1])

ἀκαθαρσία, -ας, ἡ 부도덕(10, n-1a)

ἀκάθαρτος, -ον 더러운, 불결한(32, a-3a)

ἄκανθα, -ης, ἡ 가시나무(14, n-1c)

ἀκοή, -ῆς, ἡ 청취, 보고(24, n-1b)

ἀκολουθέω 따르다, 동행하다(90, 21장, v-1d[2a])

　(ἠκολούθουν), ἀκολουθήσω, ἠκολούθησα, ἠκολούθηκα, -, -

ἀκούω 듣다, 배우다, 순종하다, 이해하다(428, 16장, v-1a[8])

　(ἤκουον), ἀκούσω, ἤκουσα, ἀκήκοα, -, ἠκούσθην

ἀκροβυστία, -ας, ἡ 무할례(20, n-1a)

ἀλέκτωρ, -ορος, ὁ 수탉(12, n-3f[2b])

ἀλήθεια, -ας, ἡ 진리(109, 14장, n-1a)

ἀληθής, -ές 정직한, 진실한(26, a-4a)

ἀληθινός -ή, -όν 실제의, 진짜의(28, a-1a[2a])

ἀληθῶς 진실로(18, 부사)

ἀλλά(ἀλλ᾽) 그러나, 아직, 도리어(638, 8장, 불변화사)

ἀλλήλων 서로(100, 9장, a-1a[2b])

ἄλλος, -η, -ο 다른, 또 다른(155, 6장, a-1a[2b])

ἀλλότριος, -α, -ον 자신의 것이 아닌, 이상한(14, a-1a[1])

ἄλυσις, -εως, ἡ 쇠사슬(11, n-3e[5b])

ἅμα 동시에, 전치사(여격): ~와 함께, ~에 덧붙여(10, 부사)

ἁμαρτάνω 죄를 짓다(43, v-3a[2a])

　ἁμαρτήσω, ἥμαρτον or ἡμάρτησα, ἡμάρτηκα, -, -

ἁμαρτία, -ας, ἡ 죄(173, 7장, n-1a)

ἁμαρτωλός, -όν 죄 많은, 명사: 죄인(47, a-3a)

ἀμήν 진실로, 참으로, 아멘, 그렇게 되기를(128, 4장, 불변화사)

ἀμπελών, -ῶνος, ὁ 포도원(23, n-3f[1a])

ἀμφότεροι, -αι, -α 양쪽의(14, a-1a[1])

ἄν 번역도 안 되고 변화도 없는 단어이다. 어떤 것에 관해 분명히 일어날 수 있는 진술을 할 때 사용된다(166, 11장)

ἀνά 대격: ~중에, ~사이에, 숫자와 함께: 각각의(13, 전치사)

ἀναβαίνω 올라가다, 올라오다(82, 27장, cv-2d[7])

　(ἀνέβαινον), ἀναβήσομαι, ἀνέβην, ἀναβέβηκα, -, -

ἀναβλέπω 보다, 시력을 회복하다(25, cv-1b[1])

　-, ἀνέβλεψα, -, -, -

ἀναγγέλλω 선포하다, 알리다, 보고하다(14, cv-2d[1])

　(ἀνήγγελλον), ἀναγγελῶ, ἀνήγγειλα, -, -, ἀνηγγέλην

ἀναγινώσκω 읽다(32, cv-5a)

  (ἀνεγίνωσκον), –, ἀνέγνων, –, –, ἀνεγνώσθην

ἀνάγκη, –ης, ἡ 필요성, 압력, 고통(17, n-1b)

ἀνάγω 인도하다, 중간태: 출항하다(23, cv-1b[2])

  –, ἀνήγαγον, –, –, ἀνήχθην

ἀναιρέω 파괴하다, ~을 죽이다(24, cv-1d[2a])

  ἀνελῶ, ἀνεῖλα, –, –, ἀνῃρέθην

ἀνάκειμαι (식사할 때) 기대다(14, cv-6b)

  (ἀνεκείμην), –, –, –, –, –

ἀνακρίνω 질문하다, 검사하다(16, cv-1c[2])

  –, ἀνέκρινα, –, –, ἀνεκρίθην

ἀναλαμβάνω 들어 올리다(13, cv-3a[2b])

  –, ἀνέλαβον, –, –, ἀνελήμφθην

Ἀνανίας, –ου, ὁ 아나니아(11, n-1d)

ἀναπαύω 쉼을 주다, 유쾌하게 하다, 중간태: 휴식하다(12, cv-1a[5])

  ἀναπαύσω, ἀνέπαυσα, –, ἀναπέπαυμαι, –

ἀναπίπτω 눕다, 기대다(12, cv-1b[3])

  –, ἀνέπεσα, –, –, –

ἀνάστασις, –εως, ἡ 부활(42, n-3e[5b])

ἀναστροφή, –ῆς, ἡ 삶의 방식, 행위(13, n-1b)

ἀνατολή, –ῆς, ἡ 동쪽(11, n-1b)

ἀναφέρω 바치다, 들어 올리다(10, cv-1c[1])

  (ἀνεφερόμην), –, ἀνήνεγκα 또는 ἀνήνεκον, –, –, –

ἀναχωρέω 물러가다/돌아가다(14, cv-1d[2a])

  –, ἀνεχώρησα, –, –, –

Ἀνδρέας, –ου, ὁ 안드레(13, n-1d)

ἄνεμος, –ου, ὁ 바람(31, n-2a)

ἀνέχομαι 견디다(15, cv-1b[2])

  (ἀνηρχόμην), ἀνέξομαι, ἀνεσχόμην, –, –, –

ἀνήρ, ἀνδρός, ὁ 남자, 남편, 사람(216, 11장, n-3f[2c])

ἀνθίστημι 대항하다(14, cv-6a)

  (ἀνθιστόμην), –, ἀντέστην, ἀνθέστηκα, –, –

ἄνθρωπος, –ου, ὁ 사람, 인류, 인간(550, 4장, n-2a)

ἀνίστημι 자동사: 일어나다, 타동사: 들어 올리다(108, 36장, cv-6a)

  ἀναστήσω, ἀνέστησα, –, –, –

ἀνοίγω 열다(77, 36장, v-1b[2])

ἀνοίξω, ἤνεῳξα 또는 ἀνέῳξα, ἀνέῳγα, ἀγέῳγμαι 또는 ἠνέῳγμαι, ἠνεῴχθην 또는 ἠνοίχθην

ἀνομία, –ας, ἡ 불법, 법이 없는 상태(15, n-1a)

ἀντί 속격: ~을 대표하여, ~을 위하여, ~대신에(22, 전치사)

Ἀντιόχεια, –ας, ἡ 안디옥(18, n-1a)

ἄνωθεν 위로부터, 다시(13, 부사)

ἄξιος, –α, –ον 가치 있는(41, a-1a[1])

ἀπαγγέλλω 보고하다, 말하다(45, cv-2d[1])

  (ἀπήγγελλον), ἀπαγγελῶ, ἀπήγγειλα, –, –, ἀπηγγέλην

ἀπάγω 이끌다(15, cv-1b[2])

  –, ἀπήγαγον, –, –, ἀπήχθην

ἅπαξ 단 번, 단 한 번만(14, 부사)

ἀπαρνέομαι 부인하다(11, cv-1d[2a])

  ἀπαρνήσομαι, ἀπηρνησα, –, –, ἀπαρνηθήσομαι

ἅπας, –ασα, –αν 모든(34, a-2a)

ἀπειθέω 거역하다, 불순종하다(14, v-1d[2a])

  (ἠπείθουν), –, ἠπείθησα, –, –, –

ἀπέρχομαι 떠나다, 출발하다(117, 23장, cv-1b[2])

  ἀπελεύσομαι, ἀπῆλθον, ἀπελήλυθα, –, –

ἀπέχω 모두 받다, 멀리 떨어진, 중간태: 삼가다(19, cv-1b[2])

  (ἀπεῖχον), –, –, –, –, –

ἀπιστία, –ας, ἡ 불신(11, n-1a)

ἄπιστος, –ον 믿지 않는(23, a-3a)

ἀπό 속격: ~로 부터 (떨어진)(646, 8장, 전치사)

ἀποδίδωμι 지불하다, 배상하다, 중간태: 팔다(48, cv-6a)

  (ἀπεδίδουν), ἀποδώσω, ἀπέδωκα, –, –, ἀπεδόθην

ἀποθνήσκω 죽다, 죽으려고 하다, ~로부터 자유하다(111, 22장, cv-5a)

  (ἀπέθνησκον), ἀποθανοῦμαι, ἀπέθανον, –, –, –

ἀποκαλύπτω 드러내다(26, cv-4)

  ἀποκαλύψω, ἀπεκάλυψα, –, –, ἀπεκαλύφθην

ἀποκάλυψις, –εως, ἡ 계시(18, n-3e[5b])

ἀποκρίνομαι 대답하다(231, 18장, cv-1c[2])

  –, ἀπεκρινάμην, –, –, ἀπεκρίθην

ἀποκτείνω 죽이다(74, 20장, cv-2d[5])

  ἀποκτενῶ, ἀπέκτεινα, –, –, ἀπεκτάνθην

ἀπολαμβάνω 받다(10, cv-3a[2b])

  ἀπολήμψομαι, ἀπέλαβον, –, –, –

ἀπόλλυμι 멸망시키다, 죽이다, 중간태: 멸망하다, 죽다(90, 33장, cv-3c[2])

  (ἀπώλλυον), ἀπολέσω 또는 ἀπολῶ, ἀπώλεσα, ἀπόλωλα, –, –

Ἀπολλῶς, –ῶ, ὁ 아볼로(10, n-2e)

ἀπολογέομαι 방어하다, 변론하다, 변명하다(10, cv-1d[2a])

  (ἀπελογούμην), ἀπολογήσω, ἀπελογησάμην, -, -, ἀπελογήθην

ἀπολύτρωσις, -εως, ἡ 구원, 속죄(10, n-3e[5b])

ἀπολύω 풀다(66, 33장, cv-1a[4])

  (ἀπέλυον), ἀπολύσω, ἀπέλυσα, -, ἀπολέλυμαι, ἀπελύθην

ἀποστέλλω 보내다(132, 20장, cv-2d[1])

  ἀποστελῶ, ἀπέστειλα, ἀπέσταλκα, ἀπέσταλμαι, ἀπεστάλην

ἀπόστολος, -ου, ὁ 사도, 사절, 메신저(81, 4장, n-2a)

ἅπτω 불을 붙이다, 중간태: 만지다, 잡다(39, v-4)

  -, ἧψα, -, -, -

ἀπώλεια, -ας, ἡ 파괴, 파멸(18, n-1a)

ἄρα 그렇다면, 그러므로(49, 불변화사)

ἀργύριον, -ου, τό 은, 돈(20, n-2c)

ἀρέσκω 기쁘게 하다(17, v-5a)

  (ἤρεσκον), -, ἤρεσα, -, -, -

ἀριθμός, -οῦ, ὁ 숫자(18, n-2a)

ἀρνέομαι 부인하다, 부정하다(33, v-1d[2a])

  (ἠρνούμην), ἀρνήσομαι, ἠρνησάμην, -, ἤρνημαι, -

ἀρνίον, -ου, τό 양, 어린양(30, n-2c)

ἁρπάζω 붙잡다, 낚아채다(14, v-2a[2])

  ἁρπάσω, ἥρπασα, -, -, ἡρπάσθην 또는 ἡρπάγην

ἄρτι 지금, 이제(36, 부사)

ἄρτος, -ου, ὁ 빵, 빵 한 덩어리, 음식(97, 22장, n-2a)

ἀρχαῖος, -αία, -αῖον 고대의, 오래된(11, a-1a[1])

ἀρχή, -ῆς, ἡ 시작, 통치자(55, 7장, n-1b)

ἀρχιερεύς, -έως, ὁ 대제사장(122, 27장, n-3e[3])

ἄρχομαι 시작하다(86, 23장, v-1b[2])

  ἄρξομαι, ἠρξάμην, -, -, -

ἄρχων, -οντος, ὁ 통치자, 관료(37, n-3c[5b])

ἀσέλγεια, -ας, ἡ 음란함, 무절제, 호색(10, n-1a)

ἀσθένεια, -ας, ἡ 연약함, 질병(24, n-1a)

ἀσθενέω 아프다, 약하다(33, v-1d[2a])

  (ἠσθενοῦν), -, ἠσθένησα, ἠσθένηκα, -, -

ἀσθενής, -ές 약한, 아픈(26, a-4a)

Ἀσία, -ας, ἡ 아시아(18, n-1a)

ἀσκός, -οῦ, ὁ 가죽 부대, 포도주병(12, n-2a)

ἀσπάζομαι 인사하다/문안하다, 환영하다(59, 28장, v-2a[1])

  (ἠσπαζόμην), -, ἠσπασάμην, -, -, -

ἀσπασμός, -οῦ, ὁ 인사(10, n-2a)

ἀστήρ, -έρος, ὁ 별(24, n-3f[2b])

ἀτενίζω 집중해서 보다, 응시하다(14, v-2a[1])

  -, ἠτένισα, -, -, -

αὐλή, -ῆς, ἡ 마당, 뜰(12, n-1b)

αὐξάνω 자라다, 증가하다(21, v-3a[1])

  (ηὔξανον), αὐξήσω, ηὔξησα, -, -, ηὐξήθην

αὔριον 다음 날(14, 부사)

αὐτός, -ή, -ό 그/그녀/그것, 그를/그녀를/그 자체를, 동일한(5, 597, 6장, a-1a[2b])

ἀφαιρέω 빼앗다, 잘라내다(10, cv-1d[2a])

  ἀφελῶ, ἀφεῖλον, -, -, ἀφαιρεθήσομαι

ἄφεσις, -εως, ἡ 용서, 사면(17, n-3e[5b])

ἀφίημι 보내다, 버리다/버려두다, 허락하다, 용서하다(143, 36장, cv-6a)

  (ἤφιον), ἀφήσω, ἀφῆκα, -, ἀφέωμαι, ἀφέθην

ἀφίστημι 떠나다, 물러가다(14, cv-6a)

  (ἀφιστόμην), ἀποστήσομαι, ἀπέστησα, -, -, -

ἀφορίζω 분리하다, 떼어 두다(10, cv-2a[1])

  (ἀφώριζον), ἀφοριῶ 또는 ἀφορίσω, ἀφώρισα, -, ἀφώρισμαι, ἀφωρίσθην

ἄφρων, -ον 어리석은, 무지한(11, a-4b[1])

Ἀχαΐα, -ας, ἡ 아가야(10, n-1a)

ἄχρι, ἄχρις 속격: ~까지, ~까지는, 접속사: ~까지(49, 전치사, 접속사)

βῆτα

Βαβυλών, -ῶνος, ἡ 바벨론(12, n-3f[1a])

βάλλω 던지다(122, 22장, v-2d[1])

  (ἔβαλλον), βαλῶ, ἔβαλον, βέβληκα, βέβλημαι, ἐβλήθην

βαπτίζω 세례를 주다, 담그다, 빠지게 하다(77, 20장, v-2a[1])

  (ἐβάπτιζον), βαπτίσω, ἐβάπτισα, -, βεβάπτισμαι, ἐβαπτίσθην

βάπτισμα, -ατος, τό 세례(19, n-3c[4])

βαπτιστής, -οῦ, ὁ 세례자(12, n-1f)

Βαραββᾶς, -ᾶ, ὁ 바라바(11, n-1e)

Βαρναβᾶς, -ᾶ, ὁ 바나바(28, n-1e)

βασανίζω 괴로워하다(12, v-2a[1])

  (ἐβασάνιζον), -, ἐβασάνισα, -, -, βασανισθήσομαι

βασιλεία, -ας, ἡ 왕국(162, 6장, n-1a)

βασιλεύς, -έως, ὁ 왕(115, 19장, n-3e[3])

βασιλεύω 통치하다, 지배하다(21, v – 1a[6])

  βασιλεύσω, ἐβασίλευσα, –, –, –

βαστάζω 지다, 지니다(27, v – 2a[1])

  (ἐβάσταζον), βαστάσω, ἐβάστασα, –, –, –

Βηθανία, –ας, ἡ 베다니(12, n – 1a)

βῆμα, –ατος, τό 재판소, 법정(12, n – 3c[4])

βιβλίον, –ου, τό 두루마리, 책(34, n – 2c)

βίβλος, –ου, ἡ 책(10, n – 2b)

βίος, –ου, ὁ 삶(10, n – 2a)

βλασφημέω 모독하다, 욕하다(34, v – 1d[2a])

  (ἐβλασφήμουν), –, ἐβλασφήμησα, –, –, βλασφημηθήσομαι

βλασφημία, –ας, ἡ 모독, 중상(18, n – 1a)

βλέπω 보다, 살펴보다(132, 16장, v – 1b[1])

  (ἔβλεπον), βλέψω, ἔβλεψα, –, –, –

βοάω 부르짖다, 소리치다(12, v – 1d[1a])

  –, ἐβόησα, –, –, –

βουλή, –ῆς, ἡ 계획, 목적(12, n – 1b)

βούλομαι 의도하다, 계획하다(37, v – 1d[2c])

  (ἐβουλόμην), –, –, –, –, ἐβουλήθην

βροντή, –ῆς, ἡ 천둥(12, n – 1b)

βρῶμα, –ατος, τό 음식(17, n – 3c[4])

βρῶσις, –εως, ἡ 먹는 것(11, n – 3e[5b])

γάμμα

Γαλιλαία, –ας, ἡ 갈릴리(61, 4장, n – 1a)

Γαλιλαῖος, –α, –ον 갈릴리 사람(11, a – 1a[1])

γαμέω 결혼하다(28, v – 1d[2a])

  (ἐγάμουν), –, ἔγημα 또는 ἐγάμησα, γεγάμηκα, –, ἐγαμήθην

γάμος, –ου, ὁ 결혼(16, n – 2a)

γάρ 왜냐하면, 즉/말하자면(1,041, 7장, 접속사)

γε 진실로, 적어도, ~조차(26, 불변화사)

γέεννα, –ης, ἡ 게헨나, 지옥(12, n – 1c)

γέμω 가득하다(11, v – 1c[2])

γενεά, –ᾶς, ἡ 세대(43, n – 1a)

γεννάω 낳다, 생산하다(97, 19장, v – 1d[1a])

  γεννήσω, ἐγέννησα, γεγέννηκα, γεγέννημαι, ἐγεννήθην

γένος, –ους, τό 족속, 사람, 자손(20, n – 3d[2b])

γεύομαι 맛보다(15, v – 1a[6])

  γεύσομαι, ἐγευσάμην, –, –, –

γεωργός, –οῦ, ὁ 농부(19, n – 2a)

γῆ, γῆς, ἡ 땅, 지역, 인류(250, 22장, n – 1h)

γίνομαι ~이 되다, ~이다, 존재하다, 발생하다, 태어나다, 창조
  되다(669, 22장, v – 1c[2])

  (ἐγινόμην), γενήσομαι, ἐγενόμην, γέγονα, γεγένημαι, ἐγενήθην

γινώσκω 알다, 알게 되다, 깨닫다, 배우다(222, 20장, v – 5a)

  (ἐγίνωσκον), γνώσομαι, ἔγνων, ἔγνωκα, ἔγνωσμαι, ἐγνώσθην

γλῶσσα, –ης, ἡ 혀, 언어(50, 20장, n – 1c)

γνωρίζω 알게 하다(25, v – 2a[1])

  γνωρίσω, ἐγνώρισα, –, –, ἐγνωρίσθην

γνῶσις, –εως, ἡ 지식(29, n – 3e[5b])

γνωστός, –ή, –όν 알려진, 명사: 아는 사람(15, a – 1a[2a])

γονεύς, –έως, ὁ 부모(20, n – 3e[3])

γόνυ, –ατος, τό 무릎(12, n – 3c[6d])

γράμμα, –ατος, τό 편지, 문서(14, n – 3c[4])

γραμματεύς, –έως, ὁ 서기관(63, 28장, n – 3e[3])

γραφή, –ῆς, ἡ 글, 성경, 문서(50, 4장, n – 1b)

γράφω 쓰다(191, 23장, v – 1b[1])

  (ἔγραφον), γράψω, ἔγραψα, γέγραφα, γέγραμμαι 또는
  γέγραμμαι, ἐγράφην

γρηγορέω 경계하다, 깨어 있다(22, v – 1d[2a])

  –, ἐγρηγόρησα, –, –, –

γυμνός, –ή, –όν 벗은(15, a – 1a[2a])

γυνή, γυναικός, ἡ 여자, 아내(215, 13장, n – 3b[1])

δέλτα

δαιμονίζομαι 귀신 들리다(13, v – 2a[1])

  –, –, –, –, ἐδαιμονίσθην

δαιμόνιον, –ου, τό 귀신(63, 17장, n – 2c)

δάκρυον, –ου, τό 눈물, 복수: 눈물을 흘리는(10, n – 2c)

Δαμασκός, –οῦ, ὁ 다메섹(15, n – 2b)

Δαυίδ, ὁ 다윗(59, 4장, n – 3g[2])

δέ(δ') 그러나, 그리고(2,791, 6장, 불변화사)

δέησις, –εως, ἡ 기도, 간청(18, n – 3e[5b])

δεῖ ~해야 하다, ~이 필요하다(101, 18장, v – 1d[2c])

δείκνυμι 보여주다, 설명하다(30, 36장, v – 3c[2])

  δείξω, ἔδειξα, δέδειχα, –, ἐδείχθην

δεῖπνον, –ου, τό 식사(16, n – 2c)

δέκα 열, 10(25, a – 5b)

δένδρον, −ου, τό 나무(25, n−2c)

δεξιός, −ά, −όν 오른쪽(54, 27장, a−1a[1])

δέομαι 묻다, 요청하다(22, v−1d[2c])

(ἐδούμην), −, −, −, −, ἐδεήθην

δέρω 치다, 채찍질하다(15, v−1c[1])

−, ἔδειρα, −, −, δαρήσομαι

δέσμιος, −ου, ὁ 죄수(16, n−2a)

δεσμός, −οῦ, ὁ 속박, 구속(18, n−2a)

δεσπότης, −ου, ὁ 주, 주인(10, n−1f)

δεῦτε 오라!(12, 부사)

δεύτερος, −α, −ον 둘째(43, a−1a[1])

δέχομαι 취하다, 받다/영접하다(56, 29장, v−1b[2])

δέξομαι, ἐδεξάμην, −, δέδεγμαι, ἐδέχθην

δέω 묶다, 결박하다(43, v−1d[2b])

−, ἔδησα, δέδεκα, δέδεμαι, ἐδέθην

δηνάριον, −ου, τό 데나리온(16, n−2c)

διά 속격: ~을 통하여, 대격: ~때문에(667, 8장, 전치사)

διάβολος, −ον 비방하는, 명사: 마귀(37, a−3a)

διαθήκη, −ης, ἡ 언약(33, n−1b)

διακονέω 시중들다, 섬기다(37, v−1d[2a])

(διηκόνουν), διακονήσω, διηκόνησα, −, −, διηκονήθην

διακονία, −ας, ἡ 봉사, 섬김(34, n−1a)

διάκονος, −ου, ὁ, ἡ 조력자, 종, 집사(29, n−2a)

διακρίνω 판단하다, 식별하다, 중간태: 의심하다, 동요하다(19, cv−1c[2])

(διεκρινόμην), −, διεκρίνα, −, −, διεκρίθην

διαλέγομαι 논의하다, 주장하다(13, cv−1b[2])

(διελεγόμην), −, διελεξάμην, −, −, διελέχθην

διαλογίζομαι 논의하다, 숙고하다, 주장하다(16, cv−2a[1])

(διελογιζόμην), −, −, −, −, −

διαλογισμός, −οῦ ὁ 추론, 논쟁(14, n−2a)

διαμαρτύρομαι 증언하다, 엄숙히 촉구하다(15, cv−1c[1])

−, διεμαρτυράμην, −, −, −

διαμερίζω 나누다, 분배하다(11, cv−2a[1])

(διεμέριζον), −, διεμερισάμην, −, διαμεμέρισμαι, διεμερίσθην

διάνοια, −ας, ἡ 마음, 지각(12, n−1a)

διατάσσω 명령하다(16, cv−2b)

διατάξομαι, διέταξα, διατέταχα, διατέταγμαι, διετάχθην

διαφέρω 더 가치있다, 다르다(13, cv−1c[1])

(διεφερόμην), −, διήνεγκα, −, −, −

διδασκαλία, −ας, ἡ 가르침(21, n−1a)

διδάσκαλος, −ου, ὁ 선생(59, 12장, n−2a)

διδάσκω 가르치다(97, 21장, v−5a)

(ἐδίδακον), διδάξω, ἐδίδαξα, −, −, ἐδιδάχθην

διδαχή, −ῆς, ἡ 가르침(30, n−1b)

δίδωμι 주다, 맡기다, 돌려주다, 놓다(415, 34장, v−6a)

(ἐδίδουν), δώσω, ἔδωκα, δέδωκα, δέδομαι, ἐδόθην

διέρχομαι 지나가다, 통과하다(43, cv−1b[2])

(διηρχόμην), διελεύσομαι, διῆλθον, διελήλυθα, −, −

δίκαιος, −αία, −αιον 옳은, 정의로운, 의로운(79, 32장, a−1a[1])

δικαιοσύνη, −ης, ἡ 의(92, 13장, n−1b)

δικαιόω 정당화하다, 정당성을 입증하다(39, v−1d[3])

δικαιώσω, ἐδικαίωσα, −, δεδικαίωμαι, ἐδικαιώθην

δικαίωμα, −ατος, τό 규정, 필수 조건, 옳은 행실(10, n−3c[4])

δίκτυον, −ου, τό 그물(12, n−2c)

διό 그러므로, 이런 이유로(53, 23장, 접속사)

διότι 왜냐하면(23, 접속사)

διψάω 목마르다(16, v−1d[1a])

διψήσω, ἐδίψησα, −, −, −

διωγμός, −οῦ, ὁ 박해(10, n−2a)

διώκω 박해하다, 괴롭히다(45, v−1b[2])

(ἐδίωκον), διώξω, ἐδίωξα, −, δεδίωγμαι, διωχθήσομαι

δοκέω 생각하다, ~인 것 같다(62, 29장, v−1b[4])

(ἐδόκουν), −, ἔδοξα, −, −, −

δοκιμάζω 시험하다, 입증하다(22, v−2a[1])

δοκιμάσω, ἐδοκίμασα, −, δεδοκίμασμαι, −

δόλος, −ου, ὁ 속임, 배신(11, n−2a)

δόξα, −ης, ἡ 영광, 존엄, 명성(166, 4장, n−1c)

δοξάζω 찬양하다, 존경하다, 영화롭게 하다(61, 23장, v−2a[1])

(ἐδόξαζον), δοξάσω, ἐδόξασα, −, δεδόξασμαι, ἐδοξάσθην

δουλεύω 섬기다, 복종하다, 종노릇하다(25, v−1a[6])

δουλεύσω, ἐδούλευσα, δεδούλευκα, −, −

δοῦλος, −ου, ὁ 노예, 종(126, 9장, a−1a[2a])

δράκων, −οντος, ὁ 큰 뱀(13, n−3c[5b])

δύναμαι ~할 수 있다, ~할 능력이 있다(210, 18장, v−6b)

(ἐδυνάμην 또는 ἠδυνάμην), δυνήσομαι, −, −, −, ἠδυνήθην

δύναμις, −εως, ἡ 능력, 기적(119, 23장, n−3e[5b])

δυνατός, −ή, −όν ~할 수 있는, 능력 있는, 가능한(32, a−1a[2a])

δύο 둘, 2(135, 27장, a−5)

δώδεκα 열둘, 12(75, 13장, n−3g[2])

δωρεά, -ᾶς, ἡ 선물(11, n-1a)

δῶρον, -ου, τό 선물(19, n-2c)

Ἔψιλόν

ἐάν 만약 ~라면, ~할 때(349, 9장, 접속사)

ἑαυτοῦ, -ῆς, -οῦ 단수: 그 자신의/그녀 자신의/그것 자체의, 복수: 그들 자신의(319, 13장, a-1a[2b])

ἐάω 허락하다, 가게 하다(11, v-1d[1b])

(εἴων), ἐάσω, εἴασα, -, -, -

ἐγγίζω 가까이 오다, 접근하다(42, v-2a[1])

(ἤγγιζον), ἐγγιῶ, ἤγγισα, ἤγγικα, -, -

ἐγγύς 가까이(31, 부사)

ἐγείρω 일으키다, 깨우다(144, 20장, v-2d[3])

ἐγερῶ, ἤγειρα, -, ἐγήγερμαι, ἠγέρθην

ἐγκαταλείπω 저버리다, 단념하다(10, cv-1b[1])

ἐγκαταλείψω, ἐγκατέλιπον, -, -, ἐγκατελείφθην

ἐγώ 나(1,800, 4장, a-5)

ἔθνος, -ους, τό 국가, 복수: 이방인(들)(162, 34장, n-3d[2b])

ἔθος, -ους, τό 관습, 습관(12, n-3d[2b])

εἰ 만약 ~라면(502, 10장, 불변화사)

εἴδωλον, -ου, τό 모양, 우상(11, n-2c)

εἴκοσι 스물, 20(11, n-3g[2])

εἰκών, -όνος, ἡ 모양, 형상(23, n-3f[1b])

εἰμί 나는 ~이다, 존재하다, 살다, 있다(2,462, 8장, v-6b)

(ἤμην), ἔσομαι, -, -, -, -

εἶπεν 그/그녀/그것이 말했다(λέγω의 3인칭 단수형, 613, 7장)

εἰρήνη, -ης, ἡ 평화(92, 14장, n-1b)

εἰς 대격: ~안으로, ~안에, ~중에(1,767, 7장, 전치사)

εἷς, μία, ἕν 하나, 1(345, 10장, a-2a)

εἰσάγω 이끌다, 데리고 오다(11, cv-1b[2])

-, εἰσήγαγον, -, -, -

εἰσέρχομαι 들어가다/들어오다(194, 22장, cv-1b[2])

εἰσελεύσομαι, εἰσῆλθον, εἰσελήλυθα, -, -

εἰσπορεύομαι 들어가다, 안으로 가다(18, cv-1a[6])

(εἰσεπορευόμην), -, -, -, -, -

εἶτα 그런 다음(15, 부사)

εἴτε 만약 ~라면, ~인지 아닌지(65, 33장, 불변화사)

ἐκ(ἐξ) 속격: ~로부터, ~밖으로(914, 8장, 전치사)

ἕκαστος, -η, -ον 각각의, 모든(82, 24장, a-1a[2a])

ἑκατόν 백, 100(17, a-5b)

ἑκατοντάρχης, -ου, ὁ 백부장(20, n-1f)

ἐκβάλλω 내쫓다, 내보내다(81, 20장, cv-2d[1])

(ἐξέβαλλον), ἐκβαλῶ, ἐξέβαλον, -, -, ἐξεβλήθην

ἐκεῖ 거기에(105, 20장, 부사)

ἐκεῖθεν 거기부터(37, 부사)

ἐκεῖνος, -η, -ο 단수: 저 남자/여자/것, 복수: 저 남자들/여자들/것들(265, 13장, a-1a[2b])

ἐκκλησία, -ας, ἡ 교회, 회중, 모임/집회(114, 11장, n-1a)

ἐκκόπτω 자르다, 찍어 버리다(10, cv-4)

ἐκκόψω, -, -, -, ἐξεκόπην

ἐκλέγομαι 선택하다(22, cv-1b[2])

(ἐξελεγόμην), -, ἐξελεξάμην, -, ἐκλέλεγμαι, -

ἐκλεκτός, -ή, -όν 선택된, 선출된(22, a-1a[2a])

ἐκπίπτω 떨어지다, 좌초하다(10, cv-1b[3])

-, ἐξέπεσα, ἐκπέπτωκα, -, -

ἐκπλήσσω 놀라다(13, cv-2b)

(ἐξεπλησσόμην), -, -, -, ἐξεπλάγην

ἐκπορεύομαι 밖으로 나가다/나오다(33, cv-1a[6])

(ἐξεπορευόμην), ἐκπορεύσομαι, -, -, -, -

ἐκτείνω 쭉 뻗다(16, cv-2d[5])

ἐκτενῶ, ἐξέτεινα, -, -, -

ἕκτος, -η, -ον 여섯째(14, a-1a[2a])

ἐκχέω 쏟다(16, cv-1a[7])

ἐκχεῶ, ἐξέχεα, -, -, -

ἐκχύννω 쏟다(11, cv-3a[1])

(ἐξεχυννόμην), -, -, ἐκκέχυμαι, ἐξεχύθην

ἐλαία, -ας, ἡ 올리브 나무(15, n-1a)

ἔλαιον, -ου, τό 올리브 기름(11, n-2c)

ἐλάχιστος, -η, -ον 최소의, 가장 작은(14, a-1a[2a])

ἐλέγχω 유죄를 선고하다, 질책하다, 폭로하다(17, v-1b[2])

ἐλέγξω, ἤλεγξα, -, -, ἠλέγχθην

ἐλεέω 긍휼히 여기다(28, v-1d[2a])

ἐλεήσω, ἠλέησα, -, ἠλέημαι, ἠλεήθην

ἐλεημοσύνη, -ης, ἡ 구제(13, n-1b)

ἔλεος, -ους, τό 자비, 동정(27, n-3d[2b])

ἐλευθερία, -ας, ἡ 자유, 독립(11, n-1a)

ἐλεύθερος, -α, -ον 자유로운(23, a-1a[1])

Ἕλλην, -ηνος, ὁ 헬라(25, n-3f[1a])

ἐλπίζω 바라다/기대하다/소망하다/소망을 두다(31, v-2a[1])

(ἤλπιζον), ἐλπιῶ, ἤλπισα, ἤλπικα, –, –

ἐλπίς, –ίδος, ἡ 소망, 기대(53, 11장, n–3c[2])

ἐμαυτοῦ, –ῆς 나 자신의(37, a–1a[2a])

ἐμβαίνω (배에) 타다(16, cv–3d)

   –, ἐνέβην, –, –, –

ἐμβλέπω 쳐다보다, 바라보다(12, cv–1b[1])

   (ἐνέβλεπον), –, ἐνέβλεψα, –, –, –

ἐμός, ἐμή, ἐμόν 나의, 나의 것(76, 9장, a–1a[2a])

ἐμπαίζω 조롱하다, 비웃다(13, cv–2a[2])

   (ἐνέπαιζον), ἐμπαίξω, ἐνέπαιξα, –, –, ἐνεπαίχθην

ἔμπροσθεν 속격: ~앞에, ~전에(48, 전치사, 부사)

ἐμφανίζω ~에게 알리다, 소개하다, 드러내다, 보여주다(10, cv–2a[1])

   ἐμφανίσω, ἐνεφάνισα, –, –, ἐνεφανίσθην

ἐν 여격: ~안에, ~(위)에, ~가운데(2,752, 6장, 전치사)

ἔνατος, –η, –ον 아홉 번째(10, a–1a[2a])

ἐνδείκνυμι 보여주다, 증명하다(11, cv–3c[2])

   –, ἐνεδειξάμην, –, –, –

ἐνδύω 옷을 입다(27, cv–1a[4])

   –, ἐνέδυσα, –, ἐνδέδυμαι, –

ἕνεκα 또는 ἕνεκεν 속격: ~때문에, ~해서(24, 전치사)

ἐνεργέω 일하다, 달성하다(21, cv–1d[2a])

   (ἐνηργούμην), –, ἐνήργησα, –, –, –

ἐνιαυτός, –οῦ, ὁ 년(14, n–2a)

ἔνοχος, –ον 유죄의, 법적 책임이 있는(10, a–3a)

ἐντέλλω 명령하다(15, cv–2d[1])

   ἐντελοῦμαι, ἐνετειλάμην, –, ἐντέταλμαι, –

ἐντεῦθεν 여기부터(10, 부사)

ἐντολή, –ῆς, ἡ 명령(67, 9장, n–1b)

ἐνώπιον 속격: ~전에, ~앞에(94, 14장, 전치사)

ἕξ 여섯, 6(13, a–5b)

ἐξάγω 이끌어 나오다(12, cv–1b[2])

   –, ἐξήγαγον, –, –, –

ἐξαποστέλλω 보내다(13, cv–2d[1])

   ἐξαποστελῶ, ἐξαπέστειλα, –, –, ἐξαπεστάλην

ἐξέρχομαι 밖으로 나가다/나오다(218, 22장, cv–1b[2])

   (ἐξηρχόμην), ἐξελεύσομαι, ἐξῆλθον, ἐξελήλυθα, –, –,

ἔξεστιν 적법하다, 옳다(31, cv–6b)

ἐξίστημι 놀라다, 놀라게 하다(17, cv–6a)

   (ἐξιστάμην), –, ἐξέστησα, ἐξέστακα, –, –

ἐξομολογέω 고백하다, 찬양하다(10, cv–1d[2a])

   ἐξομολογήσομαι, ἐξωμολόγησα, –, –, –

ἐξουθενέω 경멸하다, 멸시하다(11, v–1d[2a])

   –, ἐξουθένησα, –, ἐξουθένημαι, ἐξουθενήθην

ἐξουσία, –ας, ἡ 권위/권한, 능력/힘/권세(102, 7장, n–1a)

ἔξω 부사: ~없이, 전치사(속격): ~밖에(63, 11장, 부사)

ἔξωθεν 속격: 바깥쪽, 밖에서부터(13, 부사)

ἑορτή, –ῆς, ἡ 축제(25, n–1b)

ἐπαγγελία, –ας, ἡ 약속(52, 14장, n–1a)

ἐπαγγέλλομαι 약속하다(15, cv–2d[1])

   –, ἐπηγγειλάμην, –, ἐπήγγελμαι, –

ἔπαινος, –ου, ὁ 찬양하다(11, n–2a)

ἐπαίρω 들어 올리다(19, cv–2d[2])

   –, ἐπῆρα, –, –, ἐπήρθην

ἐπαισχύνομαι 부끄러워하다(11, cv–1c[2])

   –, –, –, –, ἐπαισχύνθην

ἐπάνω 위에(19, 부사), 전치사(속격): ~위에

ἐπαύριον 다음 날(17, 부사)

ἐπεί 왜냐하면, ~이래로(26, 전치사)

ἐπειδή ~이래로, 왜냐하면(10, 전치사)

ἔπειτα 그런 다음(16, 부사)

ἐπερωτάω 묻다, 찾다, 요구하다(56, 21장, cv–1d[1a])

   (ἐπηρώτων), ἐπερωτήσω, ἐπηρώτησα, –, –, ἐπηρωτήθην

ἐπί(ἐπ᾽, ἐφ᾽) 속격: ~위에, ~넘어, ~때, 여격: ~에 근거하여, ~에서, 대격: ~에 대항하여, ~에게(890, 11장, 전치사)

ἐπιβάλλω 부과하다, 닿게 하다(18, cv–2d[1])

   (ἐπέβαλλον), ἐπιβαλῶ, ἐπέβαλον, –, –, –

ἐπιγινώσκω 알다, 알게 되다, 분간하다(44, cv–5a)

   (ἐπεγίνωσκον), ἐπιγινώσομαι, ἐπέγνων, ἐπέγνωκα, –, ἐπεγνώσθην

ἐπίγνωσις, –εως, ἡ 지식(20, n–3e[5b])

ἐπιζητέω 바라다, 원하다, ~을 찾다(13, cv–1d[2a])

   (ἐπεζήτουν), –, ἐπεζήτησα, –, –, –

ἐπιθυμέω 간절히 원하다, 갈망하다(16, cv–1d[2a])

   (ἐπεθύμουν), ἐπιθυμήσω, ἐπεθύμησα, –, –, –

ἐπιθυμία, –ας, ἡ 열망, 욕망(38, n–1a)

ἐπικαλέω ~라고 부르다, 중간태: 청하다, 호소하다(30, cv–1d[2b])

   –, ἐπεκάλεσα, –, ἐπικέκλημαι, ἐπεκλήθην

ἐπιλαμβάνομαι 잡다, 붙잡다(19, cv–3a[2b])

–, ἐπελαβόμην, –, –, –

ἐπιμένω 머물다, 지속하다, 남아 있다(16, cv-1c[2])

(ἐπέμενον), ἐπιμενῶ, ἐπέμεινα, –, –, –

ἐπιπίπτω 내려오다, 떨어지다, 임하다(11, cv-1b[3])

–, ἐπέπεσον, ἐπιπέπτωκα, –, –

ἐπισκέπτομαι 방문하다, 돌보다(11, cv-4)

ἐπισκέψομαι, ἐπεσκεψάμην, –, –, –

ἐπίσταμαι 이해하다(14, cv-6b)

–, –, –, –, –

ἐπιστολή, –ῆς, ἡ 편지, 서신(24, n-1b)

ἐπιστρέφω 돌다, 되돌아오다(36, cv-1b[1])

ἐπιστρέψω, ἐπέστρεψα, –, –, ἐπεστράφην

ἐπιτάσσω 명령하다(10, cv-2b)

–, ἐπέταξα, –, –, –

ἐπιτελέω 끝내다, 완료하다(10, cv-1d[2])

ἐπιτελέσω, ἐπετέλεσα, –, –, –

ἐπιτίθημι (손을) 얹다(39, cv-6a)

(ἐπετίθουν), ἐπιθήσω, ἐπέθηκα, –, –, –

ἐπιτιμάω 비난하다, 경고하다(29, cv-1d[1a])

(ἐπετίμων), –, ἐπετίμησα, –, –, –

ἐπιτρέπω 허가하다, 허락하다(18, cv-1b[1])

–, ἐπέτρεψα, –, –, ἐπετράπην

ἐπουράνιος, –ον 천상의, 명사: 하늘(19, a-3a)

ἑπτά 일곱, 7(88, 14장, a-5b)

ἐργάζομαι 일하다, 하다(41, v-2a[1])

(ἠργαζόμην), –, ἠργασάμην, –, εἴργασμαι, –

ἐργάτης, –ου, ὁ 일꾼(16, n-1f)

ἔργον, –ου, τό 일, 행실, 행동(169, 6장, n-2c)

ἔρημος, –ον 형용사: 황량한, 황폐한(a-3a), 명사: 사막, 황무지
(n-2b) (48)

ἔρχομαι 오다, 가다(632, 18장, v-1b[2])

(ἠρχόμην), ἐλεύσομαι, ἦλθον 또는 ἦλθα, ἐλήλυθα, –, –

ἐρωτάω 묻다, 요청하다, 간청하다(63, 21장, v-1d[1a])

(ἠρώτων), ἐρωτήσω, ἠρώτησα, –, –, ἠρωτήθην

ἐσθίω 먹다(158, 29장, v-1b[3])

(ἤσθιον), φάγομαι, ἔφαγον, –, –, –

ἔσχατος, –η, –ον 마지막(52, 4장, a-1a[2a])

ἔσωθεν ~안으로부터, ~내에(12, 부사)

ἕτερος, –α, –ον 다른, 또 다른(98, 27장, a-1a[1])

ἔτι 아직, 여전히, ~까지(93, 22장, 부사)

ἑτοιμάζω 준비하다, 대비하다(40, v-2a[1])

–, ἡτοίμασα, ἡτοίμακα, ἡτοίμασμαι, ἡτοιμάσθην

ἕτοιμος, –η, –ον 준비된(17, a-3b[2])

ἔτος, –ους, τό 해, 년(49, n-3d[2b])

εὐαγγελίζω 좋은 소식을 전하다, 설교하다(54, 27장, v-2a[1])

(εὐηγγέλιζον), –, εὐηγγέλισα, –, εὐηγγέλισμαι, εὐηγγελίσθην

εὐαγγέλιον, –ου, τό 좋은 소식, 복음(76, 7장, n-2c)

εὐδοκέω 크게 만족하다(21, v-1d[2a])

–, εὐδόκησα, –, –, –

εὐθέως 즉시(36, 부사)

εὐθύς 즉시(51, 12장, 부사)

εὐλογέω 축복하다, 찬양하다(41, v-1d[2a])

εὐλογήσω, εὐλόγησα, εὐλόγηκα, εὐλόγημαι, –

εὐλογία, –ας, ἡ 은총(16, n-1a)

εὑρίσκω 찾다/발견하다(176, 22장, v-5b)

(εὕρισκον 또는 ηὕρισκον), εὑρήσω, εὗρον, εὕρηκα, –, εὑρέθην

εὐσέβεια, –ας, ἡ 경건함(15, n-1a)

εὐφραίνω 기뻐하다(14, v-2d[4])

(εὐφραινόμην), –, –, –, –, ηὐφράνθην

εὐχαριστέω 감사하다(38, v-1d[2a])

–, εὐχαρίστησα 또는 ηὐχαρίστησα, –, –, εὐχαριστήθην

εὐχαριστία, –ας, ἡ 감사(15, n-1a)

Ἔφεσος, –ου, ἡ 에베소(16, n-2b)

ἐφίστημι ~에 서다, 가까이 서다(21, cv-6a)

–, ἐπέστην, ἐφέστηκα, –, –

ἐχθρός, –ά, –όν 적대적인, 명사: 적/적대감(32, a-1a[1])

ἔχω 가지다/(가지고) 있다, 소유하다(708, 16장, v-1b[2])

(εἶχον), ἕξω, ἔσχον, ἔσχηκα, –, –

ἕως ~까지, 전치사(속격): ~에 까지(146, 12장, 접속사, 전치사)

ζῆτα

Ζαχαρίας, –ου ὁ 사가랴(11, n-1d)

ζάω 살다(140, 19장, v-1d[1a])

(ἔζων), ζήσω, ἔζησα, –, –, –

Ζεβεδαῖος, –ου, ὁ 세베대(12, n-2a)

ζῆλος, –ου, ὁ 열정, 질투(16, n-2a)

ζηλόω 애쓰다, 사모하다, 시기하다, 부러워하다(11, v-1d[3])

–, ἐζήλωσα, –, –, –

ζητέω 찾다/추구하다, 갈망하다, 얻으려고 노력하다(117, 17장,

v – 1d[2a])

(ἐζήτουν), ζητήσω, ἐζήτησα, –, –, ἐζητήθην

ζύμη, –ης, ἡ 누룩, 효모(13, n – 1b)

ζωή, –ῆς, ἡ 생명(135, 4장, n – 1b)

ζῷον, –ου, τό 살아 있는 것(23, n – 2c)

ζῳοποιέω 살리다(11, cv – 1d[2a])

ζῳοποιήσω, ζῳοποίησα, –, –, ζῳοποιήθην

ῆτα

ἤ 또는, ~보다(343, 13장, 불변화사)

ἡγεμών, –όνος, ὁ 총독, 관리자(20, n – 3f[1b])

ἡγέομαι 숙고하다, 생각하다, 이끌다(28, v – 1d[2a])

–, ἡγησάμην, –, ἥγημαι, –

ἤδη 지금, 이미(61, 10장, 부사)

ἥκω 왔다(26, v – 1b[2])

ἥξω, ἦξα, ἧκα, –, –

Ἠλίας, –ου, ὁ 엘리야(29, n – 1d)

ἥλιος, –ου, ὁ 태양(32, n – 2a)

ἡμεῖς 우리(863, 11장, a – 5a)

ἡμέρα, –ας, ἡ 날(389, 8장, n – 1a)

Ἡρῴδης, –ου, ὁ 헤롯(43, n – 1f)

Ἠσαΐας, –ου ὁ 이사야(22, n – 1d)

θῆτα

θάλασσα, –ης, ἡ 바다, 호수(91, 8장, n – 1c)

θάνατος, –ου, ὁ 죽음(120, 8장, n – 2a)

θανατόω 죽게 되다(11, v – 1d[3])

θανατώσω, ἐθανάτωσα, –, –, ἐθανατώθην

θάπτω 땅에 묻다(11, v – 4)

–, ἔθαψα, –, –, ἐτάφην

θαυμάζω 경탄하다, 감탄하다(43, v – 2a[1])

(ἐθαύμαζον), –, ἐθαύμασα, –, –, ἐθαυμάσθην

θεάομαι 주시하다, 지켜보다(22, v – 1d[1b])

–, ἐθεασάμην, –, τεθέαμαι, ἐθεάθην

θέλημα, –ατος, τό 뜻, 욕망(62, 11장, n – 3c[4])

θέλω ~하려고 하다, 원하다, 즐기다(208, 21장, v – 1d[2c])

(ἤθελον), –, ἠθέλησα, –, –, –

θεμέλιος, –ου, ὁ 기초, 토대(15, n – 2a)

θεός, –οῦ, –ὁ 하나님, 신(1,317, 4장, n – 2a)

θεραπεύω 치유하다(43, v – 1a[6])

(ἐθεράπευον), θεραπεύσω, ἐθεράπευσα, –, τεθεράπευμαι, ἐθεραπεύθην

θερίζω 수확하다(21, v – 2a[1])

θερίσω, ἐθέρισα, –, –, ἐθερίσθην

θερισμός, –οῦ, ὁ 추수(13, n – 2a)

θεωρέω 보다, 관찰하다(58, 27장, v – 1d[2a])

(ἐθεώρουν), θεωρήσω, ἐθεώρησα, –, –, –

θηρίον, –ου, τό 동물, 짐승(46, n – 2c)

θησαυρός, –οῦ, ὁ 보물, 보고(17, n – 2a)

θλίβω 억압하다, 괴롭히다(10, v – 1b[1])

–, –, –, τέθλιμμαι, –

θλῖψις, –εως, ἡ 고난, 환난(45, n – 3e[5b])

θρίξ, τριχός, ἡ 털(15, n – 3b[3])

θρόνος, –ου, ὁ 보좌, 왕좌(62, 14장, n – 2a)

θυγάτηρ, –τρός, ἡ 딸(28, n – 3f[2c])

θυμός, –οῦ, ὁ 화, 분노(18, n – 2a)

θύρα, –ας, ἡ 문(39, n – 1a)

θυσία, –ας, ἡ 희생, 제물(28, n – 1a)

θυσιαστήριον, –ου, τό 제단(23, n – 2c)

θύω 제물로 바치다, 죽이다(14, v – 1a[4])

(ἔθυον), –, ἔθυσα, –, τέθυμαι, ἐτύθην

Θωμᾶς, –ᾶ, ἡ 도마(11, n – 1e)

ἰῶτα

Ἰακώβ, ὁ 야곱(27, n – 3g[2])

Ἰάκωβος, –ου, ὁ 야고보(42, n – 2a)

ἰάομαι 치유하다(26, v – 1d[1b])

(ἰώμην), ἰάσομαι, ἰασάμην, –, ἴαμαι, ἰάθην

ἴδε 보라!(29, 11장, 불변화사)

ἴδιος, –ια, –ιον 그 자신의(예: 사람들, 집, 114, 36장, a – 1a[1])

ἰδού 보라!(200, 11장, 불변화사)

ἱερεύς, –έως, ὁ 제사장(31, n – 3e[3])

ἱερόν, –οῦ, τό 성전(71, 28장, n – 2c)

Ἱεροσόλυμα, τά 예루살렘(62, 27장, n – 1a)

Ἱερουσαλήμ, ἡ 예루살렘(77, 14장, n – 3g[2])

Ἰησοῦς, –οῦ, ὁ 예수, 여호수아(917, 7장, n – 3g[1])

ἱκανός, –ή, –όν 상당한, 많은, 우수한(39, a – 1a[2a])

ἱμάτιον, −ου, τό 옷, 겉옷(60, 24장, n −2c)

ἵνα ~하기 위하여, ~하는 것, 그 결과(663, 8장, 접속사)

Ἰόππη, −ης, ἡ 욥바(10, n −1b)

Ἰορδάνης, −ου, ὁ 요단(15, n −1f)

Ἰουδαία, −ας, ἡ 유대(43, 19장, n −1a)

Ἰουδαῖος, −αία, −αῖον 유대인의, 명사: 유대인(195, 19장, a −1a[1])

Ἰούδας, −α, ὁ 유다(44, n −1e)

ἵππος, −ου, ὁ 말(17, n −2a)

Ἰσαάκ, ὁ 이삭(20, n −3g[2])

Ἰσραήλ, ὁ 이스라엘(68, 19장, n −3g[2])

ἵστημι 자동사: 일어나다, 타동사: 일으키다(155, 36장, v −6a)

(ἵστην), στήσω, ἔστησα 또는 ἔστην, ἕστηκα, −, ἐστάθην

ἰσχυρός, −ά, −όν 강한(29, a −1a[1])

ἰσχύς, −ύος, ἡ 힘, 능력(10, n −3e[1])

ἰσχύω 능력이 있다, 할 수 있다(28, v −1a[4])

(ἴσχυον), ἰσχύσω, ἴσχυσα, −, −, −

ἰχθύς, −ύος, ὁ 물고기(20, n −3e[1])

Ἰωάννης, −ου, ὁ 요한(135, 8장, n −1f)

Ἰωσήφ, ὁ 요셉(35, n −3g[2])

κάππα

κἀγώ 그리고 내가, 그러나 내가(76, 13장, a −5)

καθάπερ 마치 ~처럼(13, 부사, 접속사)

καθαρίζω 깨끗하게 하다, 정결하게 하다(31, v −2a[1])

καθαριῶ, ἐκαθάρισα, −, κεκαθάρισμαι, ἐκαθαρίσθην

καθαρός −ά, −όν 정결한, 깨끗한(27, a −1a[1])

καθεύδω 자다(22, v −1b[3])

(ἐκάθευδον), −, −, −, −, −

κάθημαι 앉다, 살다(91, 27장, v −6b)

(ἐκαθήμην), καθήσομαι, −, −, −, −

καθίζω 앉다(46, v −2a[1])

καθίσω, ἐκάθισα, κεκάθικα, −, −

καθίστημι 임명하다, 권한을 부여하다(21, cv −6a)

καταστήσω, κατέστησα, −, −, κατεστάθην

καθώς ~처럼, 심지어 ~같이, ~대로(182, 9장, 부사)

καί 그리고, 또한, 즉(9,162, 4장, 접속사)

καινός, −ή, −όν 새로운(42, a −1a[2a])

καιρός, −οῦ, ὁ (지정된) 시간, 시기(85, 6장, n −2a)

Καῖσαρ, −ος, ὁ 가이사(29, n −3f[2a])

Καισάρεια, −ας, ἡ 가이사랴(17, n −1a)

καίω 불을 붙이다, 빛을 내다(12, v −2c)

καύσω, ἔκαυσα, −, κέκαυμαι, ἐκαύθην

κἀκεῖ 그리고 거기서(10, 부사)

κἀκεῖθεν 그리고 거기부터, 그런 다음(10, 부사)

κἀκεῖνος 그리고 그 사람(22, a −1a[2b])

κακία, −ας, ἡ 악의, 사악함(11, n −1a)

κακός, −ή, −όν 나쁜, 악한(50, 9장, a −1a[2a])

κακῶς 틀리게, 나쁘게(16, 부사)

κάλαμος, −ου, ὁ 갈대(12, n −2a)

καλέω 부르다, 이름을 부르다, 요청하다/초대하다(148, 17장, v −1d[2b])

(ἐκάλουν), καλέσω, ἐκάλεσα, κέκληκα, κέκλημαι, ἐκλήθην

καλός, −ή, −όν 아름다운, 좋은/선한(100, 11장, a −1a[2a])

καλῶς 잘, 칭찬받을 만하게(37, 부사)

κἄν 그리고 만약 ~라면, 비록 ~할지라도(17, 불변화사)

καπνός, −οῦ, ὁ 연기(13, n −2a)

καρδία, −ας, ἡ 마음(156, 4장, n −1a)

καρπός, −οῦ, ὁ 열매, 작물, 결과(67, 19장, n −2a)

κατά 속격: ~아래로부터, ~에 대항하여, 대격: ~에 따라서, ~내내, ~동안(473, 14장, 전치사)

καταβαίνω 내려가다, 내려오다(81, 27장, cv −2d[7])

(κατέβαινον), καταβήσομαι, κατέβην, καταβέβηκα, −, −

καταβολή, −ῆς, ἡ 기초, 터(11, n −1b)

καταγγέλλω 선포하다(18, cv −2d[1])

(κατήγγελλον), −, κατήγγειλα, −, −, κατηγγέλην

καταισχύνω 부끄럽게 하다, 실망시키다(13, cv −1c[2])

(κατησχυνόμην), −, −, −, −, κατησχύνθην

κατακαίω 다 태우다, 다 써버리다(12, cv −2c)

(κατέκαινον), κατακαύσω, κατέκαυσα, −, −, κατεκάην

κατάκειμαι 눕다, 기대다(12, cv −6b)

(κατεκείμην), −, −, −, −, −

κατακρίνω 비난하다(18, cv-1c[2])

κατακρινῶ, κατέκρινα, −, κατακέκριμαι, κατεκρίθην

καταλαμβάνω 얻다, 붙잡다(15, cv −3a[2b])

−, κατέλαβον, κατείληφα, κατείλημαι, κατελήμφθην

καταλείπω 두고 가다, 떠나다(24, cv −1b[1])

καταλείψω, κατέλειψα 또는 κατέλιπον, −, καταλέλειμαι, κατελείφθην καταλύω 파괴하다, 폐지하다(17, cv – 1a[4])

καταλύσω, κατέλυσα, –, –, κατελύθην

κατανοέω 생각하다, 깨닫다, 알아차리다(14, cv – 1d[2a])

(κατενόουν), –, κατενόησα, –, –, –

κατανταω ~에 도착하다(13, cv – 1d[1a])

καταντήσω, κατήντησα, κατήντηκα, –, –

καταργέω 폐지하다, 무효로 하다(27, cv – 1d[2a])

καταργήσω, κατήργησα, κατήργηκα, κατήργημαι, κατηργήθην

καταρτίζω 회복시키다, 예비하다(13, cv – 2a[1])

καταρτίσω, κατήρτισα, –, κατήρτισμαι, –

κατασκευάζω 준비하다(11, cv – 2a[1])

κατασκευάσω, κατεσκεύασα, –, κατεσκεύασμαι, κατεσκευάσθην

κατεργάζομαι 달성하다, 생산하다(22, cv – 2a[1])

–, κατειργασάμην, –, κατείργασμαι, κατειργάσθην

κατέρχομαι 내려오다(16, cv – 1b[2])

–, κατῆλθον, –, –, –

κατεσθίω 먹어 치우다(14, cv – 1b[3])

καταφάγομαι, κατέφαγον, –, –, –

κατέχω 억제하다, 고수하다(17, cv – 1b[2])

(κατεῖχον), –, κατέσχον, –, –, –

κατηγορέω 고발하다(23, v – 1d[2a])

(κατηγόρουν), κατηγορήσω, κατηγόρησα, –, –, –

κατοικέω 살다, 거주하다(44, cv – 1d[2a])

–, κατῴκησα, –, –, –

καυχάομαι 자랑하다(37, v – 1d[1a])

καυχήσομαι, ἐκαυχησάμην, –, κεκαύχημαι, –

καύχημα, –ατος, τό 자랑(11, n – 3c[4])

καύχησις, –εως, ἡ 자랑하기(11, n – 3e[5b])

Καφαρναούμ, ἡ 가버나움(16, n – 3g[2])

κεῖμαι 두다, 놓다(24, v – 6b)

(ἐκείόμην), –, –, –, –, –

κελεύω 명령하다(25, v – 1a[6])

(ἐκέλευον), –, ἐκέλευσα, –, –, –

κενός, –ή, –όν 빈, 공허한(18, a – 1a[2a])

κέρας, –ατος, τό 뿔(11, n – 3c[6a])

κερδαίνω 얻다(17, v – 2d[7])

κερδήσω, ἐκέρδησα, –, –, κερδηθήσομαι

κεφαλή, –ῆς, ἡ 머리(75, 14장, n – 1b)

κηρύσσω 선포하다, 설교하다/전하다(61, 23장, v – 2b)

(ἐκήρυσσον), –, ἐκήρυξα, –, –, ἐκηρύχθην

κλάδος, –ου, ὁ 가지(11, n – 2a)

κλαίω 울다(40, v – 2c)

(ἔκλαιον), κλαύσω, ἔλαυσα, –, –, –

κλάω (떡을) 떼다(14, v – 1d[1b])

–, ἔκλασα, –, –, –

κλείω 닫다, 잠그다(16, v – 1a[3])

κλείσω, ἔκλεισα, –, κέκλεισμαι, ἐκλείσθην

κλέπτης, –ου, ὁ 도둑(16, n – 1f)

κλέπτω 훔치다(13, v – 4)

κλέψω, ἔκλεψα, –, –, –

κληρονομέω 얻다, 상속받다(18, v – 1d[2a])

κληρονομήσω, ἐκληρονόμησα, κεκληρονόμηκα, –, –

κληρονομία, –ας, ἡ 상속인(14, n – 1a)

κληρονόμος, –ου, ὁ 상속인(15, n – 2a)

κλῆρος, –ου, ὁ 제비, 몫, 할당(11, n – 2a)

κλῆσις, –εως, ἡ 부르심(11, n – 3e[5b])

κλητός, –ή, –όν 부름받은(10, a – 1a[2a])

κοιλία, –ας, ἡ 배, 잉태(22, n – 1a)

κοιμάω 자다, 졸다(18, v – 1d[1a])

–, –, –, κεκοίμημαι, ἐκοιμήθην

κοινός, –ή, –όν 일반적인, 속된(14, a – 1a[2a])

κοινόω 부정하게 하다, 더럽히다(14, v – 1d[3])

–, ἐκοίνωσα, κεκοίνωκα, κεκοίνωμαι, –

κοινωνία, –ας, ἡ 책, 참여(19, n – 1a)

κοινωνός, –οῦ, ὁ 협력자, 공유자(10, n – 2a)

κολλάω 참여하다, 매달리다(12, v – 1d[1a])

–, –, –, –, ἐκολλήθην

κομίζω 가져오다, 중간태: 받다(10, v – 2a[1])

κομίσομαι, ἐκομισάμην, –, –, –

κοπιάω 수고하다, 일하다(23, v – 1d[1b])

–, ἐκοπίασα, κεκοπίακα, –, –

κόπος, –ου, ὁ 노력, 괴로움(18, n – 2a)

κοσμέω 장식하다, 정돈하다(10, v – 1d[2a])

(ἐκόσμουν), –, ἐκόσμησα, –, κεκόσμημαι, –

κόσμος, –ου, ὁ 세상, 우주, 인류(186, 4장, n – 2a)

κράβαττος, –ου, ὁ 매트리스, 침대, (가난한 사람들의) 침대(11, n – 2a)

κράζω 부르짖다, 소리치다(56, 28장, v – 2a[2])

(ἔκραζον), κράξω, ἔκραξα, κέκραγα, –, –

κρατέω 쥐다, 붙잡다(47, v – 1d[2a])

(ἐκράτουν), κρατήσω, ἐκράτησα, κεκράτηκα, κεκράτημαι, –

κράτος, –ους, τό 힘, 능력(12, n – 3d[2b])

κρείσσων, –ονος 보다 나은(19, a – 4b[1]). κρείττων로도 쓸 수 있다.

κρίμα, –ατος, τό 심판(27, n – 3c[4])

κρίνω 판단하다/심판하다, 결정하다, ~을 더 좋아하다(114, 20장, v – 1c[2])

(ἐκρινόμην), κρινῶ, ἔκρινα, κέκρικα, κέκριμαι, ἐκρίθην

κρίσις, –εως, ἡ 심판(47, n – 3e[5b])

κριτής, –οῦ, ὁ 재판관(19, n – 1f)

κρυπτός, –ή, –όν 숨겨진(17, a – 1a[2a])

κρύπτω 숨기다(18, v – 4)

–, ἔκρυψα, –, κέκρυμμαι, ἐκρύβην

κτίζω 창조하다(15, v – 2a[1])

–, ἔκτισα, –, ἔκτισμαι, ἐκτίσθην

κτίσις, –εως, ἡ 창조물(19, n – 3e[5b])

κύριος, –ου, ὁ 주, 주인(716, 7장, n – 2a)

κωλύω 방해하다, 용납하지 않다(23, v – 1a[4])

(ἐκώλυον), –, ἐκώλυσα, –, –, ἐκωλύθην

κώμη, –ης, ἡ 마을(27, n – 1b)

κωφός, –ή, –όν 말 못하는, 귀먹은(14, a – 1a[2a])

λάμβδα

Λάζαρος, –ου, ὁ 나사로(15, n – 2a)

λαλέω 말하다(296, 17장, v – 1d[2a])

(ἐλάλουν), λαλήσω, ἐλάλησα, λελάληκα, λελάλημαι, ἐλαλήθην

λαμβάνω 취하다, 받다/받아들이다(258, 22장, v – 3a[2b])

(ἐλάμβανον), λήμψομαι, ἔλαβον, εἴληφα, –, ἐλήμφθην

λαός, –οῦ, ὁ 백성, 무리(142, 20장, n – 2a)

λατρεύω 섬기다(21, v – 1a[6])

λατρεύσω, ἐλάτρευσα, –, –, –

λέγω 말하다(2,353, 8장, v – 1b[2])

(ἔλεγον), ἐρῶ, εἶπον, εἴρηκα, εἴρημαι, ἐρρέθην

λευκός, –ή, –όν 하얀(25, a – 1a[2a])

λῃστής, –οῦ, ὁ 강도, 혁명가, 반군(15, n – 1f)

λίαν 대단히, 몹시(12, 부사)

λίθος, –ου, ὁ 돌(59, 31장, n – 2a)

λίμνη, –ης, ἡ 호수(11, n – 1b)

λιμός, –οῦ, ὁ 굶주림, 기아(12, n – 2a)

λογίζομαι 판단하다, 생각하다(40, v – 2a[1])

(ἐλογιζόμην), –, ἐλογισάμην –, –, ἐλογίσθην

λόγος, –ου, ὁ 말, 말씀, 진술, 메시지(330, 4장, n – 2a)

λοιπός, –ή, –όν 남은, 명사: 남은 자(들), 부사: 그 외에, 지금부터(55, 34장, a – 1a[2a])

λυπέω 몹시 슬퍼하다(26, v – 1d[2a])

–, ἐλύπησα, λελύπηκα, –, ἐλυπήθην

λύπη, –ης, ἡ 슬픔, 비통(16, n – 1b)

λυχνία, –ας, ἡ 촛대(12, n – 1a)

λύχνος, –ου, ὁ 램프, 등잔(14, n – 2a)

λύω 풀다, 파괴하다(42, 16장, v – 1a[4])

(ἔλυον), λύσω, ἔλυσα, –, λέλυμαι, ἐλύθην

μῦ

Μαγδαληνή, –ῆς, ἡ 막달라(12, n – 1b)

μαθητής, –οῦ, ὁ 제자(261, 12장, n – 1f)

μακάριος, –ία, –ιον 축복받은, 행복한(50, 13장, a – 1a[1])

Μακεδονία, –ας, ἡ 마케도니아(22, n – 1a)

μακράν 멀리 떨어져(10, 부사)

μακρόθεν 멀리서(14, 부사)

μακροθυμέω 참을성이 있다(10, v – 1d[2a])

–, ἐμακροθύμησα, –, –, –

μακροθυμία, –ας, ἡ 근면, 인내, 굳건함(14, n – 1a)

μάλιστα 무엇보다 먼저, 특별히(12, 부사)

μᾶλλον 더, 오히려(81, 25장, 부사)

μανθάνω 배우다(25, v – 3a[2b])

–, ἔμαθον, μεμάθηκα, –, –

Μάρθα, –ας, ἡ 마르다(13, n – 1a)

Μαρία, –ας, ἡ 마리아(27, n – 1a)

Μαριάμ, ἡ 마리아(27, n – 3g[2])

μαρτυρέω 증언하다, 증거하다(76, 25장, v – 1d[2a])

(ἐμαρτύρουν), μαρτυρήσω, ἐμαρτύρησα, μεμαρτύρηκα, μεμαρτύρημαι, ἐμαρτυρήθην

μαρτυρία, –ας, ἡ 증거(37, n – 1a)

μαρτύριον, –ίου, τό 증언, 증거(19, n – 2c)

μάρτυς, –υρος, ὁ 증인(35, n – 3f[2a])

μάχαιρα, -ης, ἡ 칼, 검(29, n-1c)

μέγας, μεγάλη, μέγα 큰, 위대한(243, 13장, a-1a[2a])

μείζων, ον 더 큰(46, 19장, a-4b[1])

μέλει 염려의 대상이다(10, v-1d[2c])

(ἔμελεν), -, -, -, -, -

μέλλω ~하려고 하다(109, 32장, v-1d[2c])

(ἔμελλον 또는 ἤμελλον), μελλήσω, -, -, -, -

μέλος, -ους, τό 구성원, 부분(34, n-3d[2b])

μέν 한편으로, 진실로(179, 12장, 불변화사)

μένω 남다, 살다(118, 20장, v-1c[2])

(ἔμενον), μενῶ, ἔμεινα, μεμένηκα, -, -

μερίζω 나누다(14, v-2a[1])

-, ἐμέρισα, -, μεμέρισμαι, ἐμερίσθην

μεριμνάω 염려하다, 돌보다(19, v-1d[1a])

μεριμνήσω, ἐμερίμνησα, -, -, -

μέρος, -ους, τό 부분(42, n-3d[2b])

μέσος, -η, -ον 중앙/중간/가운데, 중간의(58, 36장, a-1a[2a])

μετά(μετ', μεθ') 속격: ~와 함께, 대격: ~후에(469, 8장, 전치사)

μεταβαίνω 넘어가다, 건너뛰다(12, cv-3d)

μεταβήσομαι, μετέβην, μεταβέβηκα, -, -

μετανοέω 회개하다(34, cv-1d[2a])

μετανοήσω, μετενόησα, -, -, -

μετάνοια, -ας, ἡ 회개(22, n-1a)

μετρέω 측정하다, 배분하다(11, v-1d[2a])

-, ἐμέτρησα, -, -, ἐμετρήθην

μέτρον, -ου, τό 측정(14, n-2c)

μέχρι 또는 μέχρις 속격: ~까지, ~하는 한(17, 전치사, 접속사)

μή 아니다, ~하지 않도록/~할까 봐(1,042, 7장, 불변화사)

μηδέ ~도 아닌, 심지어 ~도 아닌(56, 30장, 불변화사)

μηδείς, μηδεμία, μηδέν 아무도/아무것도(90, 12장, a-4b[2])

μηκέτι 더는 ~아닌(22, 부사)

μήν, μηνός, ὁ 달, 월(18, n-3f[1a])

μήποτε ~하지 않도록/~할까 봐(25, 불변화사)

μήτε ~도 아닌, ~도 아니고 ~도 아닌(34, 접속사)

μήτηρ, μητρός, ἡ 어머니(83, 11장, n-3f[2c])

μήτι 의문형 불변화사로 질문에 사용되며 부정의 답변을 기대하게 한다(18, 불변화사)

μικρός, -ά, -όν 작은, 적은(46, a-1a[1])

μιμνήσκομαι 기억하다(23, v-5a)

-, -, -, μέμνημαι, ἐμνήσθην

μισέω 미워하다, 혐오하다, 증오하다(40, v-1d[2a])

(ἐμίσουν), μισήσω, ἐμίσησα, μεμίσηκα, μεμίσημαι, -

μισθός, -οῦ, ὁ 상, 보수(29, n-2a)

μνημεῖον, -ου, τό 무덤(40, n-2c)

μνημονεύω 기억하다(21, v-1a[6])

(ἐμνημόνευον), -, ἐμνημόνευσα, -, -, -

μοιχεύω 간통하다(15, v-1a[6])

μοιχεύσω, ἐμοίχευσα, -, -, ἐμοιχεύθην

μόνος, -η, -ον 홀로, 오직(114, 12장, a-1a[2a])

μύρον, -ου, τό 연고, 향기(14, n-2c)

μυστήριον, -ου, τό 미스터리, 비밀(28, n-2c)

μωρός, -ά, -όν 어리석은, 명사: 어리석음(12, a-1a[1])

Μωϋσῆς, -έως, ὁ 모세(80, 34장, n-3g[1])

νῦ

Ναζωραῖος, -ου, ὁ 나사렛 사람(13, n-2a)

ναί 옳다, 틀림없다(33, 불변화사)

ναός, -οῦ, ὁ 성전(45, n-2a)

νεανίσκος, -ου, ὁ 청년, 젊은 사람(11, n-2a)

νεκρός, -ά, -όν 죽은, 명사: 사체, 시체(128, 9장, a-1a[1])

νέος, -α, -ον 새로운, 젊은(24, a-1a[1])

νεφέλη, -ης, ἡ 구름(25, n-1b)

νήπιος, -ίου, ὁ 갓난아이, 어린아이(15, a-1a[1])

νηστεύω 금식하다(20, v-1a[6])

νηστεύσω, ἐνήστευσα, -, -, -

νικάω 정복하다, 이기다(28, v-1d[1a])

νικήσω, ἐνίκησα, νενίκηκα, -, -

νίπτω 씻다(17, v-4)

-, ἔνιψα, -, -, -

νοέω 이해하다(14, v-1d[2a])

νοήσω, ἐνόησα, νενόηκα, -, -

νομίζω 가정하다, 생각하다, 고려하다(15, v-2a[1])

(ἐνόμιζον), -, ἐνόμισα, -, -, -

νόμος, -ου, ὁ 법, 원칙(194, 16장, n-2a)

νόσος, -ου, ἡ 질병(11, n-2b)

νοῦς, νοός, ὁ 마음, 지각(24, n-3e[4])

νυμφίος, -ου, ὁ 신랑(16, n-2a)

νῦν 지금, 명사: 현재(148, 6장, 부사)

νυνί 지금(20, 부사)

νύξ, νυκτός, ἡ 밤(61, 18장, n-3c[1])

ξενίζω 대접하다, 놀라게 하다(10, v-2a[1])

  -, ἐξένισα, -, -, ἐξενίσθην

ξένος, -η, -ον 낯선, 이상한, 이방의(14, a-1a[2a])

ξηραίνω 마르다(15, v-2d[4])

  -, ἐξήρανα, -, ἐξήραμμαι, ἐξηράνθην

ξύλον, -ου, τό 나무, 목재(20, n-2c)

ὁ, ἡ, τό 그(19,865, 6장, a-1a[2b])

ὅδε, ἥδε, τόδε 이것(10, a-1a[2b])

ὁδός, -οῦ, ἡ 길, 도로, 여행, 행위(101, 14장, n-2b)

ὀδούς, -όντος, ὁ 이, 치아(12, n-3c[5a])

ὅθεν 어디부터, 어떤 이유로(15, 부사)

οἶδα 알다, 이해하다(318, 17장, v-1b[3])

  εἰδήσω, ᾔδειν, -, -, -

οἰκία, -ας, ἡ 집, 가족/가정(93, 8장, n-1a)

οἰκοδεσπότης, -ου, ὁ 집주인(12, n-1f)

οἰκοδομέω 세우다(40, v-1d[2a])

  (ᾠκοδόμουν), οἰκοδομήσω, ᾠκοδόμησα, -, ᾠκοδόμημαι, οἰκοδομήθην

οἰκοδομή, -ῆς, ἡ 빌딩, 건축물(18, n-1b)

οἰκονόμος, -ου, ὁ 청지기, 관리자(10, n-2a)

οἶκος, -ου, ὁ 집, 가정(114, 8장, n-2a)

οἰκουμένη, -ης, ἡ 거주 공간(15, n-1b)

οἶνος, -ου, ὁ 포도주(34, n-2a)

οἷος, -α, -ον 어떤 종류의, ~와 같은(14, a-1a[1])

ὀλίγος, -η, -ον 작은, 소량의(40, a-1a[2a])

ὅλος, -η, -ον 전체의/온, 완전한, 부사: 전적으로(109, 19장, a-1a[2a])

ὀμνύω 또는 ὄμνυμι 맹세하다, 선서하다(25, v-3c[2])

  -, ὤμοσα, -, -, -

ὁμοθυμαδόν 한마음으로(11, 부사)

ὅμοιος, -οία, -οιον ~와 같은, 비슷한(45, a-1a[1])

ὁμοιόω ~척하다, 비교하다(15, v-1d[3])

  ὁμοιώσω, ὡμοίωσα, -, -, ὡμοιώθην

ὁμοίως 마찬가지로, 같은 방식으로(30, 부사)

ὁμολογέω 고백하다, 공언하다(26, v-1d[2a])

  (ὡμολόγουν), ὁμολογήσω, ὡμολόγησα, -, -, -

ὄνομα, -ατος, τό 이름, 명성(230, 10장, n-3c[4])

ὀνομάζω 명명하다(10, v-2a[1])

  -, ὠνόμασα, -, -, ὠνομάσθην

ὄντως 정말로, 형용사: 진짜의(10, 부사)

ὀπίσω 속격: ~뒤에, ~후에(35, 전치사)

ὅπου 어디에(82, 16장, 불변화사)

ὅπως ~하기 위하여, 어떻게(53, 12장, 접속사, 부사)

ὅραμα, -ατος, τό 환상(12, n-3c[4])

ὁράω 보다, 주목하다, 경험하다(454, 20장, v-1d[1a])

  ὄψομαι, εἶδον, ἑώρακα, -, ὤφθην

ὀργή, -ῆς, ἡ 분노, 화(36, n-1b)

ὅριον, -ου, τό 경계, 지역(12, n-2c)

ὅρκος, -ου, ὁ 맹세(10, n-2a)

ὄρος, ὄρους, τό 산, 언덕(63, 24장, n-3d[2b])

ὅς, ἥ, ὅ 누구(누구를), 어떤(어느)(1,365, 14장, a-1a[2b])

ὅσος, -η, -ον ~만큼 많은, ~만큼 대단한(110, 12장, a-1a[2a])

ὅστις, ἥτις, ὅτι 누구든지, 어느 것이든지, 무엇이든지(152, 18장, a-1a[2b])

ὅταν 언제든지(123, 17장, 불변화사)

ὅτε ~할 때(103, 14장, 불변화사)

ὅτι 왜냐하면, ~하는 것(that), 직접 인용(1,296, 6장, 접속사)

οὗ 어디, 곳, 장소(where)(24, 27장, 부사)

οὐ, οὐκ, οὐχ 아니다(1,624, 6장, 부사)

οὐαί 화 있을진저! 화 있도다!(46, 감탄사)

οὐδέ ~도 아닌, 심지어 ~도 아닌, ~도 아니고 ~도 아닌(143, 11장, 접속사)

οὐδείς, οὐδεμία, οὐδέν 아무도 ~아닌, 아무것도 ~아닌, 아무도 ~없는(234, 10장, a-2a)

οὐδέποτε 결코 ~아니다(16, 부사)

οὐκέτι 더는 ~아니다(47, 부사)

οὖν 그러므로, 그래서, 따라서(498, 12장, 불변화사)

οὔπω 아직 ~아니다(26, 부사)

οὐρανός, -οῦ, ὁ 하늘(273, 7장, n-2a)

οὖς, ὠτός, τό 귀(36, n-3c[6c])

οὔτε 그리고 ~이 아니다, (둘 중) 어느 것도 ~아니다(87, 22장, 부사)

οὗτος, αὕτη, τοῦτο 단수: 이것/그/그녀/그것, 복수: 이것들, 그들(1,387, 7장, a-1a[2b]) οὕτως 이렇게, 이와 같이(208, 14장, 부사)

οὐχί 아니다(54, 28장, 부사)

ὀφείλω 빚지다, ~해야 한다(35, v –2d[1])

(ὤφειλον), –, –, –, –, –

ὀφθαλμός, –οῦ, ὁ 눈, 시각(100, 12장, n –2a)

ὄφις, –εως, ὁ 뱀(14, n –3e[5b])

ὄχλος, –ου, ὁ 군중, 무리(175, 8장, n –2a)

ὄψιος, –α, –ον 저녁(15, a –1a[1])

πῖ ───────────────

πάθημα, –ατος, τό 고통(16, n –3c[4])

παιδεύω 훈련하다, 가르치다(13, v –1a[6])

(ἐπαίδευον), –, ἐπαίδευσα, –, πεπαίδευμαι, ἐπαιδεύθην

παιδίον, –ου, τό 어린아이, 아기(53, 28장, n –2c)

παιδίσκη, –ης, ἡ 여종(13, n –1b)

παῖς, παιδός, ὁ 또는 ἡ 소년, 아들, 종, 소녀(24, n –3c[2])

παλαιός, –ά, –όν 오래된, 늙은(19, a –1a[1])

πάλιν 다시(141, 12장, 부사)

παντοκράτωρ, –ορος, ὁ 전능하신 자(10, n –3f[2b])

πάντοτε 항상(41, 부사)

παρά 속격: ~로부터, 여격: ~옆에, ~앞에, 대격: ~와 나란히, ~에 접하여(194, 8장, 전치사)

παραβολή, –ῆς, ἡ 비유(50, 8장, n –1b)

παραγγέλλω 명하다(32, cv –2d[1])

(παρήγγελλον), –, παρήγγειλα, –, παρήγγελμαι, –

παραγίνομαι 오다, 도착하다(37, cv –1c[2])

(παρεγινόμην), –, παρεγενόμην, –, –, –

παράγω 지나가다(10, cv –1b[2])

παραδίδωμι 맡기다/넘겨주다, 전하다, 배신하다(119, 34장, cv –6a)

(παρεδίδουν), παραδώσω, παρέδωκα, παραδέδωκα, παραδέδομαι, παρεδόθην

παράδοσις, –εως, ἡ 전통(13, n –3e[5b])

παραιτέομαι 거절하다(12, cv –1d[2a])

(παρῃτούμην), –, παρῃτησάμην, –, παρῄτημαι, –

παρακαλέω (~옆으로) 부르다, 권고하다/요청하다, 격려하다, 위로하다(109, 27장, cv –1d[2b])

(παρεκάλουν), –, παρεκάλεσα, –, παρακέκλημαι, παρεκλήθην

παράκλησις, –εως, ἡ 위로, 격려(29, n –3e[5b])

παραλαμβάνω 취하다/데리고 가다, 전해 받다(49, cv –3a[2b])

παραλήμψομαι, παρέλαβον, –, –, παραλημφθήσομαι

παραλυτικός, –ή, –όν 절름발이의, 명사: 중풍 병자(10, a –1a[2a])

παράπτωμα, –ατος, τό 비행, 죄(19, n –3c[4])

παρατίθημι 앞에 차리다, 중간태: 맡기다(19, cv –6a)

παραθήσω, παρέθηκα, –, –, –

παραχρῆμα 즉시(18, 부사)

πάρειμι 존재하다, 오다, 도착하다(24, cv –6b)

(παρήμην), παρέσομαι, –, –, –, –

παρεμβολή, –ῆς, ἡ 막사, 야영지(10, n –1b)

παρέρχομαι 없어지다, 지나가다(29, cv –1b[2])

παρελεύσομαι, παρῆλθον, παρελήλυθα, –, –

παρέχω 제공하다(16, cv –1b[2])

(παρεῖχον), παρέξω, παρέσχον, –, –, –

παρθένος, –ου, ἡ 동정녀(15, n –2a)

παρίστημι 존재하다, 있다(41, cv –6a)

παραστήσω, παρέστησα, παρέστηκα, –, παρεστάθην

παρουσία, –ας, ἡ 도래, 오심, 존재(24, n –1a)

παρρησία, –ας, ἡ 대담함, 솔직함(31, n –1a)

πᾶς, πᾶσα, πᾶν 단수: 각각의, 모든, 복수: 모두(1, 243, 10장, a –2a)

πάσχα, τό 유월절(29, n –3g[2])

πάσχω 괴로워하다(42, v –5a)

–, ἔπαθον, πέπονθα, –, –

πατάσσω 치다, 때리다(10, v –2b)

πατάξω, ἐπάταξα, –, –, –

πατήρ, πατρός, ὁ 아버지(413, 11장, n –3f[2c])

Παῦλος, –ου, ὁ 바울(158, 4장, n –2a)

παύω 멈추다, 중지하다(15, v –1a[5])

(ἐπαυόμην), παύσομαι, ἐπαυσάμην, –, πέπαυμαι, –

πείθω 설득하다(53, 27장, v –1b[3])

(ἔπειθον), πείσω, ἔπεισα, πέποιθα, πέπεισμαι, ἐπείσθην

πεινάω 배고프다, 굶주리다(23, v –1d[1b])

πεινάσω, ἐπείνασα, –, –, –

πειράζω 시험하다, 유혹하다(38, v –2a[1])

(ἐπείραζον), –, ἐπείρασα, –, πεπείρασμαι, ἐπειράσθην

πειρασμός, –οῦ, ὁ 유혹, 시험(21, n –2a)

πέμπω 보내다(79, 29장, v –1b[1])

πέμψω, ἔπεμψα, –, –, ἐπέμφθην

πενθέω 슬퍼하다(10, v –1d[2a])

πενθήσω, ἐπένθησα, –, –, –

πέντε 다섯, 5(38, a-5b)

πέραν 다른 한편으로는(23, 부사, 속격과 함께 전치사로도 쓰임)

περί 속격: ~에 관하여, ~에 대하여, 대격: ~주위에(333, 10장,
전치사)

περιβάλλω 옷을 입다(23, cv-2d[1])

   περιβαλῶ, περιέβαλον, –, περιβέβλημαι, –

περιπατέω (주위를) 걷다/걸어가다, 살다/살아가다(95, 21장,
cv-1d[2a])

   (περιεπάτουν), περιπατήσω, περιεπάτησα, –, –, –

περισσεύω 풍부하다, 충만하다(39, v-1a[6])

   (ἐπερίσσευον), –, ἐπερίσσευσα, –, –, περισσευθήσομαι

περισσότερος, –τέρα, –ον 더 큰, 더 많은(16, a-1a[1])

περισσοτέρως 더 큰, 더 많은(12, 부사)

περιστερά, –ᾶς, ἡ 비둘기(10, n-1a)

περιτέμνω 할례하다(17, cv-3a[1])

   –, περιέτεμον, –, περιτέτμημαι, περιετμήθην

περιτομή, –ῆς, ἡ 할례(36, n-1b)

πετεινόν, –οῦ, τό 새(14, n-2c)

πέτρα, –ας, ἡ 바위(15, n-1a)

Πέτρος, –ου, ὁ 베드로(158, 4장, n-2a)

πηγή, –ῆς, ἡ 샘, 분수(11, n-1b)

πιάζω 쥐다, 잡다(12, v-2a[1])

   –, ἐπίασα, –, –, ἐπιάσθην

Πιλᾶτος, –ου, ὁ 빌라도(55, 4장, n-2a)

πίμπλημι 채우다, 이루다(24, v-6a)

   –, ἔπλησα, –, –, ἐπλήσθην

πίνω 마시다(73, 23장, v-3a[1])

   (ἔπινον), πίομαι, ἔπιον, πέπωκα, –, ἐπόθην

πίπτω 떨어지다(90, 34장, v-1b[3])

   (ἔπιπτον), πεσοῦμαι, ἔπεσον 또는 ἔπεσα, πέπτωκα, –, –

πιστεύω 믿다, 믿음을 가지다, 신뢰하다(241, 16장, v-1a[6])

   (ἐπίστευον), πιστεύσω, ἐπίστευσα, πεπίστευκα, πεπίστευμαι,
   ἐπιστεύθην

πίστις, πίστεως, ἡ 믿음, 신앙, 신뢰, 가르침(243, 11장, n-3e[5b])

πιστός, –ή, –όν 신실한, 믿음을 가진(67, 9장, a-1a[2a])

πλανάω 길을 잃다, 잘못 인도하다/속이다(39, v-1d[1a])

   πλανήσω, ἐπλάνησα, –, πεπλάνημαι, ἐπλανήθην

πλάνη, –ης, ἡ 잘못, 속임(10, n-1b)

πλείων, πλεῖον 더 큰, 더 많은(54, 17장, a-4b[1])

πλεονεξία, –ας, ἡ 욕심, 탐욕(10, n-1a)

πληγή, –ῆς, ἡ 재앙, 구타, 상처, 고통(22, n-1b)

πλῆθος, –ους, τό 군중(31, n-3d[2b])

πληθύνω 증식하다, 늘어나다(12, v-1c[2])

   (ἐπληθυνόμην), πληθυνῶ, ἐπλήθυνα, –, –, –

πλήν 그런데도, 그러나, 속격: ~을 제외하고(31, 부사, 전치사)

πλήρης, –ες 가득한(17, a-4a)

πληρόω 채우다, 완성하다, 성취하다(86, 17장, v-1d[3])

   (ἐπλήρουν), πληρώσω, ἐπλήρωσα, πεπλήρωκα, πεπλήρωμαι,
   ἐπληρώθην

πλήρωμα, –ατος, τό 충만(17, n-3c[4])

πλησίον 가까이, 명사: 이웃(17, 부사)

πλοῖον, –ου, τό 배, 보트(68, 14장, n-2c)

πλούσιος, –α, –ον 부유한(28, a-1a[1])

πλουτέω 부유하다(12, v-1d[2a])

   –, ἐπλούτησα, πεπλούτηκα, –, –

πλοῦτος, –ου, ὁ 부, 풍요(22, n-2a)

πνεῦμα, –ατος, τό 영, 성령, 바람, 숨, 내적 생명(379, 4장, n-3c[4])

πνευματικός, –ή, –όν 영적인(26, a-1a[2a])

πόθεν 어디에서부터? 누구에게서?(29, 부사)

ποιέω 하다, 만들다(568, 17장, v-1d[2a])

   (ἐποίουν), ποιήσω, ἐποίησα, πεποίηκα, πεποίημαι, –

ποικίλος, –η, –ον 다양한, 다방면의(10, a-1a[2a])

ποιμαίνω 양을 치다(11, v-2d[4])

   ποιμανῶ, ἐποίμανα, –, –, –

ποιμήν, –ένος, ὁ 목동(18, n-3f[1b])

ποῖος, –α, –ον 어떤 종류의? 어떤 것? 무엇?(33, a-1a[1])

πόλεμος, –ου, ὁ 전쟁(18, n-2a)

πόλις, –εως, ἡ 도시(162, 13장, n-3e[5b])

πολλάκις 종종, 자주(18, 부사)

πολύς, πολλή, πολύ 단수: 많은/큰, 복수: 다수의/많은, 부사:
자주(416, 13장, a-1a[2a])

πονηρός, –ά, –όν 악, 나쁜(78, 9장, a-1a[1])

πορεύομαι 가다, 살다(153, 18장, v-1a[6])

   (ἐπορευόμην), πορεύσομαι, –, –, πεπόρευμαι, ἐπορεύθην

πορνεία, –ας, ἡ 간통, 간음(25, n-1a)

πόρνη, –ης, ἡ 매춘부(12, n-1b)

πόρνος, –ου, ὁ 음행하는 자(10, n-2a)

πόσος, –η, –ον 얼마나 큰? 얼마나 많은?(27, a-1a[2a])

ποταμός, –οῦ, ὁ 강(17, n-2a)

ποτέ 언젠가(29, 불변화사)

πότε 언제?(19, 부사)

ποτήριον, −ου, τό 컵(31, n−2c)

ποτίζω 마실 것을 주다(15, v−2a[1])

   (ἐπότιζον), −, ἐπότισα, πεπότικα, −, ἐποτίσθην

ποῦ 어디?(48, 부사)

πούς, ποδός, ὁ 발(93, 12장, n−3c[2])

πρᾶγμα, −ατος, τό 일, 문제(11, n−3c[4])

πράσσω 행하다(39, v−2b)

   πράξω, ἔπραξα, πέπραχα, πέπραγμαι, −

πραΰτης, −ῆτος, ἡ 상냥함, 겸손(11, n−3c[1])

πρεσβύτερος, −α, −ον 장로, 원로(66, 30장, a−1a[1])

πρίν ~전에(13, 접속사, 전치사)

πρό 속격: ~전에(47, 전치사)

προάγω 먼저 가다(20, cv−1b[2])

   (προῆγον), προάξω, προήγαγον, −, −, −

πρόβατον, −ου, τό 양(39, n−2c)

πρόθεσις, −εως, ἡ 계획, 목적(12, n−3e[5b])

προλέγω 미리 말하다(15, cv−1b[2])

   −, προεῖπον 또는 προεῖπα, −, προείρηκα 또는 προείρημαι, −

πρός 대격: ~에게, ~을 향하여, ~와 함께(700, 8장, 전치사)

προσδέχομαι 받다, 기다리다(14, cv−1b[2])

   (προσεδεχόμην), −, προσεδεξάμην, −, −, −

προσδοκάω ~을 기다리다, 기대하다(16, cv−1d[1a])

   (προσεδόκων), −, −, −, −, −

προσέρχομαι ~로 오다/가다(86, 22장, cv−1b[2])

   (προσηρχόμην), −, προσῆλθον, προσελήλυθα, −, −

προσευχή, −ῆς, ἡ 기도(36, n−1b)

προσεύχομαι 기도하다(85, 22장, cv−1b[2])

   (προσηυχόμην), προσεύξομαι, προσηυξάμην, −, −, −

προσέχω ~을 염려하다, ~에 주의하다(24, cv−1b[2])

   (προσεῖχον), −, −, προσέσχηκα, −, −

προσκαλέω 부르다, 소환하다(29, cv−1d[2a])

   −, προσεκαλεσάμην, −, προσκέκλημαι, −

προσκαρτερέω ~에 헌신하다, 신실하다(10, cv−1d[2a])

   προσκαρτερήσω, −, −, −, −

προσκυνέω 예배하다/경배하다(60, 19장, cv−3b])

   (προσεκύνουν), προσκυνήσω, προσεκύνησα, −, −, −

προσλαμβάνω 받다(12, cv−3a[2b])

   −, προσελαβόμην, −, −, −

προστίθημι ~에 더하다(18, cv−6a)

   (προσετίθουν), −, προσέθηκα, −, −, προσετέθην

προσφέρω 가져오다, 제공하다, 주다(47, cv−1c[1])

   (προσέφερον), −, προσήνεγκον 또는 προσήνεγκα, προσενήνοχα, −, προσηνέχθην

πρόσωπον, −ου, τό 얼굴, 겉모습/외모(76, 16장, n−2c)

πρότερος, −α, −ον 이전의, 먼저의(11, a−1a[1])

προφητεία, −ας, ἡ 예언(19, n−1a)

προφητεύω 예언하다(28, v−1a[6])

   (ἐπροφήτευον), προφητεύσω, ἐπροφήτευσα 또는 προεφήτευσα, −, −, −

προφήτης, −ου, ὁ 예언자(144, 4장, n−1f)

πρωΐ (아침) 일찍(12, 부사)

πρῶτος, −η, −ον 첫째, 먼저의(155, 9장, a−1a[2a])

πτωχός, −ή, −όν 가난한, 명사: 가난한 사람(34, a−1a[2a])

πύλη, −ης, ἡ 문(10, n−1b)

πυλών, −ῶνος, ὁ 문(18, n−3f[1a])

πυνθάνομαι 질문하다(12, v−3a[2b])

   (ἐπυνθανόμην), −, ἐπυθόμην, −, −, −

πῦρ, πυρός, τό 불(71, 22장, n−3f[2a])

πωλέω 팔다(22, v−1d[2a])

   (ἐπώλουν), −, ἐπώλησα, −, −, −

πῶλος, −ου, ὁ 나귀 새끼(12, n−2a)

πῶς 어떻게?(118, 13장, 불변화사)

πώς 어쨌든, 아마(15, 불변화사)

ῥῶ

ῥαββί, ὁ 랍비, 주인(15, n−3g[2])

ῥάβδος, −ου, ἡ 지팡이, 막대(12, n−2b)

ῥῆμα, −ατος, τό 말(68, 14장, n−3c[4])

ῥίζα, −ης, ἡ 뿌리(17, n−1c)

ῥύομαι 구하다/구출하다, 구원하다(17, v−1a[4])

   ῥύσομαι, ἐρρυσάμην, −, −, ἐρρύσθην

Ῥωμαῖος, −α, −ον 로마의, 로마인(12, a−1a[1])

σίγμα

σάββατον, −ου, τό 안식일, 주(68, 4장, n−2c)

Σαδδουκαῖος, −ου, ὁ 사두개인(14, n−2a)

σαλεύω 흔들다(15, v –1a[6])

　－, ἐσάλευσα, －, σεσάλευμαι, ἐσαλεύθην

σάλπιγξ, –ιγγος, ἡ 나팔(11, n –3b[2])

σαλπίζω 나팔을 불다(12, v –2a[1])

　σαλπίσω, ἐσάλπισα, －, －, －

Σαμάρεια, –ας, ἡ 사마리아(11, n –1a)

σάρξ, σαρκός, ἡ 육체, 몸(147, 10장, n –3b[1])

σατανᾶς, –ᾶ, ὁ 사탄(36, n –1e)

Σαῦλος, –ου, ὁ 사울(15, n –2a)

σεαυτοῦ, –ῆς 너 자신의(43, a –1a[2b])

σέβω 예배하다(10, v –1b[1])

σεισμός, –οῦ, ὁ 지진(14, n –2a)

σημεῖον, –ου, τό 표적/징조, 기적/이적(77, 13장, n –2c)

σήμερον 오늘(41, 부사)

σιγάω 조용히 하다, 잠잠하다(10, v –1d[1a])

　－, ἐσίγησα, －, σεσίγημαι, －

Σίλας, –ᾶ, ὁ 실라(12, n –1e)

Σίμων, –ωνος, ὁ 시몬(75, 4장, n –3f[1a])

σῖτος, –ου, ὁ 밀(14, n –2a)

σιωπάω 조용히 하다, 잠잠하다(10, v –1d[1a])

　(ἐσιώπων), σιωπήσω, ἐσιώπησα, －, －, －

σκανδαλίζω 죄를 짓다, 실족시키다, 배척하다(29, v –2a[1])

　(ἐσκανδαλιζόμην), －, ἐσκανδάλισα, －, －, ἐσκανδαλίσθην

σκάνδαλον, –ου, τό 실족하게 하는 일, 죄(15, n –2c)

σκεῦος, –ους, τό 도구, 그릇, 복수: 물건들(23, n –3d[2b])

σκηνή, –ῆς, ἡ 텐트, 성막(20, n –1b)

σκοτία, –ας, ἡ 어둠(16, n –1a)

σκότος, –ους, τό 어둠(31, n –3d[2b])

Σολομῶν, –ῶνος, ὁ 솔로몬(12, n –3c[5b])

σός, σή, σόν 너의, 너의 것(단수)(25, a –1a[2a])

σοφία, –ας, ἡ 지혜(51, 20장, n –1a)

σοφός, –ή, –όν 현명한(20, a –1a[2a])

σπείρω 뿌리다(52, 28장, v –2d[3])

　－, ἔσπειρα, －, ἔσπαρμαι, ἐσπάρην

σπέρμα, –ατος, τό 씨, 자손(43, n –3c[4])

σπλαγχνίζομαι 불쌍히 여기다, 동정하다(12, v –2a[1])

　－, －, －, －, ἐσπλαγχνίσθην

σπλάγχνον, –ου, τό 마음, 애정(11, n –2c)

σπουδάζω 힘써 ~하다, 열심이다, 서두르다(11, v –2a[1])

　σπουδάσω, ἐσπούδασα, －, －, －

σπουδή, –ῆς, ἡ 근면, 성실(12, n –1b)

σταυρός, –οῦ, ὁ 십자가(27, n –2a)

σταυρόω 십자가에 못 박다(46, v –1d[3])

　σταυρώσω, ἐσταύρωσα, －, ἐσταύρωμαι, ἐσταυρώθην

στέφανος, –ου, ὁ 화관, 왕관(18, n –1e)

στήκω 서다, 굳게 서다(11, v –1b[2])

　(ἕστηκεν), －, －, －, －, －, －

στηρίζω 확립하다, 강화하다(13, v –2a[2])

　στηρίξω, ἐστήριξα or ἐστήρισα, －, ἐστήριγμαι, ἐστηρίχθην

στόμα, –ατος, τό 입(78, 20장, n –3c[4])

στρατηγός, –οῦ, ὁ 지휘관, 상관(10, n –2a)

στρατιώτης, –ου, ὁ 군인(26, n –1f)

στρέφω 돌다(21, v –1b[1])

　－, ἔστρεψα, －, －, ἐστράφην

σύ 너, 당신(단수)(1,067, 7장, a –5a)

συγγενής, –ές 관련된, 명사: 친척(11, a –4a)

συζητέω 다투다, 논의하다(10, cv –1d[2a])

　(συνεζήτουν), －, －, －, －, －

συκῆ, –ῆς, ἡ 무화과나무(16, n –1h)

συλλαμβάνω 잡다, 잉태하다(16, cv –3a[2b])

　συλλήμψομαι, συνέλαβον, συνείληφα, －, συνελήμφθην

συμφέρω 유용하다, 이익이 되다(15, cv –1c[1])

　－, συνήνεγκα, －, －, －

σύν 여격: ~와 함께(128, 10장, 전치사)

συνάγω 모으다/모이다, 초대하다, 인도하다(59, 18장, cv –1b[2])

　συνάξω, συνήγαγον, －, συνῆγμαι, συνήχθην

συναγωγή, –ῆς, ἡ 회당, 모임(56, 21장, n –1b)

σύνδουλος, –ου, ὁ 동료 종(fellow servant)(10, n –2a)

συνέδριον, –ου, τό 산헤드린, 공의회(22, n –2c)

συνείδησις, –εως, ἡ 양심(30, n –3e[5b])

συνεργός, –οῦ, ὁ 돕는, 명사: 조력자, 동료 일꾼(13, n –2a)

συνέρχομαι 모으다, 함께 여행하다(30, cv –1b[2])

　(συνηρχόμην), －, συνῆλθον, συνελήλυθα, －, －

συνέχω 괴롭히다, 억압하다(12, cv –1b[2])

　(συνειχόμην), συνέξω, συνέσχον, －, －, －

συνίημι 이해하다(26, cv –6a)

　συνήσω, συνῆκα, －, －, －

συνίστημι 명령하다, ~임을 증명하다(16, cv –6a)

　－, συνέστησα, συνέστηκα, －, －. 어간 형성 모음이 있는
동사, συνιστάνω로도 만들 수 있다.

σφάζω 도살하다(10, v‒2a[2])

σφάξω, ἔσφαξα, ‒, ἔσφαγμαι, ἐσφάγην

σφόδρα 극단적으로, 매우(11, 부사)

σφραγίζω 인치다, 표시하다(15, v‒2a[1])

‒, ἐσφράγισα, ‒, ἐσφράγισμαι, ἐσφραγίσθην

σφραγίς, ‒ῖδος, ἡ 인(16, n‒3c[2])

σχίζω 나누다, 쪼개다(11, v‒2a[1])

σχίσω, ἔσχισα, ‒, ‒, ἐσχίσθην

σῴζω 구원하다, 해방시키다, 구출하다(106, 20장, v‒2a[1])

(ἔσῳζον), σώσω, ἔσωσα, σέσωκα, σέσῳσμαι, ἐσώθην

σῶμα, ‒ατος, τό 몸(142, 10장, n‒3c[4])

σωτήρ, ‒ῆρος, ὁ 구원자, 구속자(24, n‒3f[2a])

σωτηρία, ‒ας, ἡ 구원, 구속(46, n‒1a)

ταῦ

τάλαντον, ‒ου, τό 달란트(그리스의 화폐 단위)(14, n‒2c)

ταπεινόω 겸허히 하다(14, v‒1d[3])

ταπεινώσω, ἐταπείνωσα, ‒, ‒, ἐταπεινώθην

ταράσσω 소동하다, 방해하다(17, v‒2b)

‒, ἐτάραξα, ‒, τετάραγμαι, ἐταράχθην

ταχέως 신속히(15, 부사)

ταχύς, ‒εῖα, ‒ύ 빠른, 재빠른, 부사: 신속히(13, a‒2b)

τε 그리고, 그래서(215, 14장, 불변화사)

τέκνον, ‒ου, τό 아이/자녀, 자손(99, 10장, n‒2c)

τέλειος, ‒α, ‒ον 완벽한, 완전한(19, a‒1a[1])

τελειόω 끝내다, 완성하다, 이루다(23, v‒1d[3])

‒, ἐτελείωσα, τετελείωκα, τετελείωμαι, ἐτελειώθην

τελευτάω 죽다(11, v‒1d[1a])

‒, ἐτελεύτησα, τετελεύτηκα, ‒, ‒

τελέω 끝내다, 성취하다(28, v‒1d[2b])

τελέσω, ἐτέλεσα, τετέλεκα, τετέλεσμαι, ἐτελέσθην

τέλος, ‒ους, τό 목적, 목표(40, n‒3d[2b])

τελώνης, ‒ου, ὁ 세리(21, n‒1f)

τέρας, ‒ατος, τό 기사, 징조(16, n‒3c[6a])

τέσσαρες, ‒ων 넷, 4(41, a‒4c)

τεσσεράκοντα 사십, 40(22, n‒3g[2], 불변화사)

τέταρτος, ‒η, ‒ον 넷째(10, a‒1a[2a])

τηρέω 지키다, 보호하다, 감시하다(70, 17장, v‒1d[2a])

(ἐτήρουν), τηρήσω, ἐτήρησα, τετήρηκα, τετήρημαι, ἐτηρήθην

τίθημι 놓다, 두다(100, 36장, v‒6a)

(ἐτίθην), θήσω, ἔθηκα, τέθεικα, τέθειμαι, ἐτέθην

τίκτω (아이를) 낳다(18, v‒1b[2])

τέξομαι, ἔτεκον, ‒, ‒, ἐτέχθην

τιμάω 공경하다/존귀하게 하다(21, v‒1d[1a])

τιμήσω, ἐτίμησα, ‒, τετίμημαι, ‒

τιμή, ‒ῆς, ἡ 존귀, 영예, 값(41, n‒1b)

τίμιος ‒α, ‒ον 값비싼, 귀중한(13, a‒1a[1])

Τιμόθεος, ‒ου, ὁ 디모데(24, n‒2a)

τις, τι 어떤 사람/것, 누군가/무언가, 어떤 사람/것이나(543, 10장, a‒4b[2])

τίς, τί 누구? 무엇? 어떤 것? 왜?(546, 10장, a‒4b[2])

Τίτος, ‒ου, ὁ 디도(13, n‒2a)

τοιοῦτος, ‒αύτη, ‒οῦτον 그러한, 그와 같은(57, 31장, a‒1a[2b])

τολμάω 감히 ~하다, 차마 ~하다(16, v‒1d[1a])

(ἐτόλμων), τολμήσω, ἐτόλμησα, ‒, ‒, ‒

τόπος, ‒ου, ὁ 위치, 장소(94, 18장, n‒2a)

τοσοῦτος, ‒αύτη, ‒οῦτον 매우 큰, 매우 많은(20, a‒1a[2b])

τότε 그러고 나서/그때, 그 후부터(160, 16장, 부사)

τράπεζα, ‒ης, ἡ 책상(15, n‒1c)

τρεῖς, τρία 셋, 3(69, 27장, a‒4a)

τρέχω 달리다(20, v‒1b[2])

(ἔτρεχον), ‒, ἔδραμον, ‒, ‒

τριάκοντα 삼십, 30(11, a‒5b)

τρίς 세 번(12, 부사)

τρίτος, ‒η, ‒ον 셋째(56, 9장, a‒1a[2a])

τρόπος, ‒ου, ὁ 방식, 방법(13, n‒2a)

τροφή, ‒ῆς, ἡ 음식(16, n‒1b)

τυγχάνω 달성하다, 발생하다, 일어나다(12, v‒3a[2b])

‒, ἔτυχον, τέτευχα, ‒, ‒

τύπος, ‒ου, ὁ 유형, 패턴(15, n‒2a)

τύπτω 때리다(13, v‒4)

(ἔτυπτον), ‒, ‒, ‒, ‒

Τύρος, ‒ου, ὁ 두로(11, n‒2b)

τυφλός, ‒ή, ‒όν 맹인, 눈이 먼(50, 16장, a‒1a[2a])

ὖψιλόν

ὑγιαίνω 건강하다, 바르다(12, v‒2d[4])

ὑγιής, -ές 전부의, 건강한(11, a-4a)

ὕδωρ, ὕδατος, τό 물(76, 11장, n-3c[6b])

υἱός, -οῦ, ὁ 아들, 자손(377, 7장, n-2a)

ὑμεῖς 너희(복수)(1,840, 11장, a-5a)

ὑμέτερος, -α, -ον 너희의(복수)(11, a-1a[1])

ὑπάγω 떠나다/출발하다(79, 24장, cv-1b[2])

   (ὑπῆγον), -, -, -, -, -

ὑπακοή, -ῆς, ἡ 복종(15, n-1b)

ὑπακούω 복종하다(21, cv-1a[8])

   (ὑπήκουον), -, ὑπήκουσα, -, -, -

ὑπαντάω 만나다, 만나러 가다(10, cv-1d[1a])

   -, ὑπήντησα, -, -, -

ὑπάρχω ~이다, 존재하다, τά ὑπάρχοντα는 "누군가의 소유물
   들"을 의미한다(60, 34장, cv-1b[2])

(ὑπῆρχον), -, -, -, -, -

ὑπέρ 속격: ~을 위하여, 대격: ~보다 위에, ~을 초월하여(150,
   12장, 전치사)

ὑπηρέτης, -ου, ὁ 종, 도우미(20, n-1f)

ὑπό 속격: ~에 의하여, 대격: ~아래에(220, 8장, 전치사)

ὑπόδημα, -ατος, τό 신발, 샌들(10, n-3c[4])

ὑποκάτω 속격: ~아래에, 낮은 곳에(11, 전치사)

ὑποκριτής, -οῦ, ὁ 외식하는 자(17, n-1f)

ὑπομένω 견디다(17, cv-1c[2])

   -, ὑπέμεινα, ὑπομεμένηκα, -, -

ὑπομονή, -ῆς, ἡ 인내, 끈기(32, n-1b)

ὑποστρέφω 돌아오다(35, cv-1b[1])

   (ὑπέστρεφον), ὑποστρέψω, ὑπέστρεψα, -, -, -

ὑποτάσσω 지배하다, 따르게 하다(38, cv-2b)

   -, ὑπέταξα, -, ὑποτέταγμαι, ὑπετάγην

ὑστερέω 부족하다(16, v-1d[2a])

   -, ὑστέρησα, ὑστέρηκα, -, ὑστερήθην

ὕστερος, -α, -ον 나중에, 그때, 부사: 마침내(12, a-1a[1])

ὑψηλός, -ή, -όν 높은, 고귀한(11, a-1a[2a])

ὕψιστος, -η, -ον 가장 높은(13, a-1a[2a])

ὑψόω 높이다, 들어 올리다(20, v-1d[3])

   ὑψώσω, ὕψωσα, -, -, ὑψώθην

φῖ

φαίνω 빛나다, 수동태: 나타나다(31, v-2d[4])

φανήσομαι, ἔφανα, -, -, ἐφάνην

φανερός, -ά, -όν 볼 수 있는, 명백한, 알려진(18, a-1a[1])

φανερόω 드러내다, 알리다(49, v-1d[3])

   φανερώσω, ἐφανέρωσα, -, πεφανέρωμαι, ἐφανερώθην

Φαρισαῖος, -ου, ὁ 바리새인(98, 21장, n-2a)

φείδομαι 아끼다(10, v-1b[3])

   φείσομαι, ἐφεισάμην, -, -, -

φέρω 가져오다/데려오다, 견디다, (열매) 맺다(66, 29장, v-1c[1])

   (ἔφερον), οἴσω, ἤνεγκα, ἐνήνοχα, -, ἠνέχθην

φεύγω 날다(29, v-1b[2])

   φεύξομαι, ἔφυγον, πέφευγα, -, -

φημί 말하다, 단언하다(66, 36장, v-6b)

   (ἔφη), -, ἔφη, -, -, -

Φῆστος, -ου, ὁ 베스도(13, n-2a)

φιάλη, -ης, ἡ 대접(12, n-1b)

φιλέω 사랑하다, 좋아하다(25, v-1d[2a])

   (ἐφίλουν), -, ἐφίλησα, πεφίληκα, -, -

Φίλιππος, -ου, ὁ 빌립(36, n-2a)

φίλος, -η, -ον 사랑받는, 명사: 친구(29, a-1a[2a])

φοβέομαι 두려워하다(95, 24장, v-1d[2a])

   (ἐφοβούμην), -, -, -, -, ἐφοβήθην

φόβος, -ου, ὁ 두려움, 경외감(47, n-2a)

φονεύω 죽이다, 살인하다(12, v-1a[6])

   φονεύσω, ἐφόνευσα, -, -, -

φρονέω 생각하다, 간주하다(26, v-1d[2a])

   (ἐφρονούμην), φρονήσω, -, -, -, -

φρόνιμος, -ον 신중한, 분별력 있는(14, a-3a)

φυλακή, -ῆς, ἡ 감옥, 파수(47, n-1b)

φυλάσσω 감시하다, 관찰하다(31, v-2b)

   φυλάξω, ἐφύλαξα, -, -, -

φυλή, -ῆς, ἡ 부족, 민족(31, n-1b)

φύσις, -εως, ἡ 순리, 자연(14, n-3e[5b])

φυτεύω 심다(11, v-1a[6])

   (ἐφύτευον), -, ἐφύτευσα, -, πεφύτευμαι, ἐφυτεύθην

φωνέω 부르다, 호출하다(43, v-1d[2a])

   (ἐφώνουν), φωνήσω, ἐφώνησα, -, -, ἐφωνήθην

φωνή, -ῆς, ἡ 소리, 소음, 목소리(139, 4장, n-1b)

φῶς, φωτός, τό 빛(73, 11장, n-3c[6c])

φωτίζω 빛을 비추다, 밝히다(11, v-2a[1])

   φωτίσω, ἐφώτισα, -, πεφώτισμαι, ἐφωτίσθην

χῖ —————————————

χαίρω 즐거워하다(74, 24장, v-2d[2])

  (ἔχαιρον), –, –, –, –, ἐχάρην

χαρά, –ᾶς, ἡ 기쁨, 즐거움(59, 16장, n-1a)

χαρίζομαι 값없이 주다, 용서하다(23, v-2a[1])

  χαρίσομαι, ἐχαρισάμην, –, κεχάρισμαι, ἐχαρίσθην

χάρις, –ιτος, ἡ 은혜, 호의, 친절(155, 11장, n-3c[1])

χάρισμα, –ατος, τό 선물(17, n-3c[4])

χείρ, χειρός, ἡ 손, 팔, 손가락(177, 14장, n-3f[2a])

χείρων, –ον 더 나빠진(11, a-4b[1])

χήρα, –ας, ἡ 과부(26, n-1a)

χιλίαρχος, –ου, ὁ 천부장(21, n-2a)

χιλιάς, –άδος, ἡ 천, 1000(23, n-3c[2])

χίλιοι, –αι, –α 천, 1000(10, a-1a[1])

χιτών, –ῶνος, ὁ 옷, 속옷(11, n-3f[1a])

χοῖρος, –ου, ὁ 돼지(12, n-2a)

χορτάζω 먹이다, 배부르게 하다, 만족하게 하다(16, v-2a[1])

  –, ἐχόρτασα, –, –, ἐχορτάσθην

χόρτος, –ου, ὁ 풀, 건초(15, n-2a)

χράομαι 사용하다, 활용하다(11, v-1d[1a])

  (ἐχρώμην), –, ἐχρησάμην, –, κέχρημαι, –

χρεία, –ας, ἡ 필요(49, n-1a)

χρηστότης, –ητος, ἡ 자비, 친절(10, n-3c[1])

Χριστός, –οῦ, ὁ 그리스도, 메시아, 기름 부음 받은 자(529, 4장, n-2a)

χρόνος, –ου, ὁ 시간(54, 21장, n-2a)

χρυσίον, –ου, τό 금(12, n-2c)

χρυσός, –οῦ, ὁ 금(10, n-2a)

χρυσοῦς, –ῆ, –οῦν 금의, 금으로 된(18, a-1b)

χωλός, –ή, –όν 다리 저는 자(14, a-1a[2a])

χώρα, –ας, ἡ 땅, 지역(28, n-1a)

χωρέω 나가다, 받다, 이르다(10, v-1d[2a])

  –, ἐχώρησα, –, –, –

χωρίζω 분리하다(13, v-2a[1])

  χωρίσω, ἐχώρισα, –, κεχώρισμαι, ἐχωρίσθην

χωρίον, –ου, τό 장소, 땅, 들판(10, n-2c)

χωρίς 속격: ~없이, ~와 별개로(41, 전치사)

ψῖ —————————————

ψεύδομαι 거짓말하다, 속이다(12, v-1b[3])

  –, ἐψευσάμην, –, –, –

ψευδοπροφήτης, –ου, ὁ 거짓 선지자(11, n-1f)

ψεῦδος, –ους, τό 거짓말(10, n-3d[2b])

ψεύστης, –ου, ὁ 거짓말쟁이(10, n-1f)

ψυχή, –ῆς, ἡ 영혼, 생명, 자아/자기 자신(103, 14장, n-1b)

ὦμέγα —————————————

ὦ 오!(17, 감탄사)

ὧδε 여기(61, 11장, 부사)

ὥρα, –ας, ἡ 시간, 때, 시점(106, 6장, n-1a)

ὡς ~처럼, ~같이, ~하는 것, 대략, ~할 때, ~후에(504, 18장, 부사)

ὡσαύτως 비슷하게, 마찬가지로(17, 부사)

ὡσεί ~처럼, ~와 같이, ~에 대해(21, 불변화사)

ὥσπερ 꼭 ~처럼(36, 불변화사)

ὥστε 그러므로, 그 결과(83, 7장, 불변화사)

ὠφελέω 돕다, 유익을 주다(15, v-1d[2a])

  ὠφελήσω, ὠφέλησα, –, –, ὠφελήθην